Die
Blütenpflanzen
Mitteleuropas
5

Band 1   Einführung

Band 2   Nacktsamer (Nadelhölzer)
          Magnolienähnliche
          Hahnenfußähnliche
          Nelkenähnliche
          Zaubernußähnliche
          Rosenähnliche
          (Stachelbeerengewächse –
          Schmetterlingsblütengewächse)

Band 3   Rosenähnliche
          (Nachtkerzengewächse – Doldengewächse)
          Dillenienähnliche
          Lippenblütlerähnliche
          (Holundergewächse – Rötegewächse)

Band 4   Lippenblütlerähnliche
          (Nachtschattengewächse – Wassersterngewächse)
          Korbblütlerähnliche

Band 5   Einkeimblättrige:
          Froschlöffelähnliche
          Lilienähnliche
          Palmenähnliche

Dietmar Aichele · Heinz-Werner Schwegler

Die Blütenpflanzen Mitteleuropas
5

KOSMOS

IMPRESSUM

543 Farbillustrationen auf 134 Tafeln von Marianne Golte-Bechtle (100), Sigrid Haag (52), Reinhild Hofmann (357) und Walter Söllner (34)

1056 Schwarzweißzeichnungen im Bestimmungsschlüssel von Wolfgang Lang

Umschlaggestaltung von eStudio Calamar, Pau (Spanien)

Bibliografische Information Der Deutschen Bibliothek
Die Deutsche Bibliothek verzeichnet diese Publikation in der Deutschen Nationalbibliografie; detaillierte bibliografische Daten sind im Internet über http://dnb.ddb.de abrufbar.

Informationen senden wir Ihnen gerne zu

Bücher · Kalender · Spiele · Experimentierkästen · CDs · Videos
Natur · Garten & Zimmerpflanzen · Heimtiere · Pferde & Reiten · Astronomie · Angeln & Jagd · Eisenbahn & Nutzfahrzeuge · Kinder & Jugend

KOSMOS Postfach 10 60 11
D-70049 Stuttgart
TELEFON +49 (0)711-2191-0
FAX +49 (0)711-2191-422
WEB www.kosmos.de
E-MAIL info@kosmos.de

Gedruckt auf chlorfrei gebleichtem Papier

Unveränderte Sonderausgabe
der 2. überarbeiteten Auflage 2000
© 1994, 2000, 2004, Franckh-Kosmos Verlags-GmbH & Co., Stuttgart
Alle Rechte vorbehalten
ISBN 3-440-09277-1
Lektorat: Rainer Gerstle und Doris Engelhardt
Herstellung: Siegfried Fischer, Stuttgart
Printed in Czech Republic /
Imprimé en République tchèque

Die Blütenpflanzen Mitteleuropas

Einführung	6	Narzissengewächse *Amaryllidaceae*	105
		Affodillgewächse *Asphodelaceae*	110
Zeichenerklärung	7	Lauchgewächse *Alliaceae*	112
Sonderlisten in Band 5	7	Liliengewächse *Liliaceae*	128
Pflanzenfamilien in Band 5	7	Schwertliliengewächse *Iridaceae*	136
Bestimmungsschlüssel	8	Germergewächse *Melanthiaceae*	147
Die Pflanzenfamilien von Band 5	9	Zeitlosengewächse *Colchicaceae*	150
		Yamswurzelgewächse *Dioscoreaceae*	152
Gattungsschlüssel	10	Dreiblattgewächse *Trilliaceae*	152
		Orchideengewächse *Orchidaceae*	153
Tafelteil	60	Binsengewächse *Juncaceae*	192
		Riedgrasgewächse *Cyperaceae*	216
Froschlöffelgewächse *Alismataceae*	60	Rohrkolbengewächse *Typhaceae*	312
Schwanenblumengewächse *Butomaceae* . . .	63	Igelkolbengewächse *Sparganiaceae*	315
Froschbißgewächse *Hydrocharitaceae*	64	Süßgrasgewächse *Poaceae*	318
Teichfadengewächse *Zannichelliaceae*	69	Kommelinengewächse *Commelinaceae*	456
Seegrasgewächse *Zosteraceae*	69	Aronstabgewächse *Araceae*	456
Laichkrautgewächse *Potamogetonaceae*	70	Wasserlinsengewächse *Lemnaceae*	459
Saldengewächse *Ruppiaceae*	84		
Dreizackgewächse *Juncaginaceae*	86	**Synonymik-Liste**	462
Blumenbinsengewächse *Scheuchzeriaceae* . .	87		
Nixenkrautgewächse *Najadaceae*	87	**Gesamtregister**	495
Maiglöckchengewächse *Convallariaceae* . . .	90		
Spargelgewächse *Asparagaceae*	94	**Register Band 5**	514
Hyazinthengewächse *Hyacinthaceae*	94		

Einführung

Band 5 enthält im Rahmen der Vorstellung mitteleuropäischer Blütenpflanzen in Bild (Tafeln) und Text (Diagnosen) die gesamte Gruppe der Einkeimblättrigen Bedecktsamer (*Liliopsida*, vormals *Monocotyledoneae*). Ausgerichtet am System nach F. EHRENDORFER (in: STRASBURGER, Lehrbuch der Botanik, 3. Aufl., 1991; Fischer, Stuttgart), zählen hierzu die artenreichen Ordnungen der Süß- und Riedgrasartigen, die gut abgegrenzten Binsen- und Orchideenartigen, sowie die vormals umfangreiche Ordnung der Lilienartigen, von der heute Yamswurzel- und Spargelartige als gesonderte Taxa abgetrennt sind. Dazu kommen noch einige weniger reich vertretene Gruppierungen: die durch viele Wasser- und Sumpfpflanzen ausgezeichneten Froschlöffel-, Froschbiß-, Nixenkraut-, Rohrkolben- und Aronstabartigen und die exotischen, bei uns eher durch Topfpflanzen bekannten Kommelinenartigen. Alle in Band 5 aufgeführten Familien können aus dem Verzeichnis S. 9 ersehen werden, das ihre deutschen und wissenschaftlichen Namen in alphabetischer Reihenfolge auflistet.

Zu jeder ganzseitigen Farbtafel, auf der gewöhnlich vier Arten abgebildet sind, gehören zwei Seiten Text. Eine Darstellungseinheit umfaßt also insgesamt drei Seiten. Da ein aufgeschlagenes Buch nur Doppelseiten bietet, mußte die Schrift so verteilt werden, daß, in regelmäßigem Wechsel, die eine Tafel zwischen ihren zugehörigen Textseiten steht und die nächste an ihre beiden Textseiten anschließt:
| Text 1a – Tafel 1 | Text 1b – Text 2a | Text 2b – Tafel 2 |.

Alle Tafeln stehen somit auf ihrer Doppelseite rechts; links davon befindet sich die Hälfte des zugehörigen Textes. Ein Pfeil am Textseiten-Kopf weist die Richtung, in der der andere Textteil (und, falls nicht aufgeschlagen, auch die passende Tafel) zu finden ist. In jeder Kopfleiste sind zudem stets die Familiennamen der dargestellten Arten verzeichnet (bei der 1. Seite einer Darstellungseinheit auch die Gattungsnamen).

Die Abbildungen auf den Tafeln wurden zum großen Teil nach wildlebendem Material angefertigt, oder nach Pflanzen, die im Botanischen Garten der Universität Tübingen aus Samen herangezogen worden sind. Wo nicht anders möglich, vor allem bei seltenen oder geschützten Arten, mußte auf Herbarstücke zurückgegriffen werden; die meisten davon stellten in dankenswerter Weise die Botanische Staatssammlung, München und das Staatliche Museum für Naturkunde, Stuttgart, zur Verfügung.

Zur rascheren Orientierung wurden die Einzel-Abbildungen auf den Tafeln mit den deutschen und wissenschaftlichen Namen beschriftet, die auch den jeweiligen Artbeschreibungen im Text vorangestellt sind. Dort wird – außer den Familiennamen – für jede Art nur der wissenschaftliche Name genannt, der, nach unseren Erkenntnissen, derzeit gültig ist. Auf eine Synonymik (Aufzählung weiterer Namen) wurde verzichtet. Eine Übersicht über Namen, die früher häufig gebraucht wurden, findet sich – für die Bände 2–5 gemeinsam – auf S. 462.

Auch bei den deutschen Namen wird in der Regel nur einer genannt (s. a. Band 1, S. 9).

Die Texte sind jeweils gegliedert in:

Beschreibung: Hier werden teils allgemeine, vor allem aber kennzeichnende Gestaltmerkmale der Art erwähnt, ausgehend von Blüte und Blütenstand (eventuell auch der Frucht) bis zu Stengel und Blatt. Angaben zur (durchschnittlichen) Größe und (allgemeinen) Blühzeit beschließen diesen Abschnitt (s. Band 1, S. 10).

Vorkommen: Dieser Teil enthält Anmerkungen über Standort und Verbreitung der Art, also über ihre Ansprüche an Klima und Boden und das daraus resultierende Auftreten in bestimmten Biotopen und Landstrichen (s. Band 1, S. 10).

Wissenswertes: Mit den üblichen Symbolen (s. u.) wird am Beginn auf die gestalteigentümliche Lebensweise (Kraut; Staude; Baum und Strauch), eine (soweit bekannt) eventuell vorhandene stärkere oder geringere Giftigkeit und auf die Schutzwürdigkeit hingewiesen. Dann folgen, je nach Art, sehr unterschiedliche Hinweise auf Verwandtschaftsbeziehungen (auch Kleinarten), ähnliche Arten, bemerkenswerte Inhaltsstoffe, Verwendung in der Heilkunde, Eigentümlichkeiten im Bau, bei der Bestäubung oder im Vorkommen, wissenschaftshistorische Besonderheiten, dazu oft Erläuterungen zu den Namen und vieles andere, was uns gerade im speziellen Fall von besonderem Interesse zu sein schien. Meist war hier, wie auch in den anderen Abschnitten, der zur Verfügung stehende Raum das Begrenzungskriterium für weitergehende Aussagen (s. a. Band 1, S. 10 f.).

Zeichenerklärung:

Textteil
- ☉ Kraut; krautige Pflanze, einmal blühend: im selben Jahr, im nächsten Jahr oder, selten, erst nach mehreren Jahren; danach vollständig absterbend
- ♃ Staude; krautige Pflanze, oberirdische Teile sterben im Herbst weitgehend ab; die Pflanze treibt aber jedes Jahr neu aus und blüht
- ♄ Holzgewächs (Baum oder Strauch); die Triebe verholzen, bleiben oberirdisch erhalten und treiben im nächsten Jahr neue Sprosse aus
- ☠ Pflanze (oder Teile von ihr) giftig
- (☠) Pflanze schwach giftig oder giftverdächtig
- ▽ Pflanze schutzwürdig

Bestimmungsschlüssel
- ⚥ zwittrig
- ♀ weiblich
- ♂ männlich

Sonderlisten in Band 5

Der Band enthält, neben dem üblichen alphabetischen Verzeichnis der Pflanzennamen aller in ihm aufgeführten Sippen (S. 514) auch das Gesamtregister für die Bände 1 bis 5 (S. 495), in dem noch einmal sämtliche Gattungsnamen aus den Einzelverzeichnissen vereint sind. Wir hoffen, daß dadurch der Zugriff auf jede spezielle Angabe aus der Fülle der Einzeldaten des Gesamtwerkes wesentlich erleichtert wird.

Des weiteren findet sich auf S. 462 die avisierte Liste der Synonyme (s. Band 1, S. 10). Hier sind derzeit gebräuchliche andere wissenschaftliche Namen als die von uns verwendeten alphabetisch aufgelistet und unseren Benennungen zugeordnet. Manche Art ist davon gar nicht betroffen, andere sind gar mit 4 oder 5 verschiedenen Namen in der gängigen Literatur vertreten.

Wie im Vortext zu dieser Liste erwähnt, ist sie kein Ersatz für eine botanisch-wissenschaftliche Synonymik (die wir als zu weitgehend für die Art dieses Werkes erachten). In einer solchen werden sämtliche Namen aufgezählt, mit der eine Sippe seit LINNÉ (oder auch schon vorher) irgendwann einmal (zu Recht, fälschlicherweise oder auch regelwidrig) belegt wurde. Bei uns sind nur die Bezeichnungen aufgeführt, die sich in verbreiteten Florenwerken (deutscher Sprache) und in gut bekannter sonstiger populärwissenschaftlich-botanischer Literatur des 20. Jahrhunderts finden.

Der schon etwas vorgebildete Benutzer soll mittels dieser Liste seine alten Kenntnisse mit den Daten in unserem Werk nutzbringend verknüpfen können.

Eine gleiche Liste für die deutschen Volksund (sehr oft nur) Büchernamen zu erstellen, war uns aufgrund der großen Zahl solcher Benennungen (s. S. 465) und der von Landstrich zu Landstrich wechselnden Träger des gleichen Namens leider nicht möglich (s. a. Band 1, S. 9). Allen, die tiefer in die Materie der scientia amabilis eindringen möchten, können wir nur empfehlen, sich an die wissenschaftlichen Namen zu halten, bei denen Wirrnis zwar auch vorhanden, doch geringer und vor allem exakter auszuleuchten ist.

Pflanzenfamilien in Band 5

Das alphabetische Verzeichnis der Familiennamen (deutsch und wissenschaftlich), S. 9, gibt einen Überblick über die in Band 5 aufgenommenen Pflanzenfamilien und soll den Zugriff auf

Einführung

jede einzelne der 31 Familien erleichtern, die über die 50 Seiten des Bestimmungsschlüssels verteilt sind. Es erleichtert aber auch, durch Nennung der Bildtafelseiten, die oft bevorzugte Identifikationsmethode des „Suchblätterns". Geübte werden oft auf den Schlüssel von Band 1 verzichten, wenn eine Pflanze schon eindeutig ihre Familienzugehörigkeit (z. B. Orchideengewächs) zu erkennen gibt. Falls dann noch die berühmte „Ahnung von der Richtung" da ist, gelangen sie mit Suchblättern rascher zum Ziel. Wenn der Versuch scheitert, bleibt immer noch der mühsamere lange Marsch durch den Schlüssel.

Dort werden allerdings auch noch einige „ausgefallene" Arten vorgestellt, die in Mitteleuropa nur gelegentlich auftreten, also noch nicht wirklich eingebürgert sind (s. u., S. 9).

Bestimmungsschlüssel

Der Zugang zu der Artenfülle dieses Bandes soll durch den nachfolgenden Schlüssel erleichtert werden. In ihm sind alle Familien aufgeführt, die in den Vorschlüsseln (Band 1) dem Band 5 zugeordnet wurden. Über das Verzeichnis: **Die Pflanzenfamilien von Band 5** (S. 9) gelangt man zur einschlägigen Seite. Der Schlüssel ist am EHRENDORFERSCHEN System (s. o.) ausgerichtet; aufgeführt sind Ordnungen und die Familien. Deren Durchnumerierung hat keinerlei wissenschaftliche Bedeutung, sondern nur Buchungscharakter, da nicht alle Gruppen genannt sind, sondern nur die im begrenzten Raum Mitteleuropas vertretenen. Jeder Familie ist eine Kurzbeschreibung beigegeben, die sich hauptsächlich auf die Eigenschaften der bei uns vorkommenden Vertreter bezieht. Falls mehr als eine Gattung in Mitteleuropa zu finden ist, untergliedert ein Schlüssel in die Gattungen.

Die bei uns stark vertretenen Familien der Orchideen, Ried- und Süßgräser trennt ein „Vorschlüssel" zunächst in kleinere, überschaubarere Gruppen; er ist gestaltet wie ein „normaler Gattungsschlüssel". Dieser beginnt, bei jeder Familie (und jeder Teilgruppe) neu, d. h. mit Ziffer 1, und ist nach dem in Band 1 (S. 402) erläuterten „multiple-choice-Verfahren" aufgebaut: Bei jeder Ziffer muß von zwei bis mehreren Alternativen (gekennzeichnet durch Kleinbuchstaben: a, b, c usf.) eine ausgewählt werden, die entweder zu einer neuen Ziffer oder einer der Gattungen führt (unter Umständen auch zu einer Teil- oder einer Sammelgattung). Unter den dort angegebenen Seitenzahlen findet man dann die Arten abgebildet.

Großen Gattungen, deren Arten-Abbildungen sich über mehr als vier Tafeln erstrecken, ist noch eine „Grobeinteilung" beigegeben, die unter Großbuchstaben (A, B, C usf. – manchmal noch weiter untergliedert) leicht kenntliche Merkmale aufzählt, die eine Aufteilung in kleinere (nicht systematische!) Gruppen ermöglichen. Zur einzigen Ausnahme davon (im gesamten Werk) waren wir bei der Gattung Segge, Untergattung *Eucarex* (Riedgrasgewächse) gezwungen, deren Art-Abbildungen fast 20 Tafeln füllen: hier geschieht die Grobeinteilung nach der Art, wie sie für die Gattungsschlüssel (s. o.) üblich ist.

Sämtliche Sonder- und Bastardformen lassen sich indes nicht trennen. Dies gelingt in keinem Schlüssel, denn immer wieder treten einzelne abstruse Formen auf. Man ist gut beraten, wenn man versucht, sich am Standort ein Gesamtbild aller dort wachsenden Exemplare derselben Art zu verschaffen, denn manche Einzelpflanze zeigt oft sehr individuelle, von der Norm abweichende „Züge".

Wir haben versucht, häufig auftretende Abweichungen zu berücksichtigen. Dazuhin haben wir unsere Erfahrungen aus vielen Pflanzenbestimmungsübungen in der Jugend- und Erwachsenenbildung genutzt, um die Wege im Schlüssel möglichst „sicher" zu machen. Wir wissen, daß der unvoreingenommene Beobachter manches anders sieht als der Spezialist. Für diesen haben wir z. B. die Hohlzunge *(Coeloglossum)* korrekt den Orchideengewächsen mit gespornten Blüten zugeordnet, für ersteren führen wir sie aber auch unter den Orchideen mit ungespornten Blüten.

Daraus folgt aber, daß der Bestimmungsschlüssel **nicht** als Ersatz für die Artbeschreibungen im Bild/Text-Teil dienen kann. Die „Beschreibungen" im Schlüssel sind eben nicht in jedem Fall an den Erkenntnissen der Gestaltlehre (Morphologie) ausgerichtet, sondern oft an dem, was ohne intensives vergleichendes Studium „gesehen wird".

Eingestreut im Schlüssel findet man Hinweise auf einige Arten, die in Mitteleuropa nicht heimisch sind, jedoch hie und da eingeschleppt werden oder vorübergehend verwildert auftreten, bzw. bis hart vor die Grenzen (s. Band 1, S. 228) gelangt sind. Meist sind solche lokal gemeldeten Vorkommen schon in Jahresfrist, zumindest nach wenigen Jahren, wieder erloschen. Ein erneutes vorübergehendes Auftreten an anderer Stelle ist aber nicht auszuschließen. Mittels der angegebenen Merkmale und der Strichzeichnungen im Schlüssel mag die Identifikation mancher dieser unbeständigen „Irrgäste" gelingen. Botanische Museen und Institute, Naturschutz- und vor allem die Regionalstellen für die Pflanzenkartierung sind dankbar für jede Fundmeldung solcher Neuankömmlinge.

Die Pflanzenfamilien von Band 5

Nr.	Name (deutsch und wissenschaftlich)	Schlüssel Seite	Tafel(n) Seite	Nr.	Name (deutsch und wissenschaftlich)	Schlüssel Seite	Tafel(n) Seite
137	Affodillgewächse	15	109 + 113	153	*Lemnaceae*	59	461
124	*Alismataceae*	10	61 + 65	142	*Liliaceae*	17	127–137
139	*Alliaceae*	16	113–127	142	Liliengewächse	17	127–137
140	*Amaryllidaceae*	17	107 + 109	135	Maiglöckchengewächse	14	91 + 95
152	*Araceae*	59	457	141	*Melanthiaceae*	17	149
152	Aronstabgewächse	59	457	132	*Najadaceae*	13	89
136	*Asparagaceae*	14	95	140	Narzissengewächse	17	107 + 109
137	*Asphodelaceae*	15	109 + 113	132	Nixenkrautgewächse	13	89
146	Binsengewächse	23	193–215	145	*Orchidaceae*	19	155–191
126	Blumenbinsengewächse	12	89	145	Orchideengewächse	19	155–191
123	*Butomaceae*	10	65	151	*Poaceae*	35	319–455
143	*Colchicaceae*	18	151	128	*Potamogetonaceae*	12	71–85
150	*Commelinaceae*	34	457	147	Riedgrasgewächse	24	217–311
135	*Convallariaceae*	14	91 + 95	148	Rohrkolbengewächse	33	313
147	*Cyperaceae*	24	217–311	129	*Ruppiaceae*	12	85
133	*Dioscoreaceae*	13	151	129	Saldengewächse	12	85
134	Dreiblattgewächse	13	151	126	*Scheuchzeriaceae*	12	89
127	Dreizackgewächse	12	85	123	Schwanenblumengew.	10	65
125	Froschbißgewächse	11	65 + 67	144	Schwertliliengewächse	19	137–145
124	Froschlöffelgewächse	10	61 + 65	130	Seegrasgewächse	13	71
141	Germergewächse	17	149	149	*Sparganiaceae*	34	317
138	*Hyacinthaceae*	15	95–107	136	Spargelgewächse	14	95
138	Hyazinthengewächse	15	95–107	151	Süßgrasgewächse	35	319–455
125	*Hydrocharitaceae*	11	65 + 67	131	Teichfadengewächse	13	71
149	Igelkolbengewächse	34	317	134	*Trilliaceae*	13	151
144	*Iridaceae*	19	137–145	148	*Typhaceae*	33	313
146	*Juncaceae*	23	193–215	153	Wasserlinsengewächse	59	461
127	*Juncaginaceae*	12	85	133	Yamswurzelgewächse	13	151
150	Kommelinengewächse	34	457	131	*Zannichelliaceae*	13	71
128	Laichkrautgewächse	12	71–85	143	Zeitlosengewächse	18	151
139	Lauchgewächse	16	113–127	130	*Zosteraceae*	13	71

Gattungsschlüssel

Klasse Einkeimblättrige, *Liliopsida*
Ordnung Froschlöffelartige, *Alismatales*

123. Familie Schwanenblumengewächse,
Butomaceae
Krautige Sumpf- und Wasserpflanzen mit kriechendem Wurzelstock; Blätter grundständig, lang-lineal, kompakt (mit ± 3eckigem Querschnitt), bescheidet; Blüten einfach, 6strahlig, ± doldig angeordnet (formal: Schraubel aus den Achseln quirlständiger Hochblätter); 9(–10) Staubblätter; 6 oberständige, 1grifflige Fruchtknoten. Balgfrüchte; nur 1 Gattung (mit 1–2 Arten)
Schwanenblume, *Butomus* S. 65

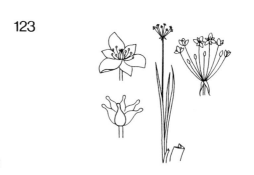

124. Familie Froschlöffelgewächse,
Alismataceae
Krautige Sumpf- und Wasserpflanzen mit ± senkrechtem Wurzelstock, (wenig) Milchsaft führend; Blätter überwiegend grundständig, bandartig oder gestielt und dann mit einfacher Spreite; Blüten doppelt, 3strahlig, zuweilen 1geschlechtig; meist doldig oder in Quirlen übereinander, selten (oft bei Wasserformen) nur 1–6 Blüten an gemeinsamem Stiel; (3–)6–(viele) Staubblätter; 3 bis viele Fruchtknoten. Früchte: schwimmfähige Nüßchen

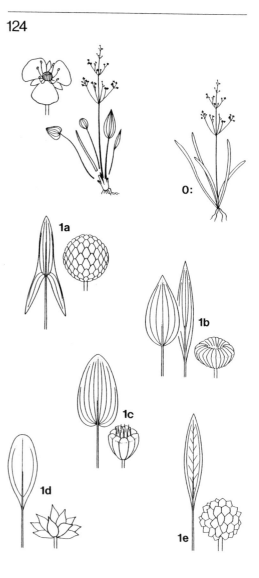

0:! Tiefwasserpflanzen aller Arten entwickeln oft nur bandförmige Unterwasserblätter; zu ihrer Identifizierung sind Blüten- und Fruchtmerkmale vonnöten

1a Blattspreite pfeilförmig; Blüten weiß, mit rotem Grundfleck, 1geschlechtig, 1häusig; in quirligen Trauben(-Rispen) auf blattlosem Schaft, untere ♀; ♂ mit vielen Staubblättern; Früchte eirundlich-flach, in kugeligen (bis schwach 3knotigen) Köpfchen
Pfeilkraut, *Sagittaria* S. 65

1b Blätter breit- bis schmal-eiförmig, ± zugespitzt; Blüten weiß oder rosa, oft mit gelbem Fleck, alle ⚥, mit 6 Staubblättern; in quirligen Trauben oder Rispen auf blattlosem Schaft; Früchte flach, zu vielen kranzartig (Zentrum vertieft) im (meist ± 3eckig verformten) Kreis nebeneinander
Froschlöffel, *Alisma* S. 61

1c Blattspreite herzförmig, vorn stumpflich; Blüten rein weiß, ⚥, mit 6 Staubblättern; in oft armen, quirligen Trauben(-Rispen – zuweilen auch nur in einfacher Dolde) auf blattlosem Schaft; 8–10 wenig abgeflachte Früchtchen im (schwach 3eckig verformten) Kreis, jedes am Rücken mit 3 starken Längsrippen
Herzlöffel, *Caldesia* S. 61

1d Blattspreite elliptisch; Blüten weiß mit Grund gelb, ⚥, mit 6 Staubblättern; blattachselständig (deutlich gestielt) am kriechenden oder flutenden Stengel; Früchte zu 6–12 (büschelig) beieinander, eikugelig mit ± geradem, spitzem Griffelrest, rundum mit vielen (etwa 12–15) feinen Längsrippen
Froschkraut, *Luronium* S. 61

1e Blattspreite schmal-lanzettlich; Blüten weiß oder rosa, am Grund gelbfleckig, ⚥, mit 6 Staubblättern; in doldigem Endquirl auf blattlosem Schaft; Früchte zu vielen (etwa 20–40) in kugeligem Köpfchen, 4–5kantig, mit kurzem, hakigem Griffelrest
Igelschlauch, *Baldellia* S. 61

Ordnung Froschbißartige, *Hydrocharitales*

125. Familie Froschbißgewächse,
Hydrocharitaceae
Krautige, untergetauchte oder schwimmende Wasserpflanzen (auch Meerwasserpflanzen); Blätter oft (±) rosettig oder quirlständig, einfach, ganzrandig oder gezähnt. Blüten 1geschlechtig, meist 2häusig, doppelt 3zählig; einzeln oder in armblütigem, doldig-traubenartigem Stand (als Schraubel); 2 oft große Tragblätter; 2–15 Staubblätter, meist gleich viele (selten mehr) unterständige Fruchtknoten, diese (gegenseitig) frei, aber am becherförmigen Blütenboden festgewachsen; Frucht beerenartig. Manche vorübergehend oder beständig eingeschleppte Arten oft mit vorherrschend ungeschlechtlicher Vermehrung (s. 0:)

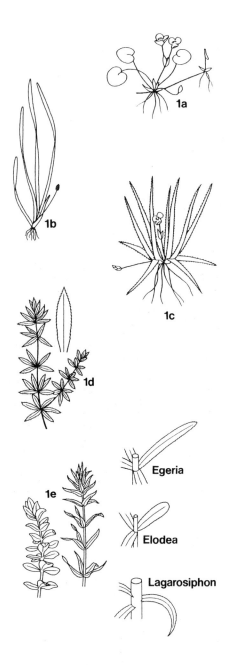

0:! Einige (vor allem eingeschleppte) Arten blühen nur äußerst selten; deshalb sind hier hauptsächlich Blattmerkmale zur Unterscheidung angeführt

1a Blätter gestielt, mit rundlich-nierenförmiger, bogennerviger Spreite schwimmend; am Stielgrund große, bleiche Tragschuppen; Pflanze oft mit Ausläufern, meist flottierend; Blüten groß, weiß, lang gestielt
Froschbiß, *Hydrocharis* S. 65
1b Blätter bandartig, weich, kaum 1 cm breit; 20–80 cm lang, höchstens an der Spitze gezähnelt; meist untergetaucht, in grundständiger (verwurzelter) Rosette
Wasserschraube, *Vallisneria* S. 67
1c Blätter breit-lineal, meist starr, 3kantig, am ganzen Rand scharf gezähnt, bis 4 cm breit, 10–40 cm lang (bei Tauchpflanzen oft bis 80 cm, etwas weicher, aber stets gezähnt); in Rosetten an knollenartigem, bewurzeltem Sproß; dieser meist flottierend (Blattspitzen zur Blütezeit über den Wasserspiegel hervorragend); Blüten groß, weiß
Krebsschere, *Stratiotes* S. 65
1d Blätter ungestielt, unter 5 cm lang; am untergetaucht verwurzelten, langen und oft verzweigten Stengel in vielen, meist 5–6zähligen Quirlen; lang zugespitzt, ringsum deutlich sichtbar (±) stachelspitzig gezähnt (selten und nur im (Nord-)Osten des Gebietes)
Grundnessel, *Hydrilla* S. 67
1e Blätter ungestielt, unter 5 cm lang; am untergetaucht verwurzelten, langen und oft verzweigten Stengel in vielen, meist 3–4zähligen Quirlen oder dicht gegen-, bzw. engspiralig wechselständig (dann stark rückwärts gebogen; eher ± stumpflich, am Rand feinst gesägt, Zähnchen im Gegenlicht, bzw. mit Lupe sichtbar)
Wasserpest, (3 Gattungen) S. 67
Egeria; Blätter 1,5–3 cm lang, in 4(–5)zähligen Quirlen (untere auch 3zählig); Stengel 2–3 mm dick S. 67
Elodea; Blätter 0,5–2 cm lang, in 3zähligen Quirlen (untere oft gegenständig); Stengel ± 1 mm dick S. 67
Lagarosiphon; Blätter dicht wechselständig, oberste oft quirlartig genähert, um 1,5 cm lang, stark zurückgekrümmt; Stengel um 3 mm dick s. S. 66, re. Sp.

Ordnung Nixenkrautartige, *Najadales*

126. Familie Blumenbinsengewächse,
Scheuchzeriaceae
Krautige Sumpf- und Moorpflanzen; Blätter stielrundlich-rinnig, 2zeilig. Blüten (±) einfach, 6zählig, in Trauben; Staubblätter 6, Fruchtknoten 3, oberständig, unten miteinander verwachsen. Balgfrucht. Nur 1 Gattung mit 1 Art; über die kalt-gemäßigte Nordhalbkugel zerstreut (1 amerikanische, 1 eurasiatische Sippe)
Blumenbinse, *Scheuchzeria* S. 89

127. Familie Dreizackgewächse, *Juncaginaceae*
Krautige Sumpfpflanzen; Laubblätter 2zeilig, ± grundständig, einfach, grasartig flach oder stielrund, mit Scheide und Blatthäutchen; Blüten ⚥, nackt, aber durch schuppige Anhängsel der 3 oder 6 Staubbeutel (ohne Staubfäden!) scheinbar (einfach oder doppelt) 3zählig; 1 Fruchtknoten mit bürstenartiger Narbe (kein Griffel!), aus 3 oder 6 Fruchtblättern zusammengewachsen, reif in ebensoviele Nüßchen zerfallend. Artenarme Familie
Dreizack, *Triglochin* S. 85

128. Familie Laichkrautgewächse,
Potamogetonaceae
Wasserpflanzen mit untergetauchten Blättern (zuweilen zusätzliche Schwimmblätter): 2zeilig oder (schein-)gegenständig, fädlich bis eirundlich; Blüten ⚥, nackt, die 4 Staubblätter aber mit hüllblattähnlicher Schuppe; (1-)4(-6) oberständige Fruchtknoten; in mehrblütigen Ährchen über das Wasser gehoben. Steinfruchtartige Nüßchen. Wenige, aber oft artenreiche Gattungen
Laichkraut, (2 Gattungen), S. 71–85
Groenlandia; alle Blätter (±) gegenständig S. 85
Potamogeton; Blätter wechselständig, höchstens die 2 obersten gegenständig genähert S. 71-83
Artenreich Grobeinteilung:
A Blattspreite ± eiförmig, Schwimmblätter stets vorhanden, alle Blätter lang gestielt S. 71+73
B Blattspreite ± eiförmig, Schwimmblätter selten, die andern sitzend oder mit (meist breitem, abgeflachtem) kaum 1 cm langem Stiel S. 73+77
C Blattspreite am Rand wellig-kraus, Blätter sitzend bis kaum gestielt, meist untergetaucht S. 77
D Alle Blätter ungestielt, untergetaucht, fädlich bis lineal, mit deutlich stengelumfassender Scheide; (Ähre armblütig, locker) S. 83
E Alle Blätter ungestielt, untergetaucht, fädlich bis lineal, ohne Scheide dem Stengel ansitzend (Ähre armblütig aber dicht) S. 79+83

129. Familie Saldengewächse, *Ruppiaceae*
Brackwasserstauden mit Wurzelstock; Blätter untergetaucht, wechselständig, doch stark genähert, fädlich (am Grund bauchig erweitert und mit 2 Öhrchen); Blüten ⚥, nackt, aber die (meist) 4 Fruchtknoten mit hüllblattähnlichen Narbenlappen; 2 Staubblätter (Fäden kurz, breit, Beutel mit 2 getrennten Pollensäcken = insgesamt 4 Staubblätter vortäuschend); je 2 Blüten an gemeinsamem Stiel (±) über das Wasser gehoben. Steinfruchtartige Nüßchen. Weltweit nur 1 Gattung mit 2 Arten
Salde, *Ruppia* S. 85

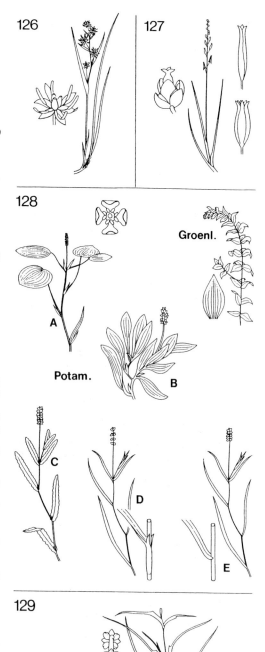

130. Familie Seegrasgewächse, *Zosteraceae*
Meerwasserstauden mit untergetauchten, 2zeilig wechselständigen, grasartig-bandförmigen Blättern; Blüten ♂, nackt, meist nur 1 Staubblatt und 1 (2narbiger) Fruchtknoten; zu vielen in 2reihigen, 1seitswendigen Ähren, jede von der (offenen) Scheide ihres Tragblattes umgeben (Wasserbestäubung!). (Schwimm-)Nüßchen. Kleine Familie, bei uns nur 1 Gattung (2 Arten)
Seegras, *Zostera* S. 71

131. Familie Teichfadengewächse, *Zanichelliaceae*
Im Wasser untergetaucht lebende Wurzelstock-Stauden mit 2zeilig wechselständigen (stark genäherten), einfachen, schmal-linealen Blättern. Blüten unscheinbar, blattachselständig, 1geschlechtig, 1häusig; ♂ nackt, nur 1 Staubbeutel (oft 2 „Blüten" verwachsen) ♀ in häutigem Hüllbecher mit (1-)3-4(-6) Fruchtknoten. Steinfruchtartige Nüßchen. Kleine Familie, bei uns nur 1 Art
Teichfaden, *Zanichellia* S. 71

132. Familie Nixenkrautgewächse, *Najadaceae*
1jährig-krautige, untergetauchte Süß- und Brackwasserpflanzen; Blätter wechselständig, oft paarweise oder 3quirlig genähert, lineal oder lanzettlich und dann meist spitzzähnig, am Grund kurz scheidig; Blüten unscheinbar, 1geschlechtig, 1häusig; ♂ mit 2 Hüllschuppen und 1-2 Staubbeuteln (oft ohne Staubfäden); ♀ meist nackt, nur 1 Fruchtknoten. Steinfruchtartige Nüßchen. Die Familie besteht aus 1 Gattung (mit ca. 40 Arten)
Nixenkraut, *Najas* S. 89

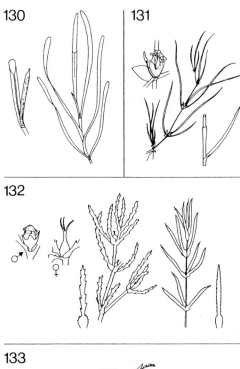

Ordnung Yamswurzelartige, Dioscoreales

133. Familie Yamswurzelgewächse, *Dioscoreaceae*
Meist kletternde Stauden oder Sträucher; Blätter in der Regel wechselständig, oft gestielt, herz- oder pfeilförmig, selten gelappt; Blüten unscheinbar, 6strahlig, 1geschlechtig, selten ♂; in reichen Ähren oder Rispen. 6 Staubblätter (selten 3 davon blumenblattartig), 1 unterständiger Fruchtknoten; Kapsel- oder Beerenfrucht. Kleine (subtropisch-tropische) Familie, bei uns nur 1 Art
Schmerwurz, *Tamus* S. 151

134. Familie Dreiblattgewächse, *Trilliaceae*
Wurzelstockstauden; Stengel meist unverzweigt mit 1 Quirl aus 3-4(-8) einfachen, ± ungestielten Laubblättern; Blüten einzeln (selten 2-3) endständig mit (±) doppelter Hülle, meist 3-, 4- oder 5strahlig; Staubblätter dementsprechend meist 6, 8 oder 10; 1 oberständiger Fruchtknoten mit (s.o.) 3, 4 oder 5 Griffeln. Beeren-, selten Kapselfrucht (nicht bei uns). Kleine Familie von Laubwaldarten der Nordhalbkugel; nur 1 heimische Art
Einbeere, *Paris* S. 151
(Vgl.:) Selten in Gärten und kaum verwildernd:
Drillingslilie, *Trillium grandiflorum* SALISB.
Waldpflanze aus Ostasien; 3blättriger Quirl am Stengel, darüber große, gestielte und leicht nickende 3zählige Blüte mit 3 weißen (im Abblühen roten) Kron- und 3 grünen Kelchblättern; Schattenpflanze

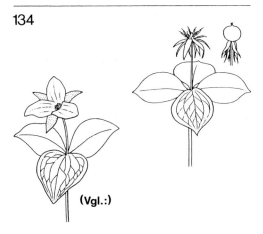

Gattungsschlüssel

Ordnung Spargelartige, *Asparagales*

135. Familie Maiglöckchengewächse, *Convallariaceae*

Wurzelstock-Stauden mit meist wechselständigen, parallelnervigen und oft gestielten Blättern; Blüten mit doppelter, in der Regel (2mal) 3zähliger, blütenblattähnlicher und oft (± stark) verwachsener Hülle; meist in (± durchblätterten) Trauben; 6 (selten 4) Staubblätter, 1 oberständiger Fruchtknoten, 1griffig; Beerenfrucht (Achtung: manche Arten durch Herzglykoside giftig)

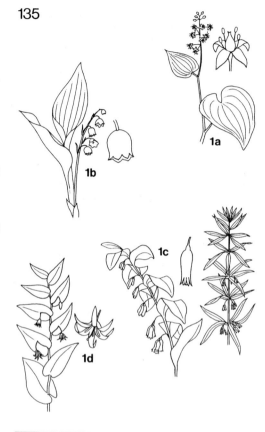

1a Blüten klein, 4strahlig, in endständiger allseitswendiger Traube am 1–2blättrigen Stengel
   Schattenblümchen, *Maianthemum* S. 95
1b Blüten krugförmig-bauchig verwachsen, 6zähnig, in einseitswendiger Traube, nickend am blattlosen Stengel; meist 2 breit-lanzettliche Grundblätter (den Stengel ± röhrig-scheidig umfassend)
   Maiglöckchen, *Convallaria* S. 95
1c Blüten röhrig-glockig verwachsen 6zipflig, zu 1–5 in den Achseln der vielen Stengelblätter; diese eiförmig bis schmal-lanzettlich
   Weißwurz, *Polygonatum* S. 91
1d Blüten fast bis zum Grund 6zipflig, meist einzeln, lang gestielt, (scheinbar) direkt unter je 1 der vielen herzförmigen Stengelblätter entspringend
   Knotenfuß, *Streptopus* S. 91

136. Familie Spargelgewächse, *Asparagaceae*

Stauden und (Halb)Sträucher mit Scheinblättern („Phyllocladien" = blattartig ausgebildete, chlorophyllführende Sproßzweigchen), eigentliche Blätter verkümmert bis häutig-schuppig oder dornähnlich. Blüten mit doppelter, meist (2mal) 3zähliger, freier oder verwachsener, zuweilen auch hinfälliger Hülle, oft 1geschlechtig-2häusig; einzeln oder zu mehreren am Grund oder in der Mitte (!) der Scheinblätter; 3–6 Staubblätter, 1 oberständiger kurzgriffliger Fruchtknoten mit kopfiger oder 2lappiger Narbe; armsamige Beerenfrucht. Die Familie ist erst in Südeuropa heimisch (bei uns selten verwilderte Arten)

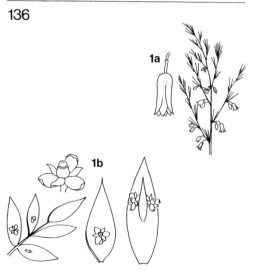

1a Scheinblättchen lineal, nadelartig; Blüten an deren Grund entspringend, gestielt, ± überhängend
   Spargel, *Asparagus* S. 95
1b Scheinblätter breit: eiförmig, zugespitzt und starr oder weich (elastisch), länglich-lanzettlich; Blüten (und Beeren!) in der „Blatt"mitte entspringend, nur ganz kurz gestielt
   Mäusedorn, *Ruscus* L.
Heimat: Süd- und Atlantisches Europa (bis Großbritannien), Nordafrika, Kleinasien (bis zum Iran). Stechender Mäusedorn, *R. aculeatus* L., mit starren, stechend spitzen Blättern. Kommt wild am Südfuß der Alpen vor (Wallis, Tessin, Südtirol, Steiermark); Zungen-Mäusedorn, *R. hypoglossum* L., mit weicheren, ledrig-derben Blättern (und einem auffälligen zungenartigen Tragblatt am Blütenstand). Erreicht, vom Südosten her, mit ganz vereinzelten Vorposten Niederösterreich und die (südliche) Steiermark

137. Familie Affodillgewächse, *Asphodelaceae*
Wurzelstock- und Knollen-Stauden oder (nicht bei uns)
Holzgewächse, oft mit dickfleischigen Blättern (z.B.
Aloë). Hauptmasse der Blätter grund-, bzw. an kurzem
Stamm endständig, Blütensproß armblättrig oder bis
zum Blütenstand blattlos; Blätter lang-lineal bis grasartig. Blüten oft groß, mit doppelter (2mal) 3zähliger, freier
oder unten verwachsener, blütenblattartiger Hülle; meist
arm-, seltener sehr reichblütige Trauben; 6, oft langfä-
dige Staubblätter; Fruchtknoten oberständig, 1 Griffel.
Kapsel, wenig verholzt, oft mit lediger Außenhaut.

1a Blütenblätter braun- bis ziegelrot oder gelb, bis etwa
zur Mitte miteinander verwachsen, über 5 cm lang
Taglilie, *Hemerocallis* S. 113
1b Blüten weiß, 4–5 cm lang, ihr Stiel einfach, kürzer als
sein Tragblättchen; Staubblätter kürzer als die Blütenhüllblätter; einseitswendige Traube; nur Südalpen, Schweizer Jura: Wiesen, lichtes Gehölz
Trichterlilie, *Paradisea* S. 109
1c Blüten weiß, 2–4 cm lang, ihr Stiel im unteren Teil
quergegliedert, länger als sein Tragblättchen; Staubblätter höchstens so lang wie die Blütenhüllblätter;
allseitswendige Traube oder lockere Rispe
Graslilie, *Anthericum* S. 109 + 113
1d Blüten weiß, 1–2 cm lang, ihr Stiel in der Mitte quergegliedert, kürzer als sein Tragblättchen; Staubblätter oft länger als die Blütenhüllblätter, diese mit auf-
fälligem grünem oder rotbraunem Mittelstreif; allseitswendige Traube. Südalpenpflanze
Affodill, *Asphodelus* L.
Weißer Affodill, *A. albus* MILL., aus Süd- und Westeuropa. Grundblätter bis zu 60 cm lang und 1–2 cm
breit. Findet sich vereinzelt in Wiesen, Weiden und
lichtem Gehölz vom Wallis bis zur Südsteiermark in
± 1000–2000 m Meereshöhe. – Zu achten wäre auf:
Röhriger Affodill, *A. fistulosus* L., aus dem Mittelmeergebiet. Grundblätter röhrig-hohl; Blüten flach
ausgebreitet. ! Staubblätter ± kürzer als die weiß-röt-
liche Blütenhülle. Trat bislang nur ganz vereinzelt und
unbeständig in Österreich und Süddeutschland auf

138. Familie Hyazinthengewächse,
Hyacinthaceae
Zwiebel-Stauden mit meist lineal-grasartigen Grundblättern; Sproß blattlos, höchstens der (doldig-)traubige Blütenstand mit Tragschuppen durchsetzt. 6 oft farbige, seltener weiße Blütenhüllblätter (2 Kreise zu je 3), frei oder
verwachsen; Fruchtknoten oberständig, 1griffig;
6 Staubblätter. Zuweilen die obersten Blüten steril oder
mit besonders gut entwickelter Hülle als „Schauapparat".
Kapselfrucht (oft armsamig). Außer heimischen auch (±
leicht verwildernde) Garten-Arten

1a Blütenhüllblätter fast völlig krugförmig verwachsen;
blau (weißrandig), violett oder grün- bis gelbbraun
Traubenhyazinthe, *Muscari* S. 95 + 97
1b Blütenhüllblätter etwa bis zur Mitte trichterig verwachsen, mit umgebogenen Zipfeln; Blüten in dichter Traube auf dicklichem Schaft; weiß, rot, blau
Hyazinthe, *Hyacinthus* S. 101

1c–1e →

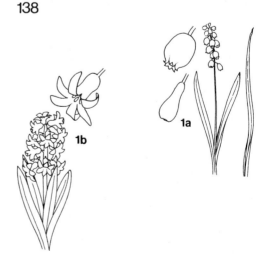

GATTUNGSSCHLÜSSEL

1c Blütenhüllblätter frei oder nur am Grund verwachsen, blau, selten rötlich oder weiß (dann aber außen ohne grünen Mittelstreif); Blüten in Trauben
Blaustern, *Scilla* S. 103 + 107

1d Blütenhüllblätter stets frei, gelblich bis weiß oder grünlich-weiß, außen mit grünem Mittelstreif; Blüten in Trauben oder in Doldentrauben
Milchstern, *Ornithogalum* S. 97 + 101

1e Vgl.: Blütenhüllblätter frei, innen goldgelb; Blüten zu wenigen in endständigen Doldentrauben (selten einzeln) mit 1–3 laubblattartigen Tragblättern
Goldstern, *Gagea* (Liliengewächs) s. S.18, 1a

139. Familie Lauchgewächse, *Alliaceae*

Zwiebel-Stauden, sehr selten (nicht bei uns) Wurzelstock-Stauden (teils Halbsträucher). Blätter grund- und (spärlich) wechselständig, selten lanzettlich und mit Stiel, meist lang-lineal oder röhrig; mit charakteristischem „Lauch"geruch (Zwiebel, Knoblauch, Schnittlauch); Blüten relativ klein, ± kurz gestielt, in endständigen, flachen bis kopfig zusammengezogenen Scheindolden; 1–3 Tragblätter, zur Hülle verwachsen, umgeben den Blütenstand vor dem Aufbrechen. Je Blüte 6 ± blütenblattartige Hüllblätter in 2 Kreisen (3+3), nicht, oder nur unten verwachsen; 6 Staubblätter; 1 oberständiger, 1griffliger Fruchtknoten. Kapselfrucht. Öfters sind einige oder alle Blüten eines „Blüten"standes durch Brutzwiebelchen ersetzt (ungeschlechtliche Vermehrung)
Lauch, *Allium* S. 113–127
Artenreiche Gattung Grobeinteilung:

A Blätter lanzettlich (Grund verschmälert) S. 113 + 115
  A1 Grundblätter deutlich (0,5–2 cm lang), gestielt; Stengelblätter fehlen S. 113
  A2 Grundblätter ± ungestielt (höchstens 1–2 mm) oder aber Stengelblätter vorhanden S. 115
B Blätter lang-lineal, zumindest unten mit scharfem Rückenkiel (Spreite ± V-förmig) S. 115–127
  B1 Stengel 3kantig S. 115
  B2 Stengel 4kantig S. 119
  B3 Stengel rundlich, Blätter 1–3 mm breit S. 121
  B4 Stengel rundlich, Blätter 4–15 mm breit, Hülle der Dolde kurz zugespitzt; Wildarten S. 115
  B5 Stengel rundlich, Blätter 5–30 mm breit, Hülle der Dolde lang zugespitzt; Kulturarten:
    /1 Blätter mit (Gemüse-)Lauchgeruch S. 127
    /2 Blätter mit starkem Knoblauchgeruch S. 125
C Blätter lang-lineal, flach bis halbstielrund, auch stielrund, dann aber zur Spitze hin stets mit schmal-rinniger Bauchfurche (die (Schein)Dolden oft mit vielen Brutzwiebeln) S. 119–125
  C1 Dolde mit Zwiebeln, Tragblätter kurz S. 119
  C2 Dolde mit Zwiebeln, Tragblätter lang S. 121 + 125
  C3 Dolde ohne Zwiebeln, Stengel 2–4kantig S. 121
  C4 Dolde ohne Zwiebeln, Stengel rundlich – und:
    /1 Blätter halbstielrund, breitrinnig S. 125
    /2 Blätter grasartig lineal S. 119
D Blätter röhrig (mit sehr weiter Höhlung) stielrund, höchstens 1seitig (±) abgeflacht, doch auch oben nie mit eingesenkter Rinne S. 121–127
  D1 Stengel und Blätter unten bauchig S. 125 + 127
  D2 Stengel und Blätter gleichmäßig rundlich S. 121

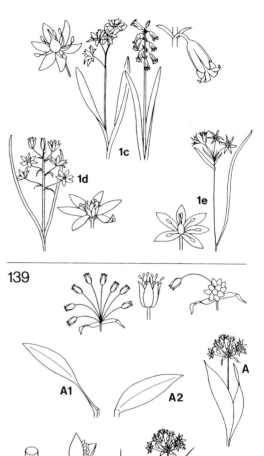

140. Familie Narzissengewächse, *Amaryllidaceae*
Zwiebel-Stauden mit oft nur grundständigen, lang-linealen, ± grasartigen, oft schwach fleischigen Blättern. Blüten mit 2 gleich oder verschieden gestalteten Kreisen aus je 3, meist blütenblattartigen Hüllblättern (diese selten mit Anhängseln, die eine Nebenkrone bilden); einzeln oder (meist) in arm- bis reichblütigen Doldentrauben (verkürzten Schraubeln); an deren Grund oft eine ± lockere Hülle aus häutigen, grünen oder gefärbten Tragblättern. In der Regel 6 Staubblätter (zuweilen 3 ohne Staubbeutel); 1 meist deutlich unterständiger Fruchtknoten mit dünnem, langem oder kurzkegeligem Griffel; Kapselfrucht (selten beerenartig weichschalig). Hauptverbreitung in (trocken-)warmen Klimazonen

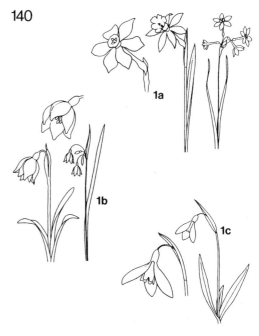

1a Blüte stieltellerförmig, 6zipflig ausgebreitet; mit flachschaliger bis trichteriger Nebenkrone
  Narzisse, *Narcissus* S. 109
1b Blüte nickend, alle Hüllblätter etwa gleichgestaltet, (breit-)eiförmig, glockig zusammenneigend
  Knotenblume, *Leucojum* S. 107
1c Blüte nickend, die 3 inneren Hüllblätter kürzer und schmaler (meist mit grüner bis gelber Zeichnung), fast röhrig zusammenneigend; die 3 äußeren Hüllblätter (oft rein weiß) ± schräg abgespreizt
  Schneeglöckchen, *Galanthus* S. 107

Ordnung Lilienartige, *Liliales*

141. Familie Germergewächse, *Melanthiaceae*
Wurzelstock-Stauden mit grund- und wechselständigen, oft zweizeilig („reitend") gestellten, lineal-lanzettlichen bis (breit-)eiförmigen Blättern. Blüten mit 2 Kreisen aus (meist) je 3 Hüllblättern; diese farbig oder zuweilen von eher kelchblattähnlichem Aussehen. 6 Staubblätter; Fruchtknoten oberständig; selten 3 1grifflige, oft 1 (aus 3 Fruchtblättern) ± verwachsener, doch meist noch 3griffliger Fruchtknoten. Kapselfrucht

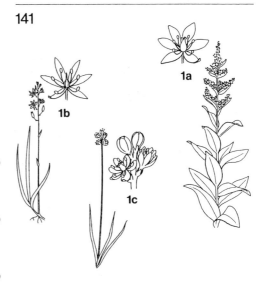

1a Kräftige Pflanze mit breit-eiförmigen Stengelblättern; Blüten zahlreich, in vielen Ährentrauben; gelblich-grün oder innen weiß, selten schwarzpurpurn
  Germer, *Veratrum* S. 149
1b Kaum 30 cm hohe Pflanze mit kurzen Stengelblättchen und schwertförmigen, reitenden Grundblättern; Blüten in Trauben, innen gelb, Staubbeutel rot; 1 Griffel (Küsten und weiteres Hinterland)
  Beinbrech, *Narthecium* S. 149
1c Kaum 30 cm hohe Pflanze mit wenigen schmalen Stengel- und vielen grasartigen, ± reitenden Grundblättern; Blüten in Trauben, grüngelblich-weißlich; 3 Griffel (Alpen und weiteres Vorland)
  Simsenlilie, *Tofieldia* S. 149

142. Familie Liliengewächse, *Liliaceae*
Zwiebel-Stauden mit grund- oder wechselständigen, zuweilen quirlig genäherten, linealen bis eiförmigen Blättern. Blüten mit 2 Kreisen aus je 3, meist freien und blütenblattartigen Hüllblättern; einzeln oder in endständigen Trauben bzw. Doldentrauben; 6 Staubblätter;
→

Gattungsschlüssel

1 oberständiger Fruchtknoten, oft ohne (deutlichen) Griffel, 3 Narben. 3fächrige, meist vielsamige Kapsel

1a Blütenhüllblätter unter 2 cm lang, zumindest innen lebhaft gelb; Blüten doldig oder einzeln auf unten blattlosem Stengel, am Blütenstand wenigstens 1 größeres, grünes Tragblatt; 1–3 Grundblätter
Goldstern, *Gagea* S. 131–137

1b Blütenhüllblätter unter 2 cm lang, weißlich, am Grund (blaß)gelblich, innen fein rot gestreift, 1–2(3) Blüten am mäßig beblätterten Stengel; 1–3 Grundblätter
Faltenlilie, *Lloydia* S. 137

1c Blütenhüllblätter 2–4 cm lang, rosa-violett, selten weiß, zurückgebogen; 1 nickende Blüte (selten 2–3) am weit hinab blattlosen Stengel; unten (meist) 2 fast gegenständige, grün-braun gefleckte Blätter
Zahnlilie, *Erythronium* S. 131

1d Blütenhüllblätter über 3 cm lang (zuweilen zurückgebogen); Blüten einzeln oder in Trauben; Stengel spärlich wechselständig oder reich und dann gelegentlich fast quirlständig beblättert 2

   2a Blüten einzeln, endständig, aufrecht – als Knospe gelegentlich nickend; Stengel 1–3blättrig (Zierformen zuweilen (langstielig!) mehrblütig)
Tulpe, *Tulipa* S. 131

   2b Blüten – auch voll geöffnet – nickend-überhängend, zu 1–2(–3); Stengel 4–5blättrig
Schachblume, *Fritillaria* S. 131

   2c Blüten aufrecht bis nickend, meist in endständigen Trauben (selten einzeln); Stengel reichblättrig (Blütenstand nie von einem Blattschopf überragt; Griffel mit kopfig-3kantiger Narbe)
Lilie, *Lilium* S. 127

   2d Vgl.: Stengel reichblättrig, am Ende ein ± doldiger Quirl nickender Blüten, von einem Blattschopf überragt (Griffel mit 3zipfliger Narbe)
Kaiserkrone, *Fritillaria imperialis* L.
Heimat: Mittelasien. Dekorative, um 1 m hohe, frühblühende Staude. Bei uns seit 1575 in Gärten und Anlagen, doch kaum je verwildert (erst in Südeuropa fast schon eingebürgert)

143. Familie Zeitlosengewächse, *Colchicaceae*

Stauden mit häutig beschuppten (= zwiebelartigen), tiefliegenden Knollen; aus dem kurzen, unterirdischen Stengel brechen, gleichzeitig oder saisonverschoben, die Blüten und die länglichen Blätter (grundständig) hervor. Blüten einfach, mit 6 blumenblattartigen, langröhrig verwachsenen und langzipfligen Hüllblättern (bei Sonderformen, s. 1b, auch kelchartig); einzeln (selten 2–7 gebüschelt); 6 Staubblätter; (unterirdisch) 1 oberständiger Fruchtknoten mit 1 Griffel (3narbig) oder 3 Griffeln (1narbig). Kapselfrucht (3fächrig). Artenarme Familie. Alle Arten sehr giftig! (Colchicin)

1a Die rosaroten, selten weißen Blüten erscheinen im Frühjahr mit den schmalen, lanzettlich-stumpfen Blättern (sehr seltene Südalpenpflanze)
Lichtblume, *Bulbocodium* S. 151

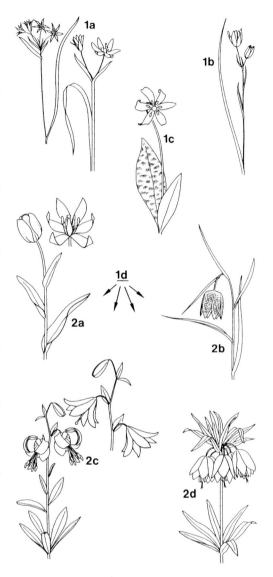
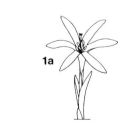

1b Die hell violettrosafarbenen, selten weißen Blüten erscheinen im Spätsommer/Herbst ohne Blätter; diese lineal- bis breit-lanzettlich erst im folgenden Frühjahr (selten im Spätherbst) mit den Kapseln (wird – durch klimatische Besonderheiten – die Herbstblüte unterdrückt – können mit den Blättern ± kleinere, bleichgrünliche „Not"-Blüten erscheinen)
Zeitlose, *Colchicum* S. 151

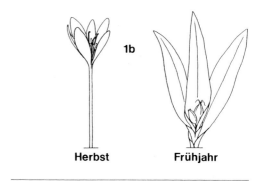

144. Familie Schwertliliengewächse, *Iridaceae*
Stauden mit fleischigem Wurzelstock oder häutig beschuppten Knollen, sehr selten (nicht bei uns) mit Zwiebeln; zuweilen auch Halbsträucher (nicht bei uns). Blätter grund- und/oder 2zeilig wechselständig, lineal grasartig oder schwertförmig(-reitend). Blüten einzeln (grundständig) oder häufiger in Ähren und Trauben, strahlig bis ± 2seitig, aus 2 (manchmal verschieden gestalteten) 3zähligen Kreisen blütenblattartiger Hüllblätter; öfters mit kelchblattähnlichen Tragblättern. 3 Staubblätter, 1 unterständiger Fruchtknoten mit 3 Griffeln, die gelegentlich blütenblattartig verbreitet sind; Kapselfrucht. Hauptverbreitung in den wärmeren Klimazonen; bei uns nur 3(–4) Gattungen

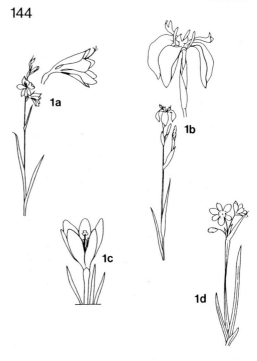

1a Blütenhüllblätter 2seitig angeordnet; Blüten fast 2lippig, in einseitswendigen Trauben
Siegwurz, *Gladiolus* S. 145
1b Blütenhüllblätter formverschieden aber strahlig angeordnet: 3 innere schmal, aufrecht, 3 äußere groß, vorn übergebogen; dazu 3 blumenblattartige Griffel
Schwertlilie, *Iris* S. 139–145
1c Blütenhüllblätter ± gleich, aufrecht, strahlig angeordnet, unten zu einer langen schmalen Röhre verwachsen, die direkt aus dem Boden hervorsticht
Krokus, *Crocus* S. 137
1d Blütenhüllblätter ± gleich; ± ausgebreitet, strahlig angeordnet, nur kurz verwachsen; (1)2–4(5) Blüten am blattlosen, abgeflacht-geflügelten Sproß
Blauaugengras, *Sisyrinchium* S. 139

Ordnung Orchideenartige, *Orchidales*

145. Familie Orchideengewächse, *Orchidaceae*
Stauden, oft mit Wurzelknollen, zuweilen blattgrünfrei; Blätter wechsel- oder nur grund-, sehr selten gegenständig, einfach, meist ganzrandig, oft lang-lineal und lang scheidig; Blüten in Ähren oder Trauben, selten einzeln, (±) 2seitig-symmetrisch, oft gespornt; 2 Kreise mit 3 Blütenhüllblättern; 1 inneres davon lippenartig vergrößert, alle meist blütenblattartig, seltener die äußeren kelchartig; 1 Staubblatt (selten 2), mit dem Griffel verwachsen; 1 unterständiger, oft gedrehter Fruchtknoten (Oberlippe wird Unterlippe!). Kapsel. Alle einheimischen Arten sind geschützt!

Vorschlüssel

1a Pflanze ohne Blattgrün, bleich, bräunlich, violett oder gelb bis rötlich .... **OR 1**, S. 20
1b Pflanze mit grünen Blättern (gelegentlich nur 1 grünes Grundblatt!) 2

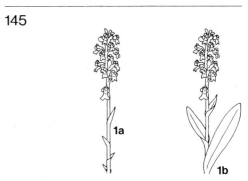

GATTUNGSSCHLÜSSEL

    2a Blüten mit deutlichem, kurz walzlichem oder langem, abstehendem Sporn . . . . **OR 2**, S. 20
    2b Blüten mit kurzem, beutelartigem, ± nach vorn gebogenem Sporn, grün-braun(rot), mit langer, 3zipfliger Unterlippe, sonst helmförmig zusammengeneigt
                  Hohlzunge, *Coeloglossum* S. 169
    2c Blüten ohne Sporn (höchstens hinten mit kaum 1 mm langem Höcker) . . . . **OR 3**, S. 21

OR 1 Orchideengewächs ohne grüne Blätter (Blüten gespornt oder ungespornt)

1a Pflanze violett bis stahlblau überlaufen; Blüte um 180° gedreht: Unterlippe (± ganzrandig, schwach quergegliedert) mit abwärts gerichtetem Sporn
                  Dingel, *Limodorum* S. 161
1b Pflanze weiß-gelblich und rot überlaufen; Blüte nicht gedreht: Oberlippe (breit, 3lappig, ± gekerbt) mit dikkem, sackförmigem, nach oben gekrümmtem Sporn
                  Widerbart, *Epipogium* S. 163
1c Pflanze (grünlich-)gelb; Blüte nur mit Höcker, Unterlippe ± 5 mm lang, rot gepunktet, undeutlich gekerbt (Blüte gedreht)
                  Korallenwurz, *Corallorhiza* S. 181
1d Pflanze hell- bis gelblichbraun; Blüte ohne Sporn oder Höcker, Unterlippe ± 1 cm lang, deutlich 2lappig (Blüte gedreht)
                  Nestwurz, *Neottia* S. 161

OR 2 Orchideengewächs mit grünen Blättern und gespornten Blüten

1a Unterlippe ungelappt, ± schmal, lanzettlich-zungenförmig 2
1b Unterlippe 3zipflig, Mittelzipfel stark verlängert, 3–6 cm lang, bandförmig und ± schraubig verdreht; Blüten grün-gelblichweiß, stinkend (Ziegengeruch)
                  Riemenzunge, *Himantoglossum* S. 179
1c Unterlippe 2–3lappig, 4–5zipflig oder vorn verbreitert und gekerbt bis gezähnt 3

    2a Blüten schwarzrot bis rosa, sehr selten weißlich, dicht gedrängt, nach Vanille oder Kakao duftend; Sporn walzlich, kürzer als der Fruchtknoten; dieser nicht verdreht: größtes Blütenhüllblatt oben
                  Kohlröschen, *Nigritella* S. 169
    2b Blüten weiß bis grünlich-weiß, locker zusammenstehend, geruchlos oder mit Maiglöckchenduft; Sporn länger als der (verdrehte) Fruchtknoten
                  Waldhyazinthe, *Platanthera* S. 167

    3a Sporn fädlich dünn, oft länger als der Fruchtknoten, Unterlippe immer ± 3lappig 4
    3b Sporn walzlich, meist dicker als 1 mm und oft kürzer als der Fruchtknoten 5

        4a Unterlippe deutlich breiter als lang, mit 3 fast gleich großen Lappen, am Ansatz beidseits mit 1 aufrecht stehenden Leiste (sicheres Kennzeichen)
                  Hundswurz, *Anacamptis* S. 173

4b Unterlippe ± so breit wie lang; Sporn ± 3 mm lang, äußere Blütenhüllblätter mit fädlicher, vorn verdickter Spitze (sicheres Kennzeichen)
Kugelorchis, *Traunsteinera* S. 173
4c Unterlippe ± so breit wie lang; Sporn entweder 4–5 mm lang und dem Fruchtknoten anliegend oder über 1 cm lang und weggebogen; Blütenstand langgezogen, schmal-zylindrisch
Händelwurz, *Gymnadenia* S. 167

5a Die 5 oberen Blütenhüllblätter nur 2–3 mm lang, gelblich-weiß, helmförmig zusammengeneigt
Weißzüngel, *Pseudorchis* S. 169
5b Die 5 oberen Blütenhüllblätter um 5 mm lang, stumpflich oder schmal zugespitzt, rot bis rosa, selten weiß, 2 seitliche abstehend. Blüten intensiv duftend (± nach Gewürznelken)
Händelwurz, *Gymnadenia (odoratissima)* S. 167
5c Die 5 oberen Blütenhüllblätter um 5 mm lang, mit fädlicher, vorn kopfig verdickter Spitze, rosa, selten weiß, 2 seitliche ± abstehend; Blütentragblätter häutig; Blütenstand dicht, ± kugelig
Kugelorchis, *Traunsteinera* S. 173
5d Die 5 oberen Blütenhüllblätter meist über 7 mm lang, wenn kürzer (4 mm), Blüten ohne Gewürznelkenduft und, falls mit ausgezogener Spitze, diese vorn nicht kopfig verdickt
Knabenkraut, (2 Gattungen) S. 181–191
A: Blüten rot oder/und weiß, nie gelb
Dactylorhiza; 2 der 5 oberen Blütenhüllblätter abstehend; Blütentragblätter dicklich-krautig, stets länger als der Fruchtknoten   S.191
Orchis; oft neigen die 5 oberen Blütenhüllblätter zusammen, wenn 2 seitliche abstehen, sind die Blütentragblätter häutig, dünn und kaum so lang wie der Fruchtknoten   S. 181–187
  A1 Alle oberen Blütenhüllblätter zusammenneigend, Lippe breit, ± 3lappig   S. 181+185
  A2 Alle oberen Blütenhüllblätter zusammenneigend, Lippe lang, ± 4lappig   S. 185+187
  A3 2 obere Blütenhüllblätter abstehend   S. 187
B: Blüten (± rein) gelb (zuweilen am selben Standort rot- und gelbblühende Individuen)
Dactylorhiza; Unterlippe der Blüte nicht oder nur angedeutet 3lappig, am Rand meist wellig gekerbt bis fein gezähnelt; Tragblätter zumindest so lang wie die Blüte (!)   S. 191
Orchis; Unterlippe 3lappig (Mittellappen etwas größer); Tragblätter nur etwa so lang wie der Fruchtknoten(!)   S. 187

OR 3 Orchideengewächs mit grünen Blättern und ungespornten Blüten

1a Unterlippe unter 1 cm lang, weder quergegliedert noch deutlich 3zähnig bis 3lappig, kahl, wenig länger als die andern Blütenhüllblätter oder sogar in ihnen ± eingehüllt (= klein oder undeutlich) 2
1b Unterlippe oberseits oder am Rand samtig behaart; gewölbt, ± eirundlich oder flach und länglich
Ragwurz, *Ophrys* S. 175

1c–1g →

Gattungsschlüssel

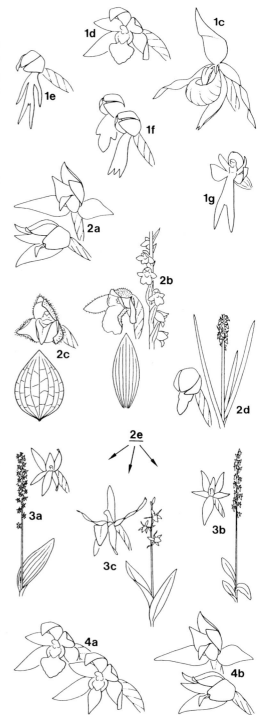

1c Unterlippe kahl, gelb, 3–6 cm lang, bauchig (schuhartig vertieft); nur 4 weitere Blütenhüllblätter, diese lang lineal-lanzettlich, dunkel braunrot
Frauenschuh, *Cypripedium* S. 155
1d Unterlippe kahl, quergegliedert **4**
1e Unterlippe kahl, 4zipflig (oft noch 1 Mittelzahn)
Ohnsporn, *Aceras* S. 179
1f Unterlippe kahl, 3zähnig bis 3lappig **5**
1g Unterlippe kahl, schmal, lang 2zipflig
Zweiblatt, *Listera* S. 161

2a Blüten groß (1–2 cm), ihre Hüllblätter aus bauchigem Grund zusammenneigend, (gelblich-)weiß oder rot (dann oft 2 seitliche Hüllblätter ± abstehend)
Waldvögelein, *Cephalanthera* S. 155
2b Blüten 6–9 mm lang, innen weißlich-grünlich, außen dicht drüsig behaart; Lippe vorn breit gestumpft, ± wellig gekerbt, wenig überragend; Grundblätter eiförmig bis lineal-lanzettlich, parallelnervig
Schraubenstendel, *Spiranthes* S. 163
2c Blüten kaum 5 mm lang, innen weißlich, außen dicht drüsig behaart; Lippe ± rinnig zungenförmig, wenig hervorgebogen; Grundblätter ± breit eiförmig, am Grund stielartig, deutlich gitternervig
Netzblatt, *Goodyera* S. 163
2d Blüten kaum 5 mm lang, gelb(grün) bis rotbraun, kahl, ihre 5 oberen Hüllblätter kugelig zusammengeneigt, die kurze Lippe herabhängend; Grundblätter grasartig, ± rinnig, sehr lang
Zwergorchis, *Chamorchis* S. 173
2e Blüten 2–6 mm lang, gelb(grün), kahl, einige Hüllblätter abspreizend, Lippe kaum länger als diese; Blätter ei-länglich bis elliptisch, parallelnervig, die Blüten kaum erreichend **3**

3a 20–100blütige Traube; Blütenhüllblätter 2–3 mm lang; nur 1 Laubblatt, 3–10 cm lang (selten 1–2 zusätzliche, diese dann aber bedeutend kürzer)
Einblattorchis, *Malaxis* S. 179
3b (10–)15–30blütige Traube; Blütenhüllblätter 2–3 mm lang; 2–4 Laubblätter, 0,5–2,5 cm lang, dicklich, vorn oft mit kleinen Brutknospen
Weichstendel, *Hammarbya* S. 179
3c 2–8(–10)blütige Traube, Blütenhüllblätter 4–6 mm lang; 1–3 Laubblätter, 2–11 cm lang, fettig glänzend
Glanzstendel, *Liparis* S. 181

4a Blütenhüllblätter 6–12(–15) mm lang, ± breit glokkig bis abstehend ausgebreitet, außen trüb grünlich bis rot(braun), Unterlippe stets gut sichtbar; Blüten kurz gestielt, oft schwach hängend (Stielchen samt Fruchtknoten umgebogen)
Stendelwurz, *Epipactis* S. 157
4b Blütenhüllblätter (12–)15–25 mm lang, meist ± aufrecht-zusammenneigend (weiße Blüten), seltener 2 seitliche abstehend (rote Blüten), außen (rahm-)weiß(lich) bis rot; Blüten meist schräg aufrecht, ungestielt (Fruchtknoten wenig gebogen)
Waldvögelein, *Cephalanthera* S. 155

5a 2(-4) Laubblätter am Stengelgrund, eiförmig bis lanzettlich, 5-15 mm breit; Blütenhüllblätter glokkig zusammenstehend, Lippe spießförmig 3spaltig
Einknolle, *Herminium* S. 173
5b Alle Laubblätter grundständig, grasartig, 1-3 mm breit; die 5 oberen Blütenhüllblätter kugelig zusammenneigend, Lippe mit 2 kurzen Seitenläppchen
Zwergorchis, *Chamorchis* S. 173
5c 3-6 Laubblätter am Stengel verteilt, obere klein, schmal-lanzettlich, untere eiförmig, 1-3 cm breit; die 5 oberen Blütenhüllblätter kugelig zusammenneigend, Lippe bandartig, vorn 3zähnig
Hohlzunge, *Coeloglossum* S. 169

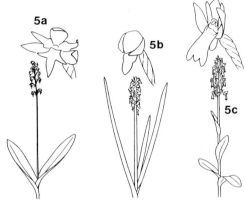

Ordnung Binsenartige, *Juncales*

146. Familie Binsengewächse, *Juncaceae*
Krautgewächse, meist Wurzelstock-Stauden. Blätter grund- und wechselständig, grasartig, rundlich-röhrig, borsten- oder fadenförmig. Sproß hohl oder markerfüllt, knotenlos aber zuweilen mit inneren Querwänden. Blüten strahlig; 6 spelzenartige Hüllblätter in 2 Kreisen, häutig oder krautig, öfters gefärbt (± braun, rot, gelb) oder weiß; 6 (selten weniger) Staubblätter; 1 oberständiger ± 3kantiger Fruchtknoten, 1 Griffel (sehr kurz oder lang) mit 3 fädlichen, oft spiralig gedrehten Narben. Kleine, nüßchenförmige Kapselfrucht

1a Blätter dicht bis zerstreut langhaarig, grasartig (zur Fruchtreife oft stark verkahlt: Kapsel mit höchstens 3, entsprechend großen Samen)
Hainsimse, *Luzula* S. 209-215
  A Viele Einzelblüten im Blütenstand   S. 209+211
  B Die meisten Blüten im Blütenstand zu kleinen Büscheln genähert   S. 211 + 215
  C Blüten in dichten Ährchen   S. 215
1b Blätter kahl, selten grasartig, meist stengelähnlich, fädlich oder borstlich (Kapsel mit vielen Samen)
Binse, *Juncus* S. 193-209
Artenreiche Gattung   Grobeinteilung:

  A Blütenstand seitlich am blattlosen Stengel (! Tragblatt täuscht Stengelspitze vor)   S. 193-203
    A1 Blätter stechend spitz   S. 203
    A2 Blütenstand reichblütig   S. 193+197
    A3 nur 3-7 Blüten in der Stengelmitte   S. 197
    A4 nur (1)2-4 Blüten am oberen Stengelteil   S. 199
    A5 (vgl.:) 1-4 winzige „Zäpfchen" am Stengel
        Moorbinse (Riedgrasgewächs) S. 229
  B Blütenstand endständig, mit 1-2(5) Tragblättern am sonst blattlosen Stengel   S. 199+203
    B1 Blüten in Rispen (Spirren)   S. 199
    B2 Blüten in Köpfchen (oft 2-3 übereinander, das untere:) mit langem Tragblatt   S. 199
    B3 Blüten in Köpfchen; Tragblätter kurz   S. 203
  C Stengel vom Grund an gabelig verzweigt, beblättert; zumindest untere Blüten einzeln   S. 197
  D Stengel wenig verzweigt, zwischen Grund- und Tragblättern zumindest 1 weiteres Blatt; die meisten Blüten einzeln   S. 197+199
    D 1-F →

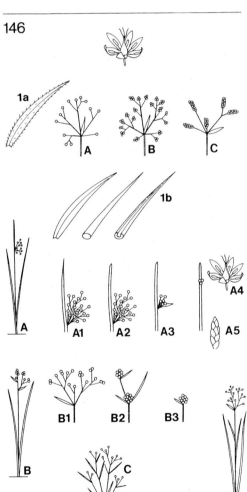

GATTUNGSSCHLÜSSEL

D1 Nur 1–4 Blüten, Tragblätter sehr lang S. 199
D2 Blütenrispen, deren Tragblätter kaum länger als diese S. 197
E Stengel wenig verzweigt, zwischen Grund- und Tragblättern zumindest 1 weiteres Blatt; 1(–5) Köpfchen, dicht, endständig S. 193+199–205
  E1 Oberes Stengelblatt am Grund bauchig, Köpfchen mit ± 10 schwarzbraunen Blüten S. 193
  E2 Oberes Stengelblatt am Grund mit 3 langen Gegenzipfeln S. 199
  E3 Oberes Stengelblatt am Grund mit 2 kurzlappigen Öhrchen S. 203+205
  E4 Oberes Stengelblatt am Grund nur schwach verbreitert, ohne Öhrchen S. 199+203
F Stengel wenig verzweigt, zwischen Grund- und Tragblättern zumindest 1 weiteres Blatt; zahlreiche (über 5) ± lockere Blütenbüschel in endständiger Spirre (Rispe) S. 205+209

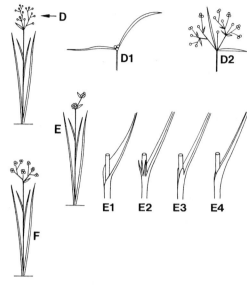

Ordnung Riedgrasartige, *Cyperales*

147. Familie Riedgrasgewächse, *Cyperaceae*

Krautgewächse, meist Stauden, mit oft 3kantigem, knotenlosem Stengel und 3zeilig wechselständigen oder nur grundständigen, grasartigen bis fädlichen bzw. borstlichen, selten röhrigen Blättern. Blüten nackt (zuweilen vorhandene Borsten in 3- oder 6-Zahl, früher als Blütenhülle gedeutet, werden heute als reduzierte Tragblätter angesehen), mit spelzigen oder borstlichen Tragblättern, 1geschlechtig (1-, seltener 2häusig), doch öfters 2 zu ♀ Scheinblüten hinter einer Tragspelze vereint; bei der artenreichen Gattung *Carex* (Blüten stets 1geschlechtig) ist der Fruchtknoten von einem verwachsenen, ± krautigen Tragblatt, dem „Schlauch" umschlossen, aus dem nur die Narben hervorragen (1 weiteres Hochblatt als deckende Spelze). Meist (1–)3 Staubblätter, sehr selten mehr; 1 Fruchtknoten mit 2–3 fädlichen Narben. Frucht ein 2- oder 3kantiges Nüßchen, bzw. (falls vom Schlauch umhüllt) eine Scheinfrucht.

Begriffserklärung Blütenstand (s. a. Abb. rechts)
Das die Blüte (bzw. die Scheinblüte) deckende Hochblatt heißt „Spelze". Wenige bis viele solcher bespelzter Blüten bilden das „Ährchen". Der Gesamtblütenstand besteht aus nur 1 oder aber einigen bis vielen Ährchen; die können dann zusammen eine Ähre (! = mehrere, ungestielte Ährchen untereinander), Traube, Rispe usw. bilden. Oft entspringen die Ährchen (zumindest die unteren), samt eventuell vorhandenem Stiel, aus den Achseln spelzen- bis laubblattartiger „Tragblätter"

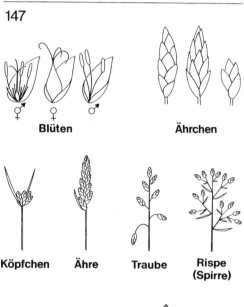

Vorschlüssel

1a Stengel fädlich dünn, schlaff niederliegend oder (oft) flutend, beblättert und lang verzweigt; an jedem Zweigende 1 Ährchen, 3–5 mm lang
  Moorsime, *Isolepis (fluitans)* S. 229
1b Nur 1 Ährchen (3–30 mm lang) an der Spitze des unverzweigten, meist aufrechten Stengels (falls niederliegend, dann blattlos) .... Rl 1, S. 25

GATTUNGSSCHLÜSSEL

1c Mehrere gleichartige, kaum gestielte Ährchen, kopfig gehäuft, endständig / oder 1 – viele kopfig bis kurz büschelig (scheinbar) seitenständig: durch 1 aufrechtes Tragblatt abgedrängt . . . . **Rl 2**, S. 26

1d Mehrere gleichartige, kaum gestielte Ährchen ährig untereinander am Stengelende. Beachte: das endständige „Ährchen" (s. 1 b) ist zur Blüte (nicht immer zur Fruchtreife!) ± gleichmäßig dachziegelig beschuppt; die („Ährchen"-)Ähre ist oft lückig, zumindest aber durch abstehende Einzelährchen im Umriß grob unregelmäßig wellig-gezähnt . . . . . . **Rl 3**, S. 27

1e Mehrere bis viele gleichartige Ährchen, von denen mindestens einige deutlich gestielt sind, traubig, doldig oder rispig (spirrig) am Ende des ± aufrechten, unverzweigten Stengels . . . . **Rl 4**, S. 27

1f Ährchen des Blütenstandes deutlich in 2 im Bau (und in der Verteilung) unterschiedlichen (♀ + ♂) Gruppen (Diese „Gruppen" können zuweilen nur aus 1 Ährchen bestehen!)
Segge, *Carex* S. 265–311
(s. Verschiedenährige Seggen, S. 29 f.)

Rl 1 Riedgrasgewächs mit nur 1 einzigen, endständigen Ährchen

1a Ährchen deutlich 2seitig abgeflacht (Blüten 2zeilig ansitzend) . . . . **Rl 3**, S. 27

1b Ährchen ± stielrundlich, auf völlig blattlosem, unten nur kurz bescheidetem (oft zartem) Stengel
Sumpfbinse, *Eleocharis* S. 227 + 229

1c Ährchen ± stielrundlich, auf beblättertem Stengel; oberstes Blatt mit langer Scheide und kurzer, 1–30 mm langer Spreite 2

1d Ährchen ± stielrundlich, auf beblättertem Stengel; Blattspreiten lang, ± flach oder borstlich, doch dann vom Ährchen überragt 3

1e Ährchen ± stielrundlich (schmal, 1–3 cm lang), Stengel unten beblättert; Blattspreiten borstlich-rinnig, steif, den Blütenstand (±) überragend. Hochgebirgspflanze – (die mittleren Spelzen decken je 1 ♂ und ♀ Blüte mit eigener, weicher Spelze)
Nacktried, *Elyna* S. 241

2a Spelzen grau, silbrig berandet; Ährchen vielspelzig, nach der Blüte mit einem dichten Schopf glatter (und wenig verbogener) weißer Haare
Wollgras, *Eriophorum* S. 221 + 223

2b Spelzen gelb- bis rotbraun; Ährchen 5–15spelzig, nach der Blüte ohne Haarschopf, oder aber mit einem ± lockeren Schopf wellig gekräuselter Haare
Rasenbinse, *Trichophorum* S. 223

3a Spelzen grau, silbrig berandet; Ährchen nach der Blüte mit einem dichten, weißen Haarschopf
Wollgras, *Eriophorum* S. 221 + 223

3b Spelzen grün oder hell- bis dunkel(rot)braun (am Rand oft trüb bis hellbräunlich häutig); Ährchen nach der Blüte ohne Haarschopf
Segge, *Carex* S. 245 + 247
(s. Einährige Seggen S. 29)

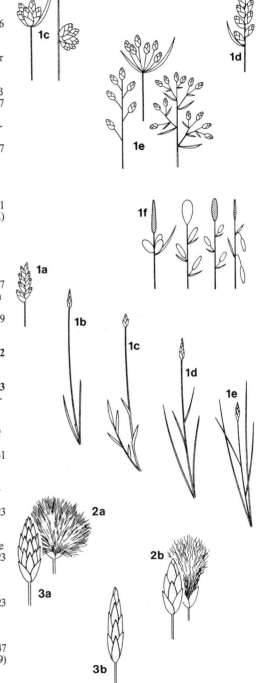

Gattungsschlüssel

RI 2 Riedgrasgewächs, entweder mit mehreren am Stengelende kopfig gehäuften, oder mit scheinbar seitenständigen, stets aber ± ungestielten Ährchen

1a Ein (oft das einzige) Tragblatt lang, krautig, ± aufrecht gestellt (zuweilen streng senkrecht, die Stengelspitze vortäuschend) **2**
1b Ein Tragblatt mit krautiger, ± steifer Spitze und derber, schwarz- oder rostbrauner Scheide umfaßt die untere Hälfte des Blütenköpfchens; Blütenspelzen ebenfalls schwarz- oder rostbraun (gescheckt)
Kopfried, *Schoenus* S. 239
1c Längstes Tragblatt krautig (oft ± hautrandig), schräg abstehend, doch kaum den (oft lockeren) Blütenstand überragend; Blütenspelzen weiß bis rötlich
Schnabelbinse, *Rhynchospora* S. 241
1d Tragblätter spelzenähnlich, sehr kurz; Blütenspelzen grün bis braun. Sonderformen von:
Segge, *Carex* S. 251-311
(weitere Unterteilung s. S. 29)
1e 2 bis viele sehr lange, krautige Tragblätter stehen vom Blütenstand ab **3**

2a Dichte, kugelige Köpfchen (0,5-1,5 cm breit) aus vielblütigen, um 3 mm langen Ährchen; Stengel drehrundlich, 30 bis über 100 cm hoch
Kugelbinse, *Holoschoenus* S. 233
2b Nur 1-3(-6) vielblütige, 2-4 mm lange Ährchen an fädlich-dünnen, nur 2-10(-15) cm hohem Stengel
Moorsimse, *Isolepis* S. 229
2c (1-)2-6(-20) mehr- bis vielblütige, über 4 (bis 10) mm lange Ährchen am derben Stengel; dieser scharf 3kantig bis rundlich, meist über 30 (bis 300) cm hoch, falls kürzer (5-15 cm) und rundlich, dann doch um 1 mm dick und die unteren Spelzen der Ährchen mit gezähnelter Stachelspitze
Teichsimse, *Schoenoplectus* S. 235
2d Vgl.: Am dicken, 3kantigen Stengel 1 vielblütiges, um 1,5 cm langes Ährchen mit vorn ausgerandeten Spelzen, deren Mittelnerv als kurze (gut 2 mm lange) Granne austritt (Salzbodenform von:)
Strandsimse, *Bolboschoenus* S. 233
2e Schmale, um 5 mm lange, 2-3blütige Ährchen (2-3 Spelzen, darunter 2-4 viel kürzere „Tragspelzen": ohne Blüten). Lockeres Büschel am 10-30 cm hohen, 3kantigen, oben ± rauhen Stengel
Schnabelbinse, *Rhynchospora* S. 241

3a Ährchen seitlich zusammengedrückt, länglich-lanzettlich und ± 4 mm oder (meist) linealisch und ± 5-15 mm lang; Tragblätter lang und schmal
Zypergras, *Cyperus* S. 217
3b Ährchen ei-länglich spitz, ± bauchig-rundlich, etwa 1-2 cm lang, ihre Spelzen braun, an der Spitze ausgerandet und kurz begrannt; Tragblätter sehr lang, grasartig, mit 3kantiger Spitze
Strandsimse, *Bolboschoenus* S. 233
3c Ährchen eiförmig bis länglich, ± bauchig-rundlich, um 1 cm lang, ihre Spelzen breit, ± spitz, nicht ausgerandet, mit (weißem bis gelblichem) Hautsaum
Segge, *Carex* S. 251
(s. a. Gleichährige Seggen S. 29)

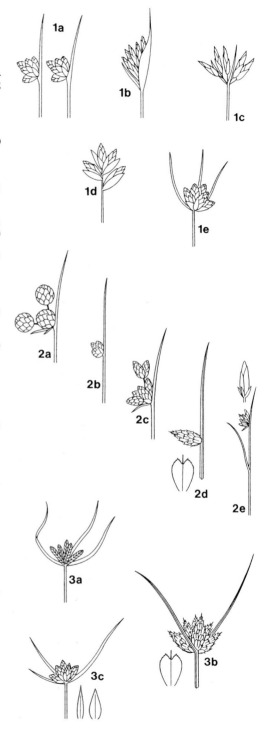

RI 3 Riedgrasgewächs, am Stengelende mehrere Ährchen, kaum gestielt, ährig untereinander stehend

1a 3–15(–19) ± ei-lanzettliche Ährchen streng 2zeilig in flacher Ähre; Tragblatt fehlend bis länger als der Blütenstand; Stengel unten rundlich bis flachgedrückt
Quellbinse, *Blysmus* S. 239
1b 2–5(–10) länglich-lanzettliche, abgeflachte Ährchen in ± flacher, kurzer Ähre; Tragblatt unten scheidig erweitert, Scheide schwarz- bis rotbraun, den Grund der Ähre umfassend; Stengel durchgehend rundlich
Kopfried, *Schoenus* S. 239
1c Einige bis viele Ährchen, ± spiralig gestellt; Stengel (unten) meist 3kantig, wenn rundlich, dann die Ähre länglich, ohne scheidiges Tragblatt und nicht seitlich abgeflacht 2

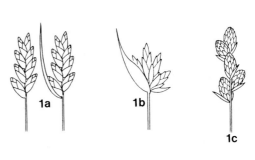

2a Nur 2–25 cm hohe Hochalpenpflanze mit ± geraden, rinnig gefalteten Blättern, kürzer als der rundliche Blütenstengel. – Sicheres Kennzeichen: die 3narbigen ♀ Blüten der um 7 mm langen, 4–10blütigen (= 4–10spelzigen!) Ährchen sind (hinter der Deckspelze) von einem häutigen, am Grund kaum verwachsenen Tragblatt umgeben
Schuppenried, *Kobresia* S. 241
2b (Vgl.:) 2–25 cm hohe Hochalpenpflanze mit ± geraden, hohlrinnigen Borstenblättern, (mindestens) so lang wie der rundliche Blütenstengel. – Sicheres Kennzeichen: Die 3narbigen Fruchtknoten der (seitlichen) ca. 4 mm langen, 2blütigen (♀) Ährchen sind (hinter der Deckspelze) von einem häutigen, am Grund verwachsenen Tragblatt umhüllt, das auch die ♂ Blüte und ihr eigenes (häutiges) Tragblatt einschließt
Nacktried, *Elyna* S. 241
2c Pflanze entweder höher, oder nicht alpin oder mit flachen bis gekielten, auch borstlichen aber dann verbogenen Blättern oder mit deutlich 3kantigem Stengel. Sicheres Kennzeichen: ♀ Blüten (hinter der Spelze) von einem verwachsenen ei-länglichen „Schlauch" umhüllt; nur die 2–3 Narben frei
Segge, *Carex* S. 251–265
(s. Gleichährige Seggen S. 29)

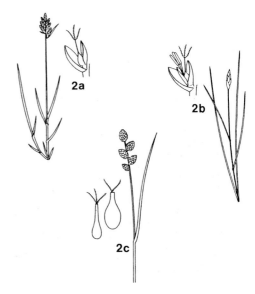

RI 4 Riedgrasgewächs mit endständigem Blütenstand, zumindest einige Ährchen (oder Büschel) gestielt

1a Blütenstand traubig bis rispig(-spirrig), d.h., zumindest einige Zweigchen entspringen am Hauptstengel deutlich übereinander 2
1b Blütenstand doldig(-spirrig), d.h. alle am Hauptstengel entspringenden Zweigchen stehen (etwa) auf gleicher Höhe 3

2a Ährchen kaum 5 mm lang, einzeln auf einfachen Stielen, aus den Achseln entfernter Tragblätter
Moorsimse, *Isolepis (fluitans)* S. 229
2b Ährchen 1–2 cm lang, einzeln kurz oder länger gestielt, aus den Achseln genäherter Tragblätter
Segge, *Carex* S. 265–311
(s. Verschiedenährige Seggen, S. 29 f.)

2c–2f →

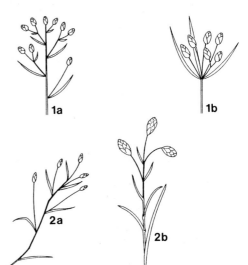

Gattungsschlüssel

2c Ährchen knapp 5 mm lang, ± kopfig gebüschelt; nur 1–4 Büschel; gestielt aus den Achseln schmal-linealer, am Rand schwach rauher Tragblätter
Schnabelbinse, *Rhynchospora* S. 241

2d Ährchen knapp 5 mm lang, ± kopfig gebüschelt; zahlreiche Büschel auf meist verzweigten Stielen aus den Achseln grasartiger Tragblätter, diese an Rand und Kiel mit scharfen Sägezähnchen
Schneide, *Cladium* S. 223

2e Ährchen dicht auf kurzen, kaum verzweigten Seitenstielen sitzend, diese mit kurzen Tragblättchen
Segge, *Carex* S. 251–265
(s. Gleichährige Seggen S. 29)

2f (Vgl.:) Ährchen in reicher, lockerer Rispe, ohne jegliches Tragblatt. Stengel rundlich, am Grund mit einigen Knoten: Süßgrasgewächs! s. vor allem:
Mariengras (Blatthäutchen vorhanden)   S. 335
Pfeifengras (Haare statt Blatthäutchen)   S. 383

3a Ährchen in gestielten (oft auch teils sitzenden) kugeligen Köpfchen von ± 1 cm Breite, dicht gepackt, so daß Einzelheiten kaum zu erkennen sind
Kugelbinse, *Holoschoenus* S. 233

3b Gedrängtes Ährchenbüschel mit 1 längeren und oft noch 1 kurzen Tragblatt, beide mit trockenhäutiger, breiter, rot- oder schwarzbrauner Scheide; Ährchen abgeflacht, kurz gestielt, von den Tragblattscheiden zumindest teilweise bedeckt
Kopfried, *Schoenus* S. 239

3c Ährchen deutlich abgeflacht; Blütenstand in einem ± abstehenden Kranz laubartiger Tragblätter
Zypergras, *Cyperus* S. 217

3d Ährchen länglich, ± stielrundlich, mit nur 1–3 (Blüten-)Spelzen (darunter 2–3 viel kürzere, blütenlose). Lockerbüscheliger Blütenstand, meist nur 1 Tragblatt auffällig (± lang)
Schnabelbinse, *Rhynchospora* S. 241

3e Ährchen ± stielrundlich, mit mindestens 5 (oft mehr als 20) spiralig gestellten Spelzen 4

4a Ährchen 3–8 mm lang, zahlreich, einzeln oder gebüschelt an den Enden reichverzweigter Stiele; Stengel 3kantig, Blätter um 1 cm breit
Simse, *Scirpus* S. 233

4b Ährchen 10–30 mm lang, oft zu 2–5 am Ende einfacher Zweige; Stengel 3kantig, Blätter um 5 mm breit; 2–3 sehr lange Tragblätter (10–30 cm lang)
Strandsimse, *Bolboschoenus* S. 233

4c Ährchen 5–15 mm lang, einzeln oder gebüschelt am Ende einfacher Zweige; Stengel rundlich, oft nur sein oberstes Blatt mit (schmaler) Spreite; 1 deutliches Tragblatt (2–10 cm lang)
Teichsimse, *Schoenoplectus* S. 235

4d Ährchen um 10 mm lang, stets einzeln gestielt, mit gelblichen bis graubraunen hellrandigen Spelzen – dahinter ein dichtes Haarbüschel, später ein weit überstehender weißer Haarschopf
Wollgras, *Eriophorum* S. 221 + 223

4e Ährchen einzeln gestielt, entweder nur 5–15 mm lang, dann der Stiel höchstens ⅓ so lang, oder 3–5 cm lang, ± walzlich. Zur Fruchtreife ohne
→

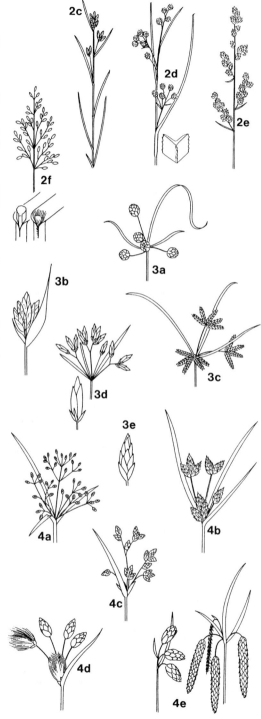

GATTUNGSSCHLÜSSEL

Haarschopf aber mit ei-länglichen, oft oben kurz geschnäbelten „Schläuchen"
Segge, *Carex* S. 245–311
Unsere artenreichste Gattung (ohne die Kleinarten); 3 gut unterscheidbare Untergattungen:
1. **Primocarex,** Einährige Seggen   S. 245 + 247
Nur 1 einzelnes endständiges Ährchen, 1geschlechtig oder mit ♀ und ♂ Blüten auf verschiedener Höhe
Grobeinteilung:
A 2häusige Pflanze, Ährchen entweder nur mit Staubblättern oder nur mit 2narbigen Schläuchen   S. 245
B Ährchen 2geschlechtig, rundlich-eiförmig, kaum 9 mm lang, Schläuche 2narbig   S. 245
C Ährchen 2geschlechtig, länglich, 1–2(2,5) cm lang, Schläuche 2narbig   S. 247
D Ährchen 2geschlechtig, Schläuche 3narbig, von den Spelzen bedeckt oder länger als diese   S. 247

2. **Vignea,** Gleichährige Seggen   S. 251–265
Blütenstand aus mehreren gleichartigen Ährchen, diese in der Regel alle mit je 1 Gruppe ♀ und ♂ Blüten (Ährchen also ⚥). Selten (vor allem Arten S. 253 + 254) sind nur die mittleren Ährchen des Blütenstandes ⚥, die oberen dagegen rein ♂ und die untersten rein ♀; bei *C. disticha* (S. 253) gibt es alle Übergänge von der Normalform (s. o.) zu der (hier am häufigsten) Form, deren Blütenstand oben wie unten rein ♀, dazwischen rein ♂ Ährchen trägt; gestaltlich sind aber alle Ährchen gleich, erst zur Fruchtzeit werden auffällige Unterschiede sichtbar
Grobeinteilung:
A Blütenstand kopfig zusammengezogen, von einem Kranz laubartiger Tragblätter umgeben   S. 251
B Blütenstand kopfig-eikugelig, kaum doppelt so lang wie breit; Tragblätter klein, spelzenartig, höchstens 1 laubartiges (± größer)   S. 251–253 + 259–265
B1 Lockerrasige Pflanze mit langen Ausläufern, Ährchen unten ♀ (2narbig), oben ♂   S. 251
B2 Lockerrasige Pflanze mit langen Ausläufern, Ährchen unten ♂, oben ♀ (2narbig)   S. 253
B3 Horstige Pflanze, „Ausläufer" kaum 1 cm lang, Ährchen unten ♀ (3narbig), oben ♂   S. 259
B4 Horstige Pflanze, „Ausläufer" kaum 1 cm lang, Ährchen unten ♂, oben ♀ (2narbig)   S. 263 (+265)
C Blütenstand ährig (Ährchen untereinander); locker-rasige Pflanze mit langen Ausläufern   S. 253 + 257
D Blütenstand ährig (Ährchen untereinander); horstige Pflanze, „Ausläufer" kaum 1(–2) cm lang   S. 257–265
D1 Ährchen unten ♀, oben ♂   S. 257 + 259
D1 Ährchen unten ♂, oben ♀   S. 263 + 265

3. **Carex (Eucarex)** Verschiedenährige Seggen S. 265–311
Blütenstand aus mehreren Ährchen, untere rein ♀ (meist mehrere), obere (oft nur oberstes) rein ♂; ♀ und ♂ Ährchen im Aussehen deutlich verschieden. – Gelegentlich kommen auch ⚥ Ährchen vor: hin und wieder als Abnormität, meist im Übergangsbereich zwischen den ♀ und ♂ Ährchen; selten ist regelmäßig das oberste Ährchen ⚥ (unten ♂, darüber ♀ Blüten) und die übrigen rein ♀; Farbunterschiede zwischen solchen ⚥ und ♀ Ährchen sind zwar kaum vorhanden, doch ist das oberste oft größer und vor allem keulig (nach oben zu dicker)
Grobeinteilung →

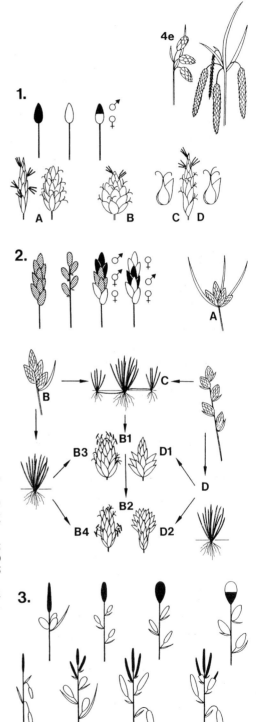

Gattungsschlüssel

(3. **Carex (Eucarex)**, Verschiedenährige Seggen)
Grobeinteilung:
- **0** (nicht hierher gehörend!) Obere und untere Ährchen nur mit (2narbigen) ♀ Blüten, die mittleren Ährchen rein ♂ (Zweizeilige Segge, *C. disticha*) .... S. 253
- **1a** Oberstes Ährchen des Blütenstandes am Grund ♂, an der Spitze ♀, untere Ährchen rein ♀, selten einige noch mit ♂-Spitze (S. 271+275+295) 2
- **1b** Oberstes Ährchen des Blütenstandes rein ♂ (eventuell auch noch weitere, aber stets:) unterste rein ♀ (selten einige mit ♂ Spitze), ihr Schlauch 2narbig (falls verblüht:) reife Früchtchen (Schlauch entfernen!) deutlich seitlich (linsenartig) abgeflacht, 2kantig (S. 265-271+295) 4
- **1c** Oberstes Ährchen des Blütenstandes rein ♂ (eventuell auch noch weitere, aber stets:) unterste rein ♀ (selten einige mit ♂ Spitze), ihr Schlauch 3narbig (falls verblüht:) reife Früchtchen (Schlauch entfernen!) 3kantig. (S. 275-311) 5

- **2a** Ährchen ± fächerartig zusammengezogen, sitzend (unterstes selten gestielt); Schlauch mit 2 Narben, flach, ungeschnäbelt .... S. 271
- **2b** Ährchen fast kopfig oder in langgezogener Ähre, sitzend bis kurz (oder unterstes auch länger) gestielt; Schlauch 3narbig, mit aufgesetztem kurzen Schnabel (S. 271+275) 3
- **2c** Alle Ährchen auf langen, dünnen Stielen; Schlauch 3- (selten 2-)narbig, ganz allmählich in einen langen Schnabel ausgezogen .... S. 295

- **3a** Spelzen langgrannig zugespitzt .... S. 271
- **3b** Spelzen stumpf oder kurz bespitzt ...... S. 275

- **4a** Pflanze lockerrasig, mit Ausläufern, Blätter 3-10 mm breit, nur dürr ± einrollend ...... S. 269
- **4b** Pflanze lockerrasig, mit Ausläufern, Blätter 1-2(-3) mm breit, borstlich gefaltet .... S. 265
- **4c** Pflanze (oft dicht) horstig, ohne Ausläufer, Blätter (1-)3-10 mm breit, Ährchen vielblütig ... S. 271
- **4d** Pflanze kleinhorstig, ohne Ausläufer; Blätter fädlich, kaum 0,5 mm breit, Ährchen armblütig; alpine Fels- und Steinschuttpflanze .... S. 295

- **5a** Blattscheiden oder Spreiten (s. a. Unterseite!) ± dicht behaart (S. 277+281+289+311) 6
- **5b** Blätter und Scheiden kahl; Schläuche in einen langen, 2zähnigen bis tief gespaltenen Schnabel ausgezogen (S. 293-311) 7
- **5c** Blätter und Scheiden kahl; Schläuche ohne oder mit ganz kurzem, gestutztem bis seicht ausgerandetem Schnabel (S. 275-293) 14

- **6a** Nur 1 ♂ Ährchen; Schläuche kurz geschnäbelt, behaart, 3-4 mm lang .... S. 277
- **6b** Nur 1 ♂ Ährchen, Blätter 2-3 mm breit; Schläuche ungeschnäbelt, kahl, 2-3 mm lang ... S. 281
- **6c** Nur 1 ♂ Ährchen, Blätter 4-10 mm breit; Schläuche kurz geschnäbelt, kahl, 4-5 mm lang .. S. 289
- **6d** Meist 2-4 ♂ Ährchen; Schläuche lang geschnäbelt, 5-8 mm lang, oft behaart .... S. 311

7a Blattspreiten und vor allem die unteren Scheiden durch ± erhabene Queradern gitternervig; der Schnabel am Schlauch oft mit auseinanderspreizenden Zähnen (S. 305–311) **8**

7b Blätter und Scheiden nicht sichtbar gitternervig; der Schnabel am Schlauch stets mit gerade vorgestreckten Zähnen (S. 293–305) **9**

8a Pflanze ohne Ausläufer; nur 1 ♂ (vereinzelte Exemplare mit 2) Ährchen und mehrere genäherte, lang gestielte, meist einseitig überhängende ♀ (nur das unterste oft weiter entfernt – bis mehrere cm) .... S. 305

8b Pflanze mit Ausläufern; meist mehrere gelbgrüne bis hellbraune ♂ Ährchen, die ♀ wenig genähert, ihre reifen Schläuche aufgeblasen und viel länger als die Spelzen; Blätter 2–10 mm breit .... S. 307

8c Pflanze mit Ausläufern; meist mehrere dunkelbis rotbraune ♂ Ährchen, die ♀ wenig genähert; Blätter 1–3 mm breit .... S. 311

8d Pflanze mit Ausläufern; meist mehrere schwarz- bis rotbraune ♂ Ährchen, die ♀ wenig genähert; Blätter 4–20 mm breit .... S. 307

9a Laubwaldpflanze, alle ♀ Ährchen lang und dünn gestielt, zuletzt überhängend, weißlichgrün bis braungelb; 1(–2) ♂ Ährchen; Blätter stark gekielt (Rand flach) .... S. 293

9b Gebirgspflanze, alle ♀ Ährchen lang und dünn gestielt, zuletzt überhängend, schwarz- bis rostbraun; 1(–2) ♂ Ährchen; Blätter flach, nur schwach gekielt (S. 295 + 299) **10**

9c Obere ♀ Ährchen aufrecht, sitzend bis kurz gestielt, untere oft entfernt, ihr Tragblatt kürzer als der Blütenstand; Spelzen rot- bis dunkelbraun; 1(–2) ♂ Ährchen; Blätter ± weich, gekielt, selten (Gebirgspflanzen) steif, flach; kürzer als der Stengel (S. 293 + 299–305) **11**

9d Obere ♀ Ährchen gedrängt, (fast) sitzend, unteres oft 1–3 cm entfernt, Tragblätter (öfters herabgeschlagen) länger als der Blütenstand, mit kurzer Scheide; 1(–2) ♂ Ährchen; Blätter flach, selten (Küstenpflanzen) ± gerollt; meist kürzer als der Stengel .... S. 305

9e ♀ Ährchen aufrecht, ± locker untereinander, ihr Stiel wenig aus der langen Tragblattscheide ragend; vom untersten Tragblatt oder von den Stengelblättern bzw. den Blättern nichtblühender Nebensprosse überragt; 1–4 ♂ Ährchen; Blätter gekielt (S. 299–305) **13**

10a Pflanze ohne Ausläufer, Blätter kaum 1 mm breit, schlaff borstlich; obere Tragblätter borstlich .... S. 295

10b Pflanze ohne Ausläufer, Blätter 1–3(4) mm breit; obere Tragblätter laubig oder spelzenähnlich (breit) .... S. 299

10c Pflanze mit Ausläufern, untere Blattscheiden hellbraun, ♀ Ährchen blühend über 5 mm dick, später dichtfrüchtig .... S. 295

10d →

GATTUNGSSCHLÜSSEL

10d Pflanze mit Ausläufern, untere Blattscheiden dunkelrot, ♀ Ährchen blühend kaum 5 mm dick, später lockerfrüchtig . . . . S. 299

11a Gebirgspflanzen; niedere, dichte Horste; Blätter entweder schlaff und 1–2 mm breit oder steif, dann kaum 5 cm lang; an der Scheide gegenüber dem Spreitenansatz kein 2–5 mm langes Anhängsel . . . . . . S. 299
11b Pflanze mit Ausläufern, Blätter 7–11 mm breit; an der Scheide gegenüber dem Spreitenansatz ein kurzes Anhängsel; untere Scheiden gelbbraun; Stengel scharf 3kantig – nur im Westen (Rhein-Rhone) . . . . . . S. 293
11c Pflanze mit Ausläufern, Blätter 2–6 mm breit; an der Scheide gegenüber dem Spreitenansatz ein kurzes Anhängsel; untere Scheiden rotbraun; Stengel stumpf 3kantig – nur im Westen (Mittelrheingebiet) . . . S. 301
11d Pflanze ± horstig, Ausläufer fehlend oder höchstens 1–3 cm lang; Blätter 2–6 mm breit; an der Scheide gegenüber dem Spreitenansatz ein kurzes Anhängsel – vom Tiefland bis in Berglagen (S. 293 + 301 + 305) 12

12a Spelzen der ♀ Ährchen dunkelbraun, eiförmig, vorn gerundet bis ± spitz zulaufend (sicheres Kennzeichen: Schnabelzähne innen glatt – Lupe!) . . . . S. 293
12b Spelzen der ♀ Ährchen hell rotbraun, vorn stumpf bzw. gekerbt mit aufgesetzter Spitze (sicheres Kennzeichen: Schnabelzähne innen feinborstig – Lupe!) . . . . . . S. 301
12c Spelzen der ♀ Ährchen rotbraun, breit-eiförmig, in eine längere Stachelspitze ausgezogen (sicheres Kennzeichen: Schläuche hellgrün, braun gepunktet) – nur an der Küste und am Alpensüdfuß . . . . S. 305

13a ♀ Ährchen schmal, kaum 4 mm dick, nur 3–6blütig(-spelzig); Fruchtschläuche groß, 7–9 mm lang; 1 ♂ Ährchen . . . . S. 299
13b ♀ Ährchen vielblütig, um 6 mm dick; Fruchtschläuche klein, nur 5–7 mm lang; 1 ♂ Ährchen . . . . S. 305
13c ♀ Ährchen vielblütig, 6–10 mm dick; Fruchtschläuche groß, dick, 9–10 mm lang; oft 2–3 ♂ Ährchen (eng beisammen) . . . . . . S. 301

14a Tragblätter der Ährchen trocken, spelzenartig, höchstens mit einer kurzen, grünen, hautrandigen Spreitenspitze; ♀ Ährchen vielblütig, dickwalzlich bis kugelig (S. 277 + 281) 15
14b Tragblätter der Ährchen spelzenartig-scheidig; ♀ Ährchen entweder klein, 2–3blütig(-spelzig), meist kaum so lang wie das Tragblatt, oder lang, schlank, oft lockerblütig . . . . S. 287
14c ♀ Ährchen nur 2–5blütig(-spelzig), in der Achsel laubartiger Tragblätter sitzend – am Stengelgrund oft noch blattachselständig 1 lang gestieltes ♀ Ährchen (S. 275 + 281) 16

GATTUNGSSCHLÜSSEL

14d ♀ Ährchen viel- und dichtblütig, meist kugelrund bis kurzwalzlich, (fast) sitzend, zumindest unterstes mit laubartigem Tragblatt; Schläuche stets behaart (S. 277+281) 15
14e ♀ Ährchen viel- und dichtblütig, meist langwalzlich, lang gestielt, oft nickend, zumindest unterstes mit laubartigem Tragblatt; Schläuche stets kahl, höchstens durch winzige Höckerchen rauh (S. 275+283) 17
14f ♀ Ährchen viel- aber lockerblütig, sehr schlank, langgestreckt und oft, zumindest das untere, lang und dünn gestielt, dieses auch stets mit laubartigem Tragblatt (S. 283+289+293) 18

15a Pflanze ohne Ausläufer, kleine Horste, meist mehrere eng beieinander .... S. 277
15b Pflanze mit Ausläufern; unterstes Tragblatt (wie alle) häutig-spelzig .... S. 281
15c Pflanze mit Ausläufern; unterstes Tragblatt laubartig, abstehend .... S. 277

16a Pflanze mit Ausläufern; Grundblätter kürzer als der Blütenstengel, untere Blattscheiden purpurrot(braun) .... S. 275
16b Pflanze ohne Ausläufer; Grundblätter fast so lang wie, bzw. länger als der Blütenstengel, untere Blattscheiden braun – meist 1(-2) zusätzliche ♀ Ährchen auf fast grundständigem, bis 20 cm langem Stiel .... S. 281

17a Blattspreiten 1-2 mm breit, hellgrün; ♀ Ährchen kugelig bis kurzwalzlich, kaum 1,5 cm lang, stets aufrecht .... S. 275
17b Blattspreiten (2-)3-20 mm breit, blau- oder dunkelgrün; ♀ Ährchen langwalzlich, bald überhängend, 2-10 cm lang .... S. 283

18a Tragblatt des untersten ♀ Ährchens ohne oder mit nur 1-2 mm langer Scheide ...... S. 283
18b Tragblatt des untersten ♀ Ährchens mit langer oft lockerer Scheide; Blätter 2-5(-6) mm breit, grau- oder dunkelgrün; meist niedrige Pflanze der Moore und Feuchtrasen .... S. 289
18c Tragblatt des untersten ♀ Ährchens mit langer Scheide; Blätter (5-)7-12 mm breit, hellgrün; bis 1 m hohe Laubwaldpflanze .... S. 293

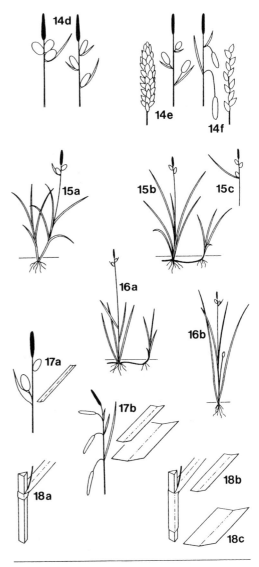

Ordnung Rohrkolbenartige, *Typhales*

148. Familie Rohrkolbengewächse, *Typhaceae*
Aufrechte Sumpf- oder Seichtwasserstauden mit linealen, 2zeilig wechselständigen Blättern; Blüten 1geschlechtig-1häusig (in gesonderten Blütenständen); ♂ nackt oder mit (1-)3(-8) Hüllschuppen; diese oft gabelig zerteilt oder in Haare aufgelöst; meist 1-3 (selten mehr) Staubblätter; in einem (äußerlich kaum sichtbar mehrteiligen) Kolben am Stengelende. Unmittelbar darunter oder etwas entfernt der dickere, durchgehende (oder äußerlich kaum sichtbar 2teilige) ♀ Kolben; seine Blüten mit vielreihiger Haarhülle und oberständigem, gestiel-
→

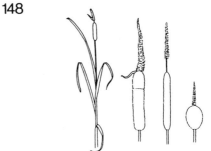

GATTUNGSSCHLÜSSEL

tem, 1griffligem Fruchtknoten (zuweilen mit sterilen untermischt, die einen verkümmerten Fruchtknoten oder nur ein Haarbüschel tragen). Scheinfrucht: mit der Haarhülle (Flughilfe) verwachsene Kapsel (nüßchenartig 1samig, aber aufbrechend). Familie mit nur 1 Gattung (um die 15 Arten), öfters mit nachfolgender Familie vereinigt
Rohrkolben, *Typha* S. 313

149. Familie Igelkolbengewächse, *Sparganiaceae*
Aufrechte Sumpf- oder flutende Wasserstauden mit grund- und 2zeilig wechselständigen, bandartigen Wasser- und grasartigen (unten oft verdickt 3kantigen) Luftblättern. Blüten mit einer Hülle aus meist 3–6 schuppenartigen, am Rand oft zerschlitzten, selten haarförmig umgestalteten Blättchen, 1geschlechtig-1häusig, doch in getrennten, kugeligen Köpfchen. ♂ mit bis zu 9 Staubblättern, ♀ mit oberständigem, 2–3narbigem Fruchtknoten; Gesamtblütenstand ährig-traubig(-armrispig), untere (1–6) Köpfchen ♀, obere (1–viele) ♂. Steinfrucht, durch die ± schwammig-poröse „Fleisch"schicht schwimmfähig. Familie mit nur 1 Gattung, öfters mit vorhergehender Familie vereint
Igelkolben, *Sparganium* S. 317

Ordnung Kommelinenartige, *Commelinales*

150. Familie Kommelinengewächse, *Commelinaceae*
Meist ausdauernde Krautgewächse mit einfachen, grasartigen bis breit-eiförmigen, wechsel- und/oder grundständigen Blättern. Blüten doppelt, mit 2 (3zähligen) Hüllblattkreisen; äußerer meist kelch-, innerer blütenblattartig, strahlig oder ± 2seitig (1 Hüllblatt kleiner, gern auch weniger farbig). Bis zu 6 Staubblätter, nicht selten einige davon verkümmert oder fehlend; 1 oberständiger, 1griffliger Fruchtknoten. Kapselfrucht. (Sub-)Tropische Familie; bei uns nur Zimmer- und Gartenpflanzen, selten unbeständig verwildernd

1a 2 Blütenblätter groß, dunkelblau, 1 klein und meist blaßblau bis weiß; Stengel niederliegend-aufsteigend
Kommeline, *Commelina* S. 457
1b Die 3 Blütenblätter gleich groß, gleichfarben (blau, rotviolett oder weiß); Stengel (± bogig) aufrecht
Dreimaster-Tradeskantie, *Tradescantia virginiana* L.

Zierpflanze aus den südlichen USA, bei uns recht selten in Gärten gepflanzt; nur gelegentlich vorübergehend – am Südalpenfuß beständiger – verwildert; in Südeuropa fest eingebürgert.
Weitere verwandte Arten sind beliebte Topf- und Ampelpflanzen (Blüten klein, ± weißlich), die sich durch problemlose Stecklingsvermehrung auszeichnen. Nur gelegentlich findet man sie einen Sommer lang wuchernd im Bereich von Lagerplätzen für Gartenabfälle (kaum je blühend!). Am ehesten noch:
Hänge-Tradeskantie, *T. fluminensis* VELL. – Blätter eiförmig, oberseits grün, unterseits rot
Zebrapflanze, *Zebrina pendula* SCHNITZL. – ähnlich, Blätter oberseits längsstreifig, grün-silberweiß oder 4farbig gelb(grün)/rosa/weiß/rot (s.a. S. 456, li. Sp.)

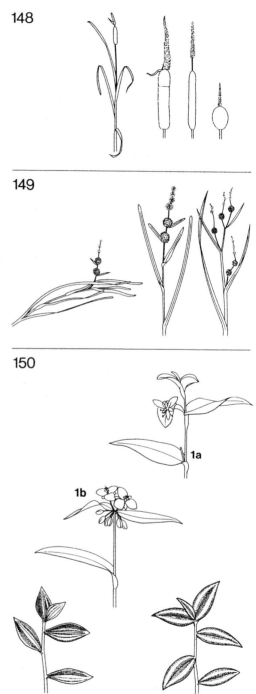

Ordnung Süßgrasartige, *Poales*

151. Familie Süßgrasgewächse, *Poaceae*

Krautpflanzen, außerhalb Mitteleuropas auch Holzgewächse (z. B.: Bambus); Blätter grund- und/oder ± 2zeilig wechselständig, lang, fädlich dünn bis ± breit-lineal, zugespitzt, oft gekielt, zuweilen zusammengeklappt oder röhrig gerollt (nicht verwachsen!); den meist stielrundlichen, selten abgeflachten, nie 3kantigen, oft hohlen Stengel (Halm) scheidig umfassend. Die lange, meist offene Scheide entspringt einem deutlichen Halmknoten. Zwischen Scheide und (± abstehender) Spreite stengelwärts meist ein häutiges, selten haariges Anhängsel (Blatthäutchen, Ligula). Blüten meist ⚥; in der Regel mit 3 Staubblättern und 1 oberständigen Fruchtknoten mit 2 fedrigen Narben, nackt, doch von 2 spelzenartigen Tragblättern umgeben (Blütenspelzen = Vor- und Deckspelze). 1-viele solcher Blüten bilden das (Gras-)Ährchen, an dessen Grund meist 2 (sehr selten 0, selten 1 oder 3-4) Hüllspelzen stehen (bei 1blütigen Ährchen überragen die Hüllspelzen oft die Blütenspelzen). Die Ährchen bilden den Gesamtblütenstand; bei den Rispengräsern stehen sie am Ende verzweigter (oder am Halm quirlartig angeordneter) Stiele, bei den Ährengräsern sitzen sie dem Halm direkt an. Frucht ein Nüßchen (Caryopse), selten (nicht bei uns) eine Beere. Um die 10000 Arten; viele Futter- und Nutzpflanzen (vor allem Getreide). Bei uns wild oder in Kultur gut 80 Gattungen.

Vorschlüssel

- **0:** Grundsätzlich kann jedes Ährchen verlauben, d. h., zu kleinen Laubsprossen auswachsen. Dies kommt in der Regel äußerst selten vor und betrifft meist nur einzelne Ährchen. Etwas häufiger findet man Verlaubung bei einigen (Gebirgs-)Arten der Gattungen:
- **0a Rispengras,** *Poa* – (Stengel-)Blätter flach, ausgebreitet oder schmal (1mal) zusammengefaltet – oft ganze Bestände verlaubt . . . . S. 403
- **0b Schwingel,** *Festuca* – Alle Blätter borstlich zusammengerollt, kaum 1 mm dick – meist nur wenige Exemplare verlaubt . . . . S. 415

- **1a** Alle Blätter flach, über 4 cm breit 2
- **1b** Alle Blätter ± flach, 2 bis 30 mm breit, Rand höchstens (warzig) rauh oder bewimpert 3
- **1c** Alle Blätter ± flach, Rand mit (sichtbaren) spitzen Sägezähnchen oder Stachelborsten 7
- **1d** Zumindest die Grundblätter rundlich (eingerollt) oder fädlich (± flach, um 1 mm breit) 8

  - **2a** Pflanze mit 1geschlechtig-1häusigen Blütenständen; ♂ in endständiger Rispe, ♀ in blattachselständigen Kolben, diese von grünen Scheiden eingehüllt, nur die langen, fädlichen Narben ragen weit daraus hervor
  Mais, *Zea* S. 319
  - **2b** Endständige, oben oft zusammengezogene Rispe mit vielen paarig oder zu dritt genäherten, fast kugeligen, um ½ cm langen, 1-2blütigen Ährchen
  Mohrenhirse, *Sorghum (bicolor)* s. S. 321, linke Sp.
  2c, 2d →

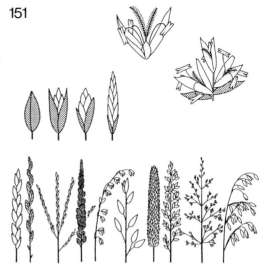

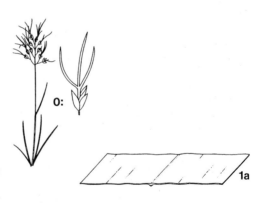

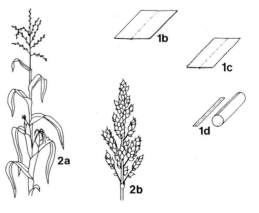

GATTUNGSSCHLÜSSEL

2c Endständige, ausladende (oder vom Wind einseitswendig gekämmte) Rispe, hell- bis dunkelbraun (auch braunviolett), mit ei-länglichen, oft breit spreizenden, gut 1 cm langen, 2–7blütigen Ährchen, deren kurze Blütenstielchen lang behaart sind. Blatthäutchen in eine etwa 1 mm hohe Wimpernreihe aufgelöst. Seltene (Riesen-)Formen von
Schilf, *Phragmites* S. 383

2d (Vgl.:) Endständige, lange, ausladende Rispe mit ei-länglichen, gelblich-braunen, über 1 cm langen, 2–7blütigen Ährchen; Deckspelzen lang behaart; kommt bei uns kaum zur Blüte. Sicheres Kennzeichen: Blatthäutchen vorhanden, schmal, kaum 1 mm hoch, sehr kurz (0,1–0,3 mm) und fein bewimpert
Pfahlrohr, *Arundo (donax)* s. S. 381, linke Spalte

3a 1 endständige Ähre oder Scheinähre (Seitenzweige fehlend oder kaum sichtbar) .... **GR 1,** S. 37
3b Blütenstand traubig bis gefingert (Seitenzweige (fast) alle einfach, untereinander angeordnet oder am Stengelende gehäuft) .... **GR 2,** S. 44
3c Blütenstand rispig, (Seitenzweige wieder verzweigt) Ährchen an den Zweigenden büschelig zusammengezogen (kaum gestielt) ...... **GR 3,** S. 47
3d Blütenstand rispig (oder in stockwerkartigen Quirlen), Ährchen an den Zweigenden einzelstehend, unter 1 cm lang **4**
3e Blütenstand rispig (oder in stockwerkartigen Quirlen), Ährchen an den Zweigenden einzelstehend, über 1 cm lang **6**

4a Blatthäutchen völlig (bis unten!) in eine Haar- oder Borstenreihe aufgelöst .... **GR 4,** S. 47
4b Blatthäutchen fehlend oder ein Hautsaum, der zuweilen ± behaart sein kann **5**

5a Ährchen mehrblütig (= -spelzig), Spelzen höchstens 1–3 mm bespitzt .... **GR 5,** S. 48
5b Ährchen mehrblütig (= -spelzig), mit zumindest 1 über 5 mm langen Granne ... **GR 6,** S. 49
5c Ährchen 1–2(3)blütig (3–7spelzig, äußere Spelzen oft die anderen überragend), klein: unter 4 (= 2–3,5) mm lang – ohne eventuell vorhandene Grannen gemessen .... **GR 7,** S. 50
5d Ährchen 1–2(3)blütig (3–7spelzig, äußere Spelzen oft die anderen überragend), mittelgroß: 4–10 mm lang – ohne eventuell vorhandene Grannen gemessen .... **GR 8,** S. 51

6a Ährchen 4- bis mehrblütig: mehrere Deckspelzen überragen die 2 Hüllspelzen ..... **GR 9,** S. 52
6b Ährchen 2(-3)blütig, 1 Hüllspelze kürzer, 1 länger als die 2–3 (begrannten) Deckspelzen
Grannenhafer, *Ventenata* S. 371
6c Ährchen 1–2(3)blütig: die 2 Hüllspelzen ± länger als die 1–3 Deckspelzen .... **GR 10,** S. 54

7a Traubig-ährig zusammengezogene, gestreckte und längs ± lückige Rispe; Spelzen mit kleinen, widerhakigen Stacheln; Pflanze kaum 30 cm hoch
Klettengras, *Tragus* S. 323

7b Dicht ährig zusammengezogene Rispe mit überstehenden grannenartigen Borsten (blütenlose Rispenästchen), die widerhakige Zähnchen tragen
Borstenhirse, *Setaria* S. 325

7c (Vgl.:) Ährchenbüschel auf langen Stielen, diese aus untereinanderstehenden Blattachseln. Halm mit undeutlichen Knoten (Riedgrasgewächs!)
Schneide, *Cladium (mariscus)* S. 223

7d ± Lockere Rispe, Ährchen 1–2blütig (2 lange Hüllspelzen), zu 3–15 ährig-traubig an den Zweigenden (teils kurz gestielt - ♂ -, teils sitzend - ♀ -); sitzende Ährchen begrannt; Rispenäste ± gerade
Mohrenhirse, *Sorghum* S. 323

7e ± Lockere Rispe, doch bei uns kaum aus der obersten Blattscheide heraustretend; Ährchen 1blütig (nur 2 Blütenspelzen vorhanden) an den Zweigenden traubig (kurz aber deutlich gestielt), unbegrannt, am Rücken stachelborstig; Rispenäste meist schlängelig verbogen
(Wilder) **Reis,** *Leersia* S. 329

7f Dichte, ausladende, weißlich-silbrige bis rosa getönte Rispe; 40–100 cm(!) lang, 10–20 cm breit
Pampasgras, *Cortaderia (selloana)*
Eines der wenigen 1geschlechtig-1häusigen Gräser; Heimat: Südamerika; bei uns in Gärten und Parkanlagen; doch nur (die prächtigeren) ♀ Pflanzen. Kann sich deshalb nicht vermehren und geht, ausgepflanzt, ohne Pflege bald ein, auch, weil es frostempfindlich ist (s. a. S. 381, linke Spalte)

8a Blütenstand sehr dicht, die Hauptachse größtenteils rundum bedeckt . . . .**GR 11,** S. 54
8b Blütenstand ± locker, Ährchen gestielt bis sitzend, Hauptachse zumindest auf 1 Seite oder rundum wechselnd (fast) bis oben sichtbar 9

9a Ährchen – ohne eventuell vorhandene Granne gemessen – unter 4 mm lang . . . . . .**GR 12,** S. 56
9b Ährchen – ohne eventuell vorhandene Granne gemessen – 4–12 mm lang 10
9c Ährchen – ohne eventuell vorhandene Granne gemessen – über 13 mm lang . . . . . .**GR 13,** S. 56

10a Jedes Ährchen von einem unfruchtbaren 2. verdeckt; dessen (leere) Spelzen kammförmig fiedrig abstehend
Kammgras, *Cynosurus* S. 395
10b Ährchen gut sichtbar, oft vielblütig, Hüllspelzen kurz (± ¼ Ährchenlänge) . . . . .**GR 14,** S. 57
10c Ährchen gut sichtbar, oft armblütig, Hüllspelzen lang (± ¾ Ährchenlänge) . . . . .**GR 15,** S. 57

GR 1 Süßgrasgewächs, Blätter grasartig, Gesamtblütenstand eine Ähre oder Scheinähre

1a Ährchen (oft 1seitswendig) auf sehr kurzem Stiel mit je einem längeren, blütenlosen zusammensitzend, dessen 9–20 Spelzen kammförmig abstehen
Kammgras, *Cynosurus* S. 395
1b Ährchen einzeln, kaum gestielt, ± locker 1–2seitswendig untereinander; Ährenachse sichtbar 2
1c–1f →

Gattungsschlüssel

1c Ährchen einzeln, kaum gestielt, dicht gepackt; Ähre dick, ± 4–6kantig, Ährenachse bedeckt **10**
1d Ährchen gebüschelt, auf kurz verzweigten Stielchen; (Schein-)Ähre ± drehrund; Ährenachse zumindest im oberen Teil rundum bedeckt **12**
1e Ährchen gebüschelt, stets von längeren ärchenlosen Stielchen (nicht Grannen!) überragt – zuweilen nur 1 Ährchen pro Büschel, dann die Stielchen fuchsrot
  Borstenhirse, *Setaria* S. 325
1f Ährchen gebüschelt, die Einzelbüschel aber sehr locker gestellt (Hauptachse bis oben sichtbar)
  Scheidenblütengras, *Coleanthus* S. 347

2a Ährchen 1–2 mm lang, 1blütig, Pflanze kaum 10 cm hoch; Blatthäutchen deutlich ausgebildet
  Zwerggras, *Mibora* S. 347
2b Ährchen 2–5 mm lang, 1blütig; außen kurz hakigdornig (klettend); anstelle des Blatthäutchens ein dichter Wimpernkranz; Pflanze 10–30 cm hoch
  Klettengras, *Tragus* S. 323
2c Ährchen über 5 mm lang, 1- bis mehrblütig; die unteren schmal der Hauptachse ansitzend; nur 1 Hüllspelze (auf der Außenseite) **3**
2d Ährchen über 5 mm lang, mehrblütig, breitseits der Hauptachse ansitzend (kaum gestielt); 2 Hüllspelzen, den Deckspelzen gleichgerichtet **4**
2e (Vgl.:) falls die (mittleren) Ährchen (vielblütig, mit 2 kurzen Hüllspelzen) ausgesprochen schief der Hauptachse ansitzen (Bastard Gruppe 2c × andere)
  Schwingellolch, × *Festulolium* S. 443
2f Ährchen über 5 mm lang, mehrblütig, zu 2–3 nebeneinander breitseits der Hauptachse ansitzend; die 2 Hüllspelzen querstehend **5**
2g Ährchen über 5 mm lang, kurz aber deutlich gestielt, oft einige (2–5) auf gleicher Höhe; 2 Hüllspelzen, den Deckspelzen gleichgerichtet, die untere sehr kurz **6**

3a Die 1(-2)blütigen Ährchen in tiefen Auskehlungen der Ährenachse sitzend, so daß der Blütenstand nur wenig dicker ist als der Stengel
  Dünnschwanz (2 Gattungen) S. 445
  Parapholis; Blatthäutchen 0–0,3 mm S. 445
  Pholiurus; Blatthäutchen 3–4 mm s. S. 444, re. Sp.
3b Die vielblütigen Ährchen sitzen in seichten Buchten der Hauptachse und überragen diese deutlich; Ähre ± flach, breiter als der Stengel
  Weidelgras (Lolch), *Lolium* S. 443

4a Ährchen 2–4 cm lang, 6–20blütig, erst ± drehrund lang walzlich, später ± flach; Spelzen stachelspitzig oder bis zu 1,5 cm lang begrannt
  Zwenke, *Brachypodium* S. 439
4b Ährchen 1,5–2,5 cm lang, 4–10blütig, länglicheiförmig, ± abgeflacht; Spelzen mit 0,5–1 cm langer, deutlich geknieter (geknickter) Granne
  Ährenhafer, *Gaudinia* S. 373
4c Ährchen 0,8–2 cm lang, 3–6blütig, breit-ei- bis rautenförmig, ± abgeflacht; Spelzen entweder nur spitz zulaufend bzw. mit kurzen geraden oder mit bis 2 cm langen, geschlängelten Grannen
  Quecke, *Agropyron* S. 445 + 449

4d Ährchen 0,7–1 cm lang, 3–6blütig; länglich, etwas abgeflacht; Spelzen vorn abgerundet, teils hautrandig, dicklich-starr, stets unbegrannt; Hüllspelzen kaum ⅕ so lang wie das Ährchen
    Hartgras, *Sclerochloa* S. 395
4e Ährchen 0,7–1 cm lang, 2–5blütig, eiförmig, bauchig; Hüllspelzen etwa ½ so lang wie das Ährchen, vorn 1 aufgesetzter, ± breiter Zahn; übrige Spelzen ebenfalls aufgesetzt gezähnt, lang zugespitzt oder 1grannig (alte Kultursorten von)
    Weizen, *Triticum* S. 449
4f Ährchen 0,5–1 cm lang, 2–4blütig, bauchig, von den Hüllspelzen ± eingeschlossen; diese 2–3zähnig oder (oft nur an den oberen Ährchen) mit je 2–5 spreizenden Grannen (oder 1 Granne und 1 Zahn)
    Walch, *Aegilops* L.
Dem Weizen nahestehend; etwa 20 Arten im Mittelmeerraum und im Orient. Am Alpensüdfuß öfters, nördlich davon nur vereinzelt und unbeständig längs der Verkehrsadern eingeschleppt:
a) Zylindrischer Walch, *A. cylindrica* HOST: Hüllspelzen mit 1 Zahn und 1 Granne –
b) Geknieter Walch, *A. geniculata* ROTH: Hüllspelzen mit 4(3–5) Grannen –
c) Übersehener Walch, *A. neglecta* REQ. ex BERTOL.: Hüllspelzen mit (2–)3 Grannen –
d) Dreizölliger Walch, *A. triuncialis* L.: Hüllspelzen an den unteren Ährchen (2–)3zähnig, die der oberen Ährchen lang (2–)3grannig

5a Auf Sandstrand und Dünen (auch auf Sandflächen im Binnenland – ausgepflanzt); mehrjährig; lange Ausläufer treibend; Spelzen nur zugespitzt
    Strandroggen, *Elymus* S. 455
5b Waldpflanze, horstig wachsend, ohne Ausläufer; mehrjährig; Ährchen begrannt, Grannen so lang bis kaum doppelt so lang wie das Ährchen
    Haargerste, *Hordelymus* S. 455
5c Auf Äckern, Ödland, Wiesen (auch in Salzrasen und auf Deichen); ohne Ausläufer, oft 1jährige lockere Büschel; Grannen 3–10mal so lang wie das Ährchen
    Gerste, *Hordeum* S. 451 + 455

6: Von einigen häufigeren Arten der Rispengräser finden sich gelegentlich Pflanzen – vor allem auf Standorten mit extrem ungünstigen Bedingungen– deren Blütenstand ährentraubig reduziert ist. Meist stehen in der weiteren Umgebung besser gewachsene Exemplare, oft geben sich die Formen auch dadurch als Rispengräser zu erkennen, daß die untersten Ährchen zu 2–5 (± unterschiedlich kurz gestielt) auf gleicher Höhe an der Hauptachse entspringen. Relativ häufig vorkommende Kümmerformen wurden in dieser Gruppe (Nr. 6: = 7, 8, 9) mit aufgeschlüsselt. Falls hier die Identifikation nicht gelingt:
Vgl. **Vorschlüssel** S. 36, 3 b und, unter Nichtbeachtung der Angaben zum Blütenstand, 3 c–3 e
6a–6c →

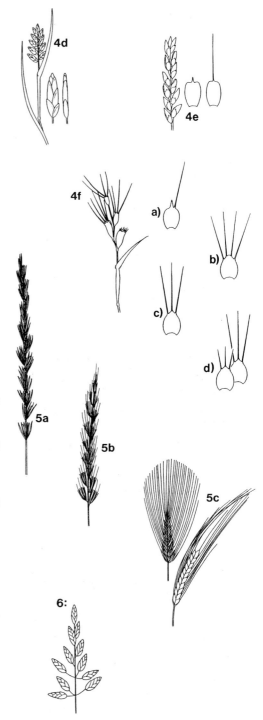

Gattungsschlüssel

6a Ährchen ohne Grannen, ihre Spelzen abgestumpft bis höchstens zugespitzt 7
6b Ährchen mit mindestens 1 langen, geknieten (1mal geknickten) Granne; beide Hüllspelzen mindestens ½ so lang wie das Ährchen 8
6c Ährchen mit ± geraden Grannen; beide Hüllspelzen kaum ⅓ so lang wie das Ährchen oder 1 lang und 1 sehr kurz 9

7a Ährchen länglich, vielblütig, 0,5–1 cm lang, zumindest am untersten Ast zu 3–9 fiedrig gehäuft; Hüllspelzen viel kürzer als das Ährchen
    Steifgras, *Catapodium* S. 427
7b Ährchen schmal-eiförmig, vielblütig, um 1 cm lang, zumindest die unteren zu 2–3 auf gleicher Höhe mit getrennten, (sehr) kurzen Stielchen; Hüllspelzen viel kürzer als das Ährchen. Blattspreite am Grund geöhrt. Kümmerformen von
    Schwingel, *Festuca* S. 421 (s. a. S. 53, 5b)
7c Ährchen schmal-eiförmig, vielblütig, um 1 cm lang, alle einzeln, sitzend bis sehr kurz gestielt; Hüllspelzen viel kürzer als das Ährchen
    Schwingellolch, × *Festulolium* S. 443
7d Ährchen schmal-eiförmig, 3–5blütig, 0,5–1 cm lang; Hüllspelzen länger als das Ährchen. Blatthäutchen durch eine kurze, dichte Wimpernreihe ersetzt
    Dreizahn, *Danthonia* S. 379
7e Ährchen breit-eiförmig, 1–3blütig, 5–7 mm lang; Hüllspelzen gut ½ so lang wie das Ährchen. Blatthäutchen 0,1–4 mm, höchstens zerschlitzt. (Deckspelzen am Rand zuweilen dicht und lang seidenhaarig)
    Perlgras, *Melica* S. 391
7f Ährchen breit-eiförmig, 3–9blütig, (2)3–5 mm lang, Hüllspelzen viel kürzer als das Ährchen (höchstens ⅓ so lang); Kümmerformen von
    Rispengras, *Poa* S. 397+401 (s. a. S. 48, 2b)

8a Ährchen um 1 cm lang, mit 1 geknieten, langen Granne, eine 2. entweder sehr kurz und gerade oder fehlend; Kümmerformen von
    Glatthafer, *Arrhenatherum* S. 371
8b Ährchen um 7 mm lang, mit 2–3(5) geknieten Grannen; Kümmerformen von
    Goldhafer, *Trisetum* S. 367+371
8c Ährchen um 1 cm lang, mit 2–7 geknieten Grannen, die auf dem Rücken der spitzen, höchstens ganz kurz gezähnten Deckspelzen entspringen; 1 Hüllspelze lang, mit 3 Längsnerven, 1 etwas kürzer, 3nervig. Blatthäutchen oft kurz, doch stets häutig. Kümmerformen von
    Wiesenhafer, *Avenochloa* S. 373
8d Ährchen um 1,5 cm lang, mit 2–7 geknieten Grannen, je 1 aus dem schmalen Spalt in der Mitte der tief 2zähnigen Deckspelzen entspringend. Blatthäutchen durch eine dichte Haarreihe ersetzt. Nur am äußersten Ostalpenrand und am Südalpenfuß
    Traubenhafer, *Danthonia* S. 377

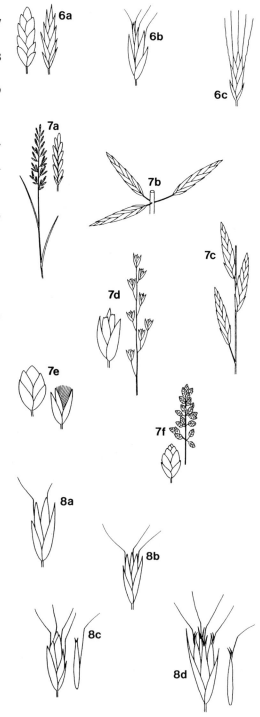

8e Ährchen um 2 cm lang, mit 2–3 geknieten Grannen, die auf dem Rücken der spitzen, höchstens ganz kurz gezähnten Deckspelzen entspringen; beide Hüllspelzen lang, mit 7–11 Längsnerven. Blatthäutchen vorhanden, 3–6 mm hoch. Kümmerformen von
Hafer, *Avena* S. 377

9a Ährchen kaum 1 cm lang, mit 4–6 Grannen, die mindestens etwa so lang sind wie das Ährchen; Blattspreiten kahl; seltene Sandpflanze
Federschwingel, *Vulpia* S. 427
9b Ährchen um 1,5 cm lang, mit 6–12 Grannen, die kürzer sind als das Gesamtährchen; Blattspreiten entweder am Rand lang wimperig oder auf der Fläche locker weich behaart. Kümmerformen von
Trespe, *Bromus* S. 431+433 (s. a. S. 54, 5 c)

10a Auf jedem Absatz des Blütenstandes (sehr kurz gestielt) 2 Ährchen hintereinander (inneres Ährchen sitzend, stielrundlich, äußeres, auf winzigem Seitenzweig, abgeflacht); untere Ährchenpaare ohne, obere mit je 1, unten behaarten, ± 10 cm langen Granne; Grannen vorn meist miteinander verdrillt
Bartgras, *Heteropogon* S. 319
10b Auf jedem Absatz des Blütenstandes 3 Ährchen nebeneinander (Hüllspelzen stehen im Winkel von 90° zu den Deckspelzen) . . . . (zurück nach) 5
10c Auf jedem Absatz des Blütenstandes 1 Ährchen, oft sehr breit (Hüll- und Deckspelzen stets gleichgerichtet) 11

11a Hüllspelzen schmal pfriemlich, stark gekielt (1nervig); Ährchen 2blütig (also 4spelzig), die Deckspelzen lang begrannt, zumindest die untere mit kammartig gewimpertem Kiel
Roggen, *Secale* S. 451
11b Hüllspelzen eiförmig, am Rücken ± bauchig gerundet, mit mindestens 1 kurzen Zahn und 1 langen Granne – oder 2–3zähnig, bzw. 2–5grannig
Walch, *Aegilops* L. s. S. 39, 4 f
11c Hüllspelzen eiförmig, am Rücken mit 1 kahlen Kiel, vorn 1zähnig (selten ein weiterer, schwacher Nerv, in einen 2., kürzeren Zahn endend)
Weizen, *Triticum* S. 449
11d Hüllspelzen eiförmig, am Rücken stets mit 2 vorstehenden, lang seidig behaarten Längsnerven
Wollweizen, *Dasypyrum villosum* (L.) BORB. Einjährige Pflanze aus Südosteuropa und dem Mittelmeergebiet. Bei uns bislang nur vereinzelt und unbeständig eingeschleppt in Österreich, Tschechien und (Süd-)Deutschland

12a Die dichtgedrängten Ährchen so stark behaart, daß außer Grannen keine Einzelheiten am ei-kugeligen, weißwolligen Blütenstand erkennbar sind
Samtgras, *Lagurus* S. 341
12b (Vgl.:) ähnlich 12a, aber Blütenstand walzlich
Bürstengras, *Polypogon* s. S. 44, 18 h
12c –12e →

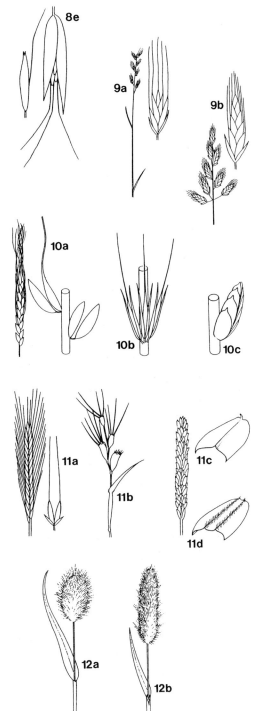

Gattungsschlüssel

12c Ährchen mit kahlen Hüllspelzen und von innen (zur Blütezeit) hervorquellenden Seidenhaaren; Blütenstand walzlich
  (Wimper-)**Perlgras**, *Melica* S. 391
12d Ährchen ± locker behaart bis kahl; Blatthäutchen zu einem Haarkranz aufgelöst **13**
12e Ährchen ± locker behaart bis kahl; Blatthäutchen (fast) fehlend bis gut entwickelt, höchstens kurz wimperig oder ± behaart **14**

13a Ährchen 2–3 mm lang, in keulig-walzlichem Blütenstand aus bauchiger Scheide (oberstes Blatt)
  Sumpfgras, *Heleochloa* S. 439
13b Ährchen 3–5 mm lang, in kurzen, breiten Köpfchen, die von 2 bauchigen Blattscheiden umstellt sind (pro Blüte nur 2 Staubblätter)
  Dorngras, *Crypsis* s. S. 440, rechte Spalte
13c Ährchen 6–12 mm lang (oder länger und dann begrannt), Blütenstand länglich, schmal, ± locker
  Dreizahn (Traubenhafer), *Danthonia* S. (377+)379

14a Ährchen (oder Scheinährchen) vielblütig (vielspelzig), seine Hüllspelzen kurz (kaum ½ Ährchenlänge) oder (scheinbar) fehlend **15**
14b Ährchen 3- bis mehrblütig, die Spitzen der Deckspelzen überragen die Hüllspelzen; Grannen (falls vorhanden) gerade, kaum 3 mm lang . . **16**
14c Ährchen (2–)3- bis mehrblütig, die gekniet begrannten Deckspelzen überragen die Hüllspelzen mindestens um ¼ **17**
14d Ährchen 3blütig (nur 1 fruchtbar), schmal-eiförmig, vorn lang zugespitzt; untere Hüllspelze kurz, die 2. breit und 0,5–1 cm lang, das Ährchen (bis auf die Grannenspitzen) einschließend
  Ruchgras, *Anthoxanthum* S. 335
14e Ährchen 1blütig, 2–6 mm lang, von den 2 Hüllspelzen umschlossen, diese flachgedrückt, gekielt und in eine grannige Spitze ausgezogen: Ährchen daher stiefelknechtartig geformt
  Lieschgras, *Phleum* S. 343+347
14f Ährchen 1blütig, 3–5 mm lang, von den unten bauchigen, über eine Einschnürung lanzettlich auslaufenden Hüllspelzen umschlossen: Ährchen daher vogelkopfartig geformt
  Nissegras, *Gastridium* PB.
  G. ventricosum (GOUAN) SCHINZ & THELL. – Heimat: Mittelmeergebiet, Orient; nur selten und unbeständig eingeschleppt (nördlich bis Dortmund und Leipzig)
14g Ährchen 1–2blütig, von 2 Hüllspelzen umgeben, ± flach, schmal- bis breit-eiförmig **18**

15a Ährchen begrannt, 1–2 cm lang; Grannen mindestens 5 mm lang. Kümmerformen
  Trespe, *Bromus* S. 431+433 (s. a. S. 54, 5c)
15b Ährchen unbegrannt, 0,5–1 cm lang
  Hartgras, *Sclerochloa* S. 395
15c (Vgl.:) „Ährchen" 1–3 cm lange Trauben mit ± 3 mm langen, 2blütigen (echten) Ährchen; Spelzen ± grannenspitzig. – Stengel am Grund knollig verdickt (Durchmesser ± 1 cm)
  Fischgras, *Beckmannia* S. 437

16a Blütenstand ± kopfig, dicht, oben oft bläulichgrau; Ährchen 2-5 mm lang; ihre Deckspelzen vorn mit 3-5 Grannenzähnchen
Blaugras, *Sesleria* S. 379
16b Blütenstand länglich, unten oft locker; Ährchen 3-(meist 5-)10 mm lang; ihre Deckspelzen 1spitzig, sehr selten 2zähnig und kurz (2-3 mm lang) begrannt
Schillergras, (2 Gattungen)
Koeleria; Ausdauernd, Deckspelzen 1spitzig oder kurz (2-3 mm) 1grannig S. 389
Lophochloa; 1jährig, Deckspelzen mit 2 Zähnchen und 1 kurzen Granne. Bei uns selten: Lieschähnliches Schillergras, *Lophochloa cristata* (L.) HYL.
Heimat: Mittelmeergebiet, Südwest- und Osteuropa, Mittelasien. Eingeschleppt in Südafrika, Ostasien, Australien, Amerika. Am Alpensüdfuß selten; nördlich davon vereinzelte (wenig beständige) Vorkommen bis zur Nord- und Ostseeküste

17a Ährchen (ohne Granne gemessen) kaum 1 cm lang, zumindest untere eng beieinander
Goldhafer (2 Gattungen)
Trisetum; ausdauernd, Horste mit kurzen, nur beblätterten Nebenzweigen; Deckspelzen vorn höchstens kurz 2zähnig S. 367+371
Trisetaria FORSK.; 1jährig, büschelig; alle Zweige mit Blütenstand; Deckspelzen mit Rücken- und (vorn) 2 Seitengrannen, diese 2-3 mm lang
a) Cavanilles Goldhafer *T. cavanillesii* (TRIN.) MAIRE - Ährchen 2blütig (2 lange, gekniete Grannen), 4-5 mm lang. Heimat: vom Mittelmeergebiet bis Indien. Selten am Südwestalpenfuß; drang ab und zu (unbeständig) bis zum oberen Wallis vor
b) Hirse-Goldhafer *T. panicea* (LAM.) PAUN. - Ährchen 3-6blütig, 4-5 mm lang. Heimat: (West-)Mittelmeergebiet. Nördlich der Alpen nur ganz vereinzelt unbeständig eingeschleppt (bis Hamburg und Leipzig)
17b Ährchen (ohne Granne gemessen) über 1 cm lang; untere zu 2-5 nebeneinander (gleichhoch); seltene Kümmerformen und alpine (vor allem hochalpine) Sippen von
Wiesenhafer, *Avenochloa* S. 373
17c Ährchen (ohne Granne gemessen) über 1 cm lang, stets einzeln untereinander stehend
Ährenhafer, *Gaudinia* S. 373

18a Ährchen völlig unbegrannt, breit-eiförmig, 6-9 mm lang (4-5 mm breit), seitlich geflügelt, oft weiß(-gelblich) gestreift, ± ei-kopfig gehäuft
Kanariengras, *Phalaris (canariensis)* S. 329
18b Ährchen völlig unbegrannt, schmal-eiförmig, um 1 cm lang, bräunlich-violett; Sandpflanze der Nord- und Ostseeküste (Gattungsbastard);
Strandhafer, × *Ammocalamagrostis*
s. S. 358, rechte Spalte
18c -18h →

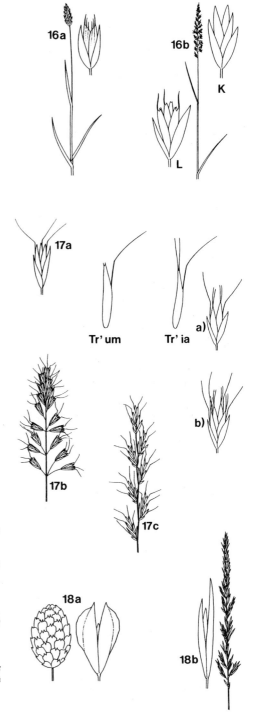

GATTUNGSSCHLÜSSEL

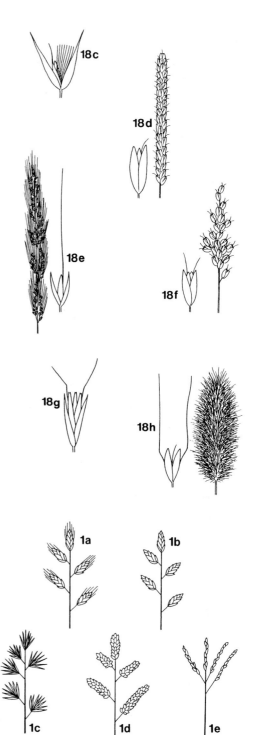

18c Ährchen unbegrannt (kurze Granne samt Haarbüschel im Inneren versteckt!), 4–7 mm lang, länglich eiförmig, spitz, grün bis graugrün, oft violett oder hell braunrot überlaufen
  Reitgras, *Calamagrostis* S. 355+359
18d Ährchen 2–8 mm lang, eiförmig, mit 1 aus dem Innern hervorragenden, meist weichen Granne; diese kurz bis ± so lang wie das Ährchen
  Fuchsschwanzgras, *Alopecurus* S. 337+341
18e Ährchen 2–3 mm lang, schmal-eiförmig, mit 1 aus dem Innern vorragenden Granne, diese etwa doppelt bis mehrfach so lang wie das Ährchen, meist rauh (winzige Zähnchen – Lupe!)
  Windhalm, *Apera* S. 349
18f Ährchen 2–4 mm lang, breit- oder verkehrt-eiförmig, mit 2 aus dem Innern hervorragenden Grannen; diese etwa so lang wie das Ährchen. Sandpflanze niederer Lagen (Täler und Tiefland, vor allem im Norden und Westen)
  Nelkenhafer, *Aira (praecox)* S. 361
18g (Vgl.:) Ährchen 4–8 mm lang, mit 2–3 aus dem Innern hervorragenden Grannen, sonst wie 18f; Gebirgspflanze (kaum unter 1000, bis gegen 3000 m ansteigend)
  Goldhafer, *Trisetum* S. 367
18h Ährchen 2–3 mm lang, mit 2 außen (auf den am Rand dicht bewimperten Hüllspelzen) angesetzten Grannen; diese etwa doppelt so lang wie das Ährchen; Blütenstand walzlich, sehr dicht, durch die Grannen von ± flaschenbürstenartigem Aussehen
  Bürstengras, *Polypogon* DESF.
  P. monspeliensis (L.) DESF. – heimisch von Südengland über den Mittelmeerraum (auch Sahara) und Südosteuropa bis China und Japan; eingeschleppt in Südafrika, Amerika und Australien. Nur am Alpensüdfuß beständig, nördlich davon immer wieder vereinzelt aber sehr unbeständig auftretend (nördlich bis zur Tieflandsküste)

GR 2 Süßgrasgewächs, Blätter grasartig, Blütenstand traubig bis gefingert

1a Traube aus begrannten Einzelährchen, diese von 2 Hüllspelzen umgeben oder mit vielen, sich ± dachziegelig deckenden Spelzen; (untere) Stiele der Traube mindestens ½ so lang wie ihr Ährchen **2**
1b Traube aus unbegrannten Einzelährchen mit sich ± dachziegelig deckenden Spelzen; (untere) Stiele meist mindestens ½ so lang wie ihr Ährchen **3**
1c Traube aus lang gestielten, ± kopfigen, höchstens vorn gespreizten Ährchenbüscheln **4**
1d Traube aus langwalzlichen (Schein)Ähren (mit ± sitzenden bis sehr kurz gestielten bzw. verzweigten Einzelährchen); (Schein)Ähren untereinander stehend, sehr kurz gestielt **5**
1e Fingertraube aus langen Scheinähren (dicht oder locker aus Einzelährchen zusammengesetzt); zumindest die oberen Scheinähren fingerförmig genähert, die untersten zuweilen stärker abgesetzt **6**

GATTUNGSSCHLÜSSEL

1f (Vgl.:) Scheinähren einzeln endständig am Halm und seinen Nebenästen; (!) im Gegensatz zu den tragblattlosen Verzweigungen des Blütenstandes entspringen solche (bei Gräsern seltenen) Nebenäste aus einem Halmknoten in der Achsel einer Blattscheide

A Blatthäutchen als Wimpernkranz; (Schein)ähre ± flach, 3–7 cm lang; Ährchen paarig, 1 sitzend, 1 gestielt; obere Paare mit 1 langen (6–12 cm!) Granne (alle Grannen oft am Vorderende ineinander verdreht); nur am Alpensüdfuß
Bartgras, *Heteropogon* S. 319

B Blatthäutchen 2–3 mm hoch; (Schein)ähre ei-länglich, ± drehrundlich, ± locker, 1–5 cm lang; Ährchen (oft kurz verzweigt) gestielt; Grannen 1–6 mm lang, gerade bis gekniet; fast nur im (nördlichen) Tiefland
Ruchgras, *Anthoxanthum* S. 335

2a Ährchen breit-eiförmig, um 1,5 cm lang, nur 2–3blütig (= 4–5spelzig), mit 2–3 geknieten Grannen, zumindest 1 Hüllspelze so lang wie das Ährchen (die 2. nur wenig kürzer)
Wiesenhafer, *Avenochloa* S. 373

2b Ährchen eiförmig, mehr als 6spelzig, kaum 2 cm lang, Hüllspelzen sehr kurz; Grannen aus einer Kerbe der Spelzenspitze oder dahinter (rückständig) entspringend; Blütenstand ± allseitig. Sonderformen von
Trespe, *Bromus* S. 427–437 (s. a. S. 54, 5c)

2c Ährchen schmal-eiförmig, mehr als 6spelzig, kaum 2 cm lang, Hüllspelzen sehr kurz; Spelzenspitze ± grannig; Blütenstand oft einseitswendig. Sonderformen von
Schwingel, *Festuca* S. 415–425 (s. a. S. 53, 5b)

2d Ährchen walzlich-eiförmig, 2–4 cm lang, Hüllspelzen viel kürzer; Ährchenstiele kurz und dick
Zwenke, *Brachypodium* S. 439

3a Ährchen rundlich, 1–3blütig, unter 1 cm lang, meist rötlich-braun; Hüllspelzen (± fast) so lang wie das Ährchen; Blatthäutchen vorhanden (oft aber nur ein schmaler Saum)
Perlgras, *Melica* S. 391

3b Ährchen eiförmig, 4–8blütig, um 1 cm lang, meist blaßgrün; Hüllspelzen (fast) so lang wie das Ährchen; Blatthäutchen in eine dichte Wimpernreihe (± 0,5 mm hoch) aufgelöst
Dreizahn, *Danthonia* S. 379

3c Ährchen länglich walzlich, vielblütig, 1–3 cm lang, Spelzen vorn abgerundet, Hüllspelzen sehr kurz
Schwaden, *Glyceria* S. 413

3d Ährchen schmal-eiförmig, vielblütig, um 1 cm lang, Spelzen zugespitzt; Hüllspelzen kurz
Schwingellolch, × *Festulolium* S. 443

4a Blattspreiten (meist ± gefaltet) kaum 2 cm lang, am Grund in eine bauchig aufgeblasene, tütenförmige Scheide übergehend (Pflanze mit fadendünnen, oft niederliegenden, stets unter 10 cm langen Halmen)
Scheidenblütengras, *Coleanthus* S. 347

4b –4d →

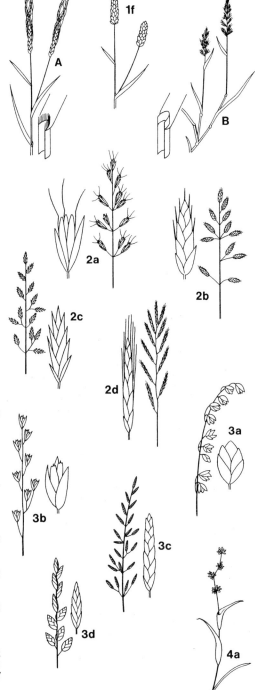

Gattungsschlüssel

4b Blattspreiten beidseits des Mittelnervs riefenlos, zumindest die unteren Scheiden flachgedrückt
              Knäuelgras, *Dactylis* S. 395
4c Blattspreiten beidseits des Mittelnervs riefenlos, alle Scheiden stielrundlich
              Rohrglanzgras, *Phalaris (arundinacea)* S. 331
4d Blattspreiten stark gerieft, blaugrün, Scheiden stielrundlich; Blüten im Innern mit Haarbüschel
              Reitgras, *Calamagrostis (epigejos)* S. 359

5a (Schein-)Ähren 8–20 cm lang (vorn mit ährchenfreier, 1–4 cm langer Spitze); Ährchen schmal-eiförmig, 1–2 cm lang, (2–3 mm breit), unbegrannt, doch locker kurzborstig; anstelle des Blatthäutchens ein dichter, um 2,5 mm hoher Wimpernkranz; Küstenpflanze (an der Nordsee häufig im Watt ausgepflanzt)
              Schlickgras, *Spartina* S. 323
5b (Schein-)Ähren 1–6 cm lang, ± waagrecht abstehend, oft weit entfernt; Ährchen mit meist langer Granne (zeit(!)- und gebietsweise kurzgrannige Rassen vorherrschend); Blatthäutchen fehlt (zuweilen einige kurze Wimpern)
              Hühnerhirse, *Echinochloa* S. 325
5c (Schein-)Ähren 1–3 cm lang, ± aufrecht, nur an 2 Seiten der 3kantigen Tragachse stehend; Ährchen kurzgrannig zugespitzt; Blatthäutchen 3–6 mm hoch
              Fischgras, *Beckmannia* S. 437
5d (Schein-)Ähren um 1 cm lang, ± aufrecht; zwischen den stumpfspelzigen, rundlich-eikugeligen Ährchen ragen zahlreiche Borsten hervor (ährchenfreie Endästchen der stark verzweigten Scheinähre); Blatthäutchen in eine dichte Wimpernreihe aufgelöst
              Borstenhirse, *Setaria* S. 325

6a Ährchen der (Schein-)Ähren nur 2–3 mm lang, Finger des Blütenstandes am Halm etwas versetzt (meist nur 1–2 mm), 5–15 cm lang; Blatthäutchen ein 1–2 mm hoher Saum
              Fingerhirse, *Digitaria* S. 329
6b Ährchen der (Schein-)Ähren nur 2–3 mm lang, Finger des Blütenstandes genau aus 1 Punkt entspringend, 2–6 cm lang; Blatt„häutchen" eine dichte Kurzborstenreihe
              Hundszahngras, *Cynodon* S. 439
6c Ährchen der (Schein-)Ähren 4–5 mm lang; 3–6blütig (5–9 Spelzen), alle unbegrannt; Halm abgeflacht, unten meist verzweigt
              Korakangras, *Eleusine* s. S. 327, rechte Spalte
6d Ährchen der (Schein-)Ähren 4–5 mm lang, 1–2blütig (von 2 Hüllspelzen bedeckt), zu zweien gepaart (1 sitzend, mit langer Granne, 1 kurzgestielt, unbegrannt) an der haarigen Ährenachse; Halm stielrundlich
              Bartgras, *Bothriochloa* S. 319
6e Ährchen der (Schein-)Ähren 1–2 cm lang (doch nur 1blütig), schmal, spitz aber unbegrannt (weitere Einzelheiten s. 5a, oben)
              Schlickgras, *Spartina* S. 323

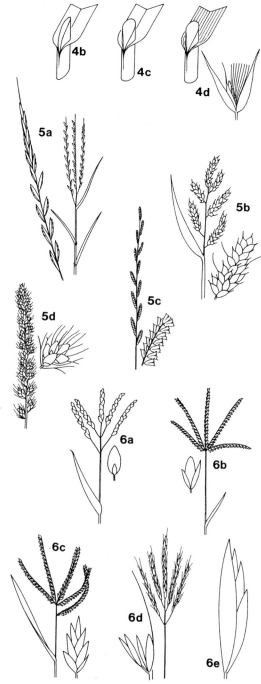

Gattungsschlüssel

GR 3 Süßgrasgewächs, Blätter grasartig, Blütenstand rispig, an den Enden büschelig

1a Statt des Blatthäutchens kurze Wimpern; Ährchen zu dritt: 2 gestielt, 1 sitzend und lang begrannt
Bartgras, *Chrysopogon* S. 319
1b Blatthäutchen (0–)2 mm hoch 2
1c Blatthäutchen 3–4 mm hoch 3
1d Blatthäutchen 5–6 mm hoch 4
1e Blatthäutchen 7–9 mm hoch; Blätter graugrün
Reitgras, *Calamagrostis* S. 355+359
1f (Vgl.:) Blatthäutchen 10–15 mm hoch; Bastard vom Reitgras (1e) und Echtem Strandhafer
Strandhafer, × *Ammocalamagrostis* s. S. 358, re. Sp.

2a Pflanze klein, unter 10 cm hoch, mit fädlichem, oft liegendem Stengel; zumindest die oberen Blattscheiden blasig-bauchig aufgetrieben
Scheidenblütengras, *Coleanthus* S. 347
2b Pflanze klein, zierlich, unter 30 cm hoch; Halm meist aufrecht; Blattscheiden eng anliegend
Rispengras, *Poa* S. 397+407
2c Pflanze über 30 cm hoch, Blätter samtig behaart
Honiggras, *Holcus* S. 361
2d (Vgl.:) Halm ohne deutliche Knoten, Rispe von Laubblättchen durchsetzt, diese am Rand kleinstachelig gesägt: Riedgrasgewächs!
Schneide, *Cladium (mariscus)* S. 223

3a Die Einzelährchen der Büschel schmal und spitz
Knäuelgras, *Dactylis* S. 395
3b Die Einzelährchen der Büschel ei-rundlich, stumpf
Mariengras, *Hierochloë* S. 335

4a Untere Blattscheiden rundlich, ± samtig behaart
Honiggras, *Holcus* S. 361
4b Untere Blattscheiden abgeflacht, kahl (± rauh)
Knäuelgras, *Dactylis* S. 395
4c Untere Blattscheiden rundlich, kahl, ± hautrandig
Rohrglanzgras, *Phalaris (arundinacea)* S. 331

GR 4 Süßgrasgewächs, Blätter grasartig, Blatthäutchen in eine Haarreihe aufgelöst; Blütenstand rispig (oder stockwerkartig quirlig)

1a Ährchen 1(–2)blütig, 3–4(5) mm lang, eikugelig-spitz, 1 Hüllspelze (fast) so lang wie die (2) Deckspelzen; Rispe sehr locker, dünnstielig, oft ± übergebogen
Hirse, *Panicum* S. 323
1b Ährchen 1(–2)blütig, 6–10 mm lang; an der Spitze der Seitenästchen zu dritt: 1 sitzendes mit 3–4 cm langer, 2 gestielte mit kurzer Granne
Bartgras, *Chrysopogon* S. 319
1c Ährchen (2)3–8blütig, über 5 mm lang (zuweilen noch lang begrannt), ± flach, einzeln; Hüllspelzen so lang wie das Ährchen; Blütenstand locker, ± traubig
Dreizahn (Traubenhafer), *Danthonia* S. 377+379
1d Ährchen 2–8blütig, mit (oft lang) zugespitzten Spelzen, über 4 mm lang, abgeflacht; beide Hüllspelzen deutlich kürzer als das Ährchen; lockere, oft sehr ährchenreiche Rispe 2
1e →

GATTUNGSSCHLÜSSEL

1e Ährchen 8–20blütig, mit stumpfen Spelzen, über 4 mm lang, abgeflacht; beide Hüllspelzen deutlich kürzer als das Ährchen; lockere Rispe
Liebesgras, *Eragrostis* S. 385

2a Blühende Ährchen mit vorstehenden Seidenhaaren, Halm meist über 1 m hoch, weit hinauf mit Knoten, 2–15 mm dick
Schilf, *Phragmites* S. 383 (vgl. auch S. 53, 4c–e)
2b Ährchen kaum behaart, Halm unter 1 m hoch, oft knickig, sehr steif (brüchig), weit hinauf mit Knoten, 1–2 mm dick (Deckspelzen vorn gestutzt bis gekerbt)
Steifhalm, *Cleistogenes* S. 383
2c Ährchen kaum behaart; Halm meist unter 1 m hoch, 0,5–2 mm dick, nur am Grund (± 5 cm hoch) mit mehreren Knoten, sonst knotenlos
Pfeifengras, *Molinia* S. 383

GR 5 Süßgrasgewächs, Blätter grasartig, mit oder ohne Blatthäutchen; Blütenstand rispig (oder stockwerkartig quirlig), Ährchen unter 1 cm lang, mehrblütig (= mehrspelzig), ohne lange Granne

1a Ährchenrücken scharf gekielt 2
1b Ährchen auf dem Rücken gerundet 3

2a Blattspreiten (im Gegenlicht am besten sichtbar!) beidseits neben dem Mittelnerv mit einem hellen Streif („Schienenblatt"); die Blattscheide (fast) bis oben verwachsen (± 1 cm frei)
Schwaden, *Glyceria* S. 413
2b Blattspreiten (im Gegenlicht am besten sichtbar!) beidseits neben dem Mittelnerv mit einem hellen Streif („Schienenblatt"); die beiden Blattscheidenränder tief hinab frei
Rispengras, *Poa* S. 397–409
Artenreiche Gattung   Grobeinteilung:

A Untere Rispenäste einzeln oder zu 2 auf gleicher Höhe, stets glatt   S. 397+403–409
  A1 Stengelgrund zwiebelig – oder durch Überreste der alten Blattscheiden verdickt   S. 403
  A2 Stengelgrund unverdickt, alle Blatthäutchen länglich, zugespitzt   S. 407+409
    /1 Kalkalpenpflanze, obere Halmknoten frei sichtbar   S. 407
    /2 Silikatgebirgspflanze, Halmknoten von den nächstunteren Blattscheiden bedeckt S. 409
  A3 Stengelgrund unverdickt, zumindest die Blatthäutchen der Grundblätter gestutzt, kaum 1–2 mm hoch   S. 397+403
    /1 Ährchen unter 5 mm lang   S. 397
    /2 Ährchen über 5 mm lang   S. 403
B Untere Rispenäste zu 3–7 auf gleicher Höhe, selten nur (1–)2, dann aber rauh   S. 397–407
  B1 Blätter 1–4, selten (Schattenformen) 5 mm breit, aber der Stengel nicht deutlich (2schneidig) zusammengedrückt   S. 397–407
    /1 Untere Blatthäutchen gestutzt, um 1 mm, obere spitz, bis 3 mm hoch   S. 403

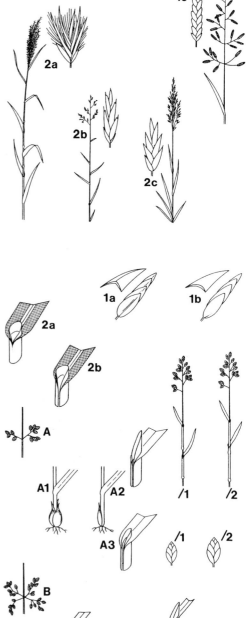

GATTUNGSSCHLÜSSEL

/2 Alle Blatthäutchen spitz, 5–7 mm hoch, Blätter graugrün, borstlich; Alpenpflanze, (sicheres Kennzeichen: Spelzen 1 mm lang begrannt) S. 397
/3 Alle Blatthäutchen spitz, 5–7 mm hoch, Blätter grün, flach, unterseits glänzend S. 401
/4 Alle Blatthäutchen spitz, 2–4 mm hoch, Blätter grün, flach, unterseits matt S. 407
/5 Alle Blatthäutchen gestutzt, ± 1,5 mm hoch; Scheide des obersten Blattes länger als ihre Spreite; unterirdische Ausläufer S. 397+401
  -a Stengel rund bis oval, reiche Rispe S. 401
  -b Stengel abgeflacht, dürftige Rispe S. 397
/6 Alle Blatthäutchen gestutzt, ± 1,5 mm hoch; Scheide des obersten Blattes kaum so lang wie ihre Spreite; ohne Ausläufer S. 407
B2 Blätter 4–10 mm breit, Stengel und Blattscheiden stets (2schneidig), abgeflacht S. 397+401
/1 Pflanze 10–40 cm, mit Ausläufern S. 397
/2 Pflanze 50–120 cm, horstig, Blatthäutchen kaum 2 mm hoch S. 397
/3 Pflanze 50–120 cm, horstig, Blatthäutchen über 2 mm hoch S. 401
2c Blattspreiten ohne „Schienenstreifen", Blatthäutchen deutlich, 4–5 mm hoch (zuweilen zerschlitzt)
    Knäuelgras, *Dactylis* S. 395
2d Blattspreiten ohne „Schienenstreifen", Blatthäutchen fehlend oder ein kaum 3 mm hoher Saum
    Schwingel, *Festuca* S. 419–425 (s. a. S. 53, 5b)

3a Alle Spelzen zugespitzt; Ährchen eiförmig
    Schwingel, *Festuca* S. 415–425 (s. a. S. 53, 5b)
3b Die (langen) häutigen Hüllspelzen zugespitzt, Deckspelzen ± gestutzt, mit (2–)3 (Grannen)Spitzen; Ährchen verkehrt-eiförmig, um 1 cm lang
    Schwingelschilf, *Scolochloa* S. 409
3c Alle Spelzen stumpflich; Ährchen breit rundlich-herzförmig, ± abgeflacht, über 3 mm lang
    Zittergras, *Briza* S. 385
3d Alle Spelzen stumpflich; Ährchen schmal, länglich, über 3 mm lang 4
3e Alle Spelzen stumpflich (vorn oft schwach 2kerbig); Ährchen kaum 3 mm lang, eiförmig, schmal
    Quellgras, *Catabrosa* S. 383

4a Meist über 50 cm hohe Gräser; Blattspreiten um 1 cm breit, Scheiden (fast) völlig verwachsen
    Schwaden, *Glyceria* S. 413
4b Meist unter 50 cm hohe Gräser; Blattspreiten 3–6 mm breit, Scheiden offen
    Salzschwaden, *Puccinellia* S. 409

GR 6 Süßgrasgewächs, Blätter grasartig, mit oder ohne Blatthäutchen; Blütenstand rispig (oder stockwerkartig quirlig), Ährchen unter 1 cm lang, mehrblütig (= mehrspelzig), mit deutlicher Granne

1a Zumindest 1 Granne gekniet 2
1b Grannen geschlängelt (Gras feuchter Waldstellen)
    Schwingel, *Festuca* S. 421
1c Grannen gerade (Gras offener, ± trockener Böden)
    Trespe, *Bromus* S. 427–437 (s. a. S. 54, 5c)

Gattungsschlüssel

2a Je Ährchen 2-3, ± gleich lange (gekniete) Grannen
Goldhafer, *Trisetum* S. 367–371
2b Die unterste Deckspelze jedes Ährchens auffällig lang und mit gerader (kurzer) Granne; darüber noch 1–2 (selten bis 4) Deckspelzen mit jeweils 1 geknieten Granne
Grannenhafer, *Ventenata* S. 371
2c Die unterste Deckspelze jedes Ährchens mit langer, geknieter Granne; darüber noch 1 Deckspelze mit sehr kurzer, gerader Granne oder auch unbegrannt (scharf zugespitzt)
Glatthafer, *Arrhenatherum* S. 371

GR 7 Süßgrasgewächs, Blätter grasartig, mit oder ohne Blatthäutchen. Blütenstand rispig (oder stockwerkartig quirlig), Ährchen 1-2(3)blütig, 2-3,5 mm lang (ohne eventuell vorhandene Granne gemessen)

1a Ährchen ohne vorstehende Grannen; der Halm nur ganz unten mit Knoten 2
1b Ährchen ohne vorstehende Grannen, der Halm auf zumindest ⅓ Länge mit Knoten 3
1c Jedes Ährchen mit nur 1 (sichtbaren) 1-8 mm langen Granne............................. 6
1d Jedes Ährchen mit 2 (1-2 mm kurzen) Grannen .. 8

2a Ährchen oft (bläulich)violett; Blatthäutchen fehlt, am Spreitengrund eine lockere Haarreihe
Pfeifengras, *Molinia* S. 383
2b Ährchen gelblich-braun; Blatthäutchen deutlich entwickelt, kurz zungenförmig, 2-4 mm hoch
Mariengras, *Hierochloë* S. 335

3a Spelzen auf dem Rücken scharf gekielt 4
3b Spelzen auf dem Rücken gerundet 5

4a Laubblätter dicht neben dem Mittelnerv mit je 1 hellen Streifen („Schienenblätter") – im Gegenlicht besonders gut zu erkennen!
Rispengras, *Poa* S. 397–409 (s. a. S. 48, 2 b)
4b Laubblätter mit vielen feinen Längsstreifen – im Gegenlicht besonders gut zu erkennen!
Straußgras, *Agrostis* S. 349 + 353

5a Waldgras; Blätter um 1 cm breit, oft schlaff und locker spiralig gedreht überhängend
Flattergras, *Milium* S. 337
5b Sumpf- und Ufergras; Blätter um 0,5 cm breit
Quellgras, *Catabrosa* S. 383

6a Sichtbares Grannenende mindestens 1½mal (bis über 3mal) so lang wie das 2-3 mm lange Ährchen
Windhalm, *Apera* S. 349
6b Sichtbares Grannenende höchstens etwa so lang wie (oft sehr viel kürzer als) das 1-6 mm lange Ährchen; Halm mindestens bis zur Mitte (oft darüber hinaus) mit Knoten 7
6c Sichtbares Grannenende kaum ½mal so lang wie das 3-6 mm lange Ährchen (öfters eine 2., sehr kurze Granne im Ährchen verborgen); Halm höchstens im unteren Viertel mit (2-3) Knoten
Mariengras, *Hierochloë* S. 335

7a Ährchen vom Rücken her etwas abgeflacht;
Granne gerade bis schwach geschlängelt; aus der
Spitze der Deckspelze (leicht abbrechend)
Grannenhirse, *Oryzopsis* S. 365
7b Ährchen seitlich abgeflacht; Granne oft verdreht
und gekniet; aus dem Rücken der Deckspelze
Straußgras, *Agrostis* S. 349+353

8a Grannen zugespitzt, oft unterschiedlich lang, doch
zumindest eine das Ährchen weit überragend
Haferschmiele, *Aira* S. 361
8b Grannen vorn keulig verdickt, beide etwa gleich
lang, das Ährchen nur knapp überragend
Silbergras, *Corynephorus* S. 367

GR 8 Süßgrasgewächs, Blätter grasartig, mit oder ohne
Blatthäutchen; Blütenstand rispig (oder stockwerkartig quirlig); Ährchen 1-2(3)blütig, 4-10 mm lang
(ohne eventuell vorhandene Granne gemessen)

1a Ährchen lang begrannt, zumindest 1 Granne ragt 5
bis über 10 mm frei heraus 2
1b Ährchen kurz begrannt, Granne (oder Grannen) nur
1-4 mm weit herausragend 3
1c Ährchen unbegrannt (Spelzen höchstens spitz) . . . 5

2a Mehrere Grannen, gerade bis ± geschlängelt
Trespe, *Bromus* S. 427-437 (s. a. S. 54, 5c)
2b 2-3, ± gleich große Grannen, zumindest 1 gekniet
Goldhafer, *Trisetum* S. 367+371
2c 1 gekniete Granne (aus dem Rücken der kaum behaarten Deckspelze), dazu manchmal noch 1 weitere, diese aber kaum halb so lang („1½ Grannen")
Glatthafer, *Arrhenatherum* S. 371
2d Stets nur 1, unten flach S-förmig geschwungene
Granne (aus der Kerbe in der Spitze der stark behaarten Deckspelze)
Rauhgras, *Achnatherum* S. 331

3a Ährchen im Inneren mit einem ± dichten Haarbüschel (Hüllspelzen auseinander ziehen!)
Reitgras, *Calamagrostis* S. 355+359
3b Ährchen ohne Haarbüschel im Innern 4

4a Blatthäutchen 5-8 mm hoch (Blattrand scharf!)
Schmiele, *Deschampsia* S. 365
4b Blatthäutchen 1-4 mm hoch; Halmknoten kahl
Reitgras, *Calamagrostis* S. 355+359
4c Blatthäutchen 1-2(4) mm hoch; Halmknoten behaart (locker abstehend bis steif abwärts)
Honiggras, *Holcus* S. 361

5a Rispe mit vielen (über 50) Ährchen, diese im Innern mit einem Haarbüschel
Reitgras, *Calamagrostis* S. 355+359
5b Rispe mit vielen (über 50) Ährchen, diese im Innern ohne Haarbüschel (! Spelzen außen zuweilen
aber zottig-verfilzt) 6
5c Rispe mit nur 10-30, kaum 5 mm langen Ährchen
Rispengras, *Poa* S. 397-409 (s. a. S. 48, 2b)
5d Rispe mit nur 10-30, über 5 mm langen Ährchen
Perlgras, *Melica* S. 391

GATTUNGSSCHLÜSSEL

6a Halmknoten behaart; Pflanze hellgrün; Rispe meist von der obersten Blattscheide wenigstens z. T. noch umhüllt; Blattscheiden sehr rauh
(Wilder) **Reis**, *Leersia* S. 329
6b Halmknoten behaart; Pflanze graugrün; Blattscheide samtig weich behaart bis ± glatt
Honiggras, *Holcus* S. 361
6c Halmknoten kahl 7

7a Blatthäutchen 0–3 mm hoch; Blattbreite 2–4 mm
Rispengras, *Poa* S. 397–409 (s. a. S. 48, 2b)
7b Blatthäutchen 0–3 mm hoch; Blattbreite 5–15 mm
Schwingel, *Festuca* S. 415–425 (s. a. S. 53, 5b)
7c Blatthäutchen 5–8 mm hoch; Blattbreite 3–5 mm
Schmiele, *Deschampsia* S. 365
7d Blatthäutchen 5–8 mm hoch; Blattbreite 8–15 mm
Rohrglanzgras, *Phalaris (arundinacea)* S. 331

GR 9 Süßgrasgewächs, Blätter grasartig, Blütenstand rispig, Ährchen über 1 cm lang, 4- bis mehrblütig

1a Alle Spelzen stumpf, grannenlos, selten der Vorderrand ± gezähnelt 2
1b (Einige) Spelzen zugespitzt oder mit (je 1) geraden bis ± geschlängelten Grannen 3
1c Hüllspelzen spitz, Deckspelzen mit 3 Grannenspitzen (± 0,5 mm lang), Vorspelzen mit 2 kurzen, spitzen Zähnchen. – Nur im Tiefland östlich der Elbe
Schwingelschilf, *Scolochloa* S. 409
1d Zumindest 1 Spelze (meist mehrere) im Ährchen mit gekniester Granne
Wiesenhafer, (2 Gattungen) S. 371+373
Helictotrichon: Mittelrippe auf der Unterseite der Blätter kaum hervortretend S. 371
Avenochloa: Mittelrippe auf der Unterseite der Blätter wulstig hervortretend S. 373

2a Ährchen breit herzförmig bis rundlich, seitlich etwas abgeflacht
Zittergras, *Briza (maxima)* s. S. 384, li. Spalte
2b Ährchen walzlich, ± stielrundlich, bis 2,5 cm lang, Blattscheiden fast bis zum oberen Ende verwachsen, Spreiten 4–10 mm breit
Schwaden, *Glyceria* S. 413
2c Ährchen walzlich, stielrundlich, höchstens 1,3 cm lang, Blattscheiden offen, Spreiten kaum 4 mm breit, öfters noch zusammengeklappt
Salzschwaden, *Puccinellia* S. 409

3a Blatthäutchen in eine Haarreihe aufgelöst oder ein schmaler, fein bewimperter Saum 4
3b Blatthäutchen fehlend bis häutig, dann aber ungewimpert, höchstens zerschlitzt 5

4a Spelzen lang begrannt (Granne zumindest so lang wie ihre Spelze, oft 1–3 cm); Ährchenstiele lang, öfters weit übergebogen
Trespe, *Bromus* S. 427–437 (s. a. S. 54, 5c)

4b Hüllspelzen spitz, Deckspelzen oben eingekerbt, mit aufgesetzter, kaum 1 mm langer Granne, kahl bis kaum behaart; Pflanze 30–50(–90) cm hoch, steif aufrecht, Blätter starr
   Steifhalm, *Cleistogenes* S. 383
4c Alle Spelzen schmal zugespitzt, häutig weiß, Deckspelzen unten lang (5–7 mm) behaart; Blätter am Rand feinstachelig gesägt; Pflanze über 1 m hoch, nur mit ♀ Blüten (bei uns)
   Pampasgras, *Cortaderia (selloana)* s. S. 381, li. Sp.
4d Alle Spelzen schmal zugespitzt, bräunlich(-violett); Blütenstiele (im! Ährchen) lang (8–10 mm) seidenhaarig; Blattspreiten stark gerieft, nur vorn am Rand rauh, 0,5–5 cm breit, 10–100 cm lang; Pflanze über 1 m hoch
   Schilf, *Phragmites* S. 383
4e (Vgl.:) Meist nicht blühend, (Rispe und) Blätter ähnlich 4d, Spreite bis 6 cm breit; Blatthäutchen ein schmaler, gewimperter Saum – an beiden Enden, etwas nach unten abgesetzt: 1 Haarbüschel
   Pfahlrohr, *Arundo (donax)* s. S. 381, linke Spalte

5a Ährchen kaum 1,3 cm lang, seine Grannen (zusätzlich) 1–2 cm lang 6
5b Ährchen kaum 1,3 cm lang, unbegrannt oder nur mit kurzen, kaum 0,5 mm langen Grannen
   Schwingel, *Festuca* S. 415–425
   Artenreiche Gattung   Grobeinteilung:

   A Alle Blätter borstlich stielrundlich oder 3- mehrkantig, starr aufrecht bis schlaff übergebogen   S. 415+419+425
      A1 Blatthäutchen (der Stengelblätter) länglich spitz, 1–2 mm   S. 425
      A2 Blatthäutchen fehlend oder nur 1 schmaler, unter 1 mm hoher Saum (! gelegentlich an beiden Enden kurzlappig hochgezogen)   S. 415+419
         /1 Blattscheiden offen oder geschlossen, ohne sichtbare Längsrille   S. 415
         /2 Blattscheiden (oft bläulich überlaufen) am spreitenabgewandten, geschlossenen Grund mit einer deutlichen Längsrille versehen   S. 419
   B Grundblätter borstlich, (frische) Halmblätter (schmal) flach bis hohlkehlig, (entfaltbar), von den rundlichen bis 3kantigen Grundblättern durch die Breite verschieden (beim Trocknen rollen sich oft auch die Halmblätter vollständig ein!)   S. 419
   C Alle Blätter ± flach   S. 421+425
      C1 Spreitengrund mit sicheligen oder lappigen Öhrchen stengelumfassend   S. 421
      C2 Spreite 1–4 mm breit, am Grund kragenförmig gestutzt in die unten geschlossene Scheide übergehend; Alpenpflanze (ab 1500 m)   S. 425
      C3 Spreite 5–15 mm breit, am Grund ± wellig in die bis unten offene Scheide übergehend; Waldpflanze, kaum über 1500 m aufsteigend   S. 427

5c →

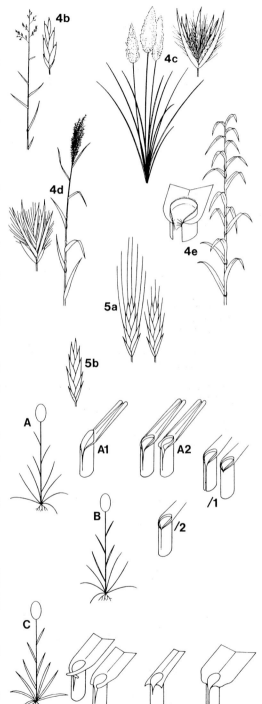

Gattungsschlüssel

5c Ährchen 1,5–4 cm lang (oft noch mit Grannen)
  Trespe, *Bromus* S. 427–437
  Artenreiche Gattung   Grobeinteilung:

A Hüllspelzen sehr schmal, ungleich lang, die
  eine 1-, die andere 3nervig   S. 427+431
  A1 Grannen fehlend oder kürzer als ihre zuge-
    hörigen Spelzen   S. 427+431
    /1 Waldgras; zumindest untere Blattschei-
      den dicht und rauh behaart   S. 427
    /2 Wiesen- und Ödlandgras, Blattscheiden
      kahl bis schütter feinhaarig   S. 431
  A2 Grannen so lang wie oder (viel) länger als
    ihre zugehörigen Spelzen   S. 431
B Hüllspelzen breit-oval, oft gleich lang, die eine
  3–5-, die andere 5–9nervig   S. 433+437
  B1 Blattscheiden (nahezu) kahl   S. 437
  B2 Blattscheiden behaart, Ährchen ± grün, am
    Rücken gewölbt oder gekielt   S. 433
  B3 Blattscheiden behaart, Ährchen rotviolett
    überlaufen, am Rücken stets gewölbt (jun-
    ge Staubbeutel 3,5–5 mm lang)   S. 437

6a Spreitengrund gerade, ohne Öhrchen
  Trespe, *Bromus* s. oben, 5c
6b Spreitengrund mit sichelförmigen Öhrchen
  Schwingel, *Festuca* S. 421 (s. a. S. 53, 5b)

GR 10 Süßgrasgewächs, Blätter grasartig, Blütenstand rispig, Ährchen über 1 cm lang, 1–3blütig

1a Mehrjährige Gräser der Wiesen und Raine mit kräftigem Wurzelwerk 2
1b Einjährige Gräser auf Äckern, Schuttstellen und
  Wegrändern, meist 1(-wenige) Halm(e) aus dürfti-
  gem Wurzelwerk; Ährchen zuletzt nickend 3

2a Ährchen mit 1 längeren Granne, dazu 0–1 sehr
  kurze (= Ährchen 1–„1 ½" grannig)
    Glatthafer, *Arrhenatherum* S. 371
2b Ährchen mit 2–5 etwa gleich langen Grannen
    Wiesenhafer (2 Gattungen) S. 371+373
  Helictotrichon: Mittelrippe auf der Unterseite der
  Blätter kaum hervortretend   S. 371
  Avenochloa: Mittelrippe auf der Unterseite der Blätter wulstig hervortretend   S. 373

3a Ährchen 4–5grannig, Blätter um 0,5 cm breit
    Trespe, *Bromus* S. 427–437 (s. a. oben, 5c)
3b Ährchen 0–3grannig, Blätter um 1 cm breit
    Hafer, *Avena* S. 377

GR 11 Süßgrasgewächs, Blätter rundlich-fädlich, Blütenstand sehr dicht zusammengezogen

1a Ährchen mit hervorquellenden Seidenhaaren
    Perlgras, *Melica* S. 391
1b Jedes Ährchen mit einem tauben, nur aus kammförmig gestellten Spelzen bestehenden Seitenährchen, Blütenstand oft ± 1seitswendig
    Kammgras, *Cynosurus* S. 395

GATTUNGSSCHLÜSSEL

1c Ährchen ohne Seidenhaare im Innern und ohne kammförmige Nebenährchen 2

2a Blütenstand kopfig bis walzlich, über bauchigen Blattscheiden mit ± kurzen Spreiten; Blätter meist nur am Rand gerollt, oft sehr schmal; Blatthäutchen völlig zur Borstenreihe aufgelöst 3
2b Blütenstand kopfig bis eiförmig, oft bläulich überlaufen; Blätter meist nur schmal zusammengefaltet (flach); Deckspelzen kurzgrannig mehrzähnig
Blaugras, *Sesleria* S. 379
(Vgl.: Blütenstand kopfig-2zeilig, d. h. Hauptachse bis oben ± sichtbar   Blaugras, *Oreochloa* S. 379)
2c Blütenstand lang und dick, walzlich rund bis ± 2seitig oder 4kantig; die Ährchen um 1 cm bis 3 cm lang (oft Dünengräser) 4
2d Blütenstand dickwalzlich bis ei-länglich (d. h., unten öfters durch kurzgestielte Ährchen ± aufgelockert und bauchig); die Ährchen 2-6 (selten bis 8) mm lang (vgl. 2 c!) 5
2e Blütenstand ± dünnwalzlich, entweder mit um 1 cm langen, steifen oder längeren und dann (elastisch-)biegsamen Grannen
Gerste, *Hordeum* S. 451+455
2f Blütenstand dünn spindelförmig (nach beiden Enden spitz zulaufend) mit ± kurzen, weichen Grannen (meist unter 1 cm lang)
Fuchsschwanzgras, *Alopecurus* S. 337+341

3a Blütenstand kopfig, breiter als lang, von 2-4 breiten Blattscheiden mit ± starr abstehenden, kurzen Spreiten umschlossen
Dorngras, *Crypsis (aculeata)* s. S. 440, rechte Sp.
3b Blütenstand eiförmig bis walzlich, deutlich länger als breit, von höchstens 2 Blattscheiden umschlossen oder über die letzte Blattscheide (mit kürzerer Spreite) weit hinausragend
Sumpfgras, *Heleochloa* S. 439

4a Ährchen auf jedem Stockwerk der Ährenachse einzeln, abwechselnd 2zeilig gestellt, doch diese fast völlig deckend; Hüllspelzen kaum ¾ so lang wie das Ährchen; Blätter grau- bis dunkelgrün; Pflanze 0,3-0,8 m hoch
Quecke (Strandweizen), *Agropyron* S. 445+449
4b 2-3 Ährchen nebeneinander in 2zeiliger Anordnung, die Hauptachse ± deckend; die schmalen, grannig spitzen Hüllspelzen überragen die 3-4blütigen Ährchen; Blätter blaugrün; Pflanze 0,5-1,5 m hoch
Strandroggen, *Elymus* S. 445
4c Ährchen auf kurzen, ± verzweigten Stielchen, dicht dachziegelig allseitswendig (rundum die Hauptachse deckend) blaß bis violettbraun; Blätter hell graugrün bis grün; Pflanze 0,6-1 m hoch
Strandhafer,
(Gattung und Gattungsbastard), S. 359
Ammophila: Ährchen ± hell strohgelb, Blatthäutchen um 2 cm hoch   S. 359
× *Ammocalamagrostis:* Ährchen ± bräunlich oder violett überlaufen. Blatthäutchen um 1 cm hoch   s. S. 358, rechte Spalte

Gattungsschlüssel

5a Niederes Gras sandiger Tieflandsböden (kaum über 300 m ansteigend), Ährchen 2-4 mm lang, stets mit 2 hervorstehenden Grannen (sicheres Kennzeichen: Grannen entspringen am unteren Teil des Spelzenrückens); Blatthäutchen ± zungenförmig, 1-3 mm hoch
Haferschmiele, *Aira (praecox)* S. 361
5b Meist mittelhohe Gräser (10-100 cm), Ährchen 3-8 mm lang, unbegrannt oder mit 2-5 kurzen, steifen Grannen (1-3 mm), die aus der (manchmal schwach ausgerandeten) Spelzenspitze entspringen; Blatthäutchen stehkragenförmig, rundum gleichmäßig 0,1-1(2) mm hoch
Schillergras, *Koeleria* S. 389
(s.a.: Schillergras, *Lophochloa*; S. 43, 16b)

GR 12 Süßgrasgewächs, Blätter rundlich-fädlich, Blütenstand locker, Ährchen unter 4 mm lang

1a Ährchen 1blütig, 1grannig; Gebirgs- oder Moorpflanze (auch in tieferen Lagen)
Straußgras, *Agrostis* S. 349+353
1b Ährchen mit 2 spitzen Grannen (1 oft sehr kurz); Sandpflanze (vom Tiefland bis zum Hügelland)
Haferschmiele, *Aira* S. 361
1c Ährchen mit 2 kurzen, vorn keulig verdickten Grannen; Sandpflanze (vom Tiefland bis zum Bergland)
Silbergras, *Corynephorus* S. 367
1d Ährchen grannenlos 2

2a Blütenstand ährig dicht, aber einseitswendig (Achse bis oben sichtbar); Pflanze nur 2-10 cm hoch
Zwerggras, *Mibora* S. 347
2b Blütenstand locker ährig, Ährchen gebüschelt, Büschel (lückig) über die Hauptachse verteilt; Pflanze über 10 cm (oft über 50 cm) hoch
Schillergras, *Koeleria* S. 389
2c Blütenstand rispig (vor und nach der Blüte zusammengezogen), Rispenäste kurz, 1-2(3) cm lang; in kleinen Horsten, 10-30 (im Schatten 50) cm hoch
Silbergras, *Corynephorus* S. 367
2d Blütenstand sehr locker rispig, Rispenäste ausladend, oft über 5 cm lang; lockerrasig mit unter- oder oberirdischen Ausläufern, 20-150 cm hoch
Straußgras, *Agrostis* S. 349+353

GR 13 Süßgrasgewächs, Blätter rundlich-fädlich, Blütenstand locker, Ährchen über 13 mm lang

1a Grannen 6-30 cm lang, glatt oder fiedrig behaart
Federgras (Pfriemengras), *Stipa* S. 331
1b Grannen 1,2-4 cm lang, gerade bis ± geschlängelt
Trespe, *Bromus* S. 427-437 (s. a. S. 54, 5c)
1c Grannen 1,2-2 cm lang, gedreht und gekniet
Wiesenhafer (2 Gattungen) S. 371+373
Helictotrichon: Mittelrippe auf der Unter-(=Außen)- seite der Blätter kaum hervortretend S. 371
Avenochloa: Mittelrippe auf der Unter-(=Außen)seite der Blätter wulstig hervortretend S. 373
1d Grannen 0,4-1,1 cm lang 2
1e Grannen fehlend oder höchstens 1-2 mm lang
Quecke, (Strandweizen) *Agropyron* S. 449

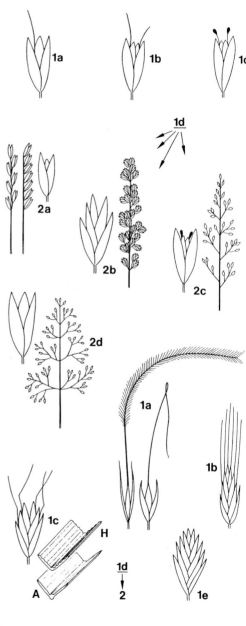

2a Hüllspelzen ± so lang wie die deutlich gestielten Ährchen; Deckspelzen mit 2 Grannenspitzen, je 1–4 mm lang, dazwischen die gekniete Mittelgranne (8–11 mm lang)
Traubenhafer, *Danthonia (alpina)* S. 377
2b Hüllspelzen höchstens ¾ so lang wie die Ährchen; diese mindestens 5 mm lang gestielt; Grannen einzeln aus der Spelzenspitze, gerade bis geschlängelt
Trespe, *Bromus* S. 427–437 (s. a. S. 54, 5c)
2c Hüllspelzen kaum ¼ so lang wie die Ährchen, diese ungestielt oder auf dickem, kaum 3 mm langem Stiel; Grannen einzeln aus der Spelzenspitze, kurz, ± gerade (bis schwach verbogen)
Zwenke, *Brachypodium (pinnatum)* S. 439

GR 14 Süßgrasgewächs, Blätter rundlich-fädlich, Blütenstand locker, Ährchen 4–12 mm lang, Hüllspelzen kurz (unter ½ der Ährchenlänge)

1a Alle Halmknoten am Grund gehäuft, der Halm oben auf mindestens ⅘ seiner Länge knotenlos
Pfeifengras, *Molinia* S. 383
1b Halmknoten mindestens bis zur Hälfte des Halmes vorhanden 2

2a Spelzen mit sehr scharf gekieltem Rücken 3
2b Spelzen am Rücken gerundet, vorn abgestumpft
Salzschwaden, *Puccinellia* S. 409
2c Spelzen am Rücken ± gerundet, vorn spitzig bis kurz (deutlich unter 1 cm) begrannt 4
2d Spelzen am Rücken ± gerundet, lang begrannt (die Grannen mindestens 0,8–1,5 cm lang)
Federschwingel, *Vulpia* S. 427

3a Blütenstand locker rispig, mit langen, dünnen Seitenzweigchen; Ährchen meist 3–7blütig
Rispengras, *Poa* S. 397–409 (s. a. S. 48, 2b)
3b Blütenstand dicht zusammengezogen, Seitenzweigchen kurz; Ährchen meist 2–3blütig
Schillergras, *Koeleria* S. 389

4a Ähre mit schmalen 1seitswendigen Ährchen
Borstgras, *Nardus* S. 445
4b Ährchen kurz gestielt, in ähriger Traube
Dünnschwingel, *Nardurus* S. 425
4c Ährchen rispig angeordnet; mehrjährige Pflanze; Blatthäutchen sehr kurz oder zungenförmig
Schwingel, *Festuca* S. 415–425 (s. a. S. 53, 5b)
4d Ährchen (arm-)rispig angeordnet; mehrjährige Pflanze; anstelle des Blatthäutchens eine dichte, sehr kurze (kaum ½ mm hohe) Wimpernreihe
Steifhalm, *Cleistogenes* S. 383

GR 15 Süßgrasgewächs, Blätter rundlich-fädlich, Blütenstand locker, Ährchen 4–12 mm lang, Hüllspelzen lang (mindestens ¾ der Ährchenlänge)

1a Ähre mit schmalen 1seitswendigen Ährchen
Borstgras, *Nardus* S. 445
1b Eikugeliges Köpfchen aus 2seitig gestellten Ährchen
Blaugras, *Oreochloa* S. 379

1c–1e →

Gattungsschlüssel

1c Armblütige Traubenrispe; Ährchen auf (kaum verzweigten) Stielchen; Blatthäutchen durch eine dichte Reihe kurzer Haare ersetzt
Dreizahn, *Danthonia* S. 379
1d Verdichtete, wenig lückige Rispe; Ährchen gebüschelt auf kurzen, verzweigten Seitenästchen 2
1e Locker ausladende Rispe, Ährchen auf langen, verzweigten Seitenästchen 3

2a Ährchen eiförmig, 6-8 mm lang, mit vorquellenden Silberhaaren; 1-2blütig (dazu 1-3 verkümmerte Blüten = nur Spelzen)
Perlgras, *Melica* S. 391
2b Ährchen lanzettlich, lang zugespitzt, sehr kurz begrannt; 5-9 mm lang; 3blütig (doch stets 2 der Blüten verkümmert), 3 Spelzen ± sichtbar (1 kurz, 2 lang, die mittlere umgreift fast das ganze Ährchen)
Ruchgras, *Anthoxanthum* S. 335
2c Ährchen verkehrt-eiförmig, (3-)4-8 mm lang; 2-4(5)blütig; 2-3 Deckspelzen überragen (knapp) die 2 Hüllspelzen
Schillergras, *Koeleria* S. 389
2d Ährchen schmal-eiförmig, 1blütig, bis 8 mm lang; die 2 Hüllspelzen überragen (weit) Granne, Deckspelze und ein Haarbüschel am Blütenstiel (vgl. auch 3e)
Reitgras, *Calamagrostis* S. 355+359
2e Ährchen eiförmig, 2blütig, kaum 4,5 mm lang; Hüllspelzen ± so lang wie die keuligen Grannen (vgl. auch 3f)
Silbergras, *Corynephorus* S. 367

3a Ährchen 7-9 mm lang, von den Hüllspelzen umschlossen, mit 1 ± geraden, etwa 6-10 mm weit herausragenden Granne (eine 2. Granne ist im Ährchen eingeschlossen)
Rauhgras, *Achnatherum* S. 331
3b Ährchen 8-12 mm lang, mit ungleichen, grannenspitzen Hüllspelzen (Deckspelzen daher z.T. sichtbar) und mindestens 1 geknieten, 8-15 mm langen Granne (eine 2. Granne gerade und kaum oder wenig herausragend)
Grannenhafer, *Ventenata* S. 371
3c Ährchen mit je 2 (kaum 4 mm) über die Hüllspelzen hinausragenden Grannen
Schmiele, *Avenella* S. 365
3d Ährchen mit nur 1 (kaum 4 mm) über die Hüllspelzen hinausragenden Granne
Straußgras, *Agrostis* S. 349+353
3e 1 Granne (sowie 1 ± dichtes Haarbüschel) je Ährchen vorhanden, doch die Hüllspelzen nicht überragend; Rispe reichährig, mit ausladenden langen Seitenästchen; Pflanze (40-)60-150 cm hoch
Reitgras, *Calamagrostis* S. 355+359
3f 2 vorn keulig verdickte Grannen knapp so lang wie die Hüllspelzen (daher nur zur Vollblüte sichtbar); Rispe mit ± 2 cm langen Ästchen; Pflanze 10-30 cm hoch (im Schatten bis 50 cm)
Silbergras, *Corynephorus* S. 367

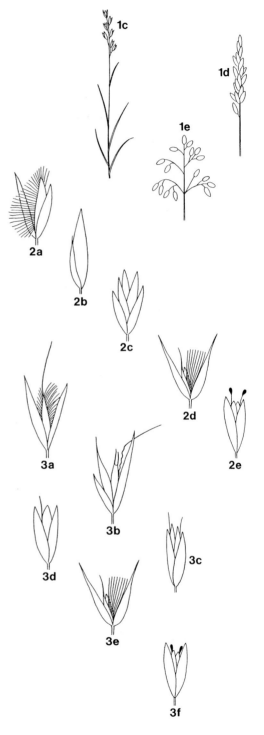

Gattungsschlüssel

Ordnung Aronstabartige, *Arales*

152. Familie Aronstabgewächse, *Araceae*
Bei uns nur Knollen- und Wurzelstock-Stauden (sonst auch Wasserpflanzen, Kletterstraücher und kleine Bäume); Blätter oft grundständig oder im unteren Stengelbereich gehäuft, einfach (bei unseren Arten); Blüten meist nackt oder mit einfacher Hülle, 1geschlechtig (-1häusig), selten ⚥; in ± dichten Kolben (diese zuweilen mit einem blütenfreien Fortsatz), oft von einem auffälligen Hüllblatt („Spatha") umgeben; 3-6 Staubblätter, 1 (oberständiger) Fruchtknoten, sein Griffel oft kurz oder ganz fehlend; Frucht beerenartig (! giftverdächtig)

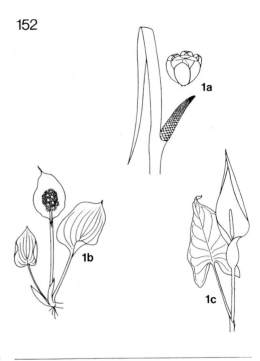

1a Blätter (samt Hüllblatt) grasartig, breit und sehr lang; Blütenkolben (scheinbar) seitenständig
Kalmus, *Acorus* S. 457

1b Blätter gestielt, herzförmig(-nierenförmig), Blütenkolben endständig, ± sichtbar, von einem (selten 2-3) ungestielten eiförmigen, zugespitzten, innen weißen Hüllblatt nur einseitig gedeckt
Schlangenwurz, *Calla* S. 457

1c Laubblätter gestielt, pfeilförmig; Blütenkolben mit keuligem, blütenlosem, weißlichem (auch gelbem, bräunlichem oder dunkelviolettem) Fortsatz. Nur dieser ragt aus dem unten krugförmig zusammengerollten Hüllblatt (mit offenem, ± flachem, ei-lanzettlichem Oberteil)
Aronstab, *Arum* S. 457

153. Wasserlinsengewächse, *Lemnaceae*
Krautige Wasserpflanzen, schwimmend oder untergetaucht treibend; ohne echte Blätter; blattartige, bewurzelte oder wurzellose Sproßglieder, klein (0,1-1 cm), oft mit Tochtergliedern, die sich später von der Mutterpflanze lösen. Selten blühend. Blüten winzig, nackt, 1geschlechtig; zu 2-3 in einer seitlichen Einstülpung des Sproßgliedes, oft von einem zarten Hüllblatt umgeben; 1-2 ♂ mit je 1 Staubblatt, 1 ♀ mit 1 Fruchtknoten (Staubbeutel und Griffel über das Wasser gehoben); Frucht unscheinbar, ± hinfällig: 1-7samige, warzenartige Ausstülpung an der Unterseite des Sproßgliedes, viel kleiner als dieses

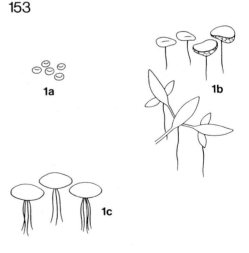

1a Sproßglieder wurzellos, unter 2 mm im Durchmesser, (auf dem Wasserspiegel) schwimmend
Zwergwasserlinse, *Wolffia* S. 461

1b Je Sproßglied 1 (unverzweigtes) Würzelchen; Glieder 2-10 mm lang, untergetaucht treibend (dann lanzettlich) oder schwimmend (meist rundlich)
Wasserlinse, *Lemna* S. 461

1c Je Sproßglied 1 Wurzelbüschel, zumindest 2-3 kurze Würzelchen; Glieder stets ± kreisförmig, um 5 mm im Durchmesser, schwimmend, unterseits oft rot überlaufen
Teichlinse, *Spirodela* S. 461

Froschlöffelgewächse *Alismataceae*

Froschlöffel *Alisma*
Herzlöffel *Caldesia*
Froschkraut *Luronium*
Igelschlauch *Baldellia*

Gewöhnlicher Froschlöffel
Alisma plantago-aquatica L.
Froschlöffelgewächse *Alismataceae*

Beschreibung: Blütenstand eine aus mehreren Quirlen aufgebaute, pyramidenförmige Scheinrispe. Blüte um 1 cm im Durchmesser (ausgebreitet gemessen). Blütenhüllblätter 6; die 3 äußeren grünlich, die 3 inneren weiß oder rosa, am Grunde oft gelblich, etwa 5 mm lang. 6 Staubblätter. Früchte tetraedrisch, nicht aufgeblasen. Blüten 1–3 cm lang gestielt. Stengel aufrecht; blühender Stengel unbeblättert. Blätter stehen am Wurzelstock. Schwimmblätter und Jugendblätter länglich, sitzend. Blätter über der Wasseroberfläche lang gestielt, oval oder am Grunde schwach herzförmig. Wurzelstock gedrungen, knollig. Mai–Oktober. 10–15 cm.

Vorkommen: Liebt nasse Standorte. Besiedelt Ufer von Seen, Tümpeln, Flüssen, Bächen, Gräben, ebenso Wiesenmoore und staunasse, lichte Wälder. Bevorzugt nährstoffreiche Standorte, die jedoch nicht kalkhaltig sein müssen. Wurzelt auf Sand-, Lehm- oder Schlammboden. Erträgt gelegentliche Überschwemmung, auch schärfere Strömung. Etwas wärmeliebend. Geht selten höher als 1500 m. Zerstreut.

Wissenswertes: ♃; (☠). Der brennend scharfe Saft soll für Rinder stark giftig sein. Ziegen fressen indessen die Pflanze recht gern. In manchen Gegenden wurde früher vor allem der Wurzelstock als Volksheilmittel genutzt. Wirkstoffe, die dies rechtfertigen, wurden bisher noch nicht aufgefunden. – *A. plantago-aquatica* wird mit dem Grasblättrigen Froschlöffel (*A. gramineum* LEJ.: Blätter anfänglich untergetaucht, bandförmig) und dem Lanzettblättrigen Froschlöffel (*A. lanceolatum* WITH.: Blätter lanzettlich, am Grund verschmälert) zur Sammelart *A. plantago-aquatica* agg. zusammengefaßt.

Herzlöffel
Caldesia parnassifolia (BASSI) PARL.
Froschlöffelgewächse *Alismataceae*

Beschreibung: Blütenstand eine aus mehreren Quirlen aufgebaute, pyramidenförmige Scheinrispe. Blüten um 1 cm im Durchmesser (ausgebreitet gemessen). 6 Blütenhüllblätter: die 3 äußeren grünlich, die 3 inneren weiß oder schwach gelblich, etwa 5 mm lang. 6 Staubblätter. Früchtchen aufgeblasen. Blüten sitzen auf 1–3 cm langen Stielen. Stengel aufrecht; blühender Stengel unbeblättert. Blätter stehen am Wurzelstock. Schwimmblätter bis 60 cm lang gestielt, mit ovaler bis herzförmiger und dann am Grunde tief eingeschnittener Spreite. Juli–September. 30–60 cm.

Vorkommen: Ausgesprochen wärmeliebende Pflanze. Kommt daher nur an sonnigen, geschützten Buchten im Röhricht von Seen und Tümpeln, seltener an Fließgewässern vor. Steht meist im Wasser. Verlangt mäßig nährstoffreichen Untergrund. In Mitteleuropa nur vereinzelt, vermutlich nur noch in Mecklenburg bei Malchin und im Teichgebiet östlich von Schwandorf/Oberpfalz sowie in der Steiermark und in Kärnten. Seit Ende des 19. Jahrhunderts sind mehrere, vordem bekannte Standorte erloschen.

Wissenswertes: ♃. Das Hauptverbreitungsgebiet des Herzlöffels liegt in der südlichen Hälfte Europas; es erstreckt sich ostwärts bis zum Ural. In Mitteleuropa hat die Art von jeher nur vereinzelte „Vorposten" gehabt. Sie kann in den hier oft kühlen Sommern ihre Früchte nicht ausreifen und vermag sich dann nur durch „Winterknospen" zu vermehren. Steht die Pflanze in größerer Wassertiefe, dann blüht sie überhaupt nicht und pflanzt sich ausschließlich durch solche Winterknospen fort, die in höherer Anzahl als üblich angelegt werden.

Froschlöffelgewächse *Alismataceae*

Froschkraut
Luronium natans (L.) Rafin.
Froschlöffelgewächse *Alismataceae*

Beschreibung: Blüten einzeln oder zu 2-3 in den Blattachseln, meist auf dem Wasser schwimmend, 1,5-2 cm im Durchmesser. 6 Blütenhüllblätter: die 3 äußeren sind grün und unscheinbar, die 3 inneren sind rundlich-oval und erreichen bis 8 mm Länge; sie sind weiß und haben am Grund oft einen gelblichen Fleck. Auch blühende Stengel beblättert, im Wasser flutend oder auf Schlamm, seltener auf Sand kriechend, weich, oft gebogen. Blätter meist lang gestielt; untergetauchte Blätter 2-3 mm breit, bandförmig, bis 10 cm lang. Schwimmblätter oval oder rundlich, Spreitenlänge etwa 3-5 cm. Mai-August. 0,1-1,5 m.

Vorkommen: Liebt kalkarme, moorige Gewässer, in denen sie sonnenbeschienene, offene und meist flache Uferstellen besiedelt. Mäßig wärmeliebend, aber lichtbedürftig. Kommt im Tiefland westlich der Weser sehr selten, östlich von ihr nur vereinzelt vor, desgleichen in der Lausitz, im Hohen Venn und unweit von Limburg. Fehlt in Deutschland südlich des Mains, ebenso in Österreich und in der Schweiz.

Wissenswertes: ♃. Die Verbreitung der Früchtchen erfolgt durch Wasservögel. Obschon die Art nur auf wenige Standorte in Mitteleuropa beschränkt ist, sind von ihr Untersippen beschrieben worden. Es dürfte sich durchweg um Standortmodifikationen handeln. Die var. *natans* ist gekennzeichnet durch über 50 cm lange und kaum 5 mm breite Tauch- und 2-3 cm lange, um 1 cm breite Schwimmblätter. Var. *repens* hat keine untergetauchten Blätter; die Spreite ihrer Schwimmblätter wird 1-3 cm lang und 1-1,8 cm breit. Sie wächst meist im Flachwasser oder auf dem Grund abgelassener Teiche.

Igelschlauch
Baldellia ranunculoides (L.) Parl.
Froschlöffelgewächse *Alismataceae*

Beschreibung: Blütenstand 3-10blütige Dolde, sehr selten 2 stockwerkartig übereinanderstehende Dolden. Blüten 1,5-2 cm im Durchmesser (ausgebreitet gemessen); 6 Blütenhüllblätter: die 3 äußeren grün, klein, unscheinbar; die 3 inneren rundlich, etwa 6-9 mm lang und 5-7 mm breit, zartrot oder weiß, innen am Grund gelb. 6 Staubblätter, die jeweils zu 2 vor den inneren Blütenhüllblättern stehen. Die reifen Früchtchen gleichen einer morgensternartigen Kugel. Stengel meist aufrecht, selten kriechend und dann bogig zum Licht gekrümmt, an den Knoten wurzelnd; hier zuweilen auch mit Tochterrosetten, die in ihren Blattachseln einzelne Blüten entwickeln. Alle Blätter grundständig, langstielig, Spreite unter 2 cm breit, aber 3-10 cm lang. Wurzelstock kurz, zart und dünn. Juli-Oktober. 5-30 cm.

Vorkommen: Liebt nasse, schlammige und sandige Ufer an Seen und Flüssen, die gelegentlich überschwemmt werden. Empfindlich gegen zu große Schwankungen von Temperatur und Luftfeuchtigkeit. Kommt vorwiegend im atlantischen Klima vor. Im Tiefland westlich der Elbe sehr selten, östlich von ihr nur vereinzelt in Mecklenburg-Vorpommern, in Brandenburg und Sachsen-Anhalt; in der Südwestschweiz vereinzelt am Genfer und Neuenburger See.

Wissenswertes: ♃; ▽. Der Igelschlauch ändert vor allem die Gestalt seiner Blätter, und zwar in Abhängigkeit von der Häufigkeit, in der sein Standort überflutet wird. Die Art hat seit Mitte des 19. Jahrhunderts die meisten ihrer vordem bekannten Standorte durch Entwässerung von Sumpfwiesen sowie durch Uferverbauungen und -befestigungen verloren.

Froschlöffelgewächse *Alismataceae* ▶

Pfeilkraut *Sagittaria*

Schwanenblumengewächse *Butomaceae* ▶

Schwanenblume *Butomus*

Froschbißgewächse *Hydrocharitaceae* ▶

Krebsschere, Wasseraloë *Stratiotes*
Froschbiß *Hydrocharis*

Gewöhnliches Pfeilkraut
Sagittaria sagittifolia L.
Froschlöffelgewächse *Alismataceae*

Beschreibung: Blüten meist einzeln in den Achseln hautrandiger Tragblätter, 1geschlechtlich, 1,8–2,8 cm im Durchmesser (ausgebreitet gemessen). Die 3 äußeren Blütenhüllblätter kelchartig, fast rundlich; die 3 inneren Blütenhüllblätter rund, weiß oder zartrosa, am Grund mit einem dunkelroten Fleck. Staubbeutel purpurn. Männliche Blüten länger gestielt als weibliche. Stengel ragt aufrecht aus dem Wasser. Unterste Blätter schmal, kaum 5 mm breit, flutend; die obersten Blätter mit tief pfeilförmig eingeschnittener Blattspreite; Lappen der „Pfeile" bei Überwasserblättern bis 10 cm lang. Juni–September. 0,2–1,5 m.

Vorkommen: Liebt lichtes Röhricht an stehenden oder langsam fließenden Gewässern mit sandigem oder schlammigem Boden. Wurzelt meist in 5–50 cm Wassertiefe, selten (untergetauchte Pflanzen) in Tiefen bis nahezu 2 m. Wärmeliebend. Im Tiefland selten. In den Mittelgebirgen und in den Alpen sehr selten, nicht über rund 700 m Höhenlage. Öfters gepflanzt.

Wissenswertes: ♃. Wiewohl das Pfeilkraut Wärme liebt, scheut es doch zu starke Besonnung seiner Luftblätter. Deren Blattflächen stellen sich deshalb etwa in Nord-Süd-Richtung ein („Kompaßpflanze"). Aus dieser „Lichtscheu" erklären sich auch die meist von dichtem Röhricht umgebenen Wuchsplätze des Pfeilkrauts. Die Gestalt der Blätter variiert zwischen Individuen, die vorwiegend untergetaucht wachsen, und solchen, die nur Überwasserblätter besitzen. – Ähnlich: Breitblättriges Pfeilkraut (*S. latifolia* WILLD.): Blütenblätter weiß, ohne Purpurfleck; Staubbeutel gelb; Heimat: Nordamerika; vereinzelt am Oberrhein und in der Westschweiz.

Schwanenblume
Butomus umbellatus L.
Schwanenblumengewächse *Butomaceae*

Beschreibung: Blütenstand doldig. 6 Blütenhüllblätter, rosa, dunkler geadert; die 3 äußeren oft an der Außenseite grün. Blüten 2–3 cm im Durchmesser (ausgebreitet gemessen). Blütenstiele 5–10 cm lang. Der Schaft, der die Blütendolde trägt, überragt die Blätter. Stengel aufrecht, kräftig, rund. Blätter grundständig, an der Basis 3kantig, zugespitzt. Wurzelstock kriecht auf meist schlammigen, humosen Böden. Juni–August. 0,5–1,8 m.

Vorkommen: Liebt Ufer mit humushaltigen, nährstoffreichen Schlammböden. Braucht Wärme. Steht deswegen im Röhricht an lichteren Stellen. Bevorzugt stehende Gewässer. Der Wurzelstock dringt noch bis etwa 50 cm Wassertiefe vor. Selten, aber an ihren Standorten meist in kleineren Beständen. Geht nicht in Höhenlagen über etwa 700 m.

Wissenswertes: ♃. Die Schwanenblume ist nicht zuletzt deshalb selten, weil sie an ihren Standorten der Konkurrenz höher aufschießender, dicht wachsender und damit lichtraubender Pflanzen ausgesetzt ist. Sie ist zwar in ganz Mitteleuropa anzutreffen, fehlt aber größeren Gebieten, und zwar offensichtlich rein zufällig. – Wie viele unter Wasser wurzelnde Pflanzen bildet auch die Schwanenblume verschiedene Wuchsformen aus. Von ihr sind Exemplare beschrieben worden, die untergetaucht bleiben; deren Blätter sind kaum 2 mm breit und zuweilen bis fast 2 m lang. Üblicherweise setzen derartige Pflanzen keine Blüten an. Sie bevorzugen tiefere oder rasch fließende Gewässer. Solche Exemplare hat man schon als var. *vallisneriifolia* SAGORSKI bezeichnet. Indessen ist fraglich, ob es sich bei ihnen nicht nur um eine Wuchsform handelt.

Froschlöffelgewächse *Alismataceae*
Schwanenblumengewächse *Butomaceae*
Froschbißgewächse *Hydrocharitaceae*

Krebsschere, Wasseraloë
Stratiotes aloides L.
Froschbißgewächse *Hydrocharitaceae*

Beschreibung: Meist langstielige (2–25 cm), aber wenigblütige Blütenstände in den Achseln von Laubblättern. Blüten einer Pflanze entweder männlich oder weiblich („2häusig"). Männliche Blüten länger gestielt, weibliche Blüten kurzstielig (2–5 cm). 10–15 Staubblätter. Blüten 2–4 cm im Durchmesser, weiß. Blätter in dichter Rosette, derb, lang, unten 3kantig, oben flach, kräftig stachelig gesägt, tief dunkelgrün, bis 4 cm breit, „schwertförmig". Pflanze frei schwimmend, wobei die obersten Teile aus dem Wasser ragen; dadurch wird die Bestäubung der Blüten durch Insekten möglich. Mai–Juli. 10–50 cm.

Vorkommen: Liebt kalkarme Gewässer mit windgeschützten Buchten. Das Wasser sollte nicht allzu arm an Nährstoffen sein. Bevorzugt moorige Seen. Fehlt weiten Gebieten. Im Tiefland westlich der Elbe selten, nördlich und östlich von ihr zerstreut, sonst sehr selten. Wo sie vorkommt, bildet sie meist auffällige Bestände. Geht nicht in Höhenlagen über etwa 900 m. Fehlte ursprünglich in der Schweiz und in Österreich, wurde indessen – wie auch im übrigen Mitteleuropa – neuerdings da und dort ausgepflanzt.

Wissenswertes: ♃. Da ganze Jungpflanzen der Krebsschere durch Wasservögel verschleppt werden können, kommt die Pflanze an etlichen Standorten nur in 1 Geschlecht vor. Dann vermehrt sie sich durch Ausläufer, die sich nach einiger Zeit von der Mutterpflanze ablösen. Die gebildeten Früchte scheinen nicht selten keine keimfähigen Samen zu enthalten; allerdings können aus Geweben der Fruchtwand vegetativ neue Pflänzchen auswachsen.

Froschbiß
Hydrocharis morsus-ranae L.
Froschbißgewächse *Hydrocharitaceae*

Beschreibung: Pflanze mit männlichen und weiblichen Individuen („2häusig"). Männliche Blüten einzeln oder zu 2–5 von einem Hochblatt („Spatha") umschlossen, das auf einem bis 5 cm langen Stiel sitzt. Blüten etwa ebenso lang gestielt. 6 Blütenhüllblätter: äußere oval, 3–5 mm lang und etwa halb so breit, grünlich oder rötlich; innere Blütenhüllblätter rundlich, 1–1,5 cm im Durchmesser, weiß, mit gelbem Fleck am Grund. 12 Staubblätter. Weibliche Blüten wachsen einzeln aus sitzender Spatha. Blütenstiel bis 5 cm lang, Blütenhülle wie bei den männlichen Blüten. Narben mit 6 Zipfeln. Pflanze bildet wenigblättrige Schwimmblattrosetten, aus denen Ausläufer heraustreiben. Schwimmblätter rund, am Grund herzförmig, ledrig. Wurzeln z. T. frei im Wasser – dann mit vielen Wurzelhaaren – oder im Grund verankert. Im Herbst werden Winterknospen gebildet. Mai–August. 15–30 cm.

Vorkommen: Besiedelt stehende oder langsam fließende Gewässer, die nährstoffreich sein müssen, aber kalkarm sein können. Liebt seichte, windgeschützte, sommerwarme, mäßig sonnige Stellen. Im Tiefland und am nördlichen Oberrhein zerstreut, sonst selten. In den Alpen sehr selten und weithin fehlend.

Wissenswertes: ♃. Neben der 2häusigen „Normalsippe" wurden auch 1häusige Rassen beschrieben. Außerdem findet man oft bei genauem Zusehen an den weiblichen Blüten 2häusiger Pflanzen 3–6 unfruchtbare Staubblätter; auch an den männlichen Blüten erkennt man gelegentlich einen unvollkommen ausgebildeten Fruchtknoten. Für die Vermehrung spielen Winterknospen eine große Rolle. Kleinblättrige Landformen wurden ebenfalls beschrieben.

Froschbißgewächse *Hydrocharitaceae* ▶

Wasserpest *Elodea, Egeria*
Grundnessel *Hydrilla*
Wasserschraube *Vallisneria*

Kanadische Wasserpest
Elodea canadensis MICHX.
Froschbißgewächse *Hydrocharitaceae*

Beschreibung: Pflanze untergetaucht, in der Regel blütenlos. Die kleinen, zarten Blätter bilden meist zu dritt Quirle, die etwa 5 mm voneinander entfernt am meist verzweigten Stengel stehen. Der Blattrand ist kaum sichtbar gezähnt. Von der 2häusigen Pflanze, deren Heimat Nordamerika ist, wurden zunächst um 1835 nur weibliche Exemplare eingeschleppt. Männliche Pflanzen wurden bisher in Mitteleuropa nicht beobachtet. Die männlichen Blüten sitzen einzeln in den Blattachseln. Sie bestehen aus 9 Staubblättern, die sich bei der Reife loslösen und auf der Wasseroberfläche schwimmen. Die weibliche Blüte sitzt im oberflächennahen Teil der Pflanze. Sie ist unscheinbar, besitzt 3 grünliche, außenstehende und 3 weißliche, innenstehende Blütenhüllblätter und 3 Narben. Mai–August. 1–3 m.
Vorkommen: Liebt nährstoffreiche, stehende oder langsam fließende Gewässer, die sehr seicht oder aber bis 5 m tief sein können. Zerstreut in Schwimmblatt- und Laichkrautgesellschaften. In den Alpen selten.
Wissenswertes: ♃. Die Wasserpest wurde zuerst in Schottland um 1835 beobachtet. Sie breitete sich so rasch aus, daß sie zu einer regelrechten „Wasserseuche" wurde und die Fischerei ebenso wie die Schiffahrt behinderte. – Ähnlich: Nuttals Wasserpest (*E. nutallii* (PLANCH.) ST. JOHN): Blätter höchstens 1,3 cm lang, 0,5–2 mm breit, oft verdreht. Oberrhein, Niederrhein, Einzugsgebiet der Ems selten, örtlich häufig, sonst vereinzelt, aber sich neuerdings ausbreitend; Heimat: Nordamerika. – Ernsts Wasserpest (*E. ernstae* ST. JOHN): Blätter über 1,5 cm lang, um 2 mm breit; vereinzelt am Ober- und Mittelrhein; Heimat: Südamerika.

Dichtblättrige Wasserpest
Egeria densa PLANCH.
Froschbißgewächse *Hydrocharitaceae*

Beschreibung: Pflanze untergetaucht, häufig blütenlos. Die zarten Blätter bilden meist zu viert Quirle, die etwa 5–10 mm voneinander entfernt stehen. Der Blattrand ist kaum sichtbar gezähnt. Stengel dicker, Blätter länger als bei der Kanadischen Wasserpest. – Von der 2häusigen, kräftigen Pflanze, deren Heimat Südamerika ist, wurden Exemplare vor allem als Aquarienpflanze eingeführt. Verwildert ist die Art nur selten, u. a. in Mitteldeutschland (Saale-Elster-Kanal) und in wenigen Kanälen, die recht warmes Kühlwasser von Kraftwerken wegführen. Die Pflanze blüht nur in sehr warmem Wasser. Ihre männlichen Blüten stehen zu 2–3 in einer gemeinsamen Spatha (= Hochblattscheide) und können etwa 2 cm im Durchmesser erreichen. Weibliche Exemplare wurden verwildert bisher nicht beobachtet. Juli–September. 0,3–1,5 m.
Vorkommen: Liebt sommerwarme, wintermilde und nährstoffreiche Gewässer; sehr selten, nur am Alpensüdfuß (z. B. Lago Maggiore) häufiger und bestandsbildend.
Wissenswertes: ♃. Die beobachteten Standorte sind oft nicht beständig. Außerdem gibt es in Mitteleuropa nur wenige potentielle Standorte, die den Ansprüchen der Art genügen. – Ähnlich: Krause Wasserpest (*Lagarosiphon major* (RIDL.) MOSS): Pflanze 2häusig, weibliche Blüten in der Spatha verborgen, männliche zur Wasseroberfläche erhoben, weißlich bis blaßrosa. Blätter nicht quirlig, sondern spiralig am untergetauchten Stengel sitzend, sparrig abstehend, zurückgebogen, gegen die Spitze von Stengel und Ästen dichter stehend. Heimat: Südafrika. Als Aquarienpflanze eingeführt und vereinzelt in warmen Teichen und Kanälen verwildert.

Froschbißgewächse *Hydrocharitaceae*

Grundnessel
Hydrilla verticillata (L. fil.) ROYLE
Froschbißgewächse *Hydrocharitaceae*

Beschreibung: Ganze Pflanze untergetaucht, meist blütenlos. Pflanze 1häusig, d. h. männliche und weibliche Blüten auf derselben Pflanze. Männliche Blüten unansehnlich, von einer kugeligen Hülle umschlossen (Durchmesser etwa 1 cm), die zur Blütezeit aufreißt und sich von der Pflanze löst. Weibliche Blüte lang gestielt, etwa 5 mm im Durchmesser, mit 6 Blütenhüllblättern, die 3 äußeren grünlich, die inneren weißlich, oft mit funktionslos gewordenen Staubblättern. Spatha (= scheidenartiges Hochblatt) dieser Blüte lang und röhrenförmig. Stengel 10 cm bis fast 3 m lang, wenig verzweigt. Im oberen Teil der Sprosse Blattquirle aus meist 5–6, selten aus mehr Blättern. Abstände der Blattquirle 1–5 cm. Im untersten Teil des Stengels sind die Blätter oft gegenständig. Blätter 1–2 cm lang, kaum 2 mm breit, spitz, mit 2 Schüppchen in der Blattachsel, die kaum 1 mm lang werden. Blattrand fein gezähnt. Juli–August. 0,1–3 m.

Vorkommen: Liebt flache, stehende Gewässer mit schlammigem Grund, die winters völlig zufrieren können (die Grundnessel überwintert durch „Winterknospen"). Bevorzugt kalkarme Gewässer. Erreicht im nordöstlichen Mitteleuropa ihre nordwestliche Verbreitungsgrenze und kommt hier nur vereinzelt vor (z. B. Müggelsee bei Berlin).

Wissenswertes: ♃. Der wissenschaftliche Gattungsname bedeutet etwa „Wasserpflanze mit quirlständigen Blättern". Die Art wurde erstmals von CARL V. LINNÉ, dem Sohn (lat. filius = L. fil.) des berühmten schwedischen Botanikers gleichen Namens, beschrieben. Er lebte von 1741–1783 und war Nachfolger seines Vaters auf dem Lehrstuhl für Botanik in Uppsala.

Wasserschraube
Vallisneria spiralis L.
Froschbißgewächse *Hydrocharitaceae*

Beschreibung: Ganze Pflanze untergetaucht. Pflanze 2häusig, d. h. männliche und weibliche Blüten kommen auf verschiedenen Exemplaren vor. Der männliche Blütenstand ist dicht, knäuelig und etwa 5 cm lang; die Einzelblüte mißt kaum 5 mm im Durchmesser; sie besitzt 3 ungleich große (äußere) Blütenhüllblätter: von den Blütenhüllblättern des inneren Kreises ist in der Regel nur 1 als kleine Schuppe zu sehen. In der Regel werden nur 2 Staubblätter ausgebildet. Die weiblichen Blüten stehen einzeln auf langen, gewundenen, fädigen Stielen. So erreichen sie die Wasseroberfläche. Die 3 äußeren Blütenhüllblätter sind zu einer Röhre verwachsen, die inneren sind nur mit der Lupe als kleine Schuppen zu erkennen. Blätter grundständig, rosettenartig angeordnet, bandartig flutend, mehrfach in sich gedreht. Juni–Oktober. 10–80 cm.

Vorkommen: Die Pflanze der Tropen ist noch bis Südeuropa beheimatet. Nördliche Vorposten, an denen sie wild vorkommt, sind im Westen z. B. Comer See, Luganer See und Rhone, im Osten die Ukraine und Gebiete im Süden von Rußland. Sie ist als robuste Aquarienpflanze beliebt. Örtlich ist sie in Mitteleuropa verwildert, wenngleich sie kaum irgendwo längere Zeit Fuß fassen konnte. Sie braucht nährstoffreiche Gewässer mit möglichst sommerwarmem Wasser, das sich auch im Winter nicht allzusehr abkühlen oder gar längere Zeit eisbedeckt sein sollte.

Wissenswertes: ♃. Die Wasserschraube wird durch Pollen bestäubt, der auf der Wasseroberfläche treibt. Die von der blasigen Spatha umhüllten Knospen der männlichen Blüten trennen sich vom Blütenstand, steigen auf und öffnen sich schließlich.

Teichfadengewächse *Zannichelliaceae* ▶
Teichfaden *Zannichellia*

Seegrasgewächse *Zosteraceae* ▶
Seegras *Zostera*

Laichkrautgewächse *Potamogetonaceae* ▶
Laichkraut *Potamogeton*

Teichfaden
Zannichellia palustris L.
Teichfadengewächse *Zannichelliaceae*

Beschreibung: Ganze Pflanze stets untergetaucht. Blüten getrenntgeschlechtlich in den Blattachseln derselben Pflanze („1häusig"), unscheinbar. Die männlichen Blüten bestehen meist aus nur 1 Staubblatt. Die weibliche Blüte besitzt 4 Fruchtknoten. Ihre Blütenhülle fällt nicht auf. Neben 1 männlichen Blüte sitzen meist 1–5 weibliche Blüten in derselben Blattachsel. Früchtchen praktisch sitzend, 3–6 mm lang, schmal spindelförmig und beidseits spitz zulaufend, oft leicht gekrümmt. Stengel kriecht im unteren Teil und wurzelt an den Blattansatzstellen („Knoten"; die Wurzeln sind in der Regel nicht gerade, sondern gewunden). Er ist stark verzweigt. Die Zweigenden fluten im Wasser. Blätter 1–10 cm lang, 1–5 mm breit; Nebenblatt ziemlich groß, häutig, den Stengel fast wie das Blatthäutchen bei Gräsern umhüllend, im Alter hinfällig. Mai–Oktober. 10–50 cm.

Vorkommen: Liebt sommerwarme, stehende und langsam fließende Gewässer, die nährstoffreich sein müssen und die verschmutzt sein können. Geht auch ins Brackwasser. In küstennahen Gebieten des Tieflands und in den flacheren Bereichen des Alpenvorlands zerstreut, sonst selten im Einzugsgebiet der Flüsse und Ströme sowie in Gegenden mit Teichwirtschaften. Besiedelt Stellen, die zwischen 0,5–2,5 m Wassertiefe aufweisen. Kommt nirgends in größeren Beständen vor. Geht in den Mittelgebirgen und Alpen kaum über 1000 m Höhe.

Wissenswertes: ♃. Die Art wird oft übersehen, als „Gras" verkannt oder mit sterilen Laichkräutern verwechselt. Sie ist – vor allem hinsichtlich der Frucht-, weniger der Wuchsform – ziemlich variabel.

Zwerg-Seegras
Zostera noltii HORNEM.
Seegrasgewächse *Zosteraceae*

Beschreibung: Untergetauchte Meerespflanze. Blüten in 1seitiger Ähre, ohne Blütenhüllblätter, unscheinbar. Ähre zur Blütezeit in die schmal bleibende Scheide des obersten Laubblattes eingeschlossen, meist flach auf dem Wasser liegend. Früchtchen um 1,5 mm lang, walzlich. Stengel zart wirkend, etwas hin- und hergebogen, zuweilen mit 2–3 kurzen, unverzweigten Würzelchen an den Knoten. Blätter etwa 1 mm breit, mit nur 1–3 Nerven, an nichtblühenden Trieben 4–12 cm lang, vorn abgestumpft und in der Blattmitte etwas eingekerbt (Lupe!), jedenfalls nie mit einem aufgesetzten Spitzchen. Blattscheiden an der Oberseite offen. Juni–Juli. 30–40 cm.

Vorkommen: Liebt sandigen Boden oder Schlick. In der Ostsee wahrscheinlich nur an der Küste Schleswig-Holsteins, östlich davon nur an einzelnen Standorten (z. B. bei Wismar, im Greifswalder Bodden und vor Rügen). Dringt kaum über 1 m Wassertiefe vor und kommt deshalb nur an flachen Küsten vor. Selten.

Wissenswertes: ♃. In den südeuropäischen Ländern, in denen das Zwerg-Seegras häufiger ist, hat man es noch zu Anfang des Jahrhunderts geerntet, getrocknet und – anstelle von Holzwolle – als Verpackungsmaterial benutzt. Seine Blätter und Stengel sollen sich dafür besser eignen als die des Gewöhnlichen Seegrases, weil sie weniger Salz enthalten. In feuchter Luft nehmen sie weniger Wasser auf, so daß das verpackte Gut sich nicht anfeuchten und nachfolgend schimmeln kann. – Wie beim Gewöhnlichen Seegras werden die fadenförmigen Pollenkörner ins Wasser abgegeben. Sie treiben zu den Blüten, wo sie sich um die Griffel wickeln.

Teichfadengewächse *Zannichelliaceae*
Seegrasgewächse *Zosteraceae*
Laichkrautgewächse *Potamogetonaceae*

Gewöhnliches Seegras
Zostera marina L.
Seegrasgewächse *Zosteraceae*

Beschreibung: Untergetauchte Meerespflanze. Blüten in 1seitiger Ähre, ohne Blütenhüllblätter, unscheinbar. Ähre zur Blütezeit in die Scheide des obersten Laubblattes eingeschlossen, flach auf dem Wasser liegend. Früchtchen etwa 2 mm lang, walzlich. Blütentragende Stengel verzweigt. Blätter 3–10 mm breit, mit 5–11 Nerven, an nichtblühenden Stengeln 20–50 cm, vereinzelt aber auch über 1 m lang, dunkelgrün, vorn abgerundet, oft mit aufgesetztem Spitzchen, im Alter ungleichmäßig in der Längsrichtung aufgespalten. Wurzelstock kriechend; dringt im klaren Wasser bis zu etwa 10 m Tiefe vor. April–Oktober. 0,3–1,5 m.

Vorkommen: Liebt sandigen oder schlammigen Boden mit flachem Küstenverlauf, wo sich die Wellen auch bei Sturm nur selten überschlagen. Fehlt den Felsenküsten ganz. Bildet an seinen Standorten meist ausgedehnte untermeerische „Wiesen" und dringt gelegentlich in die Brackwasserregion der Strommündungen ein. An der Nord- und Ostseeküste zerstreut; örtlich Massenvorkommen.

Wissenswertes: ♃. Die Bestäubung erfolgt durch Pollen, der im Wasser treibt. Die Bestäubungswahrscheinlichkeit wird in den dichten Beständen erhöht, da die Pollenkörner in ihnen gewissermaßen „gefangen" bleiben. In schweren Stürmen werden oft zahlreiche Seegraspflanzen losgerissen, zerbrochen und im Spülsaum der Küste in ganzen „Watten" angetrieben. An leicht zugänglichen Stellen wurde es früher gemäht, getrocknet und als Polstermaterial verwendet. Kugelige „Nester" aus Blatt-, Stengel- und Wurzelstockresten verfilzen sich zuweilen und werden als „Meerbälle" über den Strand geblasen.

Knöterich-Laichkraut
Potamogeton polygonifolius POURR.
Laichkrautgewächse *Potamogetonaceae*

Beschreibung: Ährenstiel bis 10 cm lang, nicht dicker als der Stengel, dem er ansitzt. Ähre 2–4 cm lang, ziemlich locker. Blüten ohne Blütenhüllblätter, unscheinbar. Früchtchen etwa 2 mm lang, eiförmig. Stengel rund, bis 3 mm dick, meist nicht verzweigt, nicht länger als 60 cm. Untergetauchte Blätter auch im Spätsommer noch vorhanden, lanzettlich, durchsichtig, 5 mm breit und 2–3 cm lang. Schwimmblätter zart, 1–2 cm breit und 2–5 cm lang, mit einem 1–3 cm langen Stiel, am Grund abgestutzt oder schwach herzförmig. „Offene Scheide" („Blatthäutchen") 2–4 cm lang. Wurzelstock dünn. Juni–August. 30–60 cm.

Vorkommen: Bevorzugt Torfböden. Kommt daher ausschließlich in Moorentwässerungsgräben, Torfstichen, Moortümpeln und tieferen Schlenken vor, in denen dem Untergrund etwas Sand beigemischt sein sollte. Liebt Sommerwärme. Im nordwestlichen Mitteleuropa selten, sonst nur vereinzelt.

Wissenswertes: ♃. Die Art wird oft mit kleinwüchsigen Formen des Schwimmenden Laichkrauts (*P. natans*, s. S. 72) verwechselt. Die Diagnose darf nur als gesichert gelten, wenn man noch im Spätsommer die untergetauchten Blätter vorgefunden hat. – Ähnlich: Flutendes Laichkraut (*P. nodosus* POIR.): Ährenstiel bis 10 cm lang, meist dicker als der Stengel, dem er ansitzt. Ähre 4–5 cm lang. Früchtchen 3–3,5 mm lang. Schwimmblätter 2–4mal so lang wie breit (bis 15 cm lang und 6 cm breit), in den Blattstiel verschmälert, nie herzförmig. Altwasser, Tümpel, vor allem auf schlammarmen Sand- oder Kiesböden; zerstreut an den größeren Flüssen und Strömen.

Laichkrautgewächse *Potamogetonaceae*

Laichkraut *Potamogeton*

Schwimmendes Laichkraut
Potamogeton natans L.
Laichkrautgewächse *Potamogetonaceae*

Beschreibung: Ährenstiel bis 10 cm lang, nicht dicker als der Stengel, dem er ansitzt und zur Spitze hin nicht schlanker werdend. Ähre 5–8 cm lang, vielblütig. Blüten ohne Blütenhüllblätter, unscheinbar. Früchtchen 3–4 mm lang, eiförmig, schwach gekielt. Stengel bis 5 mm dick, meist nicht verzweigt, oft länger als 1 m, unten brüchig. Untergetauchte Blätter nur im Frühjahr vorhanden, blattstielartig, bis 50 cm lang und bis 1 cm dick. Schwimmblätter derb, bis 7 cm breit und bis 12 cm lang, am Grunde rundlich oder herzförmig, mit einem Stiel, der 2–15 cm lang werden kann. Stelle des Spreitenansatzes am Blattstiel oft mehr oder weniger deutlich entfärbt. „Offene Scheide" („Blatthäutchen") bis 10 cm lang. Wurzelstock reich verzweigt, stark wurzelnd. Mai–August. 0,6–2 m, sehr selten noch erheblich länger.

Vorkommen: Liebt stehende Gewässer, ist in Fließgewässern nur selten anzutreffen. Häufig auf Schlamm, und zwar in windgeschützten Buchten. Bevorzugt nährstoff- und basenreiches Wasser, das wenig abwasserbelastet sein sollte. Zerstreut, an seinen Standorten meist in individuenreichen oder doch auffallenden Beständen. In den Alpen noch in Gewässern, die über der Waldgrenze liegen.

Wissenswertes: ♃. Trotz der geschützten Orte, an denen das Schwimmende Laichkraut vorzugsweise siedelt, werden aus seinen Beständen oftmals ganze Nester bei Sturm herausgerissen und in das offene Wasser hinausgetrieben. Für Schwimmer sind solche Nester zuweilen nur aus kürzester Entfernung zu sehen. Wer sich in die Stengel und Blattstiele verwickelt, kommt nur schwer wieder los.

Gefärbtes Laichkraut
Potamogeton coloratus Hornem.
Laichkrautgewächse *Potamogetonaceae*

Beschreibung: Ährenstiel glatt und etwas glänzend, bis 12 cm lang, kaum 2 mm dick und damit nicht dicker als der Stengel, dem er ansitzt. Ähre 3–4 cm lang, vielblütig, dicht. Blüten ohne Blütenhüllblätter, unscheinbar. Früchtchen ungefähr 1 mm lang (damit am kleinsten unter den ähnlichen Arten), eiförmig. Stengel knapp 2 mm dick, rund, meist nicht verzweigt. Untergetauchte Blätter rötlich, bis 5 cm breit und bis 18 cm lang, etwa in der Mitte am breitesten. Schwimmblätter ebenfalls rötlich überlaufen, 2–8 cm (selten bis zu 10 cm) lang, 1–3 cm (selten bis zu 5 cm) breit, oval, zart, durchsichtig, zum Blattstiel hin keilförmig, abgestutzt bis angedeutet herzförmig verlaufend; Stiel der Schwimmblätter oft nur 1–2 cm lang, selten länger, doch stets deutlich kürzer als die Spreite, die ihm ansitzt. Juni–September. 0,3–1 m.

Vorkommen: Liebt unbelastetes, klares Wasser in langsam fließenden Bächen und Gräben, deren Kalkgehalt eher hoch sein sollte, geht aber auch in stehendes Wasser, wenn es flach und sommerwarm ist. Sehr selten im Einzugsgebiet des Ober-, Mittel- und Niederrheins, der Aller und der mittleren Weser, der Bode sowie des Lech und der Isar. Frühere Vorkommen in Mecklenburg scheinen erloschen zu sein. Vereinzelt in Ober- und Niederösterreich, in Tirol und Vorarlberg, desgleichen in der Nordschweiz.

Wissenswertes: ♃. Das Gefärbte Laichkraut war in Mitteleuropa nie häufig, ist derzeit aber wegen der Beeinträchtigung seiner potentiellen Standorte in seinem Bestand bedroht. Man schätzt, daß es im 20. Jahrhundert rund 50% seiner vordem bekannten Standorte in Mitteleuropa verloren hat.

Laichkrautgewächse *Potamogetonaceae*

Grasartiges Laichkraut
Potamogeton gramineus L.
Laichkrautgewächse *Potamogetonaceae*

Beschreibung: Ähre 2–3 cm lang, eher lokker wirkend. Blüten ohne Blütenhüllblätter, unscheinbar. Früchtchen 2–3 mm lang, eiförmig. Ährenstiel 6–10 cm lang, vom Stengelansatz bis unter die Blütenähre allmählich und letztlich deutlich verdickt; unter der Ähre dicker als der Stengel. Stengel rund, 1–2 mm dick, ziemlich reich verzweigt. Untergetauchte Blätter 5–8 mm breit und bis 10 cm lang, häutig-durchsichtig, am Rand gezähnelt. Oft mit Schwimmblättern; diese nicht durchscheinend, 1–5 cm lang und 0,5–2 cm breit, spitz, nicht wellig, ledrig zäh. „Offene Scheide" („Blatthäutchen") fädlich. Wurzelstock blaßgrün bis weiß, verzweigt, kräftig verwurzelt. Juni–September. 0,3–1,5 m.
Vorkommen: Gedeiht nur in sauberen, kalkarmen, aber nährstoffreichen Gewässern. Bevorzugt Teiche, geht nur selten in Bäche, Gräben oder in Torfstiche. Liebt Sommerwärme; steigt in alpinen Gewässern daher kaum über 1500 m. Überall sehr selten.
Wissenswertes: ♃. Das zerstreute Vorkommen der Art an nur wenigen, oft weit voneinander entfernten Orten hat das Herausbilden verschiedener Formen begünstigt. Die beschriebenen Sippen sollen sich vor allem in der Blattgestalt unterscheiden. Da sie aber zum Teil nur einmal beobachtet wurden, ist fraglich, inwieweit ihnen systematische Bedeutung zukommt. Die Art hat – nicht zuletzt durch die Meliorierung von Torfgebieten, durch die gesteigerte Mineraldüngung, die dadurch mögliche Auswaschung von Nährsalzen aus Ackerflächen und das anschließende Einspülen in ihre Wohngewässer – im 20. Jahrhundert zahlreiche ihrer vordem bekannten Standorte verloren.

Glänzendes Laichkraut
Potamogeton lucens L.
Laichkrautgewächse *Potamogetonaceae*

Beschreibung: Ähre 4–6 cm lang, dicht, vielblütig. Blüten ohne Blütenhüllblätter, unscheinbar. Früchtchen um 4 mm lang, kugelig, allenfalls undeutlich gekielt. Ährenstiel 20–30 cm lang, vom Stengelansatz allmählich bis unter die Ähre verdickt und dort 6–8 mm im Durchmesser. Stengel rund, 3–4 mm dick, wenig verzweigt. Blätter bis zu 6 cm breit und 20–30 cm lang, am Rand oft wellig, lebhaft grün und etwas glänzend, eiförmig, an der Basis keilig verschmälert. „Offene Scheide" („Blatthäutchen") um 5 cm lang, zugespitzt. Ganze Pflanze untergetaucht. Wurzelstock 3–8 mm dick, weitkriechend und kräftig wurzelnd. August–September. 0,3–3 m.
Vorkommen: Liebt nährstoffreiche Gewässer und ist wenig empfindlich. Bildet in Seen oft Massenbestände; geht auch in langsam fließende Gewässer. Liebt Schlammböden. In vorwiegend klaren Bergseen oft vor den Zuflüssen, die den meisten Schmutz liefern. Beginnendes Massenauftreten ist ein sicheres Anzeichen für ein bevorstehendes „Kippen" eines ursprünglich nährstoffarmen, klaren Gewässers in ein nährstoffreiches Gewässer mit vielen Faulstoffen und geringem Sauerstoffgehalt. Zerstreut; gebietsweise fehlend. Kommt in den Alpen noch in Bergseen vor, die um 2000 m hoch liegen.
Wissenswertes: ♃. Vielerorts – z. B. im Bodensee – ist diese Art die häufigste der Gattung. Sie dringt bis 6 m Wassertiefe vor. Dann wird sie zum Hindernis für die Stellnetzfischerei, wogegen Hechtangler über tief liegenden Krautbetten immer auf Beute hoffen dürfen, weil die dichtstehenden Pflanzen vielen Jungfischen als natürliches Versteck für die ersten Lebenswochen willkommen sind.

Laichkrautgewächse *Potamogetonaceae* ▶

Laichkraut *Potamogeton*

Langblättriges Laichkraut
Potamogeton praelongus WULFEN
Laichkrautgewächse *Potamogetonaceae*

Beschreibung: Ährenstiel oft über 20 cm lang, manchmal bis 40 cm, unterhalb der Ähre deutlich verdickt. Ähre 2–4 cm lang, vielblütig, aber locker wirkend. Blüten ohne Blütenhüllblätter, unscheinbar. Früchtchen 4–5 mm lang, eiförmig, auf dem Rücken mit einem scharfen Kiel. Stengel 2–4 mm dick, nur in der oberen Hälfte mehr oder weniger spärlich verzweigt, rundlich, weißgrün, von Blattansatz zu Blattansatz geknickt, aber an seiner Basis relativ gerade. Blätter breit-lanzettlich bis schmal-eiförmig, 10–15 cm (selten bis 20 cm) lang und 3–4,5 cm breit, am Grund abgerundet, die oberen auch keilförmig verschmälert, sitzend, zumindest die unteren etwas stengelumfassend, an der Spitze kapuzenförmig, ganzrandig, meist faltig. „Offene Blattscheide" („Blatthäutchen") derb, 2–5 cm lang (und damit auffallend), hellbraun. Alle nichtblühenden Stengel und alle Blätter untergetaucht. Juni–August. 1–3 m.

Vorkommen: Liebt klare und kühle, kalkhaltige oder wenigstens einigermaßen basenreiche, saubere Gewässer, in deren Uferzonen es bis 2 m Wassertiefe vordringt. Meist in Seen, seltener in Fließgewässern. Wurzelt gern auf humushaltigen Sandböden, aber auch auf torfhaltigen Böden. Im Tiefland östlich und nördlich der Elbe (Schleswig-Holstein, Mecklenburg-Vorpommern) sehr selten, sonst nur vereinzelt; scheint im Bereich der Mittelgebirge zu fehlen; im Alpenvorland vereinzelt, in den Alpen sehr selten und noch bis über 1500 m.

Wissenswertes: ♃. Die Art hat in Mitteleuropa schon immer wenige Standorte besessen, aber die meisten von ihnen im Laufe der letzten Jahrzehnte verloren.

Durchwachsenes Laichkraut
Potamogeton perfoliatus L.
Laichkrautgewächse *Potamogetonaceae*

Beschreibung: Ährenstiel meist nur 3–5 cm lang, nicht dicker als der Stengel, dem er ansitzt. Ähre 2–3 cm lang, vielblütig. Blüten ohne Blütenhüllblätter, unscheinbar. Früchtchen 3 mm lang, ohne Kiel oder Höcker. Stengel 2–8 mm dick, meist reich verzweigt. Blätter rundlich-oval, bis 10 cm lang und bis 6 cm breit, mit tief herzförmig eingeschnittenem Grund am Stengel sitzend und ihn zuweilen leicht umfassend; Blattspitze abgestumpft oder rundlich, seltener angedeutet kapuzenförmig. Blattrand zumindest der jungen Blätter fein gezähnt oder wenigstens rauh. „Offene Scheide" („Blatthäutchen") rasch abfallend. Ganze Pflanze untergetaucht. Wurzelt noch in 6 m Wassertiefe. Wurzelstock wenig verästelt, aber oft geknickt und reich verwurzelt. Juni–August. 0,5–6 m.

Vorkommen: Liebt sommerwarme, nährstoffreiche, stehende oder langsam fließende, tiefe Gewässer; siedelt sich in ihnen im Krautgürtel auf humusreichen Schlammböden an. Im Tiefland nördlich und östlich der Elbe zerstreut; sonst vorwiegend im Altwasserbereich der größeren Flüsse und Ströme, hier nur gebietsweise zerstreut, sonst selten und außerhalb der großen Täler vereinzelt. Gegen Wärmeschwankung wenig empfindlich. Geht in den Alpen noch in Seen, die nahe an der Waldgrenze liegen. Zerstreut.

Wissenswertes: ♃. Die Art ist sehr formenreich. Eine kleinwüchsige Gebirgsrasse besiedelt auch kleinere Fließgewässer. Sie wird höchstens 30 cm lang. Tiefwurzelnde, ausgedehnte und dichte Krautbetten des Durchwachsenen Laichkrauts sind in Seen bevorzugte Standplätze von Hechten.

Laichkrautgewächse *Potamogetonaceae*

Alpen-Laichkraut
Potamogeton alpinus BALB.
Laichkrautgewächse *Potamogetonaceae*

Beschreibung: Ährenstiel bis 12 cm lang, nicht dicker als der Stengel, dem er ansitzt. Ähre 3–4 cm lang, vielblütig, doch locker im Aufbau. Blüten ohne Blütenhüllblätter, unscheinbar. Früchtchen 2–3 mm im Durchmesser, linsenförmig, mit scharfem Kiel. Stengel 2–5 mm dick, rund. Blätter 2–3 cm breit und bis 30 cm lang, gegen den Stengelansatz verschmälert, an der Spitze stumpf, mit glattem Rand. Gelegentlich bilden Pflanzen Schwimmblätter aus. Diese sind länglich-eiförmig oder eiförmig-spatelig, werden bis 8 cm lang, sind oft rötlich überlaufen, aber sehr dünn, zuweilen durchscheinend, andererseits lederartig zäh, in den Blattstiel verschmälert, der stets deutlich kürzer als die Spreite ist. „Offene Scheide" („Blatthäutchen") bis 6 cm lang, derb. Wurzelstock meterlang, reich verzweigt und im Untergrund fest verwurzelt. Juni–September. 0,3–2 m.

Vorkommen: Liebt klare, nährstoffarme Gewässer. Erträgt Sommerwärme schlecht. Lebt daher vorzugsweise in stehenden oder langsam fließenden Gewässern, die im Tiefland grundwassergespeist sind; hier zerstreut. In den höheren Lagen der Mittelgebirge und des Alpenvorlands selten; kommt in den Alpen noch in Seen vor, die um 1000 m hoch liegen. Selten.

Wissenswertes: ⚄. Wo das Alpen-Laichkraut im Schwimmpflanzengürtel vorkommt, gehört es zu den von Schwimmern gefürchteten „Schlingpflanzen". Die Stengel der Schwimmblätter und die Laubsprosse sind zäh, brechen nicht leicht, und der Wurzelstock läßt sich nur schwer aus dem Untergrund ziehen. – Die Art hat wegen zunehmender Gewässerverschmutzung in letzter Zeit viele Standorte verloren.

Krauses Laichkraut
Potamogeton crispus L.
Laichkrautgewächse *Potamogetonaceae*

Beschreibung: Ährenstiel bis 10 cm lang, nicht dicker als der Stengel, dem er ansitzt. Ähre 1–2 cm lang, mit nur 5–10 Blüten; daher sehr locker im Aufbau. Blüten ohne Blütenhüllblätter, unscheinbar. Früchtchen 3–4 mm lang, mit bis zu 2 mm langem, hakigem Schnabel (also insgesamt 5–6 mm lang). Die Früchtchen sind am Grunde miteinander verwachsen. Stengel 1–2 mm dick, ästig, 4kantig, dicht beblättert. Blätter meist breiter als 5 mm, bis 8 cm lang, sehr selten etwas länger, am Rande gewellt und fein gezähnt, halb stengelumfassend, sitzend. „Offene Scheide" („Blatthäutchen") zart, durchscheinend, rasch abfallend. Pflanze oft rötlich überlaufen. Alle Blätter und nichtblühenden Stengel untergetaucht. Mai–Oktober. 0,3–2 m.

Vorkommen: Liebt nährstoffreiche, etwas kalkhaltige, stehende und langsam fließende Gewässer; ist gegen mäßige Gewässerverschmutzung unempfindlich. Siedelt sich trotz seines häufig trüben Wohngewässers noch in 4 m Tiefe an. Bildet an seinen Standorten, oft zusammen mit anderen untergetauchten Pflanzen, große und dichte Bestände. Liebt Sommerwärme. Ist daher nur in Gewässern unter 700 m Meereshöhe häufig; besiedelt in den Alpen jedoch vereinzelt noch Gewässer, die über 1000 m hoch liegen.

Wissenswertes: ⚄. Trotz ihres großen Verbreitungsgebiets und der vielen, oft individuenreichen Standorte ist die Art verhältnismäßig einheitlich im Aussehen. Wo sie Massenbestände bildet, bietet sie vor allem Jungfischen Versteck und Nahrung. Andererseits kann sie, wenn sie bis unmittelbar unter die Wasseroberfläche wächst, für Schwimmer gefährlich und für Ruderer lästig werden.

Laichkrautgewächse *Potamogetonaceae* ▶

Laichkraut *Potamogeton*

Rötliches Laichkraut
Potamogeton rutilus WOLFG.
Laichkrautgewächse *Potamogetonaceae*

Beschreibung: Ährenstiel fädlich, so dick wie oder etwas dünner als der Stengel, dem er ansitzt, 2–3 cm lang, nach oben nur wenig verdickt. Ähre wenigblütig, nur etwa 1 cm lang, schwach quirlig gegliedert. Blüten unscheinbar. Früchtchen kaum 2 mm lang, eiförmig, ohne Höcker oder Schwiele, etwas glänzend. Stengel fädlich dünn, um 1 mm im Durchmesser, fast rund (etwas zusammengedrückt), vorwiegend am Grunde verzweigt, in der Regel kürzer als 40 cm. Blätter um 1 mm breit und etwa 5 cm lang, ziemlich starr, mit 3, seltener mit 5 Nerven (Seitennerven gut sichtbar; Lupe!), allmählich in eine feine, sehr kurze, fast borstenartig-punktförmige Spitze auslaufend. „Offene Scheide" („Blatthäutchen") derb, spitz, etwa 2 cm lang, deutlich geadert und selten abfallend. Erwachsene Pflanzen meist deutlich rot oder bräunlich-rot überlaufen. Winterknospen werden an der Spitze von Seitenzweigen angelegt. Ein Wurzelstock fehlt. Juli–September. 20–40 cm.

Vorkommen: Liebt eher nährsalz-, besonders basenreiche, stehende und langsam fließende Gewässer. Erträgt etwas Verschmutzung durch organische Abfallstoffe. Bevorzugt sommerwarme Gewässer. Im Tiefland nur vereinzelt bei Kiel und sehr selten in Mecklenburg-Vorpommern sowie in Brandenburg. Fehlt in der Schweiz und wohl auch in Österreich.

Wissenswertes: ♃. Die Hauptverbreitung der Art scheint in Nordeuropa und Nordasien zu liegen. „Funde" aus dem südlichen Mitteleuropa beruhen wohl auf der Verwechslung mit ähnlichen Arten. – Die Art hat seit Beginn des 20. Jahrhunderts fast alle ihre vordem bekannten Standorte in Mitteleuropa verloren.

Kleines Laichkraut
Potamogeton pusillus agg.
Laichkrautgewächse *Potamogetonaceae*

Beschreibung: Ährenstiel in der Regel 1–3 cm lang und so dick wie der Stengel, dem er ansitzt. Ähre meist nur 2–5blütig und nicht über 1 cm lang. Blüten ohne Blütenhüllblätter und daher unscheinbar. Früchtchen 1–2 mm lang, kugelig, zuweilen mit ganz schwach ausgebildeten Höckern. Stengel sehr locker verzweigt, fädlich dünn (um 1 mm im Durchmesser), rund. Blätter 0,5–1,5 mm breit und meist um 2–3 cm lang, selten länger, sehr schmal bandförmig und vorn mit einer sehr kleinen, oft etwas undeutlichen Stachelspitze, 3nervig, wobei die randlichen Nerven auch mit der Lupe nur schwer auszumachen sind. „Offene Scheide" (Blatthäutchen") am Blattansatz, spitz, etwa 7 mm lang, rasch abfallend, röhrig oder in der Mitte gespalten (s. unten). Juni–August. 20–50 (90) cm.

Vorkommen: Liebt klare, nährstoffreiche und oft von gedüngten Wiesen umgebene Gewässer; erträgt Brackwasser. Siedelt sich in Seen, Altwässern und Gräben auf humos-schlammigem Grund an. Hinsichtlich der Wärmeschwankungen wenig empfindlich. Kommt sowohl in sommerwarmen Gewässern des Tieflandes als auch in sommerkalten Hochgebirgsseen (bis über 2000 m) vor. Zerstreut, fehlt gebietsweise.

Wissenswertes: ♃. In der Sammelart *P. pusillus* agg. werden die Kleinarten *P. pusillus* L. sec. DANDY & TAYL. (Blattscheide jung röhrig verwachsen; Blätter 0,5–1 mm breit, gelbgrün; Winterknospen blattachselständig) und *P. berchtoldii* FIEBER (Blattscheide stets gespalten; Blätter um 1,5 mm breit, braungrün; Winterknospen am Ende von Kurztrieben) zusammengefaßt. Allerdings läßt sich nicht jedes Exemplar einer dieser Kleinarten eindeutig zuordnen.

Laichkrautgewächse *Potamogetonaceae*

Haarförmiges Laichkraut
Potamogeton trichoides CHAM. et SCHLECHTEND.
Laichkrautgewächse *Potamogetonaceae*

Beschreibung: Ährenstiel 3–5 cm lang, dünn und fadenförmig. Ähre 0,5–1,5 cm lang, locker, meist nur mit 4–8 Blüten (sehr selten mit mehr, gelegentlich mit weniger, vereinzelt mit nur 1 Blüte). In den Blüten wird meist nur 1 Früchtchen reif; es ist etwa 2 mm lang, halbkugelig, nahe dem Vorderende mit einem höckerartig-warzigen Schnäbelchen (Lupe!) auf dem Rücken; in manchen Jahren kann der Fruchtansatz äußerst spärlich sein. Stengel etwa 1 mm breit, brüchig, rund, nur in der unteren Hälfte ziemlich dicht und gabelig verzweigt. Blätter meist nur 0,3–0,5 mm breit, spitz und bis 5 cm lang, 1nervig, sehr selten 3nervig (Lupe!). Am Blattansatz „offene Scheide" („Blatthäutchen") von 5–7 mm Länge, das meist rasch abfällt, spitz und nie 2spaltig ist. Juni–August. 10–30 cm.

Vorkommen: Liebt kalkarme, mäßig saure, kühle, sauerstoffreiche Gewässer. Besiedelt Entwässerungsgräben in Mooren und gelegentlich auch tiefe Tümpel, die von Mooren Zufluß erhalten, aber auch grundwassergespeiste, tiefe Bäche. Im östlichen Schleswig-Holstein, in Mecklenburg-Vorpommern und in Brandenburg selten; im Alpenvorland und in den Alpen, im Schweizer Mittelland und im Schweizer Jura sehr selten und weiten Gebieten fehlend; kommt in den Seen des Engadins noch bei rund 1700 m vor.

Wissenswertes: ♃. Die Art kommt aufgrund ihrer Standortansprüche im Tiefland etwas häufiger vor. Leicht brackiges Wasser erträgt sie. Deshalb kann sie selbst noch im Mündungsbereich der Flüsse gedeihen. Dennoch hat sie im 20. Jahrhundert die meisten ihrer vordem bekannten Standorte verloren.

Stachelspitziges Laichkraut
Potamogeton friesii RUPR.
Laichkrautgewächse *Potamogetonaceae*

Beschreibung: Der Ährenstiel erreicht eine Länge von 8–10 cm und verdickt sich im oberen Viertel deutlich. Ähre meist 1–1,5 cm lang (selten länger), locker und mit nur 5–8 Blüten. Die Blüten besitzen keine Blütenhüllblätter; daher sind sie unscheinbar. Die Früchtchen sind eiförmig-länglich, etwa 2 mm lang und auf dem Rücken stumpf gekielt. Der Stengel ist locker verzweigt und auffällig flach zusammengedrückt. Er ist durch 2 stumpfe Kanten gekennzeichnet, die niemals in Flügel auslaufen, und wird meist über 1 m lang. Blätter bandartig, 2–4 mm breit, kaum 8 cm lang, nur kurz, aber deutlich zugespitzt (Lupe!), mit 5, seltener mit 3 oder 7 Nerven. Am Blattansatz befindet sich eine 2spitzige, offene, meist deutlich zerfranste Scheide („Blatthäutchen"), die bis 4 cm lang werden kann. In den Blattachseln stehen meist mehrere Kurzsprosse. An ihnen entwickeln sich im Herbst Winterknospen. Juni–August. 0,1–1,2 m.

Vorkommen: Liebt seichte, kalkarme, aber ziemlich basen- und stickstoffsalzreiche Gewässer. Siedelt meist in Moorschlenken und moorigen Tümpeln, desgleichen im langsam fließenden Wasser mooriger Gräben. Im Tiefland und in den nach Süden anschließenden Mittelgebirgen – vor allem im Umland der Ströme und großen Flüsse – selten, aber an seinen Standorten meist bestandsbildend; im Alpenvorland sehr selten, aber ebenfalls meist bestandsbildend; sonst nur vereinzelt.

Wissenswertes: ♃. Die Art hat im 20. Jahrhundert insbesondere durch Trockenlegen und Abbau von Mooren viele ihrer vordem bekannt gewesenen Standorte verloren. Möglicherweise wird sie da und dort auch übersehen.

Laichkrautgewächse *Potamogetonaceae* ▶

Laichkraut *Potamogeton*

Stumpfblättriges Laichkraut
Potamogeton obtusifolius MERT. et KOCH
Laichkrautgewächse *Potamogetonaceae*

Beschreibung: Ährenstiel 0,5–1 cm lang, nicht länger als die Ähre, die ihm ansitzt, oberwärts nicht merklich verdickt. Ähre kaum 1 cm lang, mit 6–8 Blüten. Blüten ohne Blütenhüllblätter, unscheinbar. Früchtchen um 2 mm lang, eiförmig bis kugelig, stumpf gekielt, schwach höckerig (Lupe!). Stengel in der Regel reichlich verzweigt, fädlich, 1–2 mm dick, rund oder stumpf 2kantig, aber nie geflügelt. Blätter höchstens 10 cm lang, 1–3 mm breit, mit abgestumpftem, rundlichem Vorderende, dem meist eine sehr kleine, aber deutliche Stachelspitze aufsitzt (Lupe!); 3–5 Längsnerven (die seitlichen Nerven sind nicht immer gut zu sehen!). Am Blattansatz befindet sich eine etwa 1,5 cm lange, „offene Scheide" („Blatthäutchen"). Pflanze untergetaucht. Beblätterte Winterknospen werden im Herbst am Ende ziemlich kurzer Seitenzweige angelegt. Juni–August. 0,3–1 m.

Vorkommen: Liebt basenreiche, nur mäßig stickstoffsalzhaltige, etwas saure, kalkarme Gewässer mit schlammig-humosen Böden. Kommt in Hochmoorkolken, in Tümpeln, in Wiesenmooren, weniger häufig in Gräben vor. Im Tiefland zerstreut, aber auch hier größeren Gebieten fehlend; in den Mittelgebirgen, im Alpenvorland und in Niederösterreich sehr selten und großen Gebieten fehlend; in der Schweiz wohl nur vereinzelt im Jura.

Wissenswertes: ♃. Da das Stumpfblättrige Laichkraut schwach saure Gewässer bevorzugt, hat es – wiewohl es geringe Nitratbelastung erträgt – von Natur aus nur wenige Standorte. Trotz dieser leichten Stickstoffsalztoleranz hat es im 20. Jahrhundert rund die Hälfte seiner vordem bekannten Standorte verloren.

Flachstengeliges Laichkraut
Potamogeton compressus L.
Laichkrautgewächse *Potamogetonaceae*

Beschreibung: Ährenstiel 2–4 cm lang und damit 2–4mal länger als die Ähre. Ähre 1–2 cm lang, mit nur 10–15 locker oder mäßig dicht stehenden Blüten. Blüten ohne Blütenhüllblätter, unscheinbar. Früchtchen eiförmig-länglich und auf dem Rücken stumpf gekielt, 3–4 mm lang. Stengel locker verzweigt, auffällig flach zusammengedrückt und zuweilen flach und wellig, doch stets nur schmal geflügelt, oftmals kaum 1 m lang, selten bis 2 m. Blätter bandartig, 10–20 cm lang, 2–4 mm breit; Scheide („Blatthäutchen") offen, tief 2spitzig, bis 4 cm lang. Blätter stets mit deutlich abgesetzter Spitze. Juni–August. 0,3–2 m.

Vorkommen: Lebt fast stets in tiefen Seen, selten im Fließwasser. Liebt kalk- und nährsalzreiches Wasser, das sich im Sommer auf wenigstens 22 °C erwärmt. Im küstennahen Tiefland zerstreut, in den übrigen Teilen des Tieflands selten, ebenso in den tieferen Lagen der Mittelgebirge; in Österreich vereinzelt zwischen Donau und Nordalpenfuß; scheint in den eigentlichen Alpen und in den höheren Lagen der Mittelgebirge ebenso zu fehlen wie in der gesamten Schweiz.

Wissenswertes: ♃. Ähnlich: Spitzblättriges Laichkraut (*Potamogeton acutifolius* LK. ex ROEM. et SCHULT.): Ährenstiel kaum 1 cm lang; Ähre nur 4–6blütig, locker. Früchtchen rund, Schnabel leicht gekrümmt. Stengel dicht gabelästig, ungeflügelt, fast immer kürzer als 50 cm. Blätter allmählich zugespitzt, 2–4 mm breit, meist 3nervig (mit Querverbindungen zwischen den Längsnerven). Scheide („Blatthäutchen") offen. Im Tiefland und sonst an größeren Flüssen und Strömen; vereinzelt.

Laichkrautgewächse *Potamogetonaceae*

Faden-Laichkraut
Potamogeton filiformis PERS.
Laichkrautgewächse *Potamogetonaceae*

Beschreibung: Ährenstiel fadenförmig, 5–7 cm lang, unter der Ähre nicht merklich verdickt. Ähre 2–4 cm lang, locker und häufig lückig. Blüten ohne Blütenhüllblätter, unscheinbar, in der Ähre mehr oder weniger deutlich quirlständig. Früchtchen halbkugelig bis kugelig, kaum 2 mm lang (selbst bei kräftigen Exemplaren nie mehr als 3 mm). Stengel vor allem am Grunde reich und oft gabelig verzweigt, meist nur bis 50 cm lang, fadenartig dünn (bis etwa 1 mm dick). Blätter 3–10 cm lang und höchstens 1 mm breit; nicht flach, sondern „fleischig", sie laufen nie spitz zu, sondern sind stumpf, auch mit der Lupe kann man nur 1 Blattnerv erkennen. Blattscheide kaum länger als 1 cm, den Stengel eng umhüllend, hinfällig und bei älteren Exemplaren (ab dem Hochsommer) häufig nicht mehr vorhanden. Nichtblühende Stengel und Blätter untergetaucht. Juni–August. 5–50 cm.

Vorkommen: Liebt reine, nährsalzreiche und meist kalkarme Gewässer. Besiedelt humose Sandböden, seltener Torfböden. Erträgt warmes Wasser schlecht. Lebt in der Ebene in kühlen, grundwassergespeisten Bächen und Gräben. Im Tiefland nur nördlich und östlich der Elbe in Schleswig-Holstein, Mecklenburg und Brandenburg; hier selten; im Voralpengebiet selten, desgleichen im Schweizer Mittelland und im Schweizer Jura; in den Alpen, in denen das Faden-Laichkraut ebenfalls nur selten vorkommt, wurde es noch in Höhen über 2000 m gefunden.

Wissenswertes: ♃. Die Art hat durch die Gewässerverschmutzung (Düngung von Ackerflächen) seit Beginn des 20. Jahrhunderts, vor allem indessen seit dem 2. Weltkrieg, viele ihrer vordem bekannten Standorte verloren.

Kamm-Laichkraut
Potamogeton pectinatus L.
Laichkrautgewächse *Potamogetonaceae*

Beschreibung: Ährenstiel 4–6 cm lang, wie der Stengel fadenartig dünn und auch unter der Ähre nicht merklich verdickt. Ähre 2–5 cm lang, locker und zuweilen lückig. Blüten ohne Blütenhüllblätter, unscheinbar. Früchtchen halbkugelig bis kugelig, mindestens 3, ja bis 4 mm lang. Stengel reich und oftmals fast gabelig verzweigt, fadenartig dünn (bis etwa 1 mm dick), aber oft 2–3 m lang. Blätter 3–15 cm lang und höchstens 1,5 mm breit, nicht flach, sondern „fleischig", spitz zulaufend, meist 3nervig (randliche Nerven in der Regel undeutlich und auch mit der Lupe oft nicht eindeutig erkennbar). Blattscheide 1–4 cm lang, den Stengel eng umhüllend. Nichtblühende Stengel und Blätter untergetaucht. Juni–September. 0,2–3 m.

Vorkommen: Liebt nährsalzreiche, jedoch nicht unbedingt kalkhaltige, oft langsam fließende oder fast stehende Gewässer; bevorzugt humusreiche Schlamm- oder Sandböden der Uferregion bis zu etwa 3,5 m Wassertiefe. Im Tiefland zerstreut, desgleichen in den Mittelgebirgen im Einzugsbereich der größeren Flüsse und in Gegenden mit Teichwirtschaften, sonst selten und größeren Gebieten (vor allem mit Silikatböden sowie im Alpenvorland) fehlend. Bildet an seinen Standorten aber meist größere Bestände. In den Alpen noch über 1500 m.

Wissenswertes: ♃. *P. pectinatus* L. wird mit *P. helveticus* (G. FISCH.) W. KOCH (untere Blattscheiden steif, nicht eng anliegend, 3–6 cm lang; Blätter meist deutlich 3nervig, wintergrün, bis 4 m lang; mäßig rasch fließende Bäche und Flüsse mit kalkhaltigem Wasser; süddeutsche Mittelgebirge, Westschweiz) zur Sammelart *P. pectinatus* agg. zusammengefaßt.

Laichkrautgewächse *Potamogetonaceae* ▶
Laichkraut *Groenlandia*

Saldengewächse *Ruppiaceae* ▶
Salde *Ruppia*

Dreizackgewächse *Juncaginaceae* ▶
Dreizack *Triglochin*

Dichtes Laichkraut
Groenlandia densa (L.) Fourr.
Laichkrautgewächse *Potamogetonaceae*

Beschreibung: Der Ährenstiel wird kaum 1 cm lang und verdickt sich auch unter der Ähre nicht merklich. Ähre 3–5 mm lang, kugelig, 2–3blütig, zuweilen sogar nur 1blütig. Blüten ohne Blütenhüllblätter, unscheinbar. Blattscheiden an den Hüllblättern des Blütenstands leicht geöhrt (die Blattscheiden der normalen Stengelblätter sind nie geöhrt). Befruchteter Blütenstand stengelabwärts gekrümmt. Früchtchen um 3 mm lang, kurz geschnäbelt. Stengel rund. Blätter gegenständig, selten zu 3 einander quirlig genähert, 2–4 cm lang, 1–1,5 cm breit, eiförmig bis breitlanzettlich, vorn abgestumpft, 3–5nervig, sehr fein und klein gezäht. Ganze Pflanze bis auf die blühende Ähre untergetaucht. Wurzelstock 30–50 cm lang, kriecht auf dem Boden des Gewässers. Juni–August. 20–50 cm.

Vorkommen: Liebt langsam fließende, saubere, eher kühle, nährsalzreiche und zumindest schwach kalkhaltige oder wenigstens nicht saure Gewässer; besiedelt Gräben und Bäche mit seichtem Wasser. Bevorzugt Sand- oder Kiesböden, geht sehr selten auch auf verschlammte, leicht torfige Böden. Bildet meist kleinere, lockere Bestände. Braucht Licht und geht daher bei aufkommendem Röhricht ein. Fehlt weiten Gebieten ganz, ist im Tiefland im Einzugsgebiet des Niederrheins und der Unterelbe, in Schleswig-Holstein, Brandenburg und Sachsen-Anhalt, im Schwäbisch-Fränkischen Jura, im Muschelkalkgebiet, im Alpenvorland und in den Alpen selten.

Wissenswertes: ♃. Von der Art wurden auch Standortrassen beschrieben, die in rascher fließenden Gewässern leben; sie sind ziemlich schmalblättrig.

Strand-Salde
Ruppia maritima agg.
Saldengewächse *Ruppiaceae*

Beschreibung: Blütenstand eine 2blütige Ähre, die 8 mm Länge nicht überschreitet. Ihre Hüllblätter tragen an der Basis eine deutliche Scheide, die indessen nur wenig aufgeblasen ist. Die Blütenstandsstiele werden bis zu 6 cm lang; zur Fruchtzeit sind sie oft verbogen, aber nie spiralig gewunden. Die blütenblattlosen Blüten sitzen auf entgegengesetzten Seiten des Ährenstiels und sind äußerst unscheinbar. Die beiden sitzenden Staubbeutel lassen sich dank ihrer gelben Farbe noch am ehesten erkennen. Die sitzende, schildförmige und in der Mitte etwas eingesenkte Narbe ist oft rot umrandet. Die ganze Pflanze ist in der Regel untergetaucht; nur die Blütenähre ragt etwas über den Wasserspiegel hinaus. Der Stengel ist deutlich durch Knoten gegliedert und schwimmt im seichten Wasser, wobei die Knoten wurzeln können. Die fadenförmigen, kaum 1 mm breiten Blätter stehen 2zeilig und bilden am Grunde eine leicht geöhrte Scheide, an der Spitze sind sie sehr fein gezähnelt, sonst ganzrandig. Juni–Oktober. 10–40 cm.

Vorkommen: Die Salde braucht zum Gedeihen Salzwasser mit einer Mindestsalzkonzentration von 1%. In Entwässerungsgräben der Marschen ist sie zerstreut, seltener ist sie in Wasserlachen zu finden, die sich in frisch eingedeichtem Land erhalten haben. An den Salzquellen von Artern in Thüringen wächst sie an den Stellen des höchsten Salzgehalts. Sonst ist sie an Salinen im Binnenland sehr selten.

Wissenswertes: ♃. Bei der Strand-Salde kommt die Befruchtung zustande, wenn der schwimmfähige Pollen auf die Wasseroberfläche entleert und durch schwache Strömung den Narben zugetrieben wird.

Laichkrautgewächse *Potamogetonaceae*
Saldengewächse *Ruppiaceae*
Dreizackgewächse *Juncaginaceae*

Sumpf-Dreizack
Triglochin palustre L.
Dreizackgewächse *Juncaginaceae*

Beschreibung: Traube 2–8 cm lang, locker, vielblütig. Blüten mit einem 1–4 mm langen Stiel. Blüten 5–7 mm im Durchmesser (ausgebreitet gemessen). Blütenhülle aus 6 gleichartigen, frisch- bis hellgrünen Blättern, die nach der Befruchtung rasch abfallen und gelegentlich violett überlaufen sein können. 6 Staubblätter; 3 Narben. Stengel fadenartig dünn. Die Blätter wirken grasartig, obwohl sie sehr schmal sind und nur 1–2 mm breit werden; im unteren Drittel sind sie deutlich nach außen gewölbt. Juni–September. 10–70 cm.

Vorkommen: Liebt nährstoffreiche und nur mäßig saure Böden. Gedeiht am besten in offenen Quellsümpfen und in Flachmooren; besiedelt nur gelegentlich die Schlenken von Zwischenmooren. Geht unter der Konkurrenz wüchsigerer Pflanzen meist rasch ein. Im Tiefland westlich der Weser selten; östlich von ihr zerstreut. Bildet in den Salzbinsenweiden der Ostseeküste örtlich größere, wenn auch lockere Bestände. In den Mittelgebirgen mit kalkarmen Gesteinen fehlend oder nur vereinzelt; sonst selten; im Alpenvorland und in den Alpen auf kalkhaltigem Boden selten, gebietsweise zerstreut; steigt über 2000 m (z. B. am Lago Nero zwischen Bernina Lagalb und Bernina Hospiz ca. 2210 m).

Wissenswertes: ♃. Ähnlich wie beim Strand-Dreizack wurden auch beim Sumpf-Dreizack früher angeblich Blausäureverbindungen nachgewiesen. In neueren Veröffentlichungen fehlen entsprechende Angaben. – Ob aus dem Sumpf-Dreizack früher Gemüse zubereitet wurde, ist fraglich, weil er nicht so leicht gesammelt werden kann. Er soll sich durch einen unangenehm salzigen Geschmack auszeichnen.

Strand-Dreizack
Triglochin maritimum L.
Dreizackgewächse *Juncaginaceae*

Beschreibung: Traube 3–15 cm lang, dicht, vielblütig. Blüten mit einem 1–5 mm langen Stiel. Blüten 3–4 mm im Durchmesser (ausgebreitet gemessen); Blütenhülle aus 6 gleichartigen, dunkelgrünen Blättern, die nach der Befruchtung ziemlich bald abfallen und allenfalls an ihren Spitzen leicht rötlich überlaufen sein können. 6 Staubblätter; 6 Narben. Der Stengel ist sehr dünn und erinnert an Stengel oder Blätter feingliedriger Binsen. Auch die rinnigen, nur 3–5 mm breiten Blätter täuschen Binsenblätter vor. Mai–August. 10–60 cm.

Vorkommen: Bildet auf den nassen und ziemlich salzhaltigen Wiesen der Marschen oft große Bestände. Da diese Wiesen häufig als Weiden dienen, der Strand-Dreizack aber vom Vieh bevorzugt gefressen wird (wahrscheinlich wegen seines Gehalts an Salzen), ist er auf diesen Wiesen gerne gesehen. Im Binnenland kommt die Pflanze nur in der Umgegend von Salzquellen vor, ist hier also sehr selten. In Niederösterreich selten; fehlt in der Schweiz.

Wissenswertes: ♃. In Notzeiten wurde aus dem Strand-Dreizack Gemüse zubereitet, das aber erst nach längerem Kochen seinen unangenehmen Geschmack verliert. Selbst als Volksheilmittel soll er schon verwendet worden sein. Inhaltsstoffe, die das rechtfertigen könnten, sind uns nicht bekanntgeworden. Angeblich wurde in der gesamten Pflanze, vor allem in jungen Blüten und Früchten, Blausäure in geringen Konzentrationen nachgewiesen. In der neueren Literatur fehlen indessen entsprechende Angaben. – Von der Art wurden viele Standortrassen beschrieben, die sich u. a. in der Chromosomenzahl unterscheiden.

Blumenbinsengewächse *Scheuchzeriaceae* ▶
Blumenbinse *Scheuchzeria*

Nixenkrautgewächse *Najadaceae* ▶
Nixenkraut *Najas*

Blumenbinse
Scheuchzeria palustris L.
Blumenbinsengewächse *Scheuchzeriaceae*

Beschreibung: 3–10 zwittrige Blüten stehen in einer Traube. Blüten mit 6 länglichen, gelbgrünen Blütenhüllblättern, die nur 2–3 mm lang werden und rasch abfallen. Meist 6 Staubblätter und 3 Fruchtblätter (selten mehr). Früchtchen auffällig aufgeblasen, kugelig-eiförmig, 5–7 mm lang. Blütenstiel schräg aufrecht, kaum 1 cm lang. Das Tragblatt der untersten Blüte überragt meist den ganzen Blütenstand. Stengel oft knickig hin- und hergebogen, meist unverzweigt. Untere Blätter einander nahestehend, zur Mitte des Stengels größer werdend, bis 25 cm lang, rinnig hohl, am Grunde mit einer häutigen Scheide. Dadurch insgesamt am Stengelgrund auffällige Häufung abgestorbener Blattscheiden. Mai–Juli. 5–20 cm.
Vorkommen: Ausgesprochene Hoch- und Zwischenmoorpflanze, die nur in Schwingrasen, zeitweise überschwemmten Stellen und in Schlenken gedeiht. Sehr wärmeliebend. Im Tiefland selten, im Alpenvorland und in den Alpen örtlich zerstreut, aber gebietsweise fehlend, sonst sehr selten. Bildet meist kleinere Bestände. Geht in den Alpen kaum über 1500 m.
Wissenswertes: ♃. LINNÉ hat die Gattung nach JOHANN JAKOB SCHEUCHZER (1672–1733) benannt. SCHEUCHZER war Schweizer; er hat sich um die landes- und naturkundliche Erforschung der Schweiz Verdienste erworben. Vor allem sammelte er Versteinerungen von Pflanzen. Zwar hielt er sie zunächst für „Naturspiele", erkannte dann aber ihren Charakter als Überreste von früher lebenden Pflanzen. Von Beruf war SCHEUCHZER Mathematikprofessor am Züricher Gymnasium. Ihm zu Ehren wurden weitere Pflanzen (z. B. *Campanula scheuchzeri*) benannt.

Meer-Nixenkraut
Najas marina L.
Nixenkrautgewächse *Najadaceae*

Beschreibung: Pflanzen entweder nur mit männlichen oder nur weiblichen Blüten („2häusig"). Blüten unscheinbar, einzeln in den Blattachseln. Die männliche Blüte besteht aus 2 durchscheinenden Hüllen und 1 einzelnen Staubblatt. Die weibliche Blüte besitzt nur 1 Fruchtknoten. Stengel steif, gabelig verzweigt, bestachelt. Untere Internodien bis 10 cm lang, mittlere und vor allem obere kürzer. Blätter am Rand und auf der Mittelrippe der Blattunterseite stachelig gezähnt, 2–4 cm lang, 1–2 mm (mit den Zähnen gemessen 3–6 mm) breit, aufwärts gerichtet. Juni–August. 5–50 cm.
Vorkommen: Liebt warme, aber nicht allzu nährstoffreiche, unverschmutzte stehende Gewässer mit sandigem oder schlammigem Boden. Braucht Sommerwärme. Wird in starkem Wellengang zerbrochen. Besiedelt daher vor allem geschützte Buchten in Altwassern und Seen, geht aber auch ins Brackwasser. In Schleswig-Holstein nur noch vereinzelt; in Mecklenburg-Vorpommern, in Brandenburg und im Schweizer Mittelland selten; an der oberen Mosel, am Oberrhein zwischen Straßburg und Mainz und im Bodenseegebiet zerstreut; sonst nur vereinzelt. Fehlt etwa oberhalb 1000 m.
Wissenswertes: ☉. Das Meer-Nixenkraut war – wie Torffunde beweisen – in den Warmzeiten der Eiszeiten weitaus häufiger als heutzutage. Doch ist der Rückgang nicht in erster Linie auf menschliche Eingriffe zurückzuführen: Man kann nämlich zeigen, daß es schon in der nacheiszeitlichen Warmzeit ziemlich selten geworden war. Allerdings soll nicht verschwiegen werden, daß allein im 20. Jahrhundert viele vordem bekannte Standorte verlorengegangen sind.

Blumenbinsengewächse *Scheuchzeriaceae*
Nixenkrautgewächse *Najadaceae*

Kleines Nixenkraut
Najas minor ALL.
Nixenkrautgewächse *Najadaceae*

Beschreibung: Pflanzen sowohl mit männlichen als auch mit weiblichen Blüten („1häusig"). Blüten unscheinbar, einzeln in den Blattachseln. Männliche Blüte mit einer blattscheidenartigen Hülle und 1 einzelnen Staubblatt, das nur 2 Pollensäcke besitzt. Die weibliche Blüte besteht aus 1 hüllenlosen Fruchtblatt. Stengel steif und spröde (zerbrechlich), 1–2 mm dick, gabelig verzwergt, nicht bestachelt, meist reichlich gabelästig. Blätter 0,5–3 cm lang und kaum 1 mm breit, bogig zurückgekrümmt; die Hälfte der Blattbreite entfällt auf die senkrecht abstehenden oder nach vorn gerichteten Blattzähne. Blattscheiden deutlich gegen die Spreite abgesetzt, grannig gezähnt, am Grunde mit abgerundeten Öhrchen. Ganze Pflanze tief dunkelgrün; auch die Blätter – gleich den Stengeln – sehr zerbrechlich. Juni–September. 5–20 cm.

Vorkommen: Braucht sommerwarme Gewässer. Besiedelt stehende oder sehr langsam fließende Gewässer, in denen es an den ruhigsten und geschütztesten Stellen wächst. Gegen Verschmutzung empfindlich. Im Tiefland wohl nur noch vereinzelt in Mecklenburg-Vorpommern und Brandenburg, desgleichen in Oberfranken, zwischen Hallertau und Donau, in Österreich und in der Schweiz; am Oberrhein zwischen Straßburg und der Mainmündung selten.

Wissenswertes: ⊙. Das kleine Nixenkraut scheint größeren Gebieten Mitteleuropas völlig zu fehlen. – Ähnlich: Zierliches Nixenkraut (*N. gracillima* (A. BR.) MAGNUS): Blattspreiten um 0,3 mm breit; Öhrchen der Blattscheiden gestutzt-abgerundet. Heimat: Nordamerika. Häufig in den Reisfeldern Oberitaliens, eventuell auch am Alpensüdfuß.

Biegsames Nixenkraut
Najas flexilis (WILLD.) ROSTK. et SCHM.
Nixenkrautgewächse *Najadaceae*

Beschreibung: Pflanzen sowohl mit männlichen als auch mit weiblichen Blüten („1häusig"). Blüten unscheinbar, einzeln in den Blattachseln. Männliche Blüte mit einer blattscheidenartigen Hülle und 1 einzelnen Staubblatt, das nur 2 Pollensäcke besitzt. Die weibliche Blüte besteht aus 1 hüllenlosen Fruchtblatt. Blätter 1–2,5 cm lang, kaum 1 mm breit (mit den Zähnen gemessen!), jederseits mit mehr als 20 sehr kurzen, etwa 0,1 mm langen Zähnen, die nach vorne gerichtet sind (Lupe!). Blattscheiden gehen verschmälert – aber dennoch erkennbar abgesetzt – in die Blattspreite über. Pflanze grün, mit einer Beimischung von olivgrün. Juli–August. 10–30 cm.

Vorkommen: Wärmebedürftige, verschmutzungsempfindliche Wasserpflanze, die seichte Buchten in wind- und wellengeschützten Seen sowie Altwasser besiedelt. Gedeiht sowohl auf Sand- als auch auf Schlammböden. Vereinzelt in Brandenburg, früher auch in Mecklenburg, doch hier wohl erloschen; vereinzelt im Gebiet des westlichen Bodensees (so z.B. im Untersee); früher auch vom Feldsee im Schwarzwald angegeben.

Wissenswertes: ⊙. Das Biegsame Nixenkraut gehört seit Jahrhunderten zu den seltenen Pflanzen Mitteleuropas. Das war indessen – auf längere Sicht gesehen – nicht immer so. In der Zeitspanne des Boreal, also vor etwa 7000–9000 Jahren, war die Art, wie Fossilfunde belegen, weiter verbreitet und häufiger als heutzutage. – Der wissenschaftliche Gattungsname „*Najas*" kommt aus dem Lateinischen. Das Wort bedeutet „Wassernymphe"; Najade wird auch im Deutschen gelegentlich gebraucht und meint „Quellnymphe", also im Grunde dasselbe.

Maiglöckchengewächse *Convallariaceae*

Weißwurz, Salomonssiegel *Polygonatum*
Knotenfuß *Streptopus*

Quirlblättrige Weißwurz
Polygonatum verticillatum (L.) ALL.
Maiglöckchengewächse *Convallariaceae*

Beschreibung: Blüten einzeln oder in 2–6blütigen Trauben in den Blattachseln. Blütenhülle zu einer schmalen Glocke verwachsen, an deren Ende 6 Zipfel leicht nach außen gebogen sind. Blüte grünlich-weiß, aufgeschnitten und ausgebreitet 1,5–2 cm im Durchmesser. Stengel aufrecht, gerade, kantig. Wenigstens die oberen Blätter, oft aber alle, zu 3–8 in Quirlen. Blätter schmal-lanzettlich, 5–15 cm lang und 1–1,5 cm breit, selten schmäler, oberseits hellgrün, unterseits graugrün, am Rand durch feine Zähne rauh. Früchte sind Beeren, die zuerst grün, dann rot und schließlich dunkelblau werden. Der Wurzelstock der Quirlblättrigen Weißwurz ist ziemlich dick und zeigt schon im frühen Sommer eine deutliche Endknospe. Mai–Juni. 30–90 cm.

Vorkommen: Braucht lehmigen Boden mit reichlicher Beimischung von nicht allzu gut zersetztem Humus. Dadurch reagiert der Boden schwach sauer und bleibt locker. Luftfeuchtigkeit am Standort ist von Vorteil. Als Standorte bevorzugt die Quirlblättrige Weißwurz Laub- und Nadelwälder, vor allem in den Tälern der Mittelgebirge, aber auch in luftfeuchten Hangwäldern. In den Alpen steigt sie bis über 2000 m und geht dort gelegentlich auch auf schattige Matten und Wiesen. Meidet ausgesprochene Wärme- und Trockengebiete. Im Tiefland und in den tieferen Lagen der Mittelgebirge nur vereinzelt und in weiten Gebieten fehlend; sonst zerstreut; bildet meist kleinere, oft lockere Bestände.

Wissenswertes: ♃; ☠. Die grünen Teile und die Beeren der Quirlblättrigen Weißwurz enthalten in geringen Mengen giftige Saponine. Über gefährliche Vergiftungen liegen in der neueren Literatur keine Berichte vor.

Salomonssiegel
Polygonatum odoratum (MILL.) DRUCE
Maiglöckchengewächse *Convallariaceae*

Beschreibung: Blüten einzeln, selten in wenigblütigen Büscheln in den Blattachseln. Blütenblätter zu einer langwalzlichen Glocke verwachsen, die um 1,5 cm lang wird und am offenen Ende 6 grünliche Zipfel trägt. Auch das vordere Viertel der sonst weißen Blüte kann mehr oder weniger stark grünlich überlaufen sein. Stengel aufrecht oder aufgebogen, deutlich kantig. Blätter meist etwas aufgerichtet. Frucht dunkelblaue Beere von etwa 1 cm Durchmesser. Der Wurzelstock (= Rhizom) des Salomonssiegels trägt ziemlich dicht siegelartige Narben, die durch das Absterben früherer oberirdischer Triebe entstanden sind (Name!). Blüten duften mäßig stark. Mai–Juni. 20–50 cm.

Vorkommen: Braucht flachgründigen, aber lockeren und nährstoffreichen Boden, der kalkhaltig oder zumindest nicht ausgesprochen sauer sein sollte. Wärmeliebend. Besiedelt Trockengebüsche, lichte Trockenwälder, seltener Trockenrasen. Fehlt im Tiefland westlich der Weser; am Unterlauf der Elbe und östlich von ihr selten; in den Mittelgebirgen zerstreut, fehlt aber auch hier gebietsweise. Kommt an seinen Standorten meist in kleineren Beständen vor. Steigt in den Alpen bis etwa zur Waldgrenze.

Wissenswertes: ♃; ☠. Neuere Untersuchungen haben gezeigt, daß weder in den grünen Teilen noch in der Beere des Salomonssiegels herzwirksame Glykoside enthalten sind. Hingegen sind giftige Saponine nachgewiesen worden. – Der deutsche Name bezieht sich auf den Wurzelstock. Der Legende nach soll König SALOMON mit diesem Rhizom, in dessen Blattnarben man sein Siegel zu sehen meinte, Felsen gespalten haben, als sein Tempel gebaut wurde.

Maiglöckchengewächse *Convallariaceae*

Vielblütige Weißwurz
Polygonatum multiflorum (L.) ALL.
Maiglöckchengewächse *Convallariaceae*

Beschreibung: Blüten meist zu 2–5 büschelig in den Blattachseln, gelegentlich aber auch Einzelblüten. Blütenblätter zu einer langwalzlichen Glocke verwachsen, die 1–1,5 cm lang wird und am offenen Ende 6 grünliche Zipfel trägt. Auch das vordere Viertel der sonst weißen Blüte kann mehr oder minder grünlich überlaufen sein. Stengel aufrecht oder aufgebogen, deutlich rund, niemals scharfkantig (allenfalls können angedeutete, stumpfe Kanten erfühlt werden). Blätter 8–15 cm lang, 3–6 cm breit, eiförmig, oberseits dunkelgrün, unterseits graugrün bereift, fast in einer Ebene ausgebreitet. Beeren blauschwarz, knapp 1 cm im Durchmesser. Der Wurzelstock (= Rhizom) trägt ziemlich dicht siegelartige Narben, die durch das Absterben früherer oberirdischer Triebe entstanden sind. Blüten duften nicht. Mai–Juni. 30–70 cm.

Vorkommen: Braucht etwas feuchten, nährstoffreichen und humushaltigen Lehmboden. Bevorzugt Schatten. Besiedelt Laubwälder und lichte Nadelwälder. Geht in den Alpen kaum über 1800 m. Zerstreut. Kommt an ihren Standorten meist in kleinen Beständen vor.

Wissenswertes: ♃; ☠. Entgegen früherer Vermutungen konnten in neueren Untersuchungen herzwirksame Glykoside, wie sie im Maiglöckchen enthalten sind, weder in den grünen Teilen noch in der Frucht nachgewiesen werden. Allerdings hat man giftige Saponine gefunden, so daß die Vielblütige Weißwurz nach wie vor als giftig angesehen werden muß. – Ähnlich: Breitblättrige Weißwurz *(P. latifolium* (JACQ.) DESF.): Stengel kantig; Blütenstiele flaumig; Blätter wechselständig, zweizeilig, unterseits kurz behaart. Ober- und Niederösterreich; selten.

Knotenfuß
Streptopus amplexifolius (L.) DC.
Maiglöckchengewächse *Convallariaceae*

Beschreibung: Blüten stets einzeln, scheinbar in den Achseln der Stengelblätter. Blütenstiele sitzen indes immer dem Blattansatz gegenüber am Stengel und sind nur auf die Blattseite zugebogen. Blütenblätter zu einer kurzen Glocke verwachsen, die etwa 5 mm lang wird. Die 6 Zipfel der Glocke sind fast bis zum Grunde eingeschlitzt und an der Spitze nach außen umgeschlagen. Die innen weiße Blüte ist außen rot oder grünlich überlaufen. Stengel aufrecht, in der oberen Hälfte knickig geschlängelt, gelegentlich hier auch verzweigt. Blätter wechselständig, mit tief herzförmigem Grunde stengelumfassend, breit-lanzettlich, bis über 10 cm lang, bis über 5 cm breit, oberseits dunkel-, unterseits graugrün. Beere länglich-kugelig, blaßrot. Wurzelstock kurz, knotig (Name). Mai–Juli. 20–90 cm.

Vorkommen: Braucht nährstoffreichen, aber eher kalkarmen bis kalkfreien, lehmigen Boden mit guter Humusbeimischung und schwach saurer Reaktion. Scheut volle Besonnung und gedeiht in mäßigem Schatten am besten. Bevorzugt Nadel- und Nadelmischwälder in den Alpen und im Alpenvorland, im Südschwarzwald, in den Vogesen und im südöstlichen Bayerischen Wald; hier zerstreut, gebietsweise fehlend. Im Thüringer Wald, im Erzgebirge und im Elbsandsteingebirge vereinzelt. Besiedelt vor allem Höhen zwischen etwa 700 und 2000 m; geht an hochgelegenen Standorten auch in das bachbegleitende Erlengebüsch und in Wiesen. Selten, kommt in individuenarmen Beständen vor.

Wissenswertes: ♃. Die „Blütenstiele" sind Seitenzweige, die in der Achsel des nächstniederen Blattes entspringen; sie sind mit dem Hauptstengel verwachsen.

Maiglöckchengewächse *Convallariaceae* ▶

Maiglöckchen *Convallaria*
Schattenblümchen *Maianthemum*

Spargelgewächse *Asparagaceae* ▶

Spargel *Asparagus*

Hyazinthengewächse *Hyacinthaceae* ▶

Traubenhyazinthe *Muscari*

Maiglöckchen
Convallaria majalis L.
Maiglöckchengewächse *Convallariaceae*

Beschreibung: Blütenstand einseitswendige, 3–10blütige Traube, Blüten weiß, stark duftend, nickend, weitglockig, ausgebreitet 0,8–1,4 cm im Durchmesser. Blüttenhülle verwachsen, an der Spitze mit 6 nach außen oben umgebogenen Zipfeln. Stengel unbeblättert, dünn, neben den Blättern aus den grundständigen Blattscheiden „entspringend". Meist 2, selten 3 Laubblätter, die sich erst gegen Beginn der Blütezeit voll entfalten; noch seltener haben Pflanzen nur 1 Blatt, doch sind sie dann meist so schwach, daß sie nicht blühen. Die Früchte des Maiglöckchens sind leuchtend rote Beeren. Der Wurzelstock (= Rhizom) ist verzweigt und ziemlich dünn. Mai–Juni. 10–20 cm.

Vorkommen: Braucht tiefgründigen und etwas humosen Lehmboden. Gedeiht am besten in Laubwäldern in nicht zu kalten Gegenden. Geht in den Alpen bis zur Laubwaldgrenze. Tritt an seinen Standorten meist in ausgedehnten, dichten und individuenreichen Beständen auf. Häufig, fehlt im Tiefland und im Alpenvorland kleineren Gebieten.

Wissenswertes: ♃; ☠; ▽. Alle Teile des Maiglöckchens enthalten stark giftige Glykoside. Sie können in das Wasser übergehen, wenn man Maiglöckchen einige Zeit in Vasen stehen läßt. Dadurch, daß Kinder von solchem Wasser getrunken haben, sollen schon Vergiftungen vorgekommen sein. Merkwürdigerweise konnten derartige Angaben im Tierexperiment nicht bestätigt werden. Ganz allgemein gilt, daß die Maiglöckchen-Glykoside relativ schlecht im Verdauungstrakt resorbiert werden. Dennoch wird alljährlich über Vergiftungsfälle, vor allem nach dem Verzehr von Beeren, berichtet.

Schattenblümchen
Maianthemum bifolium (L.) F. W. Schmidt
Maiglöckchengewächse *Convallariaceae*

Beschreibung: Blütenstand eine endständige Ähre, in der 15–25 Blüten zu 2–4 gebüschelt beieinander stehen. Blütenblätter weiß oder cremefarben. Blüten ausgebreitet um 5 mm im Durchmesser. 4 deutlich sichtbare und leicht zählbare Staubgefäße (Lupe). Stengel aufrecht, etwas behaart. Bei blühenden Pflanzen meist 2 Laubblätter (ganz selten kommen Individuen mit 3 Blättern vor), bei nichtblühenden oft nur 1 Laubblatt am Stengel. Blätter kurzstielig, bis 8 cm lang, bis 4,5 cm breit, eiförmig, mit tief ausgeschnittenem, herzförmigem Grund, nahe beieinander stehend, aber deutlich wechselständig. Früchte gelbrote Beeren. Wurzelstock (= Rhizom) verhältnismäßig dünn, wenig verzweigt, zuweilen mit unterirdischen Ausläufern, die mehrere Zentimeter lang werden können. April–Mai. 5–20 cm.

Vorkommen: Braucht lockeren, oft etwas lehmigen Boden mit hohem Humusgehalt. Der Humus sollte sich nicht zu gut zersetzen und dem Boden eine schwach saure Reaktion verleihen. Erträgt Beschattung. Bevorzugt dichte Laubwälder und Nadelforste. Steigt in den Alpen bis etwa 2000 m und geht dort auch auf Matten. An der Küste vereinzelt in Sanddünen. Häufig. Kommt an seinen Standorten meist in kleineren oder größeren, nicht zu dichten Beständen vor.

Wissenswertes: ♃; (☠). In älteren Veröffentlichungen wurde behauptet, das Schattenblümchen enthalte dieselben giftigen Glykoside wie das Maiglöckchen. Diese Angaben konnten durch neuere Untersuchungen nicht bestätigt werden. Eine Giftwirkung könnte allerdings von Saponinen ausgehen, die möglicherweise in Samen und Früchten enthalten sind.

Maiglöckchengewächse *Convallariaceae*
Spargelgewächse *Asparagaceae*
Hyazinthengewächse *Hyacinthaceae*

Gemüse-Spargel
Asparagus officinalis L.
Spargelgewächse *Asparagaceae*

Beschreibung: Blüten einzeln oder zu 2 in der Achsel der nadelförmigen Scheinblätter oder der Zweige. Blütenstiele 0,5–1 cm lang. Blütenblätter zu einer walzlichen Glocke verwachsen, die etwa 5 mm lang wird. Blütenfarbe weiß, weißgelb oder grünweiß. Blüte mit 6, seltener mit mehr Zipfeln, die etwas nach außen umgebogen sind. Blüten meist mit Staubblättern und Fruchtknoten, seltener nur mit Staubblättern oder nur mit Fruchtknoten. Stengel aufrecht, kahl, glatt, oft an der Spitze schlaff und gebogen. Scheinblätter zu 3–8, nadelförmig, 1–2 cm lang; in Wirklichkeit handelt es sich bei den nadelartigen Gebilden um Ästchen mit Blattfunktion. Beeren fast 1 cm im Durchmesser, rund, rot. Wurzelstock (= Rhizom) dick, holzig, bei den Kulturrassen von ansehnlicher Größe. Ihm entsprossen im zeitigen Frühjahr die oberirdischen Stengel. April–Mai. Verwildert wird der Gemüse-Spargel meist 0,3–1 m hoch; in der Kultur erreicht er Höhen von mehr als 1,5 m.

Vorkommen: Braucht sandigen, nährstoffreichen, aber eher kalkarmen, sommerwarmen und dann trockenen Boden. Alte Kultur- und Zierpflanze, die in ihren Anbaugebieten selten verwildert ist und dann entweder in mäßig trockenen Rasen oder aber auf hochgelegenen Sandbänken an Flußläufen angetroffen wird.

Wissenswertes: ♃. Der Gemüse-Spargel wurde schon vor der Zeitenwende in Griechenland kultiviert. Von dort kam er nach Italien, und mit den Römern gelangte er nach Mitteleuropa. Die Heimat des Gemüse-Spargels liegt vermutlich in Vorderasien. Aus Ägypten sind Malereien in Pyramiden bekannt, die aus der Zeit 3500 v. Chr. stammen und Spargel zeigen.

Weinberg-Traubenhyazinthe
Muscari racemosum (L.) MILL.
Hyazinthengewächse *Hyacinthaceae*

Beschreibung: Blütenstand eine gedrungene, dichte Traube, die selten länger als 5 cm wird und am Ende keinen Schopf aus aufrecht stehenden Blüten trägt. Zwar sind auch bei der Weinberg-Traubenhyazinthe die obersten Blüten steril, aber sie sind nicht langstieliger als die normalen, fertilen Blüten. Blüten eiförmig-walzlich bis glockig, dunkelblau, stumpf blau oder schwarzblau, ausgebreitet 0,8–1,2 cm im Durchmesser. Blüten verströmen zumindest einen schwachen, aber deutlichen Duft nach Pflaumen. Blütenhülle verwachsen, an der Spitze mit 6 kleinen, weißen Zipfeln, die schwach nach außen gebogen sind. Stengel dick, verbogen aufrecht. Meist 3–6 grundständige Blätter, die nur 1–3 mm breit werden und deren breiteste Stelle nicht nahe der Blattspitze liegt. Zwiebel 1,5–2 cm im Durchmesser. April–Mai. 10–30 cm.

Vorkommen: Braucht ausgesprochen basen- und meist auch kalkreichen, stickstoffsalzarmen, lockeren und etwas lehmigen Boden, der mindestens im Frühjahr kräftig erwärmt werden sollte. Besiedelt alte Weinberge, Wegböschungen und Raine in Weinbergsgebieten, seltener auch Trockenrasen. Geht kaum über 750 m. Selten, im östlichen Österreich zerstreut. Tritt an ihren Standorten oft in kleineren, eher individuenarmen Beständen auf.

Wissenswertes: ♃; ▽. Die Weinberg-Traubenhyazinthe galt noch zu Anfang dieses Jahrhunderts als typisches Unkraut der Weinberge. Durch moderne Methoden der Bewirtschaftung ist sie jedoch aus der eigentlichen Rebfläche vielerorts verschwunden, oder sie ist doch so selten geworden, daß sie eher als „Zierpflanze" denn als Unkraut erscheint.

Hyazinthengewächse *Hyacinthaceae* ▶

Traubenhyazinthe *Muscari*
Milchstern *Ornithogalum*

Schopfige Traubenhyazinthe
Muscari comosum (L.) Mill.
Hyazinthengewächse *Hyacinthaceae*

Beschreibung: Blütenstand eine lockere Traube, die meist länger als 10 cm wird und an ihrer Spitze einen Schopf steriler, aufrechter Blüten trägt, die deutlich langstieliger sind als die normalen, fertilen Blüten (Stiele 3–6mal so lang wie die Blüten). Blüten glockig, tiefblau mit leicht violettem Einschlag, ausgebreitet 0,8–1,3 cm im Durchmesser. Unterste Blüten olivbraun, weit offen. Blütenhülle verwachsen, an der Spitze mit 6 kleinen, weißen Zipfeln. Stengel dick, verbogen aufrecht. Blätter grundständig, meist zu 2–4, stets mindestens 1 cm und gelegentlich bis zu 2,5 cm breit, mit deutlich rauhem Rand. Zwiebel etwa 2–3 cm im Durchmesser. April–Mai. 30–70 cm.

Vorkommen: Braucht nährstoffreichen, oft etwas kalkhaltigen, lockeren und tiefgründigen Boden in warmer Lage. Besiedelt in Mitteleuropa vor allem alte Weinberge und Trockenrasen. Fehlt im Tiefland, in Sachsen-Anhalt, Thüringen und Sachsen; in den Mittelgebirgen nördlich der Mainlinie nur vereinzelt im westlichen Teil; geht in den Alpen bis etwa zur Weinbaugrenze. Selten, aber an ihren Standorten oft in kleinen, meist individuenarmen Beständen.

Wissenswertes: ♃; ▽. In warmen Gegenden Mitteleuropas trat die Schopfige Traubenhyazinthe, wie in ihrer Heimat – dem Mittelmeergebiet – auch als Acker- bzw. Weinbergsunkraut auf. An solchen Wuchsorten wurde sie durch den Einsatz von Bodenbearbeitungsgeräten und nicht zuletzt durch die Anwendung von Herbiziden zur Unkrautbekämpfung praktisch ausgerottet. Seit Beginn des 20. Jahrhunderts hat die Art fast die Hälfte ihrer vordem bekannten Standorte verloren.

Schmalblütige Traubenhyazinthe
Muscari tenuiflorum Tausch
Hyazinthengewächse *Hyacinthaceae*

Beschreibung: Blütenstand eine lockere Traube, die meist länger als 10 cm wird und an ihrer Spitze einen Schopf steriler, aufrechter Blüten trägt, die etwas länger gestielt sind als die normalen, fertilen Blüten (Stiele etwa 2mal so lang wie die Blüten). Blüten walzlich-glockig, verwaschen blau bis stahlgrau-oliv, ausgebreitet etwa 1–1,5 cm im Durchmesser. Unterste Blüten hellgrün, mit deutlich verengter Öffnung. Blütenhülle verwachsen, an der Spitze mit 6 kleinen, dunkelblauen bis schwarzblauen Zipfeln. Stengel dick, verbogen aufrecht. Meist 3–5 grundständige Blätter, die meist nur 2–5 mm breit sind und nur ausnahmsweise etwas breiter als 1,5 cm werden können; Blattrand eindeutig glatt. Zwiebel 2–3 cm im Durchmesser. Mai–Juni. 25–60 cm.

Vorkommen: Braucht nährstoff- und kalkreichen, lockeren Boden, der – vor allem im Frühjahr – kräftig erwärmt wird; bevorzugt Löß und sandigen Lehm als Untergrund. Im westlichen Mitteleuropa früher angeblich verwildert beobachtet (wir haben keine Hinweise auf eine Nutzung als Zierpflanze gefunden), neuerdings erloschen. Berichte über ein Vorkommen bei Regensburg scheinen auf einem Irrtum zu beruhen. Vereinzelt in Thüringen und Sachsen-Anhalt; im Gebiet der Pontischen Flora Österreichs ursprünglich, doch selten. Besiedelt lückige Trockenrasen und lockere Gebüsche in regenarmen, sommerwarmen Gebieten. Steigt in den Alpen bis etwa 1200 m.

Wissenswertes: ♃; ▽. Das Hauptverbreitungsgebiet der Schmalblütigen Traubenhyazinthe liegt in Südosteuropa und im nordöstlichen Mittelmeergebiet.

Hyazinthengewächse *Hyacinthaceae*

Kleine Traubenhyazinthe
Muscari botryoides (L.) MILL.
Hyazinthengewächse *Hyacinthaceae*

Beschreibung: Blütenstand eine gedrungene, dichte Traube, die selten länger als 5 cm wird und am Ende keinen Schopf aus aufrecht stehenden Blüten trägt. Zwar sind auch bei dieser Art die obersten Blüten steril, aber sie sind nicht langstieliger als die normalen, fertilen Blüten. Blüten rundglockig, himmelblau oder hellblau, ausgebreitet 5–8 mm im Durchmesser, ohne auffallenden Duft. Blütenhülle verwachsen, an der Spitze mit 6 kleinen, weißen Zipfeln, die häufig nach außen aufwärts gebogen sind. Stengel dick, aufrecht, oft etwas verbogen. Meist 2, selten bis 4 grundständige Blätter, die 4–8 mm breit werden, wobei die breiteste Stelle im obersten Blattviertel liegt. Zwiebel 1,5–2 cm im Durchmesser. März–Mai. 10–25 cm.
Vorkommen: Braucht nährstoffreichen, oft auch kalkhaltigen Boden, der gut mit Humus durchsetzt sein sollte und tiefgründig und lehmig sein muß. Bevorzugt Bergwiesen, lichte Laubwälder und Gebüsche. Selten. Kommt an ihren Standorten meist in kleineren, oft auch in ausgedehnten und individuenreichen Beständen vor; fehlt im Tiefland; nördlich der Mainlinie nur vereinzelt oder nur verwildert.
Wissenswertes: ♃; ▽. Früher Steingartenpflanze; nur selten verwildert. – Ähnlich: Armenische Traubenhyazinthe (*M. armeniacum* LEICHTLIN ex BAKER): Blütenstand dicht, reichblütig, pyramidenförmig. Blüten eiförmig-glokkig, hellblau. Neuerdings häufig als Zierpflanze angeboten und örtlich beständig verwildert. – Übersehene Traubenhyazinthe (*M. neglectum* GUSS. ex TEN.): Blüten eiförmig-glockig, dunkel- bis fast schwarzblau. Zierpflanze, oft mit *M. racemosum* (S. 94) vereint; örtlich verwildert.

Schmalblättriger Milchstern
Ornithogalum gussonei TEN.
Hyazinthengewächse *Hyacinthaceae*

Beschreibung: Blütenstand kurzgedrängte und damit scheindoldige Traube mit 1–6 Blüten. Blütenstiele 3–8 cm lang. Tragblätter, aus deren Achseln die Blütenstiele entspringen, kürzer als diese und meist nicht länger als etwa 4 cm. 6 Blütenblätter, die weiß sind und außen einen grünen Mittelstreif unterschiedlicher Breite besitzen; die inneren Blütenblätter sind kürzer und deutlich schmäler als die äußeren. Blüten ausgebreitet 2,5–3,5 cm im Durchmesser. Stengel etwa so lang wie die Blütenstiele, dünn. 4–6 grundständige Blätter, 1–2 mm breit, mit nur undeutlichem, weißlichem Längsstreifen. Zwiebel bis zu 3 cm dick, ohne Nebenzwiebeln. April–Juni. 10–20 cm.
Vorkommen: Braucht basen-, d. h. meist kalk- und humusreiche, höchstens mäßig stickstoffsalzhaltige, sehr warme Lößböden oder feinerdereiche Steinböden. Besiedelt fast ausschließlich Trockenrasen. Sehr selten.
Wissenswertes: ♃. Der Schmalblättrige Milchstern kommt in Mitteleuropa nur vereinzelt vor. Sein Hauptverbreitungsgebiet liegt im südlichen Osteuropa und im Mittelmeergebiet. Möglicherweise ist ein früheres Areal nördlich der Alpen während der Vereisungsperioden in der Eiszeit vernichtet worden. – Neuerdings wird *O. gussonei* TEN. als Kleinart aufgefaßt und mit *O. umbellatum* L. zur Sammelart *O. umbellatum* agg. zusammengefaßt. Zu dieser Sammelart zählt auch der Hügel-Milchstern (*O. kochii* PARL.): Blütenblätter lanzettlich, stumpf, aber mit Stachelspitze. Blätter 6–8, mit deutlichem weißen Mittelstreif. Trockenrasen; Bad Bellingen, vereinzelt auch in Sachsen-Anhalt und am östlichen Alpennordrand (z. B. Bad Reichenhall, Passau).

Hyazinthengewächse *Hyacinthaceae* ▶

Milchstern *Ornithogalum*
Hyazinthe *Hyacinthus*

Dolden-Milchstern
Ornithogalum umbellatum L.
Hyazinthengewächse *Hyacinthaceae*

Beschreibung: Blütenstand kurzgedrängte und damit scheindoldige Traube mit 3–12 Blüten. Blütenstiele 3–8 cm lang. Tragblätter, aus deren Achseln die Blütenstiele entspringen, kürzer als diese und meist nicht länger als etwa 4 cm. 6 Blütenblätter, die weiß sind und außen einen grünen Mittelstreif unterschiedlicher Breite besitzen. Blüten ausgebreitet 3–4 cm im Durchmesser. Stengel nur etwa so lang wie die Blütenstiele. 4–8 grundständige Blätter, die zu einer tiefen Rinne gefaltet und auffällig weiß längsstreifig sind; sie werden meist 2,5–6 mm breit. Zum Zeitpunkt der Blüte sind sie noch nicht abgestorben. Die 2–3 cm dicke Zwiebel des Dolden-Milchsterns wird meist von mehreren Nebenzwiebeln umgeben, aus denen zuweilen Blätter austreiben. April–Mai. 10–30 cm.

Vorkommen: Braucht nährstoffreichen, aber nicht unbedingt kalkreichen Lehmboden, der etwas feucht sein sollte und vor allem im Frühjahr nicht zu kalt sein darf. Besiedelt alte Parkanlagen und Obstwiesen in der Umgebung von Schlössern und Klöstern, früher (vor Herbizideinsatz) auch in Weinbergen und auf Äckern. Selten, bildet aber zuweilen kleine, lockere und meist individuenarme Bestände.

Wissenswertes: ♃. Hauptareal: Westliches Mittelmeergebiet. Wird oft mit dem Schmalblättrigen und dem Hügel-Milchstern (s. S. 98) zur Sammelart *O. umbellatum* agg. zusammengefaßt. – Ähnlich: Schopfiger Milchstern (*O. comosum* L.): Untere Tragblätter mindestens so lang wie die Blütenstiele (über 4 cm); Grundblätter zur Blütezeit verwelkt. Pflanze sandig-trockener Rasen des (östlichen) Mittelmeerraums; Vorposten in Niederösterreich (March- und Steinfeld).

Pyrenäen-Milchstern
Ornithogalum pyrenaicum L.
Hyazinthengewächse *Hyacinthaceae*

Beschreibung: Zunächst dichte, später lockere und lange, allseitswendige Traube mit 20–50 Blüten. Blüten mit 6 Blütenblättern. Diese sind innen gelblich und außen weißlich-gelblich mit grünem Mittelstreif. Blüte ausgebreitet 1,5–2 cm im Durchmesser. Die Blütenstiele werden höchstens 2 cm lang. Sie entspringen der Achsel von kleinen, lanzettlichen Tragblättern, die viel kürzer als die Blütenstiele bleiben. Zur Blütezeit stehen sie ziemlich waagrecht von der Blütenstandsachse ab; zur Fruchtzeit sind sie aufrecht und zuweilen der Blütenstandsachse angepreßt. Stengel steif aufrecht. 4–6 grundständige Blätter, die früh welken, 5–15 mm breit werden, dick und schlaff wirken und meist zu einer Rinne eingefaltet sind. Die für die Blätter vieler anderer Arten typischen weißen Streifen fehlen. Zum Zeitpunkt der Blütenentfaltung sind sie in der Regel bereits abgestorben. Die eiförmige Zwiebel des Pyrenäen-Milchsterns erreicht mehr als 2 cm im Durchmesser. Mai–Juni. 30–80 cm.

Vorkommen: Braucht entkalkten oder kalkarmen Lehmboden, der nicht allzu nährstoffreich zu sein braucht, aber humushaltig und tiefgründig sein sollte. Sehr selten. In Mitteleuropa mit Ausnahme der Standorte im Wiener Becken, in Kärnten, im Wallis, im Rhonetal bei Genf, im Französischen Jura, im Elsaß und in Luxemburg wohl nur verwildert.

Wissenswertes: ♃. Der Verbreitungsschwerpunkt des Pyrenäen-Milchsterns liegt im westlichen Mittelmeergebiet. „*Ornithogalum*" meint im Deutschen „Vogelmilch" und bezieht sich wohl auf die weißliche Blütenfarbe vieler Arten, vor allem des Doldigen Milchsterns. Der Sinn des Namens liegt allerdings im Dunkeln.

Hyazinthengewächse *Hyacinthaceae*

Nickender Milchstern
Ornithogalum nutans L.
Hyazinthengewächse *Hyacinthaceae*

Beschreibung: Stets lockere und oft deutlich einseitswendige Traube, in der nur etwa 3–12 Blüten stehen. Blüten mit 6 Blütenblättern, die weiß sind und außen einen breiten, grünen Mittelstreif besitzen. Blüten ausgebreitet 4,5–5,5 cm im Durchmesser, zuerst mehr oder weniger aufwärts gerichtet, später nickend, leicht glockig. Blütenstiele stets deutlich kürzer als die Tragblätter, aus deren Achsel sie entspringen. Stengel aufrecht. 4–6 grundständige, schlaffe Blätter, die 0,5–1,5 cm breit werden können. Die Blätter sind in der Regel rinnig gefaltet und zum Zeitpunkt des Aufblühens noch vorhanden. Die Zwiebel des Nickenden Milchsterns mißt meist mehr als 2,5 cm im Durchmesser und kann unter guten Bedingungen nahezu 4 cm im Durchmesser erreichen. April–Mai. 10–50 cm.

Vorkommen: Braucht tiefgründigen, nährstoffreichen und zumindest kalkhaltigen, warmen Lehmboden. Besiedelt alte Weinberge; gelegentlich auch in alten Parkanlagen, vor allem in der Umgebung von Klöstern. Sehr selten, aber an seinen Standorten gelegentlich in kleinen Beständen. Kommt auch im südöstlichen Alpengebiet vor; dort kaum über 1000 m.

Wissenswertes: ⚃. Der Verbreitungsschwerpunkt des Nickenden Milchsterns liegt im östlichen Mittelmeergebiet. Nachweislich wurde die Art bereits im Mittelalter in Klostergärten angepflanzt. Wo ihre alten Standorte – in unserem heutigen Sinne – „gut" gepflegt werden, geht sie zurück oder ist bereits verschwunden. Eine Sippe (*O. boucheanum* (KNUTH) ASCH.), deren Blätter zur Blütezeit abgestorben sind, wird meist als Kleinart aufgefaßt und mit *O. nutans* L. zu *O. nutans* agg. vereinigt.

Garten-Hyazinthe
Hyacinthus orientalis L.
Hyazinthengewächse *Hyacinthaceae*

Beschreibung: Meist reichblütige (10–60 Blüten), dichte Traube, die zuerst gestaucht ist und sich später streckt. Blütenfarbe weiß, rosa, rot, violett oder blau. 6 Blütenblätter oder gefüllte Blüten. Exemplare fast aller Sorten duften außerordentlich stark. Stengel aufrecht, dick. Meist 4–8 fleischige und mehr als 2 cm breite Blätter. Hyazinthenzwiebeln können je nach Kultursorte 3–5 cm im Durchmesser erreichen. Exemplare, die bei uns in Mitteleuropa verwildert sind, blühen meist im Mai und erreichen selten Höhen über 20 cm.

Vorkommen: Braucht nährstoffreichen, humosen Boden in warmem Klima. Vereinzelt ausgepflanzt bzw. unbeständig verwildert. Bevorzugt alte Weinberge, die zu Streuobstwiesen mit extensiver Nutzung umgestaltet worden sind.

Wissenswertes: ⚃. Die Heimat der Garten-Hyazinthe – besser: ihrer Stammform – liegt im östlichen Mittelmeergebiet. Möglicherweise erreicht sie in Italien (Ligurien) die Westgrenze ihres ursprünglichen Areals. Vorkommen am Alpensüdfuß südöstlich des Tessins dürften ursprünglich sein; bei westlicher gelegenen Standorten, vor allem auch solchen, die aus Südfrankreich angegeben werden, dürfte es sich um Verwilderungen handeln. – Die bei uns gepflanzten Sippen sind züchterisch mehr oder weniger gegenüber der Stammform verändert. Die Stammform ist blütenärmer als in der obigen Beschreibung angegeben ist. Hyazinthen brauchen zum Blühen eine Mindesttemperatur. Deswegen kann man sie auch im Zimmer heranziehen und so im Vorfrühling zur Blüte bringen. Im Boden belassene oder verwilderte Pflanzen treiben von Jahr zu Jahr kleinere Blüten.

Garten-Hyazinthe
Hyacinthus orientalis

Pyrenäen-Milchstern
Ornithogalum pyrenaicum

Nickender Milchstern
Ornithogalum nutans

Dolden-Milchstern
Ornithogalum umbellatum

Hyazinthengewächse *Hyacinthaceae* ▶

Blaustern, Hasenglöckchen *Scilla*

Hasenglöckchen
Scilla non-scripta (L.) Hffgg. & Lk.
Hyazinthengewächse *Hyacinthaceae*

Beschreibung: Blütenstand überhängende, nicht sehr dichte und fast einseitswendige Traube, in der etwa 15–30 Blüten stehen. Blütenstiele nur 3–8 mm lang, nach dem Verblühen aufrecht. 6 Blütenblätter, die am Grunde verwachsen sind, die glockenförmig zusammenneigen und an der Spitze nach außen gebogen oder etwas eingerollt sind. Blüten ausgebreitet 2–4 cm im Durchmesser, himmelblau oder tiefblau. Stengel aufrecht, dicklich. 5–8 grundständige Laubblätter, die zu einer tiefen Rinne eingewölbt sind und ausgebreitet über 1 cm breit werden können. Die kugelige Zwiebel des Hasenglöckchens, der größten in Mitteleuropa wild oder verwildert vorkommenden Art der Gattung *Scilla*, ist am kleinsten: Ihr Durchmesser bleibt meist deutlich unter 2 cm. April–Mai. 20–40 cm.
Vorkommen: Braucht nährstoffreichen, aber eher kalkarmen Boden mit guter Wasserführung. Sehr selten am Mittelrhein und im linksrheinischen Tiefland nördlich der Mittelgebirge und in Ostfriesland wild, sonst sehr selten als verwilderte Zierpflanze.
Wissenswertes: ♃; ▽. In Europa kommt die Art im atlantischen Klimabereich vor. In früheren Jahrzehnten wurde sie nicht selten als Zierpflanze in Gärten gehalten. Heute ist sie aus der Mode gekommen. Der wissenschaftliche Artname „*non-scripta*" (lat. „nicht beschrieben") bezieht sich darauf, daß die Adern der Blütenblätter nicht an Buchstaben erinnern. Bei Hyazinthen, die der Art ähneln, hat man aus dem Aderverlauf Buchstabensymbole herausgelesen. Sie waren also „beschrieben". – Neuerdings wird die Art – zusammen mit einigen anderen Arten – in die Gattung *Hyacinthoides* gestellt.

Herbst-Blaustern
Scilla autumnalis L.
Hyazinthengewächse *Hyacinthaceae*

Beschreibung: Meist 6–20blütige Traube, selten weniger Blüten im Blütenstand. Die Traube streckt und verlängert sich im Verlauf der Blütezeit. Blütenstiele nur etwa 1 cm lang, aufrecht abstehend. Blüten ausgebreitet etwa 1 cm im Durchmesser. 6 Blütenblätter. Farbe meist violett oder rötlich, Mittelstreif deutlich dunkler getönt. Stengel aufrecht, blattlos, an der Basis leicht rauh, bis etwa doppelt so lang wie die Blätter. 4–10 grundständige Blätter, die grasartig aussehen, 4–12 cm lang, aber nur 1–2 mm breit werden; sie sind kahl, fleischig und oben eingebogen (Querschnitt fast halbkreisförmig); sie stehen nur selten aufrecht, sondern liegen dem Boden meist mehr oder weniger auf. Die Blätter erscheinen im Frühjahr und sind meist schon abgestorben, wenn sich die Blüten entfalten. Der blütentragende Stengel treibt dicht neben ihnen aus. Der Herbst-Blaustern besitzt Zwiebeln, aus denen trotz ihres Durchmessers von 2–3 cm nur 1 Blütenstengel entspringt. August–Oktober. 5–20 cm.
Vorkommen: Braucht kalkhaltigen, steinig-kiesigen, lockeren, nährstoffreichen und sommerwarmen Boden. Gedeiht nur in steinigen Trockengebüschen und mehr oder weniger lückigen Trockenrasen. In Mitteleuropa nur im Oberelsaß, ausgepflanzt und unbeständig auch im Kaiserstuhl und vereinzelt in der Oberrheinischen Tiefebene. Sehr selten, wenngleich meist in kleinen, lockeren und ziemlich individuenarmen Beständen.
Wissenswertes: ♃; ▽. Die Heimat des Herbst-Blausterns ist zwar das Mittelmeer- und Schwarzmeergebiet, doch erstreckt sich sein Areal im Westen bis nach England und im Osten bis nach Ungarn.

Hyazinthengewächse *Hyacinthaceae*

Nickender Blaustern
Scilla siberica Haw.
Hyazinthengewächse *Hyacinthaceae*

Beschreibung: Gelegentlich 1, meist aber 2–4 Blüten in traubigem Blütenstand. Blütenstiele 1–2 cm lang, schräg aufwärts abstehend. Blüten nickend. 6 Blütenblätter. Blüte flachglockig, ausgebreitet 1–2 cm im Durchmesser, intensiv himmelblau. Stengel zusammengedrückt, auf der einen Seite deutlich gewölbt, auf der anderen flach oder schwach rinnig. Am Stengel stehen 2–4 Blätter, die um 1 cm breit werden. Aus der Zwiebel des Nickenden Blausterns, die unter den äußeren, dunkelpurpurnen Schalen weißlich ist, entspringen nicht selten 2 oder mehr Stengel. Februar–April. 10–20 cm.

Vorkommen: Braucht nährstoffreichen und etwas kalkhaltigen, lockeren Boden. Gedeiht am besten in Steingärten in Südlage. Sehr selten in geschützten Parkanlagen oder in Gebüschen verwildert, aber meist unbeständig. Kommt gelegentlich auch in der Nachbarschaft von Kleingartenanlagen unbeständig verwildert vor, wenn deren Umfeld von kurzgrasigen, ungenutzten Rasen gebildet wird.

Wissenswertes: ♃. Der Nickende Blaustern gehört zu den beliebtesten Frühlingsblühern, die derzeit in Steingärten eingebracht werden. Seine Heimat liegt in Vorderasien und Südrußland. Obwohl jährlich eine nicht unbeträchtliche Zahl von Zwiebeln auf Müllkippen oder auf „wilden Müllkippen" ausgebracht wird, hat man ein nennenswertes Auftreten der Pflanze unter Wildbedingungen oder gar eine Ausbreitung nirgends beobachtet. Dem steht nicht entgegen, daß sich der Nickende Blaustern in Parkanlagen durch Samen da und dort beträchtlich vermehrt. Er kann in ihnen dichte Bestände bilden und dringt hier sogar in geharkte Rabatten ein.

Lieblicher Blaustern, Szilla
Scilla amoena L.
Hyazinthengewächse *Hyacinthaceae*

Beschreibung: Meist 2–6 Blüten in lockerer Traube. Blüten flach, nie glockig. 6 Blütenblätter, intensiv himmelblau. Blüten ausgebreitet 1–2 cm im Durchmesser. Stengel nie rund, sondern mehr oder weniger kantig. Meist 3–5 Blätter (selten nur 2 oder 6–7), die 1–2 cm breit werden können und stets frischgrün, etwas fleischig und an der Spitze abgestumpft sind. Sie sind zu Beginn der Blütezeit schon vollständig entwickelt und werden in der Regel etwas länger als der Blütenstandsstiel. Aus der Zwiebel des Lieblichen Blausterns sprießen meist mehrere Stengel. April–Mai. 15–30 cm.

Vorkommen: Liebt humosen, etwas sickerfeuchten und zugleich frühjahrswarmen Boden, der aber nicht unbewachsen sein muß (z. B. Steingarten), sondern auch eine mehr oder weniger dichte Grasnarbe tragen kann. Nur selten verwildert, besonders in alten Gärten mit unregelmäßigem Grasschnitt, vereinzelt auch in Flußtälern in der Steiermark.

Wissenswertes: ♃. Die Wildform des Lieblichen Blausterns ist bis heute unbekannt. Man weiß nur, daß die Pflanze im letzten Drittel des 16. Jahrhunderts aus Konstantinopel nach Mitteleuropa gebracht und hier in Kultur genommen wurde. Da sie rund 1 Monat später als der Nickende Blaustern blüht und damit nicht zu den frühesten Blütenpflanzen im Garten gehört, ist sie etwas aus der Mode gekommen und durch den Nickenden Blaustern verdrängt worden. Die Standorte der Pflanze in Südosteuropa werden von einigen Autoren als ursprünglich, die dortigen Sippen infolgedessen als „wild" angesehen; andere halten dies für unwahrscheinlich und die Populationen ebenfalls nur für verwildert.

Hyazinthengewächse *Hyacinthaceae* ▶

Blaustern *Scilla*

Narzissengewächse *Amaryllidaceae* ▶

Schneeglöckchen *Galanthus*
Knotenblume, Märzenbecher *Leucojum*

Zweiblättriger Blaustern
Scilla bifolia L.
Hyazinthengewächse *Hyacinthaceae*

Beschreibung: Meist 2–5 Blüten in lockerer Traube, selten mehrblütig. Blütenstiele 2–4 cm lang, schräg aufwärts abstehend. Blüten ausgebreitet 1,5–2 cm im Durchmesser. 6 Blütenblätter. Farbe in der Regel himmelblau, seltener rosa oder weiß, zuweilen blau mit einem Rotstich. Stengel rund, dünn. Meist nur 2, selten 3 Blätter, die so tief am Stengel ansitzen, daß sie meist wie grundständig erscheinen. Blätter etwas fleischig, oben rinnig eingewölbt, meist frischgrün, gelegentlich etwas rötlich überlaufen. Die Zwiebel des Zweiblättrigen Blausterns erreicht – trotz der relativ geringen Größe der Pflanze – einen Durchmesser von 2–3 cm. Dennoch entspringt der Zwiebel immer nur ein einzelner Stengel. März–April. 10–30 cm.

Vorkommen: Braucht nährstoffreichen und etwas kalkhaltigen Boden, der eher sickerfeucht als trocken und stets humusreich sein sollte. Bevorzugt Halbschatten. Gedeiht am besten in lichten Auwäldern, Hangwäldern, seltener auch in bachbegleitenden und nicht zu sonnigen Wiesen oder in Wiesen an Berghängen, deren Böden gut durchsickert sind. Steigt in den Alpen kaum über 1200 m. Selten, bildet aber an seinen Standorten häufig kleinere oder größere, lockere, oft individuenreiche Bestände.

Wissenswertes: ♃; ▽. Die Samen des Zweiblättrigen Blausterns werden durch Ameisen verschleppt. Das Hauptverbreitungsgebiet der Art liegt im Mittelmeergebiet und in Südosteuropa. – An manchen Standorten findet man Pflanzen mit bis zu 12, selten sogar bis zu 20 Blüten. Wodurch es zu dieser Vielblütigkeit kommt, ist unbekannt. Die Blütengröße hingegen variiert kaum.

Kleines Schneeglöckchen
Galanthus nivalis L.
Narzissengewächse *Amaryllidaceae*

Beschreibung: Blüten einzeln. Blütenblätter nicht verwachsen. Die 3 äußeren Blütenblätter 1,5–2 cm lang, weiß; die 3 inneren 0,7–1,2 cm lang, innen grün gestreift, außen an der Spitze mit halbmondförmigem (oder V-förmigem), grünem Mal, das zur Spitze des „V" zuweilen leicht gelblich-grün ist. Stengel dünn, aufrecht. 2 blaugrüne, bis 10 cm lange und bis 1 cm breite Blätter. Das Kleine Schneeglöckchen hat eine kugelige Zwiebel, die etwa 1 cm im Durchmesser mißt. Februar–April. 5–20 cm.

Vorkommen: Braucht nährstoffreichen, tiefgründigen Lehm- oder Tonboden, der sickerfeucht sein muß und humushaltig sein sollte. Bevorzugt feuchte Bergwälder und Auwälder, geht aber auch auf sickerfeuchte Bergwiesen, vor allem an Nordwesthängen. Steigt in den südlichen Alpen bis über 2000 m. Selten, doch an seinen Standorten meist in individuenreichen Beständen. Die meisten Standorte in Mitteleuropa dürften durch Verwildern entstanden sein.

Wissenswertes: ♃; ☠; ▽. Das Kleine Schneeglöckchen enthält – zumindest in der Zwiebel – giftige Alkaloide des Typs, der für die *Amaryllidaceae* charakteristisch ist. Aus den Blättern hat man ebenfalls ein zu dieser Gruppe gehörendes Alkaloid (Tazettin) isoliert. Man hat in der Pflanze auch einen noch unbekannten Stoff gefunden, der an der Luft bei langsamem Erwärmen zu einer intensiv blauen Farbe wird. – In Gärten findet man neben der in Mitteleuropa heimischen Art auch noch das wild in Südosteuropa vorkommende Garten-Schneeglöckchen (*G. elwesii* HOOKER f.). Bei ihm sind die inneren Blütenblätter nicht nur an der Spitze mit einem grünen Fleck versehen, sondern auch an der Basis.

Hyazinthengewächse *Hyacinthaceae*
Narzissengewächse *Amaryllidaceae*

Frühlings-Knotenblume, Märzenbecher
Leucojum vernum L.
Narzissengewächse *Amaryllidaceae*

Beschreibung: Blüten einzeln, selten zu 2. Blütenstiel nicht länger als das Tragblatt, aus dessen Achsel er entspringt. 6 getrennte Blütenblätter, die gleich sind; sie werden um 2 cm lang. Kurz vor der Spitze tragen die sonst weißen Blütenblätter einen grünen, grüngelben oder gelblichen Tupfer. Stengel dünn, deutlich zusammengedrückt. 3–4 Grundblätter, die 10–20 cm lang und über 1 cm breit werden. Sie sind meist dunkelgrün. Die Zwiebel der Frühlings-Knotenblume wird 1,5–2,5 cm dick. Februar–April. 5–25 cm.

Vorkommen: Braucht tiefgründigen, lockeren Lehm- oder Tonboden mit nennenswerter Humusbeimischung, der sickerfeucht und nährstoffreich sein muß und neutral, schwach sauer oder schwach basisch sein kann. Besiedelt feuchte Laubwälder, Sumpf- und Bergwiesen; gelegentlich auch auf Streuobstwiesen verwildert. Selten. Kommt an ihren Standorten meist in größeren und individuenreichen Beständen vor. Steigt in den Alpen bis etwa 1500 m.

Wissenswertes: ♃; ☠; ▽. In verschiedenen Pflanzenteilen wurden Alkaloide des Typs nachgewiesen, der für Narzissengewächse charakteristisch ist. – Die Blüten der Frühlings-Knotenblume werden von Bienen bestäubt, obwohl sie nur unbedeutende Mengen Nektar absondern. In vielen Fällen bohren die Insekten jedoch zuckerreiches Gewebe an der Blütenbasis an. – Eine Untergliederung in ssp. *vernum* (1blütig; Blütenblätter mit grünlichem Fleck; westliche Sippe) und ssp. *carpaticum* (Spring) O. Schwarz (meist 2blütig; Blütenblätter mit gelblichem Fleck; östliche Sippe) hat sich nicht durchgesetzt, weil eine eindeutige Zuordnung nicht immer möglich ist.

Sommer-Knotenblume
Leucojum aestivum L.
Narzissengewächse *Amaryllidaceae*

Beschreibung: Blüten zu 3–7. 6 getrennte Blütenblätter, die gleich sind und die 1,3–1,7 cm lang werden. Kurz vor der Spitze tragen die sonst weißen Blütenblätter einen grünen, gelbgrünen oder gelblichen Tupfer. Stengel dünn, deutlich zusammengedrückt. 4–6 grundständige, band- oder riemenförmige Blätter, die 30–50 cm lang und 1–2 cm breit werden können. Ihre Farbe ist meist dunkelgrün. Die Sommer-Knotenblume besitzt eine Zwiebel, die 2,5–3,5 cm dick wird. April–Mai. 30–50 cm.

Vorkommen: Braucht nassen, am besten zeitweise überschwemmten, nährstoffreichen Lehm- oder Tonboden mit guter Humusbeimischung in warmem Klima. Geht meist in Sumpfwiesen. Eigentliche Heimat: Mittelmeergebiet. Ist von dort vereinzelt über die Burgundische Pforte nach Mitteleuropa eingedrungen, gelegentlich aber auch aus der Kultur verwildert, allerdings kaum irgendwo bleibend (z. B. Oberrheingebiet nördlich von Freiburg) oder auch nur längerfristig eingebürgert (z. B. südlich von Speyer und vereinzelt südlich und nördlich der Unterelbe). Vorkommen im Elsaß werden von einigen Autoren als ursprünglich angesehen. Sehr selten – und hier wohl ursprünglich – in Niederösterreich.

Wissenswertes: ♃; ☠; ▽. Obwohl bei der Sommer-Knotenblume eindeutige Alkaloidnachweise nicht vorliegen, dürften Exemplare der Art – wie die verwandte Frühlings-Knotenblume auch – zumindest in geringer Menge Alkaloide des Typs enthalten, der für die Narzissengewächse charakteristisch ist; die Sommer-Knotenblume muß infolgedessen als giftig angesehen werden. Über Vergiftungen durch *Leucojum*-Arten ist uns nichts bekanntgeworden.

Narzissengewächse *Amaryllidaceae* ▶

Narzisse, Osterglocke *Narcissus*

Affodillgewächse *Asphodelaceae* ▶

Trichterlilie *Paradisea*
Graslilie *Anthericum*

Weiße Narzisse
Narcissus poëticus L.
Narzissengewächse *Amaryllidaceae*

Beschreibung: Blüten einzeln, seltener zu 2-3, waagrecht oder leicht nach oben abstehend. Die 6 weißen Blütenblätter stehen radförmig von der engen, 2-3 cm langen Blütenröhre ab. Die Blüte kann einen Durchmesser von 5-8 cm erreichen. Die Nebenkrone erreicht meist nur einen Durchmesser von 1-1,5 cm. Am Rand ist sie gekräuselt und leuchtend rot gefärbt. 3 der Staubblätter sitzen tiefer, 3 höher in der Blüte an. Bei der Pollenreife ragen nur 3 Staubblätter aus der Blüte. Stengel deutlich 2seitig zusammengedrückt. Meist 4 Blätter, die in der Regel schmäler als 1 cm bleiben und etwa so lang wie der Stengel werden (selten werden sie bis 1,3 cm breit). Die Zwiebel mißt 3-4 cm im Durchmesser. April-Mai. 20-40 cm.

Vorkommen: Braucht nährstoffreichen, aber nicht unbedingt kalkführenden, sickerfeuchten Boden. Ursprünglich wohl nur im Alpengebiet, im Südschwarzwald, im Schweizer Jura und vereinzelt im Voralpengebiet. Besiedelt Bergwiesen, lichte Gebüsche in Flußtälern und ist gelegentlich aus der Kultur in Baumwiesen verwildert. Sehr selten, kommt aber an ihren Standorten oft in kleineren Beständen vor.

Wissenswertes: ⚃; ✱; ▽. Die Weiße Narzisse enthält – mindestens in der Zwiebel – giftige Alkaloide; auch Oxalat und organische Säuren wurden nachgewiesen. *N. poëticus* L. wird mit *N. radiiflorus* SALISB. zur Sammelart *N. poëticus* agg. zusammengefaßt. *N. radiiflorus* unterscheidet sich von *N. poëticus* dadurch, daß bei ihr die Staubblätter auf gleicher Höhe in der Blüte ansitzen; bei der Pollenreife ragen alle aus der Blüte heraus. Zu dieser Kleinart gehören die meisten der in Österreich heimischen Populationen.

Gelbe Narzisse, Osterglocke
Narcissus pseudo-narcissus L.
Narzissengewächse *Amaryllidaceae*

Beschreibung: Blüten einzeln am Stengel, sehr selten 2 Blüten, meist leicht nach oben oder waagrecht abstehend. Die 6 Blütenblätter, die ziemlich schmal oder breit-eiförmig sein können, stehen schräg oder waagrecht von der 0,5-1,5 cm langen Blütenröhre ab. Sie sind meist hellgelb, selten dunkelgelb oder weißlich-gelb. Die Nebenkrone ist groß und mißt 1,5-2,5 cm im Durchmesser. Sie ist walzlich-glockig, längsfaltig und am Rande kraus. Ihre Farbe ist gleichmäßig sattgelb. Der Stengel ist deutlich zusammengedrückt. Meist sind 4-6 Laubblätter ausgebildet, die nur wenige Millimeter oder bis 1,5 cm breit sein können. Oft sind sie blaugrün. Die Zwiebel der Gelben Narzisse ist eiförmig und 3-4 cm dick. März-Mai. 20-40 cm.

Vorkommen: Braucht schwach sauren, lehmigen und feuchten Boden. Liebt hohe Luftfeuchtigkeit. Besiedelt Bergwiesen der Mittelgebirge in Westeuropa und im westlichen Alpenvorland, in den Vogesen, in der Eifel und im Hunsrück; im übrigen Mitteleuropa gelegentlich aus der Kultur in Baumwiesen verwildert. Selten. Kommt an ihren natürlichen Standorten meist in großflächigen Beständen vor.

Wissenswertes: ⚃; ✱; ▽. Enthält giftige Alkaloide und organische Säuren. – Die Art ist vielgestaltig. Sie wurde vielfach in mehrere Klein- oder Unterarten aufgespalten, die sich nicht immer klar voneinander abgrenzen lassen. Da die einzelnen Sippen nur außerhalb Mitteleuropas wild vorkommen, verzichten wir auf eine Untergliederung, auch wenn die eine oder andere Sippe als Zierpflanze gehalten wird. Zierpflanze ist auch der Bastard *N. poëticus* × *N. pseudonarcissus* = *N.* × *incomparabilis* MILL.

Narzissengewächse *Amaryllidaceae*
Affodillgewächse *Asphodelaceae*

Trichterlilie
Paradisea liliastrum (L.) BERTOL.
Affodillgewächse *Asphodelaceae*

Beschreibung: Der Blütenstand besteht aus einer endständigen, einseitswendigen, lockeren Traube, die meist um 10, gelegentlich bis zu 20 Blüten enthält. Die Blüten sehen trichterförmig aus; ausgebreitet erreichen sie 6–8 cm im Durchmesser. Die 6 Blütenblätter sind schneeweiß und laufen spitz zu. Bemerkenswert ist in ihnen die in der Regel ausgeprägte Dreinervigkeit (sehr selten gibt es Blütenblätter mit 5 Nerven). Der Stengel ist unverzweigt, blattlos, aufrecht. Die grundständigen Blätter werden kaum 5 mm breit und wirken grasartig. Die Trichterlilie wächst einzeln. Sie besitzt ein kurzes Rhizom (= Wurzelstock), an dem die dicklichen, aber keineswegs rübenartig verdickten Wurzeln ansetzen. Juni–August. 20–50 cm.

Vorkommen: Braucht sonnige, eher trockene als feuchte und ziemlich nährstoffreiche alpine Böden. Bevorzugt Höhen zwischen etwa 800–2000 m. Besiedelt die Alpen hauptsächlich von Tälern aus, die nach Süden und Südwesten offen sind, und zwar von den Julischen Alpen und den Karawanken bis in die äußersten Südwestalpen. Kommt in den südlichen Zentralalpen im Westen Österreichs und fast der ganzen Schweiz vor, vereinzelt sogar nördlich des Alpenhauptkamms, z. B. im Kanton St. Gallen, desgleichen im südlichen Schweizer Jura. Tritt in Südtirol und in der Schweiz (Wallis) zuweilen in individuenreichen Beständen auf. Zerstreut.

Wissenswertes: ⚄; ▽. Das Hauptareal der Trichterlilie liegt in den südeuropäischen Gebirgen. In den slowenischen Alpen erreicht sie die Ostgrenze ihres Areals, nach Süden stößt sie bis in die Abruzzen, nach Westen auf der Iberischen Halbinsel bis ins Kantabrische Gebirge vor.

Traubige Graslilie
Anthericum liliago L.
Affodillgewächse *Asphodelaceae*

Beschreibung: Blütenstand eine endständige Traube (nur ausnahmsweise treten wenige Verzweigungen in ihr auf, d. h. sie wird zur Rispe, wie sie für die Ästige Graslilie typisch ist; bei solchen Exemplaren, die meist unter „normalen" Individuen der Art stehen, kann die eindeutige Bestimmung nur anhand der Form und der Größe der Blütenblätter durchgeführt werden). Blüten weiß, ausgebreitet etwa 3–5 cm im Durchmesser; innere und äußere Blütenblätter gleich. 1,5–2,5 cm lang. Stengel meist aufrecht, zuweilen aufgebogen. Blätter schmal und grasartig, nur etwa 2–6 mm breit, allmählich in eine feine Spitze auslaufend. Die Traubige Graslilie besitzt ein kurzes Rhizom (= Wurzelstock), aus dem die fleischige, jedoch nicht rübenartig verdickte Wurzeln entspringen. Aus ihm treiben auch die grundständigen Blätter, die zu lockeren Büscheln angeordnet sind. Mai–Juli. 20–70 cm.

Vorkommen: Braucht Wärme und nährstoffreichen, jedoch eher kalkfreien oder kalkarmen, lockeren Boden. Wächst bevorzugt auf Trockenrasen, in lockeren, trockenen Gebüschen oder in lichten Trockenwäldern. Kommt im Tiefland westlich der Elbe nur vereinzelt, nördlich und östlich von ihr nur sehr selten vor; fehlt auch in weiten Teilen von Österreich. Sonst selten, aber an ihren Standorten meist in ausgedehnteren, jedoch individuenarmen Beständen. Steigt im Gebirge bis etwa 1200 m.

Wissenswertes: ⚄. Die bemerkenswert großen Blüten der Traubigen Graslilie werden außer von Bienen auch von Schwebfliegen bestäubt. – Die Art ist für die eher seltenen, kalkarmen, doch gleichwohl basenreichen Trockenrasen und Trockengehölze typisch.

Affodillgewächse *Asphodelaceae* ▶

Graslilie *Anthericum*
Taglilie *Hemerocallis*

Lauchgewächse *Alliaceae* ▶

Bärlauch *Allium*

Ästige Graslilie
Anthericum ramosum L.
Affodillgewächse *Asphodelaceae*

Beschreibung: Blütenstand eine Rispe, d. h. an einem Hauptast sitzen mehrere Blüten (bei sehr schwachen Exemplaren können unter ungünstigen Standortbedingungen die Rispenäste bei einzelnen Pflanzen auch unverzweigt sein). Die eindeutige Bestimmung gelingt dann nur anhand der Größe und Form der Blütenblätter). Blüten weiß; Blütenblätter 0,8–1,2 cm lang, wobei die inneren deutlich breiter als die äußeren sind. Stengel oft aufgebogen, meist jedoch aufrecht. Blätter schmal und grasartig, nur 2–6 mm breit, allmählich in eine deutliche Spitze auslaufend. Die Blätter der Ästigen Graslilie stehen in lockeren Büscheln, die dem kurzen Rhizom (= Wurzelstock) entspringen. An diesem sitzen die fleischigen, jedoch nicht rübenartig verdickten Wurzeln an. Mai–August. 30–80 cm.

Vorkommen: Braucht Wärme und nährstoffreiche, wenigstens kalkhaltige, ja kalkreiche, lockere Böden. Kommt vor allem auf Trockenrasen, in lichten Trockengebüschen und Trockenwäldern vor. Steigt in den Alpen bis etwa 1500 m. Selten; fehlt im Tiefland westlich der Elbe fast überall, östlich von ihr im Tiefland sehr selten; im Gebiet der pontischen Flora im östlichen Österreich zerstreut; bildet oft lockere und individuenarme Bestände.

Wissenswertes: ♃. Die Blüten der Ästigen Graslilie werden außer durch Schwebfliegen auch durch Bienen und Schmetterlinge bestäubt. – Der Verbreitungsschwerpunkt der Art liegt im Mittelmeergebiet, doch erstreckt sich ihr Areal bis nach Südschweden. Bestimmend für das Gedeihen scheint – neben den oben genannten Ansprüchen an den Boden – in erster Linie das Auftreten trocken-heißer Sommer zu sein.

Gelbrote Taglilie
Hemerocallis fulva L.
Affodillgewächse *Asphodelaceae*

Beschreibung: Blütenstand 4–12blütige, lockere Rispe. Blüten groß, ausgebreitet 8–12 cm im Durchmesser, 5–8 cm lang, glockig oder trichterförmig. 6 Blütenblätter, von denen die 3 inneren am Rand gewellt sind. Die Blütenblätter sind am Grunde miteinander zu einer – meist gelblichen – Röhre verwachsen. Blütenfarbe trüb blaßrot, schmutzigrosa, seltener verwaschen gelbrot, nie reingelb. Stengel aufrecht, oft etwas verbogen. Blätter um 50 cm lang, 2–3 cm breit. Die Blätter der Gelbroten Taglilie bilden auffällige, lockere Büschel. Die Blüten duften – im Gegensatz zu denen der Gelben Taglilie – auch an warmen Tagen mit hoher Luftfeuchtigkeit nicht. Juli–August. 0,5–1 m.

Vorkommen: Braucht warmen, feuchten und nährstoffreichen, meist kalkhaltigen Boden. Jahrhunderte alte Standorte wohl nur in den nach Süden oder Südosten offenen Alpentälern. Sehr selten. Steigt auch in günstigen Lagen der Alpen kaum über 1000 m.

Wissenswertes: ♃. Die Gelbrote Taglilie ist eine alte Zierpflanze. Im ausgehenden Mittelalter wurde sie nachweislich in Bauerngärten gezogen. Da sie sich bei uns – wahrscheinlich ausschließlich – vegetativ vermehrt (möglicherweise fehlen geeignete Bestäuber), kann sie nur mit Gartenabfällen (z. B. mit Erdaushub, der Wurzelstöcke enthält) verschleppt werden. Auf diese Weise dürften alle mitteleuropäischen Standorte entstanden sein, auch wenn sie heute fernab von Siedlungen – vor allem in Flußtälern – liegen. Das ursprüngliche Verbreitungsgebiet der Gelbroten Taglilie dürfte in Ostasien liegen, doch ist sie im Gebiet des Kaukasus und rund um das Schwarze Meer schon lange verwildert.

Affodillgewächse *Asphodelaceae*
Lauchgewächse *Alliaceae*

Gelbe Taglilie
Hemerocallis lilio-asphodelus L.
Affodillgewächse *Asphodelaceae*

Beschreibung: Blütenstand 3–9blütige, lockere Rispe. Blüten groß, ausgebreitet 6–10 cm im Durchmesser, 3–6 cm lang, trichterig mit ausgebreiteten Blütenblättern und enger Blütenröhre, die 1,5–2,5 cm lang wird. Blütenblätter reingelb, 6–10 mm breit, die inneren ohne gewellten Rand. Stengel meist aufrecht und gerade. Blätter 0,5–1 m lang und 0,7–1,7 cm breit. Sie laufen oben spitz zu und sind etwas gekielt. Die Blätter der Gelben Taglilie bilden auffällige, lockere Büschel. Ihre Blüten duften, besonders stark an warmen Tagen mit hoher Luftfeuchtigkeit. Mai–Juni. 0,5–1 m.
Vorkommen: Braucht feuchten, warmen, nährstoffreichen und meist kalkhaltigen Boden. Erträgt mäßigen Schatten. Ursprünglich Zierpflanze, die sehr selten in warmen Gegenden beständig verwildert ist.
Wissenswertes: ♃. Die Gelbe Taglilie war mindestens seit dem Ende des 16. Jahrhunderts als Gartenpflanze in Mitteleuropa bekannt. Der Schwerpunkt ihres Verbreitungsgebiets liegt in Südsibirien und erstreckt sich vermutlich westwärts bis zum Kaukasus. Die südosteuropäischen Standorte dürften vermutlich ebenfalls durch Verwildern entstanden sein, obschon man sie schon lange kennt, weswegen sie von manchen Botanikern für ursprünglich gehalten worden waren. Die Gelbe Taglilie vermehrt sich im Gegensatz zur Gelbroten Taglilie auch bei uns durch Samen. Daher kommt sie an ihren Standorten zuweilen in kleinen Beständen vor. Indessen darf man das Bilden solcher Bestände ebensowenig wie das Ansetzen von Samen, also das Vorhandensein von Bestäubern, als einen Beweis für die Ursprünglichkeit der Art ansehen.

Bärlauch
Allium ursinum L.
Lauchgewächse *Alliaceae*

Beschreibung: Blütenstand eine 10–25blütige, flache Scheindolde, in der niemals Brutzwiebeln gebildet werden. Blüte reinweiß, ausgebreitet 1–2 cm im Durchmesser. 6 Blütenblätter, die meist spitz sind, aber auch stumpf sein können. Blütenstiele gerade, 1–2 cm lang. Stengel aufrecht, 3kantig oder rund. Meist 2 grundständige Laubblätter (selten nur 1 oder 3), die an die Blätter von Maiglöckchen erinnern. Anders als diese riechen sie beim Zerreiben stark nach Knoblauch. Die Zwiebel des Bärlauchs bleibt sehr schmal (um 5 mm), wird dabei aber unter Umständen länger als 3 cm. Genau besehen besteht sie nur aus den untersten Teilen der beiden Laubblätter. April–Juni. 15–50 cm.
Vorkommen: Braucht nährstoffreichen, lockeren, doch tiefgründigen und humosen Boden, der entweder sickernaß oder staufeucht sein sollte. Bevorzugt schattige Laub- und Mischwälder sowie Auwälder, in denen er oft in größeren, sehr individuenreichen und dichten Beständen auftritt (die man meist schon aus einiger Entfernung riecht!). Fehlt indessen größeren Gebieten, vor allem auf nährstoffarmem Untergrund, so z. B. im Tiefland westlich der Elbe (er ist auch nördlich und östlich von ihr nur sehr selten anzutreffen), in den Mittelgebirgen mit Silikatgestein und im Alpenvorland. Geht in den Alpen bis etwa zur Buchengrenze. Zerstreut.
Wissenswertes: ♃. Vor allem in früheren Zeiten soll der Bärlauch als Knoblauch-Ersatz verwendet worden sein. In der modernen „naturnahen" Küche gilt er als geschätztes Wildgemüse. Die Blätter enthalten ätherisches Öl mit Allyl- und Alkylpolysulfiden. – Die Samen werden von Ameisen verschleppt.

Lauchgewächse *Alliaceae*

Allermannsharnisch, Lauch *Allium*

Allermannsharnisch
Allium victorialis L.
Lauchgewächse *Alliaceae*

Beschreibung: 20–40blütige, lockere, halbkugelige oder kugelige Scheindolde, die vor dem Aufblühen meist nickt. Nie Brutzwiebeln im Blütenstand. Blüte grünlich-weiß bis grüngelb, ausgebreitet 0,5–1 cm im Durchmesser. 6 Blütenblätter, die meist stumpf sind. Blütenstiele 0,5–1 cm lang. Stengel aufrecht, rund, stets beblättert (Bärlauch hat einen stets unbeblätterten Stengel!), keine Grundblätter. Stengelblätter meist 2–5 cm breit, selten noch breiter und bis 20 cm lang, lanzettlich bis breit-eiförmig, spitz zulaufend oder vorne etwas abgestumpft. Der unterirdische Stengel des Allermannsharnisch kann mehr als 10 cm lang werden. An ihm sitzen die langgestreckten, mehrere Zentimeter langen Zwiebeln, die von einem dichten Fasernetz umhüllt sind. Juli–August. 30–70 cm.

Vorkommen: Braucht humose, lockere, kalkarme und daher etwas saure, meist eher feuchte als trockene alpine Böden. Bevorzugt Matten, geht aber auch in gedüngte Wiesen und auf Weiden, auf denen er vom Vieh nicht gefressen wird, wodurch er sich dort ausbreiten kann; seltener besiedelt er feuchte Felsspalten. Vereinzelt auch im Schwarzwald (Feldberggebiet), in den Vogesen und im Alpenvorland. Bevorzugt Höhen zwischen etwa 1000 und 2500 m. Selten, kommt aber an seinen Standorten oft in kleineren, individuenreichen Beständen vor.

Wissenswertes: ♃. Der Allermannsharnisch gehört zu den Pflanzen, denen Abergläubige Zauberkraft zuschrieben. Der umhüllten Zwiebel wegen sollte er den, der sie trägt, unverwundbar machen. Die dichte Faserschicht sollte das geknüpfte, schützende Kettenhemd der alten Ritter symbolisieren.

Seltsamer Lauch
Allium paradoxum (MB.) G. Don
Lauchgewächse *Alliaceae*

Beschreibung: Blütenstand in Mitteleuropa meist mit nur 1, seltener mit 2–3 Blüten (unter Wildbedingungen werden in seinem angestammten Areal auch mehr Blüten ausgebildet) und stets mit grünlichen Brutzwiebeln. Blütenstiele 2–4,5 cm lang. Blüten weiß, glockenförmig, unter Wildbedingungen oft nur um 1 cm im Durchmesser, unter Kulturbedingungen bis über doppelt so groß (2–2,5 cm im Durchmesser, ausgebreitet gemessen). 6 Blütenblätter, meist stumpflich, mit blaßgrünen Längsstreifen. Stengel aufrecht, rund. Meist nur ein grundständiges Blatt, das bis zu 20 cm lang und bis 2 cm breit wird; Stengel also stets unbeblättert! Zwiebel 0,5–1 cm im Durchmesser, mit dünnhäutiger Schale. April–Mai. 10–40 cm.

Vorkommen: Braucht nährstoffreichen, sommertrockenen und warmen Boden, der tiefgründig, locker und eher beschattet sein sollte. Der Seltsame Lauch kommt in Mitteleuropa nicht ursprünglich vor. Außerhalb von Parkanlagen oder Gärten ist er nur unbeständig verwildert anzutreffen, so im nördlichen Rheinland und im Tiefland nordöstlich des Deisters und an der Unterelbe südlich von Hamburg, bei Lübeck, mehrfach in Mecklenburg-Vorpommern, bei Berlin, bei Salzwedel in der Altmark, am unteren Main um Frankfurt, bei Nürnberg und München. Eingebürgert nur in den wärmsten Auenwäldern des Wiener Beckens.

Wissenswertes: ♃. Die Heimat des Seltsamen Lauchs sind mäßig trockene, sommerwarme, hochgelegene Gebiete in Persien und im Kaukasus. Die Pflanze wurde weniger als „Zierpflanze", sondern mehr als Kuriosität gezogen: Insofern trifft ihr Name ins Schwarze.

Lauchgewächse *Alliaceae*

Schlangen-Lauch
Allium scorodoprasum L.
Lauchgewächse *Alliaceae*

Beschreibung: Blütenstand kugelig. Meist nur wenige Blüten; diese in der Regel sehr lokker, auf 1–2 cm langen Stielen, etwas nickend. Blütenhüllblätter 6, um 5 mm lang, stumpf, gekielt, rot, in der Regel nicht sternartig ausgebreitet, sondern mehr oder weniger stark zusammenneigend, ja fast geschlossen. Zwischen den Blüten stets mehr oder weniger zahlreich und dicht sitzend Brutzwiebelchen, die eiförmig-länglich sind und oft schon zur Blütezeit Blätter austreiben. Stengel steif aufrecht, unten beblättert, rund. Blätter mindestens 5 mm, oft um 7 mm breit, selten breiter, flach, nicht hohl, deutlich gekielt, an den Rändern und auf dem Kielnerv kurz bewimpert. Die rundlich-eiförmige Zwiebel des Schlangen-Lauchs wird meist von mehreren, oft vielen kleinen, gestielten Nebenzwiebeln umgeben. Juni–Juli. 50–80 cm.

Vorkommen: Braucht nährstoffreichen, kalkhaltigen, feuchten, humosen, lehmig-tonigen Boden; wärmeliebend. Kommt sowohl in lichten Auenwäldern und im bachbegleitenden Gebüsch als auch in feuchten Wiesen vor. Fehlt im Tiefland westlich der Weser; an der Unterelbe und östlich von ihr zerstreut; besiedelt im Mittelgebirge Täler und Hochflächen bis um 500 m. Überschreitet auch im Alpenvorland kaum diese Höhenmarke. Selten, kommt an seinen Standorten gelegentlich in kleineren Beständen vor.

Wissenswertes: ♃. Der Schlangen-Lauch wurde bis ins letzte Jahrhundert hinein vielerorts als Knoblauch-Ersatz in Gärten gebaut. Viele Vorkommen in Mitteleuropa (vielleicht alle außerhalb der südlichsten Gebiete) dürften auf Pflanzen zurückgehen, die aus der Kultur verwildert sind.

Runder Lauch
Allium rotundum L.
Lauchgewächse *Alliaceae*

Beschreibung: Blütenstand dicht und kugelig, seltener unregelmäßig knäuelig oder halbkugelig. Blüten auf ungleich langen Stielen: äußere kürzere (um 1 cm lang; Blüten nickend), innere aufrecht und 1,5–2 cm lang; Blüten aufrecht oder nur wenig nickend. Blütenstand nie mit vielen Brutzwiebeln (ganz selten können einzelne Brutzwiebeln vorkommen). Blütenhüllblätter 6, um 5 mm lang, stumpf, rot, nie sternartig ausgebreitet, sondern mehr oder weniger zusammenneigend. Stengel meist aufrecht oder schwach gebogen, unten beblättert, rund. Blätter um 5 mm breit, gelegentlich schmäler, selten breiter, am Rande rauh, aber nie bewimpert. Die eiförmige Zwiebel des Runden Lauchs wird stets von langstieligen Nebenzwiebeln umgeben, die unter der grauen, äußeren Schale rot sind. Juni–August. 25–70 cm.

Vorkommen: Braucht nährstoffreichen, kalkhaltigen Boden, der aus Löß, Lehm oder Ton bestehen kann; wärmeliebend. Besiedelt Weinberge, Äcker und Wegböschungen, zuweilen auch ungenutzte Trockenrasen. Sehr selten zwischen Mosel, Altmühl, Neckar und Main; fehlt auch hier größeren Gebieten. Erreicht etwa an der Ahr die Nordgrenze seiner Verbreitung.

Wissenswertes: ♃. Das Hauptverbreitungsgebiet des Runden Lauchs liegt im östlichen Mittelmeergebiet. Von dort kann er eingeschleppt werden. Mögliche Standorte bilden Raine in der Nähe von Verladerampen an Bahnhöfen und Schiffsanlegestellen. – Die Art ist von manchen Autoren als Unterart oder als Kleinart des Schlangen-Lauchs (*A. scorodoprasum*, s. links) aufgefaßt worden. Der Runde Lauch könnte die Wildform des Schlangen-Lauchs sein.

Lauchgewächse *Alliaceae* ▶

Lauch *Allium*

Weinbergs-Lauch
Allium vineale L.
Lauchgewächse *Alliaceae*

Beschreibung: Blütenstand locker und kugelig. Blüten auf etwa 2 cm langen Stielen, die meist nicht ausgesprochen nicken und außen im Blütenstand höchstens um 25% kürzer sind als innen. Blütenstand fast stets mit zahlreichen, sitzenden Brutzwiebeln (zuweilen nur Brutzwiebeln vorhanden). An der Basis des Blütenstands 1 Hüllblatt, das den Blütenstand überragt, doch meist rasch abfällt. Blütenhüllblätter um 5 mm lang, stumpf, gekielt, rot, grünlich oder weiß, nie sternartig ausgebreitet, sondern zusammenneigend. Stengel dünn, etwa bis zur halben Höhe beblättert. Die Blätter sitzen dem Stengel scheidig an und schließen sich alsbald zu einer Röhre, die oberseits schwach rinnig eingebogen sein kann (Blätter also nie flach!). Blattfarbe graugrün. Blätter meist glatt. Die eiförmige, weißschalige Zwiebel ist in der Regel von Nebenzwiebeln umgeben. Juni–August. 25–75 cm.

Vorkommen: Braucht lockeren, meist sandigen und kalkarmen, aber nährstoffreichen Boden und Wärme. Kommt in Weinbergen, Rasen und Parkanlagen vor. Zerstreut, oft in kleinen, individuenarmen Beständen.

Wissenswertes: ⚴. Der Weinbergs-Lauch wurde wahrscheinlich zusammen mit Weinstöcken aus Südosteuropa nach Mitteleuropa gebracht. Deswegen fällt seine Verbreitungsgrenze in Mitteleuropa teilweise noch heute mit den Grenzen ehemaliger Weinbaugebiete zusammen. Im Zuge rationeller Weinbergsbewirtschaftung hat er manchen Standort verloren. Vom Weinbergs-Lauch sind häufig Bestände beschrieben worden, die nicht blühen und sich nur durch Brutzwiebeln vermehren. Gelegentlich treiben diese schon auf dem Blütenstand aus.

Kochs Lauch, Dünen-Lauch
Allium kochii LANGE
Lauchgewächse *Alliaceae*

Beschreibung: Blütenstand locker und kugelig. Blüten auf etwa 2 cm langen Stielen, die meist nicht ausgesprochen nicken und außen im Blütenstand höchstens um 25% kürzer sind als innen. Blütenstand stets mit zahlreichen, sitzenden Brutzwiebeln. An der Basis des Blütenstands 1 Hüllblatt, das den Blütenstand überragt, aber meist rasch abfällt. Blütenhüllblätter um 5 mm lang, spitz, gekielt, dunkelrot, nie sternartig ausgebreitet, sondern zusammenneigend. Stengel wirkt dünn und ist etwa bis zur halben Höhe beblättert. Die Blätter sitzen dem Stengel scheidig an, bleiben aber über die Hälfte ihrer Länge flach, ehe sie sich zu einer meist sofort ausgefüllten Röhre schließen, die oberseits in der Regel zu einer Rinne gebogen ist. Blätter graugrün, glatt. Die eiförmige, weißschalige Zwiebel von Kochs Lauch ist in der Regel von Nebenzwiebeln umgeben. Juni–August. 20–60 cm.

Vorkommen: Wächst ausschließlich auf salzarmen Dünen der Ostsee in Mecklenburg. Selten.

Wissenswertes: ⚴. Kochs Lauch wurde lange Zeit nicht vom Weinbergs-Lauch unterschieden und dann oft als eine Varietät (var. *purpureum* H. P. G. KOCH) von ihm angesehen. Heute wird die Sippe meist als Kleinart mit *A. vineale* L. zur Sammelart *A. vineale* agg. zusammengefaßt. Es handelt sich bei *A. kochii* um eine Sippe, die sich wahrscheinlich erst seit verhältnismäßig kurzer Zeit aus einer gemeinsamen Vorfahrenform entwickelt hat und sich deshalb nur wenig vom Weinbergs-Lauch unterscheidet. Der wissenschaftliche Artname wurde vermutlich zu Ehren von H. P. G. KOCH (1807–1883) gegeben, der über *A. vineale* gearbeitet hatte.

Lauchgewächse *Alliaceae*

Steifer Lauch
Allium strictum SCHRAD.
Lauchgewächse *Alliaceae*

Beschreibung: Blütenstand meist nur halbkugelig oder noch flacher, selten eher kugelig, dicht. Blütenstiele je nach Größe der Pflanze 0,8–1,5 cm lang (selten kürzer als 8 mm), meist nicht nickend. Blütenstand 1,5–3 cm im Durchmesser, halbkugelig, dicht- und vielblütig, stets ohne Brutzwiebeln. Hüllblätter an der Basis des Blütenstands überragen den Blütenstand nicht. Blütenhüllblätter um 4 mm lang, rot oder rosa, glockig zusammenneigend, nie sternartig ausgebreitet, stumpf. Stengel aufrecht, unter dem Blütenstand scharf 3kantig, nur im unteren Drittel beblättert. Blätter flach, etwa 2–5 mm breit, unterseits abgerundet, nie gekielt. Zwiebeln einzeln oder paarweise, sehr langgestreckt und fast zylindrisch, von einem dichten Fasernetz umschlossen, an einem sehr kurzen, schiefen Wurzelstock. Äußere Schalen mit braunen Netzfasern. Juni–August. 10–50 cm.

Vorkommen: Braucht trockene, humushaltige Feinerde sowie viel Licht und Sommerwärme. Besiedelt Felsbänder und Trockenrasen. Vereinzelt in Hessen (z. B. Hoher Meißner und bei Bad Wildungen), sehr selten in den Südostalpen, in den Ötztaler Alpen, in Südtirol und im Wallis. Steigt bis über 2000 m.

Wissenswertes: ♃. Der Steife Lauch hat sein Hauptverbreitungsgebiet zwischen Südsibirien und der Ukraine und von da bis nach Persien. Neben den Vorkommen in Mitteleuropa gibt es isolierte und meist kleine Areale in Polen, in Tschechien, in Italien (außer Südtirol noch im Aostatal) und in Frankreich (Savoyen: Maurienne). Fundangaben aus dem Engadin konnten nicht bestätigt werden. Der Steife Lauch wird auch als Sippe von *A. vineale* L. aufgefaßt.

Kantiger Lauch
Allium angulosum L.
Lauchgewächse *Alliaceae*

Beschreibung: Blütenstand eine meist flache Scheindolde; selten ist er halbkugelig oder noch stärker abgerundet; sein Durchmesser liegt zwischen 2,5–4,5 cm. Blütenstiele deutlich kantig, je nach Größe der Pflanze 1–3 cm lang, selten noch länger, in den einzelnen Blütenständen jeweils etwa gleich lang. Blütenstand stets ohne Brutzwiebeln. Blütenstandshüllblatt überragt den Blütenstand nicht. Blütenhüllblätter 6, rot oder rosa, zusammenneigend, um 5 mm lang. Stengel aufrecht, scharf 3kantig, unter dem Blütenstand auch nur scharf 2kantig. Stengel nur im unteren Drittel mit 4–6 Blättern, die flach (nicht röhrenförmig geschlossen), 2–6 mm breit, im oberen Drittel oberseits etwas rinnig, unterseits überall scharf gekielt sind (Mittelnerv steht sichtlich vor! Neben ihm jederseits meist noch 2 Seitennerven). Zwiebeln 0,5–1 cm im Durchmesser, wurzelstockähnlich oder eiförmig, nicht von einem Netz von Fasern umgeben, sondern umhäutet. Juli–September. 20–60 cm.

Vorkommen: Braucht nährstoff- und kalkreichen Boden, der zumindest feucht sein sollte. Besiedelt meist tonige oder schlammige Böden in Flußtälern. Erträgt zeitweise Trockenheit; steht deshalb an den trockensten Stellen im Schilfgürtel oder von Streuwiesen. An der Unterelbe und östlich von ihr selten, fehlt sonst im Tiefland und in den Mittelgebirgen nördlich des Mains; am Oberrhein, am Bodensee, an der Donau vom Donauried an ostwärts zerstreut; kommt an seinen Standorten oft in kleineren, lockeren Beständen vor. Geht kaum über 750 m.

Wissenswertes: ♃. Neuansiedlung oder Bestandsbildung des Kantigen Lauchs zeigt Grundwasserabsenkung an.

Lauchgewächse *Alliaceae*
Lauch, Schnittlauch *Allium*

Berg-Lauch
Allium montanum F. W. SCHMIDT
Lauchgewächse *Alliaceae*

Beschreibung: Blütenstand zumindest halbkugelig, oft noch voller kugelig, selten flacher, 2-5 cm im Durchmesser. Blüten auf 1-2 cm langen Stielen (nur sehr selten sind die Blütenstiele noch etwas länger); Blütenstiele schwach kantig oder rund. Blütenstand stets ohne Brutzwiebeln. Hüllblätter an der Basis des Blütenstandes überragen den Blütenstand nicht. Blütenhüllblätter um 5 mm lang, rot oder lila-rosa, nie sternartig ausgebreitet, sondern mehr oder weniger zusammenneigend. Staubblätter länger als die Blütenhüllblätter. Stengel aufrecht, unter dem Blütenstand scharf 3kantig, zuweilen auch abgeflacht 2kantig, nur am Grunde beblättert. 4-9 Blätter, um 2 mm, selten bis 5 mm breit, nie gekielt, gelegentlich verdrillt. Zwiebeln sehr schlank eiförmig, umhäutet, also nicht von Fasern umhüllt. Juli-August. 20-40 cm.

Vorkommen: Braucht nährstoffreichen, locker-steinigen Boden. Vor allem in schuttigem Untergrund sollten weder Humus noch Feinerde fehlen. Bevorzugt Felsbänder und steinige Rasen in den Mittelgebirgen und in den Alpen, kommt aber auch in Mauerritzen, auf hochgelegenen Schotterterrassen und auf offenen Sandstellen in der Heide vor. Fehlt im Tiefland etwa westlich der Elbe, östlich und nördlich von ihr nur vereinzelt; in den Mittelgebirgen mit basischen Gesteinen nördlich des Mains und in der Schweiz sehr selten; im Schwäbisch-Fränkischen Jura und in den östlichen Bundesländern Österreichs zerstreut, in den übrigen Bundesländern Österreichs selten. Geht in den Alpen bis etwa 2000 m.

Wissenswertes: ♃. Der Berg-Lauch hat seinen Verbreitungsschwerpunkt in Südsibirien und in Südosteuropa.

Wohlriechender Lauch
Allium suaveolens JACQ.
Lauchgewächse *Alliaceae*

Beschreibung: Blütenstand meist kugelig oder halbkugelig. Blütenstiele 1-1,5 cm lang. Blütenstand stets ohne Brutzwiebeln. Hüllblätter an der Basis des Blütenstands überragen diesen nicht. Blütenhüllblätter knapp 5 mm lang, hell purpurrot oder rosa, nie sternartig ausgebreitet, sondern mehr oder weniger zusammenneigend. Staubblätter ragen deutlich aus der Blüte heraus, sind also länger als die Blütenhüllblätter. Stengel aufrecht, rund, meist deutlich gestreift, im unteren Drittel beblättert. 2-5 Blätter flach, 1-3 mm breit, auf der Unterseite scharf gekielt, immer kürzer als die Stengel. Die Zwiebeln des Wohlriechenden Lauchs sind sehr schlank, fast wurzelstockähnlich, und von Längsfasern dicht eingehüllt (Die ursprünglich vorhandenen Häute zerfallen zu parallelen Fasern, so daß kein richtiges „Fasernetz" entsteht.). Juli-September. 20-50 cm.

Vorkommen: Braucht kalkhaltigen, nicht zu nährstoffreichen Boden, der zumindest zeitweise feucht oder naß sein sollte. Besiedelt vorwiegend Flachmoore und ungenutzte Sumpfwiesen. Sehr selten, vor allem in Niederösterreich, in Vorarlberg und im Alpenvorland; dort gelegentlich noch bestandsbildend.

Wissenswertes: ♃. Die Standorte des Wohlriechenden Lauchs sind seit dem 2. Weltkrieg wesentlich zurückgegangen. Dies gilt vor allem für die Uferzonen am Bodensee, wo er unmittelbar nach Kriegsende noch in größeren Beständen vorgekommen ist. Viele der damaligen Wuchsorte sind inzwischen einer Nutzung zugeführt worden. Wo sie indessen unter Schutz gestellt worden sind, wie z. B. im Wollmatinger Ried, sind größere Bestände erhalten geblieben.

Lauchgewächse *Alliaceae*

Schnittlauch
Allium schoenoprasum L.
Lauchgewächse *Alliaceae*

Beschreibung: Blütenstand kugelig, seltener halbkugelig, dicht mit Blüten bestanden. Blütenstand stets ohne Brutzwiebeln. Hüllblätter an der Basis des Blütenstands überragen den Blütenstand nie. Blütenhüllblätter 0,8–1,2 cm lang, allmählich zugespitzt, heller oder dunkler rot, zuweilen mit einem Blaustich, nie sternartig ausgebreitet, sondern mehr oder weniger zusammenneigend. Staubblätter kürzer als die Blütenhüllblätter. Stengel aufrecht, rund, glatt. Blätter grundständig, röhrig, hohl, im Querschnitt rund oder elliptisch. Die Zwiebeln des Schnittlauchs sind länglich oder länglich-eiförmig. Meist stehen mehrere dicht beisammen, so daß regelrechte „Horste" entstehen. Mai–September. 10–50 cm (manche Kultursorten können unter günstigen Bedingungen noch höher werden!).
Vorkommen: Braucht nährstoffreichen, feuchten Boden, der nicht zu verfestigt sein sollte. Verwildert vor allem entlang der Flußläufe auf Sand- oder Kiesbänken, die reichlich Feinerde und Schlamm enthalten. In nassen Wiesen vermag er sich verwildert meist nicht zu behaupten, auch wenn er geeigneten Boden vorfindet. Wild nur in den Alpen und in den höheren Lagen des Jura. Besiedelt dort durchsickerte Steinschutthalden und Schneeböden. Selten, aber an seinen Standorten meist in kleineren, lockeren Beständen aus nur kleinen „Horsten".
Wissenswertes: ♃. Der Schnittlauch ist seit dem Mittelalter bei uns als Gewürzpflanze in Kultur. In Italien dürfte der Anbau in noch frühere Zeit zurückreichen. Genutzt wird der Schnittlauch wegen seiner Lauchöle. Eine Rolle spielt sicher auch der frühe Austrieb und die leichte Kultivierbarkeit.

Kohl-Lauch
Allium oleraceum L.
Lauchgewächse *Alliaceae*

Beschreibung: Blütenstand armblütig, selten dichtblütig, stets mit dunkelroten Brutzwiebeln (in nicht allzu seltenen Fällen können sogar ausschließlich Brutzwiebeln im „Blütenstand" stehen!). Blütenstiele 2–4 cm lang, zumindest äußere herabgebogen oder nickend. Blütenhüllblätter 5–8 mm lang, meist spitz, rot, mehr oder weniger zusammenneigend-weitglockig; Blüte daher fast glockenartig offen. Stengel aufrecht, dünn, ziemlich steif, nur unten beblättert (Blätter zur Blütezeit oft schon abgestorben und Stengel dann scheinbar blattlos). Blätter halbrund oder dicklich-flach. Der Kohl-Lauch besitzt eine – gemessen an der Pflanzengröße – beachtliche Hauptzwiebel, an der stets einige Nebenzwiebeln ansitzen. Juni–August. 20–70 cm.
Vorkommen: Braucht lockeren, nährstoffreichen Boden in warmem Klima. Besiedelt Trockenrasen, Weinberge (besonders aufgelassene Weinberge), Stützmauern im Weinbaugebiet, geht aber auch auf Wegraine, zwischen Bahnschotter (auf stillgelegten Gleisen), seltener in nasse Wiesen. Selten, tritt an seinen Standorten meist in kleineren, individuenarmen Beständen auf. Steigt in den Alpen bis etwa 2000 m.
Wissenswertes: ♃. Prinzipiell könnte man den Kohl-Lauch ähnlich nutzen wie Schnittlauch. Allerdings sind die Stengel des Kohl-Lauchs so hart, daß man sie nur schwer schneiden kann. An Speisen empfindet man sie als körnig und störend. Da indessen Stengel meist das einzige sind, was vom Kohl-Lauch genutzt werden könnte, hat man ihm örtlich auch den Namen „Roß-Lauch" gegeben, um auszudrücken, daß er zwar möglicherweise für Tiere, nicht aber für den menschlichen Genuß tauge.

Lauchgewächse *Alliaceae* ▶
Lauch, Zwiebel, Knoblauch *Allium*

Gekielter Lauch
Allium carinatum L.
Lauchgewächse *Alliaceae*

Beschreibung: Blütenstand lockere und auffallend armblütige Scheindolde (oft weniger als 10 und nie mehr als 40 Blüten pro Blütenstand). Die Blütenstiele dieser Blüten sind sehr lang, mindestens 2 cm, oft um 4 cm. Sie nicken oder sind häufig verbogen. Zwischen den Blüten sitzen meist zahlreiche Brutzwiebeln. Das längste der Hüllblätter an der Basis des Blütenstandes würde diesen überragen, wenn es nicht nach unten abstünde oder herabhinge. Blütenhüllblätter um 5 mm lang, ausgesprochen stumpf, leuchtend rot, mäßig zusammenneigend; Blüten glokkig geöffnet. Staubblätter mindestens um 2 mm länger als die Blütenhüllblätter und weit aus der Blüte hervorragend. Stengel aufrecht, kräftig, in der unteren Hälfte beblättert. Blätter 2-4 mm breit, flach, unbewimpert, am Rand meist glatt, seltener etwas rauh. Auf der Unterseite sieht man 3-5 hervortretende Nerven. Der Gekielte Lauch besitzt eine kleine Zwiebel (0,7-1 cm im Durchmesser), die in der Regel von einigen Fasern umgeben ist (die Häute zerfallen rasch in wenig dauerhafte Fasern). Juni-August. 20-50 cm.

Vorkommen: Braucht lockeren, kalkhaltigen, zumindest zeitweise trockenen Boden, erträgt aber auch periodisch Nässe. Kommt sowohl in Trockenrasen als auch in Sumpfwiesen vor. Erträgt Düngung nicht. Sehr selten. Erreicht etwa an der Main-Linie die Nordgrenze seiner Verbreitung in Mitteleuropa. Vereinzelt an der Unterelbe, auf den Ostfriesischen Inseln, auf Rügen und in Brandenburg.

Wissenswertes: ♃. Der Gekielte Lauch hat seinen Verbreitungsschwerpunkt in Südosteuropa, in der Türkei und in den Randgebieten der Alpen.

Kugelköpfiger Lauch
Allium sphaerocephalon L.
Lauchgewächse *Alliaceae*

Beschreibung: Blütenstand kugelig, dicht, meist ohne Brutzwiebeln. Blütenstiele um 1 cm, selten bis über 2 cm lang, ziemlich straff und deshalb fast nie nickend. An der Basis des Blütenstands 2 Hüllblätter, die kürzer als der Blütenstand sind und zuweilen früh abfallen. Blütenhüllblätter knapp 5 mm lang, stumpf, gekielt, rot, nie sternartig ausgebreitet, sondern zusammenneigend. Stengel steif aufrecht, mindestens bis zur Hälfte beblättert. Blätter 6-8 mm breit (auseinandergefaltet), eine weite Rinne bildend, die an der Spitze in eine Röhre übergeht. Zwiebel eiförmig, 1-2 cm im Durchmesser. Äußere Schuppenblätter ledrig-häutig, zuweilen zerfasernd. Nebenzwiebeln stets vorhanden, weißlich-gelblich, gestielt und von Schuppenblättern umschlossen. Juni-Juli. 30-50 cm.

Vorkommen: Braucht nährstoffreichen, aber nicht unbedingt kalkhaltigen Boden, der locker sein sollte. Besiedelt in verhältnismäßig niederschlagsarmen Gegenden (Mittelrhein, Kaiserstuhl und südlicher Oberrhein, unterer und mittlerer Main bis in die Rhön, Thüringen, Sachsen-Anhalt, Wallis, Oberengadin, Südwestschweiz, Südtirol) vorwiegend lückige, steindurchsetzte Trockenrasen, seltener Schotter oder gar Weinbergsmauern; wärmeliebend; düngerfeindlich. Geht in den Alpen in geschützten Lagen bis über 1500 m. Sehr selten, aber an seinen Standorten gelegentlich in kleineren Beständen.

Wissenswertes: ♃. Der Verbreitungsschwerpunkt des Kugelköpfigen Lauchs liegt im Mittelmeergebiet. Dort kommt gebietsweise auch *A. amethystinum* TAUSCH vor, mit dem der Kugelköpfige Lauch zuweilen zur Sammelart *A. sphaerocephalon* agg. zusammengefaßt wird.

Lauchgewächse *Alliaceae*

Röhren-Zwiebel
Allium fistulosum L.
Lauchgewächse *Alliaceae*

Beschreibung: Blütenstand dicht, kugelig, vielblütig, 2–5 cm im Durchmesser. 1–2 röhrige, bis 2 cm lange Hüllblätter. Blütenstiele ungleich lang (0,5–3 cm), kaum nickend. Blüten eiförmig-glockig, gelblich-weiß. Stengel aufrecht, in der Mitte bauchig erweitert, hohl, einige Zentimeter über dem Erdboden zusammengedrückt und in dieser Region beblättert. Am Stengel stehen meist 2–6 Blätter. Sie sind röhrig, hohl, bauchig erweitert, glatt, höchstens so lang wie der Stengel. Die Hauptzwiebel der Röhren-Zwiebel ist länglich (1–2,5 cm lang) und stets von mehreren Nebenzwiebeln umstanden. Ihre Außenschuppen sind häutig und zerfasern nicht. Juni–August. 0,3–1 m.

Vorkommen: Braucht steinigen, lockeren, aber nährstoffreichen Boden. Gedeiht auf kalkhaltigem Boden besser als auf kalkarmem. Sehr selten verwildert, und zwar wohl nur vereinzelt im Fürstentum Liechtenstein und im Kanton Aargau in der Schweiz.

Wissenswertes: ♃. Die Röhren-Zwiebel wurde noch vor wenigen hundert Jahren häufig als Gewürzpflanze in Gärten gezogen. Sie stammt aus Sibirien. Ihrer Kälteverträglichkeit und ihrer Anspruchslosigkeit wegen wurde sie vor allem da geschätzt, wo der Schnittlauch alleinige Kulturpflanze aus der Gattung bleiben mußte. Ähnlich wie beim Schnittlauch, so werden auch bei der Röhren-Zwiebel vorwiegend die Blätter genutzt. Manchenorts ist die Röhren-Zwiebel unter dem Namen „Winterzwiebel", „Lauchzwiebel" oder „Bundzwiebel" besser bekannt. Neuerdings wird sie wieder als Gewürzpflanze angeboten, da die Nebenzwiebeln (die im Herbst geerntet werden können) milder sind als die Küchen-Zwiebel.

Knoblauch
Allium sativum L.
Lauchgewächse *Alliaceae*

Beschreibung: Blütenstand wenigblütige Scheindolde, die stets viele, oft bis zu 1 cm große Brutzwiebeln enthält. Der Blütenstand wird lange von einem Hüllblatt eingeschlossen, das die Scheindolde weit überragt. Blütenstiele 2–5 cm lang. Stengel aufrecht, meist bis zur halben Stengelhöhe beblättert. Blätter flach, um 1–2 cm breit, gekielt. Beim Knoblauch gibt es keine dominierende Hauptzwiebel. Viele Nebenzwiebeln („Zehen") stecken zusammen in einer weißlichen Hülle und bilden die unregelmäßig geformte Zwiebel. Juni–August. 30–80 cm.

Vorkommen: Braucht lockeren, sandigen Boden in Gebieten mit regenarmen Sommern. In Mitteleuropa Kulturpflanze, die nur sehr selten und dann unbeständig verwildert ist (z. B. in Franken).

Wissenswertes: ♃. Der Knoblauch hat sein Hauptanbaugebiet in Europa in den Balkanländern, außerhalb Europas im gesamten Nahen Osten und in weiten Teilen von Zentralasien. Dort dürfte auch die Heimat der Wildpflanze (Elternart von *A. sativum* vermutlich *A. longicuspis* REGEL) zu suchen sein. Schon vor Beginn unserer Zeitrechnung war Knoblauch als Heilpflanze in Ägypten bekannt. Die antibakterielle Wirkung seiner Lauchöle soll an Kulturen einiger Bakterienarten experimentell nachgewiesen sein. Inwieweit sie sich im Organismus entfaltet, bleibt umstritten. Das im Körper als Abbauprodukt entstehende Allicin soll sowohl antibakterielle als auch antimykotische Wirkung haben. Eine Verdauungsförderung gilt als nachgewiesen. Keinesfalls indessen stellen seine Inhaltsstoffe jene Wunderarznei mit lebensverlängernder Wirkung dar, die man in ihnen gelegentlich schon erblickt hat.

Lauchgewächse *Alliaceae* ▶

Lauch, Zwiebel *Allium*

Liliengewächse *Liliaceae* ▶

Lilie *Lilium*

Winter-Lauch
Allium porrum L.
Lauchgewächse *Alliaceae*

Beschreibung: Blütenstand fast tennisballgroß, kugelig, vielblütig, dicht. Blütenstiele 2–3 cm lang, nicht nickend. Blütenhüllblätter 6–8 mm, rosa. Stengel rund, im unteren Drittel beblättert. Blätter 2–4 cm breit, gelegentlich in Kultur noch breiter, graugrün, etwas bereift, stark nervig. Die Blätter des Winter-Lauchs bilden keine deutlich ausgeprägte Zwiebel. Nebenzwiebeln fehlen meist. Auffällig ist die starke Bewurzelung. Juni–Juli. 0,3–1 m.

Vorkommen: Braucht lehmigen und stickstoffsalzreichen, vorzugsweise lockeren und sommertrockenen Boden, gedeiht aber in der Kultur auch auf tonigen, dichten, feuchten Böden, wenn diese gut gedüngt sind. Nur vereinzelt und unbeständig in Weinbaugebieten oder in der Umgebung von Äckern verwildert, wo er im Großanbau kultiviert wird.

Wissenswertes: ☉. Der Winter-Lauch, der örtlich unter den Namen Porree oder schlicht „Lauch" besser bekannt ist, wächst in der Kultur häufig nur 2jährig. Vermutlich stammt er vom Sommer-Lauch (*Allium ampeloprasum* L.) ab, der wild im Mittelmeerraum vorkommt und dessen Nebenzwiebeln als Perlzwiebeln bekannt sind. Porree gehört zu den wertvollen Gemüsepflanzen in Mitteleuropa, weil er bis in den Winter hinein und – bei Pflanzen, die man den Winter hindurch hat stehenlassen – gleich wieder im Frühjahr geerntet werden kann. Außerdem hat er sich einen Stammplatz unter den Würzpflanzen der mitteleuropäischen Küche erobert. Lauch enthält im Mittel etwa 50 mg Vitamin C pro 100 g Frischgewicht; allerdings gibt es beträchtliche Schwankungen um diesen Mittelwert. Der Rohfaseranteil ist – entgegen dem Eindruck – vergleichsweise gering.

Küchen-Zwiebel
Allium cepa L.
Lauchgewächse *Alliaceae*

Beschreibung: Blütenstand kugelig oder halbkugelig, 6–15 cm im Durchmesser, mit oder ohne Brutzwiebeln. Blütenstiele 2–6 cm lang. Blütenhüllblätter grünlich-weiß. Stengel aufrecht, hohl, oft im unteren Drittel mehr oder weniger stark aufgeblasen, nur am Grunde beblättert. Blätter hohl und meist aufgeblasen. Von der Küchen-Zwiebel gibt es heute zahlreiche Kulturformen (in Deutschland werden 1–2 Dutzend Sorten von den Samen- oder „Steckzwiebel"-züchtern angeboten). Sie unterscheiden sich vor allem in der Form der Zwiebeln voneinander, aber auch in der Farbe der Zwiebelhüllen (gelbe, weiße, rote). Juni–August. 0,5–1,5 m.

Vorkommen: Liebt nährstoffreichen, sandigen, lockeren, aber auch lehmigen und gut krümelnden, sommertrockenen und sommerwarmen Boden. Sehr selten in der Umgebung von Kompostanlagen an Schrebergartenkolonien (durch weggeworfene „Steckzwiebeln"), in klimatisch günstigen Gebieten in Unkrautgesellschaften verwildert (auch dort nur unbeständig).

Wissenswertes: ♃. Die Küchen-Zwiebel wurde in Ägypten schon rund 2000 Jahre vor unserer Zeitrechnung angebaut. Wenigstens sind aus dieser Zeit bildliche Darstellungen der Zwiebel überliefert. In den Mittelmeerländern dürfte die Zwiebel seitdem als Würz- und Gemüsepflanze genutzt worden sein. In Mitteleuropa hat die Küchen-Zwiebel wohl erst im Mittelalter Eingang gefunden. Der Anbau begann im 14. oder 15. Jahrhundert, möglicherweise kurz davor. Früher spielte die „Zwiebel" auch als Arzneipflanze eine nicht zu unterschätzende Rolle. Sie ist in dieser Hinsicht ähnlich wertvoll wie der Knoblauch. Heimat der Küchen-Zwiebel ist vermutlich Westasien.

Lauchgewächse *Alliaceae*
Liliengewächse *Liliaceae*

Türkenbund-Lilie
Lilium martagon L.
Liliengewächse *Liliaceae*

Beschreibung: Blütenstand eine endständige und meist armblütige Traube (1–10 Blüten, selten mehr). Die Blüte zeigt mit ihrer Öffnung nach unten. Sie besitzt 6 Blütenhüllblätter, die an der offenen Blüte deutlich nach oben-außen zurückgekrümmt sind. Die Blüten messen ausgebreitet 5–8 cm im Durchmesser. Blütenhüllblätter verwaschen weißlich-braunrot bzw. trübrosa oder trübviolett, deutlich dunkler, d. h. braunviolett bis purpurviolett gepunktet. Staubbeutel der 6 Staubblätter meist rot, selten gelb. Stengel meist aufrecht, rund, meist kahl. Blätter bis 15 cm lang, zumindest unten am Stengel deutlich quirlständig. Die Türkenbund-Lilie besitzt eine 2–5 cm lange Zwiebel, die sich durch Zugwurzeln in eine für die Pflanze günstige Tiefe bringt. Juni–August. 0,3–1,5 m.

Vorkommen: Braucht basenreichen, ziemlich stickstoffsalz- und humushaltigen Boden. Bevorzugt in tieferen Lagen Halbschatten, ja Schatten, geht aber vor allem in den höheren Lagen der Mittelgebirge und in den Alpen auch auf offene Grasflächen. Steigt hier allerdings kaum irgendwo über 2000 m. Fehlt im Tiefland fast vollständig. Sonst selten, aber an ihren Standorten nicht selten in kleineren, zuweilen auch in ausgedehnten, doch individuenarmen Beständen. Häufig beobachtet man zahlreiche nichtblühende Exemplare.

Wissenswertes: ♃; ▽. In vielen Gegenden werden insbesondere die Knospen der Türkenbund-Lilie von Rehen abgefressen. Andererseits verschmähen Rinder auf Bergweiden die Art. In beiden Fällen sind stichhaltige Begründungen nicht bekannt. – Mißbildungen, vor allem Farbabweichungen, sind bei dieser Art vielfach beschrieben worden.

Feuer-Lilie
Lilium bulbiferum L.
Liliengewächse *Liliaceae*

Beschreibung: Am Stengelende steht oft nur 1 Blüte; seltener findet man 2–5 Blüten, die in einer flachen, „scheindoldigen" Traube stehen (häufig ist auch dann nur 1 Blüte offen, so daß der Typ des Blütenstands das Bild der Pflanze wenig prägt). Blüten ausgebreitet 9–14 cm im Durchmesser, gelbrot oder rot, innen braunfleckig. 6 Blütenblätter. Blüte trichterig-glockig offen, aufrecht. Blütenblätter höchstens geringfügig an der Spitze zurückgeschlagen, aber nie turbanartig umgebogen. Stengel aufrecht, im oberen Viertel deutlich und oft wollig behaart. Blätter wechselständig, meist kürzer als 10 cm, etwa 1,5 cm breit. In der Achsel zumindest der oberen Blätter finden sich oft Brutzwiebeln; bei der ssp. *croceum* (CHAIX) BAKER fehlen diese in der Regel. Die Feuer-Lilie besitzt eine weißschuppige Zwiebel. Mai–Juli. 0,2–1 m.

Vorkommen: Braucht basenreichen, ziemlich stickstoffsalzhaltigen, nicht zu trockenen, gleichwohl warmen Boden. Ursprünglich in Mitteleuropa wohl nur in den Alpen wild, vor allem in den Tälern, die nach Süden oder Südwesten geöffnet sind. Dort selten. Sonst sehr selten verwildert und meist unbeständig an ortsnahen Gebüschen oder Wäldern, an denen Gartenabfälle gelagert worden sind. Ssp. *croceum* wild wohl nur in der Schweiz.

Wissenswertes: ♃; ▽. In Mitteleuropa wird die Feuer-Lilie als Gartenpflanze gezogen. In den Jahrzehnten nach dem 2. Weltkrieg ist sie als Zierpflanze zunächst etwas außer Mode gekommen, erlebt aber in den letzten Jahren eine gewisse Renaissance. Angehörige der ssp. *croceum* sollen üblicherweise ausgesprochen orangegelbe Blüten haben; wir halten dieses Merkmal für nicht sehr kennzeichnend.

Liliengewächse *Liliaceae* ▶

Schachblume *Fritillaria*
Tulpe *Tulipa*
Zahnlilie *Erythronium*
Goldstern *Gagea*

Schachblume
Fritillaria meleagris L.
Liliengewächse *Liliaceae*

Beschreibung: Blüten in der Regel einzeln, sehr selten 2, am Ende des Stengels, glokkenförmig, stets nickend, ausgebreitet 6–8 cm im Durchmesser. 6 Blütenblätter, die auf braunrotem Untergrund schachbrettartig weißfleckig sind. Die Adern der Blütenblätter sind oft deutlich rot. Staubblätter deutlich kürzer als die Blütenblätter. Stengel aufrecht, unterhalb der Blüte nach unten gebogen. Blätter meist deutlich schmäler als 1 cm, etwas fleischig, grasartig, rinnig, graugrün. Verglichen mit der großen Blüte ist die Zwiebel der Schachblume mit ihrem Durchmesser von nur etwa 1 cm recht klein. April–Mai. 20–50 cm.

Vorkommen: Braucht grundwasserdurchzogenen, nährstoffreichen, oft durch Frühjahrsüberschwemmungen gedüngten, schweren Wiesenboden. Sehr selten. Kommt nur noch in wenigen Flußtälern mit nicht drainierten Wiesen und mit unkorrigierten Wasserläufen vor (z. B. in Niedersachsen, Schleswig-Holstein, Mecklenburg-Vorpommern, Brandenburg, Südost-Hessen, Nordbayern, Baden-Württemberg, Steiermark, Westschweiz), bildet aber an ihren Standorten meist noch kleinere Bestände. Geht kaum über 700 m.

Wissenswertes: ♃; ✱; ▽. Die Standorte der Schachblume gehen durch „Meliorisierung" von Feuchtgebieten und Hochwasserbekämpfung drastisch zurück. Gelegentlich wird sie in Gärten als Zierpflanze gezogen; da und dort hat man sie auch ausgepflanzt, um sie wieder einzubürgern. – Die Schachblume enthält das giftige Alkaloid Imperialin. – Ähnlich: Burnats Schachblume (*F. tubaeformis* GREN. & GODR.): 4–6 Blätter blütennah im oberen Stengeldrittel; Südwestalpen, ostwärts bis Südtirol; selten.

Wilde Tulpe
Tulipa sylvestris L.
Liliengewächse *Liliaceae*

Beschreibung: Stengel 1blütig. Blüten ausgebreitet 8–12 cm im Durchmesser, gelb, außen grünlich. Blütenblätter 6, spitz, vorne oft einwärts gebogen. Staubblätter am Grunde dicht behaart. Stengel aufrecht, meist sanft gebogen, beblättert, wobei die 2–3 Blätter in der unteren Hälfte des Stengels ansitzen. Blätter 1–2 cm breit und bis über 15 cm lang, blaugrün, kahl. Zwiebel meist mit Nebenzwiebeln, auch bei kräftigen Pflanzen nur 1,5–2 cm im Durchmesser. Neue Zwiebeln entstehen am Ende von kurzen Ausläufern. April–Mai. 10–40 cm.

Vorkommen: Braucht lockeren, warmen, nährstoffreichen Boden, der nicht unbedingt trocken sein muß. Gedeiht am besten in aufgelassenen Weinbergen auf tiefgründigem Boden; im Tiefland auch in mäßig dichten Gebüschen. Sehr selten und durch den Einsatz von Herbiziden örtlich ausgerottet. An ihren Standorten gelegentlich noch in kleineren, wenn auch lockeren und individuenarmen Beständen.

Wissenswertes: ♃; ▽. Die Heimat der Wilden Tulpe liegt im Mittelmeergebiet. Von dort wurde sie bei uns eingeschleppt. Im 17. Jahrhundert war sie eine beliebte Zierpflanze in den Gartenanlagen von Klöstern und Schlössern. In deren Umgebung hat sich die Pflanze mancherorts bis heute erhalten. Manche Standorte werden von flüchtigen Beobachtern übersehen, da die meisten Exemplare nicht zur Blüte gelangen und meist nur 1 relativ kleines Blatt über den Boden schieben. Die Vermehrung erfolgt dann vegetativ durch Nebenzwiebeln an der Hauptzwiebel. – Ähnlich: Garten-Tulpe (*T. gesnerana* agg.): Herkunft unklar; heute in zahlreichen Sorten als Zierpflanze gezogen und örtlich unbeständig verwildert.

Liliengewächse *Liliaceae*

Hunds-Zahnlilie
Erythronium dens-canis L.
Liliengewächse *Liliaceae*

Beschreibung: Stengel 1blütig (nur vereinzelt 2 oder gar mehr Blüten vorhanden). Blüte mit 6 Blütenblättern, waagrecht am Stengel stehend oder meist nickend. Blütenblätter rosa oder blaßviolett, stark nach oben-hinten zurückgeschlagen (etwa vom obersten Blütenblattdrittel an). Blüte ausgebreitet 3–5 cm im Durchmesser. Stengel aufrecht. Am Stengel sitzen – nur etwa 1 cm vom Untergrund entfernt – 2 gegenständige Blätter, die braunrot gefleckt sind (gelegentlich auch dunkelgrüne Flecken im heller grünen oder oliv-bräunlichen Blatt). Die verlängert eiförmige Zwiebel der Hunds-Zahnlilie ist von Nebenzwiebeln umstanden und ähnelt dadurch einem Hundereißzahn (Name!). März–Mai. 10–30 cm.

Vorkommen: Braucht warmen, lockeren, nährstoffreichen und nicht zu trockenen Boden. Besiedelt vorzugsweise in den nach Süden, Südwesten oder Südosten offenen Alpentälern Gebüsche auf gerölligem Untergrund an Südhängen, so z. B. selten in Kärnten, der Steiermark, Südtirol; vereinzelt im Südtessin, in der Westschweiz, nördlich der Alpen im Kanton Aargau (verwildert?) und in Tschechien; kommt an ihren Standorten oft in kleineren Beständen vor. Bevorzugt Höhenlagen zwischen etwa 1000 und 1500 m.

Wissenswertes: ♃; ▽. Die Hunds-Zahnlilie, die auch in den französischen Mittelgebirgen, in den Pyrenäen und dann vom Balkan über den Kaukasus bis zu den südsibirischen Gebirgen vorkommt, scheint im Gebiet nördlich der Zentralalpen ein Opfer der Vereisungsperioden während der „Eiszeit" geworden zu sein. Darauf deuten Art und Ausdehnung ihres heutigen Areals hin. Bei den Vorkommen in Tschechien könnte es sich um ein Relikt handeln.

Acker-Goldstern
Gagea villosa (MB.) Duby
Liliengewächse *Liliaceae*

Beschreibung: 3–6 Blüten sind in einer lockeren, fast doldigen Traube am Ende des Stengels zusammengezogen. Blüten goldgelb, aber auch grüngelb (wenigstens die Adern), ausgebreitet 2–3 cm im Durchmesser. 6 Blütenblätter. Blütenstiele 2–3 cm lang, meist flaumig, ja sogar wollig behaart. Stengel kürzer als die Blätter. Stengelblätter 4–7 mm breit. Stets nur 2 grundständige Blätter, die nur 1–3 mm breit werden und nie hohl sind. Sie sind vielmehr flachrinnig und besitzen einen stumpfen Kiel. Im Boden stets 2 Zwiebeln, an denen zuweilen reichlich ausgebildete, verkrümmte und faserige Wurzeln auffallen. Der Acker-Goldstern gehört zu den schönsten und am frühesten blühenden Ackerunkräutern. Dennoch fällt er – vor allem, wenn die Blüten einen grünlichen Einschlag haben – nicht schon von weitem auf. März–Mai. 5–20 cm.

Vorkommen: Braucht nährstoffreichen, lockeren Boden, der sowohl kalkreich als auch ausgesprochen kalkarm sein kann. Gedeiht nur in sommerwarmem Klima. Gerne auf sandigen oder steinigen Äckern in klimatisch begünstigten Gegenden. Fehlt im Tiefland westlich der Elbe fast ganz; östlich von ihr sehr selten; im Alpenvorland nur vereinzelt. Steigt im Gebirge kaum bis 1500 m. Sehr selten.

Wissenswertes: ♃. Der Acker-Goldstern ist seit der Anwendung chemischer Unkrautvertilgungsmittel fast überall aus kultiviertem Land verdrängt worden. Wenn überhaupt, dann kommt er nur noch an der Grenze des Ackerlandes gegen Magerrasen (ursprüngliche Wiesensteppenpflanze u. a. des östlichen Mittelmeergebiets) oder in Sonderkulturen durch, die keine Unkrautvertilgung auf Wuchsstoffbasis ertragen.

Liliengewächse *Liliaceae* ▶

Goldstern *Gagea*

Felsen-Goldstern
Gagea bohemica agg.
Liliengewächse *Liliaceae*

Beschreibung: Blüten einzeln oder zu 2-3 am Ende des Stengels. Blüten blaßgelb, ausgebreitet 1,5-2,5 cm im Durchmesser. 6 Blütenblätter, die meist nur schwach behaart sind. Blütenstiele meist zottig, seltener nur leicht behaart, höchstens 1 cm lang. Stengel kräftig, aber eindeutig kürzer als die grundständigen Blätter, wie die Blütenstiele behaart. Stengelblätter 3-5 mm breit. Stets nur 2 grundständige Blätter, die meist unter 1 mm breit, doch deutlich rinnig sind und blaugrün aussehen. Der Felsen-Goldstern bleibt bei uns oft steril. Manche Exemplare blühen gar nicht. Sie werden dann leicht übersehen. März-April. 2-8 cm.

Vorkommen: Braucht sommerwarmen, trockenen, nährstoffreichen, kalkarmen Boden. Kommt in Mitteleuropa nur in Trockenrasen der klimatisch begünstigten Gebiete (von der Pfalz bis zur Mosel, Thüringen, Sachsen-Anhalt) vereinzelt vor. Sehr selten.

Wissenswertes: ♃. Die eigentliche Heimat des Felsen-Goldsterns ist das Mittelmeergebiet. Nach Mitteleuropa dürfte er in einer der letzten Zwischeneiszeiten eingedrungen sein. Seit Jahren scheint er zurückzugehen. – In der Sammelart *G. bohemica* agg. werden folgende Kleinarten zusammengefaßt: *G. saxatilis* (MERT. et KOCH) SCHULT. et SCHULT. f.: er wurde oben beschrieben; Böhmischer Goldstern (*Gagea bohemica* (ZAUSCHN.) SCHULT. et SCHULT. f.): Grundblätter fädlich-rundlich. Stengel und Blütenstiele höchstens spärlich behaart. Blüten 2,5-3 cm im Durchmesser. Wohl nur noch in Sachsen an 1 Standort. Sonst nur sehr selten in Tschechien, Slowakien, Niederösterreich sowie in Südost- und Südeuropa, westwärts bis nach Sardinien.

Scheiden-Goldstern
Gagea spathacea (HAYNE) SALISB.
Liliengewächse *Liliaceae*

Beschreibung: Blüten einzeln oder zu 2-5 – dann doldig angenähert – am Ende des Stengels. Blütenblätter 6, stumpf. Blüten gelb, ausgebreitet 2-2,5 cm im Durchmesser. Blütenstiele stets kahl, meist über 1 cm lang. Stengelblätter mehrere Millimeter breit; das unterste Stengelblatt, das meist erheblich breiter als 5 mm wird, hat der Art den Namen gegeben, obwohl es die biologische Funktion einer Scheide (= Umhüllung und Schutz des Blütenstandes) nicht eigentlich wahrnimmt. Über ihm steht meist noch 1 einzelnes kleines Stengelblatt, das sich in Form und Größe kaum von den Hüllblättern unterscheidet. Stengel dünn und eindeutig kürzer als die Blätter, kahl. Meist nur 2 (selten 3) grundständige Blätter, die um 1 mm breit werden, röhrig-hohl sind und im Querschnitt fast halbkreisförmig aussehen. In einer gemeinsamen Hülle stecken in der Regel 2 kleine Zwiebeln. April-Mai. 5-15 cm.

Vorkommen: Braucht nährstoffreichen, durchrieselten, humusreichen Boden und Schatten. Gedeiht am besten in Buchenbeständen mit hoher Luftfeuchtigkeit in niederschlagsreichen Gebieten. Kommt vor allem im Tiefland vor, und zwar nach Osten bzw. Norden etwas häufiger als westlich der Elbe; in Brandenburg und Sachsen wieder seltener. Zerstreut, an seinen Standorten gelegentlich in kleineren Beständen.

Wissenswertes: ♃. Der Scheiden-Goldstern ist eine der wenigen Arten in der Gattung, deren Hauptverbreitungsgebiet im meerbeeinflußten Tiefland und nicht in trocken-warmen Gegenden liegt. Andererseits gibt es isolierte Vorkommen in der östlichen Ukraine und in Teilen des ehemaligen Jugoslawien.

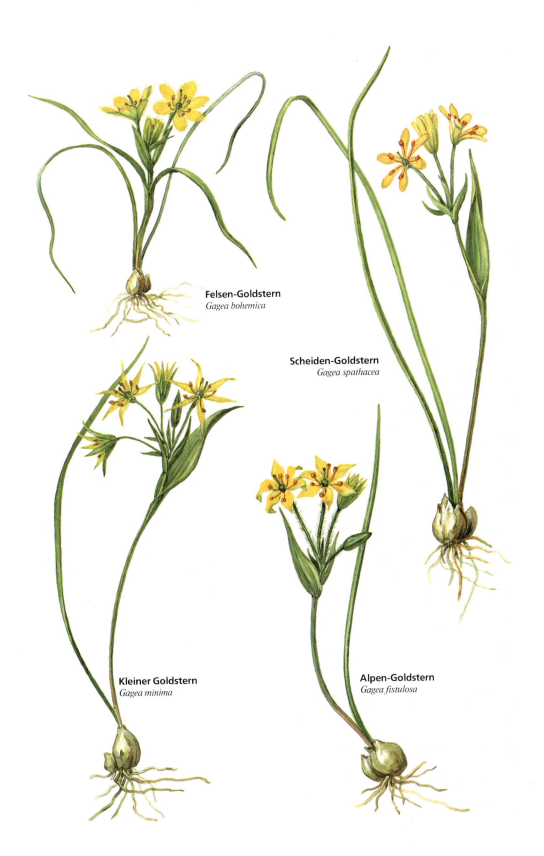

Liliengewächse *Liliaceae*

Kleiner Goldstern
Gagea minima (L.) Ker-G.
Liliengewächse *Liliaceae*

Beschreibung: Blüten einzeln oder zu 2-7 - und dann doldig angenähert - am Ende des Stengels. Blütenblätter 6, deutlich zugespitzt und an der Spitze gelegentlich zurückgebogen, nie stumpf. Blüten gelb-grünlich, ausgebreitet 2-3 cm im Durchmesser. Blütenstiele stets kahl, meist über 2 cm lang. Stengel eindeutig kürzer als das grundständige Laubblatt, dünn, eindeutig kahl. Stengelblätter einzeln oder zu 2 (und dann praktisch gegenständig), mehrere mm breit, allmählich in die Spitze verschmälert, meist kahl. Nur 1 grundständiges Laubblatt, das 1-2 mm breit wird und im Querschnitt flach oder höchstens angedeutet rinnig ist. Ähnlich wie beim Scheiden-Goldstern ist beim Kleinen Goldstern das Stengelblatt oder - falls 2 vorhanden sind - eines der beiden Stengelblätter (genau besehen das untere) breiter als 5 mm und wirkt wie eine Scheide, ohne deren Funktion zu erfüllen. 2 ungleich große Zwiebeln, die in einer gemeinsamen Hülle stecken. März-Mai. 5-20 cm.

Vorkommen: Braucht nährstoff- und humusreichen Lehmboden, der feucht sein sollte. Zumindest kalkliebend, ja kalkbedürftig. Erträgt direkte Besonnung gut. Kommt an Waldrändern, in lichten Gebüschen, aber auch auf offenen Abhängen in den Mittelgebirgen und in den Alpen vor, vereinzelt auch in Dünen. Sehr selten im Wendland, im nordwestlichen Harzvorland, im Hessischen Bergland, am oberen Main, in Kärnten, in der Steiermark und Nord- und Westschweiz. Steigt bis etwa 1500 m.

Wissenswertes: ♃. Der Verbreitungsschwerpunkt des Kleinen Goldsterns liegt im nordwestlichen Asien und in Südosteuropa, erreicht aber noch Italien.

Alpen-Goldstern
Gagea fistulosa (Ramond) Ker-G.
Liliengewächse *Liliaceae*

Beschreibung: Blüten einzeln oder zu 2-5 - und dann doldig angenähert - am Ende des Stengels. Blütenblätter 6, stumpf, an der Spitze meist deutlich zurückgebogen. Blüten gelb, ausgebreitet 1,5-2,5 cm im Durchmesser. Blütenstiele deutlich, zuweilen zottig behaart, meist mehr als 3 cm lang. Stengel kürzer als die Grundblätter, kahl. Oft eines, nicht selten aber auch 2 grundständige Blätter, die 2-3 mm dick und nur am Grund schwach rinnig sind. Im Querschnitt erweisen sie sich als halbkreisförmig und als röhrig-hohl. 2 Stengelblätter, die gegenständig oder fast gegenständig sind; eines der beiden (bei genauem Betrachten das untere) verschmälert sich aus breitem Grund mäßig rasch; es kann kürzer oder länger als der Blütenstand sein. Beide Stengelblätter sitzen unweit des Blütenstands. 2 etwa gleich große Zwiebeln stecken in einer gemeinsamen Hülle. Juni-August. 5-15 cm.

Vorkommen: Braucht sehr nährstoffreichen, humosen Boden. Bevorzugt auf Lägerfluren die Nähe von Futterstellen, Tränken oder Pferchen, Orte also, an denen sich Dung anhäuft. Hauptsächlich zwischen etwa 1500 und 2500 m. Selten. Fehlt in den deutschen Alpen, in den österreichischen Zentralalpen und Nördlichen Kalkalpen. Sonst zerstreut.

Wissenswertes: ♃. Der Alpen-Goldstern ist die einzige Art der Gattung, die rein alpin ist. Dadurch erklärt sich auch die ungewöhnlich späte Blütezeit. - Vereinzelt wurden blütenlose Exemplare gefunden, die am Stengelende Brutzwiebeln trugen. Auch die vegetative Fortpflanzung durch Brutzwiebeln darf man als eine Anpassung an das rauhe alpine Klima auffassen, in dem Insektenbestäubung unsicher ist.

Liliengewächse *Liliaceae* ▶

Goldstern *Gagea*
Faltenlilie *Lloydia*

Schwertliliengewächse *Iridaceae* ▶

Krokus *Crocus*

Wiesen-Goldstern
Gagea pratensis (Pers.) Dum.
Liliengewächse *Liliaceae*

Beschreibung: Blüten einzeln oder zu 2–5 – und dann doldig angenähert – am Ende des Stengels. Blütenblätter 6, schmal, stumpf, gerade oder an der Spitze etwas einwärts gebogen. Blüten gelb, ausgebreitet 2–3 cm im Durchmesser. Blütenstiele kahl, meist länger als 2 cm, oft länger als 3 cm. Stengel eindeutig kürzer als das Grundblatt. In der Regel 1 Grundblatt, ausnahmsweise 2. Grundblätter mindestens 2, meist 3–5 mm breit, außen mit scharfem Kiel, am Grunde rot überlaufen. Gelegentlich ist beim Wiesen-Goldstern der Blütenstengel so kurz, daß die Stengelblätter scheinbar direkt aus dem Boden zu kommen scheinen. Man erkennt das dann daran, daß neben dem Grundblatt die deutlich kürzeren und gewimperten Stengelblätter stehen, die meist breiter als 5 mm werden. März–April. 5–20 cm.
Vorkommen: Braucht nährstoff- und kalkreichen oder doch mäßig kalkhaltigen, lockeren Boden und während der Vegetationszeit viel Sonne. Gedeiht am besten in Weinbergen mit Süd- oder Südwesthanglage oder auf feinkrümeligen, trockenen Äckern. Selten und größeren Gebieten fehlend. Geht an Standorten, an denen Herbizide eingesetzt werden, rasch zurück.
Wissenswertes: ♃. Noch zwischen den beiden Weltkriegen trat der Wiesen-Goldstern örtlich so häufig auf, daß er als lästiges Unkraut empfunden wurde. Selbst solche Standorte sind heute zum Teil erloschen! – *G. pratensis* (Pers.) Dum. wird als Kleinart mit *G. pomeranica* Ruthe zur Sammelart *G. pratensis* agg. zusammengefaßt. *G. pomeranica* ist heller grün, hat längere Blütenstiele und breitere Blütenblätter. Wohl nur in Pommern, Sachsen und Thüringen; sehr selten.

Wald-Goldstern
Gagea lutea (L.) Ker-G.
Liliengewächse *Liliaceae*

Beschreibung: Blüten einzeln oder zu 2–7 – und dann doldig angenähert – am Ende des Stengels. Blütenblätter 6, stumpf. Blüten gelb, ausgebreitet 2–3 cm im Durchmesser. Stengel kürzer als das grundständige Laubblatt. Unterstes Stengelblatt meist kürzer als der Blütenstand. Nur 1 grundständiges Laubblatt, das mindestens 7 mm breit ist, aber auch um 1 cm breit werden kann. Es ist nie scharf, sondern höchstens flach gekielt. Am Grund ist es meist nicht rot überlaufen. März–Mai. 10–25 cm.
Vorkommen: Braucht nährstoffreichen, etwas feuchten, lockeren, humosen Waldboden in warmen Lagen. Bevorzugt Auwälder in klimatisch günstigen Gebieten, geht aber auch an Ufer, seltener in Fettwiesen und auf Weiden. Selten, kommt aber an seinen Standorten meist in kleineren, zum Teil auch in ausgedehnten, wenngleich dann meist lockeren Beständen vor. Steigt in den Alpen bis etwa 1500 m.
Wissenswertes: ♃. Selbst diese verbreitetste Art der Gattung fehlt weiten Gebieten, vor allem da, wo das anstehende Gestein kalkfrei ist. Wo der Wald-Goldstern vorkommt, gehört er zu den typischen Frühblühern, die nach dem Laubaustrieb alsbald ihre oberirdischen Organe einziehen. – Ähnlich: Zwerg-Goldstern (*G. pusilla* (F. W. Schmidt) Schult. et Schult. f.): Blüten einzeln oder zu 2–3, gelb-grünlich, 2–2,5 cm im Durchmesser (ausgebreitet gemessen). Blütenstiele um 1 cm lang, kahl. Stengel zierlich, kahl. 1 grundständiges Laubblatt, 1–2 mm dick, etwas rinnig, oft länger als der Stengel (5–8 cm lang). 2–3 nahe beieinander stehende Stengelblätter. 1 Zwiebel. Niederösterreich und Burgenland im Gebiet der pannonischen Flora. Selten.

Liliengewächse *Liliaceae*
Schwertliliengewächse *Iridaceae*

Faltenlilie
Lloydia serotina (L.) RCHB.
Liliengewächse *Liliaceae*

Beschreibung: Oft mit nur 1 endständigen, manchmal noch mit einer weiteren, seitenständigen Blüte. Blüten weißlich, glockig-weittrichterig, 1,5–2,5 cm im Durchmesser (ausgebreitet gemessen). Blütenblätter außen an der Ansatzstelle gelb oder wenigstens gelblich, innen meist mit 3 rötlich-grünlichen, außen mit 3 verbreiterten, schmutzig rotbraunen Streifen, an der Spitze stumpflich oder abgerundet. Stengel zart. Nur 2 grundständige, fleischige Laubblätter, die so lang oder etwas länger werden wie der Stengel (7–22 cm). Sie werden meist kaum 2 mm breit. Meist 2–4 Stengelblätter, die 1,5–2,5 cm lang und 1–2 mm breit werden. Die Spitze des obersten Stengelblatts erreicht in der Regel die Blütenbasis nicht. Die Zwiebel der Faltenlilie ist eindeutig länglich und wird von verfaserten Blattresten umhüllt. Juni–August. 5–20 cm.

Vorkommen: Braucht nährstoffreichen, aber kalkfreien oder wenigstens kalkarmen, humosen und lockeren, nicht zu trockenen alpinen Boden. Erträgt und bevorzugt Schatten. Geht in tiefe, feinerdereiche Felsritzen, aber auch auf windverblasene Grate, wenn diese humusgefüllte Risse aufweisen. Bevorzugt Höhen zwischen etwa 2000–3000 m. Selten, kommt aber örtlich in den Zentralalpen in ansehnlichen, wenngleich lockeren Beständen vor.

Wissenswertes: ♃. Die Samen der Faltenlilie sind so klein, daß sie vom Wind auch über größere Strecken verblasen werden können. – Die Gattung wurde nach dem schottischen Botaniker E. LLOYD (1670–1709) benannt. Er hat die Art in Wales entdeckt. Über die Lebensumstände und sonstige Verdienste des Namenspatrons ist uns nichts bekanntgeworden.

Alpen-Krokus
Crocus albiflorus KIT. ex SCHULT.
Schwertliliengewächse *Iridaceae*

Beschreibung: Blüten einzeln oder zu 2, weiß, violett oder gestreift. Unterer Teil der Blüte mit dem Fruchtknoten steckt im Boden. 6 Blütenblätter, die unten röhrig verwachsen sind und über dem Boden und damit in dem Bereich der Blüte, in dem sie frei und unverwachsen sind, 3–4 cm lang werden können. Blütenblätter im Schlund behaart; hier nicht gelb. Narben erreichen die Spitzen der Staubbeutel meist nicht. Laubblätter erscheinen mit oder kurz nach den Blüten; sie können bis 15 cm lang und um 3 mm breit werden. Der Alpen-Krokus besitzt eine kugelig-abgeflachte, von Fasern umgebene Knolle mit einem Durchmesser um 2 cm. Februar–Mai. 5–15 cm.

Vorkommen: Braucht tiefgründigen, nährstoffreichen, kühlen und sickerfeuchten Boden, der lehmig oder tonig sein sollte und gut mit Humus durchsetzt sein muß. Besiedelt vor allem Bergwiesen in den Alpen und im Voralpengebiet, in Westeuropa auch die Mittelgebirge; Einzelstandorte im Südschwarzwald (bei Menzenschwand), im östlichen Schwäbischen Jura (Geislinger Alb) und in den Vogesen. Zerstreut. Kommt an seinen Standorten meist in individuenreichen, teilweise großflächigen Beständen vor. Steigt in den Alpen bis etwa 2500 m.

Wissenswertes: ♃; (☠). Vorkommen außerhalb der Alpen und des Alpenvorlandes, also auch die der genannten Mittelgebirgsstandorte, sind vermutlich durch Kulturflüchtlinge entstanden. Dies gilt auch für den etwas größeren und meist blaßviolett blühenden Frühlings-Krokus (*Crocus napolitanus* MORD. & LOISEL.), der bei Zavelstein im Nordschwarzwald die berühmten Krokuswiesen bildet.

Schwertliliengewächse *Iridaceae* ▶

Blauaugengras *Sisyrinchium*
Schwertlilie *Iris*

Blauaugengras
Sisyrinchium bermudiana agg.
Schwertliliengewächse *Iridaceae*

Beschreibung: 1–3 Blüten gebüschelt am Stengel. Die 6 blauen, blauvioletten, sehr selten weißen, innen an der Basis gelben Blütenblätter sind flach ausgebreitet. Die einzelne Blüte mißt 1,5–2 cm im Durchmesser. Stengel aufrecht, dünn, seitlich zusammengedrückt, deutlich geflügelt. Grundständige Blätter und Stengelblätter 7–15 cm lang, aber nur 2–4 mm breit und auf den ersten Blick grasartig. Das Blauaugengras besitzt einen unterirdischen Wurzelstock (= Rhizom), aus dem die oberirdischen Stengel und die Grundblätter austreiben. Die Wurzeln am Rhizom sind büschelig angeordnet und etwas fleischig. Juni. 10–30 cm.

Vorkommen: Braucht wechselfeuchten, humushaltigen und nährstoffreichen Boden. Heimat: Nordamerika. In Mitteleuropa nur verwildert. Sehr selten.

Wissenswertes: ♃. Das Blauaugengras wurde anscheinend mehrfach nach Mitteleuropa eingeschleppt. 1835 wurde es erstmals in der Nähe von Mannheim entdeckt. An der Aller tauchte es wenige Jahre später auf; 1863 wurde es in Budweis beobachtet. In der Schweiz wurde es an mehreren Stellen – sowohl auf der Alpennordseite als auch auf der Alpensüdseite – um die Jahrhundertwende gemeldet, wenig später auch aus Frankreich und aus der Gegend von Moskau. – Hinsichtlich der genauen Identifizierung der in Europa verwilderten Pflanze ist das letzte Wort möglicherweise noch nicht gesprochen. In Nordamerika gibt es mehrere ähnliche Arten aus der Gattung, und es ist nicht eindeutig festgestellt, welcher von ihnen die europäischen Sippen zuzuordnen sind. – Ob die Standorte in Irland präglaziale Relikte darstellen, ist umstritten.

Zwerg-Schwertlilie
Iris pumila L.
Schwertliliengewächse *Iridaceae*

Beschreibung: Stets nur 1 Blüte. Blütenblätter 5–7 cm lang, violett, blau, rosa, etwas seltener gelb oder weiß. Stengel fast im Boden verborgen, kaum 1 cm lang. Blätter graugrün, spitz, 3–15 cm lang, 0,5–1,5 cm breit. Die Zwerg-Schwertlilie hat einen kurzen, verzweigten Wurzelstock (= Rhizom), der Tochtersprosse bildet. Daher wächst die Pflanze oft in dichten Gruppen. April–Mai. 10–15 cm.

Vorkommen: Braucht warmen, kalk- und steinreichen Boden in sommerwarmer Lage, geht aber auch auf kalkhaltigen oder doch wenigstens basenreichen, lehmig-sandigen oder sandig-lehmigen Untergrund. Heimat: Südosteuropa. Wild wahrscheinlich nur in Niederösterreich und im Burgenland im Gebiet der pannonischen Flora, vielleicht auch noch in Tschechien und Slowakien, sonst verwildert und unbeständig.

Wissenswertes: ♃; (☠). Die zierliche *Iris*-Art erfreute sich zeitweise der Gunst von Steingartenfreunden und wurde vielerorts angepflanzt. In den letzten Jahrzehnten wurden öfters andere kleinwüchsige Arten angeboten, so z. B. die gelbblühende *Iris danfordiae* (BAK.) BOISS. und die blau bis trüb rotviolett blühende *Iris reticulata* MB., von denen aber beständige Verwilderungen bisher nicht berichtet worden sind, obschon sie in Millionen von Exemplaren durch Versandgärtnereien nach ganz Europa verschickt worden sind. *I. reticulata* hält sich in der Kultur nicht nur gut, sondern vermehrt sich auch vegetativ. *I. danfordiae* ist schwieriger zu kultivieren. Ihre Heimat liegt im Taurus-Gebirge in der südöstlichen Türkei. Das Hauptverbreitungsgebiet von *I. reticulata* erstreckt sich vom Kaukasus bis in die Gebirge des Irak und Iran.

Schwertliliengewächse *Iridaceae*

Nacktstengelige Schwertlilie
Iris aphylla L.
Schwertliliengewächse *Iridaceae*

Beschreibung: Meist 2–5blütig. Blüten ganz kurz gestielt. Blütenblätter 2–3 cm lang, violett bis purpurviolett, die äußeren mit hellviolettem oder weißlichem Bart. Knospen aufrecht. Hochblätter aufgeblasen, dünn, krautig, gelegentlich trübpurpurn überlaufen. Stengel derb, deutlich zusammengedrückt. Blätter zuletzt so lang wie oder länger als der Stengel (15–40 cm lang, 0,5–2 cm breit), etwas türkensäbelförmig gekrümmt. Die Nacktstengelige Schwertlilie besitzt einen kurzen, unterirdischen, fast waagrecht im Erdreich wachsenden Wurzelstock (= Rhizom). Im Winter sterben alle Blätter ab, die Pflanze ist „blattlos" (*aphylla*, lat. = blattlos). April–Mai. 5–50 cm.

Vorkommen: Braucht trockenen, basenreichen, lehmig-tonigen Boden, der vor allem im Frühjahr und im Sommer stark erwärmt werden sollte. Meidet Gebiete mit relativ niederschlagsreichen Sommern bzw. mit hoher Luftfeuchtigkeit zu dieser Jahreszeit. Hauptverbreitung: Südosteuropa, Osteuropa und Kleinasien. Erreicht westlich der mittleren Elbe (etwa zwischen Naumburg an der Saale und Quedlinburg) die Westgrenze ihres natürlichen Verbreitungsgebiets, und zwar in einem eher isolierten Vorkommen; weitere Standorte in Tschechien und Ungarn. Sehr selten aus der Kultur verwildert. Auch an ihren natürlichen Standorten sehr selten.

Wissenswertes: ♃; (☠); ▽. Obwohl von der Nacktstengeligen Schwertlilie einige Rassen bekannt sind, die sich u. a. in der Blütenfarbe und Blütengröße voneinander unterscheiden, ist sie kaum als Zierpflanze in Kultur genommen worden. Bastardiert mit *I. pumila*; der Bastard besitzt einen deutlichen Stengel.

Bunte Schwertlilie
Iris variegata L.
Schwertliliengewächse *Iridaceae*

Beschreibung: Meist 2–5blütig. Hochblätter zur Blütezeit ohne häutigen Rand. Blüten ganz kurz gestielt. Blütenblätter um 5 cm lang, die inneren reingelb (meist tief goldgelb), die äußeren gelblich oder schmutziggelb mit rotvioletten Adern. Auf den äußeren, nach unten abgebogenen Blütenblättern ein Bart aus abstehenden, gelben Haaren. Stengel nicht auffallend kräftig, schwach zusammengedrückt. Blätter bogig gekrümmt, so lang wie der Stengel, 1–2,5 cm breit. Die Bunte Schwertlilie besitzt einen dicken, aber nicht besonders langen, unterirdischen Wurzelstock (= Rhizom). Juni. 10–40 cm.

Vorkommen: Braucht trockenen, basenreichen, locker-steinigen oder felsigen Boden in warmem Klima. Heimat: Südosteuropa. Selten in Weinbergen oder in warmen Gebüschen – oft auf aufgelassenen Weinbergen – verwildert. Wahrscheinlich sind nur die österreichischen Standorte ursprünglich. Sehr selten.

Wissenswertes: ♃; (☠); ▽. Ob das Vorkommen der Bunten Schwertlilie am Hohentwiel ursprünglich ist oder ob dort die Pflanze ebenfalls verwildert auftritt, war gelegentlich umstritten. Für ein natürliches Vorkommen spricht wenig; denn es würde sich um einen isolierten Standort weitab vom geschlossenen Verbreitungsgebiet handeln. Im Lötschental in der Schweiz scheint die Art nicht mehr vorzukommen; möglicherweise waren die Fundortangaben, die sich auf diese Gegend beziehen, ohnehin falsch. – Die Bunte Schwertlilie bastardiert mit der Bleichen Schwertlilie (*I. variegata* × *I. pallida* = *I.* × *lurida* AIT.). Vielleicht ist dieser Bastard identisch mit der Holunder-Schwertlilie (s. S. 141), von der mehrere Sorten in Kultur sind.

Schwertliliengewächse *Iridaceae* ▶

Schwertlilie *Iris*

Holunder-Schwertlilie
Iris sambucina L.
Schwertliliengewächse *Iridaceae*

Beschreibung: 2–3blütig, seltener mit 4–6 Blüten. Blüten mit Stielen von etwa 1 cm Länge, stark nach Holunder duftend. Blütenblätter um 5 cm lang, die inneren schmutzigblau oder gelbviolett, an der Basis gelblich und an der Spitze eingebuchtet. Äußere Blütenblätter schmutziggelb oder blauviolett, dunkel geadert, weißbärtig. Stengel gelegentlich am Grund verzweigt. Blätter graugrün, stets kürzer als der Stengel. Die Holunder-Schwertlilie besitzt einen ziemlich kurzen unterirdischen Wurzelstock (= Rhizom). Mai–Juni. 40–60 cm.

Vorkommen: Braucht kalkhaltigen, basenreichen, lockeren Boden. Herkunft unklar, vielleicht durch Kreuzung (*I. variegata* × *I. pallida* ??, s. *I. variegata*, S. 140 als *I.* × *lurida* A $\scriptsize\text{IT}$.) entstanden. Die mitteleuropäischen Vorkommen beruhen wohl auf Verwilderungen. Die Holunder-Schwertlilie besiedelt vor allem aufgelassene Weinberge sowie Rebflurränder. Sehr selten.

Wissenswertes: ♃; (☠); ▽. Die Holunder-Schwertlilie wird mindestens seit dem 16. Jahrhundert als Zierpflanze gezogen; vielleicht war sie sogar schon früher in Kultur. Sie setzt sehr selten Samen an und wird in der Regel vegetativ durch Rhizomteilung vermehrt. Diese Art der Vermehrung führt zu einer großen Einheitlichkeit der Populationen; diese zeigen also nicht die Formenvielfalt, wie sie sonst für Sippen kennzeichnend ist, die durch Bastardierung entstanden sind. *I. sambucina* L. wird mit der Schmutziggelben Schwertlilie (*I. squalens* L.) zur Sammelart *I. sambucina* agg. vereinigt. *I. squalens* unterscheidet sich vor allem durch den gelben Bart auf den äußeren Blütenblättern; die inneren Blütenblätter sind bei ihr blaß schmutziggelb.

Deutsche Schwertlilie
Iris germanica L.
Schwertliliengewächse *Iridaceae*

Beschreibung: Meist 2–6blütig. Blüten mit einem etwa 1 cm langen Stiel, gelegentlich auch auf kürzeren Stielen. Äußere Blütenblätter um 8 cm lang, tiefviolett oder blauviolett, am Grunde hell gelblich, gelbbärtig. Innere Blütenblätter gleichfarbig, aber heller im Ton. Nerven der Blütenblätter nur am Grunde dunkler gefärbt. Stengel kräftig, erst etwa auf halber Höhe verzweigt, länger als die Blätter, oberste Äste wenigstens um 5 cm lang. Blätter graugrün, 30–70 cm lang, 2–3,5 cm breit, türkensäbelartig gebogen. Wurzelstock (= Rhizom) dick, ziemlich kurz. Mai–Juni. 30–80 cm.

Vorkommen: Braucht kalkhaltigen, nährstoffreichen und oft steinigen Lehm- oder Lößboden. Gedeiht nur in warmem Klima und besiedelt meist Halden von Lesesteinen in Weinbergen, Weinbergsmauern oder aufgelassene Weinberge, seltener andere südexponierte Böschungen. Verbreitungsschwerpunkt: Mittelmeergebiet; bei uns nur verwildert. Selten.

Wissenswertes: ♃; (☠); ▽. Die Deutsche Schwertlilie wird seit dem 16. Jahrhundert als Zierpflanze angebaut. Vielleicht war sie in noch früherer Zeit schon als Heilpflanze im Gebrauch. Verwendet wurde das Rhizom; eine Heilwirkung ist indessen nicht begründbar. Als Zierpflanze (Kleinart *I. florentina* L., die auch zur Parfümherstellung angebaut wird) ist die Deutsche Schwertlilie vielgestaltig. Der Grund hierfür dürfte in dem vermuteten Bastardursprung der Art liegen. Indessen weiß man bis heute nicht, welche anderen Schwertlilien-Arten als Eltern in Frage kommen könnten. Für die Bastardnatur spricht, daß die Pflanzen steril sind und sich nur durch Rhizomteilung vermehren lassen.

Schwertliliengewächse *Iridaceae*

Sumpf-Schwertlilie
Iris pseudacorus L.
Schwertliliengewächse *Iridaceae*

Beschreibung: Meist 2–5blütig. Blütenstiele 3–5 cm lang, gelegentlich noch länger. Äußere Blütenblätter um 8 cm lang, dunkelgelb, bartlos, etwas dunkler geadert. Innere Blütenblätter kaum heller. Stengel aufrecht, fast rund. Blätter 50–90 cm lang, 1–3 cm breit, grün bis blau-grau-grün, mit deutlicher Mittelrippe. Unterirdischer Wurzelstock (= Rhizom) meist ausgedehnt, stark verzweigt und ziemlich dick. Mai–Juni. 0,5–1,5 m.

Vorkommen: Braucht basenreichen, mäßig stickstoffsalzhaltigen, sumpfigen Boden. Besiedelt die Ufer von stehenden, langsam fließenden oder mäßig schnell fließenden Gewässern, geht aber auch in Bruchwälder, die licht genug sind. Zerstreut, aber oft in kleinen, dichten oder lockeren, eher individuenarmen Beständen. Steigt im Gebirge bis etwa 1000 m.

Wissenswertes: ♃; ☠; ▽. Die bestäubenden Insekten – Hummeln und Schwebfliegen – berühren nur beim Vordringen zum Nektar die bestäubungsfähige Narbenfläche. Beim Zurückweichen, wenn sie sich mit dem Pollen eingepudert haben, drücken sie den Narbenlappen nach oben an den Griffelast, so daß Eigenpollen nicht auf den empfängnisfähigen Teil der Narbe gelangen kann. Dieser Mechanismus, der Fremdbefruchtung sichert, ist bei allen *Iris*-Arten prinzipiell gleich, selbst wenn diese steril sind. – Die Pflanze enthält einen scharf schmeckenden, giftigen Stoff, dessen chemische Natur noch ungenügend bekannt ist. Er soll schwere Störungen im Magen-Darm-Trakt hervorrufen. Über die Giftigkeit anderer *Iris*-Arten gibt es keine Angaben, doch sollte man vorsichtshalber auch bei ihnen damit rechnen, daß sie vergleichbare oder identische Giftstoffe enthalten.

Bastard-Schwertlilie
Iris spuria L.
Schwertliliengewächse *Iridaceae*

Beschreibung: In der Regel 2–4 Blüten, öfters aber auch 1blütig. Blütenstiele 1–2 cm lang. Äußere Blütenblätter um 5 cm lang, blauviolett, am Grund weißlich-gelblich, rotviolett geadert, bartlos. Innere Blütenblätter violett. Stengel aufrecht, fast rund, mit meist mehr als 2 Stengelblättern. Grundblätter 25–90 cm lang, aber nur 0,5–1,5, seltener bis 2 cm breit, starr aufrecht, zerrieben stinkend. Die Bastard-Schwertlilie besitzt einen verzweigten, dicken Wurzelstock (= Rhizom). Mai–Juni. 30–50 cm.

Vorkommen: Braucht zumindest zeitweise feuchten bis nassen, humusreichen oder schlammigen Boden, der ziemlich kalkreich sein sollte und kochsalzhaltig sein kann. Besiedelt Kalkflachmoore oder ungenutzte Sumpfwiesen in Gegenden mit sommerwarmem Klima, geht aber auch auf wechselfeuchte Stellen in Halbtrockenrasen. Hauptverbreitung in Südosteuropa und im Mittelmeergebiet. Vereinzelt südlich von Mainz, sehr selten in Niederösterreich und im Burgenland im Gebiet der pannonischen Flora. Gelegentlich in Gärten kultiviert, aber kaum irgendwo verwildert.

Wissenswertes: ♃; (☠); ▽. Die Vorkommen in der Umgebung von Mainz könnten möglicherweise natürlich sein. Sie wären dann Reliktstandorte eines ehedem nach Westen ausgreifenden Areals, das die Art in einer auf die Vereisungsperioden folgenden Warmzeit erreicht hätte. Die wenigen übrigen Standorte sind wohl durchweg durch Menschenhand entstanden, da die Bastard-Schwertlilie – früher häufiger als heute – auch als Zierpflanze gehalten worden und aus der Kultur ausgebrochen ist; auch an Auspflanzungen muß man bei einigen Standorten denken.

Schwertliliengewächse *Iridaceae* ▶

Schwertlilie *Iris*
Siegwurz *Gladiolus*

Sibirische Schwertlilie
Iris sibirica L.
Schwertliliengewächse *Iridaceae*

Beschreibung: Meist nur 1–3blütig. Stiel der oberen Seitenblüte 0,5–3 cm, der unteren Seitenblüte bis zu 10 cm lang. Äußere Blütenblätter um 5 cm lang, blauviolett, am Grunde weißlich, kräftig blauviolett geadert. Innere Blütenblätter etwas dunkler als die äußeren. Gelegentlich kommen weißblühende Exemplare vor. Stengel dünn, rund, mit meist 3 kleinen Stengelblättern. Grundblätter 25–80 cm lang, aber nur 2–6 mm (seltener bis 1 cm) breit. Wurzelstock (= Rhizom) – verglichen mit dem Wurzelstock anderer Schwertlilien-Arten – recht dünn, mäßig verzweigt, kurz. Mai–Juni. 0,4–1 m.

Vorkommen: Braucht basenreichen, meist etwas kalkhaltigen, schlammig-tonigen, feuchten bis nassen oder wenigstens zeitweise überschwemmten Boden. Besiedelt vor allem ungenutzte (ungedüngte!) Sumpf- und Moorwiesen (vor allem Pfeifengraswiesen auf kalkhaltigen Böden), Flußauen, feuchte und lichte Auenwälder, gelegentlich Gräben. Fehlt im Tiefland westlich der Elbe; im Tiefland östlich der Elbe nur vereinzelt. Geht im Gebirge kaum über 1000 m. Selten, bildet aber gelegentlich an ihren Standorten noch größere Bestände (z. B. Bodenseegebiet).

Wissenswertes: ♃; (☠); ▽. Die Sibirische Schwertlilie ist im 20. Jahrhundert außerordentlich zurückgegangen. Dies hängt mit der Intensivnutzung vieler früherer Standorte zusammen. Wo sie noch vorkommt, sollte man ihre Standorte unbedingt erhalten. Sie müssen dazu in der althergebrachten Weise bewirtschaftet werden, das heißt, man muß sie jährlich im späten Sommer mähen und das Mähgut abfahren. Möglicherweise genügt auch eine Mahd in 2jährigem Zyklus, wenn man sie spät im Jahr ausführt.

Gras-Schwertlilie
Iris graminea L.
Schwertliliengewächse *Iridaceae*

Beschreibung: In der Regel nur 1–2blütig. Blütenstiele 1–2 cm, zuweilen bis zu 5 cm lang. Äußere Blütenblätter 3–4 cm lang, hell blauviolett, oft mit fast weißblauen Stellen, immer bartlos, dunkler geadert. Innere Blütenblätter etwa gleichfarbig, länger als die Narben. Blüten verströmen einen eher starken, fruchtig-aromatischen Duft. Stengel dünn, starr, deutlich zusammengedrückt und daher fast 2kantig oder gar 2flügelig, bis weit in die obere Stengelhälfte beblättert. Grundblätter 0,3–1 m lang, aber meist nur um 5–9 mm (selten bis 1,5 cm) breit. Die Gras-Schwertlilie besitzt einen sehr dünnen und zugleich kurzen Wurzelstock (= Rhizom). Mai–Juni. 40–70 cm.

Vorkommen: Besiedelt kalk- und basenreiche, aber stickstoffsalzarme, warme, lockere und oft steinige oder sandige Böden. In Deutschland nur aus der Kultur verwildert. Sehr selten. Ursprünglich wohl nur in den Tälern der Südalpen, in Österreich, in Tschechien, in der Slowakei und in Polen. Auch dort selten.

Wissenswertes: ♃; (☠); ▽. Die Heimat der Gras-Schwertlilie liegt im Mittelmeergebiet und erstreckt sich von dort bis ins Gebiet der pannonischen Flora. Weil sie früher als Zierpflanze gehalten und möglicherweise auch als Heilpflanze in Bauerngärten angebaut worden war, ist sie gelegentlich verwildert. Da das Klima in Mitteleuropa für sie meist zu kalt ist, sie außerdem Düngung oder Beschädigung durch Verbiß oder Mahd nur schwer erträgt, sind die wenigen Standorte, die durch Verwilderung entstanden waren, bei uns stark gefährdet und gehen mehr und mehr zurück. So sind z. B. alle noch aus dem 19. Jahrhundert bekannten Standorte in Württemberg erloschen.

Schwertliliengewächse *Iridaceae*

Sumpf-Siegwurz
Gladiolus palustris GAUDIN
Schwertliliengewächse *Iridaceae*

Beschreibung: Meist 3–6, selten bis zu 8 Blüten in lockerer, fast einseitswendiger Ähre. Blüten (ausgebreitet gemessen) um 5–6 cm im Durchmesser (Blütenblätter also nicht länger als etwa 3 cm), tief weinrot (beim Trocknen werden die Blütenblätter blau!). Blütenblätter am Grunde kurz röhrig verwachsen. Blütenröhre stark gekrümmt. Stengel aufrecht, steif. Blätter 10–40 cm lang, 0,4–1 cm breit. Grundständige Blattscheiden grün, zuweilen entlang der Blattadern rötlich überlaufen. Knolle eiförmig, 1,5–2 cm im Durchmesser, mit netzfaseriger äußerer Hülle. Mai–Juni. 30–50 cm.
Vorkommen: Braucht eher nährstoffarmen, tonigen, feuchten oder zeitweise überschwemmten Boden. Besiedelt vor allem ungenutzte Sumpfwiesen (besonders Pfeifengraswiesen über kalkhaltigem Untergrund) oder – z. B. in Halbtrockenrasen – Stellen, an denen Hangdruckwasser austritt. Vereinzelt am mittleren Main; sehr selten im Alpenvorland. Geht in den Tälern der Südalpen bis 1200 m. Sehr selten.
Wissenswertes: ♃; ▽. Pfeifengraswiesen, wie sie die Sumpf-Siegwurz liebt, kommen nur noch vereinzelt im Alpenvorland oder in den Alpen vor. Sie können in ihrer ursprünglichen Form nur als Streuwiesen genutzt werden. Da Kühe heute in der Regel in Stallungen ohne Streu gehalten werden, ist diese Form der Nutzung ohne wirtschaftliche Basis. Derartige Pfeifengraswiesen kann man mit ihrer bunten Flora nur erhalten, wenn man sie gleich oder ähnlich der bisherigen Nutzung pflegt. Keinesfalls darf man sie düngen. Sie sollten 1mal im Jahr, möglichst erst im späten Sommer oder im frühen Herbst, gemäht werden. Das Schnittgut muß abgefahren werden.

Dachziegelige Siegwurz
Gladiolus imbricatus L.
Schwertliliengewächse *Iridaceae*

Beschreibung: Meist 5–10blütig. Blüten stehen in dichter, fast einseitswendiger Ähre. Blüten ausgebreitet 3–4 cm im Durchmesser (Blütenblätter also nur bis etwa 2 cm lang), intensiv weinrot, am Grunde kurz röhrig verwachsen. Blütenröhre stark gekrümmt. Stengel aufrecht, steif. Meist 3 Blätter, das unterste 15–30 cm lang, 1–1,5 cm breit. Knolle etwa 1,5–2 cm im Durchmesser, nicht oder nur an der Oberseite netzfaserig; sie erscheint zuweilen gestreift, weil die Fasern an der Knollenoberfläche fast parallel laufen. Juli. 30–70 cm.
Vorkommen: Braucht eher basenreichen, stickstoffsalzarmen, tonigen, feuchten oder zeitweise überschwemmten Boden in Gegenden, in denen die Sommer trocken und warm sind. Erreicht etwa an der Elbe die Westgrenze ihrer Verbreitung. Besiedelt ungenutzte Sumpfwiesen, seltener Waldränder. Vereinzelt in der Lausitz und in Thüringen (z. B. bei Erfurt und Weimar), sehr selten in Tschechien und im südlichen Tessin.
Wissenswertes: ♃; ▽. Die Dachziegelige Siegwurz kam noch um die Jahrhundertwende in Mitteleuropa auch auf Äckern als „Unkraut" vor. Von dort ist sie indessen völlig verdrängt worden. Ihre Standorte sind seit dem 2. Weltkrieg stark zurückgegangen. – Die Blüten der Siegwurz-Arten mit ihrer gekrümmten, ziemlich langen Blütenröhre können nur von sehr langrüsseligen Hummeln bestäubt werden. – Ähnlich: Gewöhnliche Gladiole (*G. communis* L.): Meist mehr als 10 Blüten; diese 2–3 cm lang, rosa- oder purpurrot; Flachmoore; Südalpenfuß, selten; gelegentlich Zierpflanze. – Die Garten-Gladiolen sind aus Kreuzungen vornehmlich südafrikanischer Arten herausgezüchtet worden; zahlreiche Sorten.

Germergewächse *Melanthiaceae* ▶

Germer *Veratrum*
Beinbrech *Narthecium*
Simsenlilie *Tofieldia*

Weißer Germer
Veratrum album L.
Germergewächse *Melanthiaceae*

Beschreibung: Blütenstand rispig. Die Rispenäste sind dicht mit sehr kurz gestielten Blüten besetzt; so entsteht der Eindruck, der Blütenstand sei eine zusammengesetzte Ähre. Die weißen oder gelb-grünlichen, nur außen grünen Blüten haben 6 Blütenblätter und messen etwa 1–1,5 cm im Durchmesser. Der aufrechte Stengel ist besonders im oberen Teil deutlich und stark behaart. Die großen Blätter stehen wechselständig am kräftigen Stengel. Dies erlaubt eine sichere Unterscheidung gegen sonst ähnliche Enzian-Arten (z. B. gegen den Gelben Enzian), auch wenn die Pflanzen nicht blühen. (Merkhilfe: **V**eratrum: **w**echselständig; **G**entiana: **g**egenständig). Blattoberseite kahl; Blattunterseite flaumig behaart. Der Weiße Germer kommt oft in kleineren Beständen vor. Juni–September. 0,5–1,8 m.

Vorkommen: Braucht kalkhaltigen oder basenreichen, feuchten, humosen Lehm- oder Tonboden. Besiedelt in den Alpen, im Alpenvorland, im Bayerischen Wald und vereinzelt im Schwäbischen Jura feuchte Wiesen, Lägerfluren, lichte, nasse Waldstellen, seltener Flachmoore und Grünerlenbestände. Bevorzugt Höhenlagen zwischen 700 und 2000 m. Zerstreut.

Wissenswertes: ♃; ☠. Enthält rund 1 Dutzend verschiedener Alkaloide. Alle Teile der Pflanze sind giftig. Der Grad der Giftigkeit kann je nach Standort schwanken. Innerhalb der Art werden 2 Unterarten unterschieden: ssp. *album* wurde oben beschrieben; ssp. *lobelianum* (BERNH.) ARC. besitzt beidseitig grüne Blütenblätter; die Hochblätter sind länger als die zugehörigen Blütenblätter; eher häufiger als ssp. *album*. – Ähnlich: *V. nigrum* L.: Blüten braunrot bis schwarz; Südalpen, vom Tessin ostwärts; selten.

Beinbrech
Narthecium ossifragum (L.) HUDS.
Germergewächse *Melanthiaceae*

Beschreibung: Blütenstand endständige, lockere Traube, die 5–8 cm lang wird. Der Blütenstand enthält selten mehr als 10 Blüten. Die Blüten messen 1–1,5 cm im Durchmesser, besitzen 6 Blütenblätter, die innen gelb, außen grünlich sind; die Staubfäden sind auffällig wollig behaart und die Staubbeutel leuchtend rot gefärbt. Die Blütenstiele können länger als 1 cm werden. Stengel meist steif aufrecht. Untere Blätter schwertförmig. Unterirdischer Stengel mit leichtem Faserschopf. Der Beinbrech fällt an seinen Standorten trotz seiner Kleinheit auf. Juli–August. 10–30 cm.

Vorkommen: Braucht schlammig-moorigen, ausgesprochen stickstoffsalzarmen Boden oder feuchte Sande mit saurer Reaktion. Erträgt länger andauernde Lufttrockenheit nicht. Kommt daher nur in den küstenbegleitenden Tiefländern Mitteleuropas vor, ganz vereinzelt unter sonst günstigen Bedingungen am Nordwestrand der Mittelgebirge. Sehr selten, aber an seinen Standorten oft in kleineren Beständen. Zeigt mehr noch als saure Bodenreaktion eine extreme „Magerkeit" des Untergrunds an.

Wissenswertes: ♃; ▽. Früher glaubte man, die Knochen von Weidevieh, das vom Beinbrech gefressen habe, würden brüchig; daher der Name. Diese Meinung erwies sich als falsch. Gleichwohl verursacht der Beinbrech bei Schafen eine Krankheit, die in Norwegen als „Alvelden" bekannt ist: Ein Saponin stört die Leberfunktion. Als Folge dieser Störung gelangen Abbauprodukte von Blattgrün ins Blut und erzeugen eine Lichtempfindlichkeit, durch die Schwellungen und Hautwunden hervorgerufen werden. Anscheinend sind nur weiße Schafe dafür empfindlich.

Germergewächse *Melanthiaceae*

Kelch-Simsenlilie
Tofieldia calyculata (L.) Wahlenb.
Germergewächse *Melanthiaceae*

Beschreibung: Der Blütenstand ist eine endständige, etwa 3–5 cm lange Traube mit 10–30 Blüten; Verzweigungen kommen vor, sind aber sehr selten. Blüten unscheinbar, etwa 5–7 mm im Durchmesser, gelb, gelblich (und dann zuweilen mit einem Grünstich) oder elfenbein- bis cremeweiß. 6 Blütenblätter. Am Blütenstiel zwischen Tragblatt und Blütenblättern ein 3höckriges Gebilde (= Vorblatt; Lupe!). Stengel aufrecht oder geschlängelt, beblättert. Blätter 1,5–15 cm lang, 2–4 mm breit, mehrnervig, lang zugespitzt. Rhizom mit einem Faserschopf. Die Kelch-Simsenlilie bildet unscheinbare kleine, grasartige Büschel. Nichtblühend wird sie oft übersehen. Juni–September. 5–30 cm.

Vorkommen: Liebt kalk- und basenreichen, aber stickstoffsalzarmen, nassen oder sickerfeuchten Lehm- oder Tonboden, geht auch auf tonige Mergel. Bevorzugt Schatten oder kühle Nordlagen. Zeigt an Hängen oft die Stellen mit stärkster Sickerwasserführung. Besiedelt Quellmoore, Flachmoore, Streuwiesen und wasserführende Hänge. Steigt im Gebirge bis etwa zur Waldgrenze. Selten, aber an ihren Standorten meist in kleineren, sehr lockeren Beständen. Fehlt weiten Gebieten, vor allem im Tiefland und in Gegenden mit Sandboden.

Wissenswertes: ♃. Die unscheinbaren Blüten der Kelch-Simsenlilie führen Nektar. Bestäuber sind oft Schwebfliegen. Bemerkenswerterweise werden die kleinen und leichten Samen vom Winde verweht und so ausgesät. – Das Artepithet „*calyculata*", lat. = „kleiner Kelch" (frei übersetzt) verweist auf das 3höckrige Vorblatt, das sich unmittelbar unter der Blüte befindet. Gilt zu Recht als Magerkeitszeiger.

Kleine Simsenlilie
Tofieldia pusilla (Michx.) Pers.
Germergewächse *Melanthiaceae*

Beschreibung: Der Blütenstand ist eine endständige Traube, die höchstens 1 cm lang wird, meist aber noch kleiner bleibt und oft nur 4–6 und auch bei kräftigen Exemplaren kaum mehr als 10 Blüten enthält. Die Blüten sind unscheinbar und messen etwa 5 mm im Durchmesser. Ihre Farbe ist grünlich-weißlich. Am Blütenstiel findet sich unmittelbar unter der Blüte kein 3höckriges Vorblatt (Lupe!) wie bei der Kelch-Simsenlilie. Stengel blattlos, meist aufrecht. Blätter 1–8 cm lang, um 2 mm breit, meist 3nervig, seltener mit 5 oder vereinzelt mit 7 Nerven, an der Spitze abgerundet. Rhizom meist mit nur schwachem Faserschopf. Die Kleine Simsenlilie bildet unscheinbare Büschel und wird auch blühend leicht übersehen. Juli. 5–10 cm.

Vorkommen: Kommt in Mitteleuropa ausschließlich in den Alpen – im deutschen Alpengebiet vereinzelt in den Berchtesgadener Alpen und im Wettersteingebirge – vor, und zwar in Höhenlagen zwischen etwa 1800 und 2500 m. In den österreichischen Alpen ostwärts bis zum Dachstein, südwärts bis in die Steiermark und nach Kärnten; sonst von den Cottischen Alpen nordwärts bis ins Calanda-Massiv, westwärts bis nach Savoyen und ins Wallis, in der Schweiz ostwärts bis ins Engadin. Besiedelt basenreiche, aber nicht unbedingt kalkhaltige, feucht-nasse Böden, u. a. Schneetälchen und Schneemulden, Sümpfe, Quellmoore und flußnahe Schotterbänke. Sehr selten.

Wissenswertes: ♃. Hauptareal: Nordeuropa und Sibirien. Darf in Mitteleuropa als Eiszeitrelikt angesehen werden. Ssp. *pusilla*: Blätter 2–5 cm lang, 3–4nervig. Ssp. *austriaca* Kunz: Blätter 4–8 cm, 5–7nervig. Ostalpen (Lungau).

Zeitlosengewächse *Colchicaceae* ▶

Zeitlose *Colchicum*
Lichtblume *Bulbocodium*

Yamswurzelgewächse *Dioscoreaceae* ▶

Schmerwurz *Tamus*

Dreiblattgewächse *Trilliaceae* ▶

Einbeere *Paris*

Herbst-Zeitlose
Colchicum autumnale L.
Zeitlosengewächse *Colchicaceae*

Beschreibung: Blüten meist einzeln (selten 2–5), blattlos, direkt aus dem Boden kommend. Blüten ausgebreitet 8–12 cm im Durchmesser, mit der in den Boden reichenden Blütenröhre bis über 20 cm lang. Blüten hellrosa, hellviolett oder kräftig rosa bzw. violett. Die Blätter entwickeln sich erst im Frühjahr. Sie werden bis zu 50 cm lang und 2–4 cm breit. Wenn man sie auseinanderdrückt, findet man im Inneren meist die große, noch unreife Fruchtkapsel. Das Dauerorgan der Herbst-Zeitlosen, mit der sie Winter und blattlose Sommerzeit überbrückt, ist eine 5–7 cm lange, braune Knolle. August–Oktober. 5–10 cm (Blätter bis 30 cm).
Vorkommen: Liebt feucht-nasse, nicht zu steinig-flachgründige Böden. Besiedelt feuchte Wiesen, lichte Erlenwälder und Auenwälder. Häufig. Kommt oft in lockeren Beständen vor. Steigt bis etwa 1500 m.
Wissenswertes: ♃; ☠. Die Herbst-Zeitlose enthält in allen Organen, vor allem in ihren Samen, das stark giftige Alkaloid Colchicin. Dieses Gift stört den Ablauf der Zellteilung, indem es die Funktion der Kernspindel hemmt. Dies ist für die experimentelle Biologie wichtig. Colchicin schädigt u. a. auch die Kapillaren. Rinder und Pferde verschmähen die Blätter. Schafe und Ziegen sollen Herbst-Zeitlose fressen, ohne Krankheitszeichen zu zeigen. Diese Angabe erscheint angesichts der starken Giftigkeit fragwürdig. – Ähnlich: Alpen-Zeitlose (*C. alpinum* DC.): Äußere Blütenblätter sehr schmal eiförmig, unverwachsene Blütenblattzipfel kaum 3 cm lang; kleiner als die Herbst-Zeitlose; Südalpenfuß und Südwestalpen, nordwärts bis ins Wallis, ostwärts bis in die Venezianischen Alpen; selten.

Lichtblume
Bulbocodium vernum L.
Zeitlosengewächse *Colchicaceae*

Beschreibung: Die Blüten brechen einzeln (seltener zu 2 oder gar 3) zusammen mit den Blattspitzen aus dem Boden. Sie besitzen 6 Blütenblätter, die ausgebreitet 2–4 cm messen. Sie sind in ihrem unteren, bandförmigen Abschnitt – im Gegensatz zu den Zeitlosen-Arten – nicht miteinander zu einer Röhre verwachsen. Die Blütenfarbe spielt meist um Hellrosa, kann aber auch kräftig rosa, selten reinweiß sein. Blätter und Blüte entspringen praktisch ungestielt der unterirdischen, etwa 2–5 cm langen Knolle. Die Blätter – pro Knolle werden meist nur 3–4 ausgebildet – erreichen ausgewachsen – also im Frühsommer – eine Länge von 10–15 cm (selten bis zu 20 cm) und eine Breite von mehr als 1 cm; sie laufen stumpflich zu. Die Lichtblume ähnelt einer kleinblütigen, im Frühjahr blühenden Herbst-Zeitlosen. Februar–März. 5–15 cm.
Vorkommen: Braucht sonnige, gleichwohl im Frühjahr gut durchfeuchtete, kalkhaltige Böden, die im Sommer recht trocken sein sollten. Besiedelt in höheren Lagen den Rand von Sikkerrinnen in basenreichen, etwas stickstoffsalzhaltigen Weiden, geht in tieferen Lagen auch in Trockenrasen. Vereinzelt an den Kärntner Seen und in der westlichen Schweiz (z. B. Wallis und Visper Täler). Sehr selten.
Wissenswertes: ♃; ☠; ▽. Die Giftigkeit der Lichtblume ist etwa der der Herbst-Zeitlosen gleichzusetzen. Sie enthält in allen Pflanzenteilen das Alkaloid Colchicin, daneben einen noch nicht näher identifizierten Inhaltsstoff, der wahrscheinlich auch in der Herbst-Zeitlosen (neben anderen, selteneren Inhaltsstoffen) vorkommt und der gelegentlich Bulbocodin genannt worden ist.

Zeitlosengewächse *Colchicaceae*
Yamswurzelgewächse *Dioscoreaceae*
Dreiblattgewächse *Trilliaceae*

Schmerwurz
Tamus communis L.
Yamswurzelgewächse *Dioscoreaceae*

Beschreibung: Meist 3–10 männliche Blüten in blattachselständiger Traube. Männliche Blüten kurzglockig, mit 6 flach abstehenden Zipfeln, hellgrün oder gelbgrün. Weibliche Blüten einzeln oder zu 2–3, selten zu mehr in den Blattachseln. Blütenblätter der weiblichen Blüten nur am Grunde miteinander verwachsen, grünlich oder gelblich. Durchmesser der Blüten um 1 cm. Stengel windend. Blätter sehr verschiedengestaltig: Aus tief herzförmigem Grunde oval bis ausgeprägt 3lappig oder schmal-lanzettlich, ganzrandig; kurz und fein, aber deutlich zugespitzt. Am Grund des langen Blattstiels beidseits ein um 5 mm langes, derbes, hornförmiges Nebenblattgebilde. Beeren rot, 1–1,5 cm im Durchmesser. Die Schmerwurz ist eine der wenigen mitteleuropäischen Lianen. Ihr Rhizom ist oft knollig oder dickwalzlich und kann mehrere Dezimeter lang und 5–10 cm dick werden. Mai–Juni. 1,5–3 m.

Vorkommen: Braucht lockeren, kalkhaltigen Boden. Kommt nur in den mildesten Lagen Mitteleuropas vor (z. B. Oberrheintal, Bodenseegebiet, Wutachschlucht, Schweizer Jura, Wallis, Tessin, Vorarlberg, Luxemburg, Belgien). Besiedelt lockere Gebüsche und Wälder. Selten, aber meist in kleineren Beständen.

Wissenswertes: ⚃; (☠). Enthält eine stark hautreizende Substanz und Saponine. In Ungarn hat man den Wurzelstock früher als Antirheumamittel benutzt, ihn angeschnitten und mit der Schnittfläche die schmerzenden Stellen bestrichen („Schmerwurz"). Schwerste Quaddelbildung kann die Folge sein. – Ob die Gebilde am Blattstielgrund dem Anheften an die Kletterunterlage dienen, ist ebensowenig eindeutig geklärt wie die Frage, ob man sie als Nebenblätter ansehen darf.

Einbeere
Paris quadrifolia L.
Dreiblattgewächse *Trilliaceae*

Beschreibung: Blüte endständig, einzeln, 2–4 cm im Durchmesser. Äußere Blütenhüllblätter krautig, hellgrün; die inneren Blütenhüllblätter gelblich, kürzer und schmäler. Oft sind 4 äußere und 4 innere Blütenhüllblätter vorhanden; gelegentlich sind es 1–2 weniger oder ihre Zahl ist höher (bis zu 12 Blütenhüllblätter wurden beobachtet). Stengel aufrecht, kahl. Unterhalb des Blütenstiels sitzt ein Blattquirl aus meist 4 Blättern. Es gibt aber auch Exemplare, bei denen 3 oder 5–8 Blätter im Quirl stehen. Die Frucht ist eine erbsen- bis fast wildkirschgroße, schwarze oder sehr dunkelblaue Beere. Der Wurzelstock (= Rhizom) der Einbeere ist verhältnismäßig lang und dünn. Mai. 10–30 cm.

Vorkommen: Braucht lehmigen oder tonigen, feuchten und humushaltigen Boden. Bevorzugt Laubwälder, lichtere Nadelwälder oder Auenwälder. Steigt in den Alpen bis etwa zur Waldgrenze und geht dort vereinzelt auch in schattige Felsspalten, die von Sickerwasser durchflossen werden. Häufig. Bildet an ihren Standorten meist größere, aber sehr lockere und individuenarme Bestände.

Wissenswertes: ⚃; ☠. Die Einbeere enthält in allen Teilen, also auch in der Beere, giftige Saponine, die im Gegensatz zu vielen anderen Verbindungen aus dieser Stoffgruppe auch vom Magen-Darm-Trakt wenigstens teilweise aufgenommen werden. – Wie schon in der Beschreibung erwähnt, kann man in größeren Beständen nicht selten Exemplare finden, die weniger oder mehr als 4 Blätter besitzen oder die – wie ebenfalls erwähnt – Abweichungen in der Zahl der Blütenteile zeigen. Dabei scheinen „bestandstypisch" bestimmte Abnormitäten zu überwiegen. Dies spricht für ihre Erblichkeit.

Orchideengewächse *Orchidaceae*

Frauenschuh *Cypripedium*
Waldvögelein *Cephalanthera*

Frauenschuh
Cypripedium calceolus L.
Orchideengewächse *Orchidaceae*

Beschreibung: Meist 1blütig, seltener mit 2–4 Blüten. Lippe schuhförmig, aufgeblasen, schwach gestreift und etwas eingekerbt, gelb. Äußere Blütenblätter braunviolett oder rotbraun, abstehend, seitliche zuweilen leicht wellig oder verdreht. Ganze Blüte 5–9 cm im Durchmesser. Stengel oft etwas gebogen. 2–4 Blätter am Stengel, die 6–12 cm lang und mehr als halb so breit werden können; sie sind hellgrün und deutlich parallelnervig. Der Frauenschuh besitzt einen schuppigen, unterirdischen Wurzelstock (= Rhizom), der fast waagrecht unter der Erdoberfläche liegt. Mai–Juni. 20–80 cm.
Vorkommen: Braucht lockeren, nährstoffreichen, kalkhaltigen und mullreichen Boden mit guter Durchlüftung und guter Wasserführung. Bevorzugt Halbschatten oder Schatten; wärmeliebend. Besiedelt lichte Laub- und Tannenwälder, aber auch Mischwälder und lichte, krautreiche Fichtenbestände, seltener Kiefernwälder; geht in den Alpen bis 2000 m; steht dort im Legföhrengebüsch. Sehr selten; bildet nur noch vereinzelt kleinere oder größere Bestände.
Wissenswertes: ♃; ▽. Die Frauenschuhblüte ist eine Kesselfalle. Der Glanz der gelben Unterlippe lockt vornehmlich Fliegen, denen allerdings im Innern kein Futter geboten wird. Statt dessen ist für sie der Weg ins Freie von durchscheinenden Punkten in der Kesselwand markiert und hier – sonst glatt – durch Haare griffig. Er führt so geschickt an der Narbe und danach an dem spezialisierten Orchideenstaubblatt vorbei, daß Blütenbesucher, die zuvor schon in eine Frauenschuhblüte geraten waren und dort ein Pollenpaket mitgenommen hatten, das Paket an der Narbe abstreifen müssen, ehe sie sich erneut beladen.

Rotes Waldvögelein
Cephalanthera rubra (L.) Rich.
Orchideengewächse *Orchidaceae*

Beschreibung: 2–12 Blüten stehen in einer lockeren Scheintraube (Ähre). Blüten meist offen, an der breitesten Stelle 2,5–4 cm im Durchmesser, rosa, zuweilen mit violettem Einschlag. Lippe ungespornt, weißlich, oft rot gesäumt und mit gelblich-bräunlichen Längsleisten. Stengel oft geschlängelt oder verbogen, beblättert, im oberen Teil dicht mit sehr kurzen Drüsenhaaren bedeckt. 3–6 lanzettliche, nicht sehr dicht am Stengel stehende Blätter; mittelständige Blätter am größten, breit-lanzettlich, dunkel- bis blaugrün, 5–12 cm lang, bis über 2,5 cm breit. Mindestens das Tragblatt der untersten Blüte, zuweilen auch die Tragblätter der 2–3 untersten Blüten sind eindeutig länger als die zugehörige Blüte. Das Rote Waldvögelein besitzt einen gedrungenen Wurzelstock (= Rhizom), der stark bewurzelt ist. Mai–Juli. 10–60 cm.
Vorkommen: Braucht zumindest kalkhaltigen oder doch basenreichen, lockeren, humosen, nicht zu trockenen Lehm- oder Tonboden mit guter Mullauflage. Scheut volle Besonnung ebenso wie tiefen Schatten. Besiedelt Laubwälder, Mischwälder und Kiefernbestände in warmen Lagen. Fehlt im Tiefland westlich der Elbe und ist nördlich und östlich von ihr im Tiefland sehr selten. In den Mittelgebirgen und in den Alpen über Kalk oder auf basenreichem Boden selten und meist einzeln wachsend, doch gelegentlich in kleinen Trupps. Blüht oft mehrere Jahre nicht. Steigt in den Alpen kaum über 1000 m.
Wissenswertes: ♃; ▽. Das Rote Waldvögelein wird meist durch Fliegen bestäubt. Wie bei anderen Arten der Gattung kommt es manchmal zur Selbstbestäubung, weil die Pollenpakete nach unten neigen und die Narben berühren.

Orchideengewächse *Orchidaceae*

Schwertblättriges Waldvögelein
Cephalanthera longifolia (L.) Fritsch
Orchideengewächse *Orchidaceae*

Beschreibung: 5–20 Blüten stehen in lokkerer Scheintraube (Ähre). Blüten reinweiß, 2–3 cm im Durchmesser, zur Blütezeit geschlossen oder nur leicht geöffnet (nur an sehr warmen Standorten können die Blüten alle oder zum größten Teil voll geöffnet sein; derartige Exemplare trifft man fast nur in Südeuropa). Lippe vorn mit orangegelben Leisten, hinten mit orangegelben Flecken. Stengel rund, kahl oder nur sehr kurz und schwach behaart. Blätter vom Grund bis fast zur Ähre gleichmäßig verteilt, deutlich in 2 Reihen angeordnet, bis 10 cm lang und bis etwa 2 cm breit, lanzettlich, oft rinnig gefaltet, die längsten mindestens ins untere Drittel des Blütenstands reichend, oft länger als der Blütenstand. Das Schwertblättrige Waldvögelein besitzt einen waagrecht in der Erde liegenden Wurzelstock (= Rhizom). Mai–Juni. 20–60 cm.

Vorkommen: Braucht kalk- bzw. basenhaltigen, lockeren, humusdurchsetzten Boden in geschützter Lage. Bevorzugt lichte Laubwälder und trockene Kiefernwälder oder Gebüsche auf Trockenrasen. Fehlt im Tiefland fast überall; kommt hier nur im östlichen Niedersachsen und im westlichen Mecklenburg vereinzelt vor. Geht in den Mittelgebirgen mit kalkhaltigem oder sonstwie basenreichem Gestein und in den Alpen kaum über 1200 m. Sehr selten.

Wissenswertes: ♃; ▽. Vereinzelt wurden Formen beschrieben, die gelblichere Blüten gehabt haben sollen. Solche Angaben dürften indessen auf Verwechslungen mit schmalblättrigen Exemplaren des Weißen Waldvögeleins beruhen; denn die reinweiße Blütenfarbe gehört zu den guten Kennzeichen der Art.

Weißes Waldvögelein
Cephalanthera damasonium (Mill.) Druce
Orchideengewächse *Orchidaceae*

Beschreibung: 3–8, zuweilen bis zu 12 Blüten stehen in einer lockeren Scheintraube (Ähre). Die Blüten sind creme- bis elfenbeinfarben, seltener stumpfweiß, 2,5–3,5 cm im Durchmesser (ausgebreitet gemessen), zur Blütezeit geschlossen oder nur wenig geöffnet. Stengel im Bereich des Blütenstandes deutlich geschlängelt, mindestens im oberen Viertel kantig, kahl. Laubblätter eiförmig, 4–10 cm lang und fast halb so breit, nicht rinnig gefaltet; das oberste, in dessen Achsel keine Blüte steht, reicht höchstens ins untere Fünftel des Blütenstandes hinein. Das Weiße Waldvögelein besitzt einen kurzen, waagrecht in der Erde verlaufenden Wurzelstock (= Rhizom). Mai–Juni. 20–50 cm.

Vorkommen: Braucht kalkhaltigen oder doch basenreichen Boden mit Mullauflage; bevorzugt Lagen mit mildem Klima. Besiedelt Laub- und Mischwälder sowie trockene Kiefernwälder, geht auch in schattenspendende Gebüsche auf Halbtrockenrasen. Steigt in den Alpen kaum über 1500 m. Fehlt weiten Gebieten im Tiefland und in den Silikat-Mittelgebirgen. Selten, kommt an seinen Standorten zuweilen in kleinen, sehr lockeren und individuenarmen Beständen vor.

Wissenswertes: ♃; ▽. Vom Weißen Waldvögelein wurden mehrfach Albinos gefunden, die chlorophyllfrei zu sein scheinen. – Der Artname „*damasonium*" wurde von Plinius für eine Pflanze verwendet, die das Gift von Kröten und Seehasen unwirksam machen können sollte. Sofern Plinius tatsächlich das Weiße Waldvögelein mit diesem Namen bezeichnet haben sollte, gibt es bei der gemeinten Art für eine derartige Wirkung keinerlei objektive Grundlagen.

Orchideengewächse *Orchidaceae*
Stendelwurz *Epipactis*

Sumpf-Stendelwurz
Epipactis palustris (L.) Cr.
Orchideengewächse *Orchidaceae*

Beschreibung: 8–15 Blüten stehen in einer lockeren, fast einseitswendigen Scheintraube (Ähre). Blüten 2–3,5 cm im Durchmesser (ausgebreitet gemessen). Lippe weißlich, am Rand wellig gekräuselt und etwas oberhalb der Mitte deutlich eingeschnitten. Dort – im weißen Teil – mit 2 gelben Leisten. Lippe hinter dem Einschnitt basiswärts kräftig rot geadert. Äußere Blütenblätter spitz-3eckig, grünlich oder meist schmutzigrot überlaufen. Stengel aufrecht, in der oberen Hälfte kurz und flaumig behaart. Blätter bis über die Mitte des Stengels ansitzend, 5–15 cm lang, 2–4 cm breit, die oberen kleiner als die unteren, graugrün, stumpflich oder spitz; Nerven an der Blattunterseite etwas erhaben. Die Sumpf-Stendelwurz besitzt einen verhältnismäßig langen unterirdischen Wurzelstock (= Rhizom). Juni–August. 20–60 cm.

Vorkommen: Braucht kalk- oder sonst basenreichen, stickstoffsalzarmen, sickerfeuchten oder zumindest zeitweise staunassen, feinkörnigen und humusreichen Boden. Besiedelt vorzugsweise Flachmoore, Wiesenmoore oder ungenutzte Streuwiesen am Rande von Moorgebieten, gelegentlich auch an Ufern, in Auenwäldern oder – selten – in Dünentälern. Nördlich der Mainlinie seltener als südlich von ihr. Im Voralpengebiet und in den tieferen Lagen der Alpen zerstreut; geht hier kaum über 1500 m. Selten; kommt an ihren Standorten meist in lockeren, aber oft mäßig individuenreichen Beständen vor.

Wissenswertes: ♃; ▽. Die Blüten der Sumpf-Stendelwurz werden üblicherweise von Bienen bestäubt. Gelegentlich kann es zur Selbstbestäubung kommen, wenn die Pollinien herabhängen und die Narbe berühren.

Kleinblättrige Stendelwurz
Epipactis microphylla (Ehrh.) Sw.
Orchideengewächse *Orchidaceae*

Beschreibung: 2–10 Blüten stehen in einer lockeren, fast einseitswendigen Scheintraube (Ähre). Blüten 1,2–1,8 cm im Durchmesser. Lippe grünlich-gelblich, zuweilen etwas rötlich überlaufen, etwa so lang wie die übrigen Blütenblätter, am Rande gekräuselt und oberhalb der Mitte eingeschnitten. Äußere Blütenblätter eiförmig oder lanzettlich, rötlich oder grünlich, unmittelbar nach dem Verblühen zusammengeneigt. Stengel dünn, im Bereich des Blütenstandes meist deutlich hin- und hergebogen. Blätter auffallend kurz (kürzer als die zugehörigen Stengelabschnitte), graugrün, beim Austreiben oft stark violett überlaufen, in der Regel kaum 2–2,5 cm lang, 0,5–1 cm breit, lanzettlich oder schmal-lineal. Die Kleinblättrige Stendelwurz besitzt einen kurzen Wurzelstock (= Rhizom). Juni–August. 10–40 cm.

Vorkommen: Braucht kalkhaltigen oder basenreichen, mulldurchsetzten Lehmboden. Scheut volle Sonneneinstrahlung. Gedeiht am besten im Laubhochwald in Mittelgebirgslagen zwischen etwa 500–1000 m. Geht in den Alpen kaum über 1500 m. Sehr selten.

Wissenswertes: ♃; ▽. An der Kleinblättrigen Stendelwurz fällt die geringe Größe der Blätter auf, von denen man kaum glauben kann, daß sie die Pflanze ausreichend durch Photosynthese versorgen können. Möglicherweise bezieht die Kleinblättrige Stendelwurz einen Teil der benötigten organischen Substanzen durch Mykorrhiza. Hierfür könnte das reich entwickelte Wurzelwerk sprechen, wobei auffällt, daß die Wurzeln, verglichen mit dem Rhizom, ausgesprochen dick sind. Ein Beweis für diese Art der Stoffversorgung steht allerdings noch aus.

Orchideengewächse *Orchidaceae*

Rotbraune Stendelwurz
Epipactis atrorubens (HOFFM.) SCHULT.
Orchideengewächse *Orchidaceae*

Beschreibung: Zuweilen bis zu 50 Blüten in lockerer, allseitswendiger Scheintraube (Ähre); häufiger sind aber Exemplare, bei denen nur 3–20 Blüten im Blütenstand stehen. Blüten 1,2–1,8 cm im Durchmesser (ausgebreitet gemessen), dunkel purpurrot, zuweilen violettbraun, meist deutlich aromatisch duftend. Lippe etwas kürzer als die übrigen Blütenblätter, etwas eingeschnitten; Hinterlippe topfförmig; Vorderlippe herzförmig, am Rande gekerbt, am Grund mit 2 runzeligen Höckern. Stengel rund, oft rötlich oder violett überlaufen, dicht kurzflaumig behaart, im Bereich des Blütenstandes oft etwas geschlängelt. Blätter eiförmig oder lanzettlich, 4–8 cm lang und bis 4 cm breit, damit meist so lang wie die Stengelglieder oder länger als diese, am Stengel fast 2zeilig angeordnet. Die Rotbraune Stendelwurz besitzt einen dicklichen Wurzelstock (= Rhizom). Juni–August. 20–70 cm.

Vorkommen: Braucht kalkreichen, aber ausgesprochen stickstoffsalzarmen, trockenen Boden. Bevorzugt lichte Gebüsche oder Trockenwälder. Fehlt – mit Ausnahme der sandigen Küsten – im Tiefland. Selten, kommt aber an ihren Standorten meist in kleineren Trupps oder sehr lockeren, individuenarmen Beständen vor. Geht in den Alpen bis etwa 2000 m.

Wissenswertes: ♃; ▽. Die Standorte der Rotbraunen Stendelwurz in den Dünen sind fast alle vernichtet worden. Vermutlich kommt sie heute nur noch auf Rügen und auf Usedom vor. Daß sie ehedem in den Küstengebieten wohl bekannt war, geht auch aus dem Volksnamen „Strandvanille" hervor, der sich – außer auf den Standort – auf den Vanilleduft bezieht. Ist auch in den Kalk-Mittelgebirgen selten geworden.

Breitblättrige Stendelwurz
Epipactis helleborine agg.
Orchideengewächse *Orchidaceae*

Beschreibung: 20–80 Blüten stehen in langer, lockerer oder mäßig dichter Scheintraube (Ähre), die vor dem Aufblühen etwas seitlich eingebogen ist und an der die Blüten allseitswendig oder nur wenig einseitswendig stehen. Blüten 2–2,5 cm im Durchmesser (ausgebreitet gemessen), grünlich oder in der verschiedensten Weise rot oder violett überlaufen, seltener weißgrün oder grüngelb. Vor allem die Lippe ist oft rötlich gefärbt. Stengel meist aufrecht, gelegentlich im Blütenstand etwas geschlängelt, oft flaumig behaart. Blätter – vor allem die unteren – bis 15 cm lang und bis um 10 cm breit, oft aber nur bis 10 cm lang und bis 5 cm breit. Die Breitblättrige Stendelwurz besitzt einen dicken Wurzelstock (= Rhizom), an dem dickliche Wurzeln ansitzen. Juli–September. 20–80 cm.

Vorkommen: Braucht basen- oder kalkreichen, mulldurchsetzten Lehm- oder Tonboden. Besiedelt Laub- und Nadelwälder, geht auch auf Waldwiesen. Steigt in den Alpen bis etwa 1500 m. Zerstreut. Kommt oft in ausgedehnten, individuenarmen Beständen vor.

Wissenswertes: ♃; ▽. *E. helleborine* agg. umfaßt u. a.: *E. muelleri* GODF.: Blüten gelbgrün; Blätter am Rand gewellt, gelbgrün; warme Kiefernwälder und Trockengebüsche; blüht etwa 2–3 Wochen vor *E. helleborine* (L.) CR., die oben beschrieben worden ist. *E. leptochila* (GODF.) GODF.: Blütenblätter spitz; Lippe flach. Wälder; beide Kleinarten fehlen im Tiefland. – Ähnlich: Violette Stendelwurz (*E. purpurata* SM.): Mittlere Stengelblätter höchstens so lang wie die zugehörigen Stengelabschnitte. In Wäldern auf kalkarmen Lehmböden, meist an Wegrändern; Mittelgebirge selten, im Tiefland nur vereinzelt.

Orchideengewächse *Orchidaceae* ▶

Dingel *Limodorum*
Nestwurz *Neottia*
Zweiblatt *Listera*

Dingel
Limodorum abortivum (L.) Sw.
Orchideengewächse *Orchidaceae*

Beschreibung: Pflanze ohne grüne Blätter. An dem schmutzigvioletten oder stumpf blaugrauen Stengel sitzen 4–8 aufrecht stehende Blüten, selten mehr. Blüten 4–5 cm im Durchmesser (quer zur Symmetrieachse an einer ausgebreiteten Blüte gemessen). Äußere Blütenblätter schmutzigviolett bis hellviolett und dann mit gelblich-weißem Einschlag. Lippe mit Sporn, der etwa so lang (1–1,5 cm) wie der Fruchtknoten (= scheinbarer Blütenstiel) wird; er ist meist etwas heller als die Lippe. Lippe violett und kräftig dunkler violett geädert. Stengel ziemlich dick und oft feinstreifig. Der Wurzelstock des Dingels sitzt ziemlich tief im Boden, ist 1–2 cm dick und trägt zahlreiche, 0,5–1 cm dicke Wurzeln. Mai–Juli. 20–60 cm.

Vorkommen: Braucht lockeren, humushaltigen, ja modrigen Boden, der basenreich oder kalkhaltig sein sollte. Bevorzugt Kiefernwälder in den mildesten Lagen. Süd- und Westschweiz, Ost- und Südösterreich, Kaiserstuhl, Isteiner Klotz, Moseltal. Sehr selten.

Wissenswertes: ♃; ▽. Der Dingel kann oft mehrere Jahre hindurch an einem bekannten Standort „fehlen". Er blüht dann wahrscheinlich unterirdisch, wobei sich die Blüten selbst befruchten. – Die Lebensweise des Dingels wurde ebenso wie die anderer, chlorophyllarmer oder chlorophyllfreier Orchideengewächse zuweilen als „saprophytisch" bezeichnet. Saprophyten nennt man indessen üblicherweise Pflanzen, die ihre organische Nahrung toten Substraten entnehmen. Dies ist bei den chlorophyllarmen Orchideengewächsen nicht der Fall. Vielmehr parasitieren sie auf den Pilzen in ihren Wurzeln (auf der endotrophen Mykorrhiza).

Nestwurz
Neottia nidus-avis (L.) RICH.
Orchideengewächse *Orchidaceae*

Beschreibung: Pflanze ohne grüne Blätter. An dem gelbbraunen oder braunen Stengel stehen 20–60 Blüten in einer dichten, allseitswendigen Scheintraube (Ähre). Blüten 1–1,5 cm breit und bis 2,5 cm lang. Alle Blütenblätter gleichfarbig, hellbraun oder graubraun, gelegentlich auch sattbraun oder stumpf strohgelb. Lippe vorne in 2 halbkreisförmige Lappen gespalten. Stengel fleischig, dick, aufrecht, gerillt. Im unteren Stengelteil liegen 4–6 „Blätter" als farblose Schuppen dem Stengel scheidig an. Der Wurzelstock (= Rhizom) ist bei der Nestwurz kurz und von zahlreichen, dicken, vogelnestartig angeordneten Wurzeln umgeben. Mai–Juni. 20–50 cm.

Vorkommen: Braucht kalkhaltigen, humosen und lehmigen Boden. Besiedelt Laub- und lichte Nadelwälder. Zerstreut, aber im Tiefland und in den Silikat-Mittelgebirgen sehr selten und gebietsweise fehlend. Kommt oft truppweise vor. Steigt kaum bis 1500 m.

Wissenswertes: ♃; ▽. Die Nestwurz lebt mykotroph, d. h. sie parasitiert auf einem Pilz, der Zellen in ihren Wurzeln durchwuchert (= „endotrophe Mykorrhiza"); es handelt sich um den Wurzelpilz *Rhizoctonia neottiae* BURGEFF. Zwar kann man im Stengel der Nestwurz geringe Mengen von Chlorophyll nachweisen; doch reicht das Chlorophyll bei weitem nicht aus, um durch Photosynthese die benötigten Nährstoffe herzustellen. Der Wurzelpilz lebt saprophytisch, d. h. er entnimmt die organischen Stoffe, die er zum Leben braucht, totem Substrat. Deshalb kann die Nestwurz nur in Wäldern gedeihen, in denen genügend Astwerk und Laubstreu anfällt. Erträgt mäßig hohe Konzentrationen von Stickstoffsalzen.

Orchideengewächse *Orchidaceae*

Großes Zweiblatt
Listera ovata (L.) R. Br.
Orchideengewächse *Orchidaceae*

Beschreibung: 10–40 Blüten stehen in langgestreckter, lockerer Scheintraube (= Ähre), die allseitswendig ist. Die Blüten sind reingrün oder oliv-bräunlich, werden 5–8 mm breit und 1–2 cm lang. Die knapp 1 cm lange Lippe hat keinen Sporn und ist bis etwa zur Hälfte der Länge tief in 2 Lappen gespalten. Stengel aufrecht, oberhalb der Blätter rund, unterhalb kantig, im oberen Viertel kurz behaart, darunter kahl. 2 – selten mehr – eiförmige, gegenständige Blätter, die nie einen herzförmigen Grund besitzen und 5–10 cm lang und bis 8 cm breit werden. Das Große Zweiblatt besitzt einen ziemlich kurzen Wurzelstock (= Rhizom), der relativ tief im Erdreich steckt. Mai–Juli. 20–60 cm.

Vorkommen: Braucht basenreichen Ton- oder Lehmboden. Besiedelt Laubwälder, seltener lichte Nadelwälder oder Auenwälder, geht im Gebirge auch in feuchte Wiesen und ins bachbegleitende Gestrüpp, wächst andererseits in den Kalk-Mittelgebirgen nicht selten auch in Trockenrasen. Zerstreut, im westlichen Tiefland gebietsweise fehlend; kommt oft in sehr lockeren, meist individuenarmen Beständen vor.

Wissenswertes: ⚄; ▽. Das Große Zweiblatt wird vorzugsweise von Hautflüglern und Käfern bestäubt. Berühren die Insekten eine bestimmte Stelle, dann wird die Pollenmasse durch einen Schleimpfropf herausgeschossen und am Körper des Bestäubers festgeklebt. Auf der Unterlippe befindet sich ein bandförmiges Nektarium, das etwas Nektar absondert. – Die Gattung wurde nach dem Engländer Martin Lister benannt. Er lebte von 1638–1711, war zeitweise Leibarzt der Königin Anna und machte sich als Naturforscher und Botaniker einen Namen.

Herz-Zweiblatt
Listera cordata (L.) R. Br.
Orchideengewächse *Orchidaceae*

Beschreibung: 6–12 Blüten stehen in einer lockeren Scheintraube (Ähre), die allseitswendig ist. Die äußeren Blütenblätter sind grün, gelblich oder rot überlaufen; die Lippe ist deutlich rotviolett oder braunrot. Die Blüten werden kaum 5 mm breit und kaum 1 cm lang. Der Stengel ist ziemlich dünn und oberhalb der Blätter deutlich kantig. In der Mitte des Stengels stehen fast gegenständig 2 Blätter. Ihr Blattgrund ist meist deutlich herzförmig, zuweilen auch nur abgestutzt. Ihre Form entspricht annähernd der eines gleichseitigen Dreiecks mit einer Kantenlänge von 1,5–2,5 cm, an dem die Ecken abgerundet sind (mit Ausnahme des Blattvorderteils, dem eine kurze Spitze aufgesetzt sein kann). Der Wurzelstock des Herz-Zweiblatts ist kurz und ziemlich dünn. Juni–Juli. 5–20 cm.

Vorkommen: Braucht zumindest oberflächlich sauren und kalkarmen Boden, der rohhumusreich und nährstoffarm sein sollte. Besiedelt vor allem Fichten- und Kiefernwälder, geht dort auch an Stellen mit Torfmoosbewuchs. Gedeiht ferner in Nadelholzbeständen am Rande von Hochmooren. Im Tiefland nur vereinzelt, selbst in den Silikat-Mittelgebirgen und auf entkalkten Flächen der Kalk-Mittelgebirge sowie der entsprechenden Gebiete in den Alpen größeren Gebieten fehlend. Steigt in den Alpen bis etwa zur Waldgrenze. Sehr selten, kommt aber an seinen Standorten zuweilen in kleinen, eher individuenarmen, mäßig dichten Beständen vor.

Wissenswertes: ⚄; ▽. Vereinzelt sind auch vom Herz-Zweiblatt – ähnlich wie vom Großen Zweiblatt – Exemplare mit mehr als 2 Blättern beschrieben worden. Zeigt ziemlich starke Versauerung des Bodens an.

Orchideengewächse *Orchidaceae* ▶

Schraubenstendel *Spiranthes*
Netzblatt *Goodyera*
Widerbart *Epipogium*

Herbst-Schraubenstendel
Spiranthes spiralis (L.) Chevall.
Orchideengewächse *Orchidaceae*

Beschreibung: 6–20 Blüten stehen in einer dichten, fast einseitswendigen oder spiraligen Scheintraube (Ähre). Blüten 6–10 mm im Durchmesser, außen grünlich, innen eher weiß, duftend. Lippe in der Mitte grünlich, vorne leicht gewellt, ohne Sporn. Stengel etwas verbogen, oben drüsig behaart. Am Stengel nur kleine, schuppenartige, lanzettliche Blätter. Neben dem Stengel wird während der Blütezeit die grundständige Blattrosette fürs nächste Jahr angelegt; die „diesjährige" Blattrosette ist zu diesem Zeitpunkt verwelkt. Grundblätter bläulich-grün. Der Herbst-Schraubenstendel besitzt meist 2–3 Knollen. August–September. 10–30 cm.

Vorkommen: Braucht eher kalkarmen, trockenen, humusreichen Lehmboden. Besiedelt Trockenrasen, die regelmäßig von Schafen beweidet werden. Gelegentlich auch am Rande von Sumpfwiesen, in Dünentälchen und in lichten Kiefernbeständen, sofern auch hier Beweidung durch Schafe stattfindet. Liebt Sommerwärme. Sehr selten, an seinen Standorten jedoch meist in kleineren und meist lockeren, individuenarmen Beständen. Geht in den Mittelgebirgen, im Alpenvorland und in den Alpen nur bis etwa 800 m.

Wissenswertes: ♃; ▽. Der Herbst-Schraubenstendel ist in Mitteleuropa die wohl spätestblühende Orchidee. Offensichtlich ist ihr Vorkommen an regelmäßige Beweidung durch Schafe gebunden. Wenigstens ist sie an fast allen Orten verschwunden, an denen die Weidenutzung durch Schafe eingestellt worden ist. Wie die Zusammenhänge zwischen dem Auftreten der Orchidee und dem Charakter des Standorts als Schafweide sind, ist noch nicht geklärt.

Sommer-Schraubenstendel
Spiranthes aestivalis (Poir.) Rich.
Orchideengewächse *Orchidaceae*

Beschreibung: 5–15 Blüten stehen in einer dichten, deutlich schraubig gedrehten, scheintraubigen Blütenzeile (Ähre), die 3–10 cm lang wird. Blüten 0,5–1 cm im Durchmesser, weißlich. Lippe an der Basis grünlich, nach vorn verbreitert, randlich gewellt, ohne Sporn. Tragblätter im Blütenstand 5–9 mm, spitzlich. Stengel in der Mitte schwach verbogen, oben etwas drüsig behaart. Neben dem Stengel nie eine grundständige Blattrosette. Blätter stehen vielmehr am Stengel; sie werden 5–10 cm lang und 0,5–1 cm breit; sie sind undeutlich rinnig, stehen aufrecht ab, sind lanzettlich, vorn stumpflich, gelbgrün. Sie sind unten am Stengel einander angenähert, in der Mitte weiter voneinander entfernt und um so kleiner, je höher am Stengel sie stehen. Der Sommer-Schraubenstendel hat meist 3–4 unterirdische Knollen. Juli. 10–30 cm.

Vorkommen: Braucht nassen, jedoch kalkhaltigen oder sogar kalkreichen Boden, der schlammig-humos sein sollte. Besiedelt Flachmoore und Ufer in Gegenden mit warmem Klima. Erträgt schon mäßig hohe Konzentrationen von Stickstoffsalzen nicht, daher düngerempfindlich. Sehr selten. Fehlt nördlich der Linie Baden-Baden–Passau sowie im eigentlichen Alpengebiet. Geht nur selten über etwa 1000 m.

Wissenswertes: ♃; ▽. Der Sommer-Schraubenstendel hat seinen Verbreitungsschwerpunkt im Mittelmeergebiet; in Mitteleuropa erreicht er die Nordgrenze seines Areals. Seine Standorte wurden schon seit dem Beginn des 20. Jahrhunderts immer seltener, weil man viele seiner Standorte durch „Melioration" vernichtet hat. Der Bestand der Art ist in Mitteleuropa stark gefährdet.

Netzblatt
Goodyera repens

Herbst-Schraubenstendel
Spiranthes spiralis

Sommer-Schraubenstendel
Spiranthes aestivalis

Widerbart
Epipogium aphyllum

Orchideengewächse *Orchidaceae*

Netzblatt
Goodyera repens (L.) R. Br.
Orchideengewächse *Orchidaceae*

Beschreibung: 5-15 Blüten stehen in dichter, fast einseitswendiger Scheintraube (Ähre). Blüten 5-9 mm im Durchmesser, weiß, grünlichweiß oder elfenbeinfarben, duftend. Lippe ungeteilt, spornlos, aber an der Basis sackartig erweitert, weiß. Stengel aufsteigend, im Bereich des Blütenstandes etwas geschlängelt und hier dicht, kurz und abstehend drüsig behaart. Die Blätter werden 1-3 cm lang und 0,7-2,5 cm breit; sie stehen am Grunde des Stengels dicht und rosettenartig beieinander. Zwischen den Längsnerven, von denen es pro Blatt 3-7 gibt, sieht man deutlich Quernerven (Name!). Das Netzblatt besitzt einen über der Erde im Moos oder ganz flach unter der Erdoberfläche kriechenden Wurzelstock, der Ausläufer treibt. Eine unterirdische Knolle fehlt. Juli–August. 10-20 cm.

Vorkommen: Braucht trockenen und zumindest oberflächlich entkalkten Boden mit einer Rohhumusauflage, die sich nur schwer zersetzt. Erträgt schon mäßig hohe Konzentrationen von Stickstoffsalzen nicht. Besiedelt Fichten- und Kiefernwälder, in den Alpen auch bachbegleitende Gebüsche. Bevorzugt Lagen mit trockenen Sommern oder „physiologisch" trockene Böden, wie sie als entkalkte Lehme über verkarsteten Kalken ausgebildet sein können. Im Tiefland westlich der Elbe nur vereinzelt; im Tiefland östlich der Elbe häufiger, aber insgesamt – wie auch andernorts – selten und großen Gebieten fehlend. Steigt in den Alpen bis 2000 m.

Wissenswertes: ♃; ▽. Der Gattungsname wurde zu Ehren des englischen Botanikers John Goodyer verliehen, der Anfang des 17. Jahrhunderts lebte. – Trotz ihrer Kleinheit werden die Blüten von Hummeln bestäubt.

Widerbart
Epipogium aphyllum (F. W. Schmidt) Sw.
Orchideengewächse *Orchidaceae*

Beschreibung: Pflanze ohne grüne Blätter. An dem blaßgelben, oft rötlich überlaufenen Stengel hängen nur 1-5 Blüten (sehr selten bis zu 8) in lockerer Scheintraube (Ähre). Die Blüten strecken die Lippen nach oben (der Name „Widerbart" soll dies anomale Verhalten zum Ausdruck bringen); sie messen 1,5-2,2 cm im Durchmesser (ausgebreitet gemessen). Die äußeren Blütenblätter sind gelblich und zuweilen undeutlich rötlich gefleckt. Die Lippe trägt schwache Leisten, die meist mehr oder weniger deutlich purpurrot gefleckt sind. Der Sporn ist rötlich oder violett überlaufen. Der Stengel trägt an Stelle der Blätter nur Schuppen, die fast durchscheinend sind. Der Widerbart besitzt einen oft mehrere Dezimeter langen, verzweigten Wurzelstock (= Rhizom); an seinen Ausläufern entstehen Tochterpflanzen. Juli–August. 10-20 cm.

Vorkommen: Braucht mullreichen, moosigen Untergrund, vorzugsweise über Lehmboden. Besiedelt vor allem Nadel- und Mischwälder, seltener reine Laubwälder. Geht auch auf sehr morsche Baumstrünke. Sehr selten, fehlt großen Gebieten (z. B. im Tiefland). Steigt im Gebirge bis etwa 1500 m. Kommt an seinen Standorten zuweilen in kleinen Trupps vor.

Wissenswertes: ♃; ▽. Der Widerbart parasitiert auf einem Wurzelpilz, der Zellen seiner Wurzeln durchdringt (= endotrophe Mykorrhiza). Er ist also mykotroph. Er kommt nachweislich oft mehrere Jahre nacheinander nicht zur Blüte. Ein Standort darf nur als erloschen gelten, wenn mehrjährige Kontrollen negativ bleiben. Anders als bei den anderen heimischen Orchideengewächsen bleibt bei ihm die Blüte ungedreht, wodurch die Lippe nach oben zeigt.

Orchideengewächse *Orchidaceae* ▶

Waldhyazinthe *Platanthera*
Händelwurz *Gymnadenia*

Weiße Waldhyazinthe
Platanthera bifolia (L.) RICH.
Orchideengewächse *Orchidaceae*

Beschreibung: 10–40 Blüten stehen in lokkerer, langer Scheintraube (Ähre), die allseitswendig ist. Blüten 1,5–2,3 cm im Durchmesser (größte Breite gemessen), weiß, grünlich-weiß oder weiß mit einer starken Tendenz zu gelblich-grün. Blüte duftet. Fächer der Staubbeutel eng beieinander, fast parallel. Lippe zungenförmig, nach abwärts gerichtet, stumpf, an der Spitze grünlich oder gelblich-grün, 1–1,5 cm lang, aber kaum 3 mm breit, mit einem 2–3 cm langen, dünnen, hinten spitz zulaufenden, an der Spitze grünlich-gelben Sporn, der länger als der Fruchtknoten (scheinbarer Blütenstiel) der zugehörigen Blüte wird und nahezu waagrecht verläuft, obgleich seine Spitze leicht nach unten gebogen ist. Stengel aufrecht. 2 (sehr selten 3 oder 4) gegenständige, fast grundständige, meist in einen Stiel verschmälerte Blätter. Die Weiße Waldhyazinthe besitzt 2 verhältnismäßig große, ungeteilte Knollen. Juni. 20–50 cm.
Vorkommen: Braucht basenreichen Lehm- oder Tonboden mit guter Humusbeimischung. Bevorzugt Laubmischwälder, geht aber auch in Heiden, auf Bergwiesen und in ungenutzte Sumpfwiesen, in Flachmoore sowie in trockene Gebüsche. Steigt in den Alpen bis über 2000 m. Zerstreut, im Tiefland selten und über Silikatgestein gebietsweise fehlend. Bildet meist kleinere, sehr lockere Bestände.
Wissenswertes: ♃; ▽. Die Weiße Waldhyazinthe wird von Nachtfaltern bestäubt. Im Sporn findet sich reichlich Nektar. Die Pollenpakete kleben sich an die Rüssel der Bestäuber beidseitig an. Auf diese Weise gelangen sie zielsicher auf die Narbe der nächsten Waldhyazinthenblüte, die der Nachtfalter besucht.

Berg-Waldhyazinthe
Platanthera chlorantha (CUST.) RCHB.
Orchideengewächse *Orchidaceae*

Beschreibung: 10–50 Blüten stehen in lokkerer, langer, allseitswendiger Scheintraube (Ähre). Die äußeren Blütenblätter und die Basis der Lippe sind meist stahlend weiß; die Lippe ist in ihrem Vorderteil gelbgrün; sie wird 1,5–2 cm lang. Ihr Sporn erreicht eine Länge von 2–4 cm; er ist damit länger als der Fruchtknoten (scheinbarer Blütenstiel) der Blüte, zu der er gehört; an seinem Ende ist er deutlich sackartig verdickt. Die Fächer der Staubbeutel stehen weit auseinander und verlaufen nicht parallel zueinander, sondern nähern sich nach oben an, zeigen also nach unten außen. Die Blüte erreicht 1,6–2,7 cm im Durchmesser (größte Breite gemessen); sie duftet höchstens schwach, meist jedoch gar nicht. Stengel aufrecht. Unmittelbar über dem Grund stehen 2 gegenständige, fettig glänzende Blätter (sehr selten können 3 oder sogar 4 Blätter vorhanden sein); die Blätter verschmälern sich zum Grunde hin; ein Stiel fehlt. Die Berg-Waldhyazinthe besitzt 2 große, ungeteilte, längliche Knollen. Mai–Juli. 25–60 cm.
Vorkommen: Braucht basenreichen, eher frischen als trockenen Lehmboden mit Beimischung von Humus, der sich nur langsam zersetzt. Besiedelt Nadelwälder oder Nadelmischwälder, vorzugsweise lichte Kiefernforste, geht aber auch in nasse, ungenutzte Wiesen, gelegentlich in Heiden; fehlt in Sand- und Silikatgebieten. Steigt in den Alpen kaum bis 1800 m. Selten, aber an ihren Standorten meist in kleinen, lockeren Beständen.
Wissenswertes: ♃; ▽. Der Eingang zum Sporn, in dem sich reichlich Nektar befindet, ist so eng, daß nur die dünnen Rüssel von (Nacht-) Faltern Zugang finden.

Orchideengewächse *Orchidaceae*

Mücken-Händelwurz
Gymnadenia conopsea (L.) R. Br.
Orchideengewächse *Orchidaceae*

Beschreibung: 20–80 Blüten stehen in einer lockeren, bis 25 cm langen Scheintraube (Ähre), die allseitswendig ist. Blüten rot, rosa, rotviolett, sehr selten weiß, leicht unangenehm duftend, 1–1,5 cm im Durchmesser (größte Breite gemessen). Lippe ebenso breit wie lang oder breiter als lang, breit 3lappig, oft mit gekerbtem und gewelltem Rand. Obere der äußeren Blütenblätter neigen zusammen, seitliche stehen ab. Sporn dünn, oft etwas gebogen, 1,2–2 cm lang und damit stets deutlich länger als der Fruchtknoten der zugehörigen Blüte, zuweilen sogar doppelt so lang. Stengel rund, aufrecht, gelbgrün. Blätter lanzettlich, ungefleckt, 5–20 cm lang, 0,5–3 cm breit, schwach rinnig gefaltet, die untersten enger beieinander, nach oben lockerer stehend; obere Blätter deutlich kleiner als untere. Die Knollen der „Händelwurz" sind dick, ziemlich flach und haben handförmig geteilte Lappen. Mai–August. 20–60 cm.

Vorkommen: Braucht kalkhaltigen oder basenreichen, stickstoffsalzarmen Lehmboden. Er sollte wenigstens zeitweise feucht sein. Besiedelt lichte Laubwälder, Trockenrasen (Stellen, an denen Hangdruckwasser austritt oder dicht unter der Oberfläche sickert), Sumpfwiesen, Quellsümpfe und Flachmoore. Steigt in den Alpen bis fast 2500 m. Im Tiefland nur vereinzelt, fehlt auf Sand und über Silikatgestein gebietsweise; sonst zerstreut; kommt an ihren Standorten zuweilen in größeren Beständen vor.

Wissenswertes: ♃; ▽. Der deutsche Gattungsname wurde wegen der Handform der Knolle gewählt. Das Epithet „*conopsea*" leitet sich von griech. konops = „Mücke" ab und verweist auf die Mückenähnlichkeit der Blüten.

Wohlriechende Händelwurz
Gymnadenia odoratissima (L.) Rich.
Orchideengewächse *Orchidaceae*

Beschreibung: 10–30 Blüten stehen in anfänglich dichter, später lockerer Scheintraube (Ähre), die allseitswendig ist und meist 4–8 cm lang, selten indes auch länger wird. Blüten rot, rosa, rotviolett, gelegentlich weiß, angenehm duftend (Duft erinnert an Vanille). Lippe etwa so breit wie lang, undeutlich 3lappig, mit nur wenig oder gar nicht gewelltem Rand. Sporn klein, höchstens 5 mm lang, dem Fruchtknoten anliegend, deutlich kürzer als dieser. Stengel unter dem Blütenstand schwach kantig, aufrecht. Blätter fast grasblattartig, bis 10 cm lang, aber nur 3–7 mm breit, schwach rinnig. Die Wohlriechende Händelwurz besitzt meist nur 2lappige Knollen, deren Abschnitte wiederum 2gelappt sind. Juni–August. 10–30 cm.

Vorkommen: Braucht kalkhaltigen, ja kalkreichen, aber nur wenig humusdurchsetzten Boden, der zeitweise feucht sein sollte. Besiedelt lichte Kiefernwälder, Gebüsche, Sumpfwiesen oder Trockenrasen, unter denen Hangdruckwasser sickert. Steigt in den Alpen bis über 2500 m. Fehlt im Tiefland sowie in den Sand- und Silikatgebieten; sonst sehr selten, aber an ihren Standorten oft in kleineren, lockeren, doch ziemlich individuenreichen Beständen.

Wissenswertes: ♃; ▽. Die Wohlriechende Händelwurz stellt an den Kalkgehalt und die basische Reaktion des Bodens höhere Ansprüche als die Mücken-Händelwurz. Möglicherweise erträgt sie auch Störungen (z. B. Stickstoffsalzeintrag) an ihren Standorten schlechter. Während die Mücken-Händelwurz nicht selten z. B. neugeschaffene Straßenböschungen besiedelt, sind Neuansiedlungen durch die Wohlriechende Händelwurz kaum bekanntgeworden.

Orchideengewächse *Orchidaceae* ▶

Weißzüngel *Pseudorchis*
Hohlzunge *Coeloglossum*
Kohlröschen *Nigritella*

Weißzüngel
Pseudorchis albida (L.) Á. et D. Löve
Orchideengewächse *Orchidaceae*

Beschreibung: 15–40 Blüten stehen in einer 4–6 cm langen, eher dichten Scheintraube (Ähre), die fast allseitswendig ist. Blüten weißlich, elfenbeinfarben oder hell schwefelgelb, nikkend, auf den ersten Blick fast glockig, schwach aromatisch duftend. Lippe deutlich 3lappig, dreizackähnlich, mit ungewelltem Rand, etwa 3–4 mm lang und ebenso breit. Blütendurchmesser (ausgebreitet) zwischen 5–7 mm. Sporn kaum 3 mm lang, zylindrisch, zur Spitze hin etwas verdickt. Stengel rund, aufrecht, kahl. Blätter lanzettlich, 3–8 cm lang, 0,8–1,5 cm breit, grün, stumpflich, die beiden oberen Blätter kleiner, vor allem schmäler und eher spitz. Das Weißzüngel besitzt eine tief handförmig geteilte Knolle; ihre Abschnitte verschmälern sich allmählich. Auffallend sind auch die dicklichen, weißlichen Wurzeln. Mai–September. 10–30 cm.

Vorkommen: Braucht basenhaltigen, aber möglichst kalkfreien, humosen, steinigen Lehmboden. Bevorzugt Höhen zwischen etwa 800 und 2500 m. Kommt in Mitteleuropa nur in kalkarmen oder kalkfreien Mittelgebirgen (Schwarzwald, Vogesen, Bayerischer Wald, Fichtelgebirge, Spessart, Rhön), in den Voralpen und in den Alpen vor. Fehlt im Tiefland mit Ausnahme des mittleren und nördlichen Jütland. Außerhalb der Alpen sehr selten; in den Alpen und im Schweizer Jura zerstreut; zeigt hier und auch über Kalkgestein in den Alpen Entkalkung an.

Wissenswertes: ♃; ▽. Das Weißzüngel wird von Schmetterlingen bestäubt. Angesichts der relativ kleinen Blüten ist dies verwunderlich; doch ist der Zugang zum Nektar im Sporn sehr eng und für kurzrüßlige Insekten nicht oder nur schwer zu erreichen.

Hohlzunge
Coeloglossum viride (L.) Hartman
Orchideengewächse *Orchidaceae*

Beschreibung: 5–30 Blüten stehen in einer 2–8 cm langen, mäßig lockeren Scheintraube (Ähre), die allseitswendig ist. Blüten 1–1,7 cm im Durchmesser (größte Breite gemessen), grün, gelbgrün oder rot überlaufen, ohne auffälligen Duft. Lippe 0,5–1 cm lang, mit 2 Längsleisten, die bis etwa zur Mitte reichen, vorn in 3 kurze Lappen eingekerbt (2–4 mm lang); Sporn nur 1–3 mm lang, kurz, dick, grünlich-weiß. Die restlichen Blütenblätter neigen helmartig zusammen. Stengel deutlich stumpfkantig. Blätter stengelständig, untere 1–5 cm lang und 0,8–3 cm breit, blaugrün, breit-lanzettlich, eher stumpf; obere Blätter schmäler, eher spitz. Die Hohlzunge besitzt eine meist 2teilige, seltener eine 3teilige Knolle, deren Abschnitte spitz zulaufen. Mai–Juni. 5–30 cm.

Vorkommen: Braucht kalkfreien oder mindestens kalkarmen, stark humusdurchsetzten Lehmboden. Kommt in ungedüngten, nährstoffarmen Trockenrasen und in ebensolchen Sumpfwiesen vor. Steigt im Gebirge bis etwa 2500 m. Kommt hier vor allem auf Matten, aber auch in Zwergstrauchgebüschen und lichten Wäldern vor. Fehlt in weiten Teilen des Tieflandes. Sehr selten.

Wissenswertes: ♃; ▽. Die Hohlzunge wird von Nachtschmetterlingen bestäubt. Wenn sie, was gelegentlich vorkommt, in lichten Gebüschen oder in Bergwäldern steht, dann kann die sonst unauffällige Pflanze untypisch groß werden. Ihr Blütenstand erreicht dann oft 10 cm Länge. Die Hohlzunge ist in den letzten Jahrzehnten rapide zurückgegangen, weil ihre Standorte durch „Meliorisierung" vor allem in den Mittelgebirgen vernichtet worden sind.

Orchideengewächse *Orchidaceae*

Schwarzes Kohlröschen
Nigritella nigra (L.) RCHB. f.
Orchideengewächse *Orchidaceae*

Beschreibung: 20–50 Blüten stehen in sehr dichter, kugeliger Scheintraube (Ähre). Blüten dunkelrot bis schwarzrot, sehr selten rosarot, elfenbeinfarben oder weißlich. Blüten 1–1,5 cm im Durchmesser (ausgebreitet gemessen), meist kräftig nach Vanille duftend. Lippe steht nach oben, ist 5–8 mm lang und fast halb so breit. Die Lippe ist vorn meist 3eckig spitz, aber nie tütig zusammengezogen. Die beiden seitlichen, „inneren" Blütenblätter etwa halb so breit wie die 3 obenstehenden, „äußeren" Blütenblätter. Stengel zumindest undeutlich kantig. Blätter stengelständig, grasartig schmal, hohlrinnig, schräg aufwärts abstehend, am Rand ganz schwach gezähnt. Das Schwarze Kohlröschen besitzt eine Knolle, die handförmig 2–5teilig ist. Mai–September. 5–30 cm.

Vorkommen: Braucht basen- und kalkreichen, gut mit Humus durchsetzten, lockeren Lehmboden, der ziemlich kühl sein sollte. Bevorzugt ungenutzte alpine Matten in Höhen zwischen etwa 1500 und 2500 m, geht nur vereinzelt tiefer (z. B. im Schweizer Jura und im Voralpengebiet) oder höher. Selten, aber an seinen Standorten in kleinen, lockeren Beständen.

Wissenswertes: ♃; ▽. Das Schwarze Kohlröschen ist ausgesprochen düngerfeindlich und verschwindet daher bei intensiver Nutzung rasch. *N. nigra* (L.) RCHB. f. wird mit dem Roten Kohlröschen (*N. miniata* (CR.) JANCHEN, rechts) zur Sammelart *N. nigra* agg. zusammengefaßt. Zu Verwechslungen zwischen Exemplaren der beiden Kleinarten kann es kommen, wenn beide Arten am selben Standort vorkommen und es dort auch hellerblütige Exemplare von *N. nigra* gibt (sichere Unterscheidung: s. rechts).

Rotes Kohlröschen
Nigritella miniata (CR.) JANCHEN
Orchideengewächse *Orchidaceae*

Beschreibung: 20–50 Blüten stehen in einer sehr dichten, anfangs eiförmigen oder spitzkegeligen, später deutlich zylindrischen Scheintraube (Ähre). Blüten leuchtend hellrot oder hell weinrot. Blüten 1–1,5 cm im Durchmesser (ausgebreitet gemessen), zumindest schwach nach Vanille duftend. Lippe ist vorn meist 3eckig spitz, am Grund etwas trichterig-tütig zusammengezogen. Alle übrigen Blütenblätter etwa gleich breit. Stengel undeutlich kantig. Blätter stengelständig, grasartig schmal, hohlrinnig, schräg aufwärts abstehend, am Rand schwach gezähnt. Das Rote Kohlröschen besitzt eine Knolle, die in 2–5 Lappen handförmig zerteilt ist. Mai–September. 5–30 cm.

Vorkommen: Braucht basen- und kalkreichen, gut mit Humus durchsetzten, lockeren Lehmboden, der ziemlich kühl und arm an Stickstoffsalzen sein sollte. Bevorzugt ungenutzte alpine Matten in Höhen zwischen etwa 1500 und 2200 m. Sehr selten, aber an seinen Standorten zuweilen in kleineren Beständen.

Wissenswertes: ♃; ▽. Das Rote Kohlröschen hat seinen Verbreitungsschwerpunkt in den Ostalpen, stößt aber bis ins Berner Oberland nach Westen vor. Außerhalb der Alpen kommt es in Mitteleuropa nicht vor, wohl aber in Südosteuropa (z. B. in den Karpaten). – Dünger erträgt es ebensowenig wie das Schwarze Kohlröschen. Deswegen verschwindet es von intensiv beweideten Matten. Das sicherste Merkmal, Exemplare des Roten Kohlröschens gegen hellblütige Exemplare des Schwarzen Kohlröschens abzugrenzen, sind die bei ihm gleich breiten oberen und seitlichen Blütenblätter. Wo beide Arten vorkommen, gibt es gelegentlich Bastarde.

Orchideengewächse *Orchidaceae* ▶

Zwergorchis *Chamorchis*
Einknolle *Herminium*
Hundswurz *Anacamptis*
Kugelorchis *Traunsteinera*

Zwergorchis
Chamorchis alpina (L.) RICH.
Orchideengewächse *Orchidaceae*

Beschreibung: 5–10 Blüten stehen in einer lockeren Scheintraube (Ähre), die allseitswendig ist. Tragblätter so lang wie die zugehörigen Fruchtknoten, die unteren länger als die Blüten. Blüten gelbgrün, zuweilen fleckig rot bis violettbraun überlaufen, etwa 0,5–1 cm im Durchmesser (ausgebreitet gemessen). Lippe nach unten gerichtet, 3–4 mm lang, ohne Sporn, vorne ungeteilt oder schwach 3lappig, am Ansatz mit 2 kleinen, zahnartigen Leisten. Die übrigen Blütenblätter neigen helmförmig zusammen. Stengel kantig, gestreift, hellgrün oder weißlich-grün (vor allem unten), nur am Grunde beblättert (Blätter daher scheinbar grundständig), kahl. Stengelblätter grasartig, fleischig, rinnig gefaltet, 1–2 mm breit, aber oft länger als die Stengel. Die Zwergorchis besitzt 2 ungeteilte, eiförmig-kugelige Knollen. Juli–August. 5–15 cm.

Vorkommen: Braucht kalkreichen, lockeren und daher oft steinigen, humushaltigen und eher etwas feuchten als trockenen, kühlen Boden. Wächst fast nur über Kalkgestein oder Dolomit, seltener über kalkhaltigen Schiefern (z. B. Bündnerschiefer). Kommt in Mitteleuropa ausschließlich in den Alpen vor und besiedelt dort vorzugsweise Höhenlagen zwischen etwa 1500–2500 m. Selten, oft übersehen.

Wissenswertes: ♃; ▽. Die unscheinbare Zwergorchis ist ausgesprochen kältefest und erträgt auch Zugluft. Man findet sie daher vor allem an besonders windausgesetzten Stellen (z. B. auf Graten, an Felsvorsprüngen oder in Rasenbändern in Steilwänden). Wiewohl ihre Blüten nicht duften, sondern sie reichlich Nektar ab. Als Bestäuber wurden Schlupfwespen, Fliegen und Käfer beobachtet.

Einknolle
Herminium monorchis (L.) R. BR.
Orchideengewächse *Orchidaceae*

Beschreibung: 10–30 Blüten stehen in einer sehr lockeren, schlanken Scheintraube (Ähre), die allseitswendig ist, aber eine gewisse Tendenz zur Einseitswendigkeit zeigt. Blüten gelbgrün, nickend, etwa 5–8 mm im Durchmesser (ausgebreitet gemessen), auffällig nach Honig duftend. Lippe nach unten gerichtet, ohne Sporn, vorn deutlich 3lappig, Lappen ziemlich schmal. Stengel rund, hellgrün, gestreift. Die untersten Blätter werden 5–8 cm lang und 0,8–1,5 cm breit; sie sind sehr schmal eiförmig bis lanzettlich, am Vorderende eher spitzlich als stumpf, blaßgrün, oberseits leicht glänzend. Höher am Stengel stehende Blätter (meist nur 1) sind sehr schmal lanzettlich bis pfriemlich und kürzer. Die Einknolle hat zur Blütezeit nur 1 einzelne, kugelige Knolle; 2–4 Tochterknollen werden später im Jahr an dünnen, unterirdischen Ausläufern angelegt. Mai–Juli. 10–30 cm.

Vorkommen: Braucht kalkhaltigen, etwas feuchten und gut mit Humus durchsetzten Lehm- oder Tonboden. Besiedelt ungedüngte Trockenrasen mit Sickerwasserstellen, ungedüngte Streuwiesen in mittleren Höhenlagen und kalkhaltige Flachmoore. Steigt kaum irgendwo über 2000 m. Fehlt im Tiefland westlich der Elbe; östlich von ihr nur vereinzelt. Sonst sehr selten, kommt aber zuweilen in kleineren, lockeren, doch individuenreichen Beständen vor.

Wissenswertes: ♃; ▽. Die Einknolle erreicht in Mitteleuropa die Nordwestgrenze ihres Areals (Ausnahme: einige Standorte in Südengland; nach Westen dringt sie nahezu bis Westfrankreich vor). Ihr Hauptverbreitungsgebiet liegt in Asien. Durch Standortvernichtung ist sie im 20. Jahrhundert stark zurückgegangen.

Orchideengewächse *Orchidaceae*

Hundswurz
Anacamptis pyramidalis (L.) Rich.
Orchideengewächse *Orchidaceae*

Beschreibung: 30–50 Blüten stehen in einer zunächst pyramidenförmigen, später dickwalzlichen, dichten Scheintraube (Ähre), die allseitswendig ist. Blüten tiefrosa bis leuchtend hellrot, zuweilen auch hell weinrot, an der Basis von Lippe und Blütenblättern heller, oft fast weiß, etwa 1–1,5 cm im Durchmesser (ausgebreitet gemessen), duftend. Äußere Blütenblätter abstehend, innere zusammenneigend; Lippe 6–8 mm lang und etwa ebenso breit, tief 3lappig. Seitenlappen mäßig breit und abgerundet, Mittellappen kaum breiter und ebenfalls etwa zungenförmig. Sporn dünn, abwärts gerichtet, um 1 cm lang und damit etwa so lang wie der Fruchtknoten. Stengel unter dem Blütenstand undeutlich kantig. Blätter schmal-lanzettlich, bis 10 cm lang und bis 2 cm breit, scheidig stengelumfassend, höher am Stengel sehr kurz. Die Hundswurz besitzt 2 ungeteilte, eiförmig-kugelige Knollen (selten nur 1). Juni–Juli 15–50 cm.

Vorkommen: Braucht gut mit Humus durchsetzten, kalkreichen und lockeren, daher nicht selten steinigen Lehmboden, geht aber auch auf lockeren Löß. Besiedelt in Gegenden mit warmem Klima Trockenrasen, lichte Gebüsche, aber auch feuchte Streuwiesen. Fehlt im Tiefland westlich der Elbe; kommt östlich von ihr nur vereinzelt in Mecklenburg-Vorpommern vor. Steigt in den Gebirgen kaum bis 1500 m. Sehr selten; kommt aber gelegentlich an ihren Standorten in kleineren, doch individuenreichen, wenngleich meist lockeren Beständen vor.

Wissenswertes: ♃; ▽. Die Hundswurz wird von Tagschmetterlingen bestäubt. Da sie Düngung mit Stickstoffsalzen nicht erträgt, ist sie stark zurückgegangen.

Kugelorchis
Traunsteinera globosa (L.) Rchb.
Orchideengewächse *Orchidaceae*

Beschreibung: 30–80 Blüten stehen in einer sehr dichten, zuerst kugeligen, später kurzwalzlichen Scheintraube (Ähre). Blüten rosa bis hellviolett, zuweilen lila, dunkler gepunktet, ausgebreitet gemessen etwa 1 cm im Durchmesser. Lippe deutlich 3lappig, etwa 5 mm lang und vorne 4 mm breit, nach unten gerichtet. Übrige Blütenblätter etwa 4–5 mm lang und um 2 mm breit, im oberen Drittel plötzlich in eine 1–2 mm lange, vorne verdickte Spitze verschmälert. Sporn abwärts gebogen, zylindrisch. Stengel aufrecht, wenig beblättert. Untere Stengelblätter 5–10 cm lang und 1–2 cm breit, stumpf; obere Blätter kürzer und schmäler. Die Kugelorchis besitzt meist 2 eiförmig-längliche Knollen. Mai–August. 20–60 cm.

Vorkommen: Braucht nährstoffreichen, zumindest etwas kalkhaltigen, humosen, lockeren und oft steinigen Lehmboden, der sommers weder zu sehr erwärmt werden noch austrocknen darf. Besiedelt Magerrasen und Matten, vorzugsweise zwischen etwa 700 und etwa 2500 m; in den Mittelgebirgen (Schwäbische Alb, Südschwarzwald, Vogesen, Schweizer Jura) sehr selten, in den Alpen und am Alpennordfuß selten, doch an ihren Standorten meist in kleineren, lockeren, oft individuenreichen Beständen.

Wissenswertes: ♃; ▽. Die Wuchsorte der Kugelorchis außerhalb der Alpen sind wohl Reliktstandorte, mit Ausnahme einiger Vorkommen unmittelbar am Alpenfuß, wo eine Verschleppung aus dem Alpengebiet wahrscheinlicher erscheint. Sicher gilt dies für die Vorkommen auf der Schwäbischen Alb, im Südschwarzwald und in den Vogesen. Die Standorte bei Schaffhausen wurden wohl vom Schweizer Jura aus besiedelt.

Orchideengewächse *Orchidaceae* ▶

Ragwurz *Ophrys*

Fliegen-Ragwurz
Ophrys insectifera L.
Orchideengewächse *Orchidaceae*

Beschreibung: 3-12 Blüten stehen in einer sehr lockeren, allseitswendigen Scheintraube (Ähre), die eine gewisse Tendenz zur Einseitswendigkeit zeigt. Blüten etwa 1,2-1,8 cm lang. Sie sehen auf den ersten Blick Fliegen ähnlich. Lippe länglich, 3lappig. Seitenlappen klein und schmal („Flügel" der „Fliege"). Mittellappen breit und vorne nochmals in 2 Lappen geteilt. Grundfarbe braunrot, mit fast rotschwarzen Flecken und einem blauweißen Fleck auf dem Mittellappen unterhalb des Ansatzes der Seitenlappen. 2 der übrigen Blütenblätter dünn, braunrot („Fühler" der „Fliege"). 3 äußere Blütenblätter grün. Stengel aufrecht, gelbgrün, im Bereich des Blütenstandes hin- und hergebogen. 2-5 Blätter im unteren Stengelteil; die Blätter sind eher blaugrün als reingrün. Die Fliegen-Ragwurz besitzt in der Regel 2-3 ungeteilte, kleine Knollen. Mai-Juni. 10-40 cm.

Vorkommen: Braucht kalkhaltigen, lockeren, lehmigen oder tonigen Boden mit guter Humusbeimischung. Bevorzugt Halbtrockenrasen, Gebüsche oder lichte Trockenwälder in Gegenden mit sommerwarmem Klima. Selten, kommt aber an ihren Standorten zuweilen in kleinen, lockeren und nicht allzu individuenreichen Beständen vor. Geht in den Alpen nur selten über 1500 m (z. B. im Engadin bis fast 1800 m).

Wissenswertes: ♃; ▽. Die Blüte täuscht durch ihre Form Männchen verschiedener Hautflügler-Arten (z. B. aus den Gattungen *Andrena*, *Eucera* und *Gorytes*), die – durch Geruchs- und Berührungsreize (Behaarung der Lippe) „verführt" – die Blüte gleich einem Weibchen zu begatten versuchen („Sexual-Täuschblume"). Dabei übertragen sie Pollen von Blüte zu Blüte.

Spinnen-Ragwurz
Ophrys sphecodes Mill.
Orchideengewächse *Orchidaceae*

Beschreibung: 2-8 Blüten stehen in lockerer, allseitswendiger Scheintraube (Ähre), deren Tendenz zur Einseitswendigkeit meist deutlich ist. Blüten etwa 1,5-2,5 cm lang. Lippe gewölbt, am Rand heller, sonst dunkel erdbraun bis rotbraun, mit einer hellblauen bis violetten Zeichnung, die aus 2 parallelen Balken besteht, die meist in der Mitte verbunden sind („H"). Lippe ungeteilt. „Fühler", d. h. die 2 kleineren, inneren Blütenblätter, gelb bis hellgrün, seltener etwas rötlich überlaufen, die 3 äußeren Blütenblätter hellgrün, gelegentlich gelblich oder schwach rötlich überhaucht. Stengel aufrecht, hellgrün. Blätter blaugrün. Die Spinnen-Ragwurz besitzt in der Regel 2-3 kugelige Knollen. April-Mai. 10-40 cm.

Vorkommen: Braucht kalkreichen, lockeren, gut mit Humus durchsetzten Boden. Wächst nur in Gegenden mit sehr mildem Klima, in dem Spätfröste selten sind. Besiedelt lichte trockene Gehölze und Trockenrasen. Sehr selten. Fehlt in weiten Gebieten.

Wissenswertes: ♃; ▽. Die Bestäubung der Spinnen-Ragwurz erfolgt ähnlich wie bei der Fliegen-Ragwurz, und zwar häufig durch Männchen der Erdbienen-Gattung *Andrena*. *O. sphecodes* Mill. wird meist als Kleinart aufgefaßt und mit *O. tommasinii* (Rchb. f.) Vis., die auch unter dem Namen *O. araneola* Rchb. f. bekannt ist, zur Sammelart *O. sphecodes* agg. zusammengefaßt. *O. tommasinii* hat kleinere Blüten als *O. sphecodes* Mill. (Lippe 5-8 mm lang). Die Lippe hat eine erdbraune Farbe und eine stahlblaue Zeichnung; sie ist ganzrandig und heller gesäumt. Vereinzelt am Main, in Thüringen, in Südwestdeutschland und in der Westschweiz. Sehr selten.

Orchideengewächse *Orchidaceae*

Hummel-Ragwurz
Ophrys holosericea (BURM. f.) GREUT.
Orchideengewächse *Orchidaceae*

Beschreibung: 2–8 Blüten stehen in einer lockeren, fast einseitswendigen Scheintraube (Ähre). Blüten 2,5–3 cm lang. Lippe gewölbt; an ihrer Spitze befindet sich ein meist deutlich ausgebildetes, nach oben gerichtetes, gelblich-grünes Anhängsel. Lippe heller oder dunkler rotbraun, mit grünlich-gelber bis weißlicher, fleckiger bis linienförmiger Zeichnung. Alle übrigen Blütenblätter rosa, weißlich oder grünlich. Stengel aufrecht, im Bereich des Blütenstandes meist etwas verbogen. Blätter breit-lanzettlich, am Grunde rosettig gehäuft, bläulich-grün, zuweilen etwas silbrig glänzend; obere Stengelblätter kleiner, relativ schmaler und spitzer zulaufend. Die Hummel-Ragwurz besitzt in der Regel 2–3 kugelige Knollen. Mai–Juni. 10–40 cm.

Vorkommen: Braucht kalkreichen, lockeren, gut mit Humus durchsetzten Boden. Wächst nur in Gegenden mit sehr mildem, spätfrostarmem Klima. Fehlt nördlich der Ahr-Main-Linie. Besiedelt Halbtrockenrasen, trockene, lichte Gebüsche, seltener Trockenwälder. Sehr selten. Kommt an ihren Standorten aber gelegentlich in kleinen, individuenarmen Beständen vor. Steigt in den Alpen kaum über 1000 m.

Wissenswertes: ♃; ▽. Die Bestäubung erfolgt ähnlich wie bei der Fliegen-Ragwurz, und zwar vor allem durch Männchen der Hornbienen-Gattung *Eucera*. Innerhalb der Art sind auch in Mitteleuropa zahlreiche verschiedene Zeichnungen der Lippe beobachtet worden, ohne daß man den Pflanzen, die bestimmte Zeichnungen zeigen, die Zugehörigkeit zu einer definierbaren und auch andernorts auffindbaren Sippe hätte zuerkennen können. In Südeuropa können mehrere Unterarten unterschieden werden.

Bienen-Ragwurz
Ophrys apifera HUDS.
Orchideengewächse *Orchidaceae*

Beschreibung: 2–8 Blüten stehen in einer lockeren, fast einseitswendigen Scheintraube (Ähre). Blüten 2–2,5 cm lang. Lippe mit 2 wulstigen Seitenlappen, also 3lappig, deutlich gewölbt, an der Spitze mit einem meist deutlich nach hinten gekrümmten, jedenfalls nie nach oben abstehenden Anhängsel (gilt nur für voll entfaltete Blüten!). Seitenlappen oft gelb-hellbraun, stets stark behaart; Mittellappen meist schokoladen- oder rotbraun, mit grünlicher, gelblicher oder weißlicher, fleckiger und linienförmiger Zeichnung. Innere Blütenblätter („Fühler" der „Biene") in der Regel sehr kurz, fast stummelartig, grünlich, rötlich oder gelbbraun, ausnahmsweise auch ähnlich wie die äußeren Blütenblätter. Äußere Blütenblätter violett-rötlich, rosa oder weißlich. Stengel aufrecht, im Bereich des Blütenstandes etwas verbogen. Blätter reingrün. Die Bienen-Ragwurz besitzt 2–3 kugelig-eiförmige Knollen. Juni–Juli. 15–50 cm.

Vorkommen: Braucht kalkreichen, lockeren, gut mit Humus durchsetzten Boden. Wächst nur in Gegenden mit mildem Klima. Besiedelt dort lichte Gebüsche, Halbtrockenrasen oder lichte Trockenwälder. Sehr selten, kommt aber an ihren Standorten zuweilen in kleineren, lockeren Beständen vor. Fehlt weiten Gebieten. Steigt in den Alpen kaum über 1000 m.

Wissenswertes: ♃; ▽. Bei der Bienen-Ragwurz ist Selbstbestäubung die Regel. Als gelegentlich bestäubende Insekten wurden Hornbienen beobachtet. Die Formenvielfalt sowohl in der Gestalt als auch in der Zeichnung der Lippe ist bei dieser Art sehr groß. Auch die inneren Blütenblätter können vergrößert sein (z. B. oftmals bei schweizerischen Sippen).

Orchideengewächse *Orchidaceae* ▶

Ohnsporn *Aceras*
Riemenzunge *Himantoglossum*
Einblattorchis *Malaxis*
Weichstendel *Hammarbya*

Ohnsporn
Aceras anthropophorum (L.) AIT. f.
Orchideengewächse *Orchidaceae*

Beschreibung: 30–50 Blüten stehen in einer eher dichten (höchstens unten lockeren), allseitswendigen Scheintraube (Ähre). Blüten etwa 1,2–1,8 cm lang. Sie riechen unangenehm. Lippe ohne Sporn (Name!), 3lappig, gelbgrün, gelbbraun oder hell rotbraun, am Rande oft rötlich; Mittellappen nochmals tief in 2 sehr schmale Lappen gespalten. Die übrigen Blütenblätter neigen sich helmartig zusammen. Ihre Farbe ist hellgrün oder weißlich-grün; auch sie haben oft einen rötlichen Anflug bzw. einen roten Rand. Stengel rund, aufrecht, hellgrün. Blätter lanzettlich bis breit-lanzettlich, blaugrün. Der Ohnsporn besitzt 2 ziemlich dicke, ungeteilte Knollen. Mai–Juni. 20–40 cm.

Vorkommen: Braucht kalkreichen Lehm- oder Lößboden mit guter Humusführung. Erträgt extensive Beweidung leidlich, vor allem den damit verbundenen mäßigen und zeitweiligen Stickstoffsalzeintrag in den Boden. Kommt nur in Gegenden mit mildem Klima vor, in denen es wenige oder keine Spätfröste gibt. Besiedelt dort Trockenrasen und lichte Gebüsche. Geht im Bergland kaum über 1000 m. Fehlt weiten Gebieten. Erreicht in der Eifel und im Harzvorland (hier möglicherweise nicht ursprünglich) die Nordwestgrenze seiner Verbreitung. Sehr selten.

Wissenswertes: ♃; ▽. Der Ohnsporn kann mehrere Jahre nur als Knolle überleben, so daß ein Standort bei einer Überprüfung, die sich nur über wenige Jahre erstreckt, möglicherweise zu Unrecht als erloschen angesehen wird. Dieser Bemerkung steht nicht entgegen, daß seit dem 2. Weltkrieg zweifellos viele der um die Jahrhundertwende noch bekannten Standorte bleibend verloren gegangen sind.

Riemenzunge
Himantoglossum hircinum (L.) KOCH
Orchideengewächse *Orchidaceae*

Beschreibung: 20–60 Blüten stehen in einer meist mehrere Dezimeter langen, dicht wirkenden Scheintraube (Ähre), die allseitswendig ist. Blüten (gemessen am Mittellappen der Lippe) 5–7 cm lang, mit mehr oder weniger intensivem „Bocksgeruch". Lippe mit kurzem (um 3–5 mm langem) Sporn. Lippe tief in 3 Lappen gespalten, gelbgrün, oft rötlich überlaufen, die seitlichen Lappen verbogen, der Mittellappen meist mehrfach um seine Achse gedreht. Die Lippenbasis ist strichförmig rot gefleckt bzw. mit länglichen Inseln aus roten Haaren bestanden. Die 3 äußeren Blütenblätter neigen helmartig zusammen; sie sind weißgrün und rot gestreift. Die beiden inneren, seitlichen Blütenblätter sind sehr schmal. Stengel unterhalb des Blütenstandes kantig. Blätter an voll erblühten Exemplaren schlaff bis welk, sonst fleischig und blaugrün, zu 3–9 am Stengel. Die Riemenzunge hat 2 eiförmig-kugelige Knollen. April–Juni. 20–80 cm.

Vorkommen: Braucht kalkreichen, sehr lockeren und daher oft steinigen Lehm- oder Lößboden. Kommt nur in Gegenden mit mildem Klima vor, in denen Spätfröste selten sind. Besiedelt dort lichte Gebüsche und Halbtrockenrasen. Erreicht mit der Linie Nordeifel-Thüringen etwa die Nordgrenze ihres Areals. Sehr selten, aber meist in lockeren, kleinen Beständen. Geht im Bergland kaum über 800 m.

Wissenswertes: ♃; ▽. Die Art wird zuweilen „Bocksorchis" genannt. Diesen Namen hat sie wegen des unangenehmen Geruchs erhalten, den ihre Blüten verströmen. Als Bestäuber sind Erdbienen aus der Gattung *Andrena* beobachtet worden. Auch die Riemenzunge scheint nicht jedes Jahr zu blühen.

Orchideengewächse *Orchidaceae*

Einblattorchis
Malaxis monophyllos (L.) Sw.
Orchideengewächse *Orchidaceae*

Beschreibung: 20–90 Blüten stehen in einer lockeren Scheintraube (Ähre), die allseitswendig ist. Blüten um 5 mm im Durchmesser, gelbgrün. Lippe steht nach oben, ungeteilt, eiförmig, plötzlich zugespitzt, ungespornt. Übrige Blütenblätter abspreizend, teils nach oben oder seitlich, teils nach unten. Stengel unter dem Blütenstand etwas kantig, oben deutlich gerillt. Meist nur 1 grundständiges Blatt, das um 8 cm lang und um 4 cm breit wird (Name! Nur vereinzelt sind Individuen mit 2 oder gar 3 Blättern beobachtet worden). An einem kurzen Wurzelstock (= Rhizom) sitzen mehrere Knollen übereinander. Juni–Juli. 5–25 cm.

Vorkommen: Braucht viel Feuchtigkeit und Schatten. Kommt nur auf basenreichem, meist kalkhaltigem, lockerem und daher oft steinigem, zuweilen lehmigem Boden vor. Besiedelt sumpfige Stellen in Bergwäldern. Fehlt nördlich der Mainlinie und auch sonst gebietsweise. Geht in den Alpen bis etwa zur Waldgrenze. Sehr selten; in den Ostalpen selten.

Wissenswertes: ♃; ▽. Die Einblattorchis ist – besonders im westlichen Mitteleuropa – außerhalb der Alpen praktisch verschwunden, und zwar, weil ihre Standorte vernichtet worden sind. – Bemerkenswert ist bei dieser Art die Stellung der Lippe: Sie zeigt nach oben. Diese Stellung kommt beim Widerbart (*Epipogon aphyllum*) oder bei Kohlröschen (*Nigritella*) dadurch zustande, daß die Blüte beim und nach dem Entfalten in der Lage verharrt, in der sie in der Knospe angelegt worden war; sie dreht sich also nicht. Bei der Einblattorchis hingegen „überdreht" sie, d. h. der Fruchtknoten wird um 360° gedreht, und dies bringt die Lippe wiederum nach oben.

Weichstendel
Hammarbya paludosa (L.) O. KUNTZE
Orchideengewächse *Orchidaceae*

Beschreibung: 10–30 Blüten stehen in einer beim Aufblühen eher dichten, später sich auflockernden Scheintraube (Ähre), die allseitswendig ist. Blüten gelblich-grün, um 4–6 mm im Durchmesser (ausgebreitet gemessen). Lippe sehr kurz, ohne Sporn, bei voll entfalteten Blüten nach oben gerichtet. Übrige Blütenblätter fast 3eckig, stark 2 mm lang und damit etwas länger als die Lippe. Stengel gelbgrün, kantig, wie die Blätter kahl. Meist 2–3 Blätter am Stengel, die 1–2,5 cm lang und 5–8 mm breit werden. Dabei wird das oberste Stengelblatt am größten! Die Blätter sind meist trüb hellgrün oder gelblichgrün, etwas hohl und vorn stumpf. Der Weichstendel besitzt 2 Knollen, die an einem unterirdischen Wurzelstock wenigstens 1 cm voneinander ansetzen und übereinander angeordnet sind. Juli–August. 5–15 cm.

Vorkommen: Braucht sauren, torfig-nassen Boden. Besiedelt daher ausschließlich Schlenken (nässeste, oft überschwemmte Stellen) in Zwischenmooren und Hochmooren. Im Tiefland sehr selten, im Alpenvorland, und in den tieferen Lagen der Alpen selten, doch auch in diesen Gebieten auf weiten Strecken fehlend, sonst nur vereinzelt (z. B. zwischen Oberpfälzer und Bayerischem Wald und in der Pfalz).

Wissenswertes: ♃; ▽. Der Weichstendel kann leicht übersehen werden, da er nicht hoch wächst und meist in Torfmoosrasen eingebettet ist. Außerdem bildet er nicht jedes Jahr einen blühenden Sproß. – Die Orientierung der Lippe nach oben erfolgt in gleicher Weise wie bei der Einblattorchis. – Die Gattung wurde nach LINNÉS Gutshof Hammarby bei Uppsala benannt; dort kam der Weichstendel vor.

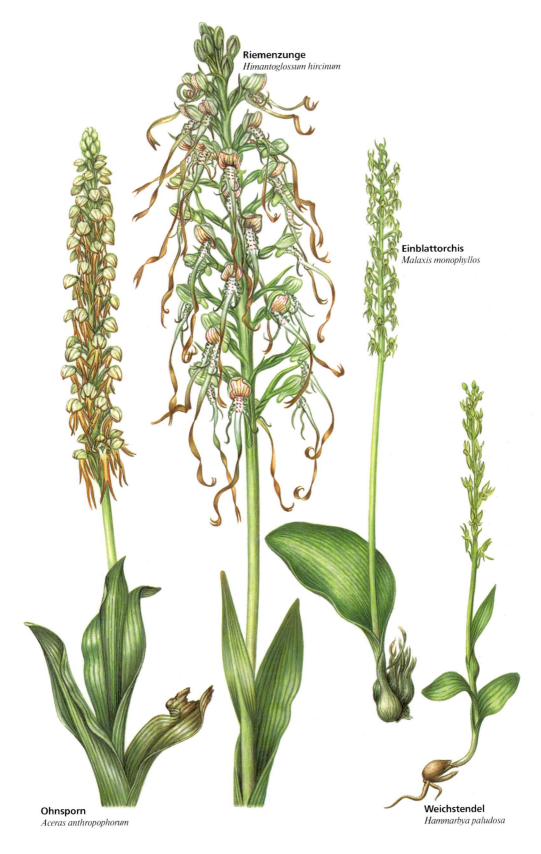

Orchideengewächse *Orchidaceae* ▶

Glanzstendel *Liparis*
Korallenwurz *Corallorhiza*
Knabenkraut *Orchis*

Glanzstendel
Liparis loeselii (L.) Rich.
Orchideengewächse *Orchidaceae*

Beschreibung: 3–10 Blüten stehen in lokkerer Scheintraube (Ähre), die allseitswendig ist. Blüten grünlich-gelb, 0,6–1 cm im Durchmesser (ausgebreitet gemessen). Lippe kaum 5 mm lang, 2–3 mm breit, stumpf, ungeteilt, länglich-eiförmig, etwas rinnig, am Rande gekerbt-wellig, meist nach oben gerichtet, aber auch horizontal orientiert oder gar nach abwärts gebogen, ohne Sporn. Übrige Blütenblätter knapp 5 mm lang, lineal und an den Rändern eingerollt, abstehend. Stengel kahl, blattlos, aufrecht, kantig, hell grüngelb. Meist 2, selten 3 grundständige Blätter, die fettig glänzen (Name!) und 2–10 cm lang und 0,5 bis über 2 cm breit werden; ihre Spitze ist deutlich kapuzenförmig zusammengezogen. Der Glanzstendel besitzt einen kurzen, unterirdischen Wurzelstock (= Rhizom) mit 2 fast eiförmigen Knollen. Mai–Juli. 5–20 cm.

Vorkommen: Braucht nassen, ja zeitweise überschwemmten, kalkhaltigen Schlamm- oder Torfboden. Etwas wärmeliebend. Kommt in Flachmooren, an Rainen mit austretendem Hangdruckwasser und Quellhorizonten vor, seltener an Ufern oder zwischen Dünen. Vereinzelt auf den Ostfriesischen Inseln, in Mecklenburg-Vorpommern und in den Mittelgebirgen mit kalkhaltigem Gestein. Im Alpenvorland und in Tälern am Alpenrand selten. Steigt kaum über 700 m.

Wissenswertes: ♃; ▽. Ein Rückgang der Standorte in den letzten Jahrzehnten ist unverkennbar. Zum Verschwinden hat vielerorts das Entwässern von Mooren geführt. Aber auch ausbleibende Mahd auf Streuwiesen hat Standorte vernichtet. – Der wissenschaftliche Artname „*loeselii*" soll an den Arzt Johann Loesel erinnern, der von 1607–1657 lebte.

Korallenwurz
Corallorhiza trifida Chatel.
Orchideengewächse *Orchidaceae*

Beschreibung: Pflanze ohne grüne Blätter. 4–10 Blüten stehen in kleiner, lockerer Scheintraube (Ähre), die allseitswendig ist. Blütenfarbe cremeweiß oder gelblich, gelegentlich (gegen den Rand der Blütenblätter) dunkler, sogar bräunlich, purpurn oder leuchtend rot angelaufen oder regelrecht fleckig, vor allem an den oberen und seitlichen Blütenblättern unten auf der Außenseite. Blüten 0,6–1 cm im Durchmesser. Lippe um 3 mm lang, in verschiedener Weise rot, weinrot oder purpurviolett gezeichnet. Seitliche Blütenblätter abstehend, schmal-lineal bis zungenförmig, 4–5 mm lang und damit länger als die Lippe; obere Blütenblätter etwas kürzer und leicht zusammengeneigt. Stengel wachsgelbgrünlich, gelegentlich schwach rötlich angelaufen, aufrecht oder aufsteigend. Die Korallenwurz besitzt einen reich verzweigten Wurzelstock (= Rhizom), der – obwohl fast in einer Ebene verzweigt – dennoch entfernt an eine Koralle erinnert (Name!). Das Rhizom ist wurzellos, andererseits indessen von Wurzelhaaren bestanden. Mai–Juli. 5–20 cm.

Vorkommen: Braucht basen- und kalkarmen, sauren, rohhumusreichen Lehm- oder Tonboden. Bevorzugt Fichtenwälder, geht auch in andere Nadelbaumbestände. Zeigt an Standorten über Kalkgestein oberflächlich Entkalkung an. Fehlt im Tiefland; sonst sehr selten, kommt an ihren Standorten meist in kleinen Trupps vor. Steigt in den Alpen bis etwa 2000 m.

Wissenswertes: ♃; ▽. Die Korallenwurz lebt mykotroph. Der Pilz, der ihre endotrophe Mykorrhiza bildet, konnte noch nicht eindeutig bestimmt werden. – Blüht nicht in jedem Jahr. Tritt da und dort sporadisch und unbeständig in Fichtenjungpflanzungen auf.

Orchideengewächse *Orchidaceae*

Kleines Knabenkraut
Orchis morio L.
Orchideengewächse *Orchidaceae*

Beschreibung: 5-20 Blüten stehen in einer meist lockeren Scheintraube (Ähre), die allseitswendig ist. Blüten 1,3-1,8 cm im Durchmesser (ausgebreitet gemessen). Die oberen und seitlichen Blütenblätter neigen helmartig zusammen; sie sind violett, purpurrot oder rosa mit aufgehellten Bereichen und meist grün oder bräunlich geadert. Die Lippe ist 0,9-1,2 cm breit (und damit breiter als lang), 3lappig, wobei der Mittellappen oft ausgerandet und zuweilen gefranst-gezähnt ist; die Farbe der Lippe ist violett, seltener rosa mit einem meist deutlichen, zungenförmig länglichen, rot gepunkteten Fleck. Sporn waagrecht oder aufwärts gebogen, am Ende eher verdickt als gleich stark. Stengel aufrecht, deutlich kantig, beblättert. Blätter ungefleckt, 3-8 cm lang, 0,5-1,5 cm breit; oberste Blätter scheidigschuppig. Das Kleine Knabenkraut besitzt 2-3 ungeteilte, eiförmige Knollen. April-Juni. 10-40 cm.

Vorkommen: Braucht stickstoffsalzarmen, schwach sauren oder leicht basischen Wiesenboden, der nicht dauernd trocken sein sollte. Besiedelt Halbtrockenrasen und einschürige Trockenwiesen ebenso wie einschürige, kurzgrasige feuchte Wiesen. Im Tiefland vereinzelt; steigt in den Alpen kaum über 1500 m. Selten, aber an seinen Standorten zuweilen in größeren, mäßig dichten individuenreichen Beständen.

Wissenswertes: ♃; ▽. Durch Düngen wurden viele Standorte in Fettwiesen umgewandelt und daher vernichtet. – Innerhalb der Art wird neben der beschriebenen ssp. *morio* noch u. a. die ssp. *picta* (LOISEL.) K. RICHTER unterschieden: Blüten kleiner, Sporn etwa so lang wie der Fruchtknoten; Lippe ziemlich flach. Südeuropa, Alpensüdfuß (?).

Wanzen-Knabenkraut
Orchis coriophora L.
Orchideengewächse *Orchidaceae*

Beschreibung: 15-40 Blüten stehen in einer dichten, seltener lockeren, walzlichen Scheintraube (Ähre), die allseitswendig ist. Blüten 0,8-1,5 cm im Durchmesser (ausgebreitet gemessen), braunrot, schmutzig weinrot oder rosa. Lippe stets 3lappig, dunkel punktiert, am Grunde sehr stark aufgehellt, manchmal weißlich oder grünlich. Zumindest der Mittellappen der Lippe ist deutlich nach hinten geschlagen. Alle übrigen Blütenblätter neigen helmartig zusammen. Der Helm hat an seinem vorderen Ende eine deutliche, um 0,5-2 mm lange Spitze. Stengel rund, aufrecht, beblättert. Blätter 5-15 cm lang und 0,8-2 cm breit, blaugrün, ungefleckt, etwas rinnig gefaltet. Das Wanzen-Knabenkraut hat ungeteilte, kugelige Knollen. Mai-Juni. 15-40 cm.

Vorkommen: Braucht stickstoffsalzarme, feuchte Wiesenböden, die etwas kalkhaltig sein sollten. Fehlt im Tiefland fast überall. Steigt im Gebirge kaum über 1000 m. Auch sonst nur vereinzelt.

Wissenswertes: ♃; ▽. Das Wanzen-Knabenkraut ist düngerfeindlich. Da die meisten Standorte nach dem 2. Weltkrieg „meliorisiert" wurden, verschwand es vielerorts. – Der deutsche Artname wurde wegen des unangenehmen Geruchs der Blüte nach Blattwanzen gegeben. „koris" heißt im Griechischen „Wanze"; „phero" bedeutet „ich trage". Vielleicht soll damit auch auf eine Wanzenähnlichkeit der Blüten hingewiesen werden, obschon man eine solche nur mit viel Phantasie erkennen könnte. – Neben der beschriebenen ssp. *coriophora* kommt in Süddeutschland und in der Schweiz die ssp. *fragrans* (POLLINI) K. RICHTER vor: Helm schnabelartig ausgezogen, Sporn so lang wie die Lippe; Mittellappen länger als Seitenlappen; Duft süßlich.

Orchideengewächse *Orchidaceae* ▶

Knabenkraut *Orchis*

Brand-Knabenkraut
Orchis ustulata L.
Orchideengewächse *Orchidaceae*

Beschreibung: 15–50 Blüten stehen in einer dichten, meist walzlichen Scheintraube (Ähre), die allseitswendig ist. Blüten 5–9 mm im Durchmesser (ausgebreitet gemessen). Untere Blüten im Grundton hellrosa bis fast weiß, Knospen (und damit innere und äußere Blütenblätter der oberen Blüten) außen tief braunrot-violett bis schwarzrot (Name!). Lippe kaum 5 mm lang, 3lappig, dunkelrot bepunktet. Alle übrigen Blütenblätter neigen helmartig zusammen. Die äußeren Blütenblätter sind auffallend dunkler als die inneren, die oft auf ihrer Innenseite zartrosa gefärbt sind. Stengel rund, aufrecht, beblättert. Blätter 3–8 cm lang und 0,5–2 cm breit, blaugrün, ungefleckt; 2–3 Blätter am Grunde rosettig gehäuft; 1–3 Blätter in der unteren Stengelhälfte, die den Grundblättern ähneln; obere Stengelblätter kleiner und schmäler, den Stengel scheidig umfassend. Das Brand-Knabenkraut hat meist 2–3 eiförmig-kugelige Knollen. Mai–Juli. 10–30 cm.

Vorkommen: Braucht tiefgründigen, eher basenarmen Boden, der vor allem arm an Stickstoffsalzen sein sollte. Gedeiht auf Lehm oder Löß. Besiedelt Halbtrockenrasen und lichte Gebüsche, seltener lichte Wälder, Heiden oder Flachmoore, und zwar jeweils ziemlich kurzgrasige Bereiche. Fehlt im Tiefland mit Ausnahme des äußersten Ostens. Steigt in den Alpen bis etwa 2000 m. Sehr selten, bildet an seinen Standorten oft kleinere, individuenarme Bestände.

Wissenswertes: ♃; ▽. Das Brand-Knabenkraut lebt angeblich rund ein Jahrzehnt ohne jegliche oberirdischen Organe mykotroph. Seine Blüten, die zu den kleinsten unter den europäischen Orchideen gehören, werden bemerkenswerterweise von Schmetterlingen bestäubt.

Dreizähniges Knabenkraut
Orchis tridentata Scop.
Orchideengewächse *Orchidaceae*

Beschreibung: 20–50 Blüten stehen in einer sehr dichten, anfangs kegeligen, später kugeligen bis eiförmigen Scheintraube (Ähre), die allseitswendig ist. Blüten 1,5–2,2 cm im Durchmesser (ausgebreitet gemessen), hellrosa bis weiß, seltener dunkelrosa. Lippe um 1 cm lang, weißlich, rotviolett bis weinrot punktiert oder strichartig gefleckt, 3spaltig, mit ausgerandetem Mittellappen, der zwischen den Teillappen eine kleine Spitze aufweist. Sporn abwärts gerichtet. Alle übrigen Blütenblätter sind violettrosa oder purpurn angelaufen, haben violette Nerven und neigen helmförmig zusammen. Stengel unter dem Blütenstand schwach kantig. 5–8 Blätter rosettig grundständig oder grundnah stengelständig, ungefleckt, lanzettlich, 3–6 cm lang, 1–2,5 cm breit; oberstes Blatt fast schuppenartig, den Stengel scheidenartig umfassend. Das Dreizähnige Knabenkraut hat 2–3 kurzwalzliche oder eiförmige Knollen. April–Juni. 15–40 cm.

Vorkommen: Braucht kalkreichen, humushaltigen Boden in Gegenden mit warmem Klima; liebt vor allem warme und trockene Sommer. Besiedelt Trockenrasen und lichte Gebüsche, seltener warme Trockenwälder. Erreicht Mitteleuropa vor allem von Osten (z. B. Thüringen, Brandenburg). Sehr selten. Hauptverbreitung: Östliches Mittelmeergebiet, Balkan, Kaukasus und nördliches Kaukasusvorland bis zum Kaspischen Meer sowie türkische Schwarzmeer- und Mittelmeerküste, einschließlich der vorgelagerten Inseln.

Wissenswertes: ♃; ▽. Das Dreizähnige Knabenkraut dringt in die nach Süden offenen Alpentäler ein, wenn auch nur vereinzelt, besiedelt die Talflanken aber kaum irgendwo in größerer Höhe als etwa 1000 m.

Orchideengewächse *Orchidaceae*

Purpur-Knabenkraut
Orchis purpurea HUDS.
Orchideengewächse *Orchidaceae*

Beschreibung: 20–80 Blüten stehen in einer 10–15 cm langen, eher dichten als lockeren Scheintraube (Ähre), die allseitswendig ist. Blüten 2–3 cm im Durchmesser (ausgebreitet gemessen). Lippe 1,2–2 cm lang, 3teilig, mit 2lappigem Mittellappen, der in der Mitte eingebuchtet ist und im Winkel der Bucht ein spitzes Anhängsel trägt. Lippe weißlich mit violetten oder braunpurpurnen Flecken und Punkten. Sporn walzlich, kurz. Alle übrigen Blütenblätter neigen helmförmig zusammen. Außen sind sie meist dunkel braunpurpurn oder violett, innen gelegentlich grünlich, immer heller als außen. Stengel oft schief, aber steif, im oberen Viertel meist deutlich purpurn überlaufen. Blätter rosettig, 10–25 cm lang und 2–5 cm breit, besonders lange Blätter gelegentlich noch breiter, oberseits glänzend. Das Purpur-Knabenkraut hat meist eiförmige Knollen. Mai–Juni. 30–80 cm.

Vorkommen: Braucht kalk- oder wenigstens basenreichen, humushaltigen und lockeren Lehmboden in Gegenden mit warmem Klima. Besiedelt dort lichte Wälder und Gebüsche, die im Sommer trocken, im Winter aber gut durchfeuchtet sein sollten. Fehlt im Tiefland mit Ausnahme des östlichen Mecklenburg-Vorpommern. Sehr selten, kommt an seinen Standorten (z. B. in den mittel- und südwestdeutschen Wärmegebieten sowie im Schweizer Jura) gelegentlich in kleinen, individuenarmen und sehr lockeren Beständen vor. Steigt im Gebirge kaum über 1000 m.

Wissenswertes: ♃; ▽. Wo das Purpur-Knabenkraut mit dem Helm-Knabenkraut auftritt, kommt es zuweilen zu Bastarden, die häufig mehr dem Purpur-Knabenkraut ähneln.

Helm-Knabenkraut
Orchis militaris L.
Orchideengewächse *Orchidaceae*

Beschreibung: 20–50 Blüten stehen in einer anfangs pyramidenförmigen, später walzlichen, dichten Scheintraube (Ähre), die allseitswendig ist. Blüten 2–2,5 cm im Durchmesser (ausgebreitet gemessen), bei einzelnen Exemplaren zuweilen noch größer. Lippe 3teilig, hellrosa oder sehr hellviolett, mit dunkelroten oder violetten, selten auch mit lila Punkten und Flecken. Alle übrigen Blütenblätter neigen helmförmig zusammen. Sie sind außen weißlich oder sehr hellrosa, innen dunkelrosa oder violett (jedenfalls dunkler als außen!). Stengel aufrecht, oben gelegentlich schwach purpurn überlaufen. Blätter rosettig grundständig oder grundnah stengelständig, schmal-oval, 5–15 cm lang, 2–4 cm breit, sehr lange Blätter bei kräftigen Exemplaren auch noch breiter, oberseits etwas glänzend, ungefleckt. Das Helm-Knabenkraut besitzt eiförmige Knollen. Mai–Juni. 20–50 cm.

Vorkommen: Braucht kalkreichen, humushaltigen, tiefgründigen Lehmboden. Besiedelt vor allem Halbtrockenrasen und lichte, trockene Gebüsche, geht aber auch in ungedüngte Sumpfwiesen und lichte Wälder. Steigt in den Alpen bis über 1500 m. Zerstreut. Kommt an seinen Standorten gelegentlich noch in größeren, individuenreichen Beständen vor.

Wissenswertes: ♃; ▽. Vom Helm-Knabenkraut findet man immer wieder isoliert wachsende Einzelexemplare, die in allen Teilen besonders groß sind. Ihr Blütenstand ist häufig nicht schlankwalzlich, sondern eher locker und schlank eiförmig. Die Blütengröße kann fast 3 cm betragen, so daß die Exemplare bei sehr oberflächlicher Betrachtung mit *O. purpurea* verwechselt werden können.

Orchideengewächse *Orchidaceae* ▶
Knabenkraut *Orchis*

Affen-Knabenkraut
Orchis simia Lam.
Orchideengewächse *Orchidaceae*

Beschreibung: 15–40 Blüten stehen in einer dichten, meist eiförmigen, seltener walzlichen Scheintraube (Ähre), die allseitswendig ist. Blüten um 2 cm im Durchmesser, seltener bis 2,5 cm (ausgebreitet gemessen). Lippe 3teilig, weißlich, mit dunkelroten Punkten und gleichfarbenen Enden der Seiten- und des Mittellappens. Mittellappen tief und schmal 2spaltig, mit einem um 3 mm langen, schmalen Anhängsel in der Bucht des Mittellappens. Alle übrigen Blütenblätter neigen helmförmig zusammen. Sie sind außen und innen meist deutlich dunkelrot oder purpurn geadert und tragen innen oft Gruppen von purpurfarbenen Haaren. Stengel aufrecht, rund, hellgrün, zuweilen braunpurpurnfleckig überlaufen, beblättert. Blätter an der Stengelbasis rosettig gehäuft oder grundnah stengelständig, 5–15 cm lang, bis 5 cm breit, glänzend hellgrün, ungefleckt. Besitzt fast kugelige Knollen. Mai–Juni. 20–40 cm.

Vorkommen: Braucht kalkreichen, trockenen, humushaltigen, tiefgründigen Lehm- oder Lößboden. Besiedelt in Gegenden mit dem wärmsten Klima in Mitteleuropa Trockenrasen, lichte Gebüsche und lichte Trockenwälder. Erreicht Mitteleuropa nur im äußersten Südwesten über die Burgundische Pforte im Oberrheintal (Kaiserstuhl), im Oberelsaß und in der äußersten Südwestschweiz. Sehr selten, bildet an seinen Standorten zuweilen kleinere, sehr lockere und meist individuenarme Bestände.

Wissenswertes: ♃; ▽. Beim Affen-Knabenkraut öffnen sich die Blüten im Blütenstand von oben nach unten. Schon daran ist die Art gegenüber dem sonst ähnlichen Helm-Knabenkraut deutlich unterschieden.

Sumpf-Knabenkraut
Orchis palustris Jacq.
Orchideengewächse *Orchidaceae*

Beschreibung: 7–15 Blüten stehen in einer sehr lockeren, 3–10 cm langen und walzlichen Scheintraube (Ähre), die allseitswendig ist. Blüte 2,5–3 cm im Durchmesser (ausgebreitet gemessen). Lippe 1,5–2 cm lang und eher etwas breiter als lang, nur 3lappig, nicht 3spaltig (Einbuchtung meist nicht tiefer als 5 mm). Mittellappen seicht und breit eingekerbt. Lippe violett, gegen die Basis heller und zuweilen weißlich, mit violetter Zeichnung (Punkte und Flecken). Zumindest 3 der übrigen Blütenblätter stehen deutlich aufrecht ab, die beiden übrigen können helmförmig zusammenneigen. Stengel rund und zumindest im Bereich des Blütenstands und auch noch unter ihm deutlich violett überlaufen, in der unteren Hälfte beblättert. Blätter meist ungefleckt, 5–15 cm lang, um 1 cm breit, hohlrinnig, blaugrün. Das Sumpf-Knabenkraut besitzt eiförmigkugelige Knollen. Mai–Juni. 25–40 cm.

Vorkommen: Braucht kalkhaltigen, nassen, torfigen Boden. Liebt Wärme und meidet Schatten. Besiedelt Flach- und Wiesenmoore. Im Tiefland nur in Mecklenburg-Vorpommern und in Brandenburg; im Einzugsgebiet des Mains, im deutschen, Schweizer und österreichischen Alpenvorland sehr selten.

Wissenswertes: ♃; ▽. *O. palustris* Jacq. wird mit *O. laxiflora* Lam. zur Sammelart *O. laxiflora* agg. vereinigt, die deutsch „Lockerblütiges Knabenkraut" heißen muß. *O. laxiflora* Lam. hat eine sattelartig nach unten gebogene Lippe, die nur undeutlich in Mittel- und Seitenlappen gegliedert ist. Ihr Sporn ist am Ende oft eingekerbt, wohingegen er bei *O. palustris* Jacq. „normal" ausläuft. *O. laxiflora* Lam. wächst in Westeuropa und im Mittelmeergebiet in Sumpfwiesen.

Orchideengewächse *Orchidaceae*

Großes Knabenkraut
Orchis mascula (L.) L.
Orchideengewächse *Orchidaceae*

Beschreibung: 15-30 Blüten stehen in einer eher lockeren als dichten Scheintraube, die allseitswendig ist. Die Blütengrundfarbe ist rosa bis purpurrot; die Blüten erreichen bis 2,5 cm im Durchmesser (ausgebreitet gemessen). Lippe 1,2-1,8 cm lang und immer etwas schmäler als lang, oft deutlich 3lappig, aber auch fast ungegliedert, meist gegen die Basis heller oder fast weiß und purpurfleckig (kurze Haare). 3 der übrigen Blütenblätter stehen deutlich aufrecht oder seitlich ab, die beiden restlichen können helmförmig zusammenneigen. Stengel unter dem Blütenstand schwach kantig, oft violett überlaufen, am Grunde rosettig beblättert. Blätter fast immer gefleckt, 5-15 cm lang und bis etwa 3 cm breit, schmal-eiförmig bis lanzettlich; am Stengel selbst stehen nur 2-3 scheidenartige Stengelblätter. Das Große Knabenkraut besitzt ziemlich große, eiförmige Knollen. Mai-Juni. 20-40 cm.
Vorkommen: Braucht basenreichen, aber nicht unbedingt kalkhaltigen Lehmboden. Erträgt Beschattung. Besiedelt Halbtrockenrasen, lichte Laubwälder und Bergwiesen. Im Tiefland westlich der Elbe nur vereinzelt; im Tiefland östlich der Elbe selten; steigt in den Alpen bis etwa 2000 m. Sonst zerstreut, kommt an seinen Standorten zuweilen in lockeren, individuenreichen Beständen vor.
Wissenswertes: ♃; ▽. Die Art ist formenreich. Manche Botaniker unterscheiden 3 Unterarten, die nicht immer eindeutig voneinander abgrenzbar sind. Ähnlich: Spitzels Knabenkraut (*O. spitzelii* Saut. ex Koch): Seitliche Blütenblätter nie zurückgeschlagen; sie bilden mit den oberen einen offenen Helm; Sporn sackförmig, abwärts gebogen; Kalkalpen; vereinzelt.

Blasses Knabenkraut
Orchis pallens L.
Orchideengewächse *Orchidaceae*

Beschreibung: 10-30 Blüten stehen in einer lang-eiförmigen Scheintraube (Ähre), die allseitswendig ist. Lippe meist deutlich, zuweilen auch undeutlich 3lappig, 0,8-1 cm lang und etwa ebenso breit. Ist die Lippe 3lappig, dann ist der Mittellappen größer als die Seitenlappen. Er ist ungeteilt, sein Rand allenfalls etwas eingebuchtet. Die beiden seitlichen äußeren Blütenblätter sind zurückgebogen oder stehen aufrecht ab; 1 äußeres und die beiden inneren Blütenblätter neigen mehr oder weniger flach helmförmig zusammen. Alle Blütenblätter sind hell schwefelgelb; eine Zeichnung fehlt. Stengel rund, hellgrün, am Grund und unmittelbar darüber beblättert. Blätter ungefleckt, glänzend, 5-10 cm lang und 1-4 cm breit. Das Blasse Knabenkraut besitzt eiförmige Knollen. April-Juni. 10-35 cm.
Vorkommen: Braucht kalkreichen, lockeren, etwas durchsickerten und meist steinigen Lehmboden mit guter Mullauflage. Bevorzugt lichte Wälder, geht aber auch auf Bergwiesen. Steigt in den Alpen bis gegen 1800 m. Sehr selten, kommt aber an seinen Standorten meist in kleineren, lockeren und gelegentlich auch individuenreichen Beständen vor.
Wissenswertes: ♃; ▽. Vom Blassen Knabenkraut wurden Exemplare beschrieben, die rosa oder gar rote Blüten hatten. Mit der eindeutigen Zuordnung derart abweichend blühender Exemplare zur Art *O. pallens* sollte man vorsichtig sein. Wahrscheinlich liegt hybridogener Einfluß vor, d. h. es sind Kreuzungen mit *O. mascula* vorgekommen. – Ähnlich: Provence-Knabenkraut (*O. provincialis* Balb.): Blüten hellgelb; Lippe mit roten Punkten. Grundblätter gefleckt. Alpensüdfuß, Südwestalpen; sehr selten.

Orchideengewächse *Orchidaceae*

Knabenkraut *Dactylorhiza*

Holunder-Knabenkraut
Dactylorhiza sambucina (L.) Soó
Orchideengewächse *Orchidaceae*

Beschreibung: 8–30 Blüten stehen in einer ziemlich dichten Scheintraube (Ähre), die allseitswendig ist. Blüten hellgelb, hellrot oder schmutzigrot. Lippe um 1 cm lang und etwa gleich breit, bei gelbblühenden Exemplaren meist rötlich getupft, bei rotblühenden Exemplaren oft mit gelber Basis und dann meist ebenfalls mit rötlichen Tupfen, seltener einfarbig, meist 3- oder 5lappig. Mindestens 2 der übrigen Blütenblätter stehen seitlich-aufrecht ab, 2 neigen helmförmig zusammen; das 5. Blütenblatt nimmt oft eine Mittelstellung ein. Die Blüte erreicht meist um 2 cm im Durchmesser (ausgebreitet gemessen); die Lippe ist rundlich bis breit-eiförmig, knapp 1 cm lang, 1–1,5 cm breit, nur angedeutet 3lappig. Stengel rund, oberwärts etwas rinnig, bis ins obere Drittel beblättert; oberstes Blatt erreicht den Blütenstand meist nicht. Blätter am Grunde oder wenig darüber gehäuft, 5–10 cm lang, 1–3 cm breit, alle ungefleckt. Das Holunder-Knabenkraut besitzt lange, angedeutet fingerförmig geteilte oder schwach 2spaltige Knollen. April–Juni. 10–30 cm.

Vorkommen: Besiedelt basenreiche, aber kalkarme, meist lockere und sandig-steinige Lehmböden, die etwas humos sein sollten. Bevorzugt Bergwiesen, geht aber auch in lichte Wälder. Steigt in den Alpen bis etwa 1800 m. Sehr selten, aber an seinen Standorten oft in kleineren, lockeren Beständen.

Wissenswertes: ♃; ▽. Das Holunder-Knabenkraut kommt nur in den kalkarmen Mittelgebirgen, im Alpenvorland und in den Alpen vor. Es war in Mitteleuropa schon immer selten und ist heute wegen Standortsvernichtung durch „Meliorisierung" in seinem Bestand bedroht.

Geflecktes Knabenkraut
Dactylorhiza maculata (L.) Soó
Orchideengewächse *Orchidaceae*

Beschreibung: 20–70 Blüten stehen in einer zunächst kegelförmigen, später langwalzlichen, dichten Scheintraube (Ähre), die allseitswendig ist. Lippe 0,6–1 cm lang, deutlich 3lappig (Mittellappen oft ziemlich klein), mit symmetrischer, linienförmiger und fleckiger, purpurner Zeichnung auf hellrosa oder hellviolettem, zuweilen fast weißlichem Grund. Meist stehen 3 der übrigen Blütenblätter seitlich oder aufwärts ab, 2 neigen zusammen. Die Blüte erreicht einen Durchmesser von 1,2–2 cm (ausgebreitet gemessen). Stengel unter dem Blütenstand undeutlich kantig, dort gelegentlich auch rötlich überlaufen. Am Stengel stehen mindestens 5 Blätter, die fast immer deutlich gefleckt sind. Blätter 5–10 cm lang und 2–4 cm breit. Die Knolle des Gefleckten Knabenkrautes ist 3–4spaltig. Juni–August. 20–60 cm.

Vorkommen: Braucht rohhumushaltigen, kalkarmen oder kalkfreien, nährstoffarmen und eher feuchten Lehmboden. Besiedelt Trockenrasen nur an Stellen, an denen es Sickerwasser gibt. Bevorzugt lichte Wälder und Bergwiesen, geht aber auch in Heiden. Steigt in den Alpen bis etwa 2000 m. Zerstreut, kommt aber gelegentlich noch in größeren, wenn auch lockeren, so doch individuenreichen Beständen vor.

Wissenswertes: ♃; ▽. *D. maculata* (L.) Soó wird mit Fuchs' Knabenkraut (*D. fuchsii* (Druce) Soó) zur Sammelart *D. maculata* agg. vereint. *D. fuchsii* hat 6–10 Blätter. An seiner Lippe soll der Mittellappen vorgezogen sein. Es ist fraglich, ob *D. fuchsii* als Art abgegrenzt werden kann. Ähnliches gilt für die Mehrzahl der Unterarten, die in Mitteleuropa vorkommen sollen. In Südeuropa sind solche unterscheidbar.

Orchideengewächse *Orchidaceae*

Breitblättriges Knabenkraut
Dactylorhiza majalis (RCHB.) HUNT et SUMMERH.
Orchideengewächse *Orchidaceae*

Beschreibung: 10–40 Blüten stehen in einer mäßig lockeren, anfangs pyramidenförmigen, später kurzwalzlichen Scheintraube (Ähre), die allseitswendig ist. Lippe um 1 cm lang, meist 3teilig, purpurrot, mit hellerer Basis, die jedoch nie weiß wird, dunkel purpurn gesäumt ist und ebensolche Flecken und Striche aufweist. 3 Blütenblätter stehen meist mehr oder weniger aufrecht ab, 2 neigen zusammen. Stengel unter dem Blütenstand etwas kantig, oben zuweilen purpurn überlaufen. 4–6 schräg aufwärts abstehende, oberseits trübgrüne Blätter, die (meist deutlich) gefleckt sind. Die Knollen des Breitblättrigen Knabenkrauts sind meist nur 3–4teilig. Mai–Juni. 10–50 cm.

Vorkommen: Braucht feuchten, nicht unbedingt kalkhaltigen, nicht allzu nährstoffarmen Boden. Besiedelt Flachmoore, Sumpfwiesen und lichte Auenwälder. Steigt in den Alpen bis über 2000 m. Zerstreut, kommt an seinen Standorten da und dort in größeren, lockeren, doch individuenreichen Beständen vor.

Wissenswertes: ♃; ▽. Das Breitblättrige Knabenkraut wird mit einigen schwer unterscheidbaren Kleinarten zur Sammelart *D. majalis* agg. zusammengefaßt. Solche Kleinarten sind: *D. traunsteineri* (SAUT. ex RCHB.) SOÓ: Nur 8–12 Blüten, 3–4 Blätter; *D. sphagnicola* (HÖPPN.) SOÓ: Blätter schmal-lanzettlich, Lippe um 8 mm lang; *D. russowii* (KLINGE) HOLUB: Blüten rosenrot; *D. purpurella* (T. & T. A. STEPHENS.) SOÓ: Blüten intensiv rot, Lippe 5–7 mm lang und bis 1 cm breit, Blätter fast ungefleckt; *D. praetermissa* (DRUCE) SOÓ: Blüten rosa, Lippe ungeteilt, flach, Blätter ungefleckt. Außerdem wurden einige Unterarten beschrieben.

Fleischrotes Knabenkraut
Dactylorhiza incarnata (L.) SOÓ
Orchideengewächse *Orchidaceae*

Beschreibung: 20–50 Blüten stehen in einer mäßig dichten, zuletzt langwalzlichen Scheintraube (Ähre), die allseitswendig ist. Blüte rosa, fleischrot, hellrot, selten weiß oder purpurn. Lippe meist um 6–8 mm lang, ungeteilt oder schwach 3teilig, mit hellerer Basis, die meist über dem Lippenansatz weiß wird, dunkelrosa bis purpurn umsäumt ist und ebensolche Flecke und Striche aufweist. 3 Blütenblätter stehen mehr oder weniger aufrecht ab, 2 neigen zusammen. Stengel aufrecht, unter dem Blütenstand kantig. 4–6 Blätter, die steif aufrecht abstehen und den Blütenstand mindestens erreichen, ihn zuweilen sogar überragen. Sie sind ungefleckt, hellgrün oder gelbgrün und im unteren Drittel am breitesten. Das Fleischrote Knabenkraut hat oft nur 2–3teilige Knollen. Juni–Juli. 20–50 cm.

Vorkommen: Braucht basenreichen, aber nicht unbedingt kalkreichen, lehmigen Boden, der zumindest zeitweise feucht oder naß sein sollte. Besiedelt Sumpfwiesen, Flachmoore, nasse und lichte Wälder. Steigt in den Alpen bis über 1500 m. Selten, kommt aber an seinen Standorten zuweilen in kleineren, lockeren und individuenarmen Beständen vor.

Wissenswertes: ♃; ▽. Gelbblühende Formen werden als ssp. *ochroleuca* (BOLL) HUNT et SUMMERH. bezeichnet; sie kommen selten im Alpenvorland vor. – Mit *D. incarnata* (L.) SOÓ wird das Blutrote Knabenkraut (*D. cruënta* (O. F. MÜLL.) SOÓ) zur Sammelart *D. incarnata* agg. vereint. *D. cruënta* wird 15–30 cm hoch. Seine Blüten sind sehr klein, die Lippe nur um 5 mm lang; seine Blätter sind beidseitig gefleckt. Es kommt in den Alpen zwischen 1500–2500 m und in Nordeuropa in Flachmooren selten vor.

Binsengewächse *Juncaceae*

Binse *Juncus*

Blaugrüne Binse
Juncus inflexus L.
Binsengewächse *Juncaceae*

Beschreibung: Blütenstand reichblütig, seitlich „am Stengel", meist locker und weich, aber fast nie ausgesprochen schlaff, wenn dicht, dann klein und mit nur 10–15 Einzelblüten; Blütenhüllblätter schmal-lanzettlich, spitz, starr, weiß bis bräunlich, hautig und mit grünem Mittelstreif. Stengel aufrecht, sehr deutlich längsstreifig, grau-blau-grün, matt, leicht zerreißbar. Stengel mit unterbrochenem, d. h. gekammertem Mark (Stengel der Länge nach aufschlitzen!). Tragblatt des Blütenstandes stengelartig und von diesem auf den ersten Blick nicht zu unterscheiden. Grundständige Blattscheiden mit auffallendem Glanz, oft ziemlich dunkel rot- bis schwarzbraun. Die Blaugrüne Binse treibt aus einem unterirdischen, meist wenig verzweigten Rhizom zahlreiche Stengel und wächst daher in dichten Rasen. Juni–August. 30–80 cm.

Vorkommen: Braucht verfestigten, feuchten bis nassen Boden, der im übrigen sandig, lehmig oder tonig sein kann. Erträgt kurzdauernde Trockenheit. Liebt höhere Basen- oder Kalkkonzentrationen und leidet erst, wenn es im Boden einen nennenswerten Anteil von Kochsalz gibt. Etwas wärmeliebend. Bevorzugt als Standort Wege, Naßweiden und Ufer, geht aber auch in Waldlichtungen von Au- und Uferwäldern sowie auf die nassesten Stellen lichter Laubwälder. Steigt in den Alpen nur selten über 1500 m. Fehlt im Tiefland und in den Gebirgen mit Silikatgesteinen gebietsweise, sonst zerstreut.

Wissenswertes: ♃. Wo die Blaugrüne Binse truppweise auftritt, zeigt sie die jeweils nassesten Stellen des Biotops zuverlässig an. Gegen Stickstoffsalzeintrag ist sie nur mäßig empfindlich, weicht aber bei ständiger Düngung.

Knäuel-Binse
Juncus conglomeratus L.
Binsengewächse *Juncaceae*

Beschreibung: Blütenstand seitlich „am Stengel", meist dicht kopfig, seltener gedrängt lappig. Blütenhüllblätter meist rotbraun, am Rand mit nur undeutlich häutigem Saum. Stengel aufrecht, zuweilen nur undeutlich längsstreifig (nur nicht mehr unmittelbar unter dem Blütenstand; hier stets deutlich gestreift!), oft rauh, graugrün, matt, schwer zerreißbar. Mark des Stengels zusammenhängend (nicht unterbrochen oder gekammert; der Länge nach Stengel aufschlitzen!). Tragblatt des Blütenstandes stengelartig und von diesem auf den ersten Blick nicht zu unterscheiden. Tragblatt sitzt dem Stengel mit auffällig erweiterter Scheide an. Grundständige Blattscheiden hell bis dunkel rostrot, ohne Glanz. Die Knäuel-Binse treibt aus einem unterirdischen, meist kurzen Rhizom zahlreiche Stengel und wächst daher in lockeren Horsten oder dichten Rasen. Juni–Juli. 0,3–1,2 m.

Vorkommen: Braucht basenreichen, aber kalkarmen Boden, der leicht staunaß sein sollte. Gedeiht in Flachmooren, auf nassen Streuwiesen, auf feuchten Waldlichtungen und in feuchten Heidemulden. Nimmt nassen Sand als Untergrund in Kauf, bevorzugt aber entkalkte Tone, Schlamme und torfigen Boden. Geht in den Alpen bis über 1500 m. Zerstreut.

Wissenswertes: ♃. Die Knäuel-Binse wird nicht selten mit der häufigeren Flatter-Binse verwechselt. In Zweifelsfällen – etwa bei kleinwüchsigen Exemplaren der Flatter-Binse, die kompakte Blütenstände haben – muß die Entscheidung durch eine Lupenuntersuchung des Griffels erfolgen (starke Lupe!). Er steht bei der Knäuel-Binse auf einem Höcker in der Fruchtknotengrube; dieser fehlt der Flatter-Binse.

Binsengewächse *Juncaceae*

Flatter-Binse
Juncus effusus L.
Binsengewächse *Juncaceae*

Beschreibung: Blütenstand seitlich „am Stengel", meist gleichmäßig locker verzweigt und schlaff, nur sehr selten kopfartig dicht. Blütenhüllblätter grün mit häutigem Rand. Stengel aufrecht, überwiegend glatt, aber unmittelbar unter dem Blütenstand fein gerillt (trotz Lupenbenützung oft erst am getrockneten Exemplar erkennbar), saftig grün bis dunkelgrün, glänzend, leicht zerreißbar. Tragblatt des Blütenstandes stengelartig und von diesem auf den ersten Blick nicht zu unterscheiden; es geht ohne erweiterte Scheide vom Stengel ab. Grundständige Blattscheiden gelb- bis dunkelbraun, ohne Glanz. Die Flatter-Binse treibt aus einem unterirdischen, kaum verzweigten Rhizom (= Wurzelstock) zahlreiche Stengel und wächst daher in dichten Rasen. Juni–August. 0,3–1,5 m.

Vorkommen: Braucht basenreichen, aber kalkarmen Boden, der stau- oder sickernaß sein kann; erträgt mäßige Stickstoffsalzgehalte im Boden. Gedeiht am besten in nassen Streuwiesen und auf Naßweiden, geht aber auch in Gräben, an Ufer, auf sumpfige, lichte Waldstellen und in nasse Dünentäler. Wächst sowohl auf Sand, Lehm, Ton und Schlamm, dem etwas Torf beigemischt sein kann. Geht im Gebirge bis etwa 1500 m. Zerstreut, aber an ihren Standorten meist in kleineren Beständen.

Wissenswertes: ♃. Da die Flatter-Binse zu den individuenreichsten Arten der Gattung gehört, sind von ihr viele Formen bekanntgeworden, die sich von der Normalform in Farbabweichungen, Blütenreichtum oder auch durch eine größere Blütenblattzahl unterscheiden. Ein größerer systematischer Wert scheint diesen Sippen indessen nicht zuzukommen.

Gemsen-Binse
Juncus jaquinii L.
Binsengewächse *Juncaceae*

Beschreibung: Blütenstand seitlich „am Stengel", dicht, aber meist nur mit 5–10, selten mit bis zu 15 Einzelblüten. Blütenhüllblätter glänzend rot- bis schwarzbraun, lanzettlich, deutlich zugespitzt. Stengel aufrecht, dünn, höchstens schwach längsstreifig, meist grasgrün oder stumpfgrün. Tragblatt des Blütenstandes meist stengelartig, seltener spreitenartig! Laubblätter gleichen blütenlosen Stengeln, sind aber noch dünner und hochwüchsiger als diese. Grundständige Blattscheiden hell- bis dunkelbraun, glanzlos. Die Gemsen-Binse treibt aus einem kurzen unterirdischen Rhizom zahlreiche Stengel und Blätter und wächst infolgedessen in einem lockeren Horst. Juli–Oktober. 10–25 cm.

Vorkommen: Braucht sickernassen, kühlen und damit sauerstoffreichen, humosen, lockeren oder steinigen Boden, der basen- und vor allem kalkarm sein sollte. Erträgt mäßig hohen Stickstoffsalzeintrag, wie er durch extensive Beweidung durch Rinder entstehen kann. Bevorzugt Quellsümpfe, Ufer und Naßweiden in den Alpen in Höhenlagen zwischen etwa 1500 und 2500 m. Selten, aber an ihren Standorten oft in kleineren, mäßig individuenreichen Beständen.

Wissenswertes: ♃. Nichtblühende Pflanzen werden gelegentlich mit dem ebenfalls seltenen Rostroten Kopfried (*Schoenus ferrugineus* L., s. S. 238) verwechselt. – Der Artname wurde zu Ehren des österreichischen Arztes NICOLAS JOSEPH Freiherr VON JAQUIN gegeben, der von 1727–1817 lebte. – Die Art ist praktisch auf die Alpen beschränkt, ist also typisch für das „alpine Florengebiet". Wo sie auf beweideten Matten auftritt, zeigt sie ausgesprochen feuchte Stellen an (Feuchtigkeitszeiger).

Binsengewächse *Juncaceae* ▶

Binse *Juncus*

Baltische Binse
Juncus balticus WILLD.
Binsengewächse *Juncaceae*

Beschreibung: Blütenstand seitlich „am Stengel", locker, meist mit mehr als 20 Einzelblüten. Blütenhüllblätter rostbraun mit grünem Mittelstreif. Stengel aufrecht, glatt (höchstens nach dem Trocknen fein gerillt), graugrün, matt, leicht zerreißbar. Tragblatt des Blütenstandes stengelartig und von diesem auf den ersten Blick nicht zu unterscheiden. Grundständige Blattscheiden hellbraun, seltener dunkelbraun, mit auffallendem Glanz. Die Baltische Binse treibt aus einem ziemlich langen unterirdischen Rhizom mehrere Stengel, die nur wenige Zentimeter voneinander Abstand haben; sie wächst daher in lockeren Rasen. Juni–August. 20–70 cm.

Vorkommen: Braucht feuchten Sandboden in luftfeuchtem Klima. Erträgt geringe Kochsalzkonzentrationen. Kommt u. a. in Dünentälern vor, und zwar an der östlichen und nördlichen Ostseeküste und an der westlichen europäischen Nordseeküste. Sehr selten.

Wissenswertes: ♃. In Europa kommt die Baltische Binse am häufigsten an den Atlantikküsten vor. Noch vor wenigen Jahrzehnten war sie auf Borkum anzutreffen. Dieser Standort ist praktisch vernichtet. – Ähnlich: Arktische Binse (*J. arcticus* WILLD.): Blütenstand mit nur 2–7 Blüten, die kopfähnlich dicht seitlich am Stengel ansitzen. Tragblatt (scheinbarer Stengelteil über dem Blütenstand) kürzer als der Stengelteil unterhalb des Blütenstandes. Blütenhüllblätter rotbraun mit grünem Mittelstreif. Äußere Blütenhüllblätter lanzettlich, spitz, innere schmal-eiförmig, stumpf. Pflanze wächst lockerrasig. Juli–August. 15–30 cm. Zentralalpen, etwa östlich der Linie Innsbruck–Gardasee; selten, gebietsweise fehlend.

Faden-Binse
Juncus filiformis L.
Binsengewächse *Juncaceae*

Beschreibung: Blütenstand seitlich „am Stengel", und zwar etwa in der Mitte zwischen der stengelartigen Tragblattspitze und der Stengelbasis. Weniger als 10 (oft nur 5–7) Einzelblüten im Blütenstand. Blütenhüllblätter weiß-grün, schmal und spitz, alle schmal-lanzettlich, die äußeren langspitzig, die inneren kürzer und stumpflich. Stengel aufrecht, dünn, grasgrün oder gelblich-grün, längsstreifig, glänzend. Tragblatt des Blütenstandes stengelartig, von diesem auf den ersten Blick nicht zu unterscheiden. Grundständige Blattscheiden strohgelb, matt oder schwach glänzend. Die Faden-Binse treibt ihre Stengel kammartig und in dichter Folge von nur wenigen cm Abstand aus einem kurzen Rhizom. Weil die Stengel so dünn sind, scheint die Faden-Binse eher in dichten Rasen als in lockeren Horsten zu wachsen. Juni–August. 10–40 cm.

Vorkommen: Braucht mäßig basenhaltigen Sumpfboden, der allenfalls sehr geringe Stickstoffsalzkonzentrationen aufweist. Gedeiht am besten in Quellsümpfen, Hochmooren, Flachmooren und auf staunassen Wiesen, geht aber auch auf feuchte Sande (z. B. in Dünentäler, Heidemulden sowie auf alpine Naßweiden, und zwar in Höhen bis über 2000 m). Im Tiefland, in den Mittelgebirgen mit mäßig basenhaltigem Silikatgestein und in den entsprechenden Gebieten der Alpen zerstreut, fehlt sonst oder kommt nur vereinzelt vor. Wächst meist in kleineren, mäßig individuenreichen Beständen.

Wissenswertes: ♃. Bei der Faden-Binse werden die Blüten sehr rasch geöffnet; sie sind dann bestäubungsfähig. Vom Beginn der Blütenöffnung bis zur möglichen Bestäubung verstreichen meist nur wenige Stunden.

Binsengewächse *Juncaceae*

Kröten-Binse
Juncus bufonius L.
Binsengewächse *Juncaceae*

Beschreibung: Blütenstand eine lockere Rispe mit gegabelten Ästen. Blüten meist einzeln, kurz gestielt, bis über 5 mm lang. Blütenhüllblätter spitz, lanzettlich, grünlich, weiß gesäumt. Tragblätter meist sehr schmal, aber spreitenartig, etwa so lang wie der Blütenstand. Früchtchen länglich. Stengel von unten an verzweigt und beblättert, dünn, aufrecht, niederliegend. Blattspreiten borstlich, mit ungeöhrter Scheide am Stengel sitzend, meist olivgrün bis grau. Grundständige Blattscheiden gelb-bräunlich. Die Kröten-Binse wächst in kleinen Büscheln, die oft so dicht stehen, daß sie geschlossene Rasen bilden. Juni–Oktober. 2–30 cm.

Vorkommen: Braucht humusarmen, wenigstens zeitweise feuchten, meist kalkarmen, aber nicht allzu basenarmen und ziemlich verfestigten Boden. Ob es sich hierbei um Sand, Lehm, Ton oder gar Schlamm handelt, spielt nur eine untergeordnete Rolle. Der Standort der Kröten-Binse sollte sonnig sein. Sie gedeiht daher an Wegen, Ackerrändern, Ufern, Gräben, in Heiden und auf unbefestigten Dorfangern, ja sogar zwischen Pflastersteinen. Häufig, aber unauffällig. Steigt im Gebirge bis etwa 1500 m.

Wissenswertes: ⊙. Sehr ähnlich: Frosch-Binse (*J. ranarius* PERR. et SONG.): Untere Blüten zu 2–3 gebüschelt; Grundscheiden oft rot, sonst wie *J. bufonius* L., mit der sie zu *J. bufonius* agg. vereint wird; selten. – Sand-Binse (*J. tenageia* L. f.): Blattscheiden mit 2 länglichen Öhrchen; sehr selten in Tieflagen (bis 400 m). – Kugelfrüchtige Binse (*J. sphaerocarpus* NEES): Ohne Öhrchen; Früchtchen kugelig; vereinzelt in wärmeren Lagen. – Alle Arten 1jährig, büschelig verzweigt und ohne Ausläufer.

Zusammengedrückte Binse
Juncus compressus JACQ.
Binsengewächse *Juncaceae*

Beschreibung: Blütenstand mit 10–60 Blüten, die in einer meist lockeren Rispe stehen, die in der Regel vom untersten Tragblatt überragt wird. Dieses ist deutlich spreitenartig, wenngleich schmal. Blüten 5–7 mm im Durchmesser (ausgebreitet gemessen). Blütenhüllblätter rostbraun, mit grünem Mittelstreif, alle in Form und Größe etwa gleich, die inneren 3 mit deutlichem Hautrand. Stengel flachgedrückt, aufrecht, selten aufsteigend, in der unteren Hälfte unverzweigt, aber beblättert. Blattspreiten schmal, rinnig, graugrün, grasgrün oder olivgrün. Grundständige Blattscheiden schwarzbraun, matt. Die Zusammengedrückte Binse treibt aus einem verzweigten, unterirdischen Rhizom zahlreiche Stengel und wächst in dichten Rasen bzw. lockeren Horsten. Juni–September. 10–40 cm.

Vorkommen: Braucht verdichteten, basenreichen, wenigstens zeitweise feuchten Boden, der tonig, lehmig oder sandig sein kann. Etwas kälteempfindlich. Geht daher im Bergland selten über etwa 1200 m. Bevorzugt Wege, Weiden, kommt aber auch in Wiesen, Marschen und Flachmooren vor. Fehlt in den reinen Sand- und Silikatgebieten auch größeren Gebieten; sonst zerstreut; bildet an ihren Standorten meist kleinere und nur mäßig individuenreiche Bestände.

Wissenswertes: ♃. Die aufquellenden Samen werden von Tier und Mensch verschleppt. – *J. compressus* JACQ. wird mit der Bodden-Binse (*J. gerardii* LOISEL.) zur Sammelart *J. compressus* agg. vereint. Bei *J. gerardii* ist der Stengel stets stielrund und das unterste Tragblatt nie länger als der Blütenstand. Auf kochsalzhaltigen Böden. An den Küsten selten, im Binnenland nur vereinzelt an Salzquellen.

Binsengewächse *Juncaceae* ▶

Binse *Juncus*

Zarte Binse
Juncus tenuis WILLD.
Binsengewächse *Juncaceae*

Beschreibung: Blütenstand eine meist doldig zusammengezogene Rispe, die in der Regel von den beiden untersten Tragblättern überragt wird. Die Tragblätter sind 1–2 mm breit und spreitenartig. Blüten einzeln. Blütenhüllblätter braungelb, die inneren mit einem Hautrand. Stengel aufrecht, rund, in der unteren Hälfte sowohl unverzweigt als auch blattlos. Grundblätter gelbgrün, mit schmaler, flacher Spreite, die kaum 2 mm breit wird und zart wirkt. Die Blattspreiten sitzen mit Scheiden dem Stengel an, an denen sich oben deutliche Öhrchen befinden, die 2–5 mm lang werden können und nicht zerschlitzt sind. Grundständige Blattscheiden braun, glanzlos. Die Zarte Binse treibt aus ihrem Rhizom zahlreiche Stengel, die dicht beieinander stehen. Das Wuchsbild entspricht einem horstartigen Rasen. Juni–September. 15–40 cm.

Vorkommen: Braucht eher humusarmen Lehm- oder Tonboden, der basenreich, aber kalkarm sein sollte. Geht im Bergland bis etwa 1000 m. Erträgt Bodenverdichtung und mäßige Beschattung. Wächst vor allem auf Waldwegen. Fehlt in den höheren Mittelgebirgen mit Kalkgestein gebietsweise; sonst zerstreut.

Wissenswertes: ♃. Die Zarte Binse wurde 1824 aus den USA nach Europa eingeschleppt. 1825 wurde sie in Utrecht beobachtet. Von dort aus breitete sie sich über ganz Mitteleuropa aus. Wahrscheinlich werden die schleimig aufquellenden Samen vor allem von Wasservögeln verschleppt. – Ähnlich: Dudleys Binse (*J. dudleyi* WIEG.): Gleicht der Zarten Binse, hat aber Blätter, die höchstens 1/3 der Stengellänge erreichen; die Öhrchen an der Blattscheide sind sehr kurz. Unbeständig aus Amerika eingeschleppt.

Sparrige Binse
Juncus squarrosus L.
Binsengewächse *Juncaceae*

Beschreibung: Blütenstand meist dichte und geknäuelte, seltener lockere, aber immer endständige und vielblütige Rispe. Nur das unterste Tragblatt im Blütenstand mit deutlicher Spreite, die etwa so lang wie die Rispe wird. Blütenhüllblätter glänzend braun, meist mit grünem Mittelstreif und hellerem Hautsaum. Stengel steif aufrecht oder gebogen, rund, in der unteren Hälfte manchmal mit 1 Blatt; sonst – von den Tragblättern im Blütenstand abgesehen – üblicherweise blattlos! Grundblätter zahlreich, dichtborstig, sparrig nach außen gebogen, rinnig, graugrün, während der Blütezeit deutlich kürzer als die Stengel. Grundständige Blattscheiden hellgrün bis dunkel olivgrün. Die Sparrige Binse treibt aus einem senkrecht in der Erde steckenden Rhizom zahlreiche, dicht beieinander stehende Triebe und wächst daher in dichten, gut abgegrenzten Horsten. Juni–August. 10–30 cm.

Vorkommen: Braucht stark sauren, moorigen Boden, der zumindest zeitweise überschwemmt sein sollte; geht auch auf Sand, unter dem der Grundwasserspiegel ständig hoch steht (so z. B. in Dünentälern und tiefen Mulden in Heiden) und in kalkfreie Quell- und Flachmoore der mittleren Gebirgslagen (hier bis etwa 1500 m). Empfindlich gegen hohe Konzentrationen von Stickstoffsalzen; erträgt Düngung daher nicht. Im Tiefland, in den niederschlagsreichen Mittelgebirgen mit kalkarmem Gestein und in Gebieten der Voralpen sowie des Schweizer Jura, in denen es entkalkte Böden oder Vermoorung gibt, zerstreut und meist in kleineren Beständen.

Wissenswertes: ♃. Verschwindet schon, wenn ihre Standorte nur einmal landwirtschaftlich genutzt worden sind.

Binsengewächse *Juncaceae*

Dreispaltige Binse
Juncus trifidus L.
Binsengewächse *Juncaceae*

Beschreibung: Blütenstand endständig und nur mit 1–4 Blüten! Der Blütenstand wird stets von 2–3 schmalen (um 2 mm breiten), 8–15 cm langen Tragblättern überragt, die an der Oberseite manchmal rinnig sind. Blütenhüllblätter tief rotbraun, mit grünem Mittelstreif. Stengel aufrecht, rund, sehr dünn. Spreite der Stengelblätter schmal, rinnig. Scheide der Stengelblätter mit Öhrchen, die 2–4 mm lang werden und tief in 3 Abschnitte zerschlitzt sind. Grundständige Blattscheiden strohgelb bis hellbraun, glänzend. Die Dreispaltige Binse treibt aus ihrem ziemlich waagrecht in der Erde liegenden Rhizom in dichter Folge Stengel aus; sie wächst also in sehr dichten Rasen, die manchmal fast horstartig aussehen. Juli–August. 10–30 cm.

Vorkommen: Braucht ziemlich trockenen, basenarmen und daher meist mäßig sauren, flachgründigen Steinschuttboden, der im übrigen lehmig oder tonig sein kann. Erträgt rasches Austrocknen und wächst daher auf kurzrasigen Alpenmatten, die windausgesetzt und voll besonnt sind. Geht auch in Felsspalten. Meist in Höhen zwischen etwa 1500 und 2500 m. Vereinzelt im Bayerischen Wald; in den Zentral- und Südalpen mit kristallinen Gesteinen zerstreut.

Wissenswertes: ♃. *Juncus trifidus* L. wird meist mit der Einblütigen Binse (*Juncus monanthos* JACQ.) zur Sammelart *J. trifidus* agg. zusammengefaßt. *J. monanthos* hat meist nur 1 Blüte in ihrem Blütenstand. Ihr Stengel ist locker beblättert. Einige grundständige Blattscheiden tragen borstenförmige Spreiten, die mehr als 10 cm lang werden können. *J. monanthos* wächst auf trockenen, kalkreichen Böden. Nordöstliche und Südliche Kalkalpen; sehr selten.

Kopf-Binse
Juncus capitatus WEIGEL
Binsengewächse *Juncaceae*

Beschreibung: Stets mit einem endständigen Blütenstand, der immer köpfchenartig dicht zusammengezogen ist; neben ihm kann es gelegentlich 1–3 seitliche, dichte, meist etwas kleinere Teilblütenstände geben (sie haben 1–3 Blüten weniger als der Endblütenstand). Alle Blütenstände besitzen in der Regel weniger als 10 Blüten (Kümmerformen können im Extrem 1 einzigen Blütenstand mit nur 1 Einzelblüte besitzen!). Das unterste Tragblatt steht auffällig schräg aufwärts ab und überragt den endständigen Blütenstand deutlich. Blütenhüllblätter gelblich, ungleich lang: äußere stets deutlich etwas länger als innere; äußere um 4 mm lang und allmählich in eine feine Spitze ausgezogen; innere trockenhäutig, spitzlich. Stengel dünn, blattlos, nicht immer rund, oft rötlich überlaufen, am Grunde mehrfach verzweigt. Blätter grundständig, höchstens halb so lang wie die Stengel, meist borstlich, selten flach und dann angedeutet rinnig, kaum 1 mm breit. Grundständige Blattscheiden olivbraun. Die Kopf-Binse wächst in kleinen Büscheln. Juni–September. 5–15 cm.

Vorkommen: Braucht humusfreien oder humusarmen, nicht allzu basenreichen und kalkarmen Boden, dessen Durchlüftung schlecht ist. Wächst daher auf verdichteten Sand- oder Tonböden, die ausgelaugt sind. Etwas kälteempfindlich. Sehr selten.

Wissenswertes: ☉. Die Kopf-Binse tritt meist vorübergehend auf. Wo Landwirtschaft intensiv betrieben wird, kann sie sich nicht halten. Am ehesten sagen ihr noch wenig begangene, gleichwohl verdichtete Dünentäler zu, und zwar nur in Gegenden, in denen Spätfröste praktisch nicht auftreten.

Binsengewächse *Juncaceae* ▶

Binse *Juncus*

Dreiblütige Binse
Juncus triglumis L.
Binsengewächse *Juncaceae*

Beschreibung: Blütenstand ein endständiges, 2–5blütiges, dichtes Köpfchen (überdurchschnittlich häufig werden 3blütige Blütenstände angetroffen). Kein spreitenartiges Tragblatt, das den Blütenstand überragt; Tragblätter der Blüten vielmehr schuppenförmig, und unauffällig. Blütenhüllblätter braunrot bis schwarzrot. Stengel aufrecht, glatt, rund, im unteren Teil mit 2 Blättern. Blattspreiten sehr flach, grasähnlich, sehr schmal, kaum über 1 mm breit. Grundständige Blattscheiden rostrot bis kastanienbraun. Die Dreiblütige Binse treibt aus einem mehr oder weniger waagrecht im Boden steckenden Rhizom ihre Stengel im Abstand von nur wenigen Millimetern. Sie wächst daher in mäßig dichten Rasen. Juli–September. 5–20 cm.

Vorkommen: Braucht torfigen oder sumpfigen Boden, der nicht zu basenarm sein sollte und oft ziemlich kalkhaltig ist. Erträgt Staunässe und Bodenkälte. Wächst vor allem an Quellen, an Hängen mit austretendem Hangdruckwasser und in Flachmooren der Alpen, vorzugsweise in Höhenlagen zwischen etwa 1500 und 2500 m. Selten und gebietsweise fehlend.

Wissenswertes: ♃. Die Dreiblütige Binse wird nicht selten übersehen, da sie meist zwischen Riedgräsern wächst und dann nicht auffällt. – Ähnlich: Zweiblütige Binse (*J. biglumis* L.): Im Wuchs ähnlich wie die Dreiblütige Binse, aber mit nur 2, meist übereinander stehenden Blüten im Blütenstand und mit nur 1 pfriemlichen Stengelblatt in der unteren Stengelhälfte, das etwa so lang wie der Stengel wird. Vereinzelt in den Radstädter Tauern auf Kalk; sonst nur in Skandinavien (Norwegen, Schweden, Finnland, Island) und in Nordrußland.

Moor-Binse
Juncus stygius L.
Binsengewächse *Juncaceae*

Beschreibung: Blütenstand aus 1–4 kleinen Köpfchen, die stets unter 8 mm breit bleiben und meist nur 1–3 Blüten enthalten. Das unterste Tragblatt des Blütenstandes ist – wenn überhaupt vorhanden – spreitenartig entwickelt und länger als das zugehörige Köpfchen. Es fehlt allerdings ziemlich oft. Blütenhüllblätter grünlich, aber oft rot überlaufen. Stengel aufrecht oder aufsteigend, rund oder abgeplattet, längsstreifig, glatt, im untersten Viertel mit 2–3 Stengelblättern, deren Spreiten borstlich sind. Grundständige Blattscheiden kastanienbraun oder tief weinrot. Die Moor-Binse treibt ihre Stengel aus einem sehr kurzen, waagrecht im Boden steckenden Rhizom. Einzelstehend bildet sie daher kleine, schlanke Horste. Wo mehrere solcher Horste beieinander stehen, wirkt die Wuchsform rasenartig. Juli–September. 10–20 cm.

Vorkommen: Braucht schlammige und zumindest mäßig saure Torfböden, die wenigstens zeitweise überflutet sein sollten. Besiedelt vor allem Zwischenmoorschlenken. Ist ausgesprochen kalkscheu und meidet daher den Übergang zu flachmoorartigen Bereichen. Sehr selten im Alpenvorland und in den Nördlichen Kalkalpen (z. B. bei Luzern); geht hier aber kaum bis 1500 m. Hauptverbreitungsgebiet der Moor-Binse: Skandinavien und Sibirien bis zum Jenissej.

Wissenswertes: ♃. Der wissenschaftliche Artname „*stygius*" ist offensichtlich von „styx" abgeleitet. Styx hieß in der griechischen Mythologie ein Fluß in der Unterwelt. Angeblich wollte LINNÉ als Benenner der Pflanze damit auf die „unterweltlich-trostlosen" Standorte dieser Pflanze in der Moorlandschaft der nordostschwedischen Tundra hinweisen.

Binsengewächse *Juncaceae*

Kastanienbraune Binse
Juncus castaneus SM.
Binsengewächse *Juncaceae*

Beschreibung: Blütenstand aus 1–3 großen, stets über 1 cm breiten Köpfchen, die meist 2–5, selten auch mehr Blüten enthalten. Unterstes Tragblatt stets vorhanden; es überragt nicht nur sein Köpfchen, sondern oft den gesamten Blütenstand. Blütenhüllblätter ausnehmend groß (mindestens 5 mm lang), sehr schmal eiförmig und oft alle 6 nahezu gleichgestaltig (äußere vielleicht etwas länger und stets spitzlich, innere stumpflich), meist leuchtend kastanienbraun, seltener blaßbraun, nur an der Spitze hautrandig (Lupe!). Stengel aufrecht, steif, rund, bis zu etwa 3/4 seiner Länge beblättert. Blattspreiten bis 4 mm breit, flach oder rinnig, aber selbst dann noch um 2 mm breit und nicht borstlich. Grundständige Blattscheiden dunkel rotbraun. Die Kastanienbraune Binse treibt ihre Stengel aus einem lang verzweigten, unterirdischen Rhizom; sie stehen in der Regel einzeln und mehrere Zentimeter voneinander entfernt. Daher ist der Wuchs der Kastanienbraunen Binse ausgesprochen lockerrasig. Juli–August. 10–25 cm.

Vorkommen: Braucht nassen, leicht sauren, kühlen, gut durchlüfteten Humusboden. Wächst nur in Quellsümpfen in Höhen um 2000 m. Vereinzelt in den österreichischen Zentralalpen und in Südtirol sowie im Gebiet des Alpenrheins und in Graubünden. Arktisch-alpine Pflanze, die ihr Hauptareal zwischen 50° und 70° n. Br. hat, wobei sie in Amerika auch südlich des 50° n. Br. sehr selten in den Rocky Mountains zu finden ist; in Skandinavien ist sie hingegen südlich des 60° n. Br. kaum anzutreffen.

Wissenswertes: ♃. Das Vorkommen in den Alpen kann als Relikt aus Kälteperioden der Eiszeit angesehen werden.

Meerstrand-Binse
Juncus maritimus LAM.
Binsengewächse *Juncaceae*

Beschreibung: Blütenstand seitlich „am Stengel", an dessen Ende in Wirklichkeit 1 Tragblatt steht, das man auf den ersten Blick nicht vom Stengel unterscheiden kann und das durch eine stechende Spitze ausgezeichnet ist. Blütenstand eine lockere Rispe, deren Äste vereinzelt mehr als 10 cm messen können. Der Blütenstand wird von dem endständigen, stengelartigen Tragblatt kaum überragt. Blütenhüllblätter strohgelb, oft rötlich überlaufen und meist mit häutigem Rand, äußere mehr oder weniger eiförmig-kahnartig, spitz zulaufend und mit sehr kurzer Stachelspitze, innere kürzer, schmal-eiförmig und stumpflich. Stengel aufrecht, rund, undeutlich längs gestreift (gut erst nach dem Trocknen als feine Furchen zu erkennen), deutlich gelbgrün. Grundständige Blattscheiden rostrot. Die oberirdischen Sprosse wachsen aus einem verzweigten, unterirdischen Rhizom, und zwar so dicht, daß die Wuchsform dichtrasig wirkt. Juli–August. 0,5–1,5 m.

Vorkommen: Die Meerstrand-Binse braucht kochsalzhaltigen Boden, der sandig oder tonig sein sollte. Sie erträgt zeitweilige Überflutung. Sie wächst daher am ehesten im Vorland der Deiche und ist hier am konkurrenzfähigsten. Nord- und Ostseeküste; selten.

Wissenswertes: ♃. Die kräftigen und dichten Polster der Meerstrand-Binse fallen an den Standorten schon von weitem auf. Da sie wegen der Zähigkeit der Stengel und der stechenden Spitze des obersten Tragblatts selbst von Schafen nicht gefressen wird, bleibt sie dort stehen, wo das Land nur als Weide genutzt wird. Im eingedeichten Bereich verdrängen sie Schnitt und Düngung gleichermaßen.

Binsengewächse *Juncaceae* ▶

Binse *Juncus*

Zwiebel-Binse
Juncus bulbosus L.
Binsengewächse *Juncaceae*

Beschreibung: Blütenstand eine auseinandergezogene, fast traubige Rispe, an deren Verzweigungsstellen kurze, spreitenartige Tragblätter stehen. 3–6 Blüten bilden am Ende eines Rispenastes ein kleines Büschel, in dem ebenfalls spreitenartige Tragblätter stehen. Blütenhüllblätter um 3 mm lang, die äußeren und die inneren nahezu gleich gestaltet, schmal-eiförmig, spitzlich, hell- bis rotbraun, manchmal mit grünem Mittelstreif, selten ganz grün. Stengel an trockenen Wuchsorten aufrecht, an feuchten meist niederliegend. Niederliegende Stengel wurzeln an den Ansatzstellen der Blätter und treiben hier neue Blattbüschel. Basis der Stengel oft knollig verdickt und ohne Blattscheiden. Stengelblätter fädlich, dünn. Auf nicht überfluteten Standorten wächst die Zwiebel-Binse in kleinen Büscheln, die dicht zusammenstehen und so einen dichten, ungleichmäßigen Rasen bilden. Rhizom nur mäßig verzweigt. Juli–Oktober. 3–30 cm.

Vorkommen: Braucht sauren und daher kalkarmen oder kalkfreien, oft überschwemmten Sand-, Schlick- oder Torfboden. Wächst an offenen Stellen in Flachmooren, in der Uferzone von Heideseen und in träge durchflossenen Gräben von Sandgebieten. Selten, aber an ihren Standorten meist in kleineren Beständen. Steigt in den Alpen bis etwa 1250 m.

Wissenswertes: ♃. Vielgestaltige Pflanze. Untergetauchte Individuen gleichen solchen nur wenig, deren Standort nie längere Zeit hindurch überspült wird. Sie können sogar regelrecht im Wasser fluten. Manche Exemplare blühen schon im 1. Jahr und bleiben dann klein. Blattartige Mißbildungen am Köpfchen werden durch Stiche des Binsen-Flohs hervorgerufen.

Zwerg-Binse
Juncus pygmaeus RICH. ex THUILL.
Binsengewächse *Juncaceae*

Beschreibung: Blütenstand aus 1 oder mehreren endständigen Köpfchen, die fast 1 cm lang werden können und 2–8 Blüten enthalten. 1–2 blattartige Tragblätter. Blütenhüllblätter gelblich, häutig, alle gleich lang, lanzettlich, spitzlich, die äußeren zuweilen auch stumpflich. Stengel niederliegend, aufsteigend oder aufrecht, rund, glatt, nur in der unteren Hälfte beblättert (oft nur 1 Stengelblatt, vielfach indessen auch blattlos). Stengelblatt – wenn vorhanden – borstlich. Blätter setzen mit einer Scheide am Stengel an; an dieser Scheide gibt es unzerschlitzte Öhrchen, die etwa 1 mm lang werden. Ganze Pflanze schmutziggrün und oft etwas rötlich überlaufen. Die Zwerg-Binse wächst in kleinen Büscheln. Mai–September. 2–10 cm.

Vorkommen: Braucht nassen, zeitweilig überschwemmten Boden. Geht nur selten auf Standorte, die nur feucht sind. Ausschließlich auf Sand, vorzugsweise in Dünentälern oder an Teichrändern im Gebiet meeresnaher Heiden. In Westeuropa auch in niederschlagsreichen Gegenden, in denen Teichwirtschaft betrieben wird (z. B. Dombes nordöstlich von Lyon). Auf den nordfriesischen Inseln vereinzelt; die dort noch bekannten Standorte sind ernstlich bedroht, ja möglicherweise inzwischen erloschen.

Wissenswertes: ☉. Das Hauptareal der Zwerg-Binse liegt in Süd- und Westeuropa. Bei „Neufunden" empfiehlt es sich, die Kopf-Binse (*J. capitatus* WEIGEL, s. S. 200) auszuschließen. Am leichtesten ist dies durch einen Vergleich der Blütenhüllblätter möglich: bei der Kopf-Binse sind die äußeren Blütenhüllblätter stets länger als die inneren; bei der Zwerg-Binse sind alle etwa gleich lang. – Blüten oft kleistogam.

Binsengewächse *Juncaceae*

Stumpfblütige Binse
Juncus subnodulosus SCHRANK
Binsengewächse *Juncaceae*

Beschreibung: Blütenstand eine stark verzweigte Rispe mit 10–50 (selten auch noch mehr) Köpfchen; die Rispenäste werden 1–6 cm lang und stehen oft recht- oder stumpfwinklig ab, sind in diesem Fall also abwärts gewinkelt. Am Ende der Rispenäste stehen 5–10blütige Köpfchen. Tragblatt bzw. Tragblätter (meist 2) mit flacher Spreite, kürzer als die Rispe. Blütenhüllblätter um 2 mm lang, eiförmig, stumpflich, hellgelb bis hellgrün. Stengel am Grunde ziemlich dick (2–3 mm im Durchmesser), aufsteigend oder aufrecht. Stengelblätter an den nichtblühenden Stengeln von diesen auf den ersten Blick nicht zu unterscheiden. Grundständige Blattscheiden braun. Die Stumpfblütige Binse treibt ihre oberirdischen Sprosse aus einem waagrecht in der Erde steckenden Rhizom in ziemlich regelmäßigen Abständen. Sie bildet lockere oder mäßig dichte Rasen, in denen die Stengel fast kammzahnartig angeordnet sind. Juni–Juli. 0,3–1 m.

Vorkommen: Braucht gut durchlüfteten, gleichwohl nassen Boden. Wächst an Quellen, in Hangmooren und an zügig durchflossenen Gräben. Bevorzugt basenreiche, meist kalk- und humushaltige Böden. Erträgt Kochsalz. Wärmeliebend. Fehlt auf kalkarmem oder kalkfreiem Boden ganz, in den Kalkgebieten auf größeren Strecken; sonst selten. Steigt bis etwa 1000 m.

Wissenswertes: ♃. An Fischwassern, an und in denen die Stumpfblütige Binse in größeren Beständen vorkommt, wird sie gerne gesehen, da sie durch Photosynthese das Wasser mit Sauerstoff anreichert. In dem sauerstoffreichen Wasser siedeln sich Kleinlebewesen an (Mückenlarven eingeschlossen), die von Friedfischen jeden Alters gerne gefressen werden.

Spitzblütige Binse
Juncus acutiflorus EHRH. ex HOFFM.
Binsengewächse *Juncaceae*

Beschreibung: Blütenstand eine stark verzweigte Rispe, an deren Astenden Köpfchen stehen, die um 5 mm breit werden und meist weniger als 10 Blüten enthalten. Rispenäste 1–10 cm lang. Insgesamt 50–80 Köpfchen. Tragblatt des Blütenstandes höchstens so lang wie die Rispe, meist viel kürzer. Blütenhüllblätter braun, allmählich zugespitzt; die inneren Blütenhüllblätter werden etwa 3 mm lang und sind damit deutlich länger als die 3 äußeren. Stengel aufrecht, meist schwach zusammengedrückt, vor allem am Grund. Stengelblätter stengelartig, ihr Querschnitt – wie bei den grundständigen Blättern – nicht rund, sondern oval; Stengel noch im oberen Viertel beblättert; diese Blätter auch getrocknet ohne Streifen oder Furchen. Grundständige Blattscheiden kastanienbraun, matt. Ganze Pflanze graugrün oder grasgrün. Die Spitzblütige Binse wächst in lockeren Rasen. Juni–August. 0,4–1,2 m.

Vorkommen: Braucht staunassen, aber wenigstens gelegentlich austrocknenden, nährstoffreichen Boden, der schlammig, moorig oder humusarm sein kann. Besiedelt unter geeigneten Bedingungen auch frisch aufgeworfenes Erdreich. Geht kaum bis 1700 m. Fehlt in Mitteleuropa gebietsweise. Selten.

Wissenswertes: ♃. Die Spitzblütige Binse ist formenreich. Vom Rhein-Main-Raum nach Osten findet sich vereinzelt die Schwarze Binse (*J. atratus* KROCK.), die schwarzbraune Blütenhüllblätter hat; bei ihr sind die obersten Stengelblätter gestreift. Die Schwarze Binse ist trotz gewisser Ähnlichkeiten mit der Spitzblütigen Binse nicht so nahe verwandt, daß man sie in eine Sammelart stellen könnte.

Binsengewächse *Juncaceae* ▶

Binse *Juncus*
Hainsimse *Luzula*

Alpen-Binse
Juncus alpino-articulatus CHAIX
Binsengewächse *Juncaceae*

Beschreibung: Blütenstand eine wenig verzweigte Rispe, an deren Astenden kleine Köpfchen stehen, die nur um 3 mm breit werden und meist weniger als 5 Blüten enthalten. Tragblatt bzw. Tragblätter – soweit es mehr als 1 gibt – kürzer als die Rispe. Blütenhüllblätter dunkel rotbraun, alle etwa gleich lang (um 3 mm), mit einer feinen, aufgesetzten Spitze (Lupe!). Stengel meist rund, auch noch im oberen Viertel beblättert. Stengelblätter stengelartig. Grundständige Blattscheiden braun. Die Alpen-Binse treibt ihre Stengel und die zugehörigen grundständigen Blätter aus einem mehr oder weniger waagrechten Rhizom, und zwar in größeren Abständen voneinander, so daß ihr Wuchsbild sehr lockerrasig wirkt. Juni–August. 10–50 cm.

Vorkommen: Braucht staunassen oder durchsickerten, kühlen, kalkhaltigen Boden. Empfindlich schon gegen mäßige Konzentrationen von Stickstoffsalzen. Bevorzugt Flach- und Zwischenmoore, geht auch in Gräben und in Randgebiete von Hochmooren. Fehlt im Tiefland westlich der Elbe oder kommt dort nur vereinzelt nahe der Mittelgebirgsschwelle vor; östlich der Elbe sehr selten; am Oberrhein, im Alpenvorland und in den Alpen zerstreut; steigt hier bis über 2000 m; sonst nur vereinzelt.

Wissenswertes: ♃. Bei der Alpen-Binse wachsen hin und wieder aus den Blüten beblätterte Sprosse aus, die dann abfallen und sich bewurzeln oder – und das ist die Regel – vom niedergebogenen Stengel aus Wurzel schlagen. Allerdings kann eine solche „Viviparie" auch noch bei einigen anderen Arten vorkommen (z. B. bei *J. bulbosus* L.), so daß sie zur sicheren Bestimmung nicht allein benutzt werden kann.

Glieder-Binse
Juncus articulatus L.
Binsengewächse *Juncaceae*

Beschreibung: Blütenstand reich verzweigte Rispe mit kurzen, spreitenartigen Tragblättern. An den Enden der Rispenäste stehen Blütenköpfchen, die 0,5–1 cm breit werden können und 3–10 Blüten enthalten. Innere und äußere Blütenhüllblätter in Form und Größe gleich, dunkel rotbraun, in eine Spitze auslaufend (also keine feine, aufgesetzte Spitze; starke Lupe!). Stengel aufrecht oder aufsteigend, rund, bis oben beblättert; Stengel- und Grundblätter stengelartig; beide im Querschnitt nicht rund, sondern – meist deutlich – oval (gutes Unterscheidungsmerkmal gegen die Alpen-Binse!). Grundständige Blattscheiden olivgrün. Ganze Pflanze häufiger schmutziggrün als grasgrün. Die Glieder-Binse wächst lockerrasig. Juli–Oktober. 10–50 cm.

Vorkommen: Braucht basenreichen, ziemlich staunassen Boden, der schwach sauer, neutral oder schwach basisch sein sollte. Empfindlich schon gegen mäßig hohe Konzentrationen von Stickstoffsalzen. Der Untergrund, auf dem sie wächst, kann vorwiegend sandig, lehmig oder tonig sein. Bevorzugt Flachmoore, Quellhorizonte und staunasse, extensiv bewirtschaftete Wiesen (auf ihnen zeigt sie zuverlässig Vernässung an), geht aber auch in Gräben und auf feuchte Wege. Wo die Glieder-Binse in Hochmooren auftritt, zeigt sie deren Untergang an. Bildet an ihren Standorten meist kleinere Bestände. Steigt im Gebirge bis etwa zur Laubwaldgrenze. Zerstreut.

Wissenswertes: ♃. Blütenstandsverlaubungen durch Stiche des Binsen-Flohs. – Ähnlich: Zweischneidige Binse (*J. anceps* LA HARPE): Blütenhüllblätter stumpf, höchstens äußere spitzlich; Stengel und Blätter stark abgeflacht; Salzböden der Nordseeküste; selten.

Binsengewächse *Juncaceae*

Forsters Hainsimse
Luzula forsteri (SM.) DC.
Binsengewächse *Juncaceae*

Beschreibung: Blütenstand steht aufrecht, nickt oder hängt über, ist stets verzweigt, oft doldig. Tragblatt einzeln, deutlich kürzer als der Blütenstand, aufrecht. Blüten meist einzeln, ziemlich lang gestielt, sehr selten mehrere an einem gemeinsamen Blütenstandszweig. Blütenhüllblätter etwa 4 mm lang, dunkelbraun. Stengel aufrecht, dünn, rund. Blätter meist um 3 mm, höchstens um 4 mm breit, spärlich bewimpert, mit kurzer, gelblicher Spitze. Grundständige Blattscheiden rot oder violett. Forsters Hainsimse wächst in dichten Rasen, ja fast kleinhorstig, denn an dem senkrecht im Erdreich steckenden Rhizom zweigen die oberirdischen Sprosse in kurzen Abständen voneinander ab. Außerdem sprossen aus dem Rhizom auch kurze, dünne, unterirdische Ausläufer, die schließlich neue „Kleinhorste" in der Nachbarschaft der „Mutterpflanze" bilden. April–Mai. 10–30 cm.
Vorkommen: Braucht eher kalkarmen, aber durchaus basenhaltigen, lehmigen Boden, geht auch auf verfestigten Sand. Liebt Wärme, meidet indessen volle Besonnung. Bevorzugt frische Laubwälder. Geht auch in warmen Gebirgslagen (z. B. an Südhängen) kaum über 1500 m. Ober- und Mittelrhein, nach Norden etwa bis zum Nahetal, nach Osten bis in den Kraichgau; in der Schweiz im Westen und Süden; in Österreich in Niederösterreich; überall selten.
Wissenswertes: ♃. Die Samenschale von Forsters Hainsimse verschleimt bei Nässe stark, wird dadurch klebrig und kann dann von Tieren verschleppt werden. – Der Artname wurde zu Ehren von EDWARD FORSTER gegeben, der von 1765–1849 in England lebte und dort die Art entdeckt hat.

Gelbliche Hainsimse
Luzula luzulina (VILL.) DT. et S.
Binsengewächse *Juncaceae*

Beschreibung: Blütenstand aufrecht, ziemlich armblütig (meist um 10 Blüten). Blütenstandsäste in der Regel nicht verzweigt, in unterschiedlichen, meist spitzen Winkeln schräg aufwärts abstehend. Tragblätter deutlich kürzer als der Blütenstand, etwas abstehend. Blüten stets einzeln auf Stielen, die mehrfach länger als die zugehörige Blüte sind. Blütenhüllblätter alle etwa 4 mm lang, gelbbraun, breit hautrandig. Stengel aufrecht, rund, glatt. Blätter häufig um 3 mm breit (mindestens 2 mm, höchstens 4 mm breit), kahl oder schwach bewimpert, vorne mit einer kaum 0,3 mm langen, aufgesetzten, gelblichen Spitze. Grundständige Blattscheiden braun oder gelblich. Die Gelbliche Hainsimse wächst in lockeren Rasen. Aus dem flach und waagrecht im Erdreich liegenden Rhizom treiben stets auffallend dünne, unterirdische Ausläufer, die länger als einen Dezimeter werden können. Mai–Juni. 10–30 cm.
Vorkommen: Braucht sauren, sandigen oder lehmig-steinigen Boden, der aber durchaus basenreich sein darf und gut mit Humus untermischt oder von einer dünnen Rohhumusschicht bedeckt sein sollte. Der Untergrund, auf dem die Gelbliche Hainsimse optimal wächst, sollte wenigstens 4 Monate, kann aber bis zu 6 Monaten schneebedeckt sein. Die Pflanze liebt auch im Sommer kühlen Schatten und gedeiht am besten in Nadelwäldern des Alpenvorlands, der Alpen und des Schweizer Juras in Höhen zwischen etwa 700 bis 2000 m. Selten.
Wissenswertes: ♃. Die Gelbliche Hainsimse wird möglicherweise gelegentlich als „wimpernarme" *Luzula pilosa* (s. S. 210) verkannt; denn ihr ähnelt sie auf den ersten Blick.

Binsengewächse *Juncaceae*

Hainsimse *Luzula*

Behaarte Hainsimse
Luzula pilosa (L.) WILLD.
Binsengewächse *Juncaceae*

Beschreibung: Blütenstand aufrecht, vielblütig, locker. Blütenstandsäste meist verzweigt. Äste ziemlich dünn, ungleich lang, zur Zeit der Samenreife oft zurückgekrümmt. Unterstes Tragblatt deutlich kürzer als der Blütenstand, etwas abstehend. Stengel aufrecht, rund, glatt. Blüten stets einzeln auf Stielen, die mehrfach länger als die Blüten selbst sind. Blütenhüllblätter um 4 mm lang, innere und äußere in der Regel gleich lang und gleichgestaltig, gelegentlich die inneren länger als die äußeren, alle spitzlich, braun bis kastanienbraun, mit durchsichtig-häutigem Rand. Untere Blätter grasartig flach, 5–10 mm breit, meist dicht weiß bewimpert; Stengelblätter viel schmäler; alle Blätter ohne aufgesetzte Spitze. Grundständige Blattscheiden dunkelrot. Die Behaarte Hainsimse wächst in mäßig dichten, büschelig-horstigen Rasen und hat – wenn überhaupt – unterirdische Ausläufer, die kürzer als 1 cm bleiben. April–Mai. 15–30 cm.

Vorkommen: Braucht lehmigen, lockeren, kalkarmen, einigermaßen basenreichen, humushaltigen Boden. Liebt Schatten. Bevorzugt krautreiche Laubwälder, Mischwälder und lichtere Nadelwälder. Fehlt im Tiefland westlich der Weser kleineren Gebieten; sonst zerstreut. Kommt an ihren Standorten oft in lockeren, aber individuenreichen Beständen vor. Steigt im Gebirge meist nicht über 1500 m.

Wissenswertes: ♃. Wie bei anderen Pflanzen des schattigen Waldes, die normalerweise im Frühjahr blühen (z. B. beim Wiesen-Schaumkraut), kann es bei der Behaarten Hainsimse nach dem Blattfall im Oktober bei nicht zu kaltem Novemberwetter noch zu einer 2., meist reduzierten Blütenausbildung kommen.

Goldgelbe Hainsimse
Luzula lutea (ALL.) DC.
Binsengewächse *Juncaceae*

Beschreibung: Blütenstand aufrecht oder nickend. Blütenstandsäste verzweigt, ungleich lang, aber eher kurz als lang, schon während der Blütezeit mehr oder weniger abstehend. Tragblatt deutlich kürzer als der Blütenstand. Blüten stehen in 6–10blütigen Knäueln auf den Rispenästen; innere und äußere Blütenhüllblätter in der Regel etwa gleich lang (um 3 mm), selten innere länger als die äußeren, auffallend gelb, die inneren stets stumpf, die äußeren oft mit aufgesetzter, kurzer Stachelspitze (starke Lupe!). Stengel meist aufrecht, rund, glatt. Untere Blätter um 5 mm, seltener nur 3 mm oder gut 6 mm breit, Spreite kahl oder nur spärlich bewimpert, oberer Rand der Blattscheide hingegen deutlich, wenngleich schütter behaart. Unterstes Stengelblatt kaum kürzer als die kürzesten der grundständigen Blätter und kaum schmäler. Grundständige Blattscheiden braunrot. Die Goldgelbe Hainsimse wächst in mäßig dichten Horsten, aus denen sie unterirdische Ausläufer von 1–1,5 cm Länge austreiben kann. Juli–August. 10–25 cm.

Vorkommen: Braucht kalkarmen, humosen und lockeren, kühlen Boden. Wächst nur auf alpinen Weiden oberhalb der Waldgrenze, also zwischen etwa 1800 und 3000 m. In den Zentral- und Südalpen über kristallinem Gestein zerstreut und an ihren Standorten oft in kleineren, mäßig individuenreichen Beständen.

Wissenswertes: ♃. Windblütige Pflanzen, wie es die Hainsimsen-Arten sind, besitzen selten auffällig gefärbte Blüten, die Insekten anlocken könnten. Die Goldgelbe Hainsimse hat zwar solche Blüten; doch ist über regelmäßigen Insektenbesuch oder gar eine erfolgreiche Insektenbestäubung bei ihr nichts bekanntgeworden.

Binsengewächse *Juncaceae*

Wald-Hainsimse
Luzula sylvatica (HUDS.) GAUD.
Binsengewächse *Juncaceae*

Beschreibung: Blütenstand steht aufrecht, ist groß und besitzt verzweigte Äste. Tragblätter viel kürzer als der Blütenstand. Innere Blütenhüllblätter kaum länger als die äußeren, beide 3-4 mm lang, braun. Stengel aufrecht, kräftig. Grundständige Blätter um 1 cm breit, gelegentlich auch breiter, glänzend, dicht weiß bewimpert. Grundständige Blattscheiden braun oder verwaschen braun. Die Wald-Hainsimse wächst in lockeren Büscheln und hat – wenn überhaupt – unterirdische Ausläufer, die höchstens 1 cm lang werden, aber ziemlich dick sind. April–Mai. 25–90 cm.
Vorkommen: Braucht lockeren, humushaltigen, basen- und kalkarmen Lehmboden. Schattenliebend. Bevorzugt Standorte mit hoher Luftfeuchtigkeit. Besiedelt vorzugsweise Mulden in Laub-, Misch- und lichten Nadelwäldern. Fehlt im Tiefland und im östlichen Teil Mitteleuropas größeren Gebieten, sonst zerstreut. Steigt in den Alpen bis etwa 2000 m. Kommt an ihren Standorten zuweilen in größeren und dichten, individuenreichen Beständen vor.
Wissenswertes: ♃. In den Mittelgebirgen kann die Wald-Hainsimse auf nährstoffarmen Böden den natürlichen Aufwuchs hemmen und dadurch zum Forstunkraut werden. – Die Wald-Hainsimse kommt bei uns in 2 Unterarten vor: Ssp. *sylvatica* wird durch die gegebene Beschreibung gedeckt. Ssp. *sieberi* („Siebers Hainsimse") bleibt kleiner; ihre Blätter erreichen nur eine Breite von 4-5 mm. Die reife Frucht soll deutlich kürzer als die inneren Blütenhüllblätter bleiben. Ssp. *sieberi* ist in ihrer Verbreitung auf die Alpen und Voralpen beschränkt, wo sie Höhen zwischen 1000 und 2000 m bevorzugt.

Weißliche Hainsimse
Luzula luzuloides (LAM.) DANDY et WILM.
Binsengewächse *Juncaceae*

Beschreibung: Blütenstand insgesamt aufrecht, im Verhältnis zur Höhe der Pflanze klein. Rispenäste verzweigt, zur Blütezeit schief aufrecht abstehend. 2-8 Blüten stehen jeweils knäuelig-kopfig am Ende der Rispenäste. Das unterste Tragblatt ist mindestens halb so lang wie der Blütenstand, gelegentlich ebenso lang oder länger. Blütenhüllblätter um 3 mm lang, weißlich, gelegentlich leicht rötlich überhaucht, die äußeren deutlich kürzer als die inneren, spitz. Stengel aufrecht, dünn, glatt. Untere Blätter meist 3-4 mm breit, selten breiter, am Rande weiß bewimpert. Grundständige Blattscheiden dunkelbraun oder schwarzviolett. Die Weißliche Hainsimse wächst in lockeren, gleichwohl da und dort etwas büscheligen Rasen. Aus ihrem Rhizom treiben nur sehr kurze, unterirdische Ausläufer. Mai–Juni. 30–70 cm.
Vorkommen: Braucht kalkarmen, aber basen- und humushaltigen, lockeren Lehmboden. Erträgt Schatten. Besiedelt gerne dichtere Laubwälder, Mischwälder, Fichten- und Tannenbestände, in denen sie oft die häufigste Art der Krautschicht ist. Im Tiefland westlich der Elbe nur vereinzelt, östlich von ihr selten; sonst zerstreut, in den ausgesprochenen Lehmgebieten häufig; steigt bis etwa 2000 m.
Wissenswertes: ♃. Von der Weißlichen Hainsimse sind zahlreiche Formen beschrieben worden, die in Bewimperung, Färbung einzelner Organe oder Größe von der Normalform abweichen. Dennoch hat sich keine innerartliche Sippendifferenzierung durchgesetzt. Im Tiefland ist die Art vermutlich erst im letzten Jahrhundert eingewandert oder durch Kulturmaßnahmen in die Forste ungewollt eingebracht worden.

Binsengewächse *Juncaceae* ▶

Hainsimse *Luzula*

Schneeweiße Hainsimse
Luzula nivea (L.) DC.
Binsengewächse *Juncaceae*

Beschreibung: Blütenstand steht insgesamt aufrecht, ist ziemlich groß und besitzt reich verzweigte Äste, die zuweilen fast doldig angeordnet sind und zur Blütezeit schräg aufwärts abstehen, manchmal aber auch leicht in sich bogig gekrümmt sind. An ihrem Ende sitzen Büschel aus 5–20 Blüten. Das unterste Tragblatt ist meist etwa so lang wie der gesamte Blütenstand und überragt ihn nicht selten. Blütenhüllblätter reinweiß (nicht nur weißlich!), die inneren etwas länger als die äußeren; innere Blütenhüllblätter um 5 mm lang. Stengel aufrecht, kräftig, glatt. Grundständige Blätter meist 2–4 mm breit, selten breiter, 15–30 cm lang, am Rande weiß bewimpert; Stengelblätter etwa gleich breit wie die Grundblätter, aber meist deutlich kürzer (10–20 cm lang). Grundständige Blattscheiden braun oder rostbraun. Die Schneeweiße Hainsimse wächst in lockeren, etwas büscheligen Rasen. Aus ihrem Rhizom treiben stets unterirdische Ausläufer, die meist einige Zentimeter lang sind. Juni–August. 0,25–1 m.

Vorkommen: Braucht kalkarmen, aber durchaus basenreichen Boden, der locker und leicht feucht sein sollte, und dem es nicht an Humus fehlen darf. Bevorzugt Laub- und Mischwälder in den Alpen, im Alpenvorland und im Schweizer Jura, vor allem zwischen etwa 800 und 1500 m. In den Zentral- und Südalpen häufig, sonst selten; kommt an ihren Standorten in kleineren, mäßig individuenreichen Beständen vor.

Wissenswertes: ♃. Die Schneeweiße Hainsimse fehlt auch innerhalb ihres Verbreitungsgebietes auf weiten Strecken, und zwar vor allem in den Gebieten mit Kalk- und Dolomitgesteinen; hier zeigt sie Entkalkung an.

Braune Hainsimse
Luzula alpino-pilosa (CHAIX) BREISTR.
Binsengewächse *Juncaceae*

Beschreibung: Blütenstand nickt meist. Die Äste des Blütenstands verzweigen sich am Ende und bilden 2–5blütige Büschel; sie stehen schon zur Blütezeit ziemlich sparrig ab. Das unterste Tragblatt wird meist nur 3/4 so lang wie der Blütenstand. Blütenhüllblätter klein, nur etwa 2 mm lang, bräunlich-häutig, äußere mit kurzer Spitze (Lupe!). Der Stengel ist meist aufrecht und wirkt dünn. Die grundständigen Blätter werden nur 1–2 mm breit. Sie bleiben kahl oder sind nur lückig bewimpert. Die grundständigen Blattscheiden sind braun, seltener braunrot. Die Braune Hainsimse wächst in ziemlich dichten Horsten. Aus dem Rhizom treiben gelegentlich Ausläufer von mehr als 1 cm Länge. Juni–August. 10–50 cm.

Vorkommen: Braucht nassen, durchsickerten, kalk-, aber durchaus nicht basenarmen, humosen und mit Steinschutt durchsetzten alpinen Boden. Bevorzugt Schneetälchen, Schneemulden und -löcher oder Runsen an Nord- und Osthängen, vorwiegend zwischen 1500 und 3000 m. Zerstreut, aber meist in kleineren Beständen; in den Kalkalpen selten.

Wissenswertes: ♃. Die Braune Hainsimse wird neuerdings als Kleinart mit der Pyrenäen-Hainsimse (*L. desvauxii* KUNTH) zur Sammelart *L. alpino-pilosa* agg. zusammengefaßt. *L. desvauxii* hat Blätter, die um 5 mm breit werden und fast so lang wie die Stengel sind. Sie kommt in den Alpen und in den höchsten Lagen des Südschwarzwalds und der Vogesen vor. Die meist als Art angesehene Kahle Hainsimse (*L. glabrata* (HOPPE) DESV.), die ebenfalls selten in den Ostalpen vorkommt, hat noch breitere (0,6–1,2 cm), kahle oder nur scheidennah behaarte Blätter.

Binsengewächse *Juncaceae*

Ähren-Hainsimse
Luzula spicata (L.) DC.
Binsengewächse *Juncaceae*

Beschreibung: Blütenstand im Umriß fast eiförmig, aufrecht oder (häufiger) nickend. Blütenstandsäste sehr kurz, am Ende mit je 1 kurzen, wenigblütigen, ährigen Teilblütenstand; der Gesamtblütenstand ähnelt daher einer lappigen Ähre. Tragblatt meist nur etwa so lang wie der Blütenstand. Blütenhüllblätter alle gleich lang (kaum 3 mm), braun, mit einer feinen, abgesetzten Spitze (starke Lupe!) und zum Teil mit häutigem Rand. Der Stengel ist meist aufrecht und wirkt dünn. Grundständige Blätter meist rinnig gefaltet, ausgebreitet gemessen 1–2 mm, selten bis zu 4 mm breit und am Rande in der Regel deutlich, zuweilen aber auch nur schütter bewimpert oder fast kahl und dann nur oben an den Blattscheiden mit mehr oder weniger zahlreichen Wimperhaaren. Grundständige Blattscheiden hellbraun, gelblich oder rötlich. Die Ähren-Hainsimse wächst in eher lockeren Horsten. Ihr Rhizom treibt nie Ausläufer. Juni–August. 10–30 cm.

Vorkommen: Braucht kalk- und basenarmen, nicht zu nassen, aber humosen und oft steinigen Boden in alpinen Lagen zwischen etwa 1500 und 2500 m. Geht an ihren tiefstgelegenen Standorten meist auf Schotterterrassen an Flußläufen, an den höher gelegenen in der Regel auf offene Matten. In den Zentral- und Südalpen zerstreut, aber an ihren Standorten oft in größeren, wenngleich nicht sonderlich individuenreichen Beständen; in den Kalkalpen und im Schweizer Jura selten und gebietsweise fehlend.

Wissenswertes: ♃. Zuweilen wird neben der oben beschriebenen ssp. *spicata* noch ssp. *mutabilis* CHRTEK et KŘÍSA unterschieden; sie soll nur 7–15 cm hoch werden und zusammen mit ssp. *spicata* vorkommen.

Feld-Hainsimse
Luzula campestris (L.) DC.
Binsengewächse *Juncaceae*

Beschreibung: Blütenstand steht aufrecht. Die Äste des Blütenstands sind am Ende kurzstielig verzweigt und tragen 5–10 Blüten. Die einzelnen Teilblütenstände ähneln einer lockeren Ähre bzw. einer dichten Dolde. Tragblatt halb so lang oder so lang wie der Blütenstand, selten länger. Alle Blütenhüllblätter etwa 3–4 mm lang, meist schwarzbraun. Der Stengel steht meist aufrecht und wirkt kräftig. Grundständige Blätter 2–8 mm breit, weiß bewimpert. Grundständige Blattscheiden braunrot. Die Feld-Hainsimse wächst in lockeren Horsten. Aus dem Rhizom (= Wurzelstock) treiben oft lange unterirdische Ausläufer. März–Mai. 5–40 cm.

Vorkommen: Braucht kalkarmen, aber durchaus basenhaltigen Boden, der humus- oder torfhaltig sein sollte. Geht auch auf humose Sande. Steigt in den Alpen bis etwa 2500 m. Bevorzugt offenes Gelände und steht daher – falls sie dort vorkommt – in Wäldern an den lichtesten Stellen. Häufig, fehlt aber in reinen Sand- oder Kalkgebieten da und dort. Bildet an ihren Standorten oft ausgedehnte, wenngleich meist nicht sehr individuenreiche Bestände.

Wissenswertes: ♃. Mit der oben beschriebenen Gewöhnlichen Feld-H. (*L. campestris* (L.) DC.) werden zur Sammelart *L. campestris* agg. zusammengefaßt: Vielblütige Feld-H. (*L. multiflora* (EHRH. ex RETZ) LEJ.): Blütenhüllblätter nur etwa 3 mm lang; nie Ausläufer; zerstreut. Sudeten-Feld-Hainsimse (*L. sudetica* (WILLD.) SCHULT.): Innere Blütenhüllblätter kaum, äußere gut 2 mm lang; stets mit unterirdischen Ausläufern; selten. Bleiche Feld-Hainsimse (*L. pallescens* Sw.): Blütenhüllblätter hellbraun, 3 mm lang; sehr selten; vorwiegend im östlichen und nördlichen Mitteleuropa.

Riedgrasgewächse *Cyperaceae* ▶

Zypergras *Cyperus*

Braunes Zypergras
Cyperus fuscus L.
Riedgrasgewächse *Cyperaceae*

Beschreibung: 3–8 (selten mehr oder weniger) Ähren stehen in einem kopfartigen Blütenstand locker beieinander, wodurch der Blütenstand lappig wirkt. Er wird 1–2 cm lang; gelegentlich gibt es Nebenblütenstände. Im Blütenstand stehen 3–4 Tragblätter, von denen wenigstens 2, oft auch 3 wesentlich länger als der Blütenstand sind; vereinzelt können sie bis etwa 10 cm lang werden; sie stehen mehr oder weniger waagrecht oder schräg aufwärts ab. Die Ähren werden 0,5–1 cm lang, aber nur 1–2 mm breit. Spelzen um 1 mm lang und fast ebenso breit, eiförmig, stumpflich oder spitzlich, zuweilen mit einer winzigen Stachelspitze (starke Lupe!), dunkel rotbraun, grün gekielt. Blüte mit 3 Narben. Stengel scharf 3kantig, aufrecht oder aufsteigend. Untere Blattscheiden braun oder rötlich. Blattspreiten 2–4 mm breit. Wurzeln schwarzrot. Pflanze grün. Das Braune Zypergras wächst in Büscheln. Juli–Oktober. 5–40 cm.

Vorkommen: Braucht nährstoffreichen, offenen Schlammboden oder schlammhaltigen Sand. Gedeiht nur, wo im Sommer die relative Luftfeuchtigkeit dauernd hoch ist. Besiedelt offene Ufer von stehenden Gewässern, gelegentlich auch vernäßte Wege. Vom Oberrhein bis zum Niederrhein sowie in Niederösterreich und im Burgenland selten, sonst sehr selten. Fehlt größeren Gebieten. Steigt in den Alpen kaum über 800 m, in den Südalpen bis über 1000 m.

Wissenswertes: ☉. In sumpfigen Gebieten Südeuropas oder in Gebieten mit künstlicher Bewässerung häufiger. Gelegentlich mit Zitrusfrüchten eingeschleppt und dann vor allem unweit von Verladeeinrichtungen an offenen Ufern unbeständig auftretend.

Langes Zypergras
Cyperus longus agg.
Riedgrasgewächse *Cyperaceae*

Beschreibung: Blütenstand 10–30 cm lang, locker, mit zahlreichen, oft bis zu 30 cm lang gestielten Seitenköpfchen. Mindestens 2, meist 4–6 Tragblätter, die den Blütenstand weit überragen. Ähren 0,5–2,5 cm lang, aber nur 1–2 mm im Durchmesser, daher sehr schmal langwalzlich; jedes Ährchen enthält 5–30 Blüten, die 2zeilig angeordnet sind. Spelzen 2–3 mm lang, 1–2 mm breit, eiförmig, rotbraun, grün gekielt, stumpf, zuweilen mit einer winzigen Stachelspitze (starke Lupe!). Blüte mit 3 Narben. Stengel stumpf 3kantig. Blattscheiden am Stengelgrund gehäuft. Blattspreiten 4–7 mm, vereinzelt bis zu 1 cm breit. Wurzelstock unterirdisch kriechend, bis zu 8 mm dick, ohne aufsitzende Knollen. Pflanze hellgrün. Das Lange Zypergras wächst in großen Horsten, aus denen knollig verdickte, holzige, unterirdische Ausläufer treiben. Mai–Oktober. 0,4–1,2 m.

Vorkommen: Braucht nassen, sandigen oder torfigen Boden und warmes Klima. Heimat: Westeuropa und Mittelmeergebiet. Im Kern Mitteleuropas heute wahrscheinlich nur eingeschleppt; ursprüngliche Standorte vielleicht auf der Insel Reichenau im Bodensee und in einzelnen Föhntälern der Nordalpen. Am Südfuß der Alpen wohl ursprünglich, aber selten, so im südlichen Tessin und bei Meran.

Wissenswertes: ♃. Das Lange Zypergras fällt an seinen Wuchsorten meist durch sein ungewöhnliches Aussehen auf. – „Kypeiros" wurde im Griechischen eine in Feuchtgebieten wachsende Pflanze mit aromatisch riechender Wurzel genannt. Möglicherweise hat der Name aber auch mit „Kypris" = Venus zu tun; es bedeutete dann: das der Göttin geweihte Gras.

Riedgrasgewächse *Cyperaceae*

Gelbes Zypergras
Cyperus flavescens L.
Riedgrasgewächse *Cyperaceae*

Beschreibung: Blütenstand kopfig, aus mehreren, dicht gedrängt stehenden Ähren zusammengesetzt, 1–3 cm lang. Meist 3 lange, grasartige Tragblätter, die in der Regel alle den Blütenstand überragen. Ähren schlank, spitz, 0,5–1,5 cm lang und 2–3 mm breit. Spelzen um 2 mm lang und um 1 mm breit, eiförmig, stumpflich, strohgelb, grün gekielt. Blüten mit 2 Narben. Stengel dünn, stumpf 3kantig, aufrecht oder aufsteigend. Untere Blattscheiden rötlich. Blattspreiten 1–2 mm breit, rinnig oder borstlich gefaltet; Blätter so lang wie oder länger als die Stengel. Wurzel gelbbraun. Pflanze hellgrün. Das Gelbe Zypergras wächst in Büscheln, von denen meist mehrere locker beieinander stehen. Juli–Oktober. 5–30 cm.

Vorkommen: Braucht offenen, basenreichen, zeitweilig überschwemmten Boden, der sandig, moorig oder tonig sein kann, immer indessen ziemlich verdichtet sein sollte. Erträgt den Eintrag von Stickstoffsalzen recht gut. Besiedelt Ufer (hier vor allem betretene oder befahrene Stellen), Gräben, aber auch Flachmoore, und zwar nur offene, gestörte Bereiche. Im Tiefland sehr selten und fast überall fehlend; in den Mittelgebirgen, am Oberrhein, im Alpenvorland und in den Alpen selten und größeren Gebieten fehlend. Steigt bis über 1200 m.

Wissenswertes: ⊙. Vom Gelben Zypergras sind Kümmerformen beschrieben worden, die nicht einmal 1 cm hoch waren. – Im Mittelmeergebiet und von hier nordwärts bis zum Alpensüdfuß kommen einige weitere Arten aus der Gattung vor, die gelegentlich auch in Gebiete nördlich der Alpen (z. B. durch Vögel) verschleppt werden; sie treten nur unbeständig auf.

Zwerg-Zypergras
Cyperus michelianus (L.) DELILE
Riedgrasgewächse *Cyperaceae*

Beschreibung: Blütenstand sehr dicht, fast kugelig, nur etwa 1 cm lang. Mehrere (3–8) Tragblätter, die 8–12 cm lang werden können und am Grund verbreitert sind. Ähren nur 3–5 mm (!) lang und 1–2 mm dick; trotz ihrer Kleinheit enthalten sie 8–20 Blüten, die in 3 Längszeilen stehen; Spelzen länglich bis schmal-eiförmig, um 2 mm lang und etwa 0,5 mm breit, eher spitz zulaufend als abgestumpft, mit einer um 0,3 mm langen Stachelspitze (starke Lupe!), weißlich, mit grünem Kiel; Blüten mit 2 Narben. Stengel aufsteigend, 3kantig. Untere Blattscheiden dunkelrot. Blattspreiten flach, nicht rinnig gefaltet, 0,7–2 mm breit, 2–20 cm lang. Das Zwerg-Zypergras wächst in kleinen, meist dichten Rasen. Juli–September. 2–20 cm.

Vorkommen: Braucht schlammigen, basenreichen, aber kalkarmen oder sogar kalkfreien und sommerwarmen Boden, der im Frühjahr und bis in den Sommer hinein andauernd oder wenigstens zeitweise überschwemmt sein sollte. Heimat: Mittelmeergebiet, Osteuropa, westliches Asien. In Mitteleuropa nur an der Elbe bei Wittenberg, in Tschechien und der Slowakei, im südwestlichen Polen, im östlichen Österreich; vereinzelt am Alpensüdfuß (oberitalienische Seen) sowie in der Bresse in Frankreich. Sehr selten, aber meist in kleineren Beständen.

Wissenswertes: ⊙. Wegen der eigenartigen Stellung der Blüten in 3 Reihen wurde die Art früher zur Gattung Simse (*Scirpus*) gestellt. – Der Artname „*michelianus*" wurde zu Ehren von PIER ANTONIO MICHELI verliehen, eines Botanikers aus Florenz, der von 1679–1737 gelebt und sich um die Erforschung der Pflanzenwelt Italiens verdient gemacht hat.

Riedgrasgewächse *Cyperaceae*

Wollgras *Eriophorum*

Schlankes Wollgras
Eriophorum gracile KOCH
Riedgrasgewächse *Cyperaceae*

Beschreibung: Blütenstand aus 3–5 (selten 2 oder 6) kleinen, 0,8–1 cm langen, endständigen und oft fast aufrechten, zuweilen (vor allem gegen Ende der Blütezeit) aber auch schlaff herabhängenden, weißwolligen Ährchen. Haare etwa 2 cm lang. Stiele der Ährchen sehr kurz und dicht behaart (Lupe!). Tragblätter eiförmig, meist heller oder dunkler braun, seltener rötlich, kürzer als das zugehörige Ährchen. Stengel oft nikkend, sehr dünn, stumpf 3kantig, nur in der unteren Hälfte beblättert. Blattspreite der Stengelblätter in der Regel kaum halb so lang wie die zugehörige, eng anliegende Blattscheide (auch oberste nicht erweitert); Blattscheiden der oberen Stengelblätter oft rotbraun; Blattspreiten schmal, gefaltet, höchstens 2 mm breit. Stengelblätter schwach 3kantig und leicht rauh. Oberstes Blatt ohne Blatthäutchen. Das Schlanke Wollgras wirkt besonders feingliedrig; es wächst in sehr lockeren Rasen. Sein Wurzelstock treibt lange Ausläufer. Mai–Juni. 10–40 cm.

Vorkommen: Braucht sehr nassen, wenn möglich flach überschwemmten, basenarmen, sauren Torfboden. Solche Stellen sind an sich schon selten und werden überdies auch von anderen Arten der Gattung besiedelt (Vorsicht vor Verwechslungen mit anderen Arten, vor allem mit dem Schmalblättrigen Wollgras, *E. angustifolium*, s. S. 220!). Sehr selten, aber an seinen Standorten meist in kleineren Beständen.

Wissenswertes: ♃. Das Schlanke Wollgras ist heute wesentlich weniger weit verbreitet als noch am Ende des 19. Jahrhunderts. An manchen Standorten, von denen ein früheres Vorkommen durch Herbarbelege dokumentiert ist, konnte es nicht mehr aufgefunden werden.

Breitblättriges Wollgras
Eriophorum latifolium HOPPE
Riedgrasgewächse *Cyperaceae*

Beschreibung: Blütenstand mit 5–10 (selten nur 2–4 oder bis zu 12), etwa 1 cm langen, dicht wolligen und bereits unmittelbar nach dem Aufblühen hängenden Ährchen. Wollhaare etwa 2,5 cm lang. Ährenstiele durch vorwärts gerichtete, sehr kurze und borstige Haare schwach – aber eben noch fühlbar – rauh. Tragblätter langspitzig, graubraun mit schwarzem Mittelstreif, etwa so lang wie das zugehörige Ährchen. Stengel stumpf 3kantig, aufrecht oder nur schwach nikkend. Oberste Blattscheide dem Stengel dicht anliegend, nie aufgeblasen, gelegentlich rötlich überlaufen. Blattspreiten 3–8 mm breit, flach, nur an der Blattspitze 3kantig, nie borstlich. Blattspreiten nur an den Rändern rauh. Blatthäutchen fehlen. Das Breitblättrige Wollgras wächst in flachen Horsten. Seine Wurzelstöcke bilden nie Ausläufer. April–Mai. 20–60 cm.

Vorkommen: Liebt basen- und oft etwas kalkhaltigen, vernäßten, nicht allzu sauren Boden. Besiedelt Quellgebiete, Flachmoore, die Verlandungszone stehender Gewässer, nasse Riedgraswiesen und tonige, offene Hänge mit austretendem Hangdruckwasser. Geht nie in Hochmoore. In den Kalkgebieten und im Alpenvorland zerstreut, sonst eher selten und – vor allem im Tiefland westlich der Elbe – größeren Gebieten fehlend. Bildet an seinen Standorten oft kleinere, mäßig dichte, aber einigermaßen individuenreiche Bestände. Steigt in den Alpen bis über 2000 m.

Wissenswertes: ♃. Kümmerformen der Art werden gelegentlich mit dem Schlanken Wollgras (s. links) verwechselt. Doch selbst bei ihnen sind die Stengelblätter wenigstens im unteren Teil nie 3kantig.

Riedgrasgewächse *Cyperaceae*

Schmalblättriges Wollgras
Eriophorum angustifolium HONCK.
Riedgrasgewächse *Cyperaceae*

Beschreibung: Blütenstand mit 3–5 (selten bis zu 7), etwa 1–2 cm langen, dick weißwolligen und entweder fast sitzenden oder nur mäßig lang gestielten, überhängenden Ährchen. Wollhaare 4–5 cm lang. Ährchenstiele eindeutig fühlbar glatt, also auch nicht kurzhaarig (Lupe!). Tragblätter 2 oder nur 1, scheidig, spitz, meist braun. Stengel rund, allenfalls unmittelbar unter dem Blütenstand undeutlich 3kantig (Drehprobe zwischen den Fingern machen!), aufrecht oder nickend. Oberste Blattscheide meist etwas aufgeblasen bzw. nach oben trichterig erweitert. Blattspreiten rinnig, 2–6 mm breit, oft rot überlaufen. Oberstes Blatt eindeutig mit sehr kurzem (0,1–0,2 mm langem) Blatthäutchen (Lupe!). Blattränder undeutlich rauh. Das Schmalblättrige Wollgras wächst in lockeren Rasen. Seine Wurzelstöcke bilden stets unterirdische Ausläufer. März–August. 20–50 cm.

Vorkommen: Liebt mäßig basenreiche, sehr nasse, schlammige oder sandig-torfige Böden. Besiedelt nasse Wiesen, Gräben, Quellhorizonte, Ufer von verlandenden Moorseen, Dünen-, Zwischen- und Flachmoore. Tritt an seinen Standorten oft in kleineren, zuweilen auch in recht ansehnlichen Beständen auf; zerstreut. Geht in den Alpen bis über 2000 m.

Wissenswertes: ♃. Massenbestände des Schmalblättrigen Wollgrases erkennt man oft schon von weitem an den rötlichen Blättern. Typisch sind auch seine Bestände in Schwingrasen. In diese nachgiebigen Decken aus Torfmoosen treibt es seine langen Ausläufer. Dadurch verankert es sich und verfestigt zugleich den Schwingrasen; sein Vorkommen garantiert jedoch nicht dessen Begehbarkeit!

Scheiden-Wollgras
Eriophorum vaginatum L.
Riedgrasgewächse *Cyperaceae*

Beschreibung: Blütenstand nur 1 einzelnes, endständiges, aufrechtes, dick weißwolliges, ovales Ährchen, das etwa 1,5–2,8 cm lang wird. Wollhaare etwa 2,5 cm lang. Keine Tragblätter vorhanden, sondern nur tragblattähnliche, kleine Hochblätter. Spelzen lanzettlich, spitz zulaufend, 1nervig, fast durchsichtig silbergrau, nur die im Blütenstand untersten etwas dunkler. Stengel unten rund, unter der Ähre fühlbar 3kantig, dünn, glatt. Grundblätter und untere Stengelblätter borstlich, höchstens 1 mm breit, kürzer als der Stengel. Oberste Blattscheide deutlich aufgeblasen, meist nur mit 1 verkümmerten Spreite, zuweilen auch spreitenlos. Auch die übrigen Stengelblätter mit Blattscheiden, die meist nicht eng anliegen. Blätter graugrün. Das Scheiden-Wollgras wächst in dichten Horsten und bildet nie Ausläufer. April–Mai. 10–60 cm.

Vorkommen: Braucht basenarmen, sauren Torfboden. Besiedelt daher die Bulte von Hochmooren, vor allem in dem Bereich, in dem noch oder schon wieder Bäume gedeihen, geht aber auch in Dünenmoore und vernäßte Kiefernwälder auf Sandboden. Im Tiefland, im Alpenvorland und in den Alpen zerstreut; sonst selten. Kommt an seinen Standorten meist in kleineren, gelegentlich auch in größeren Beständen vor. Steigt in den Alpen bis über 2500 m.

Wissenswertes: ♃. Das Scheiden-Wollgras ist eine der Charakterpflanzen der Hochmoore, denen es besonders in den Mooren des Tieflandes ihr typischen Aussehen im Frühjahr verleiht. Obschon das Scheiden-Wollgras auch entblößten Torfboden besiedeln kann, hat es durch Moornutzung schon viele seiner Standorte verloren bzw. ist auf ihnen zurückgedrängt worden.

Riedgrasgewächse *Cyperaceae* ▶

Wollgras *Eriophorum*
Rasenbinse *Trichophorum*
Schneide *Cladium*

Scheuchzers Wollgras
Eriophorum scheuchzeri HOPPE
Riedgrasgewächse *Cyperaceae*

Beschreibung: Blütenstand nur 1 einzelnes, endständiges, dicht weißwolliges, aufrechtes, kugeliges und während der Blüte nur 0,5–1 cm langes Ährchen, das sich nach dem Verblühen aber mindestens auf das Doppelte, nicht selten auf das 3fache seiner ursprünglichen Länge streckt. Spelzen im Blütenstand mit deutlichem, wenn auch schmalem weißen Rand. Stengel überall deutlich rund (Drehprobe zwischen den Fingern machen!). Grundblätter und untere Stengelblätter binsenförmig rund, 1–2 mm im Durchmesser. Oberste Blattscheide schwach aufgeblasen, meist mit kurzer Spreite. Blätter grün. Scheuchzers Wollgras wächst in gleichmäßigen Rasen. Der Wurzelstock treibt mehrere, ziemlich lange unterirdische Ausläufer. Juni. 10–40 cm.

Vorkommen: Gedeiht nur in vermoorten, schlammigen Tümpeln mit nicht allzu basenarmen, torfigen oder rohhumushaltigen, nassen Böden in alpiner Klimalage. Besiedelt vornehmlich in Höhenlagen zwischen 1500 und 2500 m Flachmoore, verschlammte Ufer von Tümpeln, Gräben und Seen. Selten, aber meist in kleineren, gelegentlich auch in größeren Beständen, vor allem in den Zentralketten mit kristallinem Gestein. Fehlt größeren Gebieten.

Wissenswertes: ♃. Wo Scheuchzers Wollgras an flachufrigen Hochalpenseen Bestände bildet, trägt es wesentlich zur Verlandung bei. – Durch das Artepithet wird der Schweizer Naturforscher JOHANN JAKOB SCHEUCHZER (1672–1733) geehrt. Er hat sich große Verdienste um die Begründung der physischen Geographie der Schweiz erworben und sich außerdem mit fossilen Pflanzen beschäftigt, die er in das damals gebräuchliche System einordnete.

Wollige Rasenbinse
Trichophorum alpinum (L.) PERS.
Riedgrasgewächse *Cyperaceae*

Beschreibung: Nur 1 einzelne, endständige, zunächst kurzwollige, aufrechte, länglich-eiförmige und während der Blütezeit 5–7 mm lange und bis 3 mm dicke Ähre, die 8–12 Blüten enthält. Tragblätter (= „Spelzen") gelbbraun, mit grünlichem Mittelnerv und stumpfer Spitze; unterstes Tragblatt mit spreitenartiger Spitze, die etwa so lang wie das Ährchen wird. Eine blattförmige Blütenhülle fehlt; an ihrer Stelle sind „Perigonborsten" ausgebildet, d. h. 0,1 mm breite und damit – wenngleich äußerst schmale – so doch deutlich bandartige, glatte und etwas geschlängelte Haare (starke Lupe!). Zur Reifezeit der Früchte überragen sie diese weit und bilden in ihrer Gesamtheit über dem Fruchtstand einen krausen Kopf. Stengel aufrecht, dünn, 3kantig, rauh. Untere Blattscheiden beige, obere grünlich. Oberste Blattscheide spitz ausgeschnitten, manchmal mit einer etwa 1 cm langen Spreite, sonst spreitenlos. Die Wollige Rasenbinse wächst in dichten Horsten, aus denen zahlreiche, dicht stehende Stengel hervorspießen. Das Rhizom ist kurz; Ausläufer fehlen. April–Mai. 10–30 cm.

Vorkommen: Braucht zeitweise überschwemmten, basenarmen, schwach sauren Torfboden. Besiedelt in Hochmooren Schlenken und die Ränder offener Wasserflächen, desgleichen Zwischenmoore. Im Tiefland und in den Mittelgebirgen sehr selten bzw. vereinzelt, aber meist in kleineren Beständen. In den Alpen selten und meist in Höhen zwischen 1000 und 2000 m.

Wissenswertes: ♃. Wird des Wollschopfes wegen auch Alpenwollgras genannt. Vor und während der Blüte unterscheidet sie von der Horstigen Rasenbinse (s. S. 224) ihr gelblicher Stengel ohne braune Querstreifen.

Riedgrasgewächse *Cyperaceae*

Horstige Rasenbinse
Trichophorum cespitosum agg.
Riedgrasgewächse *Cyperaceae*

Beschreibung: Nur 1 einzelne, endständige, mit kurzen Borsten versehene, 3–5 mm lange Ähre. Tragblätter (= „Spelzen") in der Ähre bräunlich, das unterste meist mit grüner Spitze. Eine blattförmige Blütenhülle fehlt; an ihrer Stelle sind 6 braune „Perigonborsten" ausgebildet; sie sind auch zur Fruchtzeit höchstens 1,5mal so lang wie die Frucht, dünn, glatt. Stengel steif, aufrecht oder nach außen gebogen, rund, glatt. Untere Scheiden braun, obere grün. Oberste Blattscheide kurz (etwa 1 mm) spitzwinklig ausgeschnitten, etwas aufgeblasen, mit einer kurzen, steifborstlichen „Spreite". Die Horstige Rasenbinse wächst in dichten Horsten, die durch die zahlreichen abstehenden Stengel „igelig" aussehen und zu regelrechten Rasen zusammengewachsen sind. Mai–Juni. 10–40 cm.
Vorkommen: Braucht basenarmen, sauren Torfboden. Bevorzugt nasse Stellen in kühlem Klima mit hoher relativer Luftfeuchtigkeit. Besiedelt im Tiefland westlich der Elbe überalterte Hochmoore; hier zerstreut; kommt östlich der Elbe fast nur noch im Küstengebiet vor; hier selten; in Hochlagen der Mittelgebirge mit kalkarmem Gestein sehr selten; im Alpenvorland und in den Alpen zerstreut; überall bestandsbildend. Steigt bis etwa 2500 m.
Wissenswertes: ♃. Die Sammelart *T. cespitosum* agg. schließt die im westlichen Mitteleuropa selten vorkommende Kleinart *T. germanicum* PALLA ein: Ausschnitt der obersten Blattscheide um 3 mm tief. – Entfernt ähnlich: Zwerg-Rasenbinse (*T. pumilum* (VAHL) SCHINZ & THELL.): Mit unterirdischen Ausläufern; Blattscheide gerade; Spreite 1–1,5 cm lang. West- und Südalpen (um 1000–3000 m); sehr selten.

Schneide
Cladium mariscus (L.) POHL
Riedgrasgewächse *Cyperaceae*

Beschreibung: Gesamtblütenstand rispig (Spirre = Rispe, deren unterste Äste das Endährchen und die ihm nahestehenden Seitenäste überragen), bis über 50 cm lang. 3–10 Ährchen, von denen jedes kaum 5 mm lang wird und die in der Regel 2blütig sind, bilden ein Köpfchen, von denen mehrere an den Auszweigungen der Spirrenäste büschelig beieinander stehen. Tragblätter („Spelzen") gelbbraun. Obere Blüte im Ährchen männlich, untere zwittrig; außerdem noch „sterile" Spelzen. Stengel 1–4 mm im Durchmesser, stumpf 3kantig oder rund, hohl. Blattspreite 1–1,5 cm breit, an der Spitze 3kantig, an einer Kante kurz bestachelt, schneidend scharf, sehr rauh. Die Schneide wächst in Rasen. Ihr Wurzelstock ist lang, mehrere Zentimeter dick und treibt Ausläufer. Juni–Juli. 1–2 m.
Vorkommen: Braucht sommerwarmen, wenigstens zeitweise überschwemmten, basenreichen, oft schlammigen und meist kalkhaltigen, ja kalkreichen Boden. Gedeiht nur in klimatisch günstigen Gegenden am Ufer stehender Gewässer hinter dem Schilfgürtel, in Gräben oder in Flach- und Wiesenmooren. Fehlt größeren Gebieten und kommt nur vereinzelt, dann aber meist in kleineren Beständen vor, z. B. am Bodensee und im Alpenvorland. Sehr selten.
Wissenswertes: ♃. Die stickstoffsalzempfindliche Schneide geht an fast allen ihren mitteleuropäischen Standorten zurück. Wesentlich liegt dies an der Erschließung der Seeufer für den Badebetrieb bzw. für Campingplätze. Als Ursache für den Rückgang wurden auch klimatische Änderungen diskutiert, da die Schneide – wie Samenfunde aus der Jungsteinzeit bezeugen – damals weiter verbreitet war als heute.

Riedgrasgewächse *Cyperaceae* ▶

Sumpfbinse *Eleocharis*

Gewöhnliche Sumpfbinse
Eleocharis palustris agg.
Riedgrasgewächse *Cyperaceae*

Beschreibung: Nur 1 einzelne, endständige, länglich-eiförmige Ähre, die 0,5–2 cm lang wird. Ähre vielblütig. Jede Blüte mit 2 Narben. „Spelzen" länglich-eiförmig, gelb bis kastanienbraun, meist mit deutlichem weißem Hautrand und stets mit grünem Mittelstreif, die unteren stumpf, die oberen spitz. Stengel rund, 1–4 mm dick, steif aufrecht, matt oder grau-gelbgrün, derb. Keine Blattscheide mit einer Blattspreite. Untere Blattscheiden gelb- oder rotbraun. Die Gewöhnliche Sumpfbinse besitzt einen kriechenden Wurzelstock, aus dem die oberirdischen Büschel austreiben, so daß der Wuchs oft rasig wirkt. Mai–August. 10–60 cm.

Vorkommen: Stellt unterschiedliche Standortsansprüche. Besiedelt das Röhricht von basenreichen, oft kalkhaltigen Gewässern und geht auch in Sumpfwiesen. Anderseits findet man die Gewöhnliche Sumpfbinse sowohl an den nassesten Stellen von Zwischenmooren, in denen sie auch untergetaucht vorkommt, als auch auf Torf- oder nassen, salzigen Sandböden. Geht in den Alpen selten über 1500 m. Im Tiefland zerstreut und oft in ausgedehnten Beständen, sonst selten, doch meist in kleineren Beständen. Fehlt kleineren Gebieten.

Wissenswertes: ♃. Die Gewöhnliche Sumpfbinse wird neuerdings in Kleinarten untergliedert: *E. palustris* (L.) ROEM. et SCHULT. ist an ihrem dunkelgrünen Stengel am ehesten zu erkennen; *E. mamillata* LINDB. f. hat demgegenüber einen hellgrünen Stengel; bei *E. uniglumis* (LK.) SCHULT. trägt die unterste „Spelze" keine Blüte, sondern umfaßt den Stengel. Zwischen den Kleinarten soll es „Übergangsformen" geben. Polyploide und Bastardsippen kommen vor.

Vielstengelige Sumpfbinse
Eleocharis multicaulis (SM.) SM.
Riedgrasgewächse *Cyperaceae*

Beschreibung: Nur 1 einzelne, eiförmige und etwa 1 cm lange Ähre an der Spitze des Stengels. In den Ähren wachsen nicht selten einzelne Blüten zu jungen Pflänzchen aus, sie sind also „vivipar" (dies kommt innerhalb der Gattung nur bei dieser Art vor!). Jede Blüte mit 3 Narben. „Spelzen" rotbraun, mit grünem Mittelstreif. Stengel rund, kaum 1 mm im Durchmesser, nach der Blüte meist niederliegend. Keine Blattscheide mit einer Blattspreite. Unterste Blattscheiden grünlich-gelb. Aus dem kriechenden Wurzelstock der Vielstengeligen Sumpfbinse treiben in kurzen Abständen Stengel, die insgesamt einen dichten Rasen bilden. Die niederliegenden Stengel schlagen Wurzeln, wenn sie ins Wasser tauchen. Dergleichen findet sich bei der Gewöhnlichen Sumpfbinse nie, und daran sind beide Arten auch nach Abwerfen der Narben und bei fehlender Viviparie noch eindeutig voneinander zu unterscheiden. Juni–September. 10–40 cm.

Vorkommen: Scheut stickstoffsalzreichen Untergrund. Braucht nassen, wenig durchlüfteten, torfigen oder schlammigen Boden. Wächst daher in der Uferzone mooriger Tümpel, seltener auf stark verschlammtem, basenarmem Feinsand im Hochwasserbereich von Weihern oder Seen. In den Hochmooren des nordwestlichen Tieflands zerstreut und in kleineren Beständen. Sonst sehr selten. Südöstlichster Standort in den Vogesen. Fehlt südlich und östlich davon.

Wissenswertes: ♃. Die Vielstengelige Sumpfbinse braucht hohe Luftfeuchtigkeit und erträgt höchstens mäßige Winterkälte. Die Ostgrenze ihrer Verbreitung verläuft etwa an der gedachten Linie Vogesen – Lübeck.

Riedgrasgewächse *Cyperaceae*

Armblütige Sumpfbinse
Eleocharis quinqueflora (F. X. HARTM.) O. SCHWARZ
Riedgrasgewächse *Cyperaceae*

Beschreibung: Nur 1 einzelne, eiförmige und etwa 5–7 mm lange Ähre an der Spitze des Stengels. Ähre mit 3–7, häufig mit 5 Blüten (Name! *quinqueflora*, lat. = 5blütig). Jede Blüte mit 3 Narben. Anstelle der Blütenhüllblätter sind 4–6 schmutzig-weiße bis bräunliche Perianthborsten ausgebildet, die zur Fruchtzeit etwa so lang wie die Frucht werden. Stengel starr, oft alle nach derselben Seite übergebogen, kaum 0,5 mm dick, aber deutlich gerillt (Lupe!). Keine Blattscheide mit einer Blattspreite. Untere Blattscheiden braunrot, obere gleich oder grün. Die Armblütige Sumpfbinse wächst lockerrasig. Ihr kurzer und etwas gestauchter Wurzelstock treibt kurze, dünne Ausläufer, die gelegentlich knollig verdickt sind. Mai–Juni. 5–20 cm.

Vorkommen: Braucht lockere, aber nasse und basenreiche, meist sogar kalkhaltige Böden, die aber ausgesprochen arm an Stickstoffsalzen sein sollten. Bevorzugt daher Flachmoore und Quellsümpfe, geht aber auch in nasse Torfschlenken. Im Tiefland selten, aber an ihren Standorten oft in kleinen Beständen; im Mittelgebirge sehr selten; im Alpenvorland und in den Alpen, in denen sie bis etwa 2000 m steigt, zerstreut, meist bestandsbildend.

Wissenswertes: ♃. Die Armblütige Sumpfbinse kann von Kümmerexemplaren der Vielstengeligen Sumpfbinse mit einiger Sicherheit nur an reifen Früchtchen unterschieden werden. Diese zeigen bei *E. quinqueflora* eine netzige Struktur, die nur bei stärkster Lupenvergrößerung oder unter dem Mikroskop zu sehen ist. Die Früchtchen der Vielstengeligen Sumpfbinse haben keine netzige Oberflächenstruktur.

Eiförmige Sumpfbinse
Eleocharis ovata agg.
Riedgrasgewächse *Cyperaceae*

Beschreibung: Nur 1 einzelne, kugelig-eiförmige und meist nur 3–6 mm lange Ähre an der Spitze des Stengels. Jede Blüte mit 2 Narben. Stengel weich (knickt leicht ab), etwa 1 mm im Durchmesser, fein gerillt, rund. Keine Blattscheide mit einer Blattspreite. Untere Blattscheiden tiefrot; oberste Blattscheide stets grün. Die Eiförmige Sumpfbinse wächst in dichten, vielstengeligen Büscheln. Juni–August. 5–30 cm.

Vorkommen: Braucht nährstoffreiche Schlammböden, die im Frühjahr überschwemmt sein sollten, im Sommer aber nur feucht bleiben und warm werden sollten. Besiedelt daher Ufer an Teichen, Tümpelböden, Gräben und Ödstellen auf vernäßten, offenen Böden. Im Tiefland sehr selten. In den Mittelgebirgen und im Alpenvorland selten, aber meist in kleineren Beständen. Geht kaum bis 700 m.

Wissenswertes: ☉. Die Eiförmige Sumpfbinse hat einen sehr kurzen Lebenszyklus. Zwischen Keimung und Fruchtreife vergehen selten mehr als 10 Wochen. – Die Sammelart umfaßt *E. ovata* (ROTH) ROEM. et SCHULT. und *E. obtusa* (WILLD.) SCHULT. *E. ovata* besitzt Griffelpolster, die etwa 2/3 der Fruchtbreite erreichen; ihr Stengel wird kaum 1 mm dick. Bei *E. obtusa* werden die Griffelpolster so breit wie die Frucht; die Stengel sind um 1,5 mm dick. Sie stammt aus Nordamerika, ist in den Reisfeldern Norditaliens eingebürgert und erreicht örtlich den Alpensüdfuß. – Ähnlich: Schwarzrote Sumpfbinse (*E. atropurpurea* (RETZ.) K. PRESL): Ähre nur um 3 mm lang; Griffelpolster kaum 1/3 so breit wie die Frucht. Stengel fädlich, unter 0,5 mm dick. Tropische Art, die noch bis in die Südschweizer Alpentäler ausstrahlt.

Riedgrasgewächse *Cyperaceae* ▶

Sumpfbinse, Nadelbinse *Eleocharis*
Moorbinse *Isolepis*

Kleine Sumpfbinse
Eleocharis parvula (ROEM. et SCHULT.) LK. ex BLUFF et al.
Riedgrasgewächse *Cyperaceae*

Beschreibung: Nur 1 einzelne, eiförmige und meist nur 2–3 mm (!) lange Ähre an der Spitze des Stengels. Die Ährchen enthalten 3–5, selten sogar bis zu 8 Blüten. Die Spelzen im Ährchen sind grünlich und stumpf; die unterste ist steril, umfaßt an der Basis das Ährchen und erreicht etwa 3/4 der Länge des Ährchens. Anstelle der Blütenblätter werden 3–6 Perianthborsten ausgebildet, die zur Fruchtzeit etwas länger als die Frucht werden. Jede Blüte mit 3 Narben. Stengel rund, durchsichtig, auffallend dünn (Durchmesser zwischen 0,2–0,5 mm), oft niederliegend und dann sogar miteinander verklebt. Blattscheiden fehlen meist. Wenn sie vorhanden sind, tragen sie nie Blattspreiten; sie sind durchscheinend dünn und zart. Die Kleine Sumpfbinse treibt dünnste Ausläufer, die an der Spitze gelblich-weiße Knospen tragen. Sie wächst in kleinen Büscheln. Juni–September. 2–8 cm.

Vorkommen: Braucht kochsalzhaltigen, zumindest zeitweise überschwemmten Schlick- oder schlammigen Sandboden. Tritt daher nur an den Küsten und in der Nähe von Salzquellen im Binnenland auf. An der Nordseeküste bis zur Mitte des 20. Jahrhunderts nur in Schleswig-Holstein vereinzelt, seitdem anscheinend nicht mehr beobachtet; an der Ostseeküste selten, aber dort meist bestandsbildend; sonst nur Mellensee und Salziger bzw. Süßer See bei Eisleben in Sachsen-Anhalt; fehlt in der Schweiz und in Österreich.

Wissenswertes: ♃. Meist lebt die Kleine Sumpfbinse unter dem mittleren Wasserspiegel oder in dauernassem Schlick. Gegen Brandung ist sie empfindlich. Untergetauchte Pflanzen blühen in der Regel nicht.

Nadelbinse
Eleocharis acicularis (L.) ROEM. et SCHULT.
Riedgrasgewächse *Cyperaceae*

Beschreibung: Nur 1 einzelne, längliche Ähre von 3–5 mm Länge an der Spitze des Stengels. Das Ährchen enthält 3–11, selten bis zu 15 Blüten. Die Spelzen sind braun und stumpflich; die unterste ist in der Regel steril und wird höchstens halb so lang wie das Ährchen, das sie an der Basis umfaßt. Jede Blüte mit 3 Narben. Stengel nur etwa 0,3–0,5 mm (!) dick, dennoch oft fühlbar kantig. Blattscheiden stets vorhanden; keine Blattscheide mit einer Blattspreite. Untere Blattscheiden meist rot; oberste Blattscheide meist bräunlich, nicht sehr eng anliegend, oben abgestutzt. Nur unterirdische Ausläufer vorhanden, die aber nie eine auffallend gelblich-weiße Endknospe tragen. Die Nadelbinse wächst in dichten Rasen. Ihr Wurzelstock treibt nur kurze Ausläufer. Juni–Oktober. 2–10 cm.

Vorkommen: Braucht zumindest zeitweise überschwemmten, basen- und oft auch kalkreichen Sand-, Schlamm- oder Geröllboden und sommerliche Wärme. Gedeiht daher vorzugsweise an flachen Ufern von Seen, Teichen und Altwassern, aber auch in Gräben. Bevorzugt Standorte, die vom Herbst bis ins Frühjahr überwiegend trockenliegen. Selten und gebietsweise fehlend, bildet jedoch an ihren Standorten meist kleinere Bestände, die sich zwischen Frühling und Frühsommer rasch flächig entwickeln. Geht im Gebirge kaum bis 1000 m.

Wissenswertes: ♃. Wo die Pflanze überwiegend untergetaucht lebt, wird sie größer und kann dann mit feinblättrigen Laichkraut-Arten verwechselt werden. – Ähnlich: Krainer Sumpfbinse (*E. carniolica* KOCH): 2 Narben; Blattscheiden hellbraun, oberste schräg abgestutzt; Stengel 0,5 mm dick. Alpensüdfuß; selten.

◀
Riedgrasgewächse *Cyperaceae*

Flutende Moorbinse
Isolepis fluitans (L.) R. Br.
Riedgrasgewächse *Cyperaceae*

Beschreibung: Ährchen stehen einzeln oder zu 2–10 – auf den ersten Augenschein – seitlich am Stengel; bei näherem Zusehen erkennt man den oberen „Teil des Stengels" als Hüllblatt des Blütenstandes. Ährchen nur 2–5 mm lang. Die Blüten stehen spiralig im Ährchen, also nicht in erkennbaren Zeilen. Blütenborsten fehlen (Lupe!). 3 Narben. Spelzen um 2 mm lang, eiförmig, stumpflich, blaßgrün bis gelbgrün; unterste Spelzen so groß wie oder etwas größer als die oberen. Stengel beblättert, verzweigt, leicht zusammengedrückt bis rund, deutlich gestreift, meist flutend oder im Schlamm kriechend und dann an den Knoten wurzelnd. Scheiden braun, die oberen mit höchstens 1 mm breiter, kurzer Spreite. Die Flutende Moorbinse wächst meist in einer Wassertiefe von weniger als 1 m. Juli–Oktober. 15–50 cm.

Vorkommen: Braucht saure, überflutete Standorte. Gedeiht am besten in kleinen Seen der *Erica*- und *Calluna*-Heiden, geht dort aber auch in langsam fließende Gewässer. Kommt in Mitteleuropa nur im Tiefland vor, und zwar vorwiegend westlich der Weser; hier selten; östlich von ihr sehr selten. Südöstlichster Standort: Dessau; oft in kleineren Beständen.

Wissenswertes: ☉. Die Flutende Moorbinse wächst zwar vorwiegend untergetaucht; zuweilen kommt sie in Gebieten mit extrem hoher Luftfeuchtigkeit, d. h. in küstennahen Senken des Heidegebiets oder in Ufersäumen auch außerhalb des Wassers durch, bleibt dann aber kleinwüchsig. Sie erträgt Winterkälte nicht. Die Ostgrenze des Areals der Moorbinse läuft durch Mitteleuropa, und zwar knapp östlich der Elbe. – Die Art wird auch in eine eigene Gattung gestellt oder in die Gattung *Scirpus* einbezogen.

Borstige Moorbinse
Isolepis setacea (L.) R. Br.
Riedgrasgewächse *Cyperaceae*

Beschreibung: Ährchen stehen einzeln oder zu 2–10 – auf den ersten Blick – seitlich am Stengel; bei näherem Zusehen erkennt man den oberen „Teil des Stengels" als Hüllblatt des Blütenstandes; dieses wird bis zu 2 cm lang und überragt damit in der Regel den Blütenstand eindeutig. Ährchen 2–4 mm lang. Die Blüten stehen spiralig in den Ährchen, also nicht in erkennbaren Zeilen. Spelzen 1,5–2 mm lang, 0,5–1,2 mm breit, eiförmig, zunächst stumpflich zulaufend und dann in eine kurze (um 0,2 mm lange) Spitze mündend, purpurrot bis braunrot, mit grüner Mittelrippe, kahl (Lupe!). Blütenborsten fehlen. Stengel rund, sehr dünn, deutlich gestreift, gerade oder steif gebogen. Scheiden rot, nur die oberen mit deutlicher, flacher, aber kurzer Spreite. Die Borstige Moorbinse wächst in dichten, vielstengeligen Büscheln. Juni–Oktober. 2–10 cm.

Vorkommen: Braucht nasse, basenreiche Sand- oder Torfböden. Bevorzugt Ufer von Gräben in Hoch- und Zwischenmooren, geht aber auch in niedere, nasse Streuwiesen oder auf sandige, auch im Sommer nicht völlig austrocknende Waldwege. Gelegentlich tritt sie hier als einer der ersten Besiedler auf dem noch nackten Boden auf. Im Tiefland östlich der Weser zerstreut, westlich von ihr selten; kommt in den Mittelgebirgen und in den Alpen über Silikatgestein nur bis etwa 1000 m vor; hier selten und gebietsweise – über Kalk fast überall – fehlend, aber an ihren Standorten meist bestandsbildend.

Wissenswertes: ☉ – ♃. Die Borstige Moorbinse wird durch Wasser- und Watvögel verbreitet und findet sich – bei sonst zusagenden Standortverhältnissen – bevorzugt entlang der großen Vogelzugstraßen.

Riedgrasgewächse *Cyperaceae* ▶

Simse *Scirpus*
Strandsimse *Bolboschoenus*
Kugelbinse *Holoschoenus*

Wald-Simse
Scirpus sylvaticus L.
Riedgrasgewächse *Cyperaceae*

Beschreibung: Großer, allseitig ausgebreiteter Blütenstand von 20–40 cm Durchmesser. Die Rispe ist als „Spirre" ausgebildet, d. h. die äußeren Seitenäste überragen die Endauszweigung der Rispe. Hüllblätter der Spirre etwa 1 cm breit, gekielt, am Rande rauh, in der Regel kürzer als die längsten Äste oder allenfalls so lang wie diese. Ährchen zu 2–5 am Ende der Äste gedrungen angeordnet, selten einzeln, höchstens 5 mm lang. Ährchen mehrblütig. Spelzen 2–3 mm lang, eiförmig, stumpf, mit einer winzigen Stachelspitze, grünlich-bräunlich, am Rand und an der Spitze sehr kurz bewimpert (Lupe!). Stengel 3kantig, steif aufrecht. Blattspreiten flach, 0,5–1 m hoch, 0,8–2 cm breit, gekielt; am Kiel und an den Rändern rauh. Scheiden der untersten Blätter helloliv oder bräunlich. Die Wald-Simse wächst in locker nebeneinander stehenden Büscheln, die aus den unterirdischen Ausläufern austreiben. Mai–September. 0,3–1,2 m.

Vorkommen: Braucht gut durchlüfteten, nassen, kühlen und eher sauren Boden. Bevorzugt Auenwälder und nasse Streuwiesen, in denen sie sich an den nassesten Stellen ansiedelt. Steigt in den Alpen bis etwa 1500 m. Häufig; kommt an ihren Standorten meist in kleineren, seltener auch in größeren und dann in der Regel lockeren Beständen vor.

Wissenswertes: ♃. Wo Naßwiesen mit Beständen der Wald-Simse vorkommen, ist diese durch intensive Beweidung zu vertreiben. Zwar wird sie vom Vieh kaum gefressen, doch erträgt sie Tritt und wohl auch Stickstoffsalzeintrag durch wiederholten Kotabsatz so schlecht, daß sie meist eingeht. Auf beweideten Sumpfwiesen findet man die Wald-Simse daher fast nur in den Entwässerungsgräben.

Wurzelnde Simse
Scirpus radicans SCHKUHR
Riedgrasgewächse *Cyperaceae*

Beschreibung: Blühende Stengel kürzer als die nichtblühenden. Blütenstand 2–30 cm im Durchmesser, als Spirre ausgebildet, d. h. die äußeren bzw. unteren Rispenäste überragen die Endauszweigung der Rispe und die ihr nahestehenden Seitenzweige. Hüllblätter der Spirre etwa 1 cm breit, gekielt, am Rande rauh, in der Regel so lang wie diese. Ährchen insgesamt zahlreich, an den Astenden meist einzeln, sehr selten zu 2–3, 3–8 mm lang. Spelzen eiförmig, abgerundet, ohne Stachelspitze. Sterile Halme länger als diejenigen, die einen Blütenstand tragen, während der Blütezeit weitbogig rings zur Erde geneigt, am Ende wurzelnd und Tochterhorste erzeugend (sicheres Kennzeichen!). Blattspreiten flach, gekielt, etwa 1 cm breit; am Kiel und am Rand rauh. Scheiden grüngelb bis bräunlich. Die Vermehrung durch die nichtblühenden Halme führt bei der Wurzelnden Simse dazu, daß immer mehrere Horste beieinander stehen. Juni–Juli. 0,3–1 m.

Vorkommen: Braucht basenreiche, oft kalkhaltige, gut durchlüftete Schlammböden oder schlammige Sandböden, die durchaus Stickstoffsalze in mäßig hoher Konzentration enthalten können. Bevorzugt Gebiete, in denen warme, niederschlagsarme Sommer vorherrschen. Erreicht daher in Mitteleuropa die Westgrenze ihres Verbreitungsgebiets. Westlich der Elbe nur vereinzelt (z. B. isoliert in den Nord-Vogesen). Im Küstengebiet der Ostsee, im Bayerischen Wald und in Österreich selten, zuweilen in kleinen Beständen; fehlt in der Schweiz.

Wissenswertes: ♃. Die Standorte der Wurzelnden Simse sind neuerdings seltener geworden. Es ist fraglich, ob sich die Art westlich der Elbe wird halten können.

Riedgrasgewächse *Cyperaceae*

Strandsimse
Bolboschoenus maritimus (L.) PALLA
Riedgrasgewächse *Cyperaceae*

Beschreibung: Blütenstand wenig verzweigte, etwa 5 cm lange „Spirre" (= Rispe, deren äußerste bzw. untere Äste die Endauszweigung des Blütenstandes überragen). Diese endständige Spirre wird von 2-5 langen, flachen Hüllblättern viele Zentimeter überragt. Die Ährchen stehen am Ende der Spirrenäste meist dicht kopfig gedrängt. Ährchen 1-2 cm, selten bis zu 4 cm lang. Spelzen 5-7 mm lang, braun, fein behaart, an der Spitze ausgerandet; im Winkel der Ausrandung tritt der Mittelnerv als feine Grannenspitze aus. Blattspreiten selten über 5 mm breit. Untere Blattscheiden dunkelbraun. Stengel aufrecht oder bogig überhängend, scharf 3kantig, unter dem Blütenstand sehr rauh. Die Strandsimse wächst dichtrasig; sie besitzt einen kriechenden Wurzelstock, aus dem Ausläufer treiben, die vorne knollig verdickt sind. Juni–August. 0,3–1 m.

Vorkommen: Braucht basenreichen Schlamm- oder Schlickboden, der im Sommer für kurze Zeit trocken fallen kann, aber sonst überflutet sein sollte. Erträgt auch höhere Koch- und mäßige Stickstoffsalzkonzentrationen. Kommt vor allem im Küstengebiet an Fluß- und Strommündungen, an Gräben in den Watten, in nassen Dünenmulden und an Eindeichungen vor. Dort zerstreut und meist bestandsbildend. Im Binnenland an Salinen, sonst ziemlich selten.

Wissenswertes: ♃. Die Strandsimse ist im Röhricht der Gewässer, die tiefer als 500 m liegen, weiter verbreitet, als bisher angenommen wurde, zumal sie unter Düngereinfluß gut gedeiht; denn sie ist nicht von Kochsalzvorkommen im Boden abhängig, sondern ist allgemein bei hoher Ionenkonzentration konkurrenzfähiger als manche andere Arten.

Kugelbinse
Holoschoenus romanus (L.) FRITSCH
Riedgrasgewächse *Cyperaceae*

Beschreibung: Blütenstand aus meist 1-3 gestielten, kugeligen Köpfchen, in denen die Ährchen dicht gedrängt stehen. Unteres Hüllblatt entweder bogig oder ziemlich steif aufrecht, stengelähnlich. Blütenstand daher scheinbar seitenständig. Ährchen 3-4 mm lang, dunkel. Blattspreiten zuweilen fehlend, vor allem an den unteren Blattscheiden, sonst dünnfädig, rauh. Untere Blattscheiden gelbbraun bis braun, zuweilen bis 5 cm lang, meist nur 1-3 cm lang. Unterste Blattscheiden verwesen oft ziemlich schnell, so daß nur noch die miteinander vernetzten Blattadern übrigbleiben. Die Kugelbinse wächst in dichten Horsten, aus denen zahlreiche Stengel sprossen. Juli–August. 0,3–1 m.

Vorkommen: Braucht schwere, zeitweise nasse oder überflutete Böden in warmen Lagen. Hauptverbreitung: Mittelmeergebiet. Von dort bei uns immer wieder durch Zugvögel eingeschleppt, aber kaum irgendwo beständig (z. B. vereinzelt in der Pfalz, an der unteren Lahn, in Brandenburg sowie in Sachsen-Anhalt an der mittleren Elbe); am Alpensüdfuß sehr selten.

Wissenswertes: ♃. Bei der Kugelbinse werden folgende Unterarten unterschieden: Ssp. *romanus* entspricht der obigen Beschreibung. Ssp. *holoschoenus* (L.) GREUT.: Blütenstand aus 5-10 kugeligen Köpfchen; unteres Hüllblatt so lang oder bis doppelt so lang wie der Blütenstand; Stengel oberhalb der Blattscheiden meist dicker als 2 mm; unterste Blattscheide stets spreitenlos, bis 8 cm lang. Südwestschweiz; vereinzelt. – Ssp. *australis* (L.) GREUT.: Blütenstand mit 1-3 kleinen Köpfchen, die kaum 8 mm im Durchmesser erreichen; Pfalz (?). – Die Art ist neu bearbeitet und gegliedert worden.

Riedgrasgewächse *Cyperaceae* ▶

Teichsimse *Schoenoplectus*

Zwerg-Teichsimse
Schoenoplectus supinus (L.) Palla
Riedgrasgewächse *Cyperaceae*

Beschreibung: Blütenstand entweder 1 einzelnes Ährchen oder (Regelfall) 4–10 zu einem dichten Köpfchen gedrängte, scheinbar seitenständig am Stengel stehende Ährchen. Unterstes Hüllblatt des Blütenstandes stengelähnlich, steif aufrecht, bis 15 cm lang und damit mindestens so lang wie oder (oft) deutlich länger als der Stengel. Blütenstand daher häufig etwa in der Mitte des scheinbar durchgehenden Stengels oder knapp unterhalb der Mitte. Ährchen 0,5–1 cm lang, breit spindelförmig und oben etwas abgestumpft. Spelzen 3–4 mm lang, eiförmig, stumpflich zulaufend und dann kurz zugespitzt, aber nicht grannenartig stachelspitzig, braun bis braunrot und mit grünem Mittelnerv. Mittelständige Halme aufrecht, äußere oft umgebogen. Blätter borstlich. Die Zwerg-Teichsimse wächst in lockeren Horsten, die stets viele Stengel enthalten. Juli–September. 5–15 cm.

Vorkommen: Braucht basenreiche, zeitweise überschwemmte Schlammböden, die noch nicht vom Röhricht besiedelt sind. Kommt nirgendwo beständig vor, tritt aber andererseits unerwartet auf, z. B. auf dem Grund abgelassener Weiher. Fehlt weiten Gebieten mindestens zeitweise. Vereinzelt am Oberrhein und an der oberen Donau; am Alpensüdfuß selten.

Wissenswertes: ☉. An möglichen Standorten sollte auf Neuansiedlungen geachtet werden, da die Samen über weite Strecken von Wasservögeln verschleppt werden. – Der wissenschaftliche Gattungsname hat mit „schön" nichts zu tun. „*Schoenus*" ist das latinisierte „skhoinos", griech. = Binse (kh = Chi). Das Wort dürfte dementsprechend nicht wie „Schönus", sondern müßte als „S'könus" ausgesprochen werden.

Stachelspitzige Teichsimse
Schoenoplectus mucronatus (L.) Palla
Riedgrasgewächse *Cyperaceae*

Beschreibung: Blütenstand eine Spirre (= Rispe, deren untere bzw. äußere Äste das Stengelende überragen), die scheinbar seitenständig ist. Spirrenhüllblatt 3kantig, vor der Blütezeit immer aufrecht, während der Blütezeit und danach deutlich abgewinkelt, zuletzt fast waagrecht. Ährchen in der Spirre fast ungestielt und dicht gedrängt, 0,5–1 cm lang, spindelförmig, vorn abgestumpft; Spelzen 3–4 mm lang, breiteiförmig, vorn stumpf, mit einer kurzen Stachelspitze, kahl, rötlich mit grünem Mittelnerv. Statt der Blütenblätter sind meist 6 – seltener nur 4 – Perianthborsten ausgebildet, die etwas länger als die Frucht werden und rückwärts gerichtet rauh sind (starke Lupe!). Scheiden ohne Blattspreiten, obere grün und häufig mit braunem Rand, untere braun. Stengel dick, 3kantig, steif aufrecht. Die Stachelspitzige Teichsimse wächst in ziemlich dichten, grünen Rasen, die zuweilen fast horstig wirken und aus denen nie Ausläufer treiben. August–Oktober. 0,5–1 m.

Vorkommen: Braucht basenreichen, zeitweise überschwemmten, dann wieder trocken fallenden Schlammboden. Gedeiht bei ziemlich hohen Stickstoffsalzgehalten ausgesprochen gut. Besiedelt Ufer stehender oder langsam fließender Gewässer am inneren Rand des Schilfgürtels. Scheut Spätfröste und Winterkälte. Kommt daher in Mitteleuropa nur in den klimatisch begünstigten Gegenden vor. Sehr selten, aber an ihren Standorten meist in kleineren Beständen.

Wissenswertes: ♃. Die Stachelspitzige Teichsimse tritt immer wieder unbeständig auf. Offensichtlich wird sie aus ihrem Hauptverbreitungsgebiet, den Mittelmeerländern, gelegentlich eingeschleppt.

Riedgrasgewächse *Cyperaceae*

Gewöhnliche Teichsimse
Schoenoplectus lacustris agg.
Riedgrasgewächse *Cyperaceae*

Beschreibung: Blütenstand lockere, 1–7 cm lange Spirre (= Rispe, bei der die äußeren, d. h. unteren Äste das Stengelende und die oberen Äste deutlich überragen). Unterstes Hüllblatt meist kürzer als der Blütenstand. Ährchen stehen einzeln oder zu 3–8 gebüschelt am Ende der Rispenäste; sie werden 0,5–1 cm lang und sind langoval. Spelzen braunrot, 3–4 mm lang, breit-eiförmig, ausgerandet, mit stumpfen Seitenlappen; in der Ausrandung tritt der Mittelnerv als feine Stachelspitze aus. Statt der Blütenblätter gibt es 5–6 Perianthborsten, die knapp 3 mm lang werden und rückwärts rauh sind (starke Lupe!). Stengel aufrecht, rund, grün bis gelbgrün, mit schwammigem Mark, feingestreift. Obere Blätter borstlich, mit erkennbarer Rinne, untere 1–5 mm breit und bis 1 m lang, meist in Büscheln flutend. Untere Blattscheiden braun oder purpurn. Wuchs lockerrasig. Wurzelstock treibt lange Ausläufer. Juni–Juli. 0,8–4 m.

Vorkommen: Braucht basenreichen Schlammboden oder schlammig-sandigen Untergrund, der mäßig stickstoffsalzhaltig sein darf und der in der Regel mindestens zeitweise, besser dauernd kräftig überschwemmt werden sollte. Dringt im Ufersaum stehender oder langsam fließender Gewässer bis zu 3 m Wassertiefe vor. Häufig und meist in auffälligen Beständen. Steigt in den Alpen bis über 1000 m.

Wissenswertes: ♃. Zur Sammelart gehört, neben Bastarden und *S. lacustris* (L.) PALLA (oben beschrieben), auch die Graue Teichsimse (*S. tabernaemontani* (D. C. GMEL.) PALLA): Stengel höchstens 1,5 m, blau- bis graugrün; untere Blattscheiden gelbbraun; seltener als *S. lacustris* (L.) PALLA.

Dreikantige Teichsimse
Schoenoplectus triqueter (L.) PALLA
Riedgrasgewächse *Cyperaceae*

Beschreibung: Blütenstand eine Spirre (= Rispe, deren untere bzw. äußere Äste länger als der Hauptstengel sind), die scheinbar seitlich am Stengel steht und bis 15 cm lang werden kann. Die Spirren enthalten 3–5 Ährchen, die entweder ungestielt sind oder büschelig gehäuft an Stielen sitzen, die bis 4 cm lang werden können. Die Ährchen werden etwa 1 cm lang. Spelzen knapp 4 mm lang, eiförmig, ausgerandet, mit einer feinen Stachelspitze in der Ausrandung, etwas bewimpert (Lupe!), rotbraun, mit grüner Mittelrippe. Statt der Blütenblätter 6 Perianthborsten, die kürzer als die Frucht bleiben und rückwärts gerichtet rauh sind (starke Lupe!). Blattscheiden – ausgenommen die oberste – meist ohne Blattspreiten, obere grün, untere dunkelbraun. Stengel aufrecht, 3kantig, dick. Die Dreikantige Teichsimse besitzt einen langkriechenden Wurzelstock, der lange Ausläufer austreibt. Juni–Juli. 0,5–1,2 m.

Vorkommen: Braucht nährstoffreichen, zeitweise überschwemmten, vorzugsweise kochsalzhaltigen, schlickigen oder schlammigen Boden, der im Sommer überdurchschnittlich erwärmt wird. Gedeiht daher vorzugsweise in küstennahen Röhrichtgesellschaften, z. B. im Mündungsgebiet von Strömen und Flüssen. Selten. Im Binnenland vereinzelt im Röhricht langsam fließender oder stehender Gewässer (Lahn, Main, Ober- und Mittelrhein, Alpensüdfuß), aber dort meist in kleineren Beständen.

Wissenswertes: ♃. Ähnlich: Amerikanische Teichsimse (*Schoenoplectus americanus* (PERS.) VOLKART): Ährchen nie gestielt; oberste Blattscheiden mit einer Spreite; früher in Küstennähe, wahrscheinlich erloschen.

Riedgrasgewächse *Cyperaceae*

Quellbinse *Blysmus*
Kopfried *Schoenus*

Zusammengedrückte Quellbinse
Blysmus compressus (L.) Panz. ex Lk.
Riedgrasgewächse *Cyperaceae*

Beschreibung: Blütenstand aus 6–12 Ährchen, die an der Blütenstandsachse in 2 Reihen stehen. Länge des Blütenstandes 1,5–3 cm. Ährchen 5–8 mm lang. Spelzen um 4 mm lang, 2–3 mm breit, spitz oder stumpf, gekielt, gelb- oder rotbraun. Statt der Blütenblätter sind 3–6 Perianthborsten angelegt, die mindestens doppelt so lang wie die Frucht werden und rückwärts bärtig behaart sind (starke Lupe!). Stengel aufrecht oder bogig aufsteigend, rauh, nur unten undeutlich 3kantig, sonst rund und schwach zusammengedrückt. Äußerste Blattscheiden braun oder braunschwarz. Blattspreiten flach und dann 3–4 mm breit, oder hohlrinnig, am Rand deutlich rauh, unten scharf gekielt, glänzend. Pflanze grasgrün. Die Zusammengedrückte Quellbinse wächst in lockeren Rasen. Aus dem kriechenden Wurzelstock, der meist nur kurze Ausläufer treibt, sprossen die oberirdischen Triebe in mäßig dichtem Abstand. Juni–Juli. 10–40 cm.

Vorkommen: Braucht basenreichen, kalkhaltigen, schweren Boden. Erträgt etwas Kochsalz im Boden, scheut aber schon mäßig hohe Stickstoffsalzkonzentrationen. Besiedelt Quellsümpfe, vernäßte und schattige Waldwege, Ufer und alpine Viehweiden auf sickerfeuchtem Untergrund. Selten, aber meist in kleineren Beständen. Steigt bis über die Waldgrenze.

Wissenswertes: ♃. Hat auf alpinen Weiden Konkurrenzvorteile gegenüber anderen Arten, da sie gegen Tritt nur wenig empfindlich ist und vom Vieh kaum gefressen wird. Ebenso setzt sie sich in Strandrasen durch, die regelmäßig beweidet werden („Strandbinsenweiden"), z. B. an der Ostseeküste Schleswig-Holsteins.

Rote Quellbinse
Blysmus rufus (Huds.) Lk.
Riedgrasgewächse *Cyperaceae*

Beschreibung: Blütenstand aus 3–6, selten bis zu 8 Ährchen, die an der Blütenstandsachse in 2 Reihen stehen. Länge des Blütenstandes 1–2 cm. Ährchen 3–6 mm lang. Spelzen um 4 mm lang, 2–3 mm breit, spitz oder stumpf, gekielt, kastanien- bis dunkelbraun. Statt der Blütenblätter sind 3–6 Perianthborsten angelegt, die eindeutig kürzer als die Frucht bleiben; sie sind rückwärts gerichtet bärtig behaart (starke Lupe!). Frucht 3–4 mm lang, gelblich. Stengel aufrecht oder bogig aufsteigend, höchstens schwach rauh, in der ganzen Länge völlig rund. Blattspreiten rinnig, um 2 mm breit, glatt. Ganze Pflanze deutlich graugrün. Die Rote Quellbinse wächst in lockeren Rasen. Der Wurzelstock treibt kurze Ausläufer, aus denen die oberirdischen Triebe sprossen. Mai–Juni. 10–25 cm.

Vorkommen: Braucht salz-, vornehmlich kochsalzhaltigen Boden, der ziemlich verdichtet sein sollte; erträgt Stickstoffsalze nur in mäßig hohen Konzentrationen. Kommt fast ausschließlich in Wattwiesen an der Nord- und Ostseeküste vor. Dort selten und gebietsweise fehlend. An sandigen Stränden nur in den Dünentälern, im Binnenland nur an Salzquellen (z. B. in Mecklenburg-Vorpommern: Greifswald, Grimmen, Sülze; Sachsen-Anhalt: mehrfach um Halle, z. B. bei Artern, aber nicht in der Umgebung der Salzbergwerke in Osthessen oder im südlichen Elsaß); fehlt in der Schweiz und in Österreich.

Wissenswertes: ♃. Die Rote Quellbinse ist eine der wenigen mitteleuropäischen Pflanzen, die an salzhaltigen Untergrund gebunden sind. Zwar kann sie auch auf kochsalzarmen Stellen für einige Zeit wachsen, gedeiht dort aber nicht optimal.

Riedgrasgewächse *Cyperaceae*

Schwarzes Kopfried
Schoenus nigricans L.
Riedgrasgewächse *Cyperaceae*

Beschreibung: Blütenstand in der Regel aus 5–10, sehr selten aus bis zu 30 kleinen Ährchen, die am Stengelende dicht gedrängt in einem kleinen Köpfchen stehen, das 1–1,5 cm lang wird. Tragblatt des Köpfchens flach und 2–5mal so lang wie das Ährenköpfchen (2–5 cm). Ährchen mit meist 2–5, selten mit bis zu 7 Blüten; Spelzen um 7 mm lang, schwarzbraun. Stengel blattlos, rund. Grundblätter stengelartig, aber deutlich kürzer als die Stengel, während der Blütezeit an der Spitze meist schon dunkel verfärbt und abgestorben. Äußerste Blattscheiden meist schwarzbraun, selten heller. Das Schwarze Kopfried wächst in dichten Horsten und treibt nie Ausläufer. Juni–Juli. 10–45 cm.

Vorkommen: Braucht nassen, ja zeitweise überschwemmten, kalkhaltigen Boden mit oft schlechter Luftführung. Besiedelt Flachmoore und quellige Hänge, sowie Wald- und Wiesenmoore. In den Mittelgebirgen vereinzelt; in den Alpen, ihrem Vorland und im Einzugsgebiet des Oberrheins (z. B. Pfalz) selten, gebietsweise fehlend. Fehlt im Tiefland fast durchweg und kommt dort nur sehr selten auf den west- und ostfriesischen Inseln sowie bei Elmshorn vor; bildet meist kleinere Bestände. Steigt in den Alpen bis etwa zur Waldgrenze.

Wissenswertes: ♃. Die Kopfriedbestände sind für die landwirtschaftliche Nutzung uninteressant; denn Kopfried ist kein schmackhaftes Futter, und für die Verwendung als Streu wächst es nicht hoch genug. Dem ist es zu verdanken, daß Standorte des Kopfrieds da und dort ungestört erhalten worden sind und in ihnen ihre meist interessante Begleitflora. – Über die Aussprache des Gattungsnamens s. S. 234, linke Spalte).

Rostrotes Kopfried
Schoenus ferrugineus L.
Riedgrasgewächse *Cyperaceae*

Beschreibung: Blütenstand aus 2–4 kleinen Ährchen, die am Stengelende dicht gedrängt in einem kleinen Köpfchen stehen, das nur um 1 cm Länge erreicht und nicht ganz so dick wie lang wird. Tragblatt des Köpfchens flach und etwa so lang wie das Köpfchen. Ährchen meist mit nur 2–3 Blüten. Spelzen um 6 mm lang, dunkel braun- bis schwarzrot, mit grünem Mittelnerv. Stengel blattlos, rund. Spreiten dünn, borstlich, während der Blütezeit an den Spitzen meist noch nicht abgestorben und daher dort nicht dunkel verfärbt, deutlich kürzer als die Stengel. Äußerste Blattscheiden dunkel rotbraun. Das Rostrote Kopfried wächst in dichten, starren Horsten und treibt nie Ausläufer. Mai–Juni. 10–30 cm.

Vorkommen: Braucht sehr feuchten, schwach sauren oder mäßig kalkhaltigen Boden, der aber nicht allzu basenarm sein sollte. Besiedelt vorwiegend Flachmoore und quellige Hänge sowie den trockenen Rand von Hochmooren. Im schweizerischen und im deutschen Alpenvorland zerstreut, aber oft in ziemlich ausgedehnten Beständen, sonst sehr selten. Fehlt weiten Gebieten. Steigt in den Alpen kaum bis 1500 m.

Wissenswertes: ♃. Im westlichen Voralpengebiet kommen Bastardsippen zwischen dem Schwarzen und dem Rostroten Kopfried vor, und zwar fast überall, wo beide Arten untereinander wachsen. Die Bastarde ähneln im Habitus und in der Form der Ährchen mehr dem Rostroten Kopfried, aber in der langen Spreite des Tragblatts, den dunklen Spelzen und den nahezu schwarzen Blattscheiden mehr dem Schwarzen Kopfried. Über eine experimentelle Erzeugung dieses Bastards, die die Merkmalsausbildung erklären könnte, ist uns nichts bekanntgeworden.

Riedgrasgewächse *Cyperaceae* ▶

Schnabelbinse *Rhynchospora*
Schuppenried *Kobresia*
Nacktried *Elyna*

Weiße Schnabelbinse
Rhynchospora alba (L.) Vahl
Riedgrasgewächse *Cyperaceae*

Beschreibung: Blütenstand eine Spirre (= Rispe, in der die äußeren bzw. unteren Äste das Stengelende und die ihm benachbarten Äste deutlich überragen), in der 1–4 Ährchenbüschel dicht beisammen stehen. Der Blütenstand sitzt in der Achsel eines einzigen, flachen Tragblattes, das den zugehörigen Teilblütenstand in der Regel nicht überragt. Unter dem halbkugeligen endständigen Blütenstand stehen oft noch seitenständige, kleinere Nebenblütenstände. Die Ährchen sind 3–5 mm lang, zuerst weiß, später gelbbraun bis rötlich überlaufen. Stengel rundlich oder stumpf 3kantig, aufrecht. Blattspreiten hellgrün, sehr schmal und mit undeutlicher Rinne, gelbgrün, schwach rauh. Blattscheiden hellgrün; in der Blattachsel gelegentlich Brutzwiebelchen. Die Weiße Schnabelbinse wächst in lockeren Rasen. Der Wurzelstock treibt Ausläufer, die meist kurz bleiben. An ihnen bilden sich im Spätjahr zwiebelartige Verdickungen („Winterzwiebelchen"). Juli–August. 15–40 cm.

Vorkommen: Braucht nassen, schlammigen, etwas sauren Untergrund, der nicht allzu basenarm sein sollte; stickstoffsalzscheu. Gedeiht gut nur in den nassesten Zonen von Hoch- und Zwischenmooren, besiedelt aber auch sumpfige Stellen in Wäldern und den Verlandungsbereich von Seen. Im Tiefland, im Alpenvorland und in den Alpen zerstreut, sonst selten, oft bestandsbildend; steigt bis etwa 1000 m.

Wissenswertes: ♃. Die „Winterzwiebelchen", die immerhin 1–2 cm lang werden können, speichern reichlich Nährstoffe. Da sie unmittelbar unter der Moosschicht liegen, können sie vom Wild leicht herausgekratzt werden. Auch Schafe sollen sie gerne fressen.

Braune Schnabelbinse
Rhynchospora fusca (L.) Ait. f.
Riedgrasgewächse *Cyperaceae*

Beschreibung: Blütenstand eine Spirre (= Rispe, bei der die äußeren bzw. unteren Äste die Endauszweigung und die ihr nahestehenden Zweige überragen), in der 1–4 Ährchenbüschel dicht beisammen stehen. Oft mehr als 1 Tragblatt in jedem Blütenstand; in diesem Fall ist das unterste Tragblatt wesentlich länger als die anderen und überragt die Spirre wenigstens um 0,5–1 cm. Die Ährchen sind 3–5 mm lang, strohgelb oder braunrot, nie weiß und nur selten schwach ziegelrot. Stengel rundlich oder stumpf 3kantig, aufrecht. Blattspreiten grasgrün, sehr schmal und mit undeutlicher Rinne, schwach rauh, in der Blattachsel nie mit Brutzwiebelchen. Blattscheiden grün. Die Braune Schnabelbinse wächst in lockeren Rasen. Der Wurzelstock treibt stets unterirdische Ausläufer, die mehrere Zentimeter lang werden. Juni–Juli. 10–30 cm.

Vorkommen: Braucht schlammigen, sauren und mindestens zeitweise überfluteten oder doch sehr nassen Untergrund. Gedeiht nur, wenn die Luftfeuchtigkeit im Jahreslauf immer hoch ist. Besiedelt daher Schlenken in Hoch- und Zwischenmooren, und zwar vorwiegend im nordwestlichen Teil des Tieflands und im Regenstau des Pfälzer Berglandes, des Südschwarzwalds, der Vogesen, des Alpenvorlands und der Alpen. Fehlt gebietsweise. Im Nordwesten selten, sonst sehr selten, aber an seinen Standorten meist in kleineren Beständen. Steigt in den Alpen kaum bis zur Waldgrenze.

Wissenswertes: ♃. Die Braune Schnabelbinse gedeiht bei langer Schneebedeckung schlecht. Daher besiedelt sie hochgelegene „mögliche" Standorte nicht. Im 20. Jahrhundert viele Standortsverluste durch Meliorisation.

Riedgrasgewächse *Cyperaceae*

Schuppenried
Kobresia simpliciuscula (WAHLENB.) MACK.
Riedgrasgewächse *Cyperaceae*

Beschreibung: Blütenstand eine 1–3 cm lange, pyramidenförmige, ährenartige Traube (Ährchen in ihr sehr kurz gestielt), die am Grunde lockerer als in der Mitte oder an der Spitze ist. Ährchen mit nur 1 Blüte (Lupe!), die von der gewölbten, aber nicht röhrig verwachsenen Spelze bedeckt wird. Spelzen rotbraun, ihr Rand trockenhäutig. Ein Tragblatt, in dessen Achsel die Ähre steht, fehlt. Nur die unterste Blüte besitzt öfters eine spreitenartig verlängerte, höchstens 1 cm lange Spitze. Stengel steif aufrecht, hohl, rund. Blätter steif borstlich, etwa 1 mm breit, graugrün, schwach rauh, undeutlich rinnig, höchstens 3/4 so lang wie der Stengel. Grundständige Blattscheiden hellbraun, alle mit einer Spreite. Das Schuppenried wächst in dichten Horsten, aus denen keine Ausläufer treiben. Juni–August. 5–25 cm.

Vorkommen: Braucht durchrieselten, basenreichen und meist auch kalkhaltigen, lockeren Boden. Erträgt Kälte. Kommt in Mitteleuropa nur an sickerfeuchten Hängen, an kiesigen oder sandigen Ufern alpiner Bäche und Rinnen vor. Bevorzugt Höhen zwischen etwa 1700 und 2500 m. Sehr selten und weiten Gebieten fehlend, an seinen Standorten (z. B. im Wallis, im Berner Oberland, in Graubünden, in den Berchtesgadener Alpen, in den Hohen Tauern, in Obersteiermark) aber meist in kleineren Beständen.

Wissenswertes: ♃. Das Schuppenried gilt als Eiszeitreliktpflanze. – Der Gattungsname wurde zu Ehren von PAUL VON KOBRES (auch „COBRES") vergeben, der von 1747–1823 lebte. Er hat sich vor allem als Sammler von Pflanzen einen Namen gemacht.

Nacktried
Elyna myosuroides (VILL.) FRITSCH
Riedgrasgewächse *Cyperaceae*

Beschreibung: Blütenstand eine 1–3 cm lange Ähre, in der 10–20 kleine Ährchen sitzen und die am Grunde lockerer als in der Mitte oder an der Spitze ist. Seitliche Ährchen stets mit einer oberen männlichen und einer unteren weiblichen Blüte (Lupe!), die beide von der am Grunde röhrig verwachsenen Spelze überdeckt werden; oberstes Ährchen mit mehreren männlichen Blüten. Spelzen hellbraun, ihr Rand trockenhäutig. Ein Tragblatt, in dessen Achsel die Ähre steht, fehlt. Auch die unterste Spelze ist in der Regel nicht größer oder anders gestaltet als die übrigen. Blätter steif borstlich, etwa 1 mm breit, graugrün, rauh, deutlich rinnig, mindestens so lang wie der Stengel. Blattscheiden hellbraun. Das Nacktried wächst in dichten, ausläuferlosen Horsten. Juni–August. 10–30 cm.

Vorkommen: Bevorzugt flachgründigen, oft steinigen, humus- oder rohhumushaltigen, eher basenreichen Boden, der zuweilen ziemlich entkalkt sein kann. Stickstoffsalzscheu; zeigt starken Stickstoffsalzmangel im Boden an. Erträgt Kälte und Trockenheit („Kältezeiger"). Kommt in Mitteleuropa nur im Alpengebiet, und zwar oberhalb der Baumgrenze bis etwa 3000 m vor. Hat auf windverblasenen Graten unter Umständen Konkurrenzvorteile und bildet dann kleinere Bestände. Begünstigt wird dies durch das sehr stark ausgebildete Wurzelsystem, das die Büschel des Nacktrieds sehr fest im Untergrund verankert. Fehlt größeren Gebieten. Selten, aber an seinen Standorten oft in kleineren Beständen.

Wissenswertes: ♃. Das Nacktried kommt vor allem in den Tundren der nördlichen Halbkugel vor. – Die Art wird gelegentlich in die Gattung *Kobresia* gestellt.

Riedgrasgewächse *Cyperaceae*
Segge *Carex*

Zweihäusige Segge
Carex dioica L.
Riedgrasgewächse *Cyperaceae*

Beschreibung: Blütenstand eine endständige Ähre, die entweder nur weibliche oder nur männliche Blüten enthält (= Pflanze 2häusig; deutscher und wissenschaftlicher Artname!). Weibliche Ähren 0,7–1,3 cm lang, 5–7 mm dick, walzlich; männliche Ähren 0,7–2 cm lang, um 2 mm dick, spindelig. Spelzen der Blüten 2,5–4 mm, etwa so lang wie die Schläuche, rostbraun. Schläuche der weiblichen Blüte deutlich geadert, bei fruchtenden Pflanzen waagrecht abstehend, nie abwärts gerichtet; Schnabel kurz, rauh. 2 Narben. Stengel glatt oder schwach rauh, rundlich oder stumpf 3kantig, länger als die Blätter. Blattspreite borstlich, steif aufrecht, rauh. Die Zweihäusige Segge wächst in lockeren Rasen. Ihr Wurzelstock treibt Ausläufer, die über 10 cm lang werden können. Mai–Juni. 10–30 cm.

Vorkommen: Braucht schlammig-nassen, basenreichen, oft etwas kalkhaltigen und daher nur mäßig sauren, torfigen Boden. Besiedelt Flach- und Zwischenmoore, manchmal auch anmoorige Streuwiesen. Im Tiefland – vor allem westlich der Elbe – selten, in den niederschlagsreichen Mittelgebirgen sehr selten; im Bayerischen Wald, im Alpenvorland und in den tieferen Lagen der Alpen (bis etwa 1700 m) zerstreut; kommt an ihren Standorten oft in größerer Anzahl vor, ohne daß auffällige Bestände gebildet werden. Steigt in den Alpen bis über 2000 m.

Wissenswertes: ♃. Bei der Zweihäusigen Segge werden nicht selten Exemplare gefunden, deren Ähre am Grunde weiblich, an der Spitze männlich ist. Solche Einzelexemplare lassen sich oft nur eindeutig bestimmen, wenn man sie in der Gesamtheit aller an einem Standort vorkommenden Individuen der Art sieht.

Davalls Segge
Carex davalliana SM.
Riedgrasgewächse *Cyperaceae*

Beschreibung: Blütenstand eine endständige Ähre, die entweder nur weibliche oder nur männliche Blüten enthält (Pflanze 2häusig). Ähren 1–2 cm lang, sehr schlank eiförmig, die weiblichen meist deutlich länger als die männlichen. Spelzen der Blüten knapp 3 mm lang, gelbbraun oder rötlich-braun. Schläuche der weiblichen Blüten lineal-lanzettlich, reif dunkelrot oder schwarz-bräunlich, undeutlich geadert, allmählich in einen ziemlich langen, schlanken Schnabel zusammengezogen, bei fruchtenden Pflanzen oft mehr als bis zur Waagrechten zurückgeschlagen und daher schwach oder deutlich abwärts gerichtet. 2 Narben. Stengel rund, steif aufrecht, unter der Ähre immer rauh, etwa so lang wie die Blätter. Blätter borstlich, 3kantig, stark rauh, dunkelgrün. Davalls Segge wächst in dichten, festen Horsten, aus denen nie Ausläufer treiben. April–Juni. 10–40 cm.

Vorkommen: Braucht nassen, basen- und oft kalkhaltigen Boden, der höchstens mäßig sauer ist. Empfindlich gegen Stickstoffsalze; erträgt Düngung nicht. Bevorzugt Flachmoore und quellige Stellen an Hängen. Im Alpenvorland auch in extensiv genutzten „Streuwiesen", die nur einmal im Jahr, und zwar im Spätsommer, gemäht werden. Fehlt anscheinend seit einigen Jahrzehnten im Tiefland oder kommt dort nur noch vereinzelt vor; in den Mittelgebirgen mit kalkhaltigen Gesteinen selten, im Alpenvorland und in den Alpen zerstreut, zum Teil in größeren Beständen. Steigt in den Alpen bis über 2500 m.

Wissenswertes: ♃. Der Name „*davalliana*" ehrt EDMUND DAVALL (1763–1799), der – obwohl gebürtiger Engländer – in der Schweizer Forstverwaltung tätig war.

Riedgrasgewächse *Cyperaceae*

Kopf-Segge
Carex capitata L.
Riedgrasgewächse *Cyperaceae*

Beschreibung: Blütenstand eine endständige Ähre, die regelmäßig unten weibliche und oben männliche Blüten enthält (Pflanze 1häusig). Ähre kugelig-eiförmig, 5–8 mm lang und 4–6 mm im Durchmesser. Spelzen der weiblichen Blüten um 2 mm lang, vorn stumpf, gelblich bis rötlich-braun, mit trockenhäutigem Rand. Schläuche 2–3,5 mm lang, eiförmig, deutlich abgeflacht, grünlich, gegen die Spitze zu oliv-bräunlich, ohne Adern. 2 Narben. Stengel 3kantig, starr aufrecht, unter der Ähre fühlbar rauh, mindestens 20% länger als die Blätter. Blätter borstlich, kaum rinnig, rauh. Die Kopf-Segge wächst in dichten Rasen. Mai–Juni. 10–40 cm.

Vorkommen: Braucht nassen, mäßig sauren, doch nährstoffreichen Untergrund. Besiedelt daher vor allem Zwischen- und Flachmoore, geht aber auch in Schlenken junger Hochmoore. In Mitteleuropa schon um die Jahrhundertwende sehr selten und nur von wenigen Standorten des Alpenvorlandes und aus Tirol bekannt. Wurde außerhalb der Alpen durch Trockenlegen von Mooren vermutlich vernichtet und hat möglicherweise in Mitteleuropa keinen Dauerstandort mehr. Mit Sicherheit sind die Standorte im bayerischen Alpenvorland und im Bodenseegebiet seit etwa 1950 nicht mehr bestätigt worden. Eventuell noch bei Nauders im oberen Inntal.

Wissenswertes: ♃. In Mitteleuropa muß man die Kopf-Segge als Reliktpflanze aus den Vereisungsperioden der Eiszeit ansehen. Obwohl eine Neuansiedlung unwahrscheinlich ist, so darf man sie doch nicht völlig ausschließen; denn die Früchte werden durch ziehende Wasservögel verbreitet, und in Skandinavien kommt die Kopf-Segge noch bestandsbildend vor.

Felsen-Segge
Carex rupestris ALL.
Riedgrasgewächse *Cyperaceae*

Beschreibung: Blütenstand eine endständige Ähre, die regelmäßig unten 3–6 weibliche und oben männliche Blüten enthält (Pflanze 1häusig). Ähre daher oben dünn, unten dicker, 1–1,5 cm lang. Spelzen der weiblichen Blüten so lang wie oder länger als der Schlauch, braunrot, mit trockenhäutigem Rand. Schlauch 3–4 mm lang, eiförmig, stumpf 3kantig, olivbraun. 3 Narben. Stengel aufrecht oder bogig aufsteigend, undeutlich 3kantig, unter den Ähren schwach rauh, mindestens 20% länger als die Blätter. Blätter 1–1,5 mm breit, flach, am Rande rauh. Die Felsen-Segge wächst in lockeren Rasen. Aus ihrem Wurzelstock treiben Ausläufer, die 1–2 cm lang werden können. Juni–Juli. 5–15 cm.

Vorkommen: Braucht kalkhaltigen, gut durchlüfteten, meist steinigen, flachgründigen Boden mit guter Humusführung. Bevorzugt Höhenlagen zwischen etwa 1500 und 3000 m. Besiedelt lückige, alpine Rasen und Matten, geht aber auch in Felsspalten und auf Grate. In den Alpen sehr selten. Fehlt selbst in den Kalkalpen größeren Gebieten. Kommt an ihren Standorten aber oft in kleineren Beständen vor.

Wissenswertes: ♃. Obwohl die Felsen-Segge kurze Ausläufer besitzt, meidet sie Schutt, der noch in Bewegung ist. Andererseits hat sie in dichten Rasen nicht die besten Lebensbedingungen. Meist verschwindet sie rasch aus ihnen. Daher sind Standorte, die ihr zusagen, nicht allzu häufig. Bei ihr spielt freilich die vegetative Vermehrung durch Ausläufer eine größere Rolle als die geschlechtliche über Samen. Die Ausläufer dringen in feinerdereiche Felsspalten ebenso ein wie in kleinste Zwischenräume zwischen festliegenden Gesteinstrümmern.

Riedgrasgewächse *Cyperaceae*
Segge *Carex*

Stumpfe Segge
Carex obtusata LILJEBLAD
Riedgrasgewächse *Cyperaceae*

Beschreibung: Blütenstand eine endständige Ähre, die regelmäßig unten 5–12 weibliche und oben männliche Blüten enthält (Pflanze 1häusig). Ähre deswegen nach dem Verblühen oben dünn, unten dicker, 0,5–1 cm, selten bis zu 2 cm lang. Spelzen der meisten weiblichen Blüten nur etwa halb so lang wie die Schläuche, ausgenommen die Spelze der untersten Blüte, die grannen- oder spreitenartig ist und länger als der Schlauch sein kann; alle Spelzen eiförmig, spitzlich, rötlich-braun, mit einem deutlichen trockenhäutigen Rand. 3 Narben. Schläuche eiförmig, stumpf 3kantig, aufrecht abstehend, glänzend hellbraun, mit kurzem, aber deutlich 2spitzigem Schnabel (Lupe!). Stengel dünn, aufrecht, deutlich 3kantig, unter der Ähre rauh, so lang wie oder wenig länger als die Blätter. Blätter etwa 1–1,5 mm breit, flach, meist glatt. Die Stumpfe Segge wächst in lockeren Rasen. Aus ihrem Wurzelstock treiben Ausläufer, die meist mehr als 2 cm lang werden, im Extrem sogar 5 cm übertreffen können. April–Mai. 5–30 cm.

Vorkommen: Braucht sehr lockeren, trockenen, feinsandigen Boden. Erreicht in Brandenburg den südwestlichsten Punkt ihres Vorkommens (Vierraden, Rhinow, Friesack). Hauptverbreitung: Gemäßigte arktische Gebiete der Nordhalbkugel. Die Stumpfe Segge ist in Mitteleuropa gefährdet.

Wissenswertes: ♃. Die Stumpfe Segge gilt wohl zu Recht als nordische Reliktpflanze aus den Vereisungsperioden der Eiszeit. Standorte außerhalb Europas in Kanada. In Europa gibt es größere Vorkommen noch in Schweden (einschließlich der Insel Öland) und in Rußland. In Norwegen und Finnland fehlt sie.

Floh-Segge
Carex pulicaris L.
Riedgrasgewächse *Cyperaceae*

Beschreibung: Blütenstand eine endständige Ähre, die regelmäßig unten 5–10 weibliche und oben männliche Blüten enthält (Pflanze 1häusig). Ähre deswegen nach dem Verblühen oben dünn, unten dicker, 1–2 cm lang. Spelzen der weiblichen Blüten um 4 mm lang, schmaleiförmig, spitz, rötlich-braun, gegen die Spitze zu mit einem (zuweilen undeutlichen) trockenhäutigen Rand. 2 Narben. Schläuche 4–5 mm lang, hell- bis dunkelbraun, zuletzt zurückgeschlagen, auf der Innenfläche („oben") flach, außenseits („unten") etwas gewölbt, ohne 2spitzigen Schnabel (Lupe!). Stengel meist bogig aufsteigend, deutlich rund und auch unter der Ähre glatt. Blattspreiten borstlich, meist unter 1 mm breit. Die Floh-Segge wächst in lockeren bis mäßig dichten Rasen. Ihr Wurzelstock ist länglich, treibt aber keine Ausläufer. Mai–Juni. 10–25 cm.

Vorkommen: Braucht basenreichen, meist kalkhaltigen, gut durchlüfteten, nassen Boden. Bevorzugt daher sandig-torfigen Untergrund, in dem sie flach wurzelt. Gedeiht am besten an quelligen Stellen oder am Austritt von Hangdruckwasser; ebenso in Flachmooren und gelegentlich sogar in sumpfigen Streuwiesen und lichten Auwäldern. Im Tiefland und in den niederschlagsreichen Mittelgebirgen selten; im Alpenvorland und in den Alpen zerstreut; bildet an ihren Standorten zuweilen kleinere Bestände. Steigt in den Alpen bis etwa zur Waldgrenze. Fehlt großen Gebieten ganz.

Wissenswertes: ♃. Stickstoffsalzempfindlich. Nach Düngung verschwindet die Floh-Segge rasch. – „Floh"-Segge (lat. pulex = Floh) heißt die Art, weil die Schläuche Ähnlichkeit mit Flöhen haben sollen.

Riedgrasgewächse *Cyperaceae*

Wenigblütige Segge
Carex pauciflora LIGHTF.
Riedgrasgewächse *Cyperaceae*

Beschreibung: Blütenstand eine endständige, sehr lockere Ähre, die regelmäßig unten 2–5 weibliche, oben – im Gegensatz zu allen 1ährigen Seggen – jedoch nur 1–2 männliche Blüten enthält (Pflanze 1häusig). Ähre 1–2 cm lang. Spelzen der weiblichen Blüten 4–6 mm lang, schmal-eiförmig, spitzlich, blaß rotbraun; 3 Narben. Schläuche 5–8 mm lang, strohgelb oder blaß rostrot, zuletzt zurückgeschlagen, lang spindelförmig zugespitzt, aber ohne Schnabel. Stengel aufrecht, stumpf 3kantig, glatt, höchstens unter der Ähre etwas rauh, am Grunde mit einigen verkümmerten Blättern, die kaum halb so lang wie die Stengel werden und über denen 1 einzelnes, nur etwa 1 mm breites, flaches, kleines Blatt steht, das nicht an die Ähre heranreicht. Wurzelstock dünn und reich verzweigt. Die Wenigblütige Segge treibt bis 10 cm lange, oberirdische Ausläufer, aus denen neue Büschel von Stengeln und Blättern herauswachsen. Mai–Juni. 5–30 cm.

Vorkommen: Braucht sauren, nassen und wenigstens zeitweise überfluteten Torfboden, dem Stickstoffsalze und Basen weitgehend fehlen. Erträgt keinerlei Kultivierungsmaßnahmen. Düngung vernichtet sie. Sie reagiert äußerst empfindlich auf Stickstoffgaben. Fehlt im Tiefland; in den niederschlagsreichen Mittelgebirgen mit kalkarmen Gesteinen sehr selten; im Alpenvorland und in den Alpen selten; bleibt in den Alpen unterhalb der Waldgrenze.

Wissenswertes: ♃. Die Wenigblütige Segge ist in den letzten hundert Jahren von vielen ihrer Standorte verschwunden. Erstaunlicherweise konnte sie sich selbst in den großflächig stickstoffsalzarmen Hochmooren des Tieflandes nicht halten, auch nicht in Schutzgebieten.

Kleingrannige Segge
Carex microglochin WAHLENB.
Riedgrasgewächse *Cyperaceae*

Beschreibung: Blütenstand eine endständige Ähre, die regelmäßig unten 5–12 weibliche und oben 4–6 männliche Blüten enthält (Pflanze 1häusig). Ähre 0,8–1 cm lang. Spelzen der weiblichen Blüten um 2 mm lang, schmal-eiförmig, stumpflich, braun, mit trockenhäutigem Rand. 3 Narben. Schläuche 4–6 mm lang, braun, zuletzt zurückgeschlagen, kurz spindelförmig, an der Spitze oft gekrümmt; aus dem Fruchtschlauch tritt vorne eine 1–2 mm lange Borste aus (Name! Bei der Borste handelt es sich morphologisch um einen sterilen Blütenstiel; sicheres Kennzeichen!). Stengel aufrecht, stumpf 3kantig, zart, glatt, stets mit mehreren borstlichen Blättern. Die Kleingrannige Segge treibt aus ihrem Wurzelstock nur unterirdische, nie oberirdische Ausläufer. Mai–Juli. 5–15 cm.

Vorkommen: Braucht basenreichen, meist kalkhaltigen, durchrieselten, lockeren Boden. Bevorzugt als Untergrund Sand oder sandige Tone, wurde aber auch schon zwischen Bachgeröllen gefunden, vorwiegend jedoch in Flachmooren. In Deutschland seit dem letzten Krieg anscheinend nicht mehr gefunden. Kommt vielleicht noch am Säntis, im Wallis, in Savoyen, in Südtirol und im Tessin vereinzelt vor.

Wissenswertes: ♃. Die mitteleuropäischen Standorte der Kleingrannigen Segge beschränkten sich im wesentlichen auf das Alpenvorland und die Kantone Unterwalden, Appenzell und Graubünden. Von dort ist die Pflanze zum Teil schon im letzten Jahrhundert verschwunden. Das Hauptverbreitungsgebiet der Art in Europa liegt in Skandinavien (südlich bis etwa zum 60° n. Br.), Island und Schottland. Sie kommt außerdem in Sibirien, Zentralasien und in Nordamerika vor.

Riedgrasgewächse *Cyperaceae*
Segge *Carex*

Zypergras-Segge
Carex bohemica SCHREB.
Riedgrasgewächse *Cyperaceae*

Beschreibung: Blütenstand ein 1,5–2 cm langes, 1–1,5 cm breites Köpfchen aus mehreren, gleich aussehenden Ährchen. Am Grunde des Blütenstandes sitzen 2–4 laubblattartige Tragblätter, die schräg aufwärts abstehen und deren längstes meist 5 cm, vereinzelt sogar bis zu 15 cm messen kann. Ährchen vielblütig, unten männlich, oben weiblich, hellgrün. Spelzen der weiblichen Blüten weißlich-trockenhäutig, halb so lang wie die Fruchtschläuche, allmählich in eine Grannenspitze ausgezogen; Schläuche spindelförmig, bis 1 cm lang, grün, reif hellgelb, lang geschnäbelt. 2 Narben. Stengel glatt, 3kantig. Blattscheiden hellbraun. Blattspreiten um 2 mm breit, am Rand rauh. Die Zypergras-Segge wächst in Büscheln oder ungleichmäßigen Rasen. Pflanze hell- oder leicht gelblich-grün. Juni–September. 5–20 cm.

Vorkommen: Braucht basenreichen Schlammboden, der im Frühjahr naß, im Sommer trocken sein sollte. Besiedelt trockengelegte Teiche, seltener die Hochwasserzone von Altwässern und Seen. Findet an Flüssen mit verbauten Ufern keine Lebensmöglichkeit mehr. Im Tiefland, im Hessischen Bergland, am Oberrhein, im Kraichgau, im Nördlinger Ries vereinzelt; in Oberschwaben, im Oberpfälzer und Bayerischen Wald sehr selten. Fehlt sonst oder tritt nur kurzzeitig auf. Steigt bis etwa 1000 m.

Wissenswertes: ☉ – ♃. Die Samenverbreitung erfolgt durch Wasservögel. In den letzten Jahrzehnten ist die Zypergras-Segge immer seltener geworden. Aussicht auf ein Auftauchen besteht fast nur in Gebieten, die an Vogelzugstraßen liegen und in denen es Fischweiher gibt, die zeitweilig abgelassen werden und dann sommers trocken liegen.

Monte-Baldo-Segge
Carex baldensis L.
Riedgrasgewächse *Cyperaceae*

Beschreibung: Blütenstand ein 1–1,5 cm langes und 2–2,5 cm breites Köpfchen aus mehreren, gleich aussehenden Ährchen. Der Blütenstand fällt schon von weitem auf, weil er weiß wirkt. An seinem Grund sitzen 4–5 laubblattartige Tragblätter, die meist waagrecht abstehen und deren längstes über 5 cm (selten bis zu 10 cm) messen kann. Ährchen vielblütig, unten weiblich, oben männlich, weißlich (Pflanze 1häusig). Spelzen der weiblichen Blüten weißlich oder cremefarben, etwa so lang wie die reifen Schläuche, stumpf. Schläuche um 4 mm lang, in der Mitte um 3 mm dick, breit-eiförmig, ungeschnäbelt, erst weißlich bis gelbbraun, dann dunkelbraun. 3 Narben. Stengel undeutlich 3kantig, glatt. Blattspreiten graugrün, ziemlich starr, am Rande rauh, 2–3 mm breit, meist flach, seltener borstlich gefaltet. Blätter etwa so lang wie der Stengel. Untere Blattscheiden rötlich-braun. Die Monte-Baldo-Segge wächst in lockeren Horsten. Ganze Pflanze stumpf graugrün. Juni–Juli. 15–30 cm.

Vorkommen: Braucht kalk- und basenreiche, gut durchlüftete, sommerwarme Böden. Gedeiht am besten an steilen Südhängen auf trockenen, lückigen Steinrasen. Besiedelt vor allem die Südlichen Kalkalpen und steigt dort von den Tälern bis über 2000 m. Zentralalpen: Ofenpaß. In den Nördlichen Kalkalpen nur im Loisachtal von Garmisch-Partenkirchen bis etwa Eschenlohe; dort sehr selten. Fehlt wahrscheinlich im übrigen Alpengebiet.

Wissenswertes: ♃. Bemerkenswerterweise wird die in der Gattung isoliert stehende Monte-Baldo-Segge nicht ausschließlich windbestäubt. Mehrere Beobachter halten eine Teilbestäubung durch Käfer für gesichert.

Riedgrasgewächse *Cyperaceae*

Binsenblättrige Segge
Carex maritima GUNN. non al.
Riedgrasgewächse *Cyperaceae*

Beschreibung: Blütenstand ein knapp 1 cm langes, kugeliges Köpfchen, das nur aus 2–5 gleich aussehenden Ährchen besteht. Am Grunde des Blütenstandes sitzen keine Tragblätter. Ährchen vielblütig, unten weiblich, an der Spitze männlich, hellbraun (Pflanze 1häusig). Schläuche eiförmig, etwa 3 mm lang, undeutlich geschnäbelt. 2 Narben. Stengel oft bogig gekrümmt, seltener aufrecht, kurz, rund, glatt. Blattspreiten grün, steif, borstlich, 1–2 mm breit. Die Binsenblättrige Segge wächst in Büscheln mit Ausläufern. Juli–August. 3–10 cm.
Vorkommen: Braucht kalkarmen oder kalkfreien, sehr lockeren, gut durchlüfteten, zeitweise nassen, dann wieder trockenen, kühlen Boden. Besiedelt Gletschermoränen und alpine Bach- und Flußgerölle. Kommt nur in den Zentralalpen mit kristallinem Gestein vor, ist aber auch dort nirgends häufig und fehlt weiten Gebieten. Sehr selten. Bevorzugt Höhen zwischen der Waldgrenze und etwa 3000 m.
Wissenswertes: ♃. Im 19. Jahrhundert kam die Binsenblättrige Segge in den Dünen einiger Nordseeinseln und in Jütland vor. Heute ist sie dort verschwunden. Ihre Standorte in Mitteleuropa sind eiszeitliche Relikte. – Die Art wurde schon in Kleinarten aufgeteilt; doch hat sich dies wegen der zu geringen Unterschiede zwischen den einzelnen Populationen nicht durchgesetzt. – Entfernt ähnlich: Stink-Segge (*C. foetida* ALL.): Schläuche mit gut sichtbaren Nerven, plötzlich in den Schnabel verschmälert. Pflanze mit langen, dünnen, unterirdischen Ausläufern. Schneemulden und Schneetälchen auf kalkarmen Böden. Südwestalpen bis zu den Dolomiten und in das westliche Tirol ausstrahlend; sehr selten und gebietsweise fehlend.

Fadenwurzel-Segge
Carex chordorrhiza L. f.
Riedgrasgewächse *Cyperaceae*

Beschreibung: Blütenstand ein knapp 1 cm langes, 6–8 mm dickes, eiförmiges Köpfchen, das nur aus 3–5 gleich aussehenden Ährchen besteht. Am Grunde des Blütenstandes sitzt kein laubartiges Tragblatt (das Tragblatt ist spelzenartig). Ährchen wenigblütig, unten weiblich, an der Spitze männlich (ausnahmsweise können die untersten Ährchen rein weiblich sein). Spelzen der weiblichen Blüten etwas kürzer als die Schläuche, spitz, hell bis dunkel rötlich-braun, mit schmalem, durchsichtigem Rand. Schläuche 3–4 mm lang, zur Zeit der Vollreife meist dunkel rostbraun, mit kurzem, aber deutlich 2zähnigem Schnabel (Lupe!). 2 Narben. Stengel aufrecht oder aufsteigend, dünn, manchmal schwach kantig. Blattspreiten starr, um 2 mm breit, meist kürzer als der Stengel. Untere Blattscheiden graubraun. Treibt bis 1 m lange, oberirdische Ausläufer, die an jedem Blattansatz wurzeln und ein zunächst nicht blühendes Blattbüschel treiben. Juni. 15–30 cm.
Vorkommen: Braucht zeitweise überschwemmten, offenen und schlammigen, mäßig basenreichen, zuweilen kalkhaltigen Torfboden. Gedeiht in Schlenken von Flach- und Zwischenmooren. Vereinzelt in den Moorgebieten des Tieflands; sehr selten im Fränkischen Jura, im Bayerischen Wald, im deutschen und österreichischen Alpenvorland, in den nördlichen und südlichen Randzonen der Alpen, in der Nordschweiz und im Schweizer Jura. Geht kaum irgendwo bis 1000 m.
Wissenswertes: ♃. Ähnlich: Geteilte Segge (*C. divisa* HUDS.): Blütenstand zylindrisch, aus vielen Ährchen; Stengel 3kantig; Schläuche außen gewölbt; Rhizom 3–5 mm dick. Wiener Becken, Alpensüdfuß; selten.

Monte-Baldo-Segge
Carex baldensis

Binsenblättrige Segge
Carex maritima

Zypergras-Segge
Carex bohemica

Fadenwurzel-Segge
Carex chordorrhiza

Riedgrasgewächse *Cyperaceae*
Segge *Carex*

Zittergras-Segge
Carex brizoides L.
Riedgrasgewächse *Cyperaceae*

Beschreibung: Blütenstand eine schlanke, 1–3 cm lange, 3–5 mm breite, zusammengesetzte, leicht auswärts gekrümmte, lockere Ähre, die aus 5–12, selten mehr oder weniger, gleich aussehenden Ährchen besteht. Ährchen wenigblütig, unten männlich, an der Spitze weiblich, weißlich, strohgelb oder beige, unterstes oft ein wenig von den übrigen abgesetzt. Schläuche 3–4 mm lang, rotbraun, bei der Vollreife abstehend, mit undeutlichem, langem Schnabel. 2 Narben. Stengel schlaff überhängend, deutlich 3kantig, unter dem Blütenstand etwas rauh, meist von den Blattspreiten überdeckt. Blattspreiten 2–3 mm breit, schlaff, schwadenartig überhängend, 20–80 cm lang, selten länger, deutlich rauh. Blattscheiden hellbraun. Die Zittergras-Segge wächst meist in dichten, ausgedehnten Beständen, die schon von weitem an ihren üppigen Blattschwaden kenntlich sind. Mai–Juni. 30–80 cm.

Vorkommen: Braucht nassen, eher kalkarmen und meist wenig durchlässigen Tonboden, geht aber auch auf flachgründigen Sandboden. Gedeiht besonders in lichten Auenwäldern, nassen oder wenigstens zeitweise feuchten, lichten Laubwäldern und in Waldgräben. Bildet meist dichte, oft auch ausgedehnte Bestände. Im Tiefland selten, in den südlichen Mittelgebirgen und im Alpenvorland häufig. Steigt in den Alpen bis knapp über 1500 m.

Wissenswertes: ♃. Wo die Zittergras-Segge in Beständen auftritt, verhindert sie die natürliche Waldverjüngung. Da sie auch in Jungpflanzungen eindringt, richtet sie dort durch Überwuchern Schaden an. Daher gilt sie als Forstunkraut. Ein Wert als Polstermaterial kommt ihr heute nicht mehr zu.

Frühe Segge
Carex praecox agg.
Riedgrasgewächse *Cyperaceae*

Beschreibung: Blütenstand ein eiförmiges, 1–2 cm langes Köpfchen, aus dem die 3–6 gleich aussehenden Ährchen oft schräg abstehen, wodurch sie den Blütenstand lappig aussehen lassen. Keine Tragblätter an der Blütenstandsbasis. Ährchen wenigblütig, unten männlich, oben weiblich, bräunlich, fast immer gerade, nur selten gekrümmt. Spelzen der weiblichen Blüten rotbraun. Schläuche 2–4 mm lang, rötlichbraun, mehr oder weniger plötzlich in einen deutlich 2zähnigen (Lupe!), sehr kurzen Schnabel zusammengezogen, bei der Vollreife aufrecht. 2 Narben. Stengel meist aufrecht, dünn, undeutlich 3kantig oder fast rund, meist so lang wie oder länger als die Blätter. Blattspreiten 1–2 mm breit, etwas steif, aufrecht, höchstens 35 cm lang, deutlich rauh. Treibt unterirdische Ausläufer, aus denen in kurzen Abständen kleine Büschel sprossen. April–Juni. 15–40 cm.

Vorkommen: Braucht lockeren, gut durchlüfteten Boden in sommerwarmem Klima. Bevorzugt basen- oder kalkhaltige Böden. Gegen Stickstoffsalzgaben empfindlich. Besiedelt unbewirtschaftete, sandige, nach Süden geneigte Rasen und Böschungen. Im Tiefland an der Unterelbe und östlich von ihr selten, ebenso am Ober- und Mittelrhein, im Einzugsgebiet des Mains, an der Donau zwischen Donauwörth und Passau; am Alpensüdfuß vereinzelt. Angaben aus den Alpen sind zweifelhaft. In Niederösterreich und Tschechien selten.

Wissenswertes: ♃. *C. praecox* SCHREB. wird mit *C. curvata* KNAF (Ähren länglich, gerade; Spelzen hellbraun; Stengel zur Fruchtzeit abwärts gekrümmt; Mager- und Halbtrockenrasen; selten) zur Sammelart *C. praecox* agg. vereint.

Riedgrasgewächse *Cyperaceae*

Zweizeilige Segge
Carex disticha Huds.
Riedgrasgewächse *Cyperaceae*

Beschreibung: Blütenstand eine dichte, etwas abgeplattete, fast ährenförmige Rispe, die 3–5 cm lang wird und aus 15–30 Ährchen besteht. An der Basis befindet sich meist ein gestieltes Ährchen, das deutlich von den anderen abgesetzt ist. Alle Ährchen meist reichblütig (selten unter 10 Blüten, oft über 25), unten und an der Spitze meist weiblich, mittlere meist männlich, selten alle Blüten eines Ährchens weiblich, hellbraun. Schläuche etwa 4 mm lang, glänzend, deutlich geadert, allmählich in den Schnabel verschmälert; 2 Narben. Stengel aufrecht, deutlich und unter dem Blütenstand ausgesprochen scharf 3kantig, länger als die Blätter, nur oberwärts rauh. Blattspreiten 3–4 mm breit, am Rande und auf der Rückenseite rauh. Die Zweizeilige Segge besitzt einen dicken Wurzelstock und wächst in Büscheln, an deren Grund oft schwarze Fasern stehen. Mai–Juni. 30–80 cm.

Vorkommen: Braucht basenreichen und zumindest kalkhaltigen, wenn nicht kalkreichen, nassen oder gar überschwemmten Sand- oder Tonboden. Erträgt mäßige Stickstoffsalzkonzentrationen im Boden. Kommt daher vor allem in der Uferzone von Gewässern und in zeitweise überfluteten Streuwiesen vor. Meidet Kältelöcher. Selten, aber an ihren Standorten oft in kleineren oder größeren Beständen. Fehlt im Tiefland und in den höheren bzw. klimatisch raueren Mittelgebirgen gebietsweise, wahrscheinlich ebenso in den Alpen, zumindest oberhalb von 1000 m.

Wissenswertes: ♃. Die Zweizeilige Segge blüht oft nicht und ist dann schwer zu erkennen. – Wegen ihrer Hochwüchsigkeit und der dadurch bedingten Ergiebigkeit im Schnittgut früher als Streupflanze geschätzt.

Gewöhnliche Sand-Segge
Carex arenaria L.
Riedgrasgewächse *Cyperaceae*

Beschreibung: Blütenstand eine dichte, gelegentlich unten lockere, fast ährenförmige Rispe aus 5–15 Ährchen, die 4–6 cm lang wird und meist etwas gekrümmt oder übergebogen ist. Ährchen reichblütig; untere Ährchen rein weiblich, mittlere am Grunde weiblich und an der Ährchenspitze männlich, obere rein männlich, gelbbraun. Schläuche 4–5 mm lang, eiförmig. 2 Narben. Stengel aufrecht, 3kantig, unter dem Blütenstand scharf rauh, etwa so lang wie die Blätter. Blattspreiten 3–4 mm breit, steif, deutlich rinnig. Die Sand-Segge besitzt einen lang kriechenden, dicken Wurzelstock, der mit langen Fasern besetzt ist. Von diesem Wurzelstock zweigen oft mehrere Dezimeter lange, unterirdische Ausläufer ab, die beim Zerreiben herb aromatisch duften. Dank des unterirdischen Systems von Wurzelstock und Ausläufern wächst die Sand-Segge in locker stehenden Büscheln. Mai–Juni. 15–50 cm.

Vorkommen: Braucht basen- und stickstoffsalzarmen, offenen Sandboden. In den Dünen von Nord- und Ostsee sowie in der Geest des Tieflands häufig; oft angepflanzt; sonst im Binnenland nur vereinzelt und (wahrscheinlich verschwindend) südlich von Mainz.

Wissenswertes: ♃. Diese Segge eignet sich hervorragend zur Befestigung von Wanderdünen. Deswegen wird sie angepflanzt. – *C. arenaria* L. wird mit Reichenbachs Sand-Segge (*C. pseudobrizoides* Clav.: Blütenstand 3–5 cm lang; 5–12 Ährchen; Schläuche 5–6 mm lang; Sachsen, Brandenburg; sehr selten) und mit der Französischen Sand-Segge (*C. ligerica* J. Gay: 4–7 Ährchen; Blätter 1–2 mm breit; Jütland, Frankreich; früher am Oberrhein) zur Sammelart Sand-Segge (*C. arenaria* agg.) zusammengefaßt.

Riedgrasgewächse *Cyperaceae* ▶

Segge *Carex*

Kriechende Segge
Carex repens BELL.
Riedgrasgewächse *Cyperaceae*

Beschreibung: Blütenstand eine dichte, fast ährenförmige Rispe, die 3–5 cm lang wird und aus 8–12 Ährchen besteht. An der Basis befindet sich meist ein Ährchen, das etwas von den anderen abgesetzt ist. Alle Ährchen reichblütig (meist 8–15 Blüten, selten mehr oder weniger), das unterste (oder – seltener – die 2–3 unteren) Ährchen weiblich, die 2–3 mittleren mit weiblichen Blüten an der Basis und männlichen an der Spitze, die oberen 4–7 rein männlich; Ährchen eher schlank als voluminös, Blütenstand insgesamt schlank-keglig und etwas lappig. Schläuche etwa 4 mm lang, blaßgrün, undeutlich geadert, allmählich in den Schnabel verschmälert, beidseitig mit einem narbig-trockenhäutigen Flügel vom Schnabel bis zur Basis; 2 Narben. Stengel aufrecht, deutlich und unter dem Blütenstand ausgesprochen scharf 3kantig, länger als die Blätter, nur im oberen Drittel rauh. Blattspreiten 3–4 mm breit, am Rand und unterseits rauh. Die Kriechende Segge besitzt einen ziemlich dicken Wurzelstock und wächst in ansehnlichen Büscheln. Mai–Juni. 25–70 cm.

Vorkommen: Braucht locker-sandigen, mäßig basenreichen, nicht unbedingt kalkhaltigen, trockenen Boden. Besiedelt Sand-Kiefernwälder, lichte Gebüsche auf Sandboden, geht auch auf Sandstreifen in Flußtälern, aber nur, wenn sie deutlich über der Hochwasserlinie liegen. Mittelmeergebiet, westwärts bis Südfrankreich, östlicher Teil des pannonischen Florengebiets; vereinzelt in Brandenburg.

Wissenswertes: ♃. Die Kriechende Segge könnte ihr Areal sowohl in der Südschweiz als auch in den östlichen Wärmegebieten noch ausdehnen. Immerhin kommt sie in Frankreich, Ungarn und Polen vor.

Fuchs-Segge
Carex vulpina L.
Riedgrasgewächse *Cyperaceae*

Beschreibung: Blütenstand eine lappige, unterbrochene, dichte, ährenförmige Rispe, die 3–6 cm lang wird. In ihr stehen 5–10 Ährchen, die vielblütig sind. Die Ährchen enthalten an der Spitze männliche, an der Basis weibliche Blüten. Tragblatt des Blütenstandes borstenartig, meist kürzer als der Blütenstand. Spelzen der weiblichen Blüten eiförmig, spitz oder grannenspitz, dunkel rotbraun. Schläuche 4–5 mm lang, 2zähnig geschnäbelt, braun. 2 Narben. Stengel 2–3 mm dick, steif und hervorstehend 3kantig, wobei die scharfen Kanten durchweg sehr rauh und die Seitenflächen eingewölbt sind. Stengel so lang wie die Blätter, zum Teil länger. Blattspreiten 0,5–1 cm breit, hellgrün, rinnig, auf dem Rücken rauh. Untere Blattscheiden dunkelbraun, auffasernd. Die Fuchs-Segge wächst in starken Horsten. Juni–Juli. 0,3–1 m.

Vorkommen: Braucht basenreichen, aber nicht unbedingt kalkhaltigen, feuchten oder gar nassen Boden. Besiedelt Ufer, Gräben und Naßwiesen. Meidet Vollschatten. Geht im Gebirge bis etwa 1000 m. Zerstreut, da und dort in kleineren Beständen.

Wissenswertes: ♃. *C. vulpina* L. wird mit der Hain-Segge (*C. otrubae* PODP.: Ährchen gelbgrün; Tragblatt am Blütenstand schlaff; Stengelflanken kaum eingewölbt; untere Blattscheiden hellbraun; Auenwälder, Naßwiesen; westliches Mitteleuropa; selten) zur Sammelart *C. vulpina* agg. vereint. – Sehr ähnlich: Falsche Fuchs-Segge (*C. vulpinoidea* MICHX.): Blütenstand 5–10 cm lang; untere Ährchen gedrängt auf Rispenästen; Spelzen der weiblichen Blüten hell rötlich-braun, grannenspitz; Blattspreiten 2–4 mm breit; Blattscheiden dunkelbraun; Nordamerika. In Frankreich beständig, bei uns selten eingeschleppt.

Riedgrasgewächse *Cyperaceae*

Sparrige Stachel-Segge
Carex muricata L.
Riedgrasgewächse *Cyperaceae*

Beschreibung: Blütenstand eine etwas lappig unterbrochene, meist dichte, ährenförmige Rispe, die 2–3,5 cm lang wird. In ihr stehen ziemlich gedrängt 3–10 Ährchen (unterstes oft etwas abgesetzt), die vielblütig sind. Ährchen an der Spitze mit männlichen, an der Basis mit weiblichen Blüten. Schläuche 3–5 mm lang, etwa halb so breit, abstehend, allmählich in den Schnabel zusammengezogen. 2 Narben. Stengel 1–1,5 mm dick, 3kantig. Kanten stehen nicht vor. Stengel nur unter dem Blütenstand rauh. Die Stengel sind so lang wie die Blätter. Blattspreiten 2–4 mm breit, hell- bis stumpfgrün, meist nicht auffallend rauh. Wächst in mittelgroßen, oft etwas lockeren Horsten. Mai–Juli. 15–80 cm.

Vorkommen: Bevorzugt feuchte Böden, stellt indessen sonst kaum einschränkende Bedingungen an den Untergrund. Erträgt mäßige Stickstoffsalzgehalte, aber weder lange Schneebedeckung noch sehr späte Fröste. Besiedelt Gebüschsäume, lichte Waldstellen, Gräben, Streuwiesen und Raine mit austretendem Hangdruckwasser. Zerstreut. Geht kaum über 1200 m.

Wissenswertes: ⚄ *C. muricata* L. wird manchmal auch unter dem Namen *C. pairae* F. W. SCHULTZ geführt. Dieses Artepithet ist – nicht nur aus Prioritätsgründen, sondern auch wegen des Grundsatzes der Typisierung – nach unserer Ansicht nicht zulässig, zumal die meisten der Autoren, die das Epithet „*pairae*" verwenden, in der Synonymik auf LINNÉS Benennung verweisen. Der Grundsatz der Typisierung muß beachtet werden, weil das Taxon üblicherweise mit anderen zusammen in eine Sammelart gestellt wird. Für sie hat sich der Name *C. muricata* agg. durchgesetzt.

Innerhalb der Sammelart werden – außer der nebenstehend beschriebenen Sparrigen Stachel-Segge (*C. muricata* L.) meist noch folgende Kleinarten unterschieden:

Lockerährige Stachel-Segge
Carex divulsa STOKES
Blütenstand 3–10 cm lang; unterste Ährchen berühren sich oder sind nur durch eine kleine Lücke, die etwa ihrer Länge entspricht, voneinander getrennt; Früchtchen aufrecht, nicht sparrig spreizend; Stengel schlaff, dünn, oft niederliegend; mindestens das unterste Ährchen deutlich von den anderen abgesetzt. Laubwälder, Gebüsche. Im Tiefland sehr selten; in den Mittelgebirgen und den Alpen nur in den tieferen Lagen.

Leers Stachel-Segge
Carex polyphylla KAR. et KIR.
Blütenstand 3–5 cm lang; die beiden unteren Ährchen sind von den übrigen durch eine Lücke getrennt, die mehr als ihrer eigenen Länge entspricht; Schläuche dunkelbraun, spreizend; Stengel robust. Lichte Wälder, Gebüsche; auf Lehmböden. Im Tiefland selten; Mittelgebirge und Alpen bis in mittlere Lagen zerstreut. – Manche Autoren fassen Leers Stachel-Segge als Unterart der Sparrigen Stachel-Segge (*C. muricata* L.) auf. Dafür spricht, daß die trennenden Merkmale nicht wirklich trennen, sondern ineinander übergehen. Andererseits weichen manche Sippen recht stark voneinander ab.

Dichtährige Stachel-Segge
Carex spicata HUDS.
Blütenstand 2–5 cm lang; 3–10 gedrängt sitzende Ährchen (höchstens das untere ein wenig abgesetzt); Stengel aufrecht, dünn (um 1 mm dick); Blatthäutchen doppelt so lang wie breit; Wurzeln und untere Blattscheiden weinrot überlaufen. Wegränder, Wälder, Gebüsche; erträgt mäßig hohe Stickstoffsalzkonzentrationen. Im Tiefland selten, sonst zerstreut; steigt bis etwa 1500 m.

Riedgrasgewächse *Cyperaceae*
Segge *Carex*

Rispen-Segge
Carex paniculata L.
Riedgrasgewächse *Cyperaceae*

Beschreibung: Blütenstand 5–15 cm lang, locker, deutlich rispig und deswegen im Aussehen unregelmäßig lappig, 6–10 cm lang, oft etwas nickend. Wenigstens die unteren 1–3 Rispenäste stehen immer deutlich von der Rispenachse ab. Die eiförmigen Ährchen enthalten an der Spitze männliche, an der Basis weibliche Blüten; die untersten Ährchen sind zuweilen zur Gänze weiblich. Spelzen der weiblichen Blüten blaß- oder orangebraun, mit einem deutlich trockenhäutigen Rand und stachelartiger Spitze. Schläuche 2–3 mm lang, glänzend, allmählich in den Schnabel verschmälert. 2 Narben. Stengel 2–3 mm dick, ausgesprochen 3kantig, länger als die Blätter. Blattspreiten 3–6 mm breit, grasgrün. Blattscheiden an der Sproßbasis gelbbraun, selten dunkler, doch nie in Fasern aufgelöst. Die Rispen-Segge wächst in großen Horsten, die vor allem auf zeitweise überfluteten Standorten hohe Bulte bilden. Mai–Juni. 0,4–1 m.

Vorkommen: Braucht nassen, oft etwas torfigen, mäßig basenhaltigen Boden, der nicht zu sauer sein, aber etwas Stickstoffsalze enthalten darf. Bevorzugt Seeufer, Quellsümpfe, Flachmoore, Gräben und Auwälder in Gegenden, in denen das Muttergestein kalkhaltig ist. Fehlt größeren Gebieten, kommt indessen an ihren Standorten meist in kleineren Beständen vor. Steigt bis etwa 1500 m. Zerstreut.

Wissenswertes: ♃. Früher nutzte man die Rispen-Segge als Streu- oder Verpackungsmaterial. Beides lohnt sich seit langem nicht mehr: Wegen der Horste können Streuwiesen mit Rispen-Seggen maschinell kaum bestellt werden. Holz- und Kunstfolienwolle lassen sich billiger herstellen, als Rispen-Seggen geerntet werden können.

Wunder-Segge
Carex appropinquata SCHUM.
Riedgrasgewächse *Cyperaceae*

Beschreibung: Blütenstand 3–8 cm lang, locker, deutlich rispig und deswegen im Aussehen unregelmäßig lappig. Die Rispenäste stehen meist steif aufrecht an der Rispenachse und sind oft erst deutlich zu erkennen, wenn man den Blütenstand über den Finger biegt; nur selten sind sie schlaff, doch auch dann stehen sie nicht von der Rispenachse ab. Die schmal-eiförmigen, fast walzlichen Ährchen sind 0,5–1,5 cm lang und enthalten an der Spitze männliche, an der Basis weibliche Blüten. Spelzen der weiblichen Blüten rotbraun, mit schmalem, trockenhäutigem Rand, etwa so lang wie die Schläuche. Schläuche dunkelbraun, matt, deutlich geschnäbelt. 2 Narben. Stengel 2–3 mm dick, 3kantig, unter dem Blütenstand scharf rauh, meist etwas länger als die Blätter. Blattspreiten 2–3 mm, selten nur 1 mm breit, steif, auffallend rauh. Blattscheiden an der Sproßbasis schwarzbraun und stets zu langen Fasern aufgelöst. Die Wunder-Segge wächst in großen, auffallenden Horsten, die vor allem auf zeitweise überfluteten Standorten hohe Bulte bilden. Mai–Juni. 20–80 cm.

Vorkommen: Braucht basen- oder kalkhaltigen Sumpfboden. Wächst im äußeren Ufersaum stehender Gewässer, seltener an Flüssen, besiedelt auch Flachmoore, lichte Auenwälder und Gräben. Steigt kaum über 1200 m. Im Tiefland – vor allem im Westen – selten, im Alpenvorland und im Regen–Naab–Altmühl-Becken zerstreut, fehlt in den Zentral- und Südalpen, sonst nur vereinzelt; oft bestandsbildend.

Wissenswertes: ♃. Die Wunder-Segge verliert durch die Ufernutzung an Seen (Campingplätze) zunehmend Standorte. Vor allem im Alpenvorland ist sie zurückgegangen.

Riedgrasgewächse *Cyperaceae*

Draht-Segge
Carex diandra SCHRANK
Riedgrasgewächse *Cyperaceae*

Beschreibung: Blütenstand scheinbar eine Ähre, erst beim Umbiegen als kurzastige, eng an der Hauptachse anliegende Rispe erkennbar (unteren Teil des Blütenstandes beachten!), nur 2–3 cm lang. Die eiförmigen Ährchen stehen dicht gedrängt, überlappen sich etwas und enthalten an der Spitze männliche, an der Basis weibliche Blüten. Spelzen der weiblichen Blüten schmal-eiförmig, erst heller, dann dunkler rotbraun, weiß-hautrandig und kürzer als die Schläuche. Schläuche 2,5–3 mm lang, dunkelbraun, glänzend, an der Basis deutlich geadert, allmählich in einen breiten, etwas gebogenen Schnabel verschmälert. 2 Narben. Stengel 1–1,5 mm dick, an der Basis fast rund, unter dem Blütenstand 3kantig und kaum rauh. Blattspreiten 1–2 mm breit, rinnig, höchstens schwach rauh. Blattscheiden an der Sproßbasis grau oder sehr hellbraun, sehr selten aufgefasert. Die Draht-Segge wächst in lockeren Rasen. Mai–Juni. 30–60 cm.

Vorkommen: Braucht nassen, wenigstens zeitweise überschwemmten, offenen Torfboden, der indessen nicht zu basenarm sein darf. Kommt daher vorwiegend in Flach- und Zwischenmoorschlenken vor. Im Tiefland und im Alpenvorland selten; steigt in den Alpen kaum bis 1500 m; fehlt weiten Gebieten (z. B. im Schwarzwald bis auf den südöstlichen Randbezirk); sonst nur vereinzelt, aber an ihren Standorten oft in kleineren Beständen.

Wissenswertes: ♃. Die Art geht in den letzten Jahrzehnten durch „Melioration" ihrer Standorte stark zurück. Von den vielen „Bastarden", die vor allem im letzten Jahrhundert beschrieben worden sind, sind fast keine durch Kreuzungsversuche bestätigt worden.

Krumm-Segge
Carex curvula ALL.
Riedgrasgewächse *Cyperaceae*

Beschreibung: Blütenstand kopfig zusammengedrängt, meist 0,5–2 cm lang. Die dunkelbraunen Ährchen enthalten an der Spitze männliche, an der Basis weibliche Blüten. Unterstes Ährchen mit 1 gelben Tragblatt, das kürzer als der Blütenstand bleibt. Schläuche spindelförmig, 5–7 mm lang, olivgrün bis braun, geschnäbelt. 3 Narben. Stengel 3kantig, glatt, gekrümmt (ssp. *curvula*), etwa so lang wie die Blätter. Blattspreiten 1–2 mm breit, mit schmaler Mittelritze (ssp. *curvula*), gekrümmt, schwach rauh, oft mit abgestorbener, gelblich werdender Spitze (Bestände der Krumm-Segge sehen schon im Hochsommer gelblich-bräunlich aus). Blattscheiden gelb bis hellbraun, nicht aufgefasert. Wächst in dichten Büscheln, die am Grunde von Resten braun gewordener, nicht zerfaserter, vorjähriger Blätter umstanden sind. Juli–August. 5–20 cm.

Vorkommen: Braucht sauren, kalkfreien, humosen alpinen Boden (ssp. *curvula*) oder humosen, alpinen Kalkboden (ssp. *rosae* GILOMEN). Ssp. *curvula* besiedelt praktisch nur die Zentral- und Südalpen, und zwar hochgelegene Matten und verfüllte Felsspalten in kristallinem Gestein. Bevorzugt Höhen zwischen 2000 und 3000 m. Häufig und oft in großen, ausgedehnten Beständen. Ssp. *rosae* kommt vor allem südwestlich der gedachten Linie Jungfrau/Nufenen-Paß/Lago Maggiore vor (sporadisch bis zum Großglockner!).

Wissenswertes: ♃. Ssp. *curvula*: Spelzen der weiblichen Blüten rotbraun, hautrandig. Stengel und die harten, dünnen Blätter stark gekrümmt. – Ssp. *rosae* GILOMEN: Spelzen der weiblichen Blüten gelblich-braun, hautrandig. Stengel aufrecht. Blätter schwach gekrümmt, dicklich, hohlkehlig, ohne Mittelritze.

Riedgrasgewächse *Cyperaceae*
Segge *Carex*

Hasenfuß-Segge
Carex leporina L.
Riedgrasgewächse *Cyperaceae*

Beschreibung: Blütenstand lockere Ähre, die etwa 2–3 cm lang wird und 4–8 braune Ährchen enthält. Die Ährchen besitzen an der Spitze weibliche, an der Basis männliche Blüten. Schläuche 3–4 mm lang, geschnäbelt. 2 Narben. Stengel starr aufrecht, scharf 3kantig, unterhalb des Blütenstandes schwach rauh, sonst glatt. Blattspreiten 2–3 mm breit, deutlich kürzer als der Stengel. Grundständige Blattscheiden braun. Die Hasenfuß-Segge wächst in dichten, großen Büscheln, aus denen Ausläufer treiben. Juni–Juli. 20–60 cm.

Vorkommen: Braucht rohhumushaltigen oder torfigen Boden, der meist basenarm und kalkfrei, sauer und mindestens zeitweise feucht ist. Geht auch auf nassen Sand oder Lehm. Erträgt mäßige Stickstoffsalzkonzentrationen. Besiedelt Kahlschläge und Raine, hat ihre Hauptverbreitung aber in Borstgras-Rasen und -Weiden. In Kalkgebieten selten, sonst zerstreut, ja häufig. Steigt in den Alpen bis etwa 2000 m.

Wissenswertes: ♃. Die Hasenfuß-Segge ist eine der wenigen Seggen-Arten, die von weidendem Vieh gerne gefressen werden. Allerdings wächst sie auch in Borstgras-Weiden nicht zahlreich, so daß man von einem wirtschaftlichen Wert nicht sprechen kann. Erwähnenswert ist noch, daß die Hasenfuß-Segge auf offenen, rohhumushaltigen Böden auch als Pionierpflanze auftreten kann und damit die Begrünung einleitet. Das gilt auch für frisch angelegte Wege, auf denen sie sich wegen ihrer Trittunempfindlichkeit lange halten kann. – Neuerdings tritt die ähnliche Falsche Hasenfuß-Segge (*C. crawfordii* FERNALD) an Talsperren des Bergischen Landes auf. Sie zeichnet sich durch sehr schlanke Schläuche aus.

Igel-Segge
Carex echinata MURRAY
Riedgrasgewächse *Cyperaceae*

Beschreibung: Blütenstand sehr lockere Ähre aus 3–5 Ährchen, insgesamt meist nur 1–2, selten bis zu 3 cm lang. Die Ährchen stehen lückig; indessen sind die Abstände zwischen ihnen fast nie größer als 7 mm. In den Ährchen spreizen die reifen Schläuche „wie die Stacheln eines Igels", also nahezu allseitig ab (Name). Die Ährchen enthalten an der Spitze weibliche, an der Basis männliche Blüten. Spelzen der weiblichen Blüten etwa halb so lang wie die reifen Schläuche, grünlich-olivbraun, mit breitem, weißem Rand und weißem Mittelnerv (Lupe!). Schläuche olivbraun, 3–4 mm lang, an der Basis kaum 1,5 mm breit, außenseitig gewölbt und hier deutlich nervig (Lupe!). 2 Narben. Stengel steif, aufrecht oder gekrümmt, 1–2 mm dick, deutlich 3kantig, zwischen den Kanten Flächen nach außen gewölbt, nur unter dem Blütenstand schwach rauh. Blattspreiten kürzer als die Stengel, graugrün, 1–2 mm breit, steif und schwach rauh. Grundständige Blattscheiden gelbbraun. Die Igel-Segge wächst in lockeren Büscheln. Mai–Juni. 10–40 cm.

Vorkommen: Braucht nasse, humose und basen- und kalkarme Böden. Besiedelt Quell- und Flachmoore, Wiesen mit Staunässe, Gräben und Raine mit Naßstellen, geht auch auf vernäßte Waldwege und -lichtungen. Steigt in den Alpen bis über 2000 m. Zerstreut, gebietsweise fehlend, meist in kleineren Beständen.

Wissenswertes: ♃. Gelegentlich enthält das Gipfelährchen bei der Igel-Segge nur männliche Blüten. – Manche Autoren haben innerhalb der Art mehrere Sippen unterschieden, doch ist nach wie vor unklar, ob ihnen taxonomischer Wert zukommt, ja, ob man die Sippen eindeutig voneinander abgrenzen kann.

Riedgrasgewächse *Cyperaceae*

Walzen-Segge
Carex elongata L.
Riedgrasgewächse *Cyperaceae*

Beschreibung: Blütenstand mäßig lockere Ähre aus 8–12 Ährchen, die insgesamt 3–10 cm lang werden kann. Ährchen 0,5–1,5 cm lang, vor der Fruchtreife 2–6 mm dick; der größte Durchmesser der Ährchen liegt etwas oberhalb der Mitte. In den Ährchen spreizen die reifen Schläuche höchstens schräg aufwärts ab, aber nie igelkolbenartig-allseitig. Die Ährchen enthalten an der Spitze weibliche, an der Basis männliche Blüten. Spelzen der weiblichen Blüten bis 2/3 so lang wie die Schläuche, spitz oder stumpf, rötlich-braun, mit breitem, weißem Rand und grünlichem, später weißlich aufhellendem Mittelnerv (Lupe!). Schläuche 3–4 mm lang, olivgrün, innen flach, außenseits gewölbt, beidseits deutlich nervig, allmählich in den Schnabel verschmälert. 2 Narben. Stengel 1–2 mm dick, auffallend schlaff, scharf 3kantig und mindestens von der Stengelmitte bis zum Blütenstand, oft aber in der ganzen Länge rauh. Blattspreiten gelblich-grün, seltener dunkelgrün, 2–6 mm breit, rauh, so lang wie der Stengel. Grundständige Blattscheiden hellbraun. Die Walzen-Segge wächst in kleinen, festen Horsten. Mai–Juni. 30–70 cm.

Vorkommen: Braucht staunassen, gelegentlich überfluteten Boden, der sowohl aus flachgründigem Sand über undurchlässigem Gestein wie auch aus Lehm oder Ton bestehen kann. Auwälder, Gräben und Ufer, geht auch in Streuwiesen. Im Tiefland häufig, in mittleren Höhenlagen selten, in den Alpen sehr selten und weithin fehlend; an ihren Standorten oft in kleinen Beständen. Steigt bis über 1000 m.

Wissenswertes: ♃. Die Walzen-Segge tritt häufig in Erlenbeständen auf. Zeigerpflanze für Staunässe.

Schlenken-Segge
Carex heleonastes L. f.
Riedgrasgewächse *Cyperaceae*

Beschreibung: Blütenstand kopfige, länglich-eiförmige, dichte Ähre, die nur 1–2 cm lang wird und 2–5 Ährchen enthält. Die Ährchen sind 0,5–1 cm lang und eher breit-eiförmig als schlank-eiförmig; sie besitzen insgesamt 6–10 Blüten, und zwar an der Spitze weibliche, an der Basis männliche. Spelzen der weiblichen Blüten etwas kürzer als die Schläuche, hellbraun bis rötlich-braun, mit einem breiten, weißen, trockenhäutigen Rand. Schläuche etwa 3 mm lang, eiförmig, innenseits flach, außenseits gewölbt, anfangs graubraun, später dunkelbraun werdend, dünn geädert, rasch in einen kurzen, kegeligen Schnabel verschmälert. 2 Narben. Stengel kaum 1 mm dick, aber trotzdem steif aufrecht, scharf 3kantig und mindestens in der oberen Hälfte stark rauh. Blattspreiten 1–2 mm breit, blaugrün, steif aufrecht, rinnig gefaltet und daher wie die Stengel scharf 3kantig und stark rauh. Grundständige Blattscheiden hellbraun. Die Schlenken-Segge wächst in lockeren, fast rasenartigen Horsten, aus denen kurze Ausläufer hervorsprießen. Mai–Juni. 10–30 cm.

Vorkommen: Braucht basenarmen, allenfalls mäßig basenhaltigen Torfboden. Stickstoffsalzempfindlich. Gedeiht nur in Schlenken von Zwischenmooren. Im Alpenvorland selten; vereinzelt in alpinen Mooren; an ihren Standorten meist in kleineren Beständen.

Wissenswertes: ♃. Die Schlenken-Segge ist ein Eiszeitrelikt. Lebensbedingungen, die ihr zusagen, findet sie nur noch in wenigen geschützten Moorgegenden. Im Tiefland ist sie durch Kultivierungsmaßnahmen verschwunden, obschon im letzten Jahrhundert dort noch etliche Fundstellen bekannt waren.

Riedgrasgewächse *Cyperaceae* ▶
Segge *Carex*

Schneehuhn-Segge
Carex lachenalii Schkuhr
Riedgrasgewächse *Cyperaceae*

Beschreibung: Blütenstand eiförmig, dicht, aus meist 3 oder 4, seltener aus nur 2 oder aus 5 Ährchen zusammengesetzt und meist weniger als 1,5 cm, vereinzelt bis zu 2 cm lang. Die Ährchen enthalten an der Spitze weibliche, an der Basis männliche Blüten. Spelzen der weiblichen Blüten dunkel rötlich-braun, in der Regel mit einem schmalen, trockenhäutigen Rand, kaum kürzer als die Schläuche. Schläuche 2-3 mm lang, eiförmig, innenseits flach, außenseits etwas gewölbt, an der Basis gelblich-braun, zur Spitze hin dunkler werdend, allmählich in einen geradseitigen, kurzen und glatten Schnabel verschmälert (Lupe!). 2 Narben. Spelzen der Schläuche rotbraun, mit hellbraunem Mittelnerv. Stengel steif, aufrecht oder gekrümmt, höchstens stumpfkantig und meist völlig glatt. Blattspreiten 1-2 mm breit, starr, hellgrün, kürzer als der Stengel. Grundständige Blattscheiden braun. Die Schneehuhn-Segge wächst in lockeren Rasen und treibt Ausläufer, die allerdings meist ziemlich kurz bleiben. Juni–Juli. 5–15 cm.

Vorkommen: Braucht sauren, humosen, alpinen Boden, geht auch in alpine Hochmoore, in Schneetälchen und – bemerkenswerterweise – auf nassen Felsschutt. Kommt in Mitteleuropa nur in den Zentralalpen mit kristallinem Gestein vor, und zwar meist zwischen 2000-2500 m. Fehlt gebietsweise und ist auch an ihren Standorten nicht häufig. Sehr selten.

Wissenswertes: ♃. Die Schneehuhn-Segge hat ihre Hauptverbreitung von Skandinavien über Sibirien bis nach Japan; auch in Nordamerika. – Der wissenschaftliche Artname wurde zu Ehren des Schweizer Botanikers Werner de Lachenal (1736–1800) vergeben.

Gewöhnliche Grau-Segge
Carex canescens L.
Riedgrasgewächse *Cyperaceae*

Beschreibung: Blütenstand eine – zumindest an der Basis – lockere oder lückige, an der Spitze dichte, zusammengesetzte Ähre, die 4-8 Ährchen enthält und 3-5 cm lang wird. Die grauen Ährchen sind normalerweise lang-oval (Länge 5-8 mm), nur bei Kümmerformen kleiner und kugelig; an der Spitze enthalten sie weibliche, am Grunde männliche Blüten. Spelzen der weiblichen Blüten weißlich oder hell gelblich-braun, mit grünem Mittelnerv, meist trockenhäutig, etwas kürzer als die Schläuche. Schläuche etwa 2 mm lang, undeutlich geschnäbelt, innenseits flach, außenseits etwas gewölbt, hellgrün. 2 Narben. Stengel nur etwa 1 mm dick, steif aufrecht, scharf 3kantig, mindestens im oberen Drittel rauh. Blattspreiten graugrün, 2-3 mm breit, schlaff. Blattspitze scharf rauh. Untere Blattscheiden hell graubraun, oft zart weinrot überlaufen. Wächst in flachen, fast rasenartigen Horsten (keine Bulte). Treibt gelegentlich Ausläufer. Mai–Juni. 20–50 cm.

Vorkommen: Braucht nassen, basenreichen, aber oft kalkarmen Boden. Gedeiht daher in Flach- und Quellmooren, an Ufern stehender Gewässer, z. B. auf vernäßtem Sandboden, in Torfstichen sowie an versumpften, oberflächlich versauerten, lichten Waldstellen. Meidet hier stärker beschattete Stellen. Steigt in den Alpen bis zur Waldgrenze. Fehlt in den Kalkgebieten weithin. Sonst zerstreut.

Wissenswertes: ♃. *C. canescens* L. wird mit der Alpen-Grau-Segge (*C. brunnescens* Poir.: Ährchen 3-5 mm lang, kugelig, bräunlich, Blätter 1-2 mm breit, starr, grasgrün; Flachmoore, Alpen, Südschwarzwald (Feldberg); selten) zur Sammelart *C. canescens* agg. vereint.

Riedgrasgewächse *Cyperaceae*

Winkel-Segge
Carex remota L.
Riedgrasgewächse *Cyperaceae*

Beschreibung: Blütenstand 8–20 cm lang, aus 5–8 Ährchen, die bis zu 5 cm voneinander entfernt stehen. Die untersten Ährchen sitzen in den Achseln von langen, laubblattartigen Hochblättern; die obersten Ährchen sitzen in einer lockeren Ähre. Die Ährchen werden 5–8 mm lang und enthalten an der Spitze weibliche, an der Basis männliche Blüten. Spelzen der weiblichen Blüten eiförmig, spitz, weißlich oder hell olivbraun, mit grünem Mittelnerv. Schläuche etwa 3 mm lang, innenseits flach, außenseits gewölbt, weißgrün, deutlich geadert, allmählich in den Schnabel verschmälert. 2 Narben. Stengel kaum dicker als 0,5 mm, schlaff, aber im Blütenstandsbereich deutlich rauh, meist herabgebogen und von den Blättern überragt. Blattspreiten etwa 2 mm breit, saftiggrün, schlaff, länger als die Stengel. Grundständige Blattscheiden braun. Die Winkel-Segge wächst in dichten Rasen oder größeren Büscheln. Juni–Juli. 30–60 cm.

Vorkommen: Braucht feuchten oder nassen, basenreichen, tonig-lehmigen Boden, der gleichwohl eher sickernaß als staunaß sein sollte (bei Sauerstoffarmut im Boden kümmert die Winkel-Segge). Scheut volles Licht. Gedeiht am besten im Schatten; bevorzugt Auwälder und feuchte Laubwälder, geht auch in Gräben an Waldwegen. An ihren Standorten bildet sie häufig kleinere, manchmal auch größere Bestände. In den Alpen und in den Mittelgebirgen steigt sie in der Regel nicht höher als etwa 1000 m. Häufig.

Wissenswertes: ♃. Von der Art wurden zahlreiche abweichende Formen beschrieben; einige von ihnen wurden als Bastarde angesehen, obwohl ein durch Nachzüchtung dafür erbrachter Beweis meist fehlt.

Dreinervige Segge
Carex trinervis DEGL. ex LOISEL.
Riedgrasgewächse *Cyperaceae*

Beschreibung: In einem traubigen Gesamtblütenstand sitzen männliche und weibliche Blüten in getrennten Teilblütenständen. Im oberen Teil des Stengels befinden sich – in mäßig lockerer Anordnung – 2–3 (selten nur 1 oder 4) schmal-zylindrische männliche Ährchen; darunter folgen – ebenfalls in lockerem Stand – 2–4 weibliche Ährchen, die 1–4 cm lang werden und in denen die weiblichen Blüten dicht stehen. Tragblatt des untersten weiblichen Ährchens länger als der Blütenstand, laubblattartig, rinnig. Spelzen der weiblichen Blüten so lang wie oder etwas kürzer als die Schläuche, verlängert-eiförmig, etwas abgestumpft, bräunlich, mit 2 seitlichen Adern. Schläuche 4–5 mm lang, breit-eiförmig, vor allem außenseits deutlich gewölbt, gelblich-grün bis graugrün, oft mit kleinen, weinroten Flecken, mit 3 oft deutlichen, etwas hervortretenden Nerven. 2 Narben. Stengel aufrecht, stumpf 3kantig, glatt. Blattspreiten 1–2 mm breit, rinnig-borstlich, oberseits rauh, etwa so lang wie oder länger als die Stengel, meist grasgrün, seltener verwaschen grau-blau-grün. Grundständige Blattscheiden hellbraun. Langer Wurzelstock mit Ausläufern. Juni–Juli. 15–30 cm.

Vorkommen: Braucht nassen, verfestigtsandigen und vor allem anmoorigen, basenarmen und meist kalkfreien, sauren Boden. Besiedelt in erster Linie versumpfte und vermoorte Stellen in Dünentälern. Vereinzelt auf den Ostfriesischen Inseln von Spiekeroog bis Borkum; Nordfriesische Inseln: Amrum und Sylt.

Wissenswertes: ♃. Die Dreinervige Segge wurde lange als Unterart der Blaugrünen Segge (s. S. 282) angesehen (*C. flacca* ssp. *trinervis* (DEGL.) ASCHERS. et GRAEBNER).

Riedgrasgewächse *Cyperaceae*
Segge *Carex*

Starre Segge
Carex bigelowii Torr. ex Schwein.
Riedgrasgewächse *Cyperaceae*

Beschreibung: Blütenstand mit meist nur 1 männlichen (oben am Stengel) und 2–3 aufrechten, 1–3,5 cm langen, kurzwalzlichen weiblichen Ährchen, von denen das unterste ziemlich lang, das oder die oberen relativ kurz gestielt sind. Blütenstand selten länger als 5 cm. Unterstes Tragblatt kürzer als der Blütenstand. Spelzen der weiblichen Blüten manchmal mit einer kurzen Stachelspitze, dunkel weinrot, oft mit einem schmalen trockenhäutigen Rand, gleich lang wie die Schläuche oder etwas länger als diese. Schläuche linsenförmig bis stumpf 3kantig, ungestreift. 2 Narben. Spelzen der Schläuche schwarz mit etwas hellerem (nicht grünem!) Mittelstreif und hellerem Rand. Stengel straff aufrecht, scharf 3kantig, nur unmittelbar unter dem Blütenstand rauh. Blattspreiten 4–6 mm breit, rauh, oft bogig eingekrümmt, graugrün. Grundständige, blattlose Blattscheiden dunkelbraun, ohne Gitternerven (Lupe!). Ausläufer braun, selten länger als 10 cm. Die Starre Segge wächst in niederen, lockeren Rasen. Juni–Juli. 10–25 cm.

Vorkommen: Braucht kalkarmen oder kalkfreien, nassen Boden, der im übrigen locker (und dann meist steinig) oder aber tonig und verdichtet sein kann. In Mitteleuropa früher am Brocken im Harz, im Erzgebirge und in den Sudeten; heute wahrscheinlich nur noch vereinzelt in den Ostalpen, in Tschechien und in der Slowakei. Steigt bis etwa 2000 m.

Wissenswertes: ♃. In Mitteleuropa kommt nur die oben beschriebene ssp. *rigida* Schultze-Mot. vor. – Der Artname „*bigelowii*" wurde zu Ehren von Jakob Bigelow (1787–1879) verliehen. Er war Arzt und Botaniker und lehrte als Professor in Boston.

Braune Segge, Wiesen-Segge
Carex nigra (L.) Reichard
Riedgrasgewächse *Cyperaceae*

Beschreibung: Meist nur 1 männliches, 0,8–3 cm langes, endständiges Ährchen, darunter 2–4 kurzwalzliche, 1–4 cm lange, aufrechte, sitzende weibliche Ährchen. Unterstes Tragblatt länger als sein Ährchen, aber kürzer als der Blütenstand. Spelzen der weiblichen Blüten schmaleiförmig, schwarzbraun oder dunkel rotbraun, mit grünem Mittelstreif, etwas kürzer als die Schläuche. Schläuche um 2,5 mm lang, linsenartig flach, grünlich, gegen den undeutlichen Schnabel zu oft rotbraun bis schwarz, ohne sichtbare Nerven. 2 Narben. Stengel oft steif aufrecht, scharf 3kantig, nur im oberen Drittel rauh. Blattspreiten 2–3 mm breit, graugrün, steif, zuweilen zusammengeklappt oder eingerollt. Blattlose, grundständige Scheiden dunkel rotbraun, ohne Gitternerven (Lupe!); Scheiden mit Spreiten, hellbraun, oft mit Gitternerven. Ausläufer bis 20 cm lang. Wuchs lockerrasig. April–Juni. 10–50 cm.

Vorkommen: Braucht staunassen, meist kalk- und basenarmen Boden, der im übrigen tonig, lehmig oder sandig sein darf. Scheut Stickstoffsalzdüngung. Besiedelt Ufer hinter dem Verlandungsgürtel, Flachmoore, Quellhorizonte und vernäßte Wiesen, geht auch in Dünen, Torfstiche und an die „Augen" von Hochmooren. Zerstreut, fehlt aber kleineren Gebieten. Steigt in den Alpen stellenweise über 2500 m. Kommt an ihren Standorten meist in Beständen vor.

Wissenswertes: ♃. *C. nigra* (L.) Reichard ist sehr formenreich. Sie wird mit der arktischalpinen *C. juncella* auct. medioeur. (Fruchtschläuche mit einigermaßen deutlichen Nerven; wächst in großen Horsten; Ufer; wohl nur Oberengadin; vereinzelt) zur Sammelart *C. nigra* agg. vereint.

Riedgrasgewächse *Cyperaceae*

Schlank-Segge
Carex gracilis CURT.
Riedgrasgewächse *Cyperaceae*

Beschreibung: Blütenstand aus 1–4 männlichen und 2–7 weiblichen Ährchen. Männliche Ährchen oben am Stengel, 2–6 cm lang; weibliche Ährchen unterhalb der männlichen Ährchen, 3–10 cm lang. Weibliche Ährchen nur jung aufrecht, später oft überhängend. Tragblatt der untersten weiblichen Ähre stets länger als der gesamte Blütenstand. Spelzen der weiblichen Blüten 3–4 mm lang und damit kürzer oder länger als die Schläuche oder gleich lang wie diese, schmal-eiförmig bis lanzettlich, rotbraun bis schwarzbraun. Schläuche 2–3 mm lang, flach, grünlich oder oliv, oben zuweilen weinrot überhaucht, höchstens undeutlich 3kantig, dünn, mit hellem Mittelnerv (Lupe!). 2 Narben. Stengel steif aufrecht, scharf 3kantig, rauh. Blattspreiten 0,5–1 cm breit, hell- oder blaugrün, bis 1,5 m lang, am Rand rauh, in trockenen Zeiten am Rand eingerollt. Grundständige (blattlose!) Blattscheiden dunkelbraun, ohne Gitternerven (Lupe!). Spreitentragende Scheiden mit Gitternerven. Unterirdische Ausläufer von mehreren Dezimetern Länge. Die Schlank-Segge wächst einzeln oder in lockeren Rasen. Mai–Juni. 0,2–1,5 m.

Vorkommen: Braucht mäßig basenreichen, lockeren und gut durchsickerten Boden. Besiedelt Wiesen mit gutem Grundwasserdurchzug, Gräben und Ufer, seltener Erlenbrüche, Dünenmoore und sandige Strandrasen. Fehlt gebietsweise; steigt kaum bis 1000 m. Zerstreut; oft in kleineren oder größeren Beständen.

Wissenswertes: ♃. Sehr ähnlich: Wasser-Segge (*C. aquatilis* WAHLENB.): Stengel stumpf 3kantig, unten glatt; untere Blattscheiden rot. Selten im Tiefland östlich der Oder und westlich der Elbe; zirkumpolar.

Banater Segge
Carex buekii WIMM.
Riedgrasgewächse *Cyperaceae*

Beschreibung: Blütenstand aus 1–3 männlichen und – darunter – 3–5 weiblichen Ährchen. Männliche Ährchen 2,5–6 cm lang; weibliche Ährchen langwalzlich, 5–10 cm lang, meist aufrecht und kurz gestielt. Tragblatt des untersten Ährchens länger als das zugehörige Ährchen, aber kürzer als der Blütenstand. Weibliche Ährchen fruchtender Pflanzen hängen meist etwas; seltener sind sie aufrecht. Spelzen der weiblichen Blüten schmal-eiförmig bis lanzettlich, stumpflich oder spitzlich, fast schwärzlich braun, mit grünem Mittelstreif, etwas kürzer als die Schläuche. Schläuche 1,5–2,5 mm lang, außen deutlich gewölbt, gelblich-grün, zuweilen etwas weinrot gesprenkelt, ohne sichtbare Nerven. 2 Narben. Stengel straff aufrecht, scharf 3kantig, im oberen Drittel rauh. Blattspreiten 0,7–1 cm breit, rauh, grasgrün. Spreitenlose, grundständige Blattscheiden rotbraun bis schwarzrot, mit Gitternerven (Lupe!). Ausläufer hellbraun, meist erheblich länger als 10 cm. Die Banater Segge wächst in hohen, lockeren Rasen. April–Mai. 40–90 cm.

Vorkommen: Braucht lockeren, basenreichen, oft leicht anmoorigen, lockersandigen oder feinkiesigen, von Grundwasser durchflossenen Boden in sehr sommerwarmem Klima. In Mitteleuropa nur vereinzelt in Sachsen-Anhalt, in Sachsen (z. B. im Elbtal bei Dresden) an Flußufern; im Bayerischen Wald, in Nieder- und Oberösterreich selten.

Wissenswertes: ♃. Das Hauptverbreitungsgebiet der Art liegt in Südosteuropa sowie im östlichen Mittelmeergebiet und erstreckt sich von da ostwärts bis nach Kasachstan. – Der Artname „*buekii*" wurde zu Ehren des Apothekers J. N. BUEK (1779–1856) vergeben.

Riedgrasgewächse *Cyperaceae* ▶

Segge *Carex*

Steife Segge
Carex elata ALL.
Riedgrasgewächse *Cyperaceae*

Beschreibung: Im Blütenstand stehen oben meist 1-3 männliche Ährchen, die 3-5 cm lang werden können. Darunter sitzen 2-4 weibliche Ährchen, von denen die unteren auch kurz gestielt sein können. Häufig enthält das oberste weibliche Ährchen an der Spitze männliche Blüten. Spelzen der weiblichen Blüten dunkelbraun, mit grünem Mittelnerv, zart geadert, stumpf. Schläuche flach, linsenförmig, 2-3,5 mm lang, mit - allerdings oft undeutlich erkennbaren - dünnen Nerven (starke Lupe!). 2 Narben. Stengel straff aufrecht, scharf 3kantig, nur im oberen Drittel deutlich rauh. Blattspreiten 3-5 mm breit, graugrün oder blaugrau, deutlich rauh, meist kürzer als die Stengel. Grundständige, spreitenlose Blattscheiden gelbbraun, glänzend, meist mit Gitternerven. Die Steife Segge wächst in dichten Horsten („Bulten"), aus denen keine Ausläufer treiben. April-Mai. 0,2-1 m.

Vorkommen: Braucht basenreiche Schlammböden, die meist überflutet sind, und über die die Bulte emporragen. Mäßig stickstoffsalzempfindlich. Meidet kalte Gewässer. Besiedelt die Verlandungszone vorwiegend von stehenden Gewässern. Steigt im Gebirge kaum über 1500 m. Selten, aber an ihren Standorten oft in großen und meist eindrucksvollen Beständen.

Wissenswertes: ♃. Die Steife Segge ist eine der wichtigsten Verlandungspflanzen, die zunächst mit einzelnen Exemplaren Wassertiefen bis zu etwa 0,5 m besiedelt und landeinwärts beherrschend wird. - Innerhalb der Art werden unterschieden: Ssp. *elata* (oben beschrieben); ssp. *omskiana* (MEINSH.) JALAS: Spelzen der weiblichen Blüten spitz, adernlos; Blätter 2-3 mm breit; Osteuropa; 10-75 cm.

Rasen-Segge
Carex cespitosa L.
Riedgrasgewächse *Cyperaceae*

Beschreibung: Nur 1 männliches Ährchen am Stengelende, das selten länger als 1,5 cm wird; unter dem männlichen Ährchen sitzt das einzige bzw. die 2-3 weiblichen Ährchen, mit Ausnahme des untersten Ährchens, das kurz gestielt ist; die weiblichen Ährchen werden nur vereinzelt über 2 cm lang. Spelzen der weiblichen Blüten spitz oder stumpf, rotbraun bis schwarzbraun, mit hellem Mittelnerv, höchstens etwa 3/4 so lang wie die Schläuche. Schläuche etwa 2 mm lang, linsenförmig, graugelb bis hellgrün, nervenlos (starke Lupe!). 2 Narben. Spelzen grün. Stengel auffallend dünn (kaum 1 mm im größten Durchmesser), aber nicht schlaff, scharf 3kantig, in der ganzen Länge rauh. Blattspreiten 2-3 mm breit, hellgrün oder gelbgrün, kürzer als die Stengel. Grundständige spreitenlose Blattscheiden rotbraun, glänzend, ohne Gitternerven; spreitentragende Blattscheiden gelbbraun. Wächst in dichten Horsten, aus denen nie Ausläufer sprießen. April-Mai. 20-80 cm.

Vorkommen: Braucht kalkarmen, basenreichen, sauren, torfigen Boden, der staunaß sein sollte und deswegen Lehm oder Ton als wesentliche Komponente enthalten kann. Besiedelt Sumpfwiesen oder Erlenbrüche. Geht im Bergland bis knapp 1000 m. Sehr selten.

Wissenswertes: ♃. Wenn man eine Rasen-Segge bestimmt zu haben meint, sollte man das Ergebnis besonders kritisch überprüfen, da sie häufig mit der Steifen Segge (s. links) verwechselt wird. Im Gegensatz zu ihr hat die Rasen-Segge stets nervenlose Schläuche (starke Lupe!). Nerven, auch wenn sie undeutlich zu erkennen sind, bedeuten stets, daß man ein Exemplar der Steifen Segge vorliegen hat.

Riedgrasgewächse *Cyperaceae*

Zweifarbige Segge
Carex bicolor ALL.
Riedgrasgewächse *Cyperaceae*

Beschreibung: Endständige Ähre meist an der Spitze weiblich, an der Basis männlich, selten ganz männlich; 1–3 darunter sitzende Ährchen ganz weiblich, kurzwalzlich, länger als 1 cm. Unterstes der weiblichen Ährchen oft 0,5–2 cm lang gestielt, von den oberen etwas abgesetzt. Tragblatt dieses Ährchens oft so lang wie, zuweilen auch länger als der Blütenstand. Spelzen der weiblichen Blüten stumpflich, manchmal mit einer kleinen Stachelspitze, dunkel rotbraun oder schwarzbraun, mit grünem Mittelstreif, so lang wie oder etwas länger als die Schläuche. Schläuche etwa 2 mm lang, hellgrün. 2 Narben. Stengel aufrecht, aber schlaff, 3kantig, kaum rauh. Blattspreiten um 2 mm breit, meist deutlich kürzer als die Stengel, schlaff, nicht rauh, hellgrün. Grundständige Blattscheiden hellbraun. Ausläufer vorhanden, doch nur wenige Zentimeter lang. Die Zweifarbige Segge wächst in kleinen, aber dichten Rasen. Juli. 5–20 cm.

Vorkommen: Braucht lockeren, steinigen, oft schlammigen Boden in alpiner Klimalage. Besiedelt dort vorwiegend Kiesbänke in Flußläufen und Ufer, geht aber auch in die Abflußrinnen von Gletschern und in nasse Stellen auf verfestigtem Schutt. Bevorzugt Höhen zwischen etwa 1500 und 3000 m. Vor allem in den Süd- und Zentralalpen über kristallinem Gestein. Sehr selten. Fehlt in weiten Gebieten (z. B. den Nördlichen Kalkalpen östlich von Bern).

Wissenswertes: ♃. Die Zweifarbige Segge ist eine arktisch-alpine Pflanze, die ihr Hauptverbreitungsgebiet zwischen 50° n.Br. und 70° n.Br. hat. Ihre Standorte in den Alpen dürfen als Relikte aus den Vereisungsperioden der Eiszeit angesehen werden.

Buxbaums Segge
Carex buxbaumii WAHLENB.
Riedgrasgewächse *Cyperaceae*

Beschreibung: Endständige Ähre an der Spitze weiblich, an der Basis männlich. 3–5 kurz gestielte, kugelig-eiförmige oder keulige Ährchen, die oft länger als 1,5 cm sind. Tragblatt des untersten Ährchens so lang wie oder länger als der Stengel. Spelzen der weiblichen Blüten dunkel rotbraun, mit gelbem Mittelnerv, etwa so lang wie die Schläuche. Schläuche um 2 mm lang, eiförmig, fein punktiert (starke Lupe!), kurz 2zähnig geschnäbelt; Schnabelzähne gespreizt. 3 Narben. Stengel aufrecht, scharf 3kantig, unter dem Blütenstand rauh. Blattspreiten 3–4 mm breit, rauh, graugrün. Grundständige Blattscheiden purpurrot, seltener braunrot. Buxbaums Segge wächst in Horsten, aus denen ziemlich lange, unterirdische Ausläufer treiben, die 10–30 cm lang werden können. April–Mai. 20–60 cm.

Vorkommen: Braucht staunassen, nicht allzu basenarmen und meist kalkhaltigen Tonboden, dem Torf beigemischt und der wenigstens zeitweise überflutet sein sollte. Besiedelt Flachmoore oder Verlandungsgürtel von Seen. Sehr selten und meist nicht zahlreich. Geht im Gebirge kaum bis zur Waldgrenze.

Wissenswertes: ♃ *C. buxbaumii* wird von manchen Autoren mit Hartmanns Segge (*C. hartmannii* CAJ.) zur Sammelart *C. buxbaumii* agg. („Moor-Segge") vereint. *C. hartmannii* hat – anders als *C. buxbaumii* – im Endährchen nur wenige männliche Blüten, die ebenfalls unten stehen. Unterste weibliche Ährchen meist deutlich von den anderen abgesetzt; Tragblatt des untersten Ährchens überragt den Blütenstand nicht. Zähne des Schnabels gerade, nicht spreizend. Sehr selten an basenreicheren und wärmeren, sonst ähnlichen Standorten wie *C. buxbaumii*.

Riedgrasgewächse *Cyperaceae* ▶
Segge *Carex*

Norwegische Segge
Carex norvegica RETZ.
Riedgrasgewächse *Cyperaceae*

Beschreibung: Endständiges Ährchen kaum 1 cm lang, an der Spitze fast immer weiblich, am Grunde männlich. Unmittelbar darunter befinden sich 1–3 weibliche Ährchen, die üblicherweise sitzen oder (seltener) kurz gestielt sind; sie werden 4–8 mm lang. Spelzen der weiblichen Blüten schwarzrot, mit hellem häutigem Rand. Schläuche etwa 1,5–2 mm lang, 3kantig, kurz geschnäbelt. 3 Narben. Stengel steif aufrecht oder straff gebogen, scharf 3kantig, nur im obersten Viertel deutlich rauh. Blattspreiten 1–2 mm breit, steif, oft gebogen, etwa halb so lang wie die Stengel. Grundständige, spreitenlose Blattscheiden rostbraun bis schwarzbraun. Die Norwegische Segge wächst in lockeren Büscheln, aus denen kurze Ausläufer treiben, die kaum 2 cm lang werden. Juni–August. 5–30 cm.

Vorkommen: Braucht kalkfreien, feuchten, flachgrundigen und sehr lockeren, oft steinigen Boden. Besiedelt durchsickertes Geröll und feuchte alpine Schluchtwälder. Zentrale Ketten mit kristallinem Gestein. Meist zwischen 1500 und 2500 m. Sehr selten.

Wissenswertes: ♃. Die Norwegische Segge ist eine arktisch-alpine Pflanze, deren Hauptverbreitungsgebiet in nördlicheren Breiten liegt. Innerhalb der Art werden oft 2 Unterarten unterschieden. Auf die ssp. *norvegica* bezieht sich die obige Beschreibung. Ssp. *pusteriana* (KAL.) A. et D. weist folgende Kennzeichen auf: Tragblatt des untersten Ährchens abstehend oder etwas herabhängend. Spelzen der weiblichen Blüten höchstens halb so lang wie die Schläuche. Schläuche um 3 mm lang, allmählich in den Schnabel verschmälert. Blätter steif. Kalkmeidend. Ostalpen, auf kristallinem Gestein; sehr selten.

Gewöhnliche Schwarz-Segge
Carex atrata agg.
Riedgrasgewächse *Cyperaceae*

Beschreibung: Endständiges Ährchen an der Spitze meist weiblich, 1–2,5 cm lang. Darunter 2–4 dickwalzliche, kaum 1,5–2 cm lange, weibliche, gestielte Ährchen. Ganzer Blütenstand schlaff übergebogen. An der Basis des Stiels des untersten Ährchens 1 Laubblatt, das bis 10 cm lang wird und gelegentlich den Blütenstand überragen kann. Schläuche gelb bis braun, um 3 mm lang, stumpf 3kantig. Spelzen schwarz, hellrandig und mit hellem Mittelstreif. 3 Narben. Stengel aufrecht oder aufgebogen. Blattspreiten 5–7 mm breit, Blattscheiden gelbbraun bis rotbraun. Wächst in dichten Rasen. Ihre Ausläufer werden nie über 1 cm lang. Juni–August. 10–50 cm.

Vorkommen: Braucht flachgründige, steinige Lehm- oder Tonböden; oft auf Kalk. Bevorzugt windausgesetzte Lagen zwischen etwa 1500 und 3000 m. Besiedelt sowohl Felsritzen als auch flachgründige alpine Matten, Schutthalden und Schneetälchen. In den Kalkalpen häufig; sonst in den Alpen selten. Im Riesengebirge (Kleinart *C. aterrima*, s. u.) sehr selten.

Wissenswertes: ♃. Erträgt extreme Winterkälte und Windeinwirkung. – Neben der namengebenden Kleinart *C. atrata* L. (Schläuche 3–4 mm lang; Höhe kaum 30 cm) werden innerhalb der Sammelart noch *C. parviflora* HOST (Kleinblütige Schwarz-Segge) und *C. aterrima* HOPPE (Dunkle Schwarz-Segge) unterschieden. – *C. parviflora*: Ährchen klein, 5–8 mm lang; alle ungestielt; Schläuche kaum 3 mm. Österreichische Alpen; Alpensüdfuß; selten. – *C. aterrima*: Weibliche Ährchen lang gestielt; Blätter 0,5–1 cm breit; Pflanze 30–60 cm hoch; östliche Zentralalpen, Riesengebirge, selten.

Riedgrasgewächse *Cyperaceae*

Steppen-Segge
Carex supina WAHLENB.
Riedgrasgewächse *Cyperaceae*

Beschreibung: Blütenstand auffällig arm, manchmal nur aus 1 endständigen, männlichen Ährchen und 1–2 wenig auffälligen weiblichen Ährchen, die dicht beisammen stehen; männliche Ährchen um 1 cm lang und um 2 mm dick; weibliche Ährchen 5–8 mm lang, um 5 mm dick, mit nur 1–5 Blüten. Spelzen der weiblichen Blüten eiförmig, spitzlich zulaufend, rötlich-braun, kaum kürzer als die Schläuche. Schläuche gelbbraun bis rotbraun, 3kantig, glänzend, spärlich geadert, plötzlich in einen kurzen, glatten, ungeteilten oder schwach 2zähnigen Schnabel auslaufend. 3 Narben. Spelzen braun. Stengel starr aufrecht, stumpf 3kantig, nur unterhalb der Ährchen rauh. Blattspreiten saftig (dunkel)grün, meist um 1 mm breit, nicht verbogen, kürzer als die Stengel. Grundständige Blattscheiden rostbraun oder weinrot-braun. Wächst in lockeren Rasen und treibt Ausläufer, die bis um 10 cm lang werden können. April–Mai. 10–20 cm.

Vorkommen: Braucht sehr lockere und daher oft sandige oder steinige, nicht selten ziemlich flachgründige Böden, denen gleichwohl Feinerde nicht fehlen darf. Wärmebedürftig. Kommt nur vereinzelt im Rhein-Main-Gebiet, in Mecklenburg, Tschechien, der Slowakei, Niederösterreich und in Südtirol vor.

Wissenswertes: ♃. Die mitteleuropäischen Standorte der Art sind Überreste eines ehemals größeren Areals aus interglazialen Wärmeperioden. – Im Extrem kann der Gesamtblütenstand auf 1 einziges, endständiges Ährchen reduziert sein. Dieses ist dann im oberen Teil männlich; nur an der Basis sitzen 1–2 weibliche Blüten. Solche Exemplare lassen sich nicht sicher von *C. obtusata* (s. S. 246) unterscheiden.

Glanz-Segge
Carex liparocarpos GAUDIN
Riedgrasgewächse *Cyperaceae*

Beschreibung: Blütenstand mit 1 endständigen, männlichen Ährchen, das 0,5–2 cm lang, aber nur um 2 mm dick wird, und 1–2 gestielten, weiblichen Ährchen, die 0,5–1,5 cm lang und um 5 mm dick werden und 5–15 Blüten enthalten. An der Basis des Stiels des untersten Ährchens befindet sich 1 Tragblatt, das 1–4 cm lang werden kann, den Blütenstand indessen nicht überragt. Spelzen der weiblichen Blüten rostrot, mit weißem oder hellgelbem Rand, spitzlich oder stumpflich, zuweilen etwas länger als die Schläuche oder so lang wie sie. Schläuche 3–4 mm lang, glänzend braun, 3kantig, am Grunde deutlich geadert, vorne mit einem meist undeutlichen, ungezähnten Schnabel. 3 Narben. Stengel 3kantig, oft schwach rauh, gelegentlich glatt. Blattspreiten 1,5–2 mm breit, steif, gelblich-grün, oft zurückgebogen, kürzer als die Stengel. Grundständige Blattscheiden braun bis rotbraun. Die Glanz-Segge wächst in mäßig dichten oder lockeren Rasen und treibt Ausläufer, die bis 10 cm lang werden können. April–Mai. 10–30 cm.

Vorkommen: Braucht trockenen, sommerwarmen, sehr lockeren und meist steinigen und feinerdearmen Boden, der kalkarm sein sollte. Kommt in den Zentral- und Südalpen an warmen Südhängen vor; auch im Vorder- und Hinterrheintal sowie im Wallis. Sehr selten. Fehlt weiten Gebieten. Steigt kaum über 2000 m.

Wissenswertes: ♃. Die Glanz-Segge gehört zu den wenigen Trockenpflanzen der Gattung. – An ihren mitteleuropäischen Standorten ist die Art recht einheitlich. Hingegen wird aus dem gebirgigen Teil der Halbinsel Krim eine eigene Unterart beschrieben, die sich aber doch nur wenig unterscheidet.

Riedgrasgewächse *Cyperaceae* ▶

Segge *Carex*

Pillen-Segge
Carex pilulifera L.
Riedgrasgewächse *Cyperaceae*

Beschreibung: Blütenstand mit 1 endständigen, männlichen Ähre, die meist deutlich kürzer als 1 cm ist und nur selten 1,5 cm Länge erreicht. Darunter sitzen - kaum abgesetzt - 1-3, selten 4 ziemlich kugelige, weibliche Ährchen, die 5-8 mm im Durchmesser erreichen. An der Basis des untersten weiblichen Ährchens sitzt 1 kleines Tragblatt, das so lang wie oder länger als der ganze Blütenstand ist. Spelzen der weiblichen Blüten spitzlich, meist rötlich-braun, mit hellem Mittelnerv und schmalem, trockenhäutigem Rand, etwa so lang wie die reifen Schläuche. Schläuche 2-2,5 mm lang, kugelig-eiförmig, graugrün, behaart, plötzlich in den kurzen (0,5 mm! Lupe!) Schnabel zusammengezogen. 3 Narben. Stengel aufrecht, fruchtend überhängend, dünn, deutlich 3kantig, im oberen Drittel rauh. Blattspreiten weich, um 2 mm breit, saftig-grün oder dunkelgrün. Grundständige Blattscheiden gelbbraun bis kastanienbraun. Die Pillen-Segge wächst in größeren, dichten und festen Büscheln, aus denen die fruchtenden Stengel - zuweilen allseitig auf den Boden herabgebogen - herausragen. Keine Ausläufer. April-Mai. 10-40 cm.

Vorkommen: Braucht kalkfreien und eher basenarmen, sandigen oder lehmigen Boden. Besiedelt trockene Wälder und Waldlichtungen, Heiden, sandige Kiefernwälder und Dünen, geht auch auf ungedüngte Wiesen und im Gebirge in Felsspalten. Fehlt - vor allem in den Kalk-Mittelgebirgen - kleineren Gebieten; sonst zerstreut. Steigt bis etwa zur Waldgrenze.

Wissenswertes: ♃. Die Pillen-Segge konnte ihre Standorte in den letzten Jahrhunderten vermehren, weil viele Forste in Fichtenkulturen umgewidmet wurden.

Filz-Segge
Carex tomentosa L.
Riedgrasgewächse *Cyperaceae*

Beschreibung: Blütenstand mit 1 endständigen, männlichen Ähre, die 1-3 cm lang wird. Darunter sitzen aufrecht - locker angeordnet - 1-2 weibliche Ährchen, die 0,5-1,5 cm lang und immerhin 4-5 mm dick werden, aber rundlich oder dickwalzlich bleiben. Tragblatt des untersten Ährchens etwa doppelt so lang wie das Ährchen selbst, aber kürzer als der Gesamtblütenstand, laubblattartig, schräg aufwärts abstehend. Spelzen der weiblichen Blüten rostrot, mit grünem Mittelstreif, spitzlich, etwa 3/4 so lang wie die Schläuche. Schläuche um 2,5 mm lang, hellgrün, auffällig dicht weißhaarig, fast ungeschnäbelt. 3 Narben. Stengel steif aufrecht, stumpf 3kantig. Blattspreiten um 2 mm breit, steif, rauh, graugrün, kürzer als die Stengel. Grundständige Blattscheiden purpurrot, gelegentlich fast schwarzrot. Die Filz-Segge wächst einzeln oder in lockeren Rasen. Unterirdische Ausläufer - zumindest 1-2 cm lange - sind stets vorhanden. April-Mai. 10-40 cm.

Vorkommen: Braucht sommertrocknen, aber winter- und frühjahrsfeuchten, lehmigen oder tonigen, kalk- oder basenreichen, stickstoffsalzarmen Boden in nicht zu beschatteter Lage. Besiedelt vorzugsweise wechselfeuchte Wiesen, Grabenränder und lichte, etwas feuchte Laubwälder. Fehlt im Tiefland westlich der Elbe ganz, sonst - wie auch in den Mittelgebirgen und in den Alpen - größeren Gebieten. Geht in den Alpen kaum über 1500 m. Selten.

Wissenswertes: ♃. Die Filz-Segge erträgt Düngung schlecht und ist daher vielerorts aus Gründlandstandorten verschwunden. In feuchten Streuwiesen war sie noch um 1900 örtlich in größeren Beständen anzutreffen.

Riedgrasgewächse *Cyperaceae*

Berg-Segge
Carex montana L.
Riedgrasgewächse *Cyperaceae*

Beschreibung: Blütenstand aus einer 1–2 cm langen und um 2 mm dicken, schlankwalzlichen, endständigen, männlichen Ähre und – unmittelbar darunter – 1–3 kugeligen, weiblichen Ährchen; diese 5–8 mm lang, 4–6 mm dick, eiförmig oder kugelig. Tragblatt des untersten Ährchens spelzig-borstlich, etwa so lang wie das zugehörige Ährchen. Spelzen der weiblichen Blüten eiförmig, stumpflich oder ausgerandet und dann in der Ausrandung mit kurzer Stachelspitze, schwarzviolett, mit hellem Mittelstreif, oft mit hellerem Rand, bis 3/4 so lang wie die Schläuche. Schläuche um 4 mm lang, hellgrün. 3 Narben. Stengel aufrecht, fruchtend überhängend, dünn, stumpf 3kantig, nur im oberen Drittel etwas rauh. Blattspreiten weich, knapp 2 mm breit, hellgrün, oft länger als die Stengel, oberseits kurzhaarig, vor allem an der Basis. Grundständige Blattscheiden purpurrot. Die Berg-Segge wächst in kleinen, meist lockeren, selten dichten Büscheln. Keine Ausläufer. Manchmal stehen viele Exemplare ringförmig bis girlandenartig beieinander. April. 10–30 cm.

Vorkommen: Braucht mäßig basenreichen und oft auch etwas kalkhaltigen, trockenen, mit Mull oder Humus untermischten Lehmboden in klimatisch günstiger Lage. Besiedelt lichte Wälder, oft auf Südhängen der Mittelgebirge, geht auch auf warme Rasen und Matten. Fehlt im Tiefland westlich der Elbe und ist östlich von ihr selten; in den Mittelgebirgen auf kalkhaltigem Boden zerstreut, oft bestandsbildend; steigt in den Alpen bis etwa zur Baumgrenze.

Wissenswertes: ♃. Ähnlich: Faserkopf-Segge (*C. fritschii* WAISB.): Blätter 2–4 mm breit, kahl; Pflanze am Grund faserschopfig. Alpensüdfuß, Elsaß; selten.

Schatten-Segge
Carex umbrosa HOST
Riedgrasgewächse *Cyperaceae*

Beschreibung: Blütenstand mit 1, seltener mit 2 endständigen, fuchsschwanzähnlichen, gelbbraunen, männlichen Ährchen, wobei das Einzelährchen (oder das untere der beiden) am Grund zuweilen einige weibliche Blüten enthält; die männlichen Ährchen werden 0,5–1,5 cm lang und 3–5 mm dick. Unter den männlichen Ährchen kommen 1–3 weibliche Ährchen, die 0,5–1,2 cm lang und knapp 5 mm dick werden, die kurzwalzlich sind und deren unterstes Ährchen stets deutlich (mindestens 5 mm lang) gestielt ist; im obersten der weiblichen Ährchen gibt es gelegentlich einige männliche Blüten. Spelzen der weiblichen Blüten schmal-eiförmig, rötlich- oder orangebraun, mit grünem Mittelstreif, kürzer als die Schläuche. Schläuche 2,5–4 mm lang, schwach behaart oder kahl, gelbbraun und dunkler und kurz geschnäbelt (Lupe!). 3 Narben. Stengel aufrecht, fruchtend überhängend, stumpf 3kantig. Blattspreiten 2–3 mm breit, rauh, meist deutlich kürzer als die Stengel. Grundständige Blattscheiden schwärzlich-braun. Die Schatten-Segge wächst in dichten Horsten. Am Übergang von der Wurzel zum Sproß fällt der schwärzlich-braune Faserschopf auf. Keine Ausläufer. April–Juni. 20–40 cm.

Vorkommen: Braucht kalk- und mullhaltigen Lehm- oder Tonboden in feuchten, oft schattigen Lagen. Besiedelt gerne Laubwälder und Waldwiesen. Steigt in den Mittelgebirgen und in den Alpen auf zuweilen oberflächlich entkalkten Böden bis etwa 1800 m und tritt dann sogar in sauren Borstgrasrasen auf. Selten. Fehlt im Tiefland ganz, sonst größeren Gebieten.

Wissenswertes: ♃. Die Schatten-Segge erreicht in Mitteleuropa die Nordgrenze ihres Verbreitungsgebietes.

Riedgrasgewächse *Cyperaceae* ▶
Segge *Carex*

Heide-Segge
Carex ericetorum POLLICH
Riedgrasgewächse *Cyperaceae*

Beschreibung: Blütenstand mit 1 endständigen, männlichen Ährchen, das 1–1,5 cm, selten bis zu 2 cm lang und 2–3 mm dick wird und meist rostrot aussieht. Die 1–3 weiblichen Ährchen werden 0,6–1,2 cm lang und um 5 mm dick; sie sind im Umriß eiförmig, ja zuweilen fast kugelig. Das Tragblatt des untersten Ährchens ist spelzenartig und wird nur 2–3 mm lang. Spelzen der weiblichen Blüten meist spitz, weinrotbraun, mit breitem, weißem, trockenhäutigem, zuweilen gegen die Spitze bewimperten oder leicht zerschlitzen Rand (Lupe!), aber auf der Fläche kahl, etwa 2/3 so lang wie die Schläuche. Schläuche aufgeblasen, um 2 mm lang, schütter und sehr kurz behaart, allmählich in den kurzen Schnabel verschmälert. 3 Narben. Stengel stumpf 3kantig, meist deutlich – wenn auch schwach – rauh. Blattspreiten oft etwas verbogen, meist 2–3 mm breit, grasgrün. Grundständige Blattscheiden gelbbraun oder braunrot, zuletzt zerfasernd. Die Heide-Segge wächst in lockeren Rasen. Sie treibt stets unterirdische Ausläufer, die wenigstens 1 cm lang werden. März–April. 10–30 cm.

Vorkommen: Braucht sandigen, kalkarmen Boden mit etwas Humusbeimischung. Erträgt Düngung mit Stickstoffsalzen nicht. Besiedelt neben Heidewiesen auch lichte Kiefernwälder, Dünentäler und vereinzelt alpine Matten auf Lockermaterial. Selten; fehlt großen Gebieten. Geht in den Alpen vereinzelt bis über 2500 m und findet sich dort in den Beständen des Nacktriedes (*Elyna myosuroides*).

Wissenswertes: ♃. Die Schläuche der Heide-Segge – und damit die von ihnen umschlossenen Früchte – werden von Ameisen verschleppt und so verbreitet.

Frühlings-Segge
Carex caryophyllea LATOURR.
Riedgrasgewächse *Cyperaceae*

Beschreibung: Blütenstand mit 1 endständigen, männlichen Ährchen, das 1–2 cm lang, aber nur 2–3 mm dick wird und meist rostrot aussieht. Zuweilen enthält es am Grunde einige weibliche Blüten. Die 2–3 weiblichen Ährchen (selten wird nur 1 angelegt) werden 0,5–1,5 cm lang und 3–5 mm dick. Tragblatt des untersten Ährchens borstlich oder spelzenartig, kürzer als das zugehörige Ährchen (vereinzelt spreitenartig und dann so lang wie das Ährchen). Spelzen der weiblichen Blüten hell- bis rotbraun, mit grünem Mittelstreif, nie mit trockenhäutigem Rand, etwa so lang wie die Schläuche. Schläuche 3kantig, um 3 mm lang, grünlich oder oliv, in einen kurzen, undeutlichen Schnabel verschmälert. 3 Narben. Stengel aufrecht, stumpf 3kantig, glatt, oft etwas verbogen. Blattspreiten 1,5–3 mm breit, ziemlich steif, rinnig zurückgebogen, graugrün, kürzer als die Stengel. Grundständige Blattscheiden hell- bis dunkelbraun. Die Frühlings-Segge wächst in lockeren Rasen. Sie treibt aus ihrem waagrecht kriechenden Rhizom stets unterirdische Ausläufer, deren längste wenigstens 1 cm lang sind. März–April. 10–30 cm.

Vorkommen: Braucht nur mäßig basenreichen, aber lockeren und oft sandigen Boden, der nicht unbedingt kalkhaltig sein muß und sogar schwach sauer sein kann. Erträgt keine Düngung mit Stickstoffsalzen. Verlangt im Sommer Wärme und ganzjährig viel Licht. Besiedelt sonnige Weiden und Böschungen, lichte Wälder und Gebüsche. Im Tiefland selten, sonst zerstreut. Steigt in den Alpen bis über 2300 m.

Wissenswertes: ♃. Von der Frühlings-Segge wurden Formen beschrieben, die sich jedoch schwer abgrenzen lassen. Ihr systematischer Wert ist umstritten.

Riedgrasgewächse *Cyperaceae*

Grundblütige Segge
Carex hallerana Asso
Riedgrasgewächse *Cyperaceae*

Beschreibung: Endständiges Ährchen „männlich", doch – selten! – mit mehr weiblichen als männlichen Blüten, meist 1–2 cm lang, rostbraun. Darunter sitzen 2–3 weibliche Ährchen, die 0,8–1 cm lang und um 5 mm dick werden; sie enthalten höchstens 5–6 Schläuche. Am Grunde des Stengels entspringt häufig der 10–20 cm lange Stiel eines einzelnen weiblichen Ährchens (hierauf bezieht sich der deutsche Artname!). Spelzen der weiblichen Blüten rostbraun mit trockenhäutigem Rand und hellem Mittelnerv, so lang wie oder etwas länger als die Schläuche. Schläuche 4–5 mm lang, 3kantig, olivgrün, reif hellbraun, plötzlich in den sehr kurzen Schnabel zusammengezogen. 3 Narben. Stengel nur etwa 0,5 mm im Durchmesser, unten aufrecht, aber oft schon ab der Mitte, sicher indes im oberen Drittel schlaff und daher vornübergebogen, 3kantig, rauh. Blattspreiten steif, rauh, dunkelgrün, 1–2 mm breit, kürzer als die Stengel. Grundständige Blattscheiden braun, zuletzt zerfasernd und in der Summe einen Faserschopf bildend. Wächst in dichten Rasen; treibt kurze (weniger als 5 mm lange), dicke, unterirdische Ausläufer. April–Mai. 10–30 cm.

Vorkommen: Braucht flachgründigen, steinigen, trockenen, kalk- und basenreichen Boden in sehr warmen Lagen. Heimat: Mittelmeergebiet. Vereinzelt in den wärmsten Lagen der Alpen, am Alpensüdfuß, im Schweizer Jura, am Isteiner Klotz und bei Bad Kreuznach.

Wissenswertes: ♃. Das Artepithet wurde zu Ehren des Schweizers ALBRECHT VON HALLER (1708–1777) verliehen. A. v. HALLER war Professor der Medizin und Botanik, u. a. in Göttingen, machte sich aber auch als Dichter zu seiner Zeit einen gewissen Namen.

Bleiche Segge
Carex pallescens L.
Riedgrasgewächse *Cyperaceae*

Beschreibung: Endständiges Ährchen männlich, meist 0,7–1,2 cm lang und nur 1–2 mm dick. Unter ihm sitzen 2–3 weibliche Ährchen, die 1–2,5 cm lang und um 5 mm dick werden; sie sind schlank-eiförmig und enthalten mehr als 15 Schläuche. Das unterste Ährchen ist gestielt; es kann – wie sein laubblattartiges Tragblatt – dadurch manchmal das männliche Ährchen überragen. Spelzen der weiblichen Blüten gelblich-braun, etwa 3/4 so lang wie die reifen Schläuche. Schläuche knapp 3 mm lang, glänzend, gelbgrün, ungeadert, ungeschnäbelt, kahl. 3 Narben. Stengel aufrecht, scharf 3kantig, nur unter den Ährchen rauh, schwach behaart. Blattspreiten hellgrün, 2–3 mm breit, schlaff, deutlich – wenngleich schütter – behaart (gutes Kennzeichen; unter den Seggen haben nur noch *C. hirta* und *C. pilosa* behaarte Blätter!); Scheiden der Stengelblätter schütter abstehend behaart. Grundständige, spreitenlose Blattscheiden rotbraun, glänzend. Die Bleiche Segge wächst in flachen Horsten und treibt keine Ausläufer. April–Juli. 20–50 cm.

Vorkommen: Braucht mäßig basenreichen kalkarmen, leicht sauren Boden, der torfig, sandig, lehmig oder tonig sein kann, wobei die beiden zuletzt genannten Böden bevorzugt werden. Erträgt Bodenverdichtung. Besiedelt lichte Wälder, feuchte Wiesen, Gebüsche und buschige alpine Weiden. Fehlt im Tiefland westlich der Elbe größeren Gebieten; sonst zerstreut. Steigt in den Alpen bis etwa 2000 m.

Wissenswertes: ♃. Die Bleiche Segge wird vom Wild gerne gefressen und ist auf beweideten Alpenmatten gerne gesehen, weil sie zu den wenigen Arten der Gattung gehört, die einen gewissen Futterwert besitzen.

Riedgrasgewächse *Cyperaceae*
Segge *Carex*

Blaugrüne Segge
Carex flacca SCHREB.
Riedgrasgewächse *Cyperaceae*

Beschreibung: An der Spitze des Stengels meist 2–4 männliche Ährchen von 1,5–4 cm Länge und 2–3 mm Dicke, selten nur 1 männliches Ährchen. 1–3 lang gestielte weibliche Ährchen, die 1–3 cm lang und 3–7 mm dick werden, reif überhängen und dann dicht mit Schläuchen bestanden sind. An der Basis des untersten Ährchenstiels sitzt 1 spreitenartiges Tragblatt, das das oberste männliche Ährchen mindestens erreicht. Spelzen der weiblichen Blüten dunkel rotbraun, oft mit hellem Rand und hellem Mittelnerv, etwas kürzer als die Schläuche. Schläuche 3–5 mm lang, blaugrün. 3 Narben. Stengel aufrecht, stumpf 3kantig, kaum rauh. Blattspreiten 2–5 mm breit, blaugrün, steif gebogen; bei beschatteten Exemplaren Spreiten zuweilen reingrün und gerade. Grundständige Blattscheiden meist rötlich, selten bräunlich. Die Blaugrüne Segge wächst lockerrasig bzw. in scheinbar vereinzelten Exemplaren. Sie treibt 10–20 cm lange unterirdische Ausläufer. Mai–Juni. 10–60 cm.

Vorkommen: Braucht lehmig-tonigen, eher tiefgründigen Boden, der wenigstens zeitweise feucht sein sowie reichlich Basen und etwas Kalk enthalten sollte. Sommerwärmebedürftig; meidet Vollschatten. Besiedelt Wegraine, Waldwege und -verlichtungen, wechselfeuchte Wiesen sowie den Rand von Flachmooren. Fehlt im Tiefland größeren, auf Silikatböden kleineren Gebieten. Häufig. Kommt meist in kleinen, lockeren Beständen vor. Steigt bis etwa 2000 m.

Wissenswertes: ♃. Von der Art sind viele Abweichungen der normalen Ährchenbildung beschrieben worden. – Die alpinen Formen sind gedrungener als die Tieflandformen und besitzen etwas dickere Ährchen.

Hänge-Segge
Carex pendula HUDS.
Riedgrasgewächse *Cyperaceae*

Beschreibung: Blütenstand mit meist nur 1, seltener 2 männlichen und 3–6 weiblichen Ährchen; männliche Ährchen 5–15 cm lang; weibliche Ährchen 5–20 cm lang, 5–7 mm dick; zur Reifezeit nicken alle Ährchen oder hängen regelrecht. Tragblatt der untersten Ähre spreitenartig, 5–10 cm lang. Spelzen der weiblichen Blüten rotbraun, mit grünem Mittelstreif, etwas kürzer als oder gleich lang wie die Schläuche. Schläuche um 3 mm lang, hellgrün, geadert, undeutlich 3kantig, kahl, allmählich in den etwas undeutlichen, kurzen Schnabel verschmälert. 3 Narben. Spelzen rostbraun mit grünem Mittelstreif. Stengel 3kantig, 2–4 mm dick, glatt. Blattspreiten 0,8–1,5 cm breit, derb, dunkelgrün, an der Unterseite oft etwas blaugrün, gekielt, meist sehr rauh. Grundständige Blattscheiden purpurrot bis kastanienbraun, mit Gitternerven (Lupe!). Die Hänge-Segge wächst in dichten Horsten, aus denen die Stengel herausragen. Sie treibt keine Ausläufer. Mai–Juni. 0,5–1,5 m.

Vorkommen: Braucht basenreichen, aber eher kalkarmen, nassen, nicht allzu kalten, lehmigen oder tonigen Boden. Meidet volle Besonnung und gedeiht am besten im Halbschatten, aber auch noch im Vollschatten. Etwas wärmeliebend. Bevorzugt Lagen mit überwiegend hoher Luftfeuchtigkeit. Besiedelt vor allem feuchte Wälder zwischen etwa 300 und 600 m Höhe in den Mittelgebirgen. Im Tiefland nur vereinzelt; fehlt westlich der Elbe fast ganz. Geht kaum irgendwo bis 1000 m. In den Mittelgebirgen zerstreut, in den Alpen sehr selten.

Wissenswertes: ♃. Die Hänge-Segge zeigt hochstehendes Grundwasser bzw. oberflächliches Hangdruckwasser an.

Riedgrasgewächse *Cyperaceae*

Schlamm-Segge
Carex limosa L.
Riedgrasgewächse *Cyperaceae*

Beschreibung: Endständiges Ährchen 1–2 cm lang, nur 1–2 mm dick. 1–2 seitlich angeordnete weibliche Ährchen; diese 1–2 cm lang, 5–7 mm dick, dünn gestielt, nickend, eiförmig. An der Basis des untersten Ährchenstiels 1 laubartiges Tragblatt, das die männlichen Ährchen meist nicht oder gerade noch erreicht, doch nie überragt. Spelzen der weiblichen Blüten rötlichbraun oder rost-weinrot, mit grünem Mittelstreif, spitzlich oder stachelspitz, etwas länger als und so breit wie die Schläuche. Schläuche um 4 mm lang, graugrün, deutlich geadert, plötzlich in den Schnabel zusammengezogen. 3 Narben. Stengel 3kantig, dünn, aufrecht, nur unterhalb der Ährchen rauh. Blattspreiten kaum 2 mm breit, graugrün, zu einer Rinne gefaltet, steif, etwas rauh. Grundständige Blattscheiden hell kastanienbraun. Die Schlamm-Segge wächst in lockeren Rasen bzw. in scheinbar vereinzelten Exemplaren. Sie treibt lange, im Schlamm kriechende Ausläufer, die wenigstens 1/3 der Stengellänge erreichen. April–Juni. 20–40 cm.

Vorkommen: Braucht kalkfreien, sauren, torfigen, nassen Boden, der zeitweise überflutet sein sollte. In Hoch- und Zwischenmooren nur in den Schlenken und am Rand des Moorauges; geht in den Alpen bis knapp unter die Waldgrenze; außerhalb der Alpen Reliktpflanze aus den Vereisungsperioden der Eiszeit. Im Tiefland und in den Mittelgebirgen sehr selten; im Alpenvorland und in den Alpen zerstreut.

Wissenswertes: ♃. Wo die Schlamm-Segge in Hochmooren angetroffen wird, ist der Boden meist nicht mehr tragfähig. Sie geht bei der Trockenlegung ihres Standorts rasch ein. Durch solche „Melioration" hat sie im letzten Jahrhundert viele Standorte verloren.

Riesel-Segge
Carex paupercula MICHX.
Riedgrasgewächse *Cyperaceae*

Beschreibung: Endständiges Ährchen männlich, 1–1,5 cm lang und dünn. Weibliche Ährchen lang gestielt, mit 3–8 Schläuchen, kürzer als 1 cm. An der Basis des untersten Ährchenstiels 1 kleines, laubartiges Tragblatt, das die männliche Ähre meist überragt, sehr selten nur erreicht. Spelzen der weiblichen Blüten rostbraun, mit grünem Mittelstreif, meist doppelt so lang wie die Schläuche, früh abfallend. Schläuche um 3 mm lang, fein gepunktet (Lupe!), mit gegabeltem Schnabel. 3 Narben. Stengel aufrecht, scharf 3kantig, schlaff. Blattspreiten 3–4 mm breit, schlaff, grasgrün, kürzer als die Stengel. Grundständige Blattscheiden braun. Wächst in lockeren Rasen bzw. in scheinbar vereinzelten Exemplaren und treibt stets unterirdische Ausläufer, die meist nicht länger als 1/10 der Stengellänge werden. Mai–August. 10–40 cm.

Vorkommen: Braucht kalkfreien, sauren, torfigen Boden, der naß und kühl sein sollte. Besiedelt daher fast ausschließlich alpine Hochmoore, vor allem zwischen etwa 1000 und 2000 m. Außerhalb der Alpen nur im Bayerischen Wald und in den kalkfreien Mittelgebirgen von Tschechien und Slowakien. Fehlt auch hier weiten Gebieten. Sehr selten.

Wissenswertes: ♃. In Europa kommt nur die ssp. *irrigua* (WAHLENB.). Á. et D. LÖVE vor; sie ist oben beschrieben worden. Die Unterart, die den Typus der Art enthält, ist im südlichen Südamerika beheimatet. Dort wird sie zuweilen *C. magellanica* genannt. – Man hat *C. paupercula* einige Zeit als eine „Alpenform" der Schlamm-Segge angesehen. Dies ist indessen nicht gerechtfertigt. Es handelt sich eindeutig um eine eigene Art, die in beiden Hemisphären zirkumpolar in gebirgigen Gegenden verbreitet ist.

Riedgrasgewächse *Cyperaceae*
Segge *Carex*

Weiße Segge
Carex alba SCOP.
Riedgrasgewächse *Cyperaceae*

Beschreibung: Endständiges Ährchen männlich, dünn, hellbraun, 1–1,5 cm lang, um 1 mm dick, von dem obersten weiblichen Ährchen bei der Fruchtreife übertragt. 2–3 weibliche Ährchen, die 0,5–1 cm lang und 4–7 mm dick werden und nur 3–6 Schläuche enthalten; trotz ihrer Stiele sind die Ährchen kaum übergebogen. Unterstes Tragblatt mit sehr lockerer Scheide. Spelzen der weiblichen Blüten weißlich, trockenhäutig, mit grünem Mittelstreif, höchstens 2/3 so lang wie die Schläuche. Schläuche um 4 mm lang, glänzend gelblich bis olivgrün, mit vortretenden Nerven und kurzem, kegeligem Schnabel mit durchsichtiger Spitze (Lupe!). 3 Narben. Stengel aufrecht, dünn, rauh, kaum kantig. Blattspreiten um 1 mm breit, grasgrün, kürzer als die Stengel. Grundständige Blattscheiden hellbraun. Wächst in locker beieinander stehenden Büscheln; aus den Büscheln sprießen dünne, unterirdische Ausläufer, die kaum 1/10 der Stengellänge erreichen, dann wurzeln und austreiben. Mai–Juni. 10–40 cm.

Vorkommen: Braucht lockeren, basen- und vor allem kalkreichen Boden. Etwas wärmeliebend. Erträgt eher zeitweise Trockenheit als Nässe; bevorzugt Halbschatten. Besiedelt lichte Laubwälder, Nadelwälder und alpine Zwergstrauchgebüsche, sofern diese im Bereich der Waldstufe vorkommen. Vereinzelt am Edersee; selten im Frankenjura, am Oberrhein, beidseits der oberen Donau, im Schweizer Jura und im Mittelland; zerstreut im Alpenvorland und in den Kalkalpen; kleineren Gebieten fehlend, doch an ihren Standorten meist in kleineren Beständen. Bleibt unter 1500 m.

Wissenswertes: ♃. Wo die Weiße Segge Bestände bildet, darf sie als Kalkzeiger gelten.

Erd-Segge
Carex humilis LEYS.
Riedgrasgewächse *Cyperaceae*

Beschreibung: Endständiges Ährchen männlich, 1–1,5 cm lang, 2–4 mm dick. Weibliche Ährchen oft 1–2 cm vom männlichen Ährchen entfernt und im Horst verborgen, 0,5–1 cm lang, 1–2 mm dick, spindelförmig, mit nur 2–4 Schläuchen. Spelzen der weiblichen Blüten rostbraun, mit auffällig silbrig glänzendem Rand, etwa so lang wie die Schläuche. Schläuche um 3 mm lang, olivbraun, gegen die Spitze zuweilen rötlich-braun, plötzlich in einen sehr kleinen, kegeligen Schnabel zusammengezogen. 3 Narben. Stengel kurz, dünn, aufrecht, nur schwach kantig. Blattspreiten 15–35 cm lang, schwadenartig dem Boden aufliegend, borstlich eingerollt und daher nur um 1 mm breit, graugrün oder hellgrün, zuweilen auch olivgrün. Grundständige Blattscheiden purpur- oder rostrot. Wächst in dichten, unauffälligen, kleinen Horsten, die meist kleinere Bestände bilden; treibt nur sehr kurze, ziemlich dicke unterirdische Ausläufer, die nicht immer deutlich zu erkennen sind. April–Mai. 5–15 cm.

Vorkommen: Braucht warmen, trockenen, basen- und meist kalkreichen Feinerdeboden in sonniger Lage. Besiedelt daher vor allem lichte und schüttere Trockenrasen, lichte Kiefernwälder und Gebüsche. Im Tiefland nur vereinzelt, fehlt dort fast überall; in den Mittelgebirgen mit Kalkgestein selten, doch an ihren Standorten meist in kleineren Beständen. Steigt in den Alpen bis etwa 1500 m. Dort sehr selten. Fehlt in den Silikatgebieten.

Wissenswertes: ♃. Die Schläuche der Erd-Segge – und mit ihnen die reifen Früchte – werden durch Ameisen verbreitet. – Die Erd-Segge wurzelt – ungewöhnlicherweise – bis 40 cm tief (Anpassung an Trockenstandort).

Riedgrasgewächse *Cyperaceae*

Finger-Segge
Carex digitata L.
Riedgrasgewächse *Cyperaceae*

Beschreibung: Endständiges Ährchen männlich, 0,8–1 cm lang, um 1 mm dick. 2–4 weibliche Ährchen, 1–2,5 cm lang, 2–3 mm dick, mit 4–10 locker angeordneten Schläuchen. Das unterste Ährchen steht – gestielt – deutlich tiefer am Stengel als die übrigen und erreicht die Basis des männlichen Ährchens nie; das oberste, sitzende oder kurz gestielte überragt mit seiner Spitze das männliche Ährchen. Spelzen der weiblichen Blüten rostrot, mit grünem Mittelstreif und hellem Rand, etwa so lang wie die Schläuche. Schläuche olivbraun, glänzend, schütter behaart, plötzlich in den kurzen Schnabel verschmälert. 3 Narben. Stengel fast rund, schlaff gebogen, nicht verkrümmt, entspringt seitlich aus dem Blattbüschel. Blattspreiten 3–4 mm breit, dunkelgrün. Grundständige Blattscheiden purpurrot, selten rostrot. Wächst in kleinen Horsten; bildet kurze Ausläufer. April–Mai. 10–30 cm.

Vorkommen: Braucht basenreichen, lockeren, gut zersetzenden mullhaltigen Lehmboden, der kalkarm sein darf, halb beschattet und gut durchlüftet sein sollte und zeitweise feucht, doch nicht staunaß sein darf. Besiedelt Laub- und Mischwälder mit steinigem, im ganzen aber tiefgründigem Boden in warmen Lagen. Geht in den Alpen auch auf schattige Matten und in feinerdereiche, tiefe Felsspalten. Steigt aber kaum über die Waldgrenze. In den kalkreichen Gebieten zerstreut, im Tiefland selten, fehlt hier westlich der Elbe fast durchweg. Kommt an ihren Standorten meist in kleinen Beständen vor.

Wissenswertes: ♃ Ähnlich: *C. pediformis* C. A. MEY.: Blütenstengel entspringt in der Mitte der Büschel. Tschechien, vielleicht Niederösterreich; selten.

Gewöhnliche Vogelfuß-Segge
Carex ornithopoda WILLD.
Riedgrasgewächse *Cyperaceae*

Beschreibung: Endständiges Ährchen männlich, 5–8 mm lang, um 1 mm dick. 2–4 weibliche Ährchen, 0,4–1 cm lang, 2–3 mm dick, mit nur 2–6 locker angeordneten Schläuchen. Die weiblichen Ährchen sitzen – kurz gestielt – dicht übereinander am Stengel; sie sind oft gebogen und spreizen dadurch vom Stengel ab (Ähnlichkeit mit Vogelfuß; Name!). Spelzen der weiblichen Blüten hell- bis rostbraun, mit grünem Mittelstreif und hellem Rand, höchstens 2/3 so lang wie die Schläuche. Schläuche kaum 3 mm lang, dicht behaart, dadurch graugrün, geschnäbelt. 3 Narben. Stengel fast rund, meist in sich verbogen, glatt. Blattspreiten um 3 mm breit, hellgrün. Grundständige Blattscheiden hellbraun, selten rostbraun. Wächst in kleinen, dichten Rasen. Bildet sehr kurze unterirdische Ausläufer. April–Mai. 5–15 cm.

Vorkommen: Braucht lockeren, gut durchlüfteten, basenreichen und meist kalkhaltigen Boden mit guter Humuszersetzung. Bevorzugt Halbschatten in warmen Lagen. Besiedelt lichte Laub- und Mischwälder, Kiefernforste, Gebüsche, ältere Kahlschläge und Windbrüche, seltener alpine Matten oder die Randgebiete von Flachmooren. Fehlt im Tiefland westlich der Oder, ebenso in den Mittelgebirgen mit kalkarmen Böden; sonst zerstreut; an ihren Standorten oft in lockeren, mäßig individuenreichen Beständen. Geht in den Kalkalpen bis in die Zwergstrauchstufe.

Wissenswertes: ♃ *C. ornithopoda* WILLD. wird mit der Alpen-Vogelfuß-Segge (*C. ornithopoides* HAUSM.: Spelzen kastanienbraun; Schläuche glänzend, fast kahl. Stengel aufrecht; Südliche Kalkalpen; selten) zur Sammelart *C. ornithopoda* agg. zusammengefaßt.

Riedgrasgewächse *Cyperaceae* ▶
Segge *Carex*

Haar-Segge
Carex capillaris L.
Riedgrasgewächse *Cyperaceae*

Beschreibung: Endständiges Ährchen männlich, 0,5–1 cm lang, nur um 1 mm dick; es wird vom nächststehenden weiblichen Ährchen erreicht oder überragt. 2–4 weibliche Ährchen, 0,5–1,5 cm lang, 2–4 mm dick, meist mit 5–8 Blüten, lang und dünn gestielt, nickend. Tragblatt des untersten Ährchens kaum so lang wie der Blütenstand; seine Scheide umschließt die Ährchenstiele. Spelzen der weiblichen Blüten häutig, hellbraun, mit breitem, hellem Rand und grünem bis schwärzlich-grünem Mittelnerv, früh abfallend. Schläuche 3kantig, 2–4 mm lang, graubraun, ungeadert, allmählich in den kurzen, walzlichen Schnabel zusammengezogen. 3 Narben. Stengel rund, dünn, steif aufrecht, viel länger als die Blätter. Blattspreiten um 1,5 mm breit, dunkelgrün, starr, meist kürzer als 5 cm. Grundständige Blattscheiden braun, zuletzt zerfasernd. Die Haar-Segge wächst in flachen Horsten und bildet keine Ausläufer. Mai–Juli. 5–30 cm.

Vorkommen: Braucht basenreichen und zumindest in geringem Maß auch kalkhaltigen Boden, der nicht zu verdichtet sein sollte, hingegen torfig sein darf, wenn er gut durchsickert wird. Bevorzugt Lagen zwischen etwa 1200 und 2500 m, geht aber fast bis 3000 m. Besiedelt in den Alpen steinige und humusreiche Matten, geht aber auch auf feinerdereiche Kiesbetten in Flußläufen, in Rinsen, an Hangquellen und an Ufern; seltener auf Matten, die längere Zeit austrocknen. Zerstreut. Meist bestandsbildend.

Wissenswertes: ♃. Standorte der Haar-Segge außerhalb der Alpen sind sehr selten (z. B. früher an der Isar südlich München). Der Bestand dürfte durch Herabschwemmen zustandegekommen, also kein „Relikt" sein.

Wimper-Segge
Carex pilosa Scop.
Riedgrasgewächse *Cyperaceae*

Beschreibung: Endständiges Ährchen männlich, 1,5–2 cm lang, 3–5 mm dick, fuchsschwanzartig. 2–4 langstielige, aber aufrechte und 2–3 cm lange, um 5 mm dicke, weibliche Ährchen, an denen die 7–20 Blüten meist locker stehen. An der Basis des untersten Ährchens ein laubblattartiges Tragblatt, das aber das endständige, männliche Ährchen kaum erreicht. Spelzen der weiblichen Blüten olivbraun, häutig, mit grünem Mittelnerv. Schläuche fast eiförmig, um 3 mm lang, gegabelt, geschnäbelt (Lupe!), grün. 3 Narben. Stengel aufrecht, 3kantig. Blattspreiten um 1 cm breit, zart, in der Mitte und am Rand mit seidig feinen Haaren, die etwa 0,5 mm lang werden können. Grundständige Blattscheiden purpurrot. Die Wimper-Segge wächst scheinbar als Einzelexemplar, wobei stets mehrere zusammenstehen. Sie treibt nämlich unterirdische Ausläufer, die etwa halb so lang wie die Stengel werden können, ehe sie wurzeln und aus ihnen eine neue Pflanze austreibt. April–August. 20–50 cm.

Vorkommen: Braucht basenreichen, kalkarmen, seltener kalkfreien und nicht zu trockenen, mullreichen Lehm- oder Tonboden. Scheut volles Licht, lange Schneebedeckung und Spätfrostlagen. Gedeiht am besten im Halbschatten oder gar im Schatten. Besiedelt lichte Laubwälder, seltener Mischwälder oder sehr lichte Tannenbestände. Fehlt im Tiefland; geht in den Mittelgebirgen und Alpen nur bis etwa 700 m. Fehlt dort gebietsweise. Sehr selten, aber an ihren Standorten oft in kleinen Beständen.

Wissenswertes: ♃. Der Verbreitungsschwerpunkt der Wimper-Segge liegt im ost- und südosteuropäischen Laubwaldgürtel; Westgrenze des Areals: Ostfrankreich.

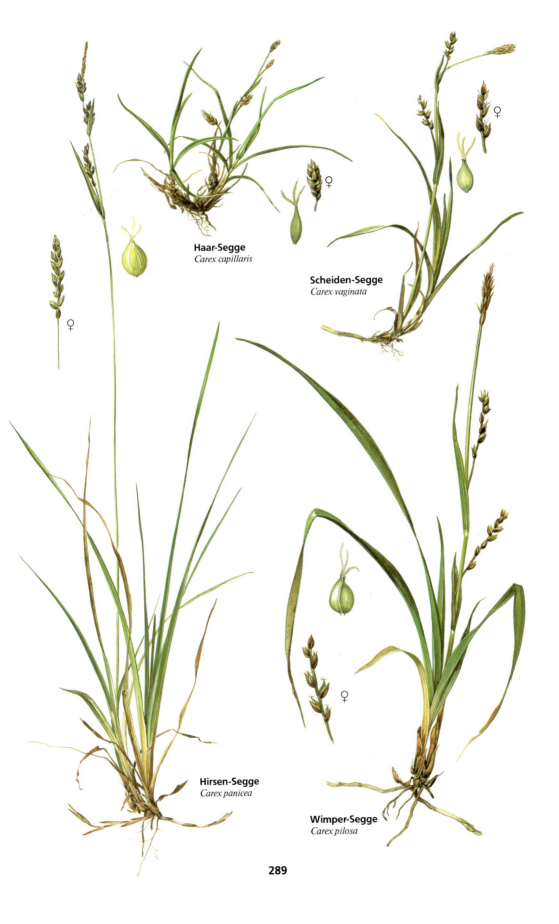

Riedgrasgewächse *Cyperaceae*

Hirsen-Segge
Carex panicea L.
Riedgrasgewächse *Cyperaceae*

Beschreibung: Endständiges Ährchen männlich, 1–2 cm lang, 3–4 mm dick, dunkelbraun. 1–3 deutlich – wenn auch manchmal kurz – gestielte weibliche Ährchen, die 1–3 cm lang und 5–6 mm dick werden und nur während der Fruchtreife nicken, aber sonst ziemlich aufrecht abstehen. Die weiblichen Ährchen enthalten 10–20 Blüten, die locker angeordnet sind. Tragblatt des untersten Ährchens überragt in der Regel das zugehörige Ährchen, ist aber kürzer als der Blütenstand. Spelzen der weiblichen Blüten schwarzbraun, seltener dunkel purpurbraun, mit breitem, hellgrünem Mittelstreif. Schläuche um 4 mm lang, eiförmig, kahl, hellgrün, gelegentlich rötlich, plötzlich in den kurzen, walzlichen Schnabel zusammengezogen. 3 Narben. Stengel aufrecht, fast rund, glatt. Blattspreiten 2–4 mm breit, graugrün, etwa halb so lang wie die Stengel. Grundständige Blattscheiden braun. Die Hirsen-Segge wächst in lockeren Rasen und bildet unterirdische Ausläufer, die oft über 1/3 der Stengellänge erreichen. Mai–Juni. 15–40 cm.

Vorkommen: Braucht zumindest mäßig basenreichen, oft etwas sauren und zumindest feuchten oder sogar nassen Boden, der torfig, schlammig oder lehmig sein kann. Erträgt schwache Düngung mit Stickstoffsalzen gerade noch. Besiedelt Flachmoore, Sumpfwiesen und Gräben, geht auch auf lichte Waldwege. Häufig, fehlt aber kleineren Gebieten, vor allem im Tiefland und in niederschlagsarmen Landschaften; an ihren Standorten meist nicht zahlreich. Steigt in den Alpen bis etwa zur Waldgrenze.

Wissenswertes: ♃. Von der Hirsen-Segge wurden mehrere Formen mit umstrittenem systematischem Wert beschrieben.

Scheiden-Segge
Carex vaginata TAUSCH
Riedgrasgewächse *Cyperaceae*

Beschreibung: Endständiges Ährchen männlich, 0,7–1,5 cm lang, um 1 mm dick, blühend oft schräg oder waagrecht abstehend. 2–3 (sehr selten nur 1 oder 4) gestielte, weibliche Ährchen, die 1–2 cm lang und 2–4 mm dick werden; sie enthalten nur 8–12 locker angeordnete Blüten. Tragblatt des untersten Ährchens oft kürzer als sein Ährchen, mit einer sehr lockeren, fast aufgeblasenen Scheide, die bis zu 3 cm lang werden kann. Spelzen der weiblichen Blüten rostrot, mit grünem bis schwärzlich-grünem Mittelstreif, früh abfallend. Schläuche 1–2 mm lang, hellbraun, geschnäbelt. 3 Narben. Stengel aufrecht, glatt, 3kantig. Blattspreiten grasgrün, starr, 3–5 mm breit, fast glatt. Blattscheiden braun. Die Scheiden-Segge wächst in mäßig lockeren Rasen. Zur Blütezeit sind – mindestens kurze – unterirdische Ausläufer stets vorhanden; nach der Blüte erreichen die Ausläufer meist 1/3 der Stengellänge. Juni–August. 10–30 cm.

Vorkommen: Braucht feuchten, gut durchsickerten und durchlüfteten Boden. Besiedelt feinkiesigen, schlammdurchsetzten Untergrund im Bereich von Gletscherabflüssen ebenso wie lückige Matten und Wiesen auf lockerem Boden. Einzelstandorte am Brocken im Harz, sowie nördlich Rostock, in Tschechien und der Slowakei, in den Südwestalpen (Savoyen), in Graubünden, im Engadin und Berner Oberland. Geht dort bis etwa 2000 m. Sehr selten.

Wissenswertes: ♃. Die Art hat ihr Hauptverbreitungsgebiet in Nordeuropa, in Nordamerika und in Sibirien. Man hat sie – bei dem ausgedehnten Areal nicht verwunderlich – in mehrere Untertaxa untergliedert; doch ist deren systematischer Wert umstritten.

Riedgrasgewächse *Cyperaceae*
Segge *Carex*

Dünnährige Segge
Carex strigosa HUDS.
Riedgrasgewächse *Cyperaceae*

Beschreibung: Endständiges Ährchen männlich, 3–4 cm (selten bis zu 8 cm) lang, 1–2 mm dick. 2–5 weibliche Ährchen, die kurz gestielt sind, 3–8 cm lang und 2–3 mm dick werden und nur wenig übergebogen sind; das unterste Ährchen ist in der Regel etwas von den anderen abgesetzt, auf dünnem, 3–7 cm langem Stiel schräg aufwärts gerichtet oder nur wenig abwärts gebogen. Sein Tragblatt ist laubartig, länger als das zugehörige Ährchen (mit Stiel), aber kürzer als der Gesamtblütenstand. Spelzen der weiblichen Blüten grün oder oliv, mit sehr schmalem, trockenhäutigem Rand. Schläuche grün, um 3 mm lang, kahl, nur sehr undeutlich, d. h. praktisch nicht geschnäbelt (Schnabel kaum 0,5 mm lang). 3 Narben. Stengel 3kantig, beblättert. Blattspreiten flach, mindestens 5–8 mm, oft bis 1,2 cm breit, meist deutlich rauh. Grundständige Scheiden braun. Wächst in lockeren Horsten und treibt nur kurze Ausläufer von knapp 1 cm Länge. April–Juni. 20–80 cm.

Vorkommen: Braucht durchsickerten, lehmig-tonigen Boden, der kalkarm, doch basenreich sein sollte. Scheut voll besonnte Orte und gedeiht am besten im Halbschatten oder gar im Schatten. Besiedelt Auen- und Bach-Eschenwälder, geht aber auch auf nasse Waldwege und an die Ufer kleiner Fließgewässer. Sehr selten und weiten Gebieten fehlend, vor allem im Tiefland westlich der Elbe. Kommt meist nicht zahlreich vor. Geht sowohl in den Mittelgebirgen als auch in den Alpen kaum über etwa 700 m.

Wissenswertes: ♃. Die Dünnährige Segge war wohl im letzten Interglazial weiter verbreitet als heute. Trotz ihrer Lichtscheu ist sie eine wärmeliebende Pflanze.

Wald-Segge
Carex sylvatica HUDS.
Riedgrasgewächse *Cyperaceae*

Beschreibung: Endständiges Ährchen männlich, 2–3 cm lang (sehr selten werden 2 männliche Ährchen ausgebildet). 2–6 deutlich und fein gestielte weibliche Ährchen, die 2–7 cm lang und 3–5 mm dick werden und zur Zeit der Fruchtreife immer deutlich überhängen. Tragblätter spreitenartig; das des untersten Ährchens wird meist nur 1/2 so lang wie der Gesamtblütenstand, selten erreicht es jedoch die Spitze des männlichen Ährchens. Spelzen der weiblichen Blüten olivgrün, mit grünem Mittelstreif und hellerem Rand. Schläuche 5–6 mm lang, 3kantig, grün, nervenlos oder nur undeutlich nervig, lang und gegabelt geschnäbelt (Lupe!). 3 Narben. Stengel 3kantig, beblättert, glatt, schlaff. Blattspreiten 4–8 mm breit, hell grasgrün, meist rinnig, am Rand schwach rauh, kürzer als die Stengel. Grundständige Blattscheiden braun. Die Wald-Segge wächst lockerhorstig; sie treibt keine Ausläufer aus. April–Mai. 20–90 cm.

Vorkommen: Braucht humusreichen, feuchten, basenreichen und oft kalkhaltigen Lehmboden, der ziemlich verdichtet sein kann. Erträgt Besonnung schlecht und geht im vollen Tageslicht schon nach 1 oder 2 Vegetationsperioden ein. Besiedelt lichte Laubwälder, seltener Misch- oder Nadelwälder, geht auch auf nasse und schattige Waldwege. Fehlt im Tiefland westlich der Elbe gebietsweise; steigt in den Alpen bis zur Laubwaldgrenze; sonst zerstreut.

Wissenswertes: ♃. Die Wald-Segge ist trotz ihres Vorkommens auf Waldwegen keine eigentliche Trittpflanze. Sie ist dort deshalb konkurrenzfähig, weil sie mit dem verdichteten Boden besser zurechtkommt als andere Arten. – Wird angeblich von Rehen gerne gefressen.

Riedgrasgewächse *Cyperaceae*

Glatte Segge
Carex laevigata SM.
Riedgrasgewächse *Cyperaceae*

Beschreibung: Endständiges Ährchen männlich, dünn, 2–3 cm (ausnahmsweise, vor allem in Südwesteuropa, bis zu 6 cm) lang. Gelegentlich darunter noch ein – meist kümmerliches – 2. männliches Ährchen. 2–4 weibliche Ährchen, die 2–6 cm lang und 6–8 mm dick werden; sie sind deutlich, meist sogar lang gestielt und bleiben dennoch meist aufrecht, mit Ausnahme des untersten, das häufig überhängt. Tragblatt des untersten Ährchens spreitenartig, länger als das Ährchen, aber kürzer als der Gesamtblütenstand. Spelzen der weiblichen Blüten rostrot mit grünem Mittelstreif, etwas kürzer als die Schläuche. Schläuche etwa 4 mm lang, eiförmig, allmählich in den etwa 1 mm langen, leicht rauhen, gegabelten Schnabel zusammengezogen (Lupe!). 3 Narben. Stengel aufrecht, seltener aufsteigend, scharf 3kantig, in der unteren Hälfte glatt, unter dem Blütenstand leicht rauh. Blattspreiten 0,8–1,2 cm breit. Die Glatte Segge wächst scheinbar in unzusammenhängenden Einzelexemplaren bzw. in sehr lockeren Rasen. Dies resultiert aus ihrer vegetativen Vermehrung mit langen Ausläufern, die schon zur Blütezeit vorhanden und dann schon mehrere Zentimeter lang sind. April–Mai. 0,5–1 m.

Vorkommen: Braucht lehmig-sandigen, kalkarmen oder kalkfreien Boden im Halbschatten oder Schatten in einem Klima mit hoher Luftfeuchtigkeit und ziemlich milden Wintern. Besiedelt feuchte, schattige Wiesen (Waldwiesen) und lichte Auwälder. Sehr selten.

Wissenswertes: ♃. Die Glatte Segge erreicht im Hohen Venn, bei Aachen und in der Schnee-Eifel die Ostgrenze ihres Verbreitungsgebiets, das seinen Schwerpunkt in Westeuropa (Spanien, Frankreich, England) hat.

Saum-Segge
Carex hostiana DC.
Riedgrasgewächse *Cyperaceae*

Beschreibung: 1–3 männliche, dünne Ährchen, die 1–1,5 cm lang und 2–3 mm dick werden. 2–4 scheinbar sitzende, in Wirklichkeit gestielte weibliche Ährchen (Blattscheiden öffnen!), die 0,6–1,5 cm lang und 5–8 mm dick werden; sie sind dicht mit Schläuchen bestanden. Spelzen der männlichen Blüten rostrot mit auffallendem, weißem, hautigem Rand. Spelzen der weiblichen Blüten fast schwarz, mit undeutlichem weißem Rand und dünnem, grünem Mittelstreif. Schläuche etwa 3 mm lang, eiförmig, gelbgrün, geschnäbelt. 3 Narben. Stengel steif aufrecht, 3kantig, glatt oder nur oben schwach rauh. Blattspreiten 3–4 mm breit, rinnig, grau- oder blaugrün. Grundständige Blattscheiden braun oder rotbraun. Die Saum-Segge wächst scheinbar in unzusammenhängenden Exemplaren oder in lockeren Rasen. Dies resultiert aus ihrer Vermehrung durch Ausläufer, die allerdings selten länger als wenige Zentimeter werden. Mai–Juni. 30–50 cm.

Vorkommen: Braucht staunassen, seltener durchsickerten, ziemlich basenreichen, aber gelegentlich kalkarmen Boden, der torfig oder schlammig sein kann. Besiedelt vorzugsweise Flachmoore, sumpfige Ufer und nasse Streuwiesen und geht auch in sandhaltige Heidemoore. Im Alpenvorland zerstreut, sonst selten, oft in kleineren Beständen; steigt in den Mittelgebirgen und Alpen kaum über 1200 m.

Wissenswertes: ♃. Die Saum-Segge hat ihren wissenschaftlichen Namen zu Ehren des bedeutenden österreichischen Arztes N. T. HOST erhalten, der von 1761–1834 lebte und sich – neben seiner Tätigkeit als kaiserlicher Leibarzt – intensiv mit der österreichischen Pflanzenwelt beschäftigte.

Riedgrasgewächse *Cyperaceae* ▶

Segge *Carex*

Stachelspitzige Segge
Carex mucronata ALL.
Riedgrasgewächse *Cyperaceae*

Beschreibung: Endständiges Ährchen männlich, um 1 cm lang und 2-3 mm dick. Nur 1-2 weibliche Ährchen, die höchstens 0,5-1 cm lang, aber 4-5 mm dick werden; sie sind locker mit Schläuchen bestanden. Die Ährchen überdecken sich etwas; zumindest das obere erreicht das endständige männliche Ährchen. Das Tragblatt des untersten Ährchens ist spelzenartig. Spelzen aller Ährchen (oft etwas dunkel) rostrot, mit weißem Rand und hellgrünem Mittelstreif. Schläuche etwa 5 mm lang, braun, innenseits flach, außenseits gewölbt, schütter behaart, allmählich in einen langen, leicht rauhen (Lupe!), gegabelten Schnabel verschmälert. 2 Narben. Stengel dünn, fast rund, schlaff, meist überhängend, undeutlich rauh. Blattspreiten zu rinnigen, meist gebogenen und steif-fädlichen Borsten zusammengefaltet, die um 0,5 mm breit werden und oft graugrün sind. Grundständige Blattscheiden braun, oft mit (kurzer) Spreite, faserig verwitternd. Die Stachelspitzige Segge wächst in dichten Horsten; sie hat keine Ausläufer. Mai–August. 5-30 cm.

Vorkommen: Braucht kalkreichen, steinig-felsigen Untergrund, der sommers warm sein muß und überwiegend trocken sein soll. Besiedelt sonnige Felshänge und Schutt, geht einerseits bis in bodenarme Felsritzen, andererseits in lichte, warme Laubwälder mit offenen Gesteinspartien. Bevorzugt Höhen zwischen etwa 700 m und 2500 m. Nur in den Kalkalpen. Sehr selten, aber zuweilen in kleineren Beständen.

Wissenswertes: ♃. Die Stachelspitzige Segge, die gelegentlich nicht zum Blühen kommt und dann leicht übersehen wird, findet man immer wieder auf Schottern der Flüsse, die aus den Alpen ins Vorland kommen.

Kurzährige Segge
Carex brachystachys SCHRANK
Riedgrasgewächse *Cyperaceae*

Beschreibung: Endständiges Ährchen männlich, selten an der Spitze mit einigen wenigen Schläuchen, 1-2 cm lang und um 2 mm dick. 1-2 (selten bis zu 4), dünn gestielte und daher oft hängende weibliche Ährchen, die 1,5-3 cm lang und 3-4 mm dick werden; an ihnen stehen die Schläuche eher locker als dicht; wenigstens das unterste Ährchen nickt mehr oder weniger deutlich. Spelzen der weiblichen Blüten rostbraun mit grünem Mittelstreif, aber ohne weißen, häutigen Rand. Schläuche schmal zulaufend, 3-4 mm lang, blaßgrün oder hell olivbraun, allmählich in einen glatten, 2spaltigen Schnabel verschmälert. 3 Narben. Stengel dünn, schlaff, fast rund, oft überhängend. Blattspreiten schlaff, trocken eingerollt und kaum 1 mm breit, grün, kürzer als die Stengel. Grundständige Blattscheiden (manchmal recht blaß) braun oder rotbraun. Die Kurzährige Segge wächst in dichten Rasen oder kleinen Horsten, aus denen keine Ausläufer treiben. Juni–August. 10-40 cm.

Vorkommen: Braucht kalkreichen, sehr feuchten, kühlen und gut durchlüfteten Untergrund. Besiedelt fast ausschließlich durchrieselte Felsspalten, Überhänge mit Tropfwasser oder Flußgeröll in schattiger Lage. Kommt in den Alpentälern und im Südschwarzwald (Wehratal) in Höhen um 500 m vor, hat ihre Hauptverbreitung jedoch zwischen der Laubwaldgrenze und der Baumgrenze in den Kalkalpen, im Schweizer Jura und auf kalkhaltigen Schiefern der Zentralalpen. Sehr selten; gelegentlich in kleineren Beständen.

Wissenswertes: ♃. Die Kurzährige Segge ist in den Alpen fast überall zu finden, wo sich unweit von Wasserstürzen zwischen Moosen Kalktuff abscheidet.

Riedgrasgewächse *Cyperaceae*

Ruß-Segge
Carex fuliginosa SCHKUHR
Riedgrasgewächse *Cyperaceae*

Beschreibung: Endständiges Ährchen an der Basis immer männlich, an der Spitze oft mit einigen Schläuchen, 1–2 cm lang, 4–8 mm dick. Rein weibliche Ährchen 2–3, fein und lang gestielt, in der Regel nickend, 0,5–1 cm lang, 4–8 mm dick. Tragblatt des untersten Ährchens mit einer 0,5–2 cm langen, borstlichen Spreite. Spelzen der weiblichen Blüten kastanienbraun, mit weißem Hautrand und gelblichem Mittelstreif. Schläuche 4–5 mm lang, schmal-lanzettlich, abgeflacht 3kantig, nervenlos, kahl, allmählich in einen rauhen, 2zähnigen Schnabel verschmälert (Lupe!). 3 Narben. Stengel stumpf 3kantig, aufrecht oder aufsteigend, nie schlaff. Blattspreiten ledrig, 2–3 mm breit, nur etwa ein Drittel der Stengellänge erreichend. Grundständige Blattscheiden gelbbraun bis hellbraun, starr, meist mit Spreiten. Die Ruß-Segge wächst in dichten Horsten, die trotz ihrer Kleinheit an den von ihr bevorzugten, meist lückig bewachsenen Standorten auffallen. Sie bildet keine Ausläufer. Juni–August. 10–30 cm.

Vorkommen: Braucht durchrieselten oder durchsickerten Wuchsort auf steinig-grusigem, nur mäßig basenreichem, stets kalkarmem oder kalkfreiem Boden in höheren Gebirgslagen. Wächst an Rinnsalen, Bachufern und auf feuchten Matten der Alpen; bevorzugt Lagen zwischen etwa 1700 und 2700 m. Verbreitungsschwerpunkt in den Ost- und Südalpen. Aus den Schweizer Alpen sind keine gesicherten Angaben über Fundorte bekanntgeworden. Selten, an ihren Standorten oft in kleineren Beständen.

Wissenswertes: ♃. Die Ruß-Segge läßt sich leicht durch die fehlenden Ausläufer gegenüber der westalpinen, ähnlichen Eis-Segge (*Carex frigida* ALL., s. rechts) abgrenzen.

Eis-Segge
Carex frigida ALL.
Riedgrasgewächse *Cyperaceae*

Beschreibung: Endständiges Ährchen meist rein männlich, 1–2 cm lang, 3–4 mm dick; manchmal befinden sich einige weibliche Blüten am Grund, zuweilen auch am Grund und an der Spitze des überwiegend männlichen Ährchens. 3–4 rein weibliche Ährchen, die 1,5–3 cm lang, 5–8 mm dick und sehr lang (3–10 cm!) gestielt sind und daher zur Reifezeit zumeist nicken. Das Tragblatt des untersten Ährchens überragt dieses in der Regel. Spelzen der weiblichen Blüten sehr dunkel braun. Schläuche mindestens 5 mm lang (vereinzelt bis 7 mm), etwas abgeflacht, reif dunkel rötlich-braun, glänzend, nervenlos, allmählich in einen langen, meist rauhen, stets 2spaltigen Schnabel verschmälert. 3 Narben. Stengel schlaff, undeutlich 3kantig. Blattspreiten mindestens halb so lang wie der Stengel, 3–4 mm breit, rauh. Wächst in lockeren Rasen und bildet stets Ausläufer, und zwar oft nur 1 pro Pflanze, der zur Blütezeit überdies gelegentlich kaum 5 mm lang sein kann und dann leicht übersehen wird. Bei verblühten oder gar fruchtenden Pflanzen sind die Ausläufer indessen meist länger als 5 cm (bis weit über 10 cm). Juni–August. 10–40 cm.

Vorkommen: Braucht durchflossenen, durchsickerten oder besprühten Wuchsort auf steinigem, sandigem oder lehmigem, meist basenreichem, aber häufig kalkarmem Boden in den höheren Lagen der Mittelgebirge oder der Alpen. Besiedelt quellige Flächen, kleine Rinsen oder Schneetälchen. Sehr selten, aber an ihren Standorten meist in kleineren Beständen. Hauptverbreitung zwischen etwa 1300 und 2500 m.

Wissenswertes: ♃. Die Eis-Segge fehlt in den Ostalpen gebietsweise. Im Schwarzwald nur im Feldberggebiet.

Riedgrasgewächse *Cyperaceae* ▶

Segge *Carex*

Rost-Segge
Carex ferruginea Scop.
Riedgrasgewächse *Cyperaceae*

Beschreibung: Endständiges Ährchen männlich, 1,5–5 cm lang, 2–3 mm dick. 2–4 lang gestielte weibliche Ährchen, die gegen Ende der Blütezeit nicken oder überhängen; sie werden meist 2–3 cm lang und 3–5 mm dick. Tragblatt des untersten Ährchens spreitenartig, meist so lang wie oder länger als das zugehörige Ährchen. Spelzen der weiblichen Blüten braunschwarz, mit hellem Mittelstreif, etwas kürzer als die reifen Schläuche. Schläuche dunkelbraun, 3–4 mm lang, glänzend, mehr oder weniger plötzlich in einen kurzen, rauhen, 2spaltigen Schnabel zusammengezogen (Lupe!). 3 Narben. Stengel fast rund, etwas schlaff, glatt. Blattspreiten nur 1–2 mm breit, dunkelgrün, schlaff, kürzer als der Stengel. Grundständige Blattscheiden rotbraun. Die Rost-Segge wächst in lockeren Rasen bzw. lockeren, kleinen Horsten und treibt stets unterirdische Ausläufer, die allerdings so dünn sind, daß sie mit Wurzeln verwechselt werden könnten. Juni–September. 30–60 cm.

Vorkommen: Braucht basen- und kalkreichen, gut durchfeuchteten, humos-lehmigen Steinboden, der geringe Mengen von Stickstoffsalzen enthalten kann. Besiedelt alpine Matten und Geröllhalden zwischen etwa 1000 und 2000 m. Dort häufig und bestandsbildend.

Wissenswertes: ♃. *C. ferruginea* Scop. wird mit der Südalpen-Segge (*C. austroalpina* Becherer: Blätter rinnig, 1–2 mm breit, oft länger als die Stengel; feste Horste, keine Ausläufer; Südliche Kalkalpen, zerstreut) zur Sammelart *C. ferruginea* agg. vereint. – Ähnlich: Fransen-Segge (*C. fimbriata* Schkuhr): Weibliche Ährchen kurz gestielt, aufrecht; Stengel 3kantig; Blätter flach, 2–3 mm breit, steif; Süd- und Südwestalpen, bis ins Wallis; selten.

Horst-Segge
Carex sempervirens Vill.
Riedgrasgewächse *Cyperaceae*

Beschreibung: Endständiges Ährchen männlich, 0,8–2 cm lang und 2–3 mm dick. 2–3 lang gestielte weibliche Ährchen, 1–2 cm lang, 4–5 mm dick, zur Reifezeit meist überhängend, vorher aber aufrecht stehend. Tragblatt des untersten Ährchens spreitenartig. Spelzen dunkelbraun, mit weißem Rand, höchstens 3/4 so lang wie die reifen Schläuche. Schläuche um 5 mm lang, deutlich 3kantig, allmählich in den vorne trockenhautrandigen, 2spaltigen Schnabel verschmälert (Lupe!). 3 Narben. Stengel aufrecht, glatt, fast rund. Blattspreiten aufrecht, nie dem Boden angedrückt, glänzend grün, 2–3 mm breit, schlaff, kürzer als die Stengel. Grundständige Blattscheiden gelbbraun, zerfasert. Wächst in großen, festen Horsten, aus denen nie Ausläufer austreiben. Juni–August. 20–50 cm.

Vorkommen: Braucht basenreichen, oft kalkarmen, lockeren, steinigen und humosen Lehmboden in bergiger oder alpiner Lage. Außer Einzelstandorten auf der Südwestalb nur im Alpenvorland, in den Alpen und im Schweizer Jura. Hauptverbreitung zwischen 1500 und 2500 m. Besiedelt Felsschutthänge und alpine Matten. An ihren Standorten meist bestandsbildend.

Wissenswertes: ♃. Pionierpflanze auf nacktem Fels; liefert auf sonst kaum nutzbaren Standorten noch gutes Heu; ist gegen Beweidung und Düngung unempfindlich. Wird mit *C. kitaibeliana* Degen ex Becherer zur Sammelart *C. sempervirens* agg. zusammengefaßt; diese kommt nur in den Gebirgen des Balkans vor. – Entfernt ähnlich (vgl. auch Eis-Segge, S. 296): Schwarzrote Segge (*C. atrofusca* Schkuhr): Tragblatt des untersten Ährchens spelzenartig; lockerrasig. Gletscherrinnen; Südwest- und Südalpen; selten.

Riedgrasgewächse *Cyperaceae*

Polster-Segge
Carex firma MYGIND
Riedgrasgewächse *Cyperaceae*

Beschreibung: Endständiges Ährchen männlich, 0,5–1 cm lang und ei-länglich. 1–3 weibliche Ährchen, die kaum 1 cm lang und 3–4 mm dick werden und nur gelegentlich nikken, obwohl sie auf 0,5–2 cm langen Stielen sitzen. Tragblatt des untersten Ährchens spreitenartig, meist das zugehörige Ährchen nicht überragend. Spelzen der weiblichen Blüten rotbraun, mit hellem Mittelstreif, höchstens 3/4 so lang wie die reifen Schläuche. Schläuche ei-länglich, um 4 mm lang, allmählich in den randlich bewimperten Schnabel verschmälert. 3 Narben. Stengel aufrecht, glatt, nur undeutlich 3kantig. Blattspreiten mindestens 2 mm, meist um 3–4 mm breit, ziemlich steif und oft rosettig dem Boden anliegend, meist kürzer als 5 cm. Grundständige Blattscheiden gelbbraun. Wächst in niederen, dichten Horsten, aus denen nie Ausläufer hervorwachsen. Juni–August. 5–20 cm.

Vorkommen: Braucht kalkreichen, trockenen, flachgründig-feinerdearmen Steinboden. Hauptverbreitung in den Alpen zwischen etwa 1500 und 2500 m; wächst nur auf Kalk oder Dolomit. Besiedelt Schutthalden und windverblasene Grate. Extrem kälte- und windhart. Kleine Rasen der Polster-Segge, die dem nackten Fels aufsitzen, lassen sich oft leicht von ihm ablösen, sind also nicht trittfest. Zuweilen ins Vorland herabgeschwemmt und dann auf Kiesbänken anzutreffen. In den Kalkalpen häufig und bestandsbildend.

Wissenswertes: ♃ Die Polster-Segge ist in den Kalkalpen eine der besten Pionierpflanzen, da sie mit einem Minimum an Boden auskommt. Zur Befestigung von Schutthalden, die noch stark in Bewegung sind, eignet sie sich jedoch nicht.

Armblütige Segge
Carex depauperata CURT. ex WITH.
Riedgrasgewächse *Cyperaceae*

Beschreibung: Endständiges Ährchen männlich, 2–3 cm lang und 2–3 mm dick. 2–4 weibliche Ährchen, die 5–7 mm dick werden und trotz ihrer langen Stiele ziemlich aufrecht bleiben. Die Ährchen enthalten nur 3–6 Schläuche. Tragblatt des untersten Ährchens spreitenartig, das zugehörige Ährchen meist etwas überragend. Spelzen der weiblichen Blüten häutig, mit grünem Mittelstreif, der in eine grannenartige Spitze ausläuft, höchstens 3/4 so lang wie die reifen Schläuche. Schläuche 6–8 mm lang, stumpf 3kantig bis eiförmig, bei bräunlichem Grundton oft silbrig schimmernd, allmählich in einen 2spaltigen Schnabel auslaufend, der 2–3 mm lang wird und – samt der Gabelung – schon ohne Lupe gut zu sehen ist. 3 Narben. Stengel gebogen, stumpf 3kantig, glatt. Blattspreiten 2–4 mm breit, rauh, schlaff, kürzer als die Stengel. Grundständige Scheiden purpurn. Die Armblütige Segge wächst lockerrasig und treibt lange, dünne, unterirdische Ausläufer. April–Mai. 30–70 cm.

Vorkommen: Braucht locker-humosen, steinigen, kalkarmen oder kalkfreien Boden in luftfeuchtem, wintermildem Klima. Meidet direktes Sonnenlicht. Bevorzugt mittlere Höhenlagen. Sehr selten in Laubwäldern im Südwesten (z. B. Schweizer Jura), Westen (Sauertal bei Echternachbrück) und in Österreich.

Wissenswertes: ♃ Das Hauptverbreitungsgebiet der Armblütigen Segge liegt in Südeuropa. – Ähnlich: Michelis Segge (*C. michelii* HOST): Männliches Ährchen 1–2 cm lang, 5–7 mm dick. 1–2 weibliche Ährchen, etwa so groß wie die männlichen. Schläuche 5–6 mm lang, mit langem, 2zähnigem Schnabel; Zähne 1–2 mm lang. Südalpen; bis etwa 1000 m; sehr selten.

Riedgrasgewächse *Cyperaceae*
Segge *Carex*

Gersten-Segge
Carex hordeistichos VILL.
Riedgrasgewächse *Cyperaceae*

Beschreibung: 2-3 männliche Ährchen (nur ausnahmsweise auch 1 männliches Ährchen), von denen 1 an der Spitze steht und die anderen dem Oberteil des Stengels ansitzen; zumindest das endständige Ährchen wird 1-2 cm lang und 2-4 mm dick. 3-4 weibliche Ährchen, die 2-4 cm lang und 0,8-1 cm dick werden (es sind die auffallend großen Schläuche, die sie dicklich aussehen lassen!). Jedes weibliche Ährchen mit mehr als 10 Schläuchen. Unterstes Ährchen entspringt oft grundnah; Tragblatt des untersten Ährchens nur als 1-2,5 cm lange Scheide ausgebildet; Tragblätter der oberen Ährchen spreitenartig, meist deutlich länger als der Blütenstand. Spelzen der weiblichen Blüten hellbraun oder oliv, mit weißem Rand. Schläuche deutlich in 4 oder 5 Reihen angeordnet, 0,8-1,2 cm (!) lang, gelbbraun, gegabelt geschnäbelt (ohne Lupe zu sehen). 3 Narben. Stengel meist aufrecht, steif, stumpf 3kantig, glatt. Blattspreiten 3-5 mm breit, steif, nur am Rand rauh. Grundständige Blattscheiden hell- bis dunkelbraun. Die Gersten-Segge wächst in dichten Rasen und bildet keine Ausläufer. Mai-Juli. 10-40 cm.

Vorkommen: Braucht lockeren Boden, der etwas kochsalzhaltig sein darf, in sommerwarmem und lufttrockenem Gebiet. Meidet daher Küsten. Besiedelt feuchte Wiesen und Gräben. Wohl nur in der Wetterau, in Sachsen-Anhalt zwischen Bode und Saale, in Thüringen in der Gera- und Unstrutniederung sowie im Wiener Becken und Burgenland. Sehr selten.

Wissenswertes: ♃. Das Hauptverbreitungsgebiet der Art liegt in Südwestsibirien und Südeuropa (bis ins östliche Mittelmeergebiet und nach Südfrankreich).

Roggen-Segge
Carex secalina WAHLENB.
Riedgrasgewächse *Cyperaceae*

Beschreibung: 2-3 männliche Ährchen (nur ausnahmsweise auch 1 männliches Ährchen), von denen 1 an der Spitze steht und die anderen – wenn vorhanden – dem Oberteil des Stengels ansitzen; zumindest das endständige Ährchen wird 1-2 cm lang und 2-4 mm dick. 2-5 weibliche Ährchen, die 1-3 cm lang und 5-8 mm dick werden (es sind die ziemlich großen Schläuche, die die Ährchen dicklich aussehen lassen). Jedes weibliche Ährchen mit mehr als 10 Schläuchen; alle weiblichen Ährchen stehen ziemlich entfernt voneinander; das unterste entspringt häufig grundnah; sein Tragblatt ist nur als Scheide von 2-4 cm Länge ausgebildet; die Tragblätter der oberen Ährchen sind spreitenartig; sie überragen den Blütenstand oft. Spelzen der weiblichen Blüten weißlich, mit hellbraunem, kräftigem Mittelstreif. Schläuche nie in Reihen angeordnet, 6-7 mm lang, gelblich, nicht rauh (mit Ausnahme des Schnabels), kahl, deutlich und 2zähnig geschnäbelt. 3 Narben. Stengel meist aufsteigend, selten aufrecht, dünn, stumpf 3kantig, schwach rauh. Blattspreiten 2-3 mm breit, nur an der Spitze rauh. Grundständige Blattscheiden rostbraun. Die Roggen-Segge wächst dichtrasig und bildet keine Ausläufer. Mai-Juni. 10-40 cm.

Vorkommen: Braucht kochsalzhaltigen, lehmigen Boden in sommerwarmem und sommertrockenem Gebiet. Wächst in feuchten Wiesen. Erreicht bei Erfurt und Eisleben, in Tschechien (Elbetal) sowie in Niederösterreich die Westgrenze ihres Verbreitungsgebiets, dessen Schwerpunkt zwischen Schwarzem Meer und Kaspisee liegt. In Mitteleuropa nur vereinzelt.

Wissenswertes: ♃. Zeigerpflanze für verdichtete Salzböden.

Riedgrasgewächse *Cyperaceae*

Entferntährige Segge
Carex distans L.
Riedgrasgewächse *Cyperaceae*

Beschreibung: Endständiges Ährchen männlich, 2–4 cm lang und 2–4 mm dick. Unter den männlichen Ährchen befinden sich 2–3 weibliche Ährchen. Sie können 1–3 cm lang und 5–8 mm dick werden. Bemerkenswert ist an ihnen, daß sie auf dünnen Stielen schräg nach oben stehen und daß der Abstand zwischen den Ährchen auffallend groß ist. Das unterste der weiblichen Ährchen steht – auf eher dünnem Stiel – infolgedessen oft mitten am Stengel; Tragblatt des untersten Ährchens spreitenartig, das zugehörige Ährchen, nicht aber den Blütenstand überragend, am Grunde mit einer 1–3 cm langen Scheide. Spelzen der weiblichen Blüten rostrot, mit grünem Mittelstreif und schmalem, häutigem Rand. Schläuche 4–5 mm lang, mit gut sichtbaren Nerven, ziemlich plötzlich in den grünen, an der Spitze bräunlichen, gegabelten Schnabel zusammengezogen (ohne Lupe zu sehen!). 3 Narben. Stengel deutlich 3kantig, durchweg glatt. Blattspreiten 2–5 mm breit, glatt oder kaum fühlbar rauh, graugrün, ziemlich steif und kaum halb so lang wie der Stengel. Grundständige Blattscheiden braun. Die Entferntährige Segge wächst lockerhorstig und treibt keine Ausläufer. Mai–Juli. 20–70 cm.

Vorkommen: Braucht kalk-, gips- oder kochsalzreichen, feuchten, lehmig-tonigen Boden. Stellt an die Lufthaltigkeit des Bodens keine hohen Ansprüche. Zeigt Verdichtung an. Besiedelt Flachmoore, feuchte Wiesen, Wege und Strandwiesen. Meidet Kältemulden. Selten und großen Gebieten fehlend.

Wissenswertes: ♃. Von *Carex distans* sind einige Formen beschrieben worden, jedoch kommt keiner dieser Sippen eine größere systematische Bedeutung zu.

Zweinervige Segge
Carex binervis Sm.
Riedgrasgewächse *Cyperaceae*

Beschreibung: Endständiges Ährchen männlich, 2–5 cm lang, 3–4 mm dick. 2–4 gestielte, weibliche Ährchen, die 1,5–4 cm lang und 5–8 mm dick werden, meist aufrecht bleiben und nur zur Reifezeit nicken oder überhängen; die Ährchen stehen ziemlich entfernt und auf sehr dünnen Stielen am Stengel. Das Tragblatt des untersten Ährchens überragt dieses, ist aber kürzer als der Gesamtblütenstand. Spelzen der weiblichen Blüten rostrot oder bräunlich-weinrot, ohne grünen Mittelstreif. Schläuche 4–5 mm lang, dunkelbraun, mit einer grünen Leiste auf jeder Flachseite, mehr oder weniger plötzlich in einen rauhen, 2zähnigen Schnabel zusammengezogen (Lupe!). 3 Narben. Stengel deutlich 3kantig, im oberen Drittel deutlich rauh. Blattspreiten 4–6 mm breit (evtl. auseinanderfalten!), spürbar rauh. Grundständige Blattscheiden braun. Die Zweinervige Segge wächst in lockeren Rasen und treibt stets – wenngleich manchmal nur kurze – unterirdische Ausläufer. Mai–Juni. 30–90 cm.

Vorkommen: Braucht wintermildes und sommerfeuchtes Klima. Bevorzugt als Untergrund trockenen Sand (Heide). Kommt vereinzelt im südlichen Odenwald, im Hunsrück, in der Schnee-Eifel und im Hohen Venn vor. Auch im anschließenden belgischen Gebiet sehr selten.

Wissenswertes: ♃. Das Hauptverbreitungsgebiet der Art liegt an der westeuropäischen Atlantikküste. Bemerkenswerterweise kommt die Zweinervige Segge in Nordeuropa (Norwegen) vereinzelt an küstennahen Orten vor, die klimatisch durch den Golfstrom begünstigt sind. Andererseits fehlt sie im westlichen Mittelmeergebiet, gedeiht indessen in England, Westfrankreich, Spanien, Portugal und Nordwestafrika.

Riedgrasgewächse *Cyperaceae*
Segge *Carex*

Punktierte Segge
Carex punctata GAUD.
Riedgrasgewächse *Cyperaceae*

Beschreibung: Endständiges Ährchen männlich, 1–3 cm lang, 2–3 mm dick. 2–3 gestielte, weibliche Ährchen, von denen zumindest das unterste auffallend weit vom nächsthöheren entfernt ist. Weibliche Ährchen meist nur 1–1,5 cm, nur vereinzelt bis zu 2,5 cm lang. Der Stiel, auf dem das unterste weibliche Ährchen sitzt, entspringt der Achsel eines Hochblatts, das den Blütenstand meist überragt. Spelzen der weiblichen Blüten dünn, bräunlich-trockenhäutig, mit grünem Mittelstreif, etwa 3/4 so lang wie die reifen Schläuche. Schläuche eiförmig bis kugelig, gegabelt geschnäbelt (Lupe!), an den Seiten mit auffallenden grünlichen Nerven, sonst gelb und meist nadelstichartig rötlich-bräunlich punktiert (Lupe!), meist kaum 4 mm lang. 3 Narben. Stengel meist aufrecht, undeutlich 3kantig, glatt. Blattspreiten 4–7 mm breit, schlaff und am Rande deutlich rauh, gelbgrün oder grasgrün, kürzer als der Stengelabschnitt unterhalb des Blütenstandes. Grundständige Blattscheiden dunkelbraun. Die Punktierte Segge wächst in mäßig dichten Büscheln und treibt keine Ausläufer. Mai–Juli. 15–40 cm.

Vorkommen: Braucht lockeren, gut durchlüfteten Boden, der sickerfeucht und kalkfrei oder sehr kalkarm sein sollte. Besiedelt Quellhorizonte und Austrittstellen von Hangdruckwasser. Gedeiht nur in Lagen, in denen die Winter relativ mild sind. Eigentliche Heimat: Mittelmeergebiet. Auf Langeoog zerstreut und in kleineren Beständen; auf Borkum, Juist und Wangeoog sehr selten; vereinzelt am Alpensüdfuß, im Wallis und am Oberlauf des Vorderrheins.

Wissenswertes: ♃ *C. punctata* erträgt Trockenheit recht gut. Im Mittelmeergebiet besiedelt sie sogar die Garigue.

Strand-Segge
Carex extensa GOOD.
Riedgrasgewächse *Cyperaceae*

Beschreibung: Endständiges Ährchen männlich, 0,5–2,5 cm lang und 2–3 mm dick; vereinzelt werden 2–3 männliche Ährchen ausgebildet. 2–4 weibliche Ährchen, die 0,5–1,5 cm lang und 4–6 mm dick werden und von denen zumindest das unterste auffallend vom nächsthöheren entfernt ist. Es ist immer gestielt, wogegen wenigstens das oberste weibliche Ährchen meist am Stengel ansitzt. Tragblatt des untersten Ährchens spreitenartig, den Gesamtblütenstand weit überragend. Spelzen der weiblichen Blüten gelb- bis rotbraun, mit grünem Mittelstreif, nur wenig kürzer als die reifen Schläuche. Schläuche 3–4 mm lang, gegabelt geschnäbelt (Lupe!), grünlich, geadert, aber ohne auffallenden Randnerv, zuweilen mit winzigen rötlichen Punkten oder Strichen (Lupe!). 3 Narben. Stengel aufrecht oder aufsteigend, undeutlich 3kantig, glatt. Blattspreiten 1–2 mm breit, oft eingerollt, graugrün, etwa so lang wie die Stengel. Grundständige Blattscheiden braun bis rostrot, im Alter gelegentlich etwas zerfasernd. Die Strand-Segge wächst in dichten Rasen und treibt keine Ausläufer. Juli–August. 10–30 cm.

Vorkommen: Braucht kochsalzhaltigen, meist sandigen, gelegentlich auch schlickigen Boden in luftfeuchtem Klima. Kommt nur auf den Nordseeinseln, an der Nordsee- und Ostseeküste in nassen Dünentälern und begrünten, stark salzhaltigen Mulden von Strandwiesen vor. Sehr selten. An ihren Standorten meist in kleineren Beständen.

Wissenswertes: ♃ Die Bestände der Strand-Segge auf den Nordseeinseln sind seit dem 2. Weltkrieg – nicht zuletzt durch ausgedehnten Badebetrieb und andere „Freizeitaktivitäten" – ständig zurückgegangen.

Riedgrasgewächse *Cyperaceae*

Gelb-Segge
Carex flava agg.
Riedgrasgewächse *Cyperaceae*

Beschreibung: Endständiges Ährchen männlich, dünn, 1–2 cm lang, 1–3 mm dick. 2–5 weibliche Ährchen, kugelig bis eiförmig, meist um 1,5 cm lang und um 1 cm dick. Oberstes weibliches Ährchen meist sitzend, unterstes meist gestielt. Tragblatt des untersten Ährchens spreitenartig. Spelzen der weiblichen Blüten gelb- bis rostbraun, mit grünem Mittelstreif. Schläuche abspreizend, 2–6 mm lang, gelbgrün, gegabelt geschnäbelt. 3 Narben. Stengel aufrecht, 3kantig, glatt. Blattspreiten 2–5 mm breit, gelbgrün, glatt. Untere Blattscheiden strohgelb. Die Gelb-Segge wächst in lockeren Horsten und treibt keine Ausläufer. Mai–Juli. 5–60 cm.

Vorkommen: Braucht basenreichen, nassen Boden, der jedoch in seinen übrigen Eigenschaften (Lufthaltigkeit, Körnigkeit usw.) recht verschieden sein kann. Helligkeit und Wärmeeinstrahlung können an den Wuchsorten der Gelb-Segge stark wechseln. Stickstoffsalzempfindlich. Besiedelt vor allem Flachmoore, nasse Wiesen, Waldwege und Ufer. Fehlt größeren Gebieten; selten, meist nur in kleinen, lockeren Beständen. Steigt in den Alpen bis etwa 2000 m.

Wissenswertes: ♃. Neben der oben beschriebenen *C. flava* L. noch folgende Kleinarten: *C. lepidocarpa* TAUSCH: Spitze des obersten weiblichen Ährchens erreicht die Basis des männlichen Ährchens nicht; kalkhaltige Flachmoore, zerstreut. – *C. oederi* RETZ.: Blätter meist schmaler als 3 mm; Schläuche kaum 3 mm; Flach- und Hochmoore; zerstreut. – *C. scandinavica* DAVIES: Blätter binsenartig eingerollt, graugrün, kaum 2 mm im Durchmesser; Schläuche nur etwa 2 mm lang. Schlammige Ufer. Selten. – *C. tumidicarpa* ANDERSS.: Stengel meist bogig aufsteigend; Ufer; selten.

Scheinzyper-Segge
Carex pseudocyperus L.
Riedgrasgewächse *Cyperaceae*

Beschreibung: Endständiges Ährchen männlich, 3–4 cm lang, 2–3 mm dick. 3–6 weibliche Ährchen, die lang gestielt sind und ziemlich dicht beieinander stehen. Zur Reifezeit hängen sie meist über. Sie werden 3–5 cm lang und um 1 cm dick. Die Stiele der weiblichen Ährchen entspringen der Achsel von Hochblättern, die den Blütenstand weit überragen und bis über 30 cm lang werden können. Spelzen der weiblichen Blüten hellgrün bis helloliv, mit mehr oder weniger deutlichem, trockenhäutigem Rand, etwa so lang wie oder etwas länger als die Schläuche. Die Schläuche messen um 5 mm, sind auffallend schlank und gelbgrün; sie spreizen reif zur Ährchenbasis ab und sind gegabelt geschnäbelt (ohne Lupe zu sehen!). 3 Narben. Stengel schräg aufrecht, scharf 3kantig und unter den Ährchen auffallend rauh. Blattspreiten 0,8–1,2 cm breit, gelbgrün, mit schneidend rauhem Rand, länger als die Stengel. Grundständige Blattscheiden hellbraun. Die Scheinzyper-Segge wächst in Horsten, aus denen keine Ausläufer hervorwachsen. Juni. 40–80 cm.

Vorkommen: Braucht staunassen, zeitweilig überschwemmten und nicht allzu basenarmen Boden, der im übrigen tonig oder torfig sein kann. Meidet Kältemulden. Nur mäßig stickstoffsalzempfindlich. Besiedelt Ufer von stehenden oder langsam fließenden Gewässern, geht auch in lichte Auwälder. Im Tiefland zerstreut, sonst selten. Fehlt in der Schweiz und in den deutschen Mittelgebirgen gebietsweise.

Wissenswertes: ♃. Die wärmeliebende Art hatte sich, wie Funde belegen, in der Jungsteinzeit mit ihrem milden Klima bei uns ausgebreitet. Ihre heutigen Standorte sind Überbleibsel ihres einstigen Areals.

Riedgrasgewächse *Cyperaceae*
Segge *Carex*

Schnabel-Segge
Carex rostrata STOKES ex WITH.
Riedgrasgewächse *Cyperaceae*

Beschreibung: 2–3 männliche Ährchen, von denen 1 an der Spitze steht, die anderen dem Oberteil des Stengels meist ungestielt ansitzen. Exemplare mit nur 1 männlichen Ährchen kommen sehr selten vor. Die männlichen Ährchen werden 3–5 cm lang. Unter den männlichen 2–6 weibliche Ährchen; sie werden 4–6 cm lang und 0,5–1 cm dick, sitzen oder sind kurz gestielt, so daß zur Reifezeit nur das unterste, deutlich gestielte Ährchen nickt oder überhängt (selten nicken die beiden untersten Ährchen). Spelzen der weiblichen Blüten rostrot, mit grünem Mittelstreif, fast so lang wie die reifen Schläuche. Schläuche eiförmig-kugelig, etwa 5 mm lang, gegabelt geschnäbelt (Lupe!). 3 Narben. Stengel steif aufrecht, eher dünn, undeutlich 3kantig, nur oben (wenn überhaupt!) rauh. Blattspreiten 3–5 mm breit, oft eingerollt, blau- bis graugrün. Grundständige Blattscheiden purpurrot. Die Schnabel-Segge wächst in mäßig dichten Rasen und treibt unterirdische Ausläufer, die mehrere Dezimeter lang werden. Mai–Juni. 30–80 cm.

Vorkommen: Bevorzugt basen- und kalkarmen, schweren und grundwasserfeuchten Boden, geht aber auch auf moorig-schlammigen Untergrund. Besiedelt Ufer, Gräben, Moorschlenken und Schwingrasen, aber auch Naßwiesen. Zerstreut; fehlt da und dort, vor allem in den Gebieten mit Sandböden. In den Alpen kaum über 2000 m. Oft bestandsbildend.

Wissenswertes: ♃. Wo die Schnabel-Segge an Gewässern auftritt, gehört sie zu den bedeutendsten Schrittmachern der Verlandung. Die Schwingrasen der Hochmoore verdanken ihren Zusammenhalt nicht selten den unterirdischen Ausläufern der Schnabel-Segge.

Blasen-Segge
Carex vesicaria L.
Riedgrasgewächse *Cyperaceae*

Beschreibung: 2–4 männliche Ährchen, von denen 1 an der Spitze steht, die anderen auf kurzen Stielen dem Oberteil des Stengels ansitzen; sie werden 2–3 cm lang und 2–4 mm dick. Exemplare mit nur 1 männlichen Ährchen sind sehr selten. Unter den männlichen befinden sich 2–3 weibliche Ährchen; sie werden 2–4 cm lang und 1–1,5 cm dick, die oberen sitzen praktisch oder sind kurz gestielt, so daß bei der Fruchtreife allenfalls das unterste, stets 1–4 cm lang gestielte Ährchen nickt oder überhängt (vereinzelt nicken 2 Ährchen). Tragblatt des untersten Ährchens spreitenartig; es erreicht etwa die Spitze des Gesamtblütenstands. Spelzen oliv oder grün, mit hellem Mittelstreif, etwa halb so lang wie die reifen Schläuche. Schläuche um 7 mm lang, aufgebläht, allmählich in einen 1–2 mm langen Schnabel verschmälert (ohne Lupe zu sehen). 3 Narben. Stengel steif aufrecht, deutlich 3kantig, nur oben (wenn überhaupt!) rauh. Blattspreiten 4–7 mm breit, flach oder rinnig gefaltet, grün. Grundständige Blattscheiden purpurrot. Die Blasen-Segge wächst lockerrasig und treibt unterirdische Ausläufer, die mehrere Dezimeter lang werden können. Mai–Juni. 0,3–1 m.

Vorkommen: Braucht nassen, basenhaltigen Schlamm- oder Moorboden, der etwas stickstoffsalzhaltig sein kann und im Spätherbst nicht zu kalt sein sollte. Wächst im Verlandungsgebiet von langsam fließenden oder stehenden Gewässern, geht auch in Zwischenmoore und Streuwiesen. Steigt in den Alpen bis etwa zur Laubwaldgrenze. Zerstreut, aber meist in kleineren Beständen; fehlt da und dort.

Wissenswertes: ♃. Die aufgeblähten Schläuche schwimmen und verbreiten so die in ihnen enthaltene Frucht.

Riedgrasgewächse *Cyperaceae*

Sumpf-Segge
Carex acutiformis EHRH.
Riedgrasgewächse *Cyperaceae*

Beschreibung: 2-5 männliche Ährchen an der Stengelspitze, 2-4 cm lang, 0,5-1 cm dick, dickwalzlich. Darunter 2-4 dünnwalzliche, weibliche Ährchen, die 1-6 cm lang und 5-7 mm dick sind, nur kurze Stiele besitzen und meist aufrecht bleiben. Tragblatt des untersten Ährchens spreitenartig, den Gesamtblütenstand wenigstens etwas überragend. Spelzen der weiblichen Blüten tief rotbraun, mit grünem Mittelstreif, etwas kürzer bzw. etwas länger als oder gleich lang wie die reifen Schläuche. Schläuche 4-5 mm lang, nicht aufgebläht, innenseits leicht abgeflacht, außenseits etwas gewölbt, gräulich-grün, deutlich geadert, mehr oder weniger plötzlich in einen glatten, etwas berandeten, kaum 0,5 mm langen Schnabel zusammengezogen (starke Lupe!). 3 Narben. Stengel starr aufrecht, scharf 3kantig, beim Überstreichen von unten nach oben rauh. Blattspreiten 0,5-1 cm breit, flach oder gefaltet, so lang wie die Stengel oder sie etwas überragend, graugrün. Grundständige Blattscheiden graubraun oder rotbraun. Wächst in mäßig dichten, meist ausgedehnten Rasen. Treibt unterirdische Ausläufer, die mehrere Dezimeter lang werden können. Mai-Juni. 0,4-1,2 m.

Vorkommen: Braucht basenreichen, nassen Boden, der tonig oder torfig sein kann und zeitweilig überschwemmt sein darf. Besiedelt Verlandungszonen, Streuwiesen, Dünenmoore, Auwälder, Gräben, Ufer. Kommt an ihren Standorten meist in Beständen vor. Fehlt in den Silikatgebieten kleineren Gebieten; sonst zerstreut. Steigt bis etwa 2000 m.

Wissenswertes: ♃. Die Sumpf-Segge ist eine der ergiebigsten Streupflanzen, die 2 Mahden pro Jahr erträgt.

Ufer-Segge
Carex riparia CURT.
Riedgrasgewächse *Cyperaceae*

Beschreibung: Meist 2-5 männliche Ährchen, von denen 1 an der Spitze steht, die anderen - wenn vorhanden - dem Oberteil des Stengels ansitzen; sie werden 2-4 cm lang und 0,5-1 cm dick. Darunter 3-4 weibliche Ährchen, die 4-10 cm lang und 0,8-1 cm (mit reifen Schläuchen bis fast 1,5 cm) dick werden. Zumindest das unterste Ährchen ist so lang gestielt (4-7 cm), daß es zur Reifezeit deutlich überhängt. Spelzen der männlichen Blüten zugespitzt, die der weiblichen Blüten tief rotbraun, mit grünem Mittelstreif, länger als die Schläuche. Schläuche um 6 mm lang, etwas aufgebläht, gelb bis olivgrün, glänzend, dünnaderig, allmählich in den 2zähnigen Schnabel verschmälert (Lupe!). 3 Narben. Stengel starr aufrecht, scharf 3kantig, beim Überstreichen von unten nach oben rauh. Blattspreiten selten unter 1 cm und oft über 1,5 cm breit, graugrün. Grundständige Blattscheiden rotbraun. Wächst in mäßig dichten, hohen Rasen. Ihre unterirdischen Ausläufer werden bis über 0,5 m lang. Mai-Juni. 0,6-1,8 m.

Vorkommen: Braucht basenreichen, oft kalkhaltigen, torfigen oder tonigen Boden, der naß sein muß und zeitweilig überflutet sein darf. Kälteempfindlich; schattenertragend. Besiedelt Ufer, Verlandungszonen, nasse Wiesen, geht aber auch in Gräben und Bruchwälder. Fehlt vor allem in Landschaften mit rauhem Klima - größeren Gebieten; sonst selten; an ihren Standorten meist bestandsbildend. Geht nur in den wärmsten Alpentälern etwas über 1000 m.

Wissenswertes: ♃. Die Ufer-Segge ist die stattlichste mitteleuropäische Segge; sie war früher als Streulieferant geschätzt, allerdings schon damals selten.

Riedgrasgewächse *Cyperaceae*
Segge *Carex*

Schwarzährige Segge
Carex melanostachya WILLD.
Riedgrasgewächse *Cyperaceae*

Beschreibung: 2–3 männliche Ährchen, von denen 1 an der Spitze steht; die anderen sitzen dem Oberteil des Stengels meist ungestielt an. Die männlichen Ährchen werden 1,5–3 cm lang und 3–5 mm dick. Die 2–3 weiblichen Ährchen sitzen tiefer am Stengel als die männlichen. Sie werden 2–3 cm lang und 5–9 mm dick. Meist ist nur das unterste einigermaßen lang gestielt und nickt zuweilen; sein Tragblatt ist spreitenartig und erreicht die Spitze des Gesamtblütenstands oder überragt ihn sogar ein wenig. Spelzen der weiblichen Blüten schwarzrot, mit grünem, oft auch gelblichem Mittelstreif, etwa 2/3–3/4 so lang wie die reifen Schläuche. Schläuche eiförmig, 4–5 mm lang, allmählich in einen 2zähnigen Schnabel verschmälert (Lupe!). 3 Narben. Stengel steif aufrecht, undeutlich 3kantig, meist glatt oder nur unter den Ährchen schwach rauh. Blattspreiten 2–3 mm breit, eingerollt, eindeutig grasgrün. Grundständige Blattscheiden rotbraun. Die Schwarzährige Segge wächst in lockeren Rasen; sie treibt nur kurze unterirdische Ausläufer. Mai–Juni. 30–50 cm.

Vorkommen: Braucht lockeren, gut durchfeuchteten und durchlüfteten Sandboden, der nicht allzu basenarm sein sollte. Erreicht an der Mittelelbe nördlich und südlich von Magdeburg den nordwestlichsten Punkt ihres Hauptverbreitungsgebiets, das bis in den Fernen Osten reicht. In Mitteleuropa nur noch vereinzelt im Überschwemmungsgebiet größerer Flüsse, in Tschechien und der Slowakei. Sehr selten.

Wissenswertes: ♃. Die Schwarzährige Segge kommt isoliert am Ain, an der Rhone zwischen Genfer See und der Saônemündung sowie vereinzelt an der Loire vor.

Faden-Segge
Carex lasiocarpa EHRH.
Riedgrasgewächse *Cyperaceae*

Beschreibung: 1–3 männliche Ährchen; 1 endständig, die anderen sitzen dem Oberteil des Stengels ungestielt an. Zumindest das oberste wird 2,5–4 cm lang. Die männlichen Ährchen sind 2–4 mm dick. Unter ihnen stehen meist 2 weibliche Ährchen, die 1–3 cm lang und 5–8 mm dick werden. Meist ist nur das unterste Ährchen gestielt; es nickt in der Regel nicht; sein Tragblatt ist spreitenartig und erreicht die Spitze des Gesamtblütenstands oder überragt ihn leicht. Spelzen der weiblichen Blüten dunkel rotbraun, mit hellerem Mittelstreif und hellerem Rand, 3/4 so lang oder etwa so lang wie die reifen Schläuche. Schläuche länglich-eiförmig, 4–5 mm lang, kurz behaart, allmählich in den 2zähnigen Schnabel verschmälert (Lupe!). 3 Narben. Stengel aufrecht, auffallend dünn, fast rund, selten undeutlich 3kantig, oben etwas rauh. Blattspreiten zu einer hohlen Rinne gerollt, um 1 mm breit, graugrün. Grundständige Blattscheiden braun. Die Faden-Segge wächst mäßig dichtrasig und treibt dezimeterlange, unterirdische Ausläufer. Mai–Juni. 30–80 cm.

Vorkommen: Bevorzugt torfigen Untergrund, geht aber auch auf lockeren, basen- und stickstoffsalzarmen Schlamm. Kalkscheu. Besiedelt Zwischenmoore, und zwar vor allem Schlenken und andere zeitweise überfluteten Stellen, geht auch an den Rand von Hochmooren und in basenarme Streuwiesen. Sehr selten, doch zuweilen in kleineren Beständen. Steigt nur in den wärmsten Alpentälern über 1200 m.

Wissenswertes: ♃. Die Faden-Segge wird von Nichtspezialisten zuweilen deswegen übersehen, weil sie oft nicht blüht und sich nur über ihre Ausläufer vermehrt.

Riedgrasgewächse *Cyperaceae*

Behaarte Segge
Carex hirta L.
Riedgrasgewächse *Cyperaceae*

Beschreibung: 2–3 männliche Ährchen, selten nur 1, das dann – wie sonst das oberste – an der Spitze des Stengels sitzt; die übrigen befinden sich nur wenig darunter. Die männlichen Ährchen werden kaum 1 cm lang. 2–4 weibliche Ährchen, an denen die Schläuche sehr locker sitzen und die 2–4 cm lang werden. Spelzen der weiblichen Blüten häutig, oliv, mit grünem Mittelstreif. Schläuche länglich-eiförmig, um 6 mm lang, gelbgrün bis oliv, gegabelt geschnäbelt (ohne Lupe sichtbar), deutlich behaart. 3 Narben. Stengel aufrecht oder aufsteigend, undeutlich 3kantig, vom Ansatzpunkt des obersten weiblichen Ährchens abwärts glatt, kahl. Blattspreiten grün, 2–4 mm breit, unterseits dicht wollig behaart, oberseits mit nur schütterer Behaarung. Grundständige Blattscheiden rotbraun. Die Behaarte Segge wächst in lockeren Rasen und treibt Ausläufer, die mehrere Dezimeter lang werden können. April–Juni. 10–80 cm.
Vorkommen: Braucht tiefen, lehmigen oder sandigen, basenreichen und zumindest zeitweise feuchten Boden. Bevorzugt Wegränder, Raine, Uferböschungen, geht auch auf Wiesen, in Gärten und Waldschläge sowie in lückige Gehölze. Besiedelt an Uferböschungen auch die Stellen, die periodisch überflutet werden, weil sie sich hier mit ihren Ausläufern rasch ausbreiten kann. Häufig, fehlt in den Mittelgebirgen und Alpen oberhalb etwa 1200 m.
Wissenswertes: ♃. Die Behaarte Segge ist eine der wenigen Seggen-Arten, die gewisse Ansprüche an den Stickstoffsalzgehalt des Bodens stellen. In Gärten kann sie sich zuweilen festsetzen und ausbreiten; sie wird dann – dank ihrer Ausläufer – geradezu lästig.

Grannen-Segge
Carex atherodes SPRENG.
Riedgrasgewächse *Cyperaceae*

Beschreibung: 2–4 männliche Ährchen, von denen das oberste an der Spitze des Stengels steht und die übrigen unmittelbar darunter sitzen. Alle männlichen Ährchen werden meist länger als 1,5 cm. Unter ihnen sitzen 3–4 weibliche Ährchen, an denen die Schläuche dicht stehen und die 5–7 cm lang werden. Das Tragblatt des untersten Ährchens ist spreitenartig und überragt die Spitze des Gesamtblütenstands in der Regel knapp. Spelzen der männlichen Blüten kahl (Unterschied zu *C. hirta*, bei der die Spelzen der männlichen Blüten behaart sind!), die der weiblichen Blüten blaßgrün, meist ohne deutlichen Mittelstreif, mit deutlicher Granne an der Spitze. Schläuche 7–9 mm lang, olivgrün, Schnabel 2zähnig, 2–3 mm lang (ohne Lupe deutlich zu sehen), an der Spitze kahl und sonst nur sehr schütter behaart. 3 Narben. Stengel aufrecht, stumpf 3kantig, glatt oder nur ganz oben etwas rauh, am Grund 5–8 mm dick. Blattspreiten 5–7 mm breit, auf der Oberseite und am Rand kahl, an der Unterseite behaart. Grundständige Blattscheiden schwarzbraun, seltener braun. Wächst in lockeren Rasen und treibt stets unterirdische Ausläufer. Mai–Juni. 0,6–1,5 m.
Vorkommen: Braucht staunasse, mäßig basenreiche Wiesen, längere Perioden von Lufttrockenheit und Erwärmung im Sommer. Erträgt im Frühjahr sehr lange Schneebedeckung. Erreicht bei Rathenow in Brandenburg den westlichsten Punkt ihres Areals; hier sehr selten; vereinzelt im Einzugsgebiet der Oder.
Wissenswertes: ♃. Die Grannen-Segge erträgt Düngung und andere Kulturmaßnahmen schlecht. Sie dürfte deshalb an ihren Grenzstandorten gefährdet sein.

Rohrkolbengewächse *Typhaceae* ▶

Rohrkolben *Typha*

Zwerg-Rohrkolben
Typha minima HOPPE
Rohrkolbengewächse *Typhaceae*

Beschreibung: Blütenstand kolbig; oberer Kolben männlich, 1,5–4 cm lang, dem weiblichen Kolben meist nahezu aufsitzend oder 2–3 cm von ihm entfernt. Weiblicher Kolben 1–4 cm lang, fast kugelig oder eiförmig (gutes Unterscheidungsmerkmal anderen Arten gegenüber, bei denen der weibliche Kolben stets walzlich-zylindrisch ist), seltener kurzwalzlich. Die weiblichen Blüten besitzen kurze, spatelige, braune, schuppenartige Tragblätter; dadurch wird der weibliche Kolben kastanienbraun. Haare an den Stielen der weiblichen Blüten überragen nach der Blütezeit die Narben nicht (Lupe!); fast alle Haare sind an der Spitze etwas keulig verdickt (starke Lupe!). Blütenstandsschäfte meist ohne Laubblätter, nur am Grunde mit Blattscheiden, allenfalls mit verkümmerten, kurzen Blättern. Blätter meist nur an den blütenlosen Trieben, 1–3 mm breit, aber 20–80 cm lang und damit länger als die blühenden Triebe. Mai–Juni. 20–80 cm.

Vorkommen: Liebt reine und kühle Gewässer, in denen er auf humushaltigen Schwemmsandböden wurzelt. Kommt daher vorwiegend in ruhigen Buchten der Bäche und Flüsse im Alpen- und Voralpengebiet vor, ist aber auch dort sehr selten, wenngleich er, wie z. B. an der Mündung des Rheins in den Bodensee oder im Taubergießen am Oberrhein, örtlich auch Bestände bilden kann. Einzelvorkommen werden gelegentlich übersehen, weil man die Pflanze im Bestand mit anderen Arten schwer ausmachen kann. Sehr selten.

Wissenswertes: ♃. Der früher zumindest als Kleinart angesehene Zarte Rohrkolben (*T. martinii* JORD.) gilt neuerdings als Herbstform, die sich von *T. minima* durch nichts als die späte Blühzeit unterscheidet.

Breitblättriger Rohrkolben
Typha latifolia L.
Rohrkolbengewächse *Typhaceae*

Beschreibung: Blütenstand kolbig; der obere, männliche Kolben wird 10–20 cm lang und 1,5–2,2 cm dick und ist damit etwa ebenso lang wie der etwas breitere weibliche, dem er in der Regel unmittelbar aufsitzt. Die weiblichen Blüten besitzen keine Tragblätter. Der weibliche Kolben ist tiefbraun bis schwarz; im Alter wird er zuweilen etwas weißfleckig. Die Haare am Grund des Fruchtknotens sind an der Spitze nicht keulig verdickt. Die blütentragenden Stengel haben 1–2 Blätter, die 1–2 cm breit werden und den Blütenstand meist überragen. Sie sind deutlich blaugrün und beiderseits flach. Juli–August. 0,5–1,8 m.

Vorkommen: Der Breitblättrige Rohrkolben bevorzugt stehende oder langsam fließende, nicht zu basenarme Gewässer, die oft Stickstoffsalze in nicht unbeträchtlicher Konzentration enthalten. In der Verlandungszone dringt er bis zu einer Wassertiefe von etwa 1,5 m vor. Dadurch wird er zum „Verlandungspionier". Da seine Wurzelstöcke im Schlammboden kriechen, vermag er größere, geschlossene Bestände zu bilden. Besonders gut gedeiht er in sommerwarmen Gewässern; kommt in den Mittelgebirgen und in den Alpen nur etwa bis 1000 m Meereshöhe vor. Zerstreut, kaum irgendwo fehlend.

Wissenswertes: ♃. Vom Breitblättrigen Rohrkolben sind nur wenige Formen beschrieben worden. Variabel sind die Kolbenlänge und die Abstände der männlichen von den weiblichen Kolben. – Früher wurden in Notzeiten die Wurzelstöcke ausgegraben, getrocknet, gemahlen und dem Mehl beigemischt. Örtlich werden die Blütenstände für Trockensträuße gesammelt. Die Blätter wurden früher zum Dichten von Fässern genutzt.

Rohrkolbengewächse *Typhaceae*

Grauer Rohrkolben
Typha shuttleworthii KOCH et SONDER
Rohrkolbengewächse *Typhaceae*

Beschreibung: Blütenstand kolbig; der obere, männliche Kolben ist höchstens 1/2 bis 2/3 so lang wie der weibliche Kolben, dem er in der Regel aufsitzt. Dieser ist während der Blütezeit dunkelbraun; zur Fruchtzeit ist er leicht silbrig; dies ist ein sicherer Unterschied zum Breitblättrigen Rohrkolben. Die weiblichen Blüten besitzen kein Tragblatt. Die Haare an der Basis des Fruchtknotens sind eher spärlich vorhanden (5–25 und damit nur halb so viel wie beim Breitblättrigen Rohrkolben). Die Blätter sind schmäler als bei *T. latifolia*. Sie werden nur 0,5–1 cm breit, aber 1–1,5 m lang. Auch blühende Stengel sind beblättert. Die Blätter sind flach, oft gelbgrün, seltener blaß und matt graugrün. Juni–August. 0,5–1,5 m.

Vorkommen: Der Graue Rohrkolben bevorzugt im Gegensatz zu dem gelegentlich äußerlich auf den ersten Blick ähnlichen Breitblättrigen Rohrkolben kühle und oft kalkhaltige, stehende oder langsam fließende Gewässer. Meist meidet er reinen Schlamm und bevorzugt schlammige oder humose Sand- und Kiesbänke. In den Alpen selten; fehlt gebietsweise; steigt bis gegen 1500 m. Im Alpenvorland, im Südschwarzwald und Bayerischen Wald vereinzelt.

Wissenswertes: ♃. Fundstellen des Grauen Rohrkolbens außerhalb der Alpen (Ausnahme: Schweizer Mittelland) sind selten. Gelegentlich dürften die „Entdecker" solcher Standorte Verwechslungen mit Kümmerformen des Breitblättrigen Rohrkolbens erlegen sein. – Die Pflanze wurde nach R. J. SHUTTLEWORTH benannt, der sie Mitte des 19. Jahrhunderts in der Schweiz erstmalig von anderen Rohrkolbenarten unterschieden hat.

Schmalblättriger Rohrkolben
Typha angustifolia L.
Rohrkolbengewächse *Typhaceae*

Beschreibung: Blütenstand kolbig; männlicher Kolben oben, 10–30 cm lang; weiblicher Kolben deutlich davon abgesetzt (2–7 cm), etwa ebenso lang wie der männliche Kolben, dunkel rostbraun, wird mit zunehmendem Alter unscharf hellerfleckig marmoriert. Weibliche Blüten mit spatelförmigen, dunkelbraunen, undurchsichtigen Tragblättern. Blühende Stengel beblättert. Blätter 0,3–1 cm breit, 1–3 m lang, länger als die Blütenstandsschäfte, am Grunde nach außen gewölbt und nur oben flach, dunkelgrün, aber eher mit einem „Gelbstich", nie ausgesprochen blaugrün. Juli–August. 1–3 m.

Vorkommen: Liebt basenhaltige, oft einigermaßen stickstoffsalzreiche, moorige und eher kühle, stehende oder langsam fließende Gewässer, in denen er flachere Uferpartien mit einer Wassertiefe von 20 cm bis höchstens 1 m besiedelt. Bevorzugt torfige oder sandige Schlammböden. Seltener als der Breitblättrige Rohrkolben, aber an seinen Standorten oft bestandsbildend. Im Tiefland häufiger als in den Mittelgebirgen und in den Alpen; fehlt hier auch größeren Gebieten. Gedeiht auch noch im Tidenbereich der europäischen Flußmündungen.

Wissenswertes: ♃. Selbst größere Bestände von *T. angustifolia* werden gelegentlich übersehen. Dies liegt daran, daß in ihnen die nichtblühenden Exemplare überwiegen. Die Kolben sind indessen das Kennzeichen, anhand dessen man eine Identifikation auch aus der Ferne vornehmen kann. Da der Schmalblättrige Rohrkolben meist wasserwärts vor dem Schilfgürtel wächst, ist beim Fehlen von Blütenständen das Ansprechen schwierig. Bastarde mit dem Breitblättrigen Rohrkolben wurden beschrieben.

Igelkolbengewächse *Sparganiaceae*

Igelkolben *Sparganium*

Aufrechter Igelkolben
Sparganium erectum L.
Igelkolbengewächse *Sparganiaceae*

Beschreibung: Blütenstände kugelig, am Stengelende und am Ende der Seitenäste; Stengel also (in der Regel) verzweigt; Äste entspringen stets deutlich aus der Achsel eines Blattes. In den Blütenständen sitzen die morgensternartigen weiblichen Blütenstände unten; nach oben folgen die kugeligen männlichen Blütenstände, die deutlich kleiner sind. Stengel zur Blütezeit aufrecht, zur Fruchtzeit herabgebogen oder niederliegend. Blätter meist steif aufrecht, hart, im unteren Teil 3kantig und daher im Querschnitt 3eckig, 1–1,5 cm breit, an der Spitze stumpf. Der Wurzelstock kriecht flach in schlammigem Boden. Juni–September. 0,3–1,5 m.

Vorkommen: Liebt stehende oder langsam fließende, einigermaßen basenreiche, aber oft kalkarme Gewässer, die mäßige Stickstoffsalzgehalte aufweisen können. Wärmeliebend, daher oft an lichten Stellen im Röhricht. Bevorzugt Gewässer im Tiefland und geht in den Mittelgebirgen kaum bis 800 m, in warmen Lagen der Zentralalpen jedoch bis etwa 1300 m. Zerstreut, in den klimatisch raueren Gegenden indessen kleineren Gebieten fehlend; bildet an seinem Standort oft größere, wenngleich meist sehr lockere und nur mäßig individuenreiche Bestände.

Wissenswertes: ♃. Folgende Unterarten werden unterschieden: Ssp. *erectum*: Früchte gleichmäßig in den Schnabel verschmälert; zerstreut. – Ssp. *microcarpum* (NEUMAN) DOMIN: Früchte am Schnabelansatz eingeschnürt, davor zwiebelig; selten. – Ssp. *neglectum* (BEEBY) SCHINZ: Früchte spindelförmig, oberhalb der Mitte am dicksten, nicht eingeschnürt; zerstreut. – Ssp. *oocarpum* (CELAK.) FRITSCH: Früchte eiförmig, 4–7 mm breit, kaum länger; selten.

Zwerg-Igelkolben
Sparganium minimum WALLR.
Igelkolbengewächse *Sparganiaceae*

Beschreibung: Stengel unverzweigt, am Ende mit meist nur 1 männlichen Blütenköpfchen (sehr selten mit 2). Dieses ist bräunlich-gelb und erreicht meist nur um 8 mm im Durchmesser. Die weiblichen Blütenköpfchen sind auffällig wenigblütig. An jeder Pflanze gibt es meist nur 2 Blütenköpfchen, sehr selten mehr von ihnen. Sie sitzen in den Achseln von Hochblättern. Reife Früchte spindelförmig, allenfalls undeutlich kantig, aber in der Regel kantenlos, mit Schnabel 5–6 mm lang, in der Mitte am dicksten, doch höchstens halb so dick wie lang, mit undeutlichen Längsnerven. Blätter zart, dünn und fast durchscheinend, flach, nur 2–8 mm breit. Die Pflanze flutet im Wasser; nur gelegentlich wächst sie auch aufrecht. Juni–August. 0,6–1 m.

Vorkommen: Liebt etwas torfiges, aber durchaus basenhaltiges Wasser, das nicht mit Stickstoffsalzen belastet sein oder sie höchstens in sehr niedriger Konzentration enthalten sollte. Kommt in flachen Torfstichen, Moortümpeln und Entwässerungsgräben vor. Liebt Licht und Sommerwärme und steht deshalb meist nicht im eigentlichen Röhricht. Kommt im Tiefland westlich der Elbe selten, östlich und nördlich von ihr zerstreut vor, fehlt aber auch hier gebietsweise; in den Mittelgebirgen und im Alpenvorland großen Gebieten fehlend, insgesamt sehr selten; nahe dem Alpennordfuß etwas häufiger; steigt in den Alpen vereinzelt bis über 2000 m.

Wissenswertes: ♃. Der Zwerg-Igelkolben wächst von allen Arten der Gattung am ehesten im offenen Wasser. Man kann ihn sogar noch am Rand von Seerosenbeständen finden. Wo er in den Mittelgebirgen oder in den Alpen sommerwarme Gewässer antrifft, besiedelt er sie.

Igelkolbengewächse *Sparganiaceae*

Einfacher Igelkolben
Sparganium emersum REHM.
Igelkolbengewächse *Sparganiaceae*

Beschreibung: Stengel stets unverzweigt, am Ende mit 4–8 männlichen, kugeligen Blütenständen, wobei die Blütenstände voneinander durch deutliche, wenn auch zuweilen kleine Lükken getrennt sind, so daß sich die Blütenstände nie berühren. Unter den männlichen Blütenständen befinden sich 2–5 weibliche Blütenstände, deren Früchte morgensternartig angeordnet sind; die 1–2 unteren weiblichen Blütenstände sind oft mehr oder weniger deutlich gestielt. Blätter 5–12 mm breit, aufrecht, steif, im unteren Drittel 3kantig und deshalb im Querschnitt eindeutig 3eckig, an der Spitze stumpf. Obere Stengelblätter an der Basis nicht erweitert, untere am Grund gitternervig. Seltener kann der Einfache Igelkolben auch im Wasser fluten. Bei flutenden Pflanzen sind die Blätter schmäler als bei aufrecht wachsenden und schlaff. Getrocknet werden sie spröde, wogegen sie bei aufrecht wachsenden trocken derb sind. Flutende Pflanzen können bis 1,5 m lang werden, also erheblich länger als aufrecht wachsende. Juni–Juli. 0,5–1 m.

Vorkommen: Bevorzugt sehr langsam fließende oder stehende, moorige Gewässer, die jedoch nicht basen- und auch nicht ausgesprochen stickstoffsalzarm sein sollten. Liebt Licht und sucht daher offene Stellen, z. B. in Entwässerungsgräben. Die flutenden Formen findet man in der Regel in Seerosenbeständen kühlerer Gewässer, ja sogar zwischen Flutendem Wasser-Hahnenfuß in den Flüssen des Voralpengebiets. Im Tiefland zerstreut, in den tieferen Lagen der Mittelgebirge und des Alpenvorlands selten.

Wissenswertes: ♃. Zahlreiche Standortsformen, über deren systematische Bedeutung jedoch keine Einigkeit besteht.

Schmalblättriger Igelkolben
Sparganium angustifolium MICHX.
Igelkolbengewächse *Sparganiaceae*

Beschreibung: Stengel stets unverzweigt, am Ende mit 1–3 männlichen Blütenständen, die – falls mehrere ausgebildet sind – so nahe beieinander stehen, daß sie sich in der Regel berühren und – oberflächlich betrachtet – einen kurzwalzlichen, einzigen männlichen „Blütenkopf" vortäuschen. Die 2–4 weiblichen Blütenköpfe sitzen nicht in Blattachseln und sind meist deutlich voneinander getrennt; die unteren 1–2 (selten 3, falls insgesamt 4 vorhanden sind) weiblichen Blütenköpfchen sind in der Regel mehr oder weniger deutlich gestielt. Stengel meist im Wasser flutend, nur ausnahmsweise auch aufrecht. Blätter nie 3kantig, oben flach und basisnah nur an der Außenseite fast halbkreisförmig gewölbt, nur 3–8 mm breit und daher auf den ersten Blick grasartig, schlaff, am Stengelansatz meist mit deutlicher Scheide. Juli–August. 0,2–1,2 m.

Vorkommen: Liebt flache Ufer an basenarmen, in der Regel kalkfreien und meist etwas sauren Seen und Moortümpeln; ist im Tiefland westlich der Elbe sehr selten; östlich von ihr vereinzelt in der Lausitz; sonst nur noch selten in den Alpen und im Schweizer Jura; meist in kleineren Beständen. Bevorzugt in den Alpen Höhen zwischen 800 und 2000 m.

Wissenswertes: ♃. Vom Schmalblättrigen Igelkolben wurden mehrere Formen beschrieben. Aufrecht wachsende Exemplare sind überaus selten; sie bleiben klein und ähneln Kümmerformen des Einfachen Igelkolbens (s. links). Die Gesellschaften, in denen die Art einerseits im Tiefland, andererseits in den Mittelgebirgen und den Alpen vorkommt, unterscheiden sich voneinander. Im 20. Jahrhundert starker Rückgang durch Standortsvernichtung.

Süßgrasgewächse *Poaceae*

Mais *Zea*
Bartgras *Botriochloa, Chrysopogon, Heteropogon*

Mais
Zea mays L.
Süßgrasgewächse *Poaceae (Gramineae)*

Beschreibung: Männliche Blüten in endständiger Rispe aus vielen ährenartigen Teilblütenständen, bis 20 cm lang und ebenso breit. Weiblicher Blütenstand blattachselständiger Kolben, der bis 20 cm lang wird; er ist von Blattscheiden umhüllt, aus denen „pferdeschwanzähnlich" die Griffel heraushängen. Männliche Ährchen meist 2blütig, 5–8 mm lang und 2–4 mm breit. Hüllspelzen oft violett überlaufen. Weibliche Ährchen stets 1blütig, zu 2 an einem verkümmert bleibenden Ästchen. Frucht je nach Rasse verschieden gefärbt (weißlich, gelb, blau etc.) und geformt (rund, kantig, glatt, runzelig). Halm mit Mark. Blätter hellgrün, die obersten ohne Spreiten. Blatthäutchen bis 5 mm lang, abgestutzt. Juli–Oktober. 1–4 m.
Vorkommen: Kulturpflanze. Liebt stark gedüngte, lehmige oder feinerde- und kalkreiche, grundwasserfeuchte Schotterböden. Braucht Sommerwärme und gedeiht daher in Mitteleuropa in den rauheren Lagen nur schlecht. Als Futtergetreide feldmäßig angebaut.
Wissenswertes: ☉. Der Mais stammt aus Süd- oder Mittelamerika. Er wurde von Indianern gezüchtet. Ein möglicher Vorfahre, sicher ein naher Verwandter, ist die Teosinte (*Euchlaena mexicana* SCHRAD.). Etwas weniger nahe verwandt sind *Tripsacum*-Arten. Das höchste Alter von Resten primitiver Maisrassen, die man gefunden hat, beträgt 5500–7000 Jahre. Mais wurde um 1520 nach Europa eingeführt. Heute wird er in zahlreichen Rassen und Kreuzungen („Hybrid-Mais") in allen wärmeren Regionen der Erde angebaut. Als besonders geeignet für den Anbau in rauherem Klima haben sich Kreuzungen aus Inzuchtlinien erwiesen.

Gewöhnliches Bartgras
Bothriochloa ischaemum (L.) KENG
Süßgrasgewächse *Poaceae (Gramineae)*

Beschreibung: „Ähren" zu 3–15 fingerförmig oder engtraubig gehäuft („Fingergras"), 3–7 cm lang. Ährchen 3–5 mm lang; Granne 1–1,5 cm lang. Die Ährchen enthalten 1 männliche Blüte und 1 Zwitterblüte. Die Deckspelze der Zwitterblüte ist zu einer 1–1,5 cm langen, braunen, wenig rauhen Granne umgebildet. Deckspelze der männlichen Blüte durchsichtighäutig, viel kürzer als die Hüllspelze. Die Granne der männlichen Blüte bleibt so klein, daß sie nicht aus dem Ährchen hervorlugt. Vorspelze fehlt meist. Halm markerfüllt. Knoten oft rot. Blattspreiten am Übergang in die Scheide abstehend behaart. Die Stelle des Blatthäutchens nimmt eine Haarreihe ein. Juli–Oktober. 0,2–1,8 m.
Vorkommen: Liebt kalkhaltige, flachgründig-steinige Böden mit guter Durchlüftung, die sommers austrocknen dürfen. Braucht vor allem im Frühsommer viel Wärme. Nur wo ihm dies geboten wird, bildet es größere Bestände. Fehlt im Tiefland; vom Hoch- bis zum Mittelrhein, an Main und Neckar, an der Donau zwischen Ingolstadt und Straubing selten; steigt in den Alpen in Südlagen bis über 1400 m. Das Hauptverbreitungsgebiet der Art umfaßt die warmen Gegenden der gemäßigten Zonen beider Hemisphären.
Wissenswertes: ♃. Die Früchtchen des Bartgrases werden vom Wind verbreitet. Dies wird möglich, weil die Ährenspindel nach der Reife unterhalb der Ährchen bricht. Der verbleibende Spindelabschnitt ist kräftig behaart (Name) und dient als Flugapparat. In Südeuropa werden die Wurzeln des Gewöhnlichen Bartgrases und des Gold-Bartgrases zur Herstellung der bekannten „Wurzelbürsten" verwendet.

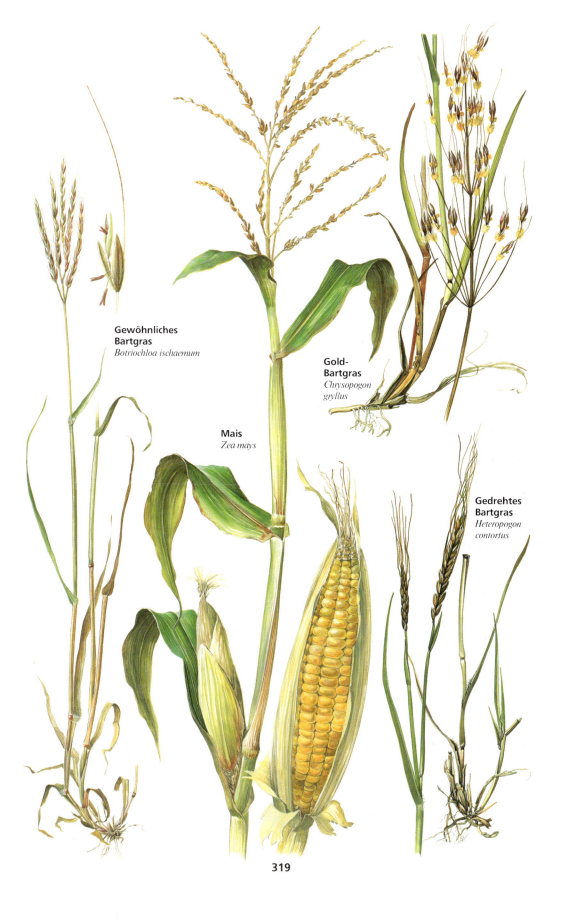

Süßgrasgewächse *Poaceae*

Gold-Bartgras
Chrysopogon gryllus (L.) Trin.
Süßgrasgewächse *Poaceae (Gramineae)*

Beschreibung: Rispe 15–20 cm lang. Da in ihr bis zu 12 Äste in einem Quirl stehen, die Ährchengruppen hingegen vergleichsweise klein sind, erscheint der Blüten- und Fruchtstand besenartig struppig. Ährchen meist zu 3 am Ende der Rispenäste (1 sitzt, 2 sind sehr kurz gestielt). Ein dichter, wenngleich kurzer Schopf aus leuchtend goldgelben, oft sogar leicht rötlichen Haaren umhüllt die Ährchenbasis. Die Ährchen werden etwa 1 cm lang, sind jedoch sehr schmal (1–2 mm); das mittlere ist zwittrig; die seitlichen sind männlich. Im zwittrigen Ährchen steht anstelle der Deckspelze eine 2–3 cm lange, gekniete und gedrehte Granne. Die Deckspelzen der männlichen Ährchen sind an der Spitze zerschlitzt; die beiden untersten Hüllspelzen sind schon zur Blütezeit am Rande eingerollt und verhärtet. Die Halme stehen aufrecht. Die Blätter werden nur 2–3 mm breit, sind an der Oberfläche rauh und vor allem am Rand langhaarig; Haare 1–3 (selten bis zu 5) mm lang, weiß; an der Stelle des Blatthäutchens befindet sich ein Haarkranz. Die Pflanze bildet meist dichte Horste. Mai–September. 0,3–1 m.

Vorkommen: Liebt flachgründige, doch nährsalz- und fast stets kalkreiche Böden. Braucht sehr viel Wärme, insbesondere im Frühling und Frühsommer. Kommt daher nur am Alpensüdfuß sowie in Niederösterreich im Gebiet der pannonischen Flora und auch dort nur sehr selten in den wärmsten Lagen vor.

Wissenswertes: ♃. Neben der Verwendung zur Bürstenherstellung (s. Gewöhnliches Bartgras) „nutzte" man Destillate von Wurzelstöcken des Gold-Bartgrases gelegentlich zur Verfälschung von Rosenöl; denn es enthält – wie viele seiner Verwandten – ätherische Öle.

Gedrehtes Bartgras
Heteropogon contortus (L.) PB. ex Roem. et Schult.
Süßgrasgewächse *Poaceae (Gramineae)*

Beschreibung: Scheinähre meist einzeln am Ende der Sprosse. An langen Seitenzweigen gelegentlich noch 1–2 weitere Scheinähren, in denen nur wenige Ährchen fertil sind. Scheinähren 3–8 cm lang (ohne Grannen gemessen) und etwa 0,5 cm breit. „Ähren"achse und Ährchenstiele gelblich behaart (Lupe!). Ährchen sitzen eng und fast 2zeilig-gegenständig. Untere Ährchen meist männlich, gelegentlich auch steril, obere weiblich oder (selten) zwittrig. Weibliche Blüten mit 5–10 cm langen Grannen. Männliche Ährchen unbegrannt, um 1 cm lang und 2 mm breit. An der Stelle der Deckspelze der weiblichen Blüten befindet sich eine lange Granne, die so stark geschlängelt ist, daß sich oft viele oder gar alle Grannen einer Ähre ineinander verhaken. Beim Gedrehten Bartgras tragen auch die Hüllspelzen Grannen; die unterste Hüllspelze ist schon zur Blütezeit eingerollt und verhärtet. Blätter 3–5 mm breit, scharf gekielt, kaum behaart, am Rande und auf der Oberfläche rauh. Die Pflanze bildet dichte Horste, auf denen sich Reste abgestorbener Blätter finden. August–September. 20–80 cm.

Vorkommen: Liebt kalkhaltigen, flachgründigen und nährsalzreichen Boden, der im Sommer fast völlig austrocknen kann. Außerordentlich wärmebedürftig. Kommt nur im südlichsten Teil Mitteleuropas an Südhängen vor (Südtirol, Tessin), und zwar nur in tieferen Tälern (bis etwa 500 m Meereshöhe). Hauptverbreitung: Tropen und Subtropen.

Wissenswertes: ♃. Die gedrehten Grannen bohren die Früchte bei feuchtem Wetter in die Erde, da sie unter Wasseraufnahme quellen und Drehbewegungen ausführen.

Süßgrasgewächse *Poaceae* ▶

Mohrenhirse *Sorghum*
Schlickgras *Spartina*
Hirse *Panicum*
Klettengras *Tragus*

Wilde Mohrenhirse
Sorghum halepense (L.) PERS.
Süßgrasgewächse *Poaceae (Gramineae)*

Beschreibung: Reichverzweigte, 20–30 cm lange Rispe; Rispenäste 10–15 cm lang, zu 3–6 quirlig genähert, aufrecht abstehend, am Spindelansatz dicht behaart. Sowohl zwittrige als auch männliche Ährchen. Zwittriges Ährchen 5–7 mm lang, 2–3 mm breit. Männliches Ährchen auf einem etwa 3 mm langen Stiel, dadurch länger als das zwittrige Ährchen. Hüllspelzen um 5 mm lang, oberste häutig-durchsichtig, übrige bei den zwittrigen Ährchen hart, gelbbraun; Deckspelzen kürzer als Hüllspelzen, häutig-durchsichtig, 2spitzig; Vorspelze fehlt meist. Halm aufrecht. Blätter 1–2 cm breit, spitz, am Rande mit sehr kleinen, spitzen Zähnen (Lupe!), dadurch rauh. Blatthäutchen 1–2 mm. Pflanze wächst lockerhorstig und bildet Ausläufer. Juni–August. 0,5–1 m.

Vorkommen: Liebt nährsalz-, vor allem stickstoffsalzreiche, kalkhaltige, trockene Lehmböden; wurzelt sehr tief; wärmeliebend. Ursprünglich wohl nur im östlichen Mittelmeergebiet beheimatet; von dort mehrfach in Mitteleuropa unbeständig eingeschleppt, jedoch nur am Südrand der Alpen eingebürgert oder (möglicherweise) heimisch. Selten.

Wissenswertes: ♃ *S. halepense*, auch Aleppohirse genannt, ist in Asien als Futtergras geschätzt und wird als solches auch in Australien und Südafrika angebaut. – Verwandt: Gewöhnliche Mohrenhirse (*S. bicolor* (L.) MOENCH), auch unter dem Namen Durra bekannt: 1jährig; Rispe gedrängt, Blätter 4–8 cm breit; vereinzelt unbeständig eingeschleppt. In den Tropen zweitwichtigstes Getreide (nach dem Reis). Auch in Südeuropa als Kornfrucht oder Futtergras kultiviert. Ausgedroschene Rispen einer Sorte liefern die „Sorgho"-Besen.

Salz-Schlickgras
Spartina townsendii H. et J. GROVES
Süßgrasgewächse *Poaceae (Gramineae)*

Beschreibung: Gesamtblütenstand eine zusammengezogene Scheinrispe aus 3–7 Ähren, 10–25 cm lang; Ähren 4–15 cm lang, 2–3 mm dick, steif aufrecht; Ährenachse endet mit einer 1–2 cm langen (selten sogar noch längeren) Borste. Ährchen etwa 1,5 cm lang, um 2 mm dick, 1–2 mm voneinander entfernt, gelegentlich einander erreichend. Hüllspelzen schwach behaart, die obere fast 1 1/2mal so lang wie die untere, gekielt; Deckspelze schmal-lanzettlich, kürzer als die obere Hüllspelze, gekielt; Vorspelze etwas länger als die Deckspelze. Halme aufrecht, mit vielen Knoten, dicht mit Blattscheiden bedeckt. Blattspreiten in eine lange, etwas verhärtete Spitze ausgezogen, die bei fertigen Blättern gelegentlich deutlich gegen den Hauptteil der Spreite abgesetzt ist. An Stelle des Blatthäutchens ein dichter Ring von 1–2 mm langen, seidigen Haaren. Die Pflanze bildet kleine Horste, von denen lange unterirdische, schuppige Ausläufer entspringen. Juni–August. 0,4–1,2 m.

Vorkommen: Braucht ausgesprochen kochsalzhaltigen, staunassen Schlickboden. Gedeiht am besten auf flachen Watten. Wird daher zur Watterhöhung und Landgewinnung angebaut und kann an der gesamten Nordseeküste als eingebürgert angesehen werden. Tritt sporadisch auch sonst an Schlickküsten auf. Zerstreut; bildet an seinen Standorten oft größere Bestände.

Wissenswertes: ♃ Die Art wurde um 1870 in den Salzsümpfen von Southampton entdeckt. Vermutlich Bastard: *S. maritima* (CURTIS) FERNALD × *S. alterniflora* LOISEL. (die Bastardnatur konnte durch experimentelle Bastardierung noch nicht bestätigt werden). Das Salz-Schlickgras ähnelt dem Meer-Schlickgras (*S. maritima*), hat aber längere Staubbeutel (5–8 mm).

Süßgrasgewächse *Poaceae*

Echte Hirse, Rispen-Hirse
Panicum miliaceum L.
Süßgrasgewächse *Poaceae (Gramineae)*

Beschreibung: Überhängende, reich verzweigte Rispe, die 15–25 cm lang wird, vor der Blütezeit dicht wirkt, nachher indessen eher lokker aussieht. Rispenäste – ausgenommen Hauptachse und Hauptäste – schlaff, Hauptäste bis 15 cm lang. Ährchen langstielig, um 3 mm lang, 1blütig, hellgrün, oft aber auch schwarzbraun, violett oder rot überlaufen. 3 Hüllspelzen, kahl, kurz zugespitzt, unterste mit ihrer Basis das Ährchen umfassend; Deck- und Vorspelze oft gefärbt (s. oben); alle Spelzen auf dem Rücken abgeflacht. Halm dick, meist aufrecht, zuweilen knikkig aufsteigend. Blattscheiden und Blätter dicht behaart; Blattspreiten 15–40 cm lang, 1–2 cm breit. Anstelle des Blatthäutchens steht ein Haarstreifen. Juli–September. 0,5–1 m.

Vorkommen: Alte Kulturpflanze; Heimat: Vermutlich wärmere Gegenden Zentralasiens. Wird heute bei uns nicht mehr als Getreide angepflanzt, wurde jedoch schon mehrfach als mögliches Futtergras vorgeschlagen. Sporadisch und unbeständig tritt die Echte Hirse immer wieder auf Schuttplätzen, an Wegrändern und auf unbebauten Grundstücken in Wohnsiedlungen auf, da ihre Samen in manchen Arten von Vogelfutter enthalten sind. Bevorzugt lockere, nährsalzreiche Böden in geschützter Lage. Selten.

Wissenswertes: ⊙. Hirse wurde von der Altsteinzeit bis ins 19. Jahrhundert (also seit rund 7000 Jahren) bei uns angebaut. Wegen des fehlenden Klebers eignet sich ihr Mehl nicht zum Backen. Die Körner ergeben den (uns zumindest aus Märchen bekannten) nahrhaften Hirsebrei. – Ähnlich: Haarästige Hirse (*P. capillare* L.): Rispe aufrecht ausgebreitet; Ährchen um 2 mm lang; Nordamerika; bei uns Ziergras; selten verwildert.

Klettengras
Tragus racemosus (L.) ALL.
Süßgrasgewächse *Poaceae (Gramineae)*

Beschreibung: Ährchen stehen in kurzästiger, fast ährenartiger Rispe, die 2–8 cm lang wird und schlank wirkt. Oberstes Ährchen an den Rispenästen verkümmert; Rispenäste und Hauptachse der Rispe mit hakig gekrümmten Borsten bestanden. Blüten zwittrig; obere Hüllspelze mit etwa 1 mm langen, weichen, gebogenen Stacheln versehen; Deckspelze ebenso wie die Vorspelze kaum kürzer als die obere Hüllspelze, beide häutig, spitz; alle Spelzen grannenlos. Sprosse zunächst niederliegend, büschelig verzweigt, an den Knoten wurzelnd. Halm aufsteigend. Blattspreite kurz, am Rande steifhaarig. Blattscheiden aufgeblasen, groß; Blattspreite im Vergleich zu ihnen oft klein. Juni–Juli. 5–30 cm.

Vorkommen: Liebt lockeren, meist sandigen und stets nährsalzreichen, sommerwarmen Boden. Erträgt zeitweilige Trockenheit. Eigentliche Heimat: Tropen und Subtropen der gesamten Erde. Bei uns eingeschleppt und meist nur unbeständig verwildert; im Wallis, in Niederösterreich, in Kärnten und in der Steiermark sowie westlich davon am Südalpenfuß örtlich wohl eingebürgert. Sehr selten in Unkrautbeständen, vor allem auf Verladebahnhöfen und in Hafenanlagen, über die Wolle umgeschlagen wird.

Wissenswertes: ⊙. Die reifen Ährchen des Klettengrases bleiben im Fell von Tieren hängen und werden so verbreitet. Nach Mitteleuropa wird das Gras daher zumeist mit Wolle eingeschleppt. Im Rheintal zwischen Karlsruhe und Bingen wurde es noch bis in die Mitte des 20. Jahrhunderts wiederholt beobachtet und galt manchen Autoren schon als örtlich eingebürgert. Neuerdings – möglicherweise bedingt durch den Rückgang der Textilindustrie – wesentlich seltener auftretend.

Süßgrasgewächse *Poaceae* ▶

Hühnerhirse *Echinochloa*
Borstenhirse *Setaria*

Hühnerhirse
Echinochloa crus-galli (L.) PB.
Süßgrasgewächse *Poaceae (Gramineae)*

Beschreibung: Gesamtblütenstand eine zusammengesetzte Rispe, die 12–20 cm lang wird; ährenartige Teilblütenstände („Rispenäste" = kurzstielige, seitliche Rispen) am Halm wechsel- oder gegenständig, 4–10 cm lang, schräg aufrecht. Rispe meist aufrecht, gelegentlich an der Spitze überhängend. Ährchen 1blütig, an den Rispenästen etwas geknäuelt, hellgrün oder violett überlaufen, ganz abfallend, 2–3 mm lang. 3 Hüllspelzen, die oberste meist begrannt (Granne bis 1 cm lang), die anderen grannenlos. Halm knickig aufsteigend oder aufrecht, an den Knoten mit Haarbüscheln. Blätter dunkel- bis graugrün, am Spreitenansatz mit einzelnen, langen Haaren, sonst kahl. Blatthäutchen fehlt; gelegentlich stehen an seiner Stelle einzelne Haare, jedoch nie ein Haarkranz. Juli–Oktober. 0,3–1 m.

Vorkommen: Liebt frische, stickstoffsalzreiche, nicht zu saure Lehm- und Sandböden. Zeigt Ammoniak oder Nitrate im Boden an. Bevorzugt Schuttplätze, Uferschlamm, Schwemmsande, Hackfruchtkulturen auf frischen Äckern und in nicht zu trockenen Gärten, geht auch in Weinberge, und zwar an Stellen, an denen Hangdruckwasser austritt. Wärmeliebend. Im Tiefland und in den tieferen, milderen Lagen des Berg- und des Voralpenlandes selten, örtlich zerstreut, geht kaum irgendwo über etwa 1000 m.

Wissenswertes: ⊙. Als Unkraut ist die Hühnerhirse schwer auszurotten. In den Maisfeldern Südeuropas vermag sie unter günstigen Bedingungen bis zu 2 m aufzuschießen. In Asien wird die Hühnerhirse vereinzelt noch als Getreide angebaut. – Ähnlich: Schamahirse (*E. colonum* (L.) Lк.): Rispenäste 1–3 cm; Ährchen in 4 Reihen, grannenlos; selten eingeschleppt.

Quirlige Borstenhirse
Setaria verticillata (L.) PB.
Süßgrasgewächse *Poaceae (Gramineae)*

Beschreibung: Ährchen stehen in sehr gedrungener, walzlicher Rispe, die indessen meist Lücken hat. Die Rispe wird 3–10 cm lang und meist dicker als 1 cm. Sie ist steif aufrecht, nie schlaff. Grannen fehlen, doch entspringen am Grund der Ährchen gebogene Borsten (= sterile Rispenästchen), die grün und nur selten violett überlaufen sind. Sie werden bis 5 mm lang, sind – „rückwärts" gerichtet – kurzborstig und bleiben daher leicht an rauhen Oberflächen hängen; aus demselben Grund fühlt sich die Rispe rauh an, wenn man sie von unten nach oben durch die Fingerspitzen zieht (bei anderen Borstenhirsen fühlt man Rauhigkeit, wenn man von oben nach unten über sie hinwegstreicht). 3 Hüllspelzen; die mittlere Hüllspelze bedeckt die Deckspelze vollständig; Vorspelze hart. Halm aufsteigend oder aufrecht. Blätter grasgrün. Blattspreite 4–20 cm lang, 0,5–1,5 cm breit, am Rande oft wellig und stets rauh. Juli–September. 5–60 cm.

Vorkommen: Liebt sandige Lehm- oder Lößböden, die basen- und vor allem stickstoffsalzreich sein sollten. Braucht zum Keimen viel Wärme. Heimat: Mittelmeergebiet und westliches Asien, heute weltweit verschleppt; in Mitteleuropa örtlich wohl eingebürgert, z. B. an der Unterelbe, in den Weinbaugebieten an Rhein, Mosel, Main und Neckar, am Bodensee, an den Flüssen im Alpenvorland und am Alpensüdfuß zerstreut; sonst nur sporadisch.

Wissenswertes: ⊙. *S. verticillata* (L.) PB. wird mit *S. decipiens* C. Schimp. (Rispe wenig häkelnd; Borsten nur 2–3 mm lang, starr; Heimat Mittelmeergebiet; um den Rhein und bis über die Donau; eingeschleppt; sehr selten) zur Sammelart *S. verticillata* agg. zusammengefaßt.

Süßgrasgewächse *Poaceae*

Rote Borstenhirse, Fuchshirse
Setaria glauca (L.) PB.
Süßgrasgewächse *Poaceae (Gramineae)*

Beschreibung: „Ähre" (in Wirklichkeit kurzstielige Rispe) dicht, walzlich, 3–10 cm lang und 0,6–1 cm dick, aufrecht, nie schlaff. Ährchen 2–3 mm lang, 1blütig. Grannen fehlen, doch entspringen am Stiel der Ährchen 4–7 Borsten (= sterile Rispenästchen), die bei jungen Pflanzen gelb, bei reifen fuchsrot sind und 6–10 mm lang werden; diese Rispenästchen sind kurzborstig „bezahnt" (Zähnchen um 0,1 mm lang, starke Lupe!), die Zähnchen nach vorne gerichtet; daher fühlt sich die Rispe rauh an, wenn man von oben nach unten über sie hinwegstreicht oder sie in dieser Richtung zwischen den Fingerspitzen hindurchzieht. 3 Hüllspelzen, die mittlere von ihnen verdeckt die Deckspelze; Vorspelze hart. Halm niederliegend oder aufsteigend. Blätter graugrün, am Spreitenansatz und am Rand schwach behaart, etwa 5 mm breit und 4–10 cm lang. Juli–Oktober. 5–40 cm.

Vorkommen: Liebt feinsandige, nur mäßig basen- und stickstoffsalzreiche Böden, geht auch auf sandige Lehmböden. Braucht Sommerwärme. Erträgt zeitweilige Oberflächentrockenheit. Bevorzugt Weinberge, Gärten und Schutthalden, gedeiht aber auch auf vergrastem Bahnschotter. In den Mittelgebirgen und in den Alpen bis etwa 800 m. Fehlt größeren Gebieten, in Gegenden mit Sandböden zerstreut.

Wissenswertes: ☉. Durch stetige Bodenbearbeitung ging die Rote Borstenhirse in den Weinanbaugebieten in den letzten Jahrzehnten zurück. Auf schuttigem Ödland hat sie sich andererseits örtlich ausgebreitet. – Die zu Borsten reduzierten Rispenästchen deuten auf eine stärkere Verzweigung im Blütenstand bei den Vorfahren der heutigen Borstenhirsen.

Grüne Borstenhirse
Setaria viridis (L.) PB.
Süßgrasgewächse *Poaceae (Gramineae)*

Beschreibung: „Ähre" (in Wirklichkeit handelt es sich um eine sehr dichte, kurzstielige Rispe) 2–8 cm lang, walzlich, unter 1 cm dick, nur selten (und dann nur schwach) lappig, leicht schlaff. Ährchen höchstens 2 mm lang, mit 3 (!) Hüllspelzen; die mittlere Hüllspelze bedeckt die Deckspelze; Vorspelze hart. Grannen fehlen, doch entspringen am Stiel der Ährchen Borsten (= sterile Rispenästchen), die meist mehr als 5 mm länger als die zugehörigen Ährchen sind. Diese Borsten sind grün, nie rot und nur ausnahmsweise violett überlaufen. Halm niederliegend oder aufsteigend, seltener aufrecht. Blattspreiten 2–20 cm lang, 0,5–1,2 cm breit. Juli–Oktober. Meist nur 5–30 cm, auf sehr stickstoffsalzreichen Böden jedoch bis 80 cm.

Vorkommen: Liebt lockere, basen- und ziemlich stickstoffsalzreiche, gut durchlüftete Böden. Gedeiht auf Kalksandböden und sandigen Lehmböden, die gedüngt sind, besonders gut. Braucht Frühjahrs- und Sommerwärme. Bevorzugt Hackfruchtäcker, Weinberge, Gärten und vergraste Bahnschotter. Kommt vor allem im Tiefland und bis in die mittleren Lagen der Mittelgebirge und der Alpen vor (bis etwa 1000 m), fehlt aber in den rauheren Lagen des Berg- und Alpenvorlands sowie im Tiefland westlich der Elbe gebietsweise; sonst zerstreut, örtlich selten.

Wissenswertes: ☉. Die Grüne Borstenhirse braucht zum Keimen warmen Boden und entwickelt sich deshalb meist erst im Spätfrühling. – Ähnlich: Kolbenhirse (*S. italica* (L.) PB.): Ährenrispe unten lappig, 1–3 cm dick, Halm 0,5–1 cm im Durchmesser. Selten angebaut, vor allem in warmen Lagen gelegentlich aus Vogelfutterresten unbeständig verwildert.

Süßgrasgewächse *Poaceae*

Fingerhirse, Bluthirse, Fadenhirse *Digitaria*
(Wilder) Reis *Leersia*
Kanariengras *Phalaris*

Blut-Fingerhirse, Bluthirse
Digitaria sanguinalis (L.) Scop.
Süßgrasgewächse *Poaceae (Gramineae)*

Beschreibung: 3–7 (selten bis zu 15) „Ähren" (= „Scheinähren": in Wirklichkeit ganz kurzstielige Rispen) stehen fingerförmig an der Spitze des Halmes; jede Scheinähre wird 3–10 cm (vereinzelt bis zu 20 cm) lang. Ährchen zu 2 gebüschelt, 2–3 mm lang, 1–2blütig, von den 3 (!) Hüllspelzen fast eingeschlossen, grannenlos; unterste Hüllspelze schuppenförmig, mittlere halb so lang, oberste so lang wie die Deckspelze. Halm liegend oder aufsteigend, oft nur die obersten 1–3 Internodien aufrecht. Knoten spärlich behaart, sonst kahl. Spreiten 0,5–1 cm breit, untere Blattscheiden stark, Spreiten fein seidig behaart (Lupe!). Pflanze meist rot überlaufen, seltener grün. Juli–Oktober. 10–60 cm.

Vorkommen: Liebt basen-, aber nicht unbedingt kalkhaltige und nur mäßig stickstoffsalzhaltige Böden; gedeiht auf Sand- und auf sandigen Lehmböden. Erträgt Sommertrockenheit. Fehlt in den rauheren Lagen des Tieflands, des Berg- und Voralpenlands und in den Alpen. Sonst selten, örtlich zerstreut.

Wissenswertes: ☉. Beschrieben wurde ssp. *sanguinalis*; neben ihr kommt im südlichen Teil unseres Gebiets noch ssp. *pectiniformis* Henrard selten und oft nur unbeständig auf denselben Standorten vor; bei ihr ist die obere Hüllspelze borstig bewimpert; am Blattrand sind die Nerven weißlich. – Früher wurde die Blut-Fingerhirse in Osteuropa und Asien angebaut. In den ärmsten Gegenden Tirols und der Steiermark war dies noch Anfang des 19. Jahrhunderts der Fall. Sie lieferte eine Art „Grütze". In den USA wurde sie als Futtergras ausgesät. Dennoch ist die Blut-Fingerhirse keine Kulturpflanze, sondern ein Wild-, im Weinbau ein lästiges Ungras.

Faden-Fingerhirse, Fadenhirse
Digitaria ischaemum (Schreb.) Mühlenb.
Süßgrasgewächse *Poaceae (Gramineae)*

Beschreibung: 2–5 „Ähren" (= in Wirklichkeit sehr kurz gestielte Rispen) stehen fingerförmig an der Spitze des Halmes („Fingergras"). Die Scheinähren werden 3–6 cm (selten bis zu 10 cm) lang. Sie stehen aufrecht ab oder hängen leicht zur Seite. Ährchen zu 3 gebüschelt, 2–3 mm lang, oval, stumpf, kurzhaarig; unterste Hüllspelze fehlt meist (also noch 2 (!) gleichlange Hüllspelzen vorhanden); Deckspelze so lang wie die Hüllspelzen. Grannen fehlen. Halm verzweigt, niederliegend – und dann an den Knoten wurzelnd – oder knickig aufsteigend. Blattspreiten meist nur 3–5 mm breit, oft rotviolett überlaufen. Alle Blattscheiden kahl, ebenso die Blattspreiten und die Halme; Blatthäutchen 1–2 mm. Juli–Oktober. 10–60 cm.

Vorkommen: Liebt mäßig basenhaltige, meist kalkfreie und daher oft mäßig saure, lehmige oder sandig-grusige Böden mit guter Luftführung, die gleichwohl eher frisch als trocken sein sollten. Etwas düngerempfindlich, scheut stickstoffsalzreiche Standorte. Braucht im Frühjahr Wärme (sonst keimen ihre Samen nicht). Sehr selten in Weinbergen, Gärten, an Wegen und auf Bahnschotter. Im Tiefland, im Berg- und Alpenvorland sowie in den Alpen (bis um 750 m) zerstreut, fehlt aber gebietsweise.

Wissenswertes: ☉. Entfernt ähnlich: Wildes Korakangras (*Eleusine indica* (L.) Gaertn.): Blütenstand aus 2–7 einseitswendigen Ähren, die strahlig-traubig am Ende des Halmes stehen. Ährchen 4–7 mm lang, 3–7blütig; untere Hüllspelze um 2 mm, obere um 3 mm lang; Deckspelze 3–4 mm lang; vereinzelt am nördlichen Oberrhein und in der Pfalz, selten am Südalpenfuß; doch überall unbeständig.

Süßgrasgewächse *Poaceae*

Wilder Reis
Leersia oryzoides (L.) SW.
Süßgrasgewächse *Poaceae (Gramineae)*

Beschreibung: Rispe 10–20 cm lang, aufrecht, locker. Rispenäste in der Regel geschlängelt. An mitteleuropäischen Standorten schiebt sich die Rispe nur in warmen Sommern bzw. in klimatisch besonders begünstigten Gegenden und an stickstoffsalzreichen Standorten aus der obersten, aufgeblasenen Blattscheide. Ährchen einzeln an geschlängelten Rispenästen, 4–5 mm lang, 1blütig, oval, seitlich leicht zusammengedrückt. Keine Hüllspelzen; Deckspelzen flach (wie seitlich zusammengedrückt), hart, stachelborstig. Während der Blütezeit spreizen die Ährchen ihre Spelzen meistens nicht auseinander; bei der Fruchtreife fallen sie als Ganzes ab. Halm aufsteigend oder aufrecht, an den Knoten behaart. Blätter hellgrün, 5–10 mm breit, an den Rändern schneidend rauh. Sumpfpflanze. Bildet lockere Rasen und treibt 10–20 cm lange, mit Blattschuppen bestandene Ausläufer. Juli–Oktober. 0,5–1,3 m.
Vorkommen: Braucht stickstoffsalzreichen Schlammboden, besiedelt aber auch Grabenränder und feinerdehaltige Sandbänke. In Mitteleuropa an der Nordgrenze seiner Verbreitung. Im Tiefland, in den Mittelgebirgen und in den Alpen (bis etwa 1000 m) selten; fehlt großen Gebieten, vor allem in rauhen Lagen.
Wissenswertes: ♃. Die Art ist nicht mit derjenigen identisch, deren Körner als „Wildreis" von Feinschmeckern geschätzt werden. – Die Samen werden von ziehenden Wasservögeln verschleppt. Das Auftreten von Wildem Reis ist daher unregelmäßig und vor allem auf die Zugstraßen bzw. Verweilplätze ziehender Wasservögel beschränkt. In Südeuropa ist er ein gefürchtetes Unkraut in den Reisfeldern.

Kanariengras
Phalaris canariensis L.
Süßgrasgewächse *Poaceae (Gramineae)*

Beschreibung: Ganz kurzstielige, dichte und nicht lappige Rispe, die daher auf den ersten Blick wie eine dicke Ähre wirkt. Sie kann bis 5 cm lang und bis 2 cm dick werden. Die Ährchen decken einander dachziegelartig. Sie sind grannenlos, 1blütig, 6–8 mm lang, verkehrt-eiförmig, flach. Auffällig sind die weiß-grün gestreiften Hüllspelzen: Das Kanariengras besitzt 4 (!), von denen die beiden äußeren das Ährchen einschließen; Deckspelze häutig, zuweilen schuppig verkümmert. Halm meist aufrecht, aber auch knickig aufsteigend, im niedergebogenen Teil gelegentlich verzwegt. Blattscheiden aufgeblasen (weit), mit weißem Rand. Blattspreiten 8–10 mm breit, hellgrün, rauh. Blatthäutchen 1–3 mm lang. Das Kanariengras wächst in kleinen, büscheligen Horsten. Juni–September. 20–60 cm.
Vorkommen: Liebt stickstoffsalzreiche, lockere, nicht zu trockene Böden, die gleichwohl im Sommer ständig warm bleiben sollten. Solche Standorte sind in Mitteleuropa selten. Deswegen vermag sich das Kanariengras selten über längere Zeit bei uns zu halten. Da seine Karyopsen (Nüßchen), die von Vor- und Deckspelze eingeschlossen sind, häufig in eingeführtem Vogelfutter enthalten sind, wird es immer wieder durch weggeworfenen Vogelsand auf den Schuttplätzen ausgesät. Selten und unbeständig.
Wissenswertes: ☉. In den Mittelmeerländern wird das Kanariengras gelegentlich zur Gewinnung von Futter für Kanarienvögel und andere gekäfigte Vögel feldmäßig angebaut. In früheren Jahren testete man es auch als Futtergras. Es bewährte sich jedoch nicht sehr, da die Halme rasch verholzen. Kleister aus den Früchten diente auch schon als Stoffappretur.

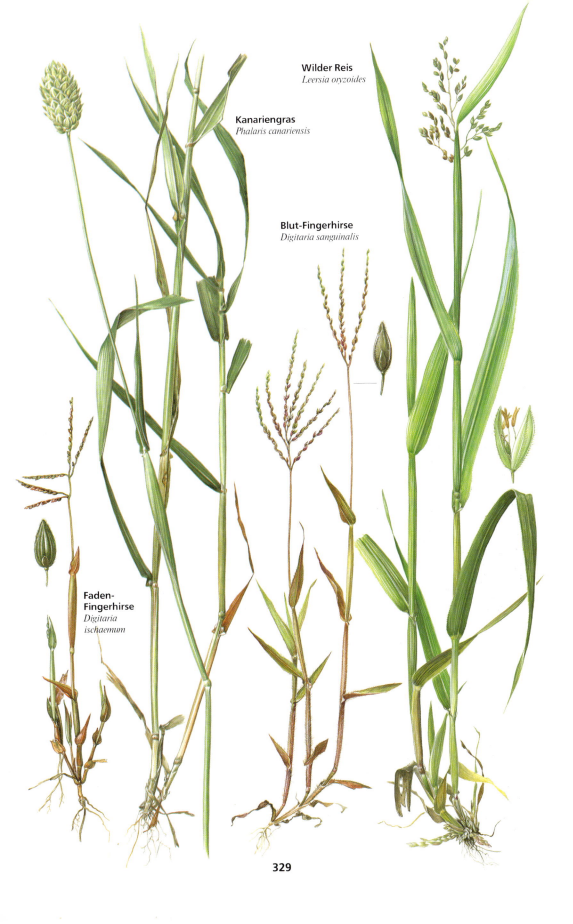

Süßgrasgewächse *Poaceae* ▶

Rohrglanzgras *Phalaris*
Pfriemengras, Federgras *Stipa*
Rauhgras *Achnatherum*

Rohrglanzgras
Phalaris arundinacea L.
Süßgrasgewächse *Poaceae (Gramineae)*

Beschreibung: Rispe, die zur Blütezeit buschig ausgebreitet und 10–20 cm lang ist. Nach der Blütezeit ist die Rispe zusammengezogen, hellgrün, gelegentlich rötlich überlaufen. Ährchen 4–5 mm lang, 1blütig, lanzettlich, kurz gestielt, an den Rispenästen dicht knäuelig angeordnet. 4 Hüllspelzen, die beiden unteren um 5 mm lang, spitz, ohne geflügelten Kiel; die beiden oberen Hüllspelzen um 1 mm lang, pinselförmig; Deckspelze etwa 3 mm lang, glänzend, schütter behaart, hart, den Samen und die Vorspelze umschließend. Halm unverzweigt, derb, am Grunde mit bräunlichen Blattscheiden, an den untersten Knoten oft wurzelnd, vor allem, wenn sich diese unmittelbar über oder gar im Wasser befinden. Blattspreiten graugrün, 0,8–1,8 cm breit. Blatthäutchen 3–5 mm lang (der ähnliche Schilf hat kein Blatthäutchen, sondern statt dessen eine Haarreihe). Das Rohrglanzgras bildet meist ausgedehnte Ufersäume und wächst rasig; es schiebt unterirdische Ausläufer. Juni–Juli. 1–2,5 m.

Vorkommen: Braucht basen- und stickstoffsalzreichen Schwemmboden aus Sand, Kies und humosem Schlick, der jedoch an Sauerstoff nicht verarmen sollte. Bevorzugt Standorte mit stark wechselndem Wasserstand oder Ufer rasch fließender Gewässer, in deren Hochwasserzone es sich häufig ansiedelt. Gedeiht aber auch in lichten Auenwäldern und in der Uferzone von Seen. Steigt in den Mittelgebirgen und in den Alpen bis etwa 1000 m. Häufig.

Wissenswertes: ♃. Junge Exemplare des Rohrglanzgrases gelten als gutes Viehfutter, ältere verholzen. An unverbauten Gewässern wegen seiner kriechenden Ausläufer und seiner Wurzeln geschätzter Uferbefestiger.

Haar-Pfriemengras
Stipa capillata L.
Süßgrasgewächse *Poaceae (Gramineae)*

Beschreibung: Lockere, ausgebreitete Rispe, die in ihrem unteren Teil lange Zeit von der obersten Blattscheide umhüllt bleibt. Rispenäste dünn, nur mit 1blütigen Ährchen. 2 Hüllspelzen, 3nervig, oft mit weißem Rand, gelegentlich schwarzbraun überlaufen. Deckspelze um 1 cm lang, behaart, ihre Granne 10–20 cm lang, unbehaart, rauh; meist alle Grannen einer Rispe ineinander verschlungen und verhakt. Halm aufrecht, weder dick noch von zahlreichen Scheiden umhüllt. Blätter graugrün, borstenförmig, eingerollt. Unterste Blätter mit braunen Blattscheiden. Blatthäutchen 0,5–1 cm lang, spitz. Pflanze bildet Horste. Juli–August. 30–80 cm.

Vorkommen: Braucht basenreiche, stickstoffsalzarme Böden, die sich im Sommer stark erwärmen; erträgt die dadurch bedingte Oberflächenaustrocknung gut, da es tief wurzelt. Erreicht im Oberrhein- und Rhonegebiet (Wallis) die Westgrenze seines Areals. Heimat: Mittelmeergebiet und Westasien. In Mitteleuropa nur an den trockensten und wärmsten Stellen (z. B. Pfalz, Rheintal zwischen Neckar und Mosel, mittlerer Main; Wallis, Unterengadin) in schütteren Trockenrasen. Steigt in warmen, abgeschlossenen Alpentälern der Süd- und Ostalpen bis um 1000 m. Sehr selten.

Wissenswertes: ♃; ▽. Das Haar-Pfriemengras bildet an seinen Standorten kleine, aber auffällige Bestände. – Ähnlich: Kurzgranniges Pfriemengras (*Stipa bromoides* (L.) DÖRFL.): Rispe 15–30 cm lang, zusammengezogen. 2 Hüllspelzen, um 1 cm lang; Deckspelze 6–7 mm lang, unten zottig, an der Spitze 2zähnig, vom kaum verdickten Grunde an mit einer 1,5–2,5 cm langen, nicht geknieten Granne, die kaum rauh ist; vereinzelt und unbeständig eingeschleppt.

Süßgrasgewächse *Poaceae*

Federgras
Stipa pennata agg.
Süßgrasgewächse *Poaceae (Gramineae)*

Beschreibung: Lockere, wenig verzweigte Rispe, die in ihrem unteren Teil lange von der aufgeblasenen obersten Blattscheide umhüllt bleibt. Rispenäste mit wenigen, großen, 1blütigen Ährchen. Hüllspelzen mit unbehaarter, 2–5 cm langer Granne. Granne der Deckspelzen 20–40 cm lang, dicht fedrig behaart; Grannen nicht ineinander verhakt, insgesamt bogig überhängend. Halm aufrecht, rauh. Blattspreiten blaugrün, meist eingerollt, seltener flach, bis 2 mm breit, steif, am Rand rauh. Wächst in kleinen, dichten Horsten. Juni. 0,4–1 m.

Vorkommen: Braucht basenreiche, kalkhaltige, stickstoffsalzarme Böden, die sich im Sommer stark erwärmen. Erträgt die dadurch bedingte Oberflächenaustrocknung gut, da es tief wurzelt. In Mitteleuropa nur in den trockensten Gebieten (z. B. Ober- und Mittelrhein, Mosel-, Ahr-, Maintal, Donauniederung zwischen Ingolstadt und Straubing, südwestlicher Schwäbischer Jura, Wallis, Niederösterreich, hier zerstreut). Steigt in den wärmsten Alpentälern indessen bis etwa 2000 m. Fast überall sehr selten.

Wissenswertes: ♃; ▽. Vom Federgras, das hauptsächlich im Mittelmeergebiet, in Südosteuropa und in Westasien verbreitet ist, werden mehr als 1 Dutzend Sippen beschrieben und oft als Kleinarten benannt; sie sollen sich in Farbe und Glanz der Blattscheiden sowie im Aussehen vor allem der Deckspelzen unterscheiden. Am verbreitetsten unter ihnen ist das Gelbscheidige Federgras (*S. pulcherrima* K. KOCH: Deckspelze länger als 2 cm, Granne mißt von der Spelze bis zum Knie mehr als 9 cm). An manchen Standorten findet man jedoch Exemplare, die sich in keine Kleinart eindeutig einordnen lassen.

Rauhgras
Achnatherum calamagrostis (L.) PB.
Süßgrasgewächse *Poaceae (Gramineae)*

Beschreibung: Rispe reich verzweigt, 15–30 cm lang, aufrecht oder überhängend. Rispenäste häufig geschlängelt, oft mit 5–10 Ährchen. Rispe im unteren Teil nie von der Blattscheide eingeschlossen. Ährchen etwa 1 cm lang gestielt, seitlich zusammengedrückt. 2 Hüllspelzen, beide 7–8 mm lang, häutig, kahl, allmählich zugespitzt; Deck- und Vorspelze etwa 4–5 mm lang, hart, braun, glänzend, schütter weichhaarig. Grannen der Deckspelzen dünn und nur etwa 1–1,5 cm lang, wellig, aber nicht gekniet, zur Blütezeit abfallend. Halm niederliegend oder aufsteigend. Blätter flach, 0,5–1 cm breit, dunkelgrün, am Rand rauh, ihre Spitze in eine Borste verschmälert. Blatthäutchen sehr klein oder fehlend. Das Rauhgras wächst in dichten Horsten. Juni–September. 0,4–1 m.

Vorkommen: Liebt kalkreiche, lockere und meist steinige Böden mit nur geringer Feinerdebeimischung. Besiedelt daher bevorzugt Schutthalden oder Geröllansammlungen auf Flußinseln, gelegentlich Rasenbänder im Fels. Vereinzelt im Donautal zwischen Fridingen und Thiergarten, im Allgäu, im nördlichen Alpenvorland, im Schweizer Jura, in den Kalkalpen und auf Kalk in warmen Zentral- und Südpentälern. Steigt bis etwa 1250 m. Sehr selten, aber an seinen Standorten meist in kleineren Beständen.

Wissenswertes: ♃. Wo das Rauhgras bestandsbildend auftritt, vermag es Schutt und Geröll durch seine festen Horste Halt zu geben. Im Alpen- und Voralpengebiet bevorzugt es warme Talkessel; Samen werden wahrscheinlich durch den Föhn transportiert. Im Steiltal der Donau zwischen Fridingen und Thiergarten besiedelt es die Schutthalden an heißen Südhängen.

Süßgrasgewächse *Poaceae* ▶

Ruchgras *Anthoxanthum*
Mariengras *Hierochloë*

Ruchgras
Anthoxanthum odoratum agg.
Süßgrasgewächse *Poaceae (Gramineae)*

Beschreibung: Sehr kurzstielige, ährenartige Rispe, die 2–5 cm lang und 0,5–2 cm dick wird. Rispe an der Basis am dicksten, doch nur allmählich schmäler werdend. Ährchen 6–8 mm lang, lanzettlich-pfriemlich, 1blütig, hellgrün, reif olivgrün bis hellbraun; unterstes Ährchen nie abwärts gestellt, mit 4 (!) Hüllspelzen; 3. Hüllspelze mit kurzer Granne. Halm aufrecht oder aufsteigend, nie verzweigt. Blattscheiden rauh. Blattspreiten am Ansatz behaart, 3–5 mm breit, gelbgrün. Blatthäutchen 1–2 mm. Ganze Pflanze duftet – vor allem getrocknet – nach Waldmeister. April–Mai. 20–50 cm.

Vorkommen: Liebt Böden, die eher stickstoffsalzarm sind. Kommt daher vorzugsweise in trockenen, mäßig gedüngten Wiesen, an Rainen und in lichten Wäldern vor, und zwar sowohl auf sehr flachgründigen Felsböden als auch auf Sandböden und Lehm. Geht in den Alpen bis über 2500 m. Sehr häufig.

Wissenswertes: ♃. Das Ruchgras enthält in den Blättern und Halmen reichlich Cumarin (bis etwa 1% des Trockengewichts). Diese Substanz verursacht den Waldmeisterduft. – In der Sammelart werden folgende Kleinarten zusammengefaßt: Gewöhnliches Ruchgras (*A. odoratum* L.: Oberste Deckspelze kahl; Blätter flach, unterseits graugrün; Blattscheiden strohgelb; verbreitete Sippe) und Alpen-Ruchgras (*A. alpinum* A. & D. LÖVE: Oberste Deckspelze an der Spitze kurz behaart (Lupe!); Blätter im Alter nach oben eingerollt, unterseits gelbgrün; Blattscheiden meist rot überlaufen; saure Matten und Zwergstrauchgebüsche; Alpen und Schweizer Jura; selten). Außerdem wurden weitere Sippen beschrieben; ihr systematischer Wert ist zweifelhaft.

Grannen-Ruchgras
Anthoxantum puëlii LECOQ et LAMOTTE
Süßgrasgewächse *Poaceae (Gramineae)*

Beschreibung: Kurzstielige, dennoch lockere Rispe, die wie eine lappige Ähre wirkt. Die Rispe wird 1–2 cm lang und 0,5 cm breit; an ihrer Basis erreicht sie die größte Dicke. Das unterste Ährchen steht in der Regel waagrecht ab oder ist nach unten geschlagen. 4 (!) Hüllspelzen, von denen die beiden untersten sehr spitz sind, wogegen die oberen Hüllspelzen eine kurze Granne tragen. Halm stets verzweigt; Zweige und Haupthalm liegen nieder (seltener) oder steigen knickig auf (Regelfall). Blätter meist nicht länger als 5 cm und nur 1–2 mm breit, bleichgrün, am Grunde des Spreitenansatzes schütter behaart, sonst kahl. Die ganze Pflanze riecht – vor allem beim Trocknen und getrocknet – nach Waldmeister. Mai–September. 5–40 cm.

Vorkommen: Liebt stickstoffsalz- und basenarmen Sand- oder sandigen Lehmboden, der höchstens oberflächlich austrocknen sollte. Frostempfindlich. Fehlt deshalb in Gegenden, in denen regelmäßig Spätfröste auftreten. Heimat: Mittelmeergebiet. Von dort wurde es nach Mitteleuropa – möglicherweise schon zu Anfang des 19. Jahrhunderts – eingeschleppt. Etwa seit 1850 ist es aus dem Tiefland (im Westen einschließlich der Kölner Bucht, im Osten bis in die Lausitz und in das Tiefland östlich der Oder, dort rasch erlöschend) bekannt; hier zerstreut; in den Mittelgebirgen nur vereinzelt; fehlt in den Alpen.

Wissenswertes: ☉. Als Futtergras ist das Grannen-Ruchgras wertlos. Hingegen wird es als schwer ausrottbares Unkraut in den Roggenfeldern gefürchtet. Seine harten Halme machten früher rasch die Sensen stumpf. Dies hat der Art in manchen Gegenden den Namen „Sensendüwel" eingetragen.

Süßgrasgewächse *Poaceae*

Duftendes Mariengras
Hierochloë odorata agg.
Süßgrasgewächse *Poaceae (Gramineae)*

Beschreibung: Lockere, langstielige Rispe, die 10–15 cm lang wird; ihre Äste sind oft geschlängelt. Zur Blütezeit stehen sie fast waagrecht ab. Dann mißt die Rispe an der Basis 5–7 cm. Zuunterst stehen in ihr nur 2 Äste. Alle Äste sind kahl. Unterhalb des Ährchenansatzes verdicken sich die Ährchenstiele. Die Ährchen enthalten 3 Blüten; 2 etwa gleich große Hüllspelzen an der Ährchenbasis schließen alle Blüten des Ährchens ein; die Granne der Deckspelze überragt das Ährchen kaum. Halm aufrecht; die Knoten folgen in Bodennähe dichter aufeinander als oben. Oberstes Blatt mit langer Scheide und kleiner Spreite. Blatthäutchen 2–4 mm lang. Das Duftende Mariengras treibt lange Ausläufer. Beim Trocknen – zuweilen auch frisch – duftet es nach Waldmeister. April–Juni. 10–60 cm.

Vorkommen: Liebt mäßig basenhaltige und wenigstens zeitweise nasse Böden. Kommt an Ufern mit angeschwemmten, schlammigen Sanden und in Flachmooren vor. Im Tiefland zerstreut, aber auch hier gebietsweise fehlend; im Voralpengebiet, in der Westschweiz, am Alpensüdfuß und im Wallis vereinzelt in Flußauen. Heimat: Osteuropa, Asien und Nordamerika.

Wissenswertes: ♃. Enthält – bezogen auf das Frischgewicht – etwa 0,2 % Cumarin. In Asien wurde das Gras zum Würzen von Schnäpsen verwendet. – Innerhalb der Sammelart werden folgende Kleinarten unterschieden: *H. hirta* (Schrank) Borb.: Deckspelzen der unteren Blüten dicht abstehend behaart; Blatthäutchen 3–5 mm. – *H. odorata* (L.) Wahlenb.: Deckspelze fast kahl; Blatthäutchen 2–3 mm. – *H. repens* (Host) Bess.: Zahlreiche graugrüne Blattscheiden an der Halmbasis; Blätter um 1 cm breit.

Südliches Mariengras
Hierochloë australis (Schrad.) Roem. et Schult.
Süßgrasgewächse *Poaceae (Gramineae)*

Beschreibung: Rispe 4–6 cm lang, locker. Zur Blütezeit stehen ihre Äste waagrecht ab. Sie mißt dann an der Basis 2–3 cm im Durchmesser. Meist steht hier nur 1 Rispenast; selten sind es 2. Alle Rispenäste sind in der Regel kahl; allerdings sind die Ährchenstiele fast immer deutlich behaart. Ährchen mit 3 Blüten. 2 etwa gleich große Hüllspelzen an der Ährchenbasis schließen alle Blüten des Ährchens ein; die Granne der Deckspelze überragt das Ährchen kaum. Der Halm ist schlaff und biegt sich oben zuweilen durch. Das oberste Blatt besteht nur aus einer langen Blattscheide; eine Spreite fehlt; die Spreiten der übrigen Blätter sind 3–6 mm breit und oft etwas bereift. Blatthäutchen um 2 mm lang. Die Pflanze treibt keine oder nur kurze Ausläufer von höchstens 1 cm Länge und wächst daher rasig. Sie riecht frisch und beim Trocknen deutlich nach Waldmeister. April–Mai. 10–50 cm.

Vorkommen: Liebt Halbschatten, erträgt jedoch zeitweilige Trockenheit. Kommt daher in lichten Wäldern und Gebüschen an Südhängen auf mäßig basenreichen und meist auch etwas kalkhaltigen Böden vor, die zwar steinig und flachgründig sein können, jedoch deutlich humushaltig sein sollten und zumindest in der Tiefe sickerfeucht sein müssen. Am Alpensüdfuß, in Österreich und im Regensburger Becken selten, einerseits gebietsweise fehlend, andererseits örtlich größere Bestände bildend. Fehlt im übrigen Mitteleuropa.

Wissenswertes: ♃. Da das Südliche Mariengras seinen Vegetationszyklus früh im Jahr abschließt, wird es gelegentlich als „Dörrgras" bezeichnet. – Der Verbreitungsschwerpunkt der Art liegt in Osteuropa.

Süßgrasgewächse *Poaceae*

Flattergras, Waldhirse *Milium*
Fuchsschwanzgras *Alopecurus*

Flattergras, Waldhirse
Milium effusum L.
Süßgrasgewächse *Poaceae (Gramineae)*

Beschreibung: Rispe 10–30 cm lang, sehr zierlich, reich verzweigt und mit kleinen (2–3 mm langen), grünen Ährchen, die auf dem Rücken abgerundet sind. Rispe aufrecht oder mit ihrer Spitze überhängend. Rispenäste zu 4–5 in Quirlen, meist abstehend und (zumindest unterste) 8–12 cm lang, doch auch große Äste mit nur wenigen Ährchen; nach der Blütezeit hängen die Rispenäste oft herab. Ährchen 1blütig, mit 2 Hüllspelzen, die Deck- und Vorspelze umschließen; alle Spelzen grannenlos. Halm aufrecht, mit 3–5 Knoten in der unteren Hälfte. Blätter grün oder hell graugrün, 0,7–1,5 cm breit, oft so verdreht, daß die Unterseite nach oben gewendet ist; Blattrand dann oft mit 1 Reihe feiner Runzeln. Blatthäutchen 3–9 mm lang. Das Flattergras wächst lockerrasig und bildet nur kurze Ausläufer. Mai–Juli. 0,6–1,2 m.

Vorkommen: Liebt basenreiche, mäßig stickstoffsalzhaltige, lockere, humose Lehmböden, die nicht zu trocken sein dürfen. Geht eher noch auf die feucht-nassen Böden der Erlenbruchwälder. In Hanglagen verläßlicher Zeiger für Sickerfeuchtigkeit. Erträgt zeitweilige Austrocknung oder volle Besonnung schlecht, da es ziemlich flach wurzelt. Darf deshalb als Gütezeiger für nährsalzreiche Böden nicht überbewertet werden. Häufig, fehlt aber kleineren Gebieten; steigt in den Alpen bis etwa 2000 m.

Wissenswertes: ♃. Das Flattergras ist – anders, als es sein weiterer Name „Waldhirse" vermuten lassen könnte – mit der Echten Hirse nicht näher verwandt. Es wurde nie als Getreide genutzt. Auch als Wildfutter ist sein Nutzen gering. Gelegentlich werden die Früchtchen von einem Mutterkornpilz befallen.

Knollen-Fuchsschwanzgras
Alopecurus bulbosus GOUAN
Süßgrasgewächse *Poaceae (Gramineae)*

Beschreibung: Rispe kurzstielig, ährenartig, 1–4 cm lang und 2–4 mm dick. Die schlanke Rispe schiebt sich manchmal nicht vollständig aus der aufgeblasenen Scheide ihres Tragblattes heraus. Ährchen nicht stiefelknechtförmig, mit einer etwa 5 mm langen Granne, die am Grund der Deckspelze entspringt, schwach gekniet ist und kaum aus dem Ährchen hervorragt. Hüllspelzen blaß, behaart; alle Spelzen spitzlich zulaufend, nicht ausgesprochen stumpf. Wurzelstock knollig. Knolle fast 1 cm im Durchmesser. Aus 1 Knolle wächst in der Regel nur 1 Halm, und zwar meist aufrecht. Die Blätter werden 10–15 cm lang, bleiben jedoch schmal (etwa 1 mm breit). Die Blatthäutchen sind 3–4 mm lang und deutlich gezähnelt. Mai–Juli. 20–50 cm.

Vorkommen: Das Knollen-Fuchsschwanzgras kommt nur auf stark versalzten, staunassen Wiesen vor; deswegen gilt es zu Recht als verläßlicher Kochsalzzeiger. In Mitteleuropa nur im Mündungsbereich des Rheins sowie von Weser und Geeste. Dort bildet das Knollen-Fuchsschwanzgras kleine Bestände. Gelegentlich wurde das Gras in Binnenhäfen kurzzeitig beobachtet, so z. B. in Duisburg und Mannheim.

Wissenswertes: ♃. Das Knollen-Fuchsschwanzgras kommt außerhalb Mitteleuropas noch selten an der englischen Nordseeküste, an den Küsten der Niederlande, Belgiens, Frankreichs, Spaniens und Portugals vor. An den Küsten des westlichen Mittelmeers (ostwärts bis an die Küstengebiete des ehemaligen Jugoslawiens) ist es insgesamt zerstreut. Auf den ersten Blick ähnelt es dem Knick-Fuchsschwanzgras (s. S. 339), ist aber am knollig verdickten Stengelgrund gut kenntlich.

Süßgrasgewächse *Poaceae*

Acker-Fuchsschwanzgras
Alopecurus myosuroides HUDS.
Süßgrasgewächse *Poaceae (Gramineae)*

Beschreibung: Rispe kurzstielig, ährenartig, 8–10 cm lang, 4–6 mm dick, an beiden Enden verschmälert (*myosuroides* = mäuseschwanzähnlich). Ährchen länglich-eiförmig, nicht stiefelknechtförmig, mit einer etwa 1 cm langen Granne, die im unteren Viertel der Deckspelze entspringt, blaßgrün oder grün, an sonnigen Standorten oft violett überlaufen. Hüllspelzen um 5 mm lang, in der oberen Hälfte auf dem Kiel 0,3 mm breit geflügelt (Lupe!), Kiel in der unteren Hälfte behaart; Deckspelze in der unteren Hälfte mit den Hüllspelzen randlich etwas verwachsen; Vorspelze fehlt. Halm aufrecht, ausnahmsweise aufsteigend oder gar niederliegend, unter der Rispe deutlich rauh. Pflanze bildet keine Knollen, sondern wächst buschig. Blattscheiden schwach rauh, die oberste leicht aufgeblasen. Blätter 2–8 mm breit, an der Spitze rauh. Blatthäutchen 2–3 mm lang, gezähnelt. Mai–August. 20–50 cm.

Vorkommen: Liebt stickstoffsalz- und basenreiche, doch meist kalkarme oder oberflächlich entkalkte, nicht zu trockene Lehmböden. Besiedelt Äcker mit Wintergetreide, geht auch auf Schuttplätze, in Weinberge und Trockenrasen und an Wegränder. Braucht eher hohe Luftfeuchtigkeit, liebt Sommerwärme. Fehlt in den Gebieten mit sandigen Böden oder mit rauhem Klima, sonst häufig; geht kaum bis 1000 m.

Wissenswertes: ☉. Lästiges Unkraut. Wird durch Kalkung des Bodens bekämpft. Der Samen läßt sich aus Wiesen- und Rasensaatgut wegen seiner Größe, die derjenigen erwünschter Rasengräser entspricht, nicht aussieben. Macht Wiesen und Rasen minderwertig. In Getreidefeldern wird es durch Herbizideinsatz begünstigt und nimmt örtlich überhand.

Wiesen-Fuchsschwanzgras
Alopecurus pratensis L.
Süßgrasgewächse *Poaceae (Gramineae)*

Beschreibung: Rispe kurzstielig, ährenartig, walzlich, 4–10 cm lang, 0,5–1 cm dick. In der Rispe stehen etwa 5 Ährchen (selten mehr) an jedem Rispenast. Ährchen etwa 5 mm lang, eiförmig, nicht stiefelknechtförmig; sie besitzen eine etwa 1 cm lange Granne, die im unteren Drittel der Deckspelze entspringt. Durch die Grannen fühlt sich die Rispe seidig weich an. Halm meist aufrecht, seltener knickig aufsteigend und dann an den Knoten in der Regel wurzelnd. Blattscheiden glatt, die oberen schwach aufgeblasen. Blattspreite 0,3–1 cm breit, oberseits rauh. Blatthäutchen 3–4 mm lang; sehr selten als kaum millimeterhoher Hautsaum ausgebildet. Das Wiesen-Fuchsschwanzgras wächst als sehr lockerer Rasen. Sein Wurzelstock steckt oft schief im Erdreich und ist bis 5 cm lang. Von ihm gehen unterirdische Ausläufer ab, die 3–5 cm wachsen, ehe sie als „Ablegerpflanzen" Wurzeln schlagen. Mai–Juni und August–Oktober. 0,3–1 m.

Vorkommen: Liebt stickstoffsalz- und eher basenreiche, meist feuchte Lehm- und Tonböden, geht aber auch auf nasse Sandböden, sofern diese genügend Feinerde enthalten. Bevorzugt an Wildstandorten daher Uferwiesen und Grabenränder. Wird auf Wirtschaftswiesen durch Stickstoffdüngung und durch Bewässerung begünstigt. Erwünschtes Futtergras, das früh geschnitten werden kann, durch regelmäßige Beweidung indessen meist verdrängt wird. Sehr häufig. Steigt in den Alpen bis zur Waldgrenze.

Wissenswertes: ♃. *A. pratensis* L. wird mit dem Rohr-Fuchsschwanzgras (*A. arundinaceus* POIR.: Ähre bis 1,5 cm dick; Ausläufer oft länger als 15 cm; Pflanze blaugrün; Salzwiesen; selten; s. Tafel S. 341) zur Sammelart *A. pratensis* agg. zusammengefaßt.

Süßgrasgewächse *Poaceae* ▶

Fuchsschwanzgras *Alopecurus*
Samtgras *Lagurus*

Ziegelrotes Fuchsschwanzgras
Alopecurus aequalis SOBOLEWSKY
Süßgrasgewächse *Poaceae (Gramineae)*

Beschreibung: Rispe kurzstielig, ährenartig, 2–6 cm lang, 3–4 mm dick, in der Mitte am dicksten. Ährchen 1–3 mm lang, nicht stiefelknechtförmig. Hüllspelzen um 3 mm lang, nur am Grund verwachsen, auf dem Kiel nicht geflügelt; Kiel durchweg behaart (Haare kaum 0,5 mm lang, Lupe!); Deckspelze mit einer 1–2,5 mm langen Granne, die knapp unter der Mitte der Deckspelze entspringt und nicht oder nur etwa 0,5 mm aus dem Ährchen hervorragt. Staubbeutel weiß, verblüht rotgelb, ja ziegelrot (Name!). Halm kriechend oder aufsteigend, an den Knoten oft wurzelnd. Blätter 2–6 mm breit, frischgrün, bläulich bereift. Blatthäutchen 2–3 mm lang, spitzig. Mai–August. 10–30 cm (flutend bis über 1 m).

Vorkommen: Liebt ausgesprochen stickstoffsalzreiche, feuchte bis nasse Sand-, Lehm- und Schlammböden, die nicht zugleich basenreich sein müssen. Besiedelt Ufer, Gräben und den Überflutungsbereich von Seen; gelegentlich flutet es meterlang im Wasser. Fehlt größeren Gebieten, kommt aber andererseits im östlichen Tiefland und in den östlichen Teilen der Mittelgebirge örtlich zerstreut vor. Steigt in den Alpen bis über 2000 m (z. B. im Engadin).

Wissenswertes: ☉ – ♃. Vom Ziegelroten Fuchsschwanzgras gibt es Wasser- und Kriechformen, denen indessen kaum systematischer Rang zukommt. Bei der Diagnose muß man insbesondere das Knick-Fuchsschwanzgras (s. rechts) sicher ausschließen. – Entfernt ähnlich: Gerards Fuchsschwanzgras (*A. gerardii* VILL.): Ährenartige Rispe, 1–2 cm lang, 0,6–1 cm dick. Hüllspelze mit Grannenspitze; Granne der Deckspelze ragt nicht aus dem Ährchen hervor; Südwestalpen; selten.

Knick-Fuchsschwanzgras
Alopecurus geniculatus L.
Süßgrasgewächse *Poaceae (Gramineae)*

Beschreibung: Rispe kurzstielig, ährenartig, eiförmig, 2–6 cm lang und 3–4 mm (selten bis zu 5 mm) dick. Ährchen nicht stiefelknechtförmig, mit einer etwa 3–5 mm langen Granne, die stets im unteren Drittel der Deckspelze entspringt und deutlich (um 1–2 mm) aus dem Ährchen hervorragt (gutes Unterscheidungsmerkmal gegen das Ziegelrote Fuchsschwanzgras, links). Ährchen 2–3,5 mm lang. Hüllspelzen knapp 3 mm lang, nur am Grund verwachsen, auf dem Kiel nicht geflügelt, doch hier auf der ganzen Länge mit sehr kurzen (kaum 0,5 mm langen) Haaren bestanden. Staubbeutel hellgelb, verblüht braun. Halm kriechend bis knickig aufsteigend, an den Knoten meist mit austreibenden Wurzeln. Blätter blaugrün, seltener graugrün, 2–8 mm breit. Blatthäutchen 4–5 mm lang, stumpf. Pflanze flutet zuweilen im Wasser. Mai–Oktober. 10–40 cm.

Vorkommen: Liebt ziemlich stickstoffsalz- und zugleich eher basenreiche, feucht-nasse Böden. Kommt vor allem an Grabenrändern, Fluß- und Seeufern, auf nassen Wegen, in Ackerpfützen und auf feinerdehaltigen Schlick- und Sandinseln vor. Erträgt Überflutung sowie mäßigen Kochsalzgehalt, geht daher auch auf Wattboden. Im Tiefland häufig; fehlt südlich des Mains und der Donau größeren Gebieten und ist hier auch sonst eher selten; steigt in den Alpen kaum über die Waldgrenze.

Wissenswertes: ☉ – ♃. Die Art ist formenreich, und zwar ändert sich ihr Aussehen in Abhängigkeit von der Feuchtigkeit ihres Standorts bzw. in Abhängigkeit vom Lichtgenuß: An offenen Stellen kriechen die Stengel flach am Boden; an nassen Standorten erreicht das Knick-Fuchsschwanzgras seine größte Höhe.

Süßgrasgewächse *Poaceae*

Aufgeblasenes Fuchsschwanzgras
Alopecurus utriculatus (L.) SOLANDER
Süßgrasgewächse *Poaceae (Gramineae)*

Beschreibung: Rispe kurzstielig, ährenartig, eiförmig, 1–3 cm lang und 5–9 mm dick. Die Rispenäste tragen meist nur 1–2 Ährchen. Ährchen nicht stiefelknechtförmig, mit einer 1–1,3 cm langen Granne, die im unteren Drittel der um 7 mm langen Deckspelze entspringt; Hüllspelzen 6–8 mm lang, bis zur Mitte miteinander verwachsen, in der unteren Hälfte ledrig-knorpelig und gelb, in der oberen weichlich, grün, verengt. Halm glatt, aufrecht oder (häufiger) knickig aufsteigend. Blattspreiten 1–2 mm breit, verhältnismäßig kurz, nicht rauh. Blatthäutchen um 1 mm lang, stumpf. Obere Blattscheiden auf eine Länge von 1–3 cm spindelförmig aufgeblasen, an der dicksten Stelle (im oberen Drittel der Scheide) um 7 mm dick (Name!); Scheiden der unteren Stengelblätter liegen hingegen „normal" an. April–Juni. 10–30 cm.

Vorkommen: Liebt feucht-nassen Lehm- und Tonboden, der kochsalzhaltig sein kann und neben reichlich Basen auch Stickstoffsalze in wenigstens mäßig hoher Konzentration enthalten sollte. Braucht Sommerwärme und erträgt sommers kurzzeitig oberflächliche Austrocknung. Kommt in Mitteleuropa nur im Saargebiet, im Elsaß, im Französischen Jura und am Alpensüdfuß sehr selten in feuchten Wiesen und Weiden vor. Hauptverbreitung: Atlantischer Klimabereich Westeuropas und Mittelmeergebiet.

Wissenswertes: ☉. In Mitteleuropa erreicht das Aufgeblasene Fuchsschwanzgras möglicherweise mit einigen Standorten westlich des Rheins die Ostgrenze seiner natürlichen Verbreitung. Wo es östlich des Rheins sporadisch auftritt, ist es eingeschleppt worden.

Samtgras
Lagurus ovatus L.
Süßgrasgewächse *Poaceae (Gramineae)*

Beschreibung: Rispe kurzstielig, ährenartig, eiförmig, zuweilen fast kugelig-kopfig, 2–5 cm lang, 1,5–2 cm dick (der gesamte Blütenstand fällt sofort durch seine charakteristische, weiche, dichte Behaarung auf). Ährchen 7–9 mm lang (ohne Grannen gemessen), seitlich zusammengedrückt, 1blütig; unterste Ährchen in der Rispe meist steril. Hüllspelzen an der Basis außenseits zottig, gegen die verschmälerte Spitze federartig behaart (Härchen bis 2 mm lang!); Deckspelze an ihrer Spitze mit 2–5 mm langem Börstchen und auf dem Rücken mit 1–2 cm langer, gekniete Granne. Halm dünn wirkend, aufrecht oder – seltener – knickig aufsteigend, einfach oder an den unteren Knoten verzweigt. Blätter 0,5–1 cm breit, weich, allmählich in eine sehr lange Spitze verschmälert. Blatthäutchen 1,5–3 mm lang, stumpf oder abgestutzt, am Rand etwas eingerissen, kurz, doch ziemlich dicht behaart. Blattscheiden der unteren Blätter dem Halm anliegend, lang und zottig behaart; die der oberen Blätter etwas aufgeblasen, schütterer behaart als die unteren Scheiden. Pflanze dicht, doch kurz grauzottig. Mai–Juli. 10–45 cm.

Vorkommen: Braucht lockeren, sandigen Boden, der etwas Kochsalz enthalten darf und Nährsalze in wenigstens mäßiger Konzentration enthalten sollte. Besiedelt im Mittelmeergebiet Sandstrände, seltener trockenes, sandiges Ödland im Landesinnern. Bei uns zuweilen gartennah und unbeständig verwildert.

Wissenswertes: ☉. Das Samtgras wird in Ziergärten nicht selten gepflanzt; auch wird es oft in Dauersträuße eingebunden. – Neuerdings wird das Gras gelegentlich mit Klee-Futtergras-Mischungen eingeschleppt.

Süßgrasgewächse *Poaceae*

Lieschgras *Phleum*

Rispen-Lieschgras
Phleum paniculatum HUDS.
Süßgrasgewächse *Poaceae (Gramineae)*

Beschreibung: Rispe kurzstielig, ährenartig, 5–8 cm lang und 5 mm dick, steif, leicht lappig. Rispenäste 1–5 mm lang. Ährchen 1,5–3 mm lang, in der unteren Hälfte deutlich von der Rispenhauptachse abstehend. Wenn man mit der Hand gegen die Spitze der Rispe streicht, fühlt sie sich wegen der abstehenden Ährchen rauh an. Die Hüllspelzen umschließen das 1blütige Ährchen; sie sind plötzlich in eine Spitze zusammengezogen, die praktisch aus dem Mittelnerv der Hüllspelze besteht und als sehr kurze Stachelgranne oder als langer Zahn erscheint. Weil die Hüllspelzen länger als die Deckspelze sind, diese also mit ihren Spitzen überragen, gleichen die Ährchen einem Stiefelknecht. Halm am Grund knickig aufsteigend oder aufrecht, bis zur Rispe beblättert. Oberste Blattscheide ein wenig aufgeblasen. Blätter 5–8 mm breit, mäßig rauh oder glatt. Blatthäutchen 3–5 mm lang, stumpf. Mai–Juli. 10–40 cm.

Vorkommen: Braucht basenreiche, meist kalkhaltige Sandböden. Heimat: Mittelmeergebiet und Westasien. Kommt in Mitteleuropa nur vereinzelt und oft nur kurzzeitig in klimatisch begünstigten Gegenden in Hackfruchtäckern und Weinbergen vor, aber auch an Wegen und Dorfrändern; in den Weinbaugebieten zwischen Mosel und oberem Neckar, am Bodensee und im unteren Naabtal sowie am Alpensüdfuß örtlich längerfristig beobachtet oder eingebürgert. Gelegentlich auf Verladebahnhöfen eingeschleppt.

Wissenswertes: ☉. Das Rispen-Lieschgras ist durch intensive Unkrautbekämpfung gefährdet. Düngung sowie kühle und regenreiche Sommer, die das Reifen seiner Samen beeinträchtigen, tragen zum Rückgang bei.

Steppen-Lieschgras
Phleum phleoides (L.) KARSTEN
Süßgrasgewächse *Poaceae (Gramineae)*

Beschreibung: Rispe kurzstielig, ährenartig, 10–16 cm lang, 5–8 mm dick, beim Umbiegen deutlich gelappt. Die Rispe wirkt ausgesprochen lang und dünn. Meist ist sie hellgrün, gelegentlich aber ganz oder teilweise violett überlaufen. Wenn man mit der Hand gegen die Spitze der Rispe streicht, fühlt sie sich wegen der anliegenden Ährchen glatt an. Ährchen 1blütig, 2–3 mm lang. Die Hüllspelzen sind allmählich in eine Spitze zusammengezogen, die praktisch aus dem Mittelnerv besteht und als etwa 0,5 mm langer Zahn erscheint. Weil die Hüllspelzen länger als die Deckspelze sind, diese also überragen, ähneln die Ährchen einem Stiefelknecht. Halm dünn, aufrecht, oft purpurrot überlaufen, im oberen Viertel unbeblättert. Oberste Blattscheide meist eng anliegend. Blattspreite 3–4 mm breit, meist mit weißem Rand. Blatthäutchen 1–2 mm lang, abgestutzt. Juni–Juli. 30–90 cm.

Vorkommen: Liebt flachgründige Sand- und Steinböden, die zwar basenreich sein sollten, aber nur wenig Kalk und Humus enthalten dürfen. Geht auch auf Lehm- und Lößböden, die oberflächlich entkalkt sind. Braucht viel Sommerwärme und Licht. Bevorzugt daher schüttere Trockenrasen an Südhängen, besiedelt aber auch Felsspalten, Flußsteilufer und lichte Trockenwälder. Im Tiefland sehr selten und größeren Gebieten fehlend, östlich der Elbe selten; in den Kalk-Mittelgebirgen zerstreut, in den Alpen (hier bis über 2000 m steigend) selten.

Wissenswertes: ♃. An ungünstigen Standorten wurden mehrfach Kleinformen beobachtet; doch gibt es zwischen ihnen und der Normalform Übergänge; eine systematische Bedeutung kommt ihnen jedenfalls nicht zu.

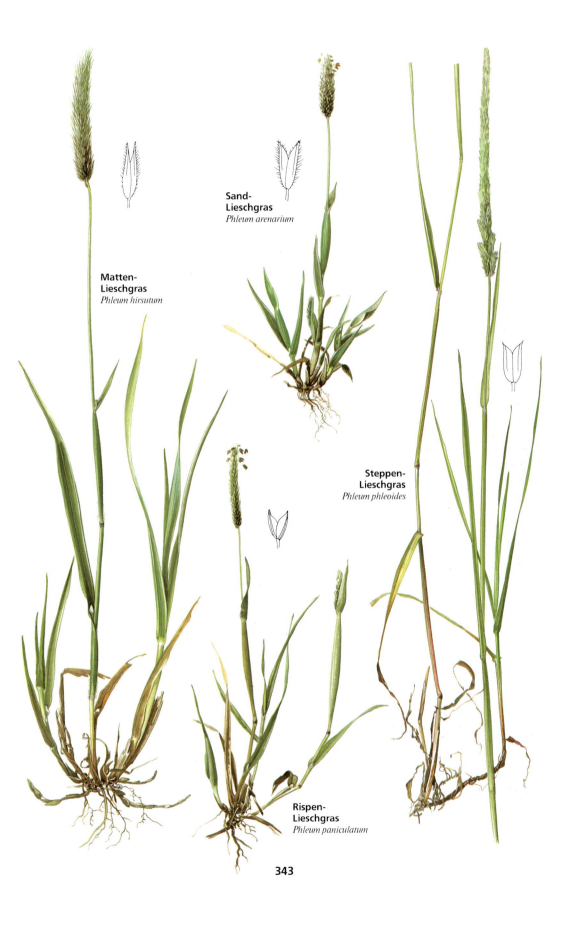

Süßgrasgewächse *Poaceae*

Matten-Lieschgras
Phleum hirsutum HONCK.
Süßgrasgewächse *Poaceae (Gramineae)*

Beschreibung: Rispe kurzstielig, ährenartig, 2–10 cm lang und 8–12 mm dick, beim Umbiegen deutlich gelappt. Rispe sehr hell grün, gelegentlich violett überlaufen. Wenn man mit der Hand gegen die Spitze der Rispe streicht, fühlt sie sich wegen der Behaarung weich an. Ährchen 1blütig, um 3 mm lang. Hüllspelzen deutlich behaart (Haare um 1 mm lang), allmählich in die 1–2 mm lange, kurzgrannige Spitze zusammengezogen; da die Hüllspelzen länger sind als die Deckspelze, ähneln die Ährchen einem Stiefelknecht. Die Mehrzahl der Sprosse entwickelt keine blühenden Halme. Halme meist aufrecht. Oberste Blattscheide in der Regel etwas aufgeblasen. Blattspreiten 5–10 cm lang, 5–8 mm breit, kahl, an den Rändern deutlich rauh; Blatthäutchen 2–4 mm lang. Die Pflanze entwickelt zahlreiche kurze, unterirdische Ausläufer und wächst daher in ziemlich dichten Rasen. Juli–August. 30–60 cm.

Vorkommen: Liebt lockere, steinige Lehmböden an Hängen mit guter Sickerwasserführung. Braucht Kalk. Erträgt lange Schneebedeckung und Spätfröste. Ist gegen Stickstoffdüngung mäßig empfindlich. Bevorzugt Matten in Höhenlagen zwischen 1400 und 2000 m, geht vereinzelt etwa 400 m tiefer bzw. höher. In den Kalkalpen zerstreut, in den Zentral- und Südalpen mit kalkarmen Gesteinen selten, desgleichen in den hochgelegenen Teilen des südlichen Schweizer Jura. Fehlt sonst außerhalb der Alpen.

Wissenswertes: ♃. Das Matten-Lieschgras gilt als gutes Mähfutter und wird auch vom Wild gerne gefressen. Auf Matten, die stark beweidet werden, geht es wegen einer gewissen Empfindlichkeit gegenüber hohen Stickstoffsalzkonzentrationen rasch zurück.

Sand-Lieschgras
Phleum arenarium L.
Süßgrasgewächse *Poaceae (Gramineae)*

Beschreibung: Rispe kurzstielig, ährenartig, 1–4 cm lang, 5–10 mm dick, beim Umbiegen deutlich gelappt, im Umriß oval. Ährchen 3–4 mm lang, eiförmig. Die relativ schmalen Hüllspelzen umschließen das 1blütige Ährchen; sie sind allmählich in die etwa 0,5 mm lange, zahnartige Spitze zusammengezogen, die durch den Mittelnerv gebildet wird; Ährchen daher stiefelknecht- oder schwalbenschwanzähnlich. Der Halm liegt meist dem Boden an oder steigt basisnah knickig auf, seltener steht er aufrecht; unter der Rispe ist er oft violett überlaufen. Zumindest die beiden oberen Blattscheiden sind etwas aufgeblasen. Die Blattspreiten werden 1 (oberstes Blatt) bis 6 cm (am unteren Halmende) lang und 2–4 mm breit; auf den Nerven sind sie etwas rauh. Das Sand-Lieschgras bildet kleine Büschel. Mai–Juli. 5–30 cm.

Vorkommen: Liebt offenen, feinerde- und kalkarmen, doch eher basenreichen Sandboden. Erträgt Salz, ist indessen schon gegen mäßige Stickstoffsalzgaben empfindlich. Bevorzugt Dünen in Küstennähe, kommt aber auch in den Mainzer Sanden vor (hier an der mitteleuropäischen Südgrenze der natürlichen Verbreitung). An den Sandstränden der Nordsee und der westlichen Ostsee zerstreut, in Mecklenburg selten. Im Binnenland nur in den Mainzer Sanden, hier in nennenswerten Beständen. Fehlt im übrigen Mitteleuropa bzw. tritt hier nur vereinzelt eingeschleppt und sehr unbeständig auf.

Wissenswertes: ☉. Die eigentliche Heimat des Sand-Lieschgrases ist Westeuropa (östlichste Standorte im Departement Ain) und das Mittel- und Schwarzmeergebiet. Vor allem aus dem Mittelmeerraum wird es gelegentlich auf Warenumschlagsplätze verschleppt.

Süßgrasgewächse *Poaceae*

Lieschgras *Phleum*
Zwerggras *Mibora*
Scheidenblütengras *Coleanthus*

Alpen-Lieschgras
Phleum alpinum L. emend. GAUDIN
Süßgrasgewächse *Poaceae (Gramineae)*

Beschreibung: Rispe kurzstielig, ährenartig, 1–5 cm lang und 5–8 mm dick, beim Umbiegen nicht gelappt, meist violett überlaufen. Rispe fühlt sich beim Darüberstreichen samtig an. Ährchen 1blütig, 5–6 mm lang, deutlich wollig behaart. Die Hüllspelzen umschließen das Ährchen; sie sind allmählich in eine Spitze zusammengezogen, die aus dem Mittelnerv der Hüllspelze besteht. Da die Hüllspelzen länger als die Deckspelze sind, diese also mit ihren Spitzen überragen, erscheinen die Ährchen fast schwalbenschwanzähnlich. Hüllspelze mit 2–4 mm langer, kahler Granne (Oberfläche zuweilen rauh, starke Lupe!). Halm aufrecht. Oberste Blattscheide stets stark aufgeblasen und dadurch spindelförmig. Blattspreiten 2–10 cm lang, 4–6 mm breit, dunkelgrün und höchstens schwach rauh. Pflanze wächst lockerhorstig. Juli–August. 10–40 cm.

Vorkommen: Liebt feuchte, mäßig basenreiche, aber kalkarme, humushaltige, doch flachgründige, oft steinige Lehm- und Tonböden. Braucht im Sommer viel Licht, erträgt aber lange Schneebedeckung. Mäßig wertvolles Futtergras, das vor allem in Höhen zwischen 1400 und 2500 m seine Hauptverbreitung hat. Gedeiht besonders gut auf intensiv beweideten Wiesen (Stickstoffsalzdüngung!). Kommt außerhalb der Alpen in Mitteleuropa selten im Bayerischen Wald und im Schweizer Jura vor. In den Alpen häufig.

Wissenswertes: ♃ *P. alpinum* L. emend. GAUDIN wird mit *P. rhaeticum* (HUMPHR.) RAUSCH. (Granne in der unteren Hälfte bewimpert; starke Lupe!) zur Sammelart *P. alpinum* agg. zusammengefaßt. – Wo das Alpen-Lieschgras nicht regelmäßig abgeweidet wird, verholzt es und wird dann kaum mehr gefressen.

Wiesen-Lieschgras
Phleum pratense L.
Süßgrasgewächse *Poaceae (Gramineae)*

Beschreibung: Rispe kurzstielig, ährenartig, 5–20 cm lang und 5–8 mm dick, beim Umbiegen nicht gelappt, meist graugrün oder schwach blaugrün, sehr selten violett überhaucht, aufrecht oder – vor allem, wenn sie sehr lang ist – schwach übergebogen. Ährchen 1blütig, 3–4 mm lang, nie wollig, fast kahl; Hüllspelzen plötzlich in eine Spitze zusammengezogen, die praktisch aus dem Mittelnerv besteht und als langer Zahn erscheint; Ährchen dadurch deutlich stiefelknechtförmig; Hüllspelze auf dem Kiel kammförmig behaart, ihre Granne fast so lang wie die Spelze. Halm zunächst einige Zentimeter aufsteigend, dann aufrecht. Unterste Knoten wurzeln oft. Blattscheiden alle eng anliegend. Blattspreiten hell blaugrün, 3–8 mm breit, beidseitig rauh. Blatthäutchen der oberen Blätter 3–5 mm lang, stumpf. Pflanze bildet lockere Horste und treibt nur selten Ausläufer. Juni–September. 0,3–1 m.

Vorkommen: Liebt basenreiche, mäßig stickstoffsalzreiche, frische Lehm- und Tonböden. Besiedelt Weg- und Waldränder sowie Schuttplätze. Wird als wertvolles Futtergras in feuchten Wiesen und Weiden ausgesät. Trittempfindlich. Winterhart und unempfindlich gegen Spätfröste. Eignet sich deshalb für Wiesen, in denen noch im Juni Nachtfröste auftreten. Sehr häufig. Steigt in den Alpen bis zur Waldgrenze.

Wissenswertes: ♃ *P. pratense* L. wird mit *P. bertolonii* DC. (Rispe 1–8 cm lang, 3–5 mm dick. Halmgrund zwiebelig verdickt. Blatthäutchen spitz. 10–50 cm. Wege, Raine, Trockenrasen. Selten) zur Sammelart *P. pratense* agg. zusammengefaßt. – Das Wiesen-Lieschgras wurde 1765 durch THIMOTHY HANSEN aus Nordamerika nach England eingeführt (Thimotheegras).

Süßgrasgewächse *Poaceae*

Zwerggras
Mibora minima (L.) Desv.
Süßgrasgewächse *Poaceae (Gramineae)*

Beschreibung: Ähre locker 2zeilig, aber dabei meist einseitswendig, nur 0,5–1,5 cm lang. Die Ähre wirkt ausgesprochen zierlich. Ährchen 1blütig, 1–2 mm lang, etwas seitlich zusammengedrückt. Hüllspelzen beide etwa gleich lang (um 1,5 mm), kahnförmig, aber auf dem Rücken abgerundet, die Deckspelze überragend, kahl, meist weinrot bis violett überlaufen, so daß die gesamte Ähre weinrot überhaucht erscheint. Der Halm wird nur etwa 0,5 mm dick und 3–10 cm lang, glatt; meist wächst er aufrecht, seltener steigt er auf. Er ist nur am Grund beblättert. Die Blattspreiten werden 1–4 cm lang; sie sind borstlich und unter 1 mm breit. Die Blattscheiden sind sehr lang (in der Regel länger als die zugehörigen Spreiten), hautdünn und zumindest leicht nach oben erweitert; die untersten Scheiden sind spreitenlos. Das Blatthäutchen wird nur etwa 1 mm lang und ist abgerundet. Die Pflanze bildet kleine Rasen. März–Mai. 3–10 cm.

Vorkommen: Liebt sandige, basenreiche, aber kalkarme, ja kalkfreie Böden. Erträgt Winterkälte und lange Schneebedeckung schlecht. Kommt in Mitteleuropa daher nur in klimatisch günstigen Gegenden (Mainzer Sande, früher im Oberrheingebiet, am Murrhardter Wald, im Bodenseegebiet und im westlichen Allgäu) sehr selten vor, wenngleich es da und dort kleinere Bestände bildet. Die Heimat des Zwerggrases ist West- und Südeuropa. Dort gedeiht es vor allem in Unkrautbeständen auf sandigen Äckern.

Wissenswertes: ☉ – ♃. Das Zwerggras wird zweifellos da und dort übersehen. Es dürfte vor allem in den Keupergebieten Südwestdeutschlands mehr Standorte besitzen, als bisher bekanntgeworden sind.

Scheidenblütengras
Coleanthus subtilis (Tratt.) Seidel
Süßgrasgewächse *Poaceae (Gramineae)*

Beschreibung: Rispe wenigstens bei Beginn der Blütezeit mit ihrer Basis noch von der deutlich aufgeblasenen obersten Blattscheide eingehüllt. Ährchen stehen am Ende der wenig zahlreichen Rispenäste zu 10–20 büschelig, fast scheindoldig. Ährchenstiele behaart. Ährchen seitlich etwas zusammengedrückt, 1blütig, höchstens 1 mm lang, ohne Hüllspelzen. Deckspelze eiförmig bis rundlich, grannig zugespitzt, ebenso wie die 2kielige, 2nervige Vorspelze zarthäutig. Halm niederliegend oder aufsteigend, verzweigt, fadenartig dünn, in Form einer Rosette kriechend. Blattscheiden bauchig aufgeblasen. Blattspreite um 1 mm breit, sichelig gebogen, weich. September–Oktober. 2–5 cm.

Vorkommen: Braucht dauerfeuchten Schlammboden und Sommerwärme. Kommt in kleinen Arealen in Mitteleuropa, Ostsibirien, Nordamerika und Westeuropa vor. Tritt sporadisch auf dem Grund abgelassener Teiche auf, wohin es vermutlich von Wasservögeln verschleppt wurde. Wahrscheinlich öfter übersehen. Sicher nur in der Umgebung von Montabaur und in Sachsen bei Groß-Hartmannsdorf seit Jahrzehnten beobachtet. Andere Fundmeldungen sind kaum nachprüfbar oder konnten in neuerer Zeit nicht bestätigt werden.

Wissenswertes: ☉. Das Scheidenblütengras verdient die größte Aufmerksamkeit ernsthafter Pflanzenfreunde; seine Verbreitung über ein großes Gebiet, in dem es nur wenige Standorte gibt, legt nahe, daß es sich um eine aussterbende, stammesgeschichtlich alte Art handelt. Da es durch Wasservögel verbreitet wird, kann es in Teichgebieten auftauchen, die weit von den bislang bekannten Vorkommen liegen.

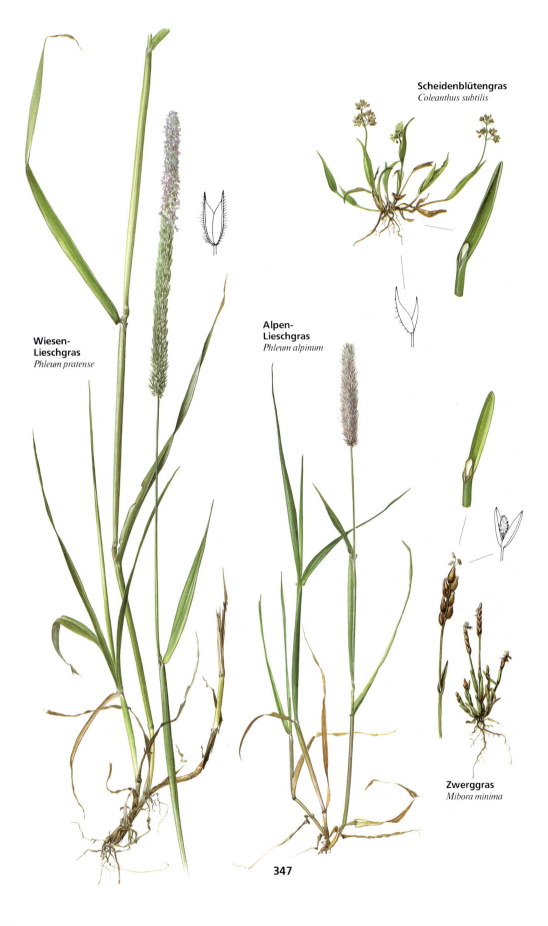

Süßgrasgewächse *Poaceae* ▶

Windhalm *Apera*
Straußgras *Agrostis*

Acker-Windhalm
Apera spica-venti (L.) PB.
Süßgrasgewächse *Poaceae (Gramineae)*

Beschreibung: Große, bis 30 cm lange, reich verzweigte, lockere, zierliche Rispe, die nur während der Blütezeit voll ausgebreitet ist (dann 3–15 cm im Durchmesser) und danach Ast um Ast zusammengezogen wird. Ährchen knapp 3 mm lang, 1blütig, etwas seitlich zusammengedrückt, oft violett, sonst dunkelgrün; seitenständige Ährchen kurz gestielt, endständige lang gestielt. Untere Hüllspelze kleiner als obere, beide lanzettlich, spitz zulaufend, auf dem Kiel spitzennah leicht rauh (starke Lupe!). Deckspelze kahl, länglich-lanzettlich, am Grund kurzbärtig (Lupe!), ihre Granne, die etwas unterhalb der Spitze ansetzt, 6–10 mm lang. Halm aufrecht, auch knickig aufsteigend. Blattscheiden eng anliegend, schwach rauh oder (öfter) glatt, zuweilen violett überlaufen. Spreiten flach, 2–5 mm breit, beidseitig rauh, langspitzig. Blatthäutchen 4–6 mm lang. Der Acker-Windhalm wächst in kleinen Büscheln. Juni–Juli. 0,3–1 m.

Vorkommen: Liebt basenreiche, zuweilen humus- und kalkarme, lockere, gut durchlüftete und wenigstens zeitweise feuchte Böden. Erträgt zumindest mäßig hohe Stickstoffsalzgehalte. Bevorzugt Sandböden, geht gelegentlich auch auf lehmige Sande oder entkalkten Lehm sowie auf Schotter. Erträgt sommerliche Trockenheit, wurzelt ziemlich tief. Unkrautbestände in Getreideäckern, auf Bahnhöfen und gelegentlich auf Schuttplätzen. Steigt in den Mittelgebirgen und Alpen bis etwa 1000 m. Häufig.

Wissenswertes: ☉. Lästiges Unkraut, das sehr viele leichte und deswegen kilometerweit fliegende Samen erzeugt. Tritt vor allem in Roggenäckern wie gesät auf. Läßt sich durch Kalken des Bodens eindämmen.

Unterbrochener Windhalm
Apera interrupta (L.) PB.
Süßgrasgewächse *Poaceae (Gramineae)*

Beschreibung: Rispe meist kürzer als 12 cm (nur sehr selten bis etwa 20 cm lang), durch die aufrechten Äste dicht und schmal wirkend (Rispe auch zur Blütezeit ziemlich zusammengezogen, selten breiter als 0,5–2 cm, nach der Blütezeit höchstens noch 1 cm dick!), im unteren Drittel mehr oder weniger stark lückig; Rispenäste rauh, meist nur 2–3 cm lang. Ährchen 1blütig, seitlich etwas zusammengedrückt, stets hellgrün. Untere Hüllspelze kaum kleiner als obere. Granne der Deckspelze 0,5–1 cm lang. Halm am Grunde meist aufgebogen, danach aufrecht, zierlich, glatt. Blätter aufrecht abstehend, flach oder borstlich eingerollt, um 1,5 mm breit oder schmäler. Blatthäutchen mißt um 2 mm, seltener bis 5 mm lang. Wächst in kleinen Büscheln. Juni–Juli. 20–60 cm.

Vorkommen: Liebt trockene Sandböden in mäßig luftfeuchtem Klima. Heimat: Westeuropa und küstennahe Sandgebiete im europäischen westlichen Mittelmeergebiet. Tritt in Mitteleuropa nur vereinzelt und unbeständig auf, vor allem im Saargebiet, früher auch an der deutschen Nordseeküste, im Rheintal nördlich von Mainz und in der Westschweiz. Fehlt sonst.

Wissenswertes: ☉. Der Unterbrochene Windhalm ist an seinen mitteleuropäischen Standorten nirgends über mehrere Jahrzehnte oder in nennenswerten Beständen beobachtet worden. Hingegen dürfte er an günstigen Wuchsorten zuweilen für kürzere Zeit auftauchen. Der Artname bezieht sich auf die etwas lückig aussehende Rispe. – Entfernt ähnlich: Rauhes Straußgras (*Agrostis scabra* WILLD.): Rispe 8–15 cm lang, ausgebreitet; Deckspelze oft begrannt; Blätter 4 mm breit. Unbeständig eingeschleppt.

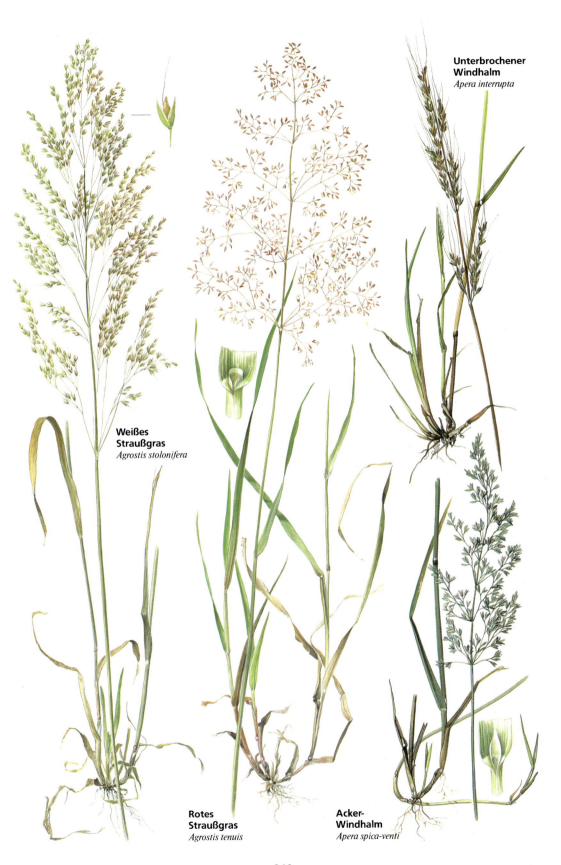

Süßgrasgewächse *Poaceae*

Rotes Straußgras
Agrostis tenuis SIBTH.
Süßgrasgewächse *Poaceae (Gramineae)*

Beschreibung: Rispe locker, an trockenen Standorten nur etwa 2 cm, an feuchten indessen bis 15 cm lang, ausgebreitet; Rispenäste meist glatt, in der unteren Hälfte ohne Ährchen. Ährchen 1blütig, 2–3 mm lang, seitlich leicht zusammengedrückt, meist rotviolett und grannenlos (zuweilen auf dem Rücken der Deckspelze eine kurze Granne, die die Spitze der Deckspelze nicht überragt), am Ende der Rispenäste nicht gehäuft, einzeln stehend, fein gestielt, von den Hüllspelzen eingeschlossen. Halm dünn, aufsteigend oder aufrecht. Blätter saftiggrün, etwas schlaff, flach, bis 30 cm lang, jedoch nicht mehr als 3–4 mm breit. Blatthäutchen höchstens 2 mm lang, oft fehlend. Das Rote Straußgras wächst sowohl in dichten als auch in lockeren Rasen und treibt meist kurze unterirdische Ausläufer (bis etwa 5 cm lang). Juni–Juli. 0,3–1 m.

Vorkommen: Liebt mäßig basenreiche, kalkarme oder kalkfreie Sand-, Lehm- und Steinverwitterungsböden; erträgt mäßig hohe Konzentrationen von Schwermetallen. Bevorzugt Standorte mit hoher Luftfeuchtigkeit. Kommt in Wäldern, in Heiden, Mooren, Wiesen und Weinbergen vor. Geht in den Alpen bis nahe 2500 m. Gilt als gutes Futtergras, liefert aber mengenmäßig geringen Ertrag. Sehr häufig.

Wissenswertes: ♃. Von der Art sind zahlreiche Standortsrassen beschrieben worden, die sich hauptsächlich in der Größe und Ausläuferbildung voneinander unterscheiden; eine taxonomische Untergliederung der Art hat sich indessen nicht durchgesetzt. – Auf hochgelegenen Wiesen in den Mittelgebirgen und Alpen nimmt das Rote Straußgras zuweilen bis zu einem Drittel der Gesamtfläche ein.

Weißes Straußgras
Agrostis stolonifera L.
Süßgrasgewächse *Poaceae (Gramineae)*

Beschreibung: Rispe nur während der Blütezeit locker, danach schlank und dicht, meist 10–20 cm lang. Rispenäste 1–8 cm lang, spitzwinklig abstehend. Ährchen 1blütig, 1–2 mm lang, selten rotviolett, meist grün und grannenlos, einzelne zuweilen in der unteren Hälfte der Rispenäste; am Ende der Rispenäste stehen sie gehäuft. Halme aufsteigend oder aufrecht, an der Basis 1–5 mm dick. Blattspreiten graugrün, zugespitzt, oberseits rauh, steif, 3–7 mm breit, flach. Blatthäutchen 5–6 mm lang. Die Pflanze treibt oberirdische Ausläufer, die bis zu 1 m lang werden können und an den Knoten wurzeln; zuweilen auch flutend. Juni–Juli. 0,3–1,5 m.

Vorkommen: Liebt schwere, feuchte bis nasse Lehm-, Ton- und Schlammböden, die mäßig stickstoffsalzreich und kalkarm sein sollten. Bevorzugt feuchte Wiesen und Äcker, Gräben (wo es auch untergetaucht wächst), Ufer und nasse Schuttplätze. Erträgt salzhaltigen Boden. Gilt als mittelgutes Futtergras, vor allem auf nassen Weiden, da es trittfest ist. Steigt in den Alpen bis etwa zur Waldgrenze. Hier zerstreut; sonst sehr häufig.

Wissenswertes: ♃. *A. stolonifera* L. wird mit *A. gigantea* ROTH (Rispe auch nach der Blüte ausgebreitet; Rispenäste wirtelig angeordnet; Pflanze ohne oberirdische Ausläufer, nur mit kurzen, dicken, unterirdischen Ausläufern. Naßwiesen, Ufer mit basenreichen Böden; zerstreut) zur Sammelart *A. stolonifera* agg. zusammengefaßt. – Ähnlich: Kastilisches Straußgras (*A. castellana* BOISS. & REUT.): Ährchen blaßrosa; Deckspelzen auf dem Rücken schütter behaart (Lupe!), kurz begrannt; kurze unterirdische Ausläufer; 15–40 cm; vereinzelt eingeschleppt.

Süßgrasgewächse *Poaceae* ▶

Straußgras *Agrostis*

Hunds-Straußgras
Agrostis canina L.
Süßgrasgewächse *Poaceae (Gramineae)*

Beschreibung: Rispe nur während der Blütezeit locker, danach schlank und dicht, meist deutlich kürzer als 10 cm, vereinzelt aber bis 20 cm lang. Rispenäste 2–4 cm lang, rauh. Ährchen 1blütig, höchstens 3 mm lang, braunviolett oder purpurn überlaufen, zuweilen blaßgelb, gestielt und einzeln stehend. Deckspelzen meist mit einer geknieten Granne, die nicht länger als 5 mm wird und das Ährchen nur wenig überragt; Individuen, deren Deckspelzen keine Grannen tragen, kommen selten vor. Halme oft aufsteigend und an den Knoten wurzelnd, seltener aufrecht. Grundblätter borstenförmig eingerollt, wie die 3–6 Halmblätter graugrün oder grün. Halmblätter 1–3 mm breit, schlaff. Blatthäutchen 2–4 mm lang, spitzlich. Wächst in lockeren Rasen und bildet kurze, beblätterte oberirdische Ausläufer. Juli–August. 10–50 cm.

Vorkommen: Liebt nasse Böden mit geringem Basengehalt, denen Kalk meist und Stickstoffsalze weitgehend fehlen. Wächst auf nackten Torfböden, ebenso in Flachmooren, auf staunassen Wegen, in Gräben (hier auch untergetaucht) und an nassen Stellen in sandigen Heiden. Steigt in den Alpen und Mittelgebirgen bis etwa 1400 m. Zerstreut.

Wissenswertes: ♃ *A. canina* L. wird mit *A. stricta* J. F. GMEL. (Rispe zusammengezogen; kurze, dünne, unterirdische Ausläufer; lückige Sandrasen; Sandgebiete im Tief- und im niederen Bergland, selten, gebietsweise fehlend) zur Sammelart *A. canina* agg. zusammengefaßt. – Das Hunds-Straußgras ist als Futtergras minderwertig (Name!). Es bildet auf Streuwiesen oft einen feinen, oberirdischen Wurzelfilz, unter dem „bessere" Streupflanzen erstickt werden.

Alpen-Straußgras
Agrostis alpina SCOP.
Süßgrasgewächse *Poaceae (Gramineae)*

Beschreibung: Rispe auch nach der Blütezeit locker, meist kürzer als 6 cm. Rispenäste 1–3 cm lang, meist geschlängelt, rauh. Ährchen am Ende der Rispenäste gehäuft, dunkel rotbraun bis schwarzviolett, 3–5 mm lang, 1blütig. Hüllspelzen deutlich unterschiedlich lang (etwa 1–1,5 mm Längendifferenz); Deckspelze an der Spitze gezähnt (Lupe!), am Grunde mit einer Granne, die etwa 5 mm lang wird und nur wenig gekniet ist. Halme aufrecht. Grundblätter flach, 0,5–1 mm breit, wie die 1–2 Halmblätter graugrün, steif. Blatthäutchen 1–2 mm lang. Das Alpen-Straußgras wächst in dichten Rasen. Juli–September. 5–30 cm.

Vorkommen: Liebt flachgründige, steinige, aber gut durchlüftete, feuchte und kalkreiche Böden, die Stickstoffsalze in mäßigen Konzentrationen enthalten sollten. Erträgt lange Schneebedeckung und Spätfröste gut. Kommt ausschließlich in den Alpen und vereinzelt im Bereich von Alpenflüssen im Alpenvorland vor. In den Alpen besiedelt es vor allem Matten und alpine Weiden zwischen 1500–2500 m, geht vereinzelt jedoch rund 1000 m tiefer bzw. rund 500 m höher. In den Alpen zerstreut.

Wissenswertes: ♃ *A. alpina* SCOP. wird mit *A. schleicheri* JORD. & VERL. (Rispe auch zur Blütezeit zusammengezogen; Ährchen gelbgrün; Grundblätter borstlich. Auf Kalk in lückigen Matten, geht auch auf Felsköpfe; Nordketten der Westalpen und südlicher Schweizer Jura, selten) zur Sammelart *A. alpina* agg. zusammengefaßt. – Das Alpen-Straußgras gilt als gutes Futtergras, hauptsächlich auf den ziemlich intensiv genutzten Steilhängen, auf denen weniger Rinder als Schafe geweidet werden.

Süßgrasgewächse *Poaceae*

Felsen-Straußgras
Agrostis rupestris ALL.
Süßgrasgewächse *Poaceae (Gramineae)*

Beschreibung: Rispe auch nach der Blütezeit locker, meist kürzer als 4 cm. Rispenäste 1–2 cm lang, gerade oder geschlängelt, glatt. Ährchen 2–3 mm lang, 1blütig, an den Rispenästen gleichmäßig verteilt, braun-rötlich bis braunviolett. Beide Hüllspelzen etwa gleich lang (Längendifferenz weniger als 0,5 mm! Lupe!); Deckspelze an der Spitze mit sehr kurzen (um 0,1 mm langen!), kurzborstlich-grannenartigen Zähnchen, auf dem Rücken mit einer Granne, die im unteren Drittel ansetzt und etwa 5 mm lang wird. Halme meist aufsteigend. Grundblätter borstlich gerollt, wie die 1–2 steifen Halmblätter graugrün, Halmblätter etwa 1 mm breit. Blatthäutchen 1–1,5 mm lang. Das Felsen-Straußgras bildet dichte Horste. Juli–August. 5–30 cm.

Vorkommen: Liebt steinige, gut durchlüftete und durchsickerte Böden, die arm an Basen und Stickstoffsalzen sein sollten; geht nur selten auf mäßig kalkhaltige und dann eher trockene Böden. Erträgt Frost- und Windaustrocknung recht gut; wächst daher auch an Stellen, an denen der Schnee durchschnittlich nur kurzzeitig liegenbleibt. Besiedelt Felsspalten, windgefegte Grate, steinige Matten, grusige Moränen, aber auch torfige Böden in Hochlagen. Kommt nur in den höchsten Lagen des Bayerischen Waldes (etwa ab 1400 m) und in den Alpen zwischen 1500 und 2500 m vor. Häufig.

Wissenswertes: ♃. Gilt als mäßig gutes Futtergras. Wird aber auf den rohhumusreichen Schafweiden, besonders in den Zentralalpen, nicht ungern gesehen, weil es zusammen mit der Krumm-Segge selbst flachgründige und steile Hänge mit einem recht geschlossenen und festigenden Rasen überziehen kann.

Zartes Straußgras
Agrostis schraderana BECHERER
Süßgrasgewächse *Poaceae (Gramineae)*

Beschreibung: Rispe nur während der Blütezeit locker; Rispenäste sonst steil nach oben abstehend; Rispe 10–25 cm lang, schlaff und an der Spitze oft leicht überhängend; Rispenäste 3–5 cm lang, zuweilen geschlängelt, gleichmäßig mit Ährchen besetzt. Ährchen 1blütig, grün, doch meist rötlich oder violett überlaufen, lanzettlich, am Ende der Rispenäste höchstens schwach gehäuft. Beide Hüllspelzen etwa gleich lang; Deckspelze mit gezähnter Spitze, grannenlos oder mit höchstens 1 mm langer Granne, die spitzennah ansetzt. Blütenachse unterhalb der Deckspelze ziemlich dicht mit Haaren bestanden, die 1–2 mm lang werden. Halm knickig aufsteigend und in der oberen Hälfte oft steif aufrecht. Blätter üblicherweise flach, aber manchmal auch borstlich gefaltet, 3–5 mm breit, steif, rauh, glänzend. Blatthäutchen 2–3 mm lang. Das Zarte Straußgras wächst büschelig und treibt Ausläufer. Juli–August. 0,5–1 m.

Vorkommen: Liebt steinige, basenreiche, doch kalkarme und immer frische, ja feuchte Böden. Kommt fast ausschließlich in den Zentralketten der Alpen, seltener in den Kalkalpen oder im österreichischen Alpenvorland vor, und zwar auf entkalkten Böden. Bevorzugt Halbschatten. Wächst nicht selten entlang von Sickerrinnen, die mit Grün-Erlen bestanden sind, geht aber auch auf offene, steinige Rasen und gelegentlich in Felsspalten, vor allem an Waldrändern. Bevorzugt Höhen zwischen 1500 und 2500 m, geht vereinzelt noch höher. Zerstreut.

Wissenswertes: ♃. Das Zarte Straußgras bleibt in Hochlagen oft jahrelang steril. Früher wegen der Behaarung der Blütenachse in die Gattung *Calamagrostis* gestellt.

Süßgrasgewächse *Poaceae* ▶

Reitgras *Calamagrostis*

Sumpf-Reitgras
Calamagrostis canescens (Web.) Roth emend. Druce
Süßgrasgewächse *Poaceae (Gramineae)*

Beschreibung: Rispe regelmäßig, nur während der Blütezeit ausgebreitet, 15–25 cm lang, schlaff, im oberen Drittel öfter überhängend. Rispenäste glatt. Ährchen 1blütig, 4–6 mm lang, schmal, oft violett überlaufen. Hüllspelzen etwa gleich lang; Deckspelze mit einer kurzen Granne, die der eingebuchteten Spitze entspringt; sie bleibt im Ährchen versteckt. Unterhalb der Deckspelze befindet sich ein Haarkranz an der Blütenachse, der kaum halb so lang wie das Ährchen ist. Halm aufrecht, schlank, mit 4–6 Knoten, unterhalb des Rispenansatzes meist rauh. Blattspreiten hell graugrün (Name! „canescens" = grau), steif, 3–8 mm breit, an den Seitentrieben oft borstlich gerollt. Blatthäutchen 1–4 mm lang, stumpf, zerschlitzt. Das Sumpf-Reitgras wächst in lockeren Rasen, besitzt einen unterirdisch kriechenden Wurzelstock und treibt dünne Ausläufer. Juli–August. 0,6–1,2 m.

Vorkommen: Liebt staunasse Sand- und Torfböden, die oft oberflächlich an Nährstoffen verarmt und versauert sind, gedeiht auch auf mäßig basen- und stickstoffsalzreichem Untergrund. Bevorzugt Sumpfwälder und sumpfige Gebüsche, vor allem Erlenbruchwälder. Im Tiefland häufig, in den Mittelgebirgen zerstreut. In den Alpen sehr selten (bis etwa 1000 m).

Wissenswertes: ♃ Das Sumpf-Reitgras bleibt oft mehrere Jahre steril und ist dann nicht leicht zu erkennen. – *C. canescens* (Web.) Roth emend. Druce wird mit *C. phragmitoides* Hartman und *C. rivalis* (Torges) H. Scholz (beide s. rechts) zur Sammelart *C. canescens* agg. zusammengefaßt. Die 3 Kleinarten sind oft nur schwer zu unterscheiden.

Purpur-Reitgras
Calamagrostis phragmitoides Hartman
Süßgrasgewächse *Poaceae (Gramineae)*

Beschreibung: Rispe locker, doch regelmäßig gebaut, nur während der Blütezeit ausgebreitet, 15–25 cm lang, schlaff. Rispenäste bis 10 cm lang, sehr rauh. Ährchen 1blütig, 4–6 mm lang, schmal, oft hell rötlich-violett überlaufen. Deckspelze mit einer kurzen Granne, die der kaum eingebuchteten Spitze der Deckspelze entspringt; die Granne bleibt im Ährchen versteckt. Haarkranz unterhalb der Deckspelze höchstens halb so lang wie das Ährchen. Halm aufrecht, schlank, mit 6–8 Knoten, unterhalb des Rispenansatzes kaum rauh. Blätter 7–10 mm breit, unterseits matt graugrün, oberseits grün, rauh. Blatthäutchen der oberen Stengelblätter über 7 mm (bis über 1 cm!) lang, behaart (Lupe!). Wächst in Büscheln. Juli–August. 0,7–1,4 m.

Vorkommen: Liebt sickernasse Böden in kühlem, luftfeuchtem Klima. In Mitteleuropa sporadische Vorkommen außerhalb der Alpen, meist zwischen 500 und 1000 m (s. u.). Hauptareal: Skandinavien bis Sibirien.

Wissenswertes: ♃ Über 100 Jahre lang galt der Hohe Meißner als einziger Fundort des Purpur-Reitgrases in Mitteleuropa. Von etwa 1970 an wurden aus Ostbelgien (Hohes Venn), Hessen, Sachsen, Thüringen, Bayern, Tschechien, dem Schwarzwald, den Vogesen und der Schweiz (St. Gallen) insgesamt fast 20, recht isolierte Vorkommen gemeldet. Ob es sich um (lange übersehene) Eiszeitrelikte oder Neueinschleppungen durch ziehende Wasservögel handelt, ist noch unklar. – Ähnlich: Sächsisches Reitgras (*C. rivalis* (Torges) H. Scholz): Ährchen 6,5–8 mm lang. Endemisch in Sachsen und Sachsen-Anhalt; um die Mulde und die Unterläufe ihrer Quellflüsse; selten.

Süßgrasgewächse *Poaceae*

Wolliges Reitgras
Calamagrostis villosa (CHAIX) J. F. GMEL.
Süßgrasgewächse *Poaceae (Gramineae)*

Beschreibung: Rispe locker, 10–25 cm lang, sehr regelmäßig gebaut, nur während der Blütezeit ausgebreitet, sonst schlaff und überhängend. Rispenäste schwach rauh. Ährchen 1blütig, 4–6 mm lang, schmal, meist bräunlich oder trübviolett. Hüllspelzen etwa gleich lang; Deckspelze an der Spitze 2zähnig, mit kurzer Granne, die mitten auf dem Rücken der Deckspelze entspringt. Haarkranz am Grunde der Deckspelze halb so lang wie das Ährchen. Halm an der Basis knickig aufsteigend, seltener vom Grund an aufrecht, mit 4–5 Knoten. Blätter 4–7 mm breit, schlaff, sattgrün; gelegentlich rollen sie sich in der Sonne ein und stehen dann aufrecht ab. Am Übergang von der Blattscheide zur Blattspreite tragen sie beiderseits ein kleines Haarbüschel (Name!). Das Wollige Reitgras wächst in lockeren Rasen. Der unterirdische Wurzelstock treibt bis zu 20 cm lange Ausläufer. Juli–August. 0,5–1,2 m.

Vorkommen: Liebt ausgesprochen basen- und stickstoffsalzarme, torfige oder rohhumusreiche Böden, die oft staunaß, seltener sickerfeucht sind. Scheut volles Sonnenlicht. Besiedelt gerne Nadelwälder, geht aber auch in alpines Legföhren- und Alpenrosengebüsch. Steigt in den Alpen bis über 2000 m. Im Tiefland fehlend. In den Mittelgebirgen mit Silikatgestein östlich von Weser und Regen und in den Alpen zerstreut, gelegentlich in kleineren, eher individuenreichen Beständen.

Wissenswertes: ♃. Wo das Wollige Reitgras Bestände bildet, gilt es als Forstunkraut, das die natürliche Verjüngung von Nadelhölzern wegen seines dichten Wurzelfilzes hemmt. Wie andere Arten der Gattung bleibt es oft mehrere Jahre nacheinander steril.

Moor-Reitgras
Calamagrostis stricta (TIMM) KOEL.
Süßgrasgewächse *Poaceae (Gramineae)*

Beschreibung: Rispe länglich und daher dicht wirkend, nur während der Blütezeit ausgebreitet, 10–20 cm lang, steif aufrecht. Rispenäste 1–3 cm lang, rauh. Ährchen 1blütig, 3–4 mm lang, breit (gut 2 mm), graubraun, rostrot oder weinrot überlaufen. Hüllspelzen etwa gleich groß, gekielt, rauh; Deckspelze an der Spitze 2zähnig, mit gerader Granne, die aber kaum aus dem Ährchen hervorragt und in der unteren Hälfte, allenfalls in der Mitte der Deckspelze entspringt. Haarkranz unterhalb der Deckspelze etwa 3/4 so lang wie die Deckspelze. Halm aufrecht, mit 2–3 Knoten, unterhalb des Rispenansatzes stark rauh. Blätter höchstens 2–4 mm breit, oberseits stark rauh, matt graugrün, unterseits sattgrün, schwach rauh, meist flach, selten etwas eingerollt. Das Moor-Reitgras wächst in lockeren Rasen. Der unterirdische Wurzelstock treibt Ausläufer, die bis zu 30 cm lang werden und oft in einer nichtblühenden Tochterpflanze enden. Juni–Juli. 0,4–1 m.

Vorkommen: Liebt nur mäßig basenreiche, sehr stickstoffsalzarme Flachmoorböden und scheut Beschattung. Kommt im Moränengebiet des Tieflands östlich der Elbe sehr selten, in Oberschwaben (Federsee) vereinzelt, doch in kleinen Beständen vor. Angaben vom Bodenseegebiet und aus der Schweiz konnten neuerdings nicht mehr bestätigt werden.

Wissenswertes: ♃. Die Art der Verbreitung des Moor-Reitgrases läßt darauf schließen, daß es unmittelbar nach der Eiszeit ein größeres Areal besaß. Die isolierten Standorte stellen also Relikte dar. – Formen, die gelegentlich aus dem Hauptverbreitungsgebiet in Skandinavien beschrieben worden sind, scheint keine systematische Bedeutung zuzukommen.

Süßgrasgewächse *Poaceae*

Reitgras *Calamagrostis*
Strandhafer *Ammophila*

Buntes Reitgras
Calamagrostis varia (SCHRAD.) HOST
Süßgrasgewächse *Poaceae (Gramineae)*

Beschreibung: Rispe länglich, dicht wirkend, nur während der Blütezeit ausgebreitet, 10–20 cm lang, aufrecht. Rispenäste fast glatt. Ährchen 1blütig, 4–6 mm lang, eiförmig, hellgrün, goldgelb oder rötlich-braun überlaufen. Hüllspelzen etwa gleich lang, lanzettlich, spitz, glatt und glänzend, auf dem Kiel zuweilen etwas rauh; Deckspelze an der Spitze 2zähnig, mit geknickter und oft auch gedrehter Granne, die im unteren Viertel der Deckspelze entspringt und die Hüllspelze um etwa 0,5–2 mm überragt. Unterhalb der Deckspelze befindet sich ein Haarkranz, der etwa 3 mm lang wird und ziemlich dicht ist. Halm aufrecht, schlank wirkend, glatt, mit 3 Knoten, unterhalb des Rispenansatzes schwach rauh. Blätter 4–8 mm breit, flach, hellgrün, ohne Glanz, oberseits glatt. Blatthäutchen 2–4 mm lang, stumpf, am Rand etwas zerschlitzt. Das Bunte Reitgras besitzt einen nur kurzen Wurzelstock und wächst meist in deutlichen Horsten oder Büscheln. Juli–September. 0,5–1,2 m.

Vorkommen: Liebt kalkreiche, flachgründig-steinige Tonböden, geht auch auf Kiesbänke in und an Flüssen sowie in lichte, wenigstens zeitweise von Nässe beeinflußte Nadelwälder. Bevorzugt Höhenlagen zwischen etwa 1000 und 2000 m, selten in höheren oder tieferen Lagen. In den Kalk-Mittelgebirgen östlich einer Linie Weser – Fulda – Neckar sowie im Schwäbisch-Fränkischen und Schweizer Jura bis ins Schweizer Mittelland selten, aber bestandsbildend, im Alpenvorland und in den Alpen zerstreut.

Wissenswertes: ♃. Die Art ist in den kalkärmeren Teilen der Zentralalpen selten und fehlt großen Gebieten. In den Südlichen Kalkalpen kommt sie reichlicher vor.

Wald-Reitgras
Calamagrostis arundinacea (L.) ROTH
Süßgrasgewächse *Poaceae (Gramineae)*

Beschreibung: Rispe oval-länglich und dicht wirkend, nur während der Blütezeit ausgebreitet, 15–25 cm lang, aufrecht. Rispenäste glatt und mit vielen Ährchen. Ährchen 1blütig, 5–6 mm lang, lanzettlich, blaßgrün oder hellbeige, zuweilen violett gescheckt. Hüllspelzen etwa gleich lang, lanzettlich; Deckspelze an der Spitze 2zähnig, mit deutlich geknickter und oft leicht gedrehter Granne, die im unteren Viertel der Deckspelze entspringt und die Hüllspelze um 2–4 mm überragt. Haarkranz am Grund der Deckspelze sehr schütter und spärlich, kaum 1 mm lang. Halm aufrecht, oft 2–3 mm dick (an der Basis gemessen), stämmig wirkend, mit 2–3 Knoten, unterhalb des Rispenansatzes schwach rauh. Blätter 0,4–1 cm breit, mit deutlichem Glanz. Oberseite der Spreite rauh und heller grün als Unterseite. Jederseits am Blattgrund befindet sich ein kleines Haarbüschel (vgl. *C. villosa*, S. 356; beim Wald-Reitgras ist das Haarbüschel schütterer und kürzer!). Blatthäutchen 2–3 mm lang. Das Wald-Reitgras wächst in Horsten, aus denen es nur kurze Ausläufer treibt. Juni–Juli. 0,6–1,2 m.

Vorkommen: Liebt lehmigen, eher kalkarmen, aber durchaus basenhaltigen, lockeren, gut durchlüfteten, wenigstens zeitweise feuchten Boden. Bevorzugt lichte Waldstellen, wie Kahlschläge, Wegsäume, Waldränder und lichte Hangmischwälder, geht auch in Bergwiesen und Bruchwälder, die auf Böden mit zügigem Grundwasserdurchfluß wachsen. Im Tiefland selten (fast nur östlich der Elbe), in den Mittelgebirgen und Alpen häufig. Steigt bis etwa 1500 m.

Wissenswertes: ♃. Guter Bodenfestiger, kann aber durch dichten Wuchs die natürliche Waldverjüngung hemmen.

Süßgrasgewächse *Poaceae*

Land-Reitgras
Calamagrostis epigejos (L.) Roth
Süßgrasgewächse *Poaceae (Gramineae)*

Beschreibung: Rispe steif länglich, gelappt, bis 30 cm lang, nur während der Blütezeit ausgebreitet, aufrecht. Rispenäste rauh, 3–7 cm lang. Ährchen an den Enden der Rispenäste gehäuft, 5–9 mm lang, meist blaßgrün-silbriggrau, gelegentlich violett überlaufen. Hüllspelzen fast gleich lang (untere oft etwas länger); Deckspelze 2zähnig, mit Granne, die in der Mitte der Deckspelze entspringt, aber nicht aus dem Ährchen hervorragt und nicht länger als dessen Haarkranz ist. Halm schilfartig, aufrecht, unterhalb des Rispenansatzes rauh. Blattscheiden rauh. Spreiten 5–10 mm breit, graugrün, steif, selten eingerollt; Blattrand schneidend scharf. Blatthäutchen 0,5–1,2 cm lang, zuletzt zerschlitzt. Das Land-Reitgras wächst in dichten Rasen; sein langer Wurzelstock treibt dünne, 10–40 cm lange Ausläufer. Juli–August. 1–1,8 m.

Vorkommen: Bevorzugt grundwasserfeuchte Böden, die oberflächlich austrocknen können, da das Gras ziemlich tief wurzelt. Braucht viel Licht. Kommt daher sowohl an Flußufern als auch in lichten Wäldern, auf Kahlschlägen und an Waldrändern vor. Steigt in den Alpen nicht über 1500 m. Im Tiefland und in den Mittelgebirgen häufig. In den entsprechenden Höhenlagen der Alpen zerstreut oder selten.

Wissenswertes: ♃. Bildet auf Kahlschlägen oft ausgedehnte Bestände, hemmt dann das Wachstum von Jungbäumen und gilt daher als Forstunkraut. – Ähnlich: Ufer-Reitgras (*C. pseudophragmites* (Hall. f.) Koel.): Rispe locker, 20–40 cm, leicht überhängend; Hüllspelzen stets ungleich lang; Deckspelze 2zähnig, Granne entspringt zwischen den Zähnen; Oberrhein, Flüsse am Alpenrand und im Alpenvorland; selten.

Echter Strandhafer
Ammophila arenaria (L.) Lk.
Süßgrasgewächse *Poaceae (Gramineae)*

Beschreibung: Rispe kurzstielig, ährenartig, 10–20 cm lang, 1–2 cm breit. Ährchen kurz gestielt, strohgelb bis weißlich, 1–1,4 cm lang, 1blütig. Hüllspelzen etwa gleich lang (untere etwas kürzer als obere), kaum länger als die Deckspelze, mit breitem Hautrand, gekielt, untere 1nervig, obere 3nervig; Deckspelze schmal-lanzettlich, etwas ledrig, an der Spitze kurz 2zähnig, mit sehr kurzer, fast stachelartiger Granne, die unmittelbar unter der Spitze der Deckspelze entspringt; unterhalb der Deckspelze befindet sich ein Haarkranz, der etwa halb so lang wie die Deckspelze wird; Blütenachse über die Spelzen hinaus verlängert und an der Spitze pinselartig behaart. Halm steif, aufrecht, glatt. Blätter meist kahl, seltener schwach behaart. Blattspreiten fast stets eingerollt. Blatthäutchen 1,5–3 cm (!) lang. Der Echte Strandhafer wächst in dichten Rasen und besitzt ein weit kriechendes Rhizom. Juni–August. 0,6–1 m.

Vorkommen: Liebt lockeren, bewegten und oft salzhaltigen Sandboden. Besiedelt Sandstrand und Dünen. Unempfindlich gegen zeitweise Trockenheit und gegen Sandüberschüttung. Wird deshalb und wegen seiner tiefreichenden Wurzeln zur Dünenbefestigung auf der Windseite angepflanzt. An Sandküsten häufig. Im Binnenland selten in Sandgebieten angepflanzt, wohl auch örtlich heimisch.

Wissenswertes: ♃. Bildet mit *Calamagrostis epigejos* (s. links) den fruchtbaren Bastard × *Ammocalamagrostis baltica* (Flügge ex Schrad.) P. Fourn. (Baltischer Strandhafer): Ährchen bräunlich bis violett; Blätter grün (bis bläulich-grün); Blatthäutchen meist unter 1,5 cm lang. Vor allem an der Ostseeküste häufig.

Süßgrasgewächse *Poaceae* ▶

Honiggras *Holcus*
Haferschmiele *Aira*

Wolliges Honiggras
Holcus lanatus L.
Süßgrasgewächse *Poaceae (Gramineae)*

Beschreibung: Rispe nur während der Blütezeit weit ausladend, sonst zusammengezogen, dicht und breit, weichhaarig, rötlich überlaufen, 6–20 cm lang, 1–8 cm dick. Die Rispe besitzt nur relativ wenige Hauptäste, an deren kurzen Nebenästen die Ährchen jedoch sehr dicht stehen. Ährchen 4–5 mm lang, leicht seitlich zusammengedrückt, meist 2blütig, wobei die obere der beiden Blüten in der Regel rein männlich ist. Hüllspelzen lanzettlich, die obere etwas größer als die untere, außenseits behaart, mit einer um 1 mm langen Granne, die im Ährchen versteckt bleibt. Halm unten oft knickig aufsteigend, sonst aufrecht, samtig behaart (Name!). Junge Halmglieder des noch blühenden Grases schmecken dicht oberhalb der Knoten süß (Gattungsname! – keine Probe! Strahlenpilzgefahr). Blattscheiden leicht aufgeblasen, untere dicht weichhaarig. Spreiten 3–8 mm breit, samtig. Blatthäutchen 1–2 mm lang, gefranst. Wächst in dichten Horsten. Juni–Juli. 0,3–1 m.

Vorkommen: Liebt sickerfeuchte, auch staunasse Böden, die kurzzeitig oberflächlich austrocknen können, basenreich sein sollten, aber kalkarm sein dürfen; hohe Stickstoffsalzkonzentrationen scheut es, gedeiht bei mäßig hohen indessen gut. Besiedelt frische Wiesen, Moore, Bergwiesen an sickernassen Hängen, zuweilen auch lichtere Wälder. Geht in den Mittelgebirgen und Alpen nur bis etwa 1000 m, da es Spätfröste schlecht erträgt. Häufig.

Wissenswertes: ♃. Das Wollige Honiggras hat einen nur mäßigen Futterwert; es liefert ein zwar leichtes, andererseits aber schwammig-filziges Heu und wird daher in den Wirtschaftswiesen nur ungern gesehen.

Weiches Honiggras
Holcus mollis L.
Süßgrasgewächse *Poaceae (Gramineae)*

Beschreibung: Rispe nur während der Blütezeit weit ausladend, sonst zusammengezogen, locker oder lappig, schlank, weichhaarig, rötlich überlaufen, 8–12 cm lang. Die Rispe besitzt nur verhältnismäßig wenige Hauptäste; auch ihre Nebenäste sind nur wenig verzweigt und am Ende der Hauptäste nicht knäuelig gehäuft. Die Ährchen stehen locker, wenn auch nicht vereinzelt. Ährchen 5–6 mm lang, leicht seitlich zusammengedrückt, meist 2blütig. Deckspelze dicht unterhalb der Spitze begrannt; Granne ragt mindestens 3 mm aus dem Ährchen hervor. Halm an den unteren Knoten meist aufsteigend, dann aufrecht, an den Knoten mit einem Haarbüschel, sonst kahl. Untere Blattscheiden kahl oder nur vereinzelt mit langen Haaren bestanden. Wächst in lockeren Rasen und treibt lange unterirdische Ausläufer. Juni–Juli. 30–80 cm.

Vorkommen: Liebt basen- und stickstoffsalzarme, sandige, seltener lehmige oder torfige Böden, die nicht übermäßig feucht sein müssen, es aber wenigstens zeitweise sein können. Zieht im allgemeinen Standorte vor, an denen es etwas Schatten genießt. Bevorzugt daher lichte Laubwälder auf mageren Böden und Heiden, geht aber auch auf entwässerte Hochmoore. In den Mittelgebirgen und Alpen bis etwa 1500 m; dort auch auf Äckern. Zerstreut.

Wissenswertes: ♃. Wo das Weiche Honiggras als Ackerunkraut auftritt, ist es wegen der langen Ausläufer, die es bildet, nur schwer zu bekämpfen. In Hochmooren, die zu Streuwiesen umgewandelt werden sollen, tritt es oft (und vorübergehend) unmittelbar nach der Senkung des Grundwasserspiegels und nach dem Umpflügen in größeren Beständen auf.

Süßgrasgewächse *Poaceae*

Nelken-Haferschmiele
Aira caryophyllea L.
Süßgrasgewächse *Poaceae (Gramineae)*

Beschreibung: Rispe meist locker, nur selten zusammengezogen, 4–8 cm lang, im Umriß rundlich, da die verlängerten Rispenäste nur im oberen Teil verzweigt sind. Rispenäste ausgesprochen zierlich und meist geschlängelt. Ährchen einzeln an den allseits abgehenden, gegen Ende der Hauptäste recht gleichmäßig angeordneten Endauszweigungen, 2–3 mm lang, eiförmig, gelbgrün, seltener rötlich überlaufen, 2blütig. Deckspelze unterhalb ihrer Mitte begrannt. Granne ragt etwa 1–2 mm aus dem Ährchen hervor. Halm aufsteigend oder aufrecht, auffallend dünn, beim Darüberstreichen etwas rauh. Die Scheiden der oberen Blätter sind leicht aufgeblasen, die Spreiten saftiggrün, kurz (3–5 cm lang) und steif, schmal wie Nelkenblätter (um 3 mm breit, Name!), seltener borstlich. Blatthäutchen 3–5 mm. Die Nelken-Haferschmiele wächst in lockeren Büscheln. Mai–September. 5–30 cm.
Vorkommen: Liebt trockene, basenarme und nahezu kalk- und stickstoffsalzfreie, lockere Böden; bevorzugt Sand- und Steinschuttböden. Tritt in lückigen Rasen, auf Heiden und in lichten Wäldern auf. Steigt in den Zentralalpen bis über 1000 m. In den Sandgebieten des Tieflands (vor allem östlich der Weser) und der Mittelgebirge (nördliches Oberrheingebiet, Pfalz, Hessisches Bergland, Oberfranken und Oberpfalz) zerstreut, gebietsweise häufig, aber meist in individuenarmen Beständen; fehlt in den Kalk-Mittelgebirgen und Kalkalpen fast überall.
Wissenswertes: ☉. Wird mit der Vielstengeligen Haferschmiele (*A. multiculmis* DUM.: Rispenäste steiflich; dichte Büschel (um 20 Halme); vereinzelt im Westen) zur Sammelart *A. caryophyllea* agg. zusammengefaßt.

Frühe Haferschmiele
Aira praecox L.
Süßgrasgewächse *Poaceae (Gramineae)*

Beschreibung: Rispe wenigblütig, stets eng zusammengezogen und daher ährenförmig, 1–4 cm lang. Rispenäste stets kürzer als 1 cm, meist nicht geschlängelt. Ährchen etwas seitlich zusammengedrückt, um 3 mm lang, gelbgrün oder hellbraun, 2blütig, ziemlich gedrängt an den Rispenästen sitzend. Hüllspelzen lanzettlich, glänzend, auf dem Kiel schwach rauh (Lupe!); Deckspelze im unteren Drittel begrannt; Granne ragt 1–2 mm aus dem Ährchen hervor. Halme aufrecht. Beim Darüberstreichen fühlen sie sich glatt an. Blattscheiden liegen an, sind also nicht aufgeblasen. Blattspreiten 0,5 mm breit, borstlich eingerollt. Die Frühe Haferschmiele wächst in kleinen Büscheln. April–Mai. 5–10 cm.
Vorkommen: Liebt sandige oder steinige, gut durchlüftete, warme Böden mit geringem Basengehalt; gedeiht nur auf sehr stickstoffsalzarmem Untergrund. Besiedelt daher schüttere Rasen in Heiden und an sandigen Wegböschungen, geht aber auch auf Bahnsteige ländlicher Bahnhöfe. Im Tiefland zerstreut, örtlich jedoch in kleineren Beständen; in den Mittelgebirgen selten und weithin fehlend, im Voralpengebiet und in den Alpen sporadisch und unbeständig.
Wissenswertes: ☉. Die Frühe Haferschmiele wird vielleicht da und dort übersehen. So wird sie aus den Sandgebieten südlich des Mains nur vereinzelt angegeben; selbst am südlichen und mittleren Oberrhein fehlt sie, wogegen sie im mittleren Frankreich nicht selten ist. – Entfernt ähnlich: Zierliche Haferschmiele (*A. elegans* WILLD. ex GAUDIN): Rispe 4–8 cm lang; Rispenäste nach der Blüte abstehend; Ährchen gleichmäßig verteilt, 4–7 mm lang gestielt. Alpensüdfuß, Genfer See; selten.

Süßgrasgewächse *Poaceae* ▶

Grannenhirse *Oryzopsis*
Schmiele *Deschampsia, Avenella*

Grannenhirse
Oryzopsis miliacea (L.) Asch. & Schweinf.
Süßgrasgewächse *Poaceae (Gramineae)*

Beschreibung: Rispe sehr locker, 20–40 cm lang; Rispenäste zahlreich, zu 4–8 (selten auch zu mehr) auf jedem „Stockwerk", ziemlich aufrecht abstehend, schlank; Ährchen nur in der vorderen Hälfte der Äste; unterste Rispenäste zuweilen ährchenlos. Ährchen 3–4 mm lang, 1blütig, auf dem Rücken etwas zusammengedrückt. Hüllspelzen eiförmig-lanzettlich, spitz zulaufend. Deckspelzen 2–2,5 mm lang, kahl, etwas ledrig, an der Spitze mit einer 3–5 mm langen Granne, die aber ziemlich hinfällig und deshalb oftmals nicht mehr vorhanden ist. Halme an den untersten Knoten knickig aufsteigend oder – weitaus häufiger – vom Grund an aufrecht, kahl und glatt. Blattscheiden anliegend, glatt. Blattspreiten 20–30 cm lang, 3–6 mm breit, flach, längsrippig, oberseits schwach rauh, unterseits glatt. Blatthäutchen um 1 mm lang, gestutzt, dicht und kurz behaart (starke Lupe!). Die Grannenhirse wächst in dichten, büscheligen Rasen, in denen die untersten Halmteile im Alter zuweilen verholzen. Mai–Oktober. 0,6–1,5 m.

Vorkommen: Braucht trockenen, basenreichen, aber nicht unbedingt kalkreichen Boden, der ziemlich flachgründig und steinig sein kann. Gedeiht im vollen Sonnenlicht, erträgt aber auch Halbschatten. Besiedelt Wegränder, Hecken, Mauern und Ödland. Heimat: Mittelmeergebiet; in Südtirol örtlich wohl eingebürgert, sonst nur sporadisch am östlichen Alpensüdfuß, nordwärts bis Wien; fehlt in der Schweiz und in Deutschland vollständig.

Wissenswertes: ♃. Die Grannenhirse soll früher vor allem mit Wolle verschleppt worden sein. Die Art wird zuweilen auch in die Gattung *Piptatherum* (Grannenreis) gestellt.

Rasen-Schmiele
Deschampsia cespitosa (L.) PB.
Süßgrasgewächse *Poaceae (Gramineae)*

Beschreibung: Rispe locker, 10–40 cm lang, pyramidenförmig, weit ausgebreitet. Rispenäste rauh. Ährchen 4–7 mm lang, meist 2blütig, silbrig-weinrot-strohgelb gescheckt. Hüllspelzen eiförmig-lanzettlich, spitz zulaufend; Deckspelze abgestutzt, mit gezähntem Vorderrand (Lupe!); Deckspelze am Grunde mit einer Granne, die etwa so lang wie die Deckspelze wird und im Ährchen verborgen ist. Oft mehr als 10 Halme pro Horst. Halme glatt, gelegentlich unter dem Rispenansatz rauh. Blattscheiden glatt oder schwach rauh. Spreiten dunkelgrün, 4–5 mm breit, auf der Oberseite mit 7 Rippen, die deutlich rauh sind, flach oder eingerollt. Blatthäutchen 5–8 mm lang. Pflanze bildet dichte, auffallende Horste. Juli–August. 0,3–1,8 m.

Vorkommen: Liebt feucht-nasse, lehmigtonige Böden, geht auch auf sickerfeuchte Sand- oder Steinböden. Besiedelt lichte, feuchte Stellen in Wäldern, Grabenränder, Ufer, Wiesenmoore und Quellränder. Sehr häufig. Steigt in den Alpen bis über 2500 m.

Wissenswertes: ♃. Wird mit der Elb-Schmiele (*D. wibeliana* (Sonder) Parl.: Ährchen 5–8 mm lang, bleichgrün; Blätter schlaff; Blatthäutchen 4–6 mm lang; Unterlauf der Elbe; selten) und mit der Bodensee-Schmiele (*D. litoralis* (Gaudin) Reut.: Ährchen mit sichtbarer Granne oder vivipar; Blatthäutchen 2–4 mm lang; Bodensee, Südwestschweiz, Alpensüdfuß; selten) zur Sammelart *D. cespitosa* agg. vereint. – Ähnlich: Binsen-Schmiele (*D. media* (Gouan) Roem. & Schult.): Ährchen 4 mm lang; Grannenansatz in der Mitte der Deckspelze; Blätter borstlich; Blatthäutchen 8 mm lang; Oberrhein zwischen Karlsruhe und Mannheim; sehr selten.

Süßgrasgewächse *Poaceae*

Borst-Schmiele
Deschampsia setacea (Huds.) Hackel
Süßgrasgewächse *Poaceae (Gramineae)*

Beschreibung: Rispe nur während der Blütezeit ganz locker, immer etwas schlaff oder nickend, 5–15 cm lang, selten kürzer, 5–10 cm im Durchmesser. Rispenäste schräg aufwärts abstehend, häufig geschlängelt. Ährchen 2blütig, grünlich, stets violett überlaufen. Hüllspelzen schmal-eiförmig, spitz zulaufend, etwa gleich lang; Deckspelze etwa 3 mm lang, schmal-eiförmig, vorne abgestutzt und gezähnt (randliche Zähne deutlich länger als übrige; Lupe!); Granne entspringt an der Basis der Deckspelze; sie ist gekniet, auch etwas gedreht und überragt die Ährchen deutlich. Ährchenachse deutlich über die Spitze der oberen Blüte hinaus verlängert (Name!). Blätter schmal gefaltet und nur scheinbar rundlich-borstig. Sie fühlen sich schwach fettig an. Blatthäutchen 3–8 mm lang, schmal. Die Borst-Schmiele bildet dichte Rasen. Juli–September. 30–50 cm.

Vorkommen: Bevorzugt basen- und sehr stickstoffsalzarme, saure und staunasse Standorte. Kommt auf reinem Torf und auf Sand vor, der sehr fein sein kann und dann schlammartig wirkt. Braucht wahrscheinlich eine stets hohe Luftfeuchtigkeit und wintermildes Klima; findet sich deswegen nur in küstennahen Gegenden, wo sie in Mooren, vernäßten Heiden und an Ufern klarer, wenig verlandender Teiche wächst. Vor allem im westlichen Teil des Tieflands sehr selten, nördlich bis nach Jütland. Südgrenze: Kölner Bucht; isoliert am Nordrand des Bayerischen Waldes; kommt östlich der Elbe nur vereinzelt und küstennah vor.

Wissenswertes: ⚃. Die Borst-Schmiele bildet nur in den Mooren des nordwestlichen Mitteleuropa und an vergleichbaren Orten in Westeuropa nennenswerte Bestände.

Draht-Schmiele
Avenella flexuosa (L.) Parl.
Süßgrasgewächse *Poaceae (Gramineae)*

Beschreibung: Rispe nur während der Blütezeit ganz locker, immer etwas schlaff oder nickend, 10–15 cm lang. Rispenäste schräg aufwärts abstehend, häufig geschlängelt. Ährchen 2blütig, 4–7 mm lang, blaßgrün, violett oder silbrig überlaufen. Hüllspelzen etwa gleich lang, breit-lanzettlich; Deckspelzen 3–6 mm lang, abgestutzt, vorne mit winzigen Zähnchen (Lupe!); ihre Granne entspringt basisnah und ragt bei den oberen Blüten eben noch aus dem Ährchen hervor. Halme aufrecht. Blätter borstlich eingerollt, dem Boden aufliegend und überhängend, sich deutlich fettig anfühlend. Blatthäutchen 1–3 mm lang. Wächst in lockeren Horsten, die in den Sommermonaten zahlreiche Halme mit eng anliegenden Blattscheiden und zuweilen wenige, dünne Ausläufer treiben; wurzelt für ein Gras ungewöhnlich tief (bis etwa 1 m!). Juni–August. 30–80 cm.

Vorkommen: Besiedelt vielfach trockene Standorte, und zwar sehr oft auf Böden, die zumindest oberflächlich stark versauert sind; ist kalkscheu; geht seltener an feuchte Standorte, die dann ebenfalls sehr stickstoffsalzarm und stark sauer sind (Hochmoore), zuweilen auf Sanden über Orterde in Heiden oder auf Silikatfelsen. Bevorzugt Halbschatten in Laub-, Misch- und lichten Kiefernwäldern. Entwickelt sich auf Schlagflächen oft in kurzer Zeit zu lästigen Massenbeständen und stört das Aufkommen von Jungpflanzen. Fehlt im Südwesten kleinerer Gebieten; steigt im Gebirge bis etwa 2500 m und tritt hier vor allem in den Alpenrosen- und Wachholderbeständen auf.

Wissenswertes: ⚃. Die Draht-Schmiele variiert sehr wenig. Sie gilt als ein sehr zuverlässiger Magerkeitszeiger.

Süßgrasgewächse *Poaceae*

Silbergras *Corynephorus*
Goldhafer *Trisetum*

Silbergras
Corynephorus canescens (L.) PB.
Süßgrasgewächse *Poaceae (Gramineae)*

Beschreibung: Rispe 2-10 cm lang, Rispenäste gedrungen, reichblütig, zur Blütezeit abstehend, davor und danach anliegend, so daß die Rispe in diesen Zeiten auf den ersten Blick einer zusammengesetzten Ähre oder einer locker-lappigen Ährenrispe ähnelt. Nach dem Verblühen wird der Blütenstand rasch silbergrau (Name). Ährchen breit-oval, knapp 4 mm lang. Hüllspelzen etwa gleich lang, häutig; Deckspelze trockenhäutig, mit einer Granne, die an der Basis entspringt und etwa doppelt so lang wie die Deckspelze wird; die Granne ist etwa in der Mitte gegliedert: in der unteren Hälfte braun und starr, darüber weißlich-gelb, am Ende kantig verdickt, an der Übergangsstelle mit einem Kranz winziger, wasserheller Börstchen (Ährchen zerzupfen; Börstchen unter 0,1 mm lang! Starke Lupe!). Das Silbergras wächst meist dichtrasig. Zur Blütezeit bildet es zahlreiche Halme mit dunklen, fast schwärzlichen Knoten. Blätter graugrün, borstlich. Blattscheiden oft rötlich überhaucht. Blatthäutchen 2-4 mm lang. Juni-Juli. 15-40 cm.

Vorkommen: Besiedelt Dünen, offene Sandflächen, seltener sandige Wege. Bewurzelt sich sehr rasch und flach; eignet sich daher gut zum Befestigen von Wanderdünen. Scheut schon mäßige Stickstoffsalzkonzentrationen. Erträgt Trockenheit gut; bevorzugt sonnige Standorte, gedeiht aber noch in lichten Kiefernpflanzungen; hier kann es höher als normal werden und untypisch gefärbte Blätter treiben. Im Tiefland auf Sand häufig, in den Mittelgebirgen selten, im Alpenvorland vereinzelt; fehlt in den Alpen.

Wissenswertes: ♃. Das Silbergras ist – als typische Sandpflanze – eine Pionierpflanze auf Lockersanden.

Zweizeiliger Goldhafer
Trisetum distichophyllum (VILL.) PB.
Süßgrasgewächse *Poaceae (Gramineae)*

Beschreibung: Rispe locker, 3-6 cm lang, 1-3 cm im Durchmesser, mit 20-50 Ährchen, die vorne an den Rispenästen etwas gehäuft sind. Ährchen 2-4blütig (meist 3blütig), 8-10 mm lang, oft deutlich rot und braun gescheckt und silbrig überhaucht; Ährchenachse dicht behaart; Hüllspelzen etwas ungleich lang (untere kürzer), gekielt, breit-hautrandig; Deckspelze knapp 5 mm lang, vorne mit 2 Börstchen (Lupe!); Granne im oberen Drittel auf dem Rücken der Deckspelze ansitzend, 5-6 mm lang, im unteren Viertel gekniet und etwas gedreht. Halme liegen mit den untersten Internodien meist dem Boden auf und steigen dann knickig hoch. Blätter blaugrün, in der Regel auffällig in 2 Zeilen am Halm. Blattspreiten steif, 2-6 cm lang, 2-3 mm breit. Der Zweizeilige Goldhafer wächst ausgesprochen lockerrasig und treibt oberirdische Ausläufer. Juli-August. 10-25 cm.

Vorkommen: Liebt Kalkschuttböden, die feinerdearm sein dürfen, aber sehr locker und gut durchlüftet sein müssen; meidet Nässe ebenso wie stark beschattete Stellen; geht kaum auf durchsickerten Schutt oder in feuchte Felsspalten. Bevorzugt Höhen zwischen etwa 1200 und 2500 m; geht selten höher. In den Nördlichen und Südlichen Kalkalpen selten, aber meist in kleineren Beständen; in den Zentralalpen nur vereinzelt und dann Kalkzeiger.

Wissenswertes: ♃. Bevorzugt Schutthalden, die noch in Bewegung sind. Werden seine Stengel oder Ausläufer verschüttet, so schlagen sie Wurzeln und bilden eine selbständige Pflanze. – Wird mit *T. argenteum* (WILLD.) ROEM. & SCHULT. (s. Seite 368) zur Sammelart *T. distichophyllum* agg. zusammengefaßt.

Süßgrasgewächse *Poaceae*

Silbriger Goldhafer
Trisetum argenteum (WILLD.) ROEM. & SCHULT.
Süßgrasgewächse *Poaceae (Gramineae)*

Beschreibung: Rispe eiförmig zusammengezogen, jedoch nicht ährenförmig, 4–8 cm lang, schlaff. Ährchen 2- oder 3blütig, 4,5–7 mm lang, strohgelb, nicht gescheckt. Hüllspelzen ungleich lang, häutig, durchscheinend und daher oftmals schwach silbrig schimmernd, untere etwa 3/4 so lang wie obere, 1nervig, schmal-lanzettlich (um 0,5 mm breit, ausgebreitet gemessen), gekielt; obere Hüllspelze 5–7 mm lang; Deckspelze 4–5 mm lang, vorne mit 2 Börstchen (Lupe!); Granne im oberen Drittel auf dem Rücken der Deckspelze ansitzend, höchstens 4 mm lang, im unteren Viertel gekniet und etwas gedreht. Halme knickig aufsteigend. Blätter mattgrün, nur 1–1,5 mm breit, schlaff, weshalb die annähernd 2zeilige Blattstellung wenig auffällt. Die Pflanze wirkt für eine Gebirgspflanze zart und hinfällig. Juli–September. 15–30 cm.

Vorkommen: Liebt Kalkschuttböden, geht aber auch in feinerdearme Felsspalten und auf Gerölle, sofern diese nicht staunaß und einigermaßen gut durchlüftet sind; meidet intensiv und dauernd durchsickerten Schutt. Bevorzugt Höhen zwischen etwa 1200–2500 m; geht selten höher. Vorwiegend in den mittleren und östlichen Ketten der Südlichen Kalkalpen. Sehr selten und in meist nur kleinen Beständen.

Wissenswertes: ⚃. Der Silbrige Goldhafer bevorzugt als Wuchsort bewegte Schutthalden, auf denen er wegen seiner weitkriechenden Ausläufer und durch sein gutes Bewurzelungsvermögen konkurrenzfähig ist. Wird mit dem Zweizeiligen Goldhafer (s. S. 366), der seinen Verbreitungsschwerpunkt in den westlichen Alpen und den Pyrenäen hat, zur Sammelart *T. distichophyllum* agg. zusammengefaßt.

Ähriger Goldhafer
Trisetum spicatum (L.) K. RICHTER
Süßgrasgewächse *Poaceae (Gramineae)*

Beschreibung: Rispe ährenförmig dicht, oft oval, seltener lappig, doch zuweilen mit 1–2 kleineren Lücken, nur 1–4 cm lang und 0,5–1,5 cm breit. Ährchen 2blütig, 4–7 mm lang, meist rot-braun gescheckt. Hüllspelzen entweder ungefähr gleich lang oder untere deutlich kürzer (oft nur halb so lang) als die obere; Deckspelze 3–5 mm lang, vorn 2zähnig, im oberen Drittel begrannt; Granne 3–4 mm lang; sie ragt infolgedessen etwa 1–3 mm aus dem Ährchen hervor. Die Halme stehen steif aufrecht und wirken ausgesprochen stämmig. Unterhalb der Rispe sind sie schwach behaart. Blätter 2–3 mm breit, mit kapuzenartig zusammengezogener Spitze, wie die Blattscheiden kahl. Der Ährige Goldhafer bildet Horste. Juli–August. 10–25 cm.

Vorkommen: Liebt kalk- und humusarmen Steinschuttboden mit Rohhumusbeimischung. Erträgt Frost und Trockenheit gut. Ist vor allem in windausgesetzten Lagen, z. B. auf Graten und in steilen, schuttigen Hängen in Nordwestexposition konkurrenzfähig. Wenig nässescheu. Geht deshalb auch unmittelbar an der Vegetationsgrenze auf junge Moränen. In geschlossenen Matten sehr selten. Hauptsächlich kommt er in den mittleren und westlichen Zentralketten zwischen 2000 und 3500 m vor. Dort zerstreut, örtlich in größeren Beständen. In den Nördlichen Kalkalpen vereinzelt. In Österreich fehlt er in den Nordketten, sonst sehr selten.

Wissenswertes: ⚃. Der Ährige Goldhafer gehört zu den Blütenpflanzen, die in den Alpen am höchsten steigen. In den Alpen kommt nur die (oben beschriebene) ssp. *ovatipaniculatum* HULTÉN vor; andere Unterarten sind in Skandinavien und Nordamerika beheimatet.

Süßgrasgewächse *Poaceae* ▶

Goldhafer *Trisetum*
Glatthafer *Arrhenatherum*
Grannenhafer *Ventenata*
Wiesenhafer *Helictotrichon*

Wiesen-Goldhafer
Trisetum flavescens (L.) PB.
Süßgrasgewächse *Poaceae (Gramineae)*

Beschreibung: Rispe nur während der Blütezeit locker ausgebreitet, sonst zusammengezogen und überhängend, 5–20 cm lang, 1–4 cm im Durchmesser, glänzend goldgrün. Rispenäste reich verzweigt, rauh. Ährchen 2–4blütig, 5–8 mm lang. Hüllspelzen ungleich, die untere etwa 3/4 so lang wie die obere und deutlich schmäler als diese, beide breit hell-hautrandig; Deckspelze 4–5 mm lang, 2spitzig, dazu begrannt; Granne sitzt etwa 1/3 der Deckspelzenlänge unterhalb der Deckspelzenspitze an und ist etwa 5–7 mm lang, gekniet (am Ährchen gibt es also 3 „Borsten": die Granne und die beiden langen Zähne am Deckspelzenende; *trisetum* = 3borstig!). Stengel meist aufrecht, aber auch knickig aufsteigend. Halm und Blattscheiden zottig kurzhaarig, seltener fast kahl, vor allem in der oberen Stengelhälfte. Blattspreiten flach, 2–5 mm breit. Blatthäutchen um 1 mm lang. Wächst in lockeren Rasen. Je nach Standort sind die Blätter mehr oder weniger stark behaart. Im Tiefland blüht er meist 2mal im Jahr, und zwar im Mai und Juni sowie im August. 0,3–1 m.

Vorkommen: Liebt basen- und mäßig stickstoffsalzreiche, meist kalkhaltige, nicht zu trockene, jedoch gut durchlüftete Lehm- und Tonböden. Bevorzugt Höhen von 500–1000 m, steigt aber bis nahe 2500 m und geht auch ins Tiefland, dort in Sandgebieten allerdings oft selten oder fehlend; sonst häufig.

Wissenswertes: ♃. Gilt als wertvolles Futtergras, doch hat Abweiden vor der Blühreife schon Kalzinose-Erkrankungen bei Rindern verursacht. – Wird mit *T. alpestre* (HOST) PB. (Rispenäste glatt; Ost- und Südalpen) zur Sammelart *T. flavescens* agg. vereint.

Glatthafer
Arrhenatherum elatius (L.) J. et K. PRESL
Süßgrasgewächse *Poaceae (Gramineae)*

Beschreibung: Rispe nur während der Blütezeit locker ausgebreitet, sonst zusammengezogen, doch nur wenig überhängend, 15–25 cm lang. Rispenäste wenig verzweigt. Ährchen 0,8–1 cm lang, 2blütig (meist noch eine rudimentäre Blüte vorhanden); untere Blüte männlich, obere zwittrig (selten beide zwittrig). Hüllspelzen ungleich, die untere länglich-lanzettlich, um 5 mm lang, die obere breit-lanzettlich, 0,7–1 cm lang; Deckspelze 0,7–1 cm lang, länglich-lanzettlich, vorne oft mit 2 kurzen Zähnen; nur untere, männliche Blüte begrannt; die kaum gekniete Granne entspringt auf dem Rücken der Deckspelze, und zwar im unteren Drittel; Deckspelze der oberen Blüte mit einer kurzen Borste. Halm meist aufrecht, selten im untersten Teil knickig aufsteigend. Blätter 7–9 mm breit, flach, wie der Halm und die Blattscheiden kahl, an der Oberfläche etwas rauh, frischgrün oder etwas graugrün, seltener gelbgrün. Blatthäutchen 1–3 mm lang. Juni–Juli. 0,4–1,5 m.

Vorkommen: Gedeiht auf Böden unterschiedlicher Feuchtigkeit, die indessen immer ziemlich basen- und stickstoffsalzreich sein müssen, aber kalkarm sein können. Leidet unter scharfen Spätfrösten. Ist eines der geschätztesten Futtergräser auf warmen und mittelschweren Böden der tieferen Lagen. Wird in vielen Kultursorten ausgesät; erträgt unter günstigen Umständen 3 oder sogar mehr Schnitte. Geht bis etwa 1000 m. Sehr häufig.

Wissenswertes: ♃. Im Mittelgebirge und in den Alpen besiedelt der Glatthafer auch geschützte, lichte Stellen in Wäldern. In den Grenzgebieten sind auf Wiesen Wildformen häufig ertragreicher als Kultursorten.

Süßgrasgewächse *Poaceae*

Grannenhafer
Ventenata dubia (LEERS) COSS.
Süßgrasgewächse *Poaceae (Gramineae)*

Beschreibung: Rispe locker, ebenmäßig pyramidenförmig, (8-)15-20 cm lang. Ährchen 2-3blütig (unterste Blüte rein männlich, übrige zwittrig), grün, 1-1,5 cm lang (ohne Granne gemessen). Hüllspelzen etwas ungleich lang, häutig, untere höchstens mit 7, obere zuweilen mit 9 deutlichen Nerven; Deckspelze der untersten Blüte mit einer bis 4 mm langen Borste, die oberste Blüte mit 2, kaum 2 mm langen Borsten an der Spitze und auf dem Rücken mit kräftiger, gedrehter und geknieter, etwa 1,5-2 cm langer Granne. Halme aufrecht, unter den Knoten etwas behaart. Blattscheiden den Halmen anliegend, kahl oder höchstens schütter behaart. Blattspreiten 2-3 mm breit, meist rinnig, zuweilen jedoch auch flach, kahl oder sehr schütter behaart. Blatthäutchen 6-9 mm lang, spitz zulaufend, ganzrandig oder etwas zerschlitzt. Der Grannenhafer bildet kleine, lockere Rasen mit zahlreichen Halmen, die meist aufrecht wachsen, seltener unten geknickt sind. Juni. 20-60 cm.

Vorkommen: Der Grannenhafer braucht viel Sommerwärme, erträgt Trockenheit und bevorzugt sandige oder steinige Lehmböden, die stickstoffsalzarm, basenreich, wenigstens etwas kalkhaltig und gut durchlüftet sein sollten. Verbreitungsschwerpunkt in Südosteuropa. In Mitteleuropa kommt er – allerdings sehr selten – nur zwischen Taunus und Westerwald sowie vereinzelt in der Eifel, am Mittelrhein, in der Pfalz, im Harz, in Nordthüringen und Niederösterreich vor. In der Schweiz fehlt er.

Wissenswertes: ☉. Der wissenschaftliche Gattungsname wurde zu Ehren des französischen Botanikers P. E. VENTENAT gegeben, der von 1757-1808 lebte.

Immergrüner Wiesenhafer
Helictotrichon parlatorei (WOODS) PILG.
Süßgrasgewächse *Poaceae (Gramineae)*

Beschreibung: Rispe nur während der Blütezeit locker ausgebreitet, sonst zusammengezogen, aufrecht, 5-12 cm lang. Rispenäste wenig verzweigt, etwas hin- und hergebogen, an den Hauptästen mit nur etwa 3-5 Ährchen. 15-50 Ährchen, etwa 1 cm lang, mit 2-3 zwittrigen Blüten und 1 sterilen Blüte; Hüllspelzen ungleich, untere deutlich kürzer als obere; Deckspelze 0,8-1 cm lang, vorn sehr kurz 2zähnig; auf dem Rücken der Deckspelze entspringt etwa in der Mitte eine 1-1,5 cm lange, gekniete und gedrehte, dunkle Granne. Halme meist aufrecht. Blattscheiden schwach violett überlaufen, unterste schütter abstehend weichhaarig. Blätter steif und rauh, die unteren borstlich eingerollt (1-1,5 mm Durchmesser), die oberen flach, 2-3 mm breit. Der Immergrüne Wiesenhafer wächst als dichter Rasen, der sich nur schwer und flächig aus dem Boden lösen läßt; die Einzelpflanzen besitzen einen sehr zähen Wurzelstock. Juni-August. 50-80 cm.

Vorkommen: Bevorzugt steinige, lockere und kalkhaltige Böden mit guter Humusbeimischung, die sickerfeucht, doch gleichwohl sonnig sein sollten. Kommt nur zwischen etwa 1500 und 2300 m Höhe, vorzugsweise im Latschengebüsch und in Zwergstrauchbeständen vor. In den Südlichen Kalkalpen zerstreut, in den Nördlichen von den Allgäuer Alpen bis zum Wiener Schneeberg selten. Fehlt in den Zentralketten mit kristallinem Gestein größeren Gebieten.

Wissenswertes: ♃. Der wissenschaftliche Artname wurde zu Ehren von FILIPPO PARLATORE gegeben, der von 1816-1877 lebte und in Florenz Professor für Anatomie und zuletzt auch für Botanik war.

Süßgrasgewächse *Poaceae*

Wiesenhafer, Flaumhafer *Avenochloa*
Ährenhafer *Gaudinia*

Flaumiger Wiesenhafer, Flaumhafer
Avenochloa pubescens (Huds.) Holub
Süßgrasgewächse *Poaceae (Gramineae)*

Beschreibung: Rispe 8–20 cm lang, auch während der Blütezeit etwas zusammengezogen. Rispenäste fast glatt, 3–5 cm lang, Ährchenstiele hin- und hergebogen, wie die Ährchen 1–1,5 cm lang. Ährchen 2–3blütig, grünlich, violett, gelblich-weiß gescheckt. Jede Blüte mit 1 Granne, diese etwa 1–2 cm lang, gedreht. Halme aufrecht oder knickig aufsteigend. Untere Blätter und ihre Scheiden zottig behaart. Blattspreiten flach, 2–6 mm breit. Blatthäutchen 3eckig, spitz, 4–6 cm lang. Der Flaumige Wiesenhafer wächst in lockeren Horsten. Wenn er überhaupt Ausläufer treibt, dann sind diese nur wenige Zentimeter lang. Juni–Juli. 0,3–1,2 m.

Vorkommen: Der Flaumige Wiesenhafer braucht zwar keine basenreichen Böden, doch sollten sie auch nicht ausgesprochen basenarm sein. Kalk kann ihnen jedoch fehlen, Stickstoffsalze sollten sie nur in mäßigen Konzentrationen enthalten. Hinsichtlich der Bodendichte stellt er keine besonderen Ansprüche. Er wächst auf lockeren Sandböden ebenso wie auf schweren Tonböden und erträgt mäßige Trockenheit gleich gut wie Feuchtigkeit; Staunässe meidet er allerdings. Im Weidebetrieb bewährt sich der Flaumige Wiesenhafer nur schlecht. Er gilt als Futtergras von mittlerer Güte. 2malige Mahd schadet ihm nicht. Wird durch intensive Düngung verdrängt. Häufig, fehlt aber im Tiefland – vor allem westlich der Elbe – größeren Gebieten.

Wissenswertes: ♃ Die Art ist formenreich. Lokalrassen kommen im Tiefland, in den Mittelgebirgen und in den Alpen vor. In den Alpen geht der Flaumige Wiesenhafer noch in Höhen von etwa 2000 m.

Bunter Wiesenhafer
Avenochloa versicolor (Vill.) Holub
Süßgrasgewächse *Poaceae (Gramineae)*

Beschreibung: Rispe im Umriß eiförmig, meist deutlich zusammengezogen und auch während der Blütezeit nur wenig lockerer, 3–10 cm lang. Rispenäste 2–4 cm lang, etwas hin- und hergebogen. Ährchen 1–1,5 cm lang, 4–6blütig, violett und braungelb gescheckt. Jede Blüte mit 1 Granne, die auf dem Rücken der Deckspelze entspringt, gedreht ist und an den unteren Windungen abwechselnd dick und dünn zu sein scheint. Granne dunkelbraun oder schwarz. Staubbeutel auffallend rot. Die Halme stehen meist aufrecht und sind nur unterhalb der Rispe schwach rauh. Die Blattscheiden liegen locker an; zuweilen sind die obersten etwas aufgeblasen. Blätter 2–4 mm breit, mit kurzer, kapuzenartiger Spitze, flach, oberseits glatt, mit deutlichem, weißem, rauhem Rand. Blatthäutchen an den oberen Stengelblättern 4–5 mm lang, das Blatthäutchen der untersten Blätter erreicht nur 1–2 mm. Der Bunte Wiesenhafer wächst in lockeren Rasen. Juli–August. 15–50 cm.

Vorkommen: Bevorzugt humose und modrige, kalkfreie, basenreiche, aber stickstoffsalzarme, oft steinige Böden; seltener auf Lehmen. Erträgt Trockenheit. Geht daher auch an windverblasene Stellen, z. B. auf Grate, sofern diese nicht felsig sind. Zentrale Ketten der Alpen mit kristallinem Gestein; dort zwischen 1800 und 3000 m in Krummseggen-Rasen und auf borstgrasreichen Matten. Zerstreut, kommt an seinen Standorten in kleineren Beständen vor.

Wissenswertes: ♃ Der Bunte Wiesenhafer erträgt Düngung nicht. Daher findet man ihn auf ungenutzten Matten. In den Kalkalpen fehlt er entweder ganz oder kommt dort nur sehr selten auf versauertem Humus vor.

Süßgrasgewächse *Poaceae*

Gewöhnlicher Wiesenhafer
Avenochloa pratensis (L.) Holub
Süßgrasgewächse *Poaceae (Gramineae)*

Beschreibung: Rispe sehr schmal und schlank, meist zusammengezogen, 5–15 cm lang. Rispenäste 1–3 cm lang, hin- und hergebogen, nur 1–2 Äste an den unteren Knoten im Blütenstand, der unterste mit nur 1–2 Ährchen. Ährchen 1,5–2,3 cm lang, 4–6blütig, silbrig graugrün-weinrot gescheckt. Jede Blüte mit 1 Granne, die 1,5–2 cm lang wird und gedreht ist. Die Halme stehen meist steif aufrecht. Selten sind sie am Grunde geknickt. Unterhalb der Rispe sind sie deutlich rauh. Die Blattscheiden liegen locker an; sie sind rauh. Die Blattspreiten graugrün, 1–3 mm breit, mit kapuzenartiger Spitze, flach oder borstlich gefalzt, an Rand und Spitze rauh. Blatthäutchen der Grundblätter kaum 1 mm lang, das der Stengelblätter hingegen 2–4 mm lang. Der Gewöhnliche Wiesenhafer wächst in dichten Horsten. Juni–Juli. 0,3–1 m.

Vorkommen: Bevorzugt tonige und lehmige Böden mit geringem Kalkgehalt bzw. mäßig oder stark saure Böden, die aber nicht zu basenarm sein sollten. Scheut schon mäßig hohe Stickstoffsalzkonzentrationen, ja zeigt geradezu Stickstoffsalzarmut an; verschwindet aus Wirtschaftswiesen. Liebt Sommerwärme. Geht in den Alpen selten über 1500 m. Im Tiefland selten und gebietsweise fehlend, sonst zerstreut.

Wissenswertes: ♃. *A. pratensis* (L.) Holub wird mit den Kleinarten *A. adsurgens* (Schur ex Simk.) Holub (Rispe regelmäßig; Grundblätter 2–6 mm breit; Österreich, Tschechien, selten) und *A. planiculmis* (Schrad.) Holub (Rispe unten lückig; Grundblätter 3–7 mm breit (selten noch breiter); tschechische Mittelgebirge; selten) zur Sammelart *A. pratensis* agg. vereint.

Ährenhafer
Gaudinia fragilis (L.) PB.
Süßgrasgewächse *Poaceae (Gramineae)*

Beschreibung: 2zeilige, 5–10 (25) cm lange Ähre. Ährchen stehen mit der Breitseite zur Ährenachse; sie sind also leicht zusammengedrückt. Ährchen 2,5–3 cm lang, 3–10blütig, behaart. Hüllspelzen ungleich lang, kürzer als oder gleichlang wie das Ährchen; Deckspelze undeutlich 7–9nervig, ledrig, etwa 7 mm lang, lanzettlich, meist kahl, selten kurz und ziemlich dicht behaart, mit einer etwa 0,6–1 cm langen, zumindest in getrocknetem Zustand geknieten und gedrehten Granne. Ähre zerbricht leicht an den „Stockwerken", an denen die Ährchen ansitzen (hierauf bezieht sich das Epithet des wissenschaftlichen Namens: *fragilis*, lat. = zerbrechlich). Die Halme steigen meist knickig auf, seltener sind sie aufrecht; sie verzweigen sich gelegentlich. Blattscheiden liegen eng an, die der unteren Blätter dicht langhaarig, die der oberen fast kahl. Blattspreiten kurz, an der Basis 4–6 mm breit, oft abstehend behaart. Blatthäutchen sehr kurz oder fehlend. Mai–Juni. 20–50 cm.

Vorkommen: Bevorzugt basen-, zumindest mäßig stickstoffsalzreiche, schuttige und frische, ja feuchte Standorte in warmen, geschützten Lagen. Heimat: Mittelmeergebiet; nördlichster natürlicher Standort möglicherweise im oberen Rhonetal südlich von Genf. Wird immer wieder nach Mitteleuropa eingeschleppt, hält sich aber nur vereinzelt über längere Zeit, so z. B. zwischen Köln und Aachen, im Westerwald, im Deister, zwischen Mannheim und Karlsruhe sowie im Elsaß und am Alpensüdfuß.

Wissenswertes: ☉. Die Samen des Ährenhafers werden mit Zitrusfrucht-Sendungen eingeschleppt. Daher findet man ihn oft in der Umgebung von Großmärkten.

Süßgrasgewächse *Poaceae*

Hafer *Avena*
Traubenhafer *Danthonia*

Flug-Hafer, Wind-Hafer
Avena fatua L.
Süßgrasgewächse *Poaceae (Gramineae)*

Beschreibung: Rispe 10–30 cm lang (zuweilen noch länger), locker, allseitswendig; Rispenäste rauh. Ährchen hängend, 2–2,5 cm lang, 2–3blütig. Hüllspelzen etwa gleich lang; Deckspelzen 1,5–2 cm lang, an der Spitze mit 2 häutigen, um 0,5 mm langen Zähnen, kahl oder unten behaart, auf dem Rücken mit einer geknieten, wenig gedrehten, oft rotbraunen, 3–4 cm langen Granne. Körner fallen gleich nach der Reife einzeln aus. Halm aufrecht. Blätter bis 45 cm lang, 0,6–1,5 cm breit. Blatthäutchen 3–6 mm lang. Juni–August. 0,5–1,3 m.

Vorkommen: Liebt basenreiche, schwere Böden, in denen er bis 1 m tief wurzelt, und zwar mit einem so reichen Wurzelwerk, wie es für ein 1jähriges Gras ganz ungewöhnlich ist. Der Flug-Hafer ist ein Unkraut in Hafer- und Weizenäckern. In den Alpen steigt er bis etwa 1500 m. Fehlt in den Sand- und Silikatgebieten auf weiten Strecken; sonst zerstreut.

Wissenswertes: ☉. Der Flug-Hafer galt lange als Stammform des Saat-Hafers. Zu dieser Meinung gelangte man nicht zuletzt deswegen, weil Flug-Hafer und Saat-Hafer leicht miteinander bastardieren. Bei Saatgutkontrollen hat man dies aus den verschiedensten Anbaugebieten nachgewiesen. Dies war mit Sicherheit auch früher so. Hafer, der aus dem 1. Jahrhundert nach Chr. stammt und unweit Bremerhavens gefunden wurde, zeigt alle Merkmale des Saat-Hafers, aber zum Teil auch deutliche Bastardierungsspuren mit Flug-Hafer (KÖRBER-GROHNE). Trotz dieser leichten Kreuzbarkeit der beiden Arten, die auf engste Verwandtschaft hinweist, dürfte die Wildform des Saat-Hafers der südeuropäische Taube Hafer (*Avena sterilis* L.) sein.

Saat-Hafer
Avena sativa L.
Süßgrasgewächse *Poaceae (Gramineae)*

Beschreibung: Rispe 15–30 cm lang (zuweilen noch etwas länger), stets aufgelockert, allseitswendig, mit hängenden Ährchen. Ährchen 2–3blütig, etwa 2,5 cm lang. Hüllspelzen etwa gleich lang; Deckspelzen kahl, an der Spitze mit 2 häutigen, bis 2 mm langen Zähnen; aus dem Rücken der Deckspelze entspringt in der Regel 1 Granne, seltener ist die Deckspelze grannenlos; zuweilen stehen an ein und derselben Pflanze begrannte und unbegrannte Blüten. Grannen – wenn vorhanden – unterschiedlich lang. Halme meist aufrecht, zuweilen an den untersten Knoten knickig aufsteigend. Blattspreiten 1–1,5 cm breit, graugrün. Blatthäutchen 3–5 mm lang. Kulturpflanze. Juni–Juli. 0,6–1,5 m.

Vorkommen: Der Saat-Hafer stellt keine besonderen Ansprüche an den Boden, sofern dieser nicht ausgesprochen trocken ist; gegen Spätfröste empfindlich. Wird in den Alpen bis etwa 1500 m Höhe angebaut.

Wissenswertes: ☉. Der Saat-Hafer wird seit etwa 3000 Jahren „rein" angebaut. Schon vorher kann man ihn als „Verunreinigung" in anderen Getreiden nachweisen. Daraus schließt man, daß er ursprünglich nicht extra ausgesät wurde. Er hat sich gewissermaßen als Nutzpflanze „eingeschlichen", ist also ganz ungewollt zur Kulturpflanze geworden. Vor Einbürgerung der Kartoffel war „Hafermus" ein Volksnahrungsmittel. Hoher Eiweiß- und Vitamin-B_1-Gehalt rechtfertigen dies. Heute wird Hafer vorzugsweise als Futterpflanze angebaut, allerdings weniger als vor dem letzten Weltkrieg, obschon sein Anbau durch die vermehrte Pferdehaltung neuerlich zugenommen hat. Global gesehen ist seine Bedeutung geringer als die von Gerste oder Hirsen.

Süßgrasgewächse *Poaceae*

Sand-Hafer, Nackt-Hafer
Avena nuda L.
Süßgrasgewächse *Poaceae (Gramineae)*

Beschreibung: Rispe 10–25 cm lang, einseitswendig, ausgebreitet oder (häufiger) zusammengezogen. Ährchen 2–4blütig, 2–3 cm lang. Ährchenspindel zerfällt bei der Reife nicht. Hüllspelzen etwa gleich lang, 7–9nervig; Deckspelze 1,5–2 cm lang, lanzettlich, spitzlich, kahl, an der Spitze mit 2 spitzen Zähnen, die 1–3 mm lang werden; die 2–4 cm lange Granne entspringt auf dem Rücken der Deckspelze, und zwar etwa in deren Mitte; sie ist in der unteren Hälfte nicht verdreht und bricht leicht ab; oftmals ist sie nicht vorhanden. Halm aufrecht, seltener am Grunde knickig aufsteigend. Blätter etwa 1 cm breit. Juli. 0,4–1 m.

Vorkommen: Bevorzugt sandige Lehmböden mit guter Luft- und Wasserführung und mäßig hohem Basengehalt, geht in feuchtem Klima auch auf basenarme Sandböden; liebt einigermaßen hohe Stickstoffsalzkonzentrationen; meidet also ausgesprochen stickstoffsalzarme Standorte. Sehr selten als Getreideunkraut oder auf Schuttplätzen. In den Alpen auf weiten Strecken fehlend; steigt etwa bis 1500 m.

Wissenswertes: ☉. Der Sand-Hafer wurde früher vor allem in sandigen Gebieten mit hohem Niederschlag als Kulturpflanze angebaut, also vor allem in Westeuropa und in den höher gelegenen Kantonen in der Schweiz. Heute ist er fast überall von ertrags- und damit erfolgreicheren Sorten des Saat-Hafers als Kulturpflanze verdrängt. Am längsten hat sich sein Anbau wohl in Portugal gehalten. Da seine Konkurrenzfähigkeit beschränkt ist, vermochte er kaum irgendwo als Unkraut Fuß zu fassen. *A. nuda* ist wie *A. sativa* und *A. fatua* hexaploid und zeichnet sich durch relativ große Körner aus.

Traubenhafer
Danthonia alpina VEST
Süßgrasgewächse *Poaceae (Gramineae)*

Beschreibung: Traube 3–5 cm lang, meist nur mit 3–6 Ährchen. Ährchen deutlich gestielt (unterste Stiele gelegentlich 1mal verzweigt), 1–1,8 cm lang, 2–3blütig (selten bis zu 5 Blüten). Hüllspelzen etwa gleich lang, lanzettlich bis schmal-eiförmig, 5–7nervig, spitzennah etwas gekielt; Deckspelze etwa halb so lang wie die Hüllspelzen, am Rand borstig behaart, mit 2 deutlichen Zähnen, die in einem spitzen Winkel zusammenlaufen. Aus diesem Winkel entspringt eine etwa 1 cm lange, gekniete Granne, die am Ansatz meist dunkel gefärbt und in der unteren Hälfte leicht gedreht und – oft etwas undeutlich – gekniet ist. Halme aufrecht, dünn wirkend, doch steif, selten knickig aufsteigend. Blattscheiden kahl. Blattspreiten nur 1–2 mm breit, oft eingerollt, allmählich zugespitzt, am Rande deutlich rauh. Anstelle des Blatthäutchens besitzt der Traubenhafer einen Haarkranz, dessen Haare etwa 4 mm lang werden. Der Traubenhafer wächst in ausgesprochenen Horsten. Mai–Juni. 10–70 cm.

Vorkommen: Der Traubenhafer bevorzugt gut durchlüftete Kies- oder Schuttböden mit reicher Humus- oder Lehmbeimischung, die basenreich sein sollten. Kalkböden sagen ihm besonders zu. Er braucht im Sommer viel Wärme, erträgt aber andererseits Trockenheit gut. Seine Heimat sind die europäischen Mittelmeerländer. In Mitteleuropa tritt er – in trockenen, etwas lückigen Rasen – nur in der Umgebung von Wien, in der Garchinger Heide und am Südfuß der Alpen auf. Überall sehr selten.

Wissenswertes: ♃. Da der Traubenhafer in seiner Heimat meist auf Ödland wächst, wird er kaum nach Mitteleuropa verschleppt.

Süßgrasgewächse *Poaceae*

Dreizahn *Danthonia*
Blaugras *Oreochloa, Sesleria*

Dreizahn
Danthonia decumbens (L.) DC.
Süßgrasgewächse *Poaceae (Gramineae)*

Beschreibung: Traube 3–7 cm lang und mit nur 4–15 aufrechten Ährchen. Ährchen gestielt (untere Stiele gelegentlich 1mal verzweigt; Blütenstand dann eine ärmlich gegliederte Rispe), 0,6–1,5 cm lang, 3–5blütig (sehr selten enthalten die Ährchen nur 2 Blüten), hellgrün und oft blauviolett überlaufen. Hüllspelzen knapp 1 cm lang, an der Spitze stumpflich, aber mit 2 deutlichen Zähnchen; Deckspelzen um 5 mm lang, an der Spitze mit 3 gleichen Zähnchen, die eher stumpflich als spitz sind (Name!). Junge Halme meist im Kreis niederliegend, später aufsteigend oder aufrecht. Blattscheiden an den Rändern schütter langhaarig. Blattspreiten 2–4 mm breit, oberseits graugrün, unterseits frischer grün, schwach rinnig, am Rand rauh und mit einzelnen langen, zuletzt abfallenden Haaren. Anstelle des Blatthäutchens besitzt der Dreizahn einen Haarkranz. Juni–Juli. 10–50 cm.

Vorkommen: Liebt basenarme, saure Böden, die sowohl torfig als auch lehmig oder sandig sein können, immer aber nahezu entkalkt und außerordentlich arm an Stickstoffsalzen sein müssen. Braucht Licht. Bevorzugt Rasengesellschaften, geht aber auch in lichte Wälder. Da er Getretenwerden gut erträgt, hat er auf Weiden einen Konkurrenzvorteil. Im Norden häufig, aber nur auf Moor- und Sandböden; dort gelegentlich bestandsbildend. In den Mittelgebirgen und Alpen zerstreut, auf Kalkunterlagen nur an vereinzelten, ausgewaschenen Stellen. Gegen Sommerkälte und zu kurze Vegetationszeit empfindlich. Steigt daher nur bis etwa 2000 m.

Wissenswertes: ♃. Der Dreizahn bildet dichte Rasen. Auf Weiden ist er unerwünscht. Sein Futterwert ist gering.

Zweizeiliges Blaugras
Oreochloa disticha (WULF.) LK.
Süßgrasgewächse *Poaceae (Gramineae)*

Beschreibung: Rispe ährenartig dicht und exakt 2zeilig, wenngleich auch meist mehr oder weniger stark gegeneinander gewinkelt und infolgedessen einseitswendig, 1–1,5 cm lang. Rispenäste ohne Tragblätter oder Schuppen. Ährchen 3–6blütig, blau-grün-weißlich gescheckt, etwa 5 mm lang. Hüllspelzen etwas ungleich lang, längere um 4 mm, andere etwa 0,5 mm kürzer, beide spitz; Deckspelze bläulich oder gelblich, breitlanzettlich bis schmal-eiförmig, in der unteren Hälfte kurzhaarig, mit einem kurzen, spitzen Zahn. Halme aufrecht, steif, dünn, unterhalb des Rispenansatzes kurz behaart. Blätter borstlich gefaltet, 0,3–0,5 mm breit. Blatthäutchen spitz, um 2 mm lang. Das Zweizeilige Blaugras wächst in Horsten. Juli–September. 10–25 cm.

Vorkommen: Liebt sauren, rohhumushaltigen, steinigen und basenarmen Boden, der jedoch nicht ständig sickerfeucht sein sollte und extrem arm an Stickstoffsalzen sein muß („Magerkeitszeiger"). Hochgebirgspflanze. Wächst oberhalb der Baumgrenze zwischen etwa 1800 und 3200 m vor allem in kurzrasigen Matten, an felsigen Abhängen, in rohhumusgefüllten Felsspalten und in sonnigen Lücken an der Obergrenze der Zwergstrauchbestände. In den Kalkalpen nur sehr vereinzelt. In den Zentralketten der Alpen zerstreut, aber auch hier gebietsweise fehlend oder selten, im Wallis nur vereinzelt.

Wissenswertes: ♃. Das Zweizeilige Blaugras darf als kalkscheu gelten. Wo es dennoch im Bereich der Kalkalpen auftritt, zeigt es Versauerung an. Außerdem ist es extrem stickstoffsalzscheu. Es wächst nur auf den stickstoffsalzärmsten Standorten und wird auch dort schon durch Beweidung vertrieben.

Süßgrasgewächse *Poaceae*

Eiköpfiges Blaugras
Sesleria ovata (Hoppe) Kerner
Süßgrasgewächse *Poaceae (Gramineae)*

Beschreibung: Rispe ährenartig dicht, eiförmig-kugelig, gedrungen, nur annähernd 2zeilig, 0,6-1 cm lang, 5-7 mm im Durchmesser (an der Stelle größter Dicke gemessen). Unterste Rispenäste mit einem schuppenförmigen, schmal-eiförmigen bis lanzettlichen Tragblatt. Ährchen 2blütig, etwa 3 mm lang, schmutzigblaß und oft bleifarben überlaufen. 2 Hüllspelzen, eiförmig, rasch in eine kurzborstliche Granne von 1-2 mm Länge zusammengezogen; Deckspelze dunkel stahlblau, mit einem mindestens 1,5 mm langen, borstlichen Zahn („Granne") und 4 kleineren Zähnen („Grannen"). Halm meist aufrecht, dünn, kahl. Blätter meist borstlich gefaltet, 0,8-1,5 mm breit. Juli-August. 5-15 cm.

Vorkommen: Liebt lockere Steinböden mit guter Luft- und Wasserführung. Bevorzugt vergraste Schutthalden, die sickerfeucht sind. Braucht kalkhaltige, basenreiche, stickstoffsalzarme Böden. Erträgt lange Schneebedeckung gut und kommt mit kurzer Vegetationszeit aus. In den Nördlichen Kalkalpen (etwa östlich der Berchtesgadener Alpen) selten, in den östlichen Ketten der Südlichen Kalkalpen, in den mittleren und östlichen Ketten der Zentralalpen zerstreut, örtlich in Beständen. Fehlt in der Schweiz. Bevorzugt Höhen von etwa 2200-2800 m.

Wissenswertes: ♃ Das Eiköpfige Blaugras wächst in mehr oder weniger dichten, oft nur wenige Dezimeter großen Rasen, doch nicht in eigentlichen Horsten. Dieser Wuchs kommt nicht zuletzt durch die unterirdischen Ausläufer zustande, an denen sich in kurzen Abständen Tochterpflanzen entwickeln. Durch die Fähigkeit zur Ausläuferbildung erträgt das Eiköpfige Blaugras auch kurzzeitige Schuttbedeckung.

Gewöhnliches Blaugras
Sesleria varia (Jacq.) Wettst.
Süßgrasgewächse *Poaceae (Gramineae)*

Beschreibung: Rispe ährenartig, gedrungen walzlich oder eiförmig, 1-3 cm lang, 5-8 mm dick. Unterste Rispenäste mit einem schuppenförmigen Tragblatt. Ährchen meist 2blütig, seltener auch 3blütig, 4-5 mm lang, gelblich und meist schieferblau überlaufen. Hüllspelzen 4-5 mm lang, meist unbegrannt; Spitze der Deckspelze behaart und mit 1, 3 oder 5 Zähnen versehen, wobei der mittlere borstlich-grannig verlängert ist (0,5-2 mm lang). Halm aufrecht, glatt. Blätter 2-3 (selten bis zu 5) mm breit, eingerollt oder flach, graugrün, zum Teil bläulich bereift. Blatthäutchen höchstens 0,5 mm lang. März-Juli. 10-50 cm.

Vorkommen: Liebt kalkreiche, aber extrem stickstoffsalzarme, lockere und oft mit gut zersetzendem Humus angereicherte Steinschuttböden, geht auch in Felsspalten, auf steinige Lehmböden und vernäßte Humusböden, in denen es tief wurzelt, so daß es oft noch das anstehende Gestein erreicht. Braucht Sommerwärme. Geht in Trockenwäldern an die sonnigsten Stellen. Fehlt im Tiefland; in den Mittelgebirgen mit Kalkgestein zerstreut (bevorzugt Höhen über 700 m); in den Kalkalpen häufig; steigt bis 2500 m; in den Zentralketten selten, bildet örtlich Bestände; Kalkzeiger.

Wissenswertes: ♃ *S. varia* (Jacq.) Wettst. wird mit *S. sadlerana* Janka (Blätter 4-5 mm breit, nicht blaugrün, oberste kaum 1,5 cm lang; Österreich, Tschechien, selten), *S. tatrae* (Degen) Deyl (oberste Blätter 2-3 cm lang; Slowakei; selten) und mit *S. uliginosa* Opiz (junge Blätter blaugrün, oberste 1-2 cm lang; Österreich, Tschechien; selten) zur Sammelart *S. varia* agg. zusammengefaßt.

Süßgrasgewächse *Poaceae*

Schilf *Phragmites*
Pfeifengras *Molinia*
Steifhalm *Cleistogenes*
Quellgras *Catabrosa*

Schilf

Phragmites australis (Cav.) Trin. ex Steud.
Süßgrasgewächse *Poaceae (Gramineae)*

Beschreibung: Rispe 20–40 cm lang, aufrecht oder schwach überhängend (wird vom Wind gegen die Blattscheiden gedreht). Ährchen 1–1,5 cm lang, 3–8blütig, bräunlich-violett oder hellbraun. Während der Blütezeit sind die langseidigen Haare der Ährchenachse sichtbar. Halm unten 0,5–1,2 cm dick, steif aufrecht. Blattspreiten 1–3 cm breit, graugrün. Anstelle des Blatthäutchens findet sich ein Haarkranz. Juli–September. 1–4 m; Exemplare, die im Wasser fluten, werden bis zu 10 m lang.

Vorkommen: Bevorzugt nicht zu kalte Schlick- und Schlammböden, die stickstoffsalzhaltig und basenreich sein sollten und verhältnismäßig sauerstoffarm sein können. Zeigt auf nicht überfluteten Standorten bewegtes Grundwasser an. Wurzelt bis über 1 m tief und ist daher aus vernäßten Äckern nur schwer zu vertreiben. Verlandungsfördernd. Übersteigt 1200 m kaum. Sehr häufig. An stehenden oder langsam fließenden Gewässern bildet es oft dichte Säume; dringt bis zu mehr als Metertiefe in das freie Wasser vor. Reißende Hochwässer erträgt es nicht.

Wissenswertes: ♃. Formenreiche Art, die sich nicht in klar umgrenzte Untersippen gliedern läßt. – Schilf taugt nicht als Futtergras, wird aber sonst vielfältig verwendet: Es liefert Streu, wird als Uferschutz angebaut, dient als Dachbedeckung und wird zu Abdeckmatten verarbeitet. Möglicher Rohstoff zur Zellulosegewinnung. – Ähnlich: Pfahlrohr (*Arundo donax* L.): Ährchenachse kahl; Deckspelzen langhaarig; Halm bis 6 m hoch, 3,5 cm dick. Mittelmeergebiet, gelegentlich in Wärmegebieten gepflanzt. – Pampasgras (*Cortaderia selloana* Schult. & Schult. f.): Rispen 30–100 cm lang, silbrig. Ziergras.

Pfeifengras

Molinia caerulea (L.) Moench
Süßgrasgewächse *Poaceae (Gramineae)*

Beschreibung: Rispe 10–40 cm lang, unregelmäßig beastet, aufrecht. Ährchen 4–8 mm lang, meist 2–3blütig, selten mit nur 1 oder mit bis zu 4 Blüten, meist bläulich-violett, aber auch grünlich oder gelblich. Deckspelze 3–4 mm lang. Halm steif aufrecht, am Grunde zwiebelig verdickt, darüber mit 2–3 eng stehenden Knoten, sonst knotenlos. Blattspreiten 3–6 mm breit. Anstelle des Blatthäutchens findet sich ein Haarkranz. Bildet große, dichte Horste, aus denen zahlreiche Halme straußartig hervorstehen. Juli-August. 0,2–2,5 m.

Vorkommen: Bevorzugt basenarme Böden (Sand, Lehm, Torf), die gut durchlüftet sein müssen, jedoch zeitweilig naß sein dürfen. Übersteht kurze Trockenperioden; wurzelt bis 1 m tief. Gedeiht in Sumpfwiesen ebenso wie auf austrocknenden Mooren, in Heiden wie in Wäldern; säumt Wege oder besiedelt Kahlschläge. Schnitt und Düngung erträgt es nicht. Aus kultiviertem Grünland verschwindet es. Sehr häufig; fällt im Herbst durch seine rötlich-gelbe Färbung auf; steigt in den Alpen bis etwa 2000 m.

Wissenswertes: ♃. *M. caerulea* (L.) Moench wird mit *M. arundinacea* Schrank (Rispe aufrecht-abstehend; Deckspelze der untersten Blüten 5–7 mm lang, spitz; Blätter 0,8–1 cm breit; 1–2 m hoch; auf basenreichen Böden, vorwiegend südlich der „Mainlinie"; selten, im Alpenvorland zerstreut) zur Sammelart *M. caerulea* agg. zusammengefaßt. – „Pfeifengras" heißt die Art, weil sich die meterlangen, zähen Halme leicht aus der im Horst verborgenen innersten Scheide ziehen lassen; von da an sind die Halme knotenlos. Sie eigneten sich daher gut zum Reinigen der langen Pfeifen aus „Großvaters Zeiten".

Süßgrasgewächse *Poaceae*

Steifhalm
Cleistogenes serotina (L.) KENG
Süßgrasgewächse *Poaceae (Gramineae)*

Beschreibung: Blütenstand eine lockere Rispe, die 4–10 cm lang wird (in den ziemlich eng anliegenden obersten Blattscheiden sind oft noch seitliche Rispen verborgen, die nur 1–4 cm lang werden und relativ wenige Ährchen tragen. Ihre Blüten bestäuben sich selbst; sie fruchten regelmäßiger als die freistehenden Ährchen der endständigen Rispe). Ährchen an den unteren Ästen der endständigen Rispe kurz gestielt, an den oberen Ästen sitzend oder fast sitzend, etwa 1 cm lang, 2–5blütig. Blühende Halme aufsteigend oder steif aufrecht. Blattspreiten auffällig starr abstehend, um 5 mm breit, allmählich zugespitzt und bis zu 6 cm lang, graugrün. Blatthäutchen höchstens 0,5 mm lang; zuweilen fehlt das Blatthäutchen. Der Steifhalm wächst in lockeren Rasen, weil er Ausläufer treibt. Neben blühenden Sprossen finden sich regelmäßig nichtblühende, die starr aufrecht stehen oder knickig aufsteigen. August–Oktober. 0,5–1 m.

Vorkommen: Braucht warme, ja heiße, lichtdurchflutete Standorte, die felsig sein sollten und trocken sein dürfen. Tiefwurzler. Kommt nur im südlichen Grenzgebiet Mitteleuropas (Alpensüdfuß) sowie in Tschechien, in Niederösterreich und im Burgenland im Gebiet der pannonischen Flora vor und besiedelt auch dort nur die wärmsten Standorte. Heimat: Östliches Mittelmeergebiet und südliches Osteuropa sowie Vorderasien. Sehr selten. Übersteigt in den südöstlichen Gebieten Mitteleuropas 700 m nicht.

Wissenswertes: ♃. Bei der Art dürfte es sich um eine Reliktpflanze aus trockenen Warmzeiten der jüngsten Erdgeschichte handeln, die indessen auch damals kaum die Alpen überschritten haben dürfte.

Quellgras
Catabrosa aquatica (L.) PB.
Süßgrasgewächse *Poaceae (Gramineae)*

Beschreibung: Rispe sehr locker, pyramidenförmig, 5–30 cm lang, weit ausladend; auf dem untersten „Stockwerk" 4–10 Äste. Ährchen 2–5 mm lang, meist 2blütig (1–3blütig), in der Regel violett überlaufen. Hüllspelzen eiförmig, 2–5 mm lang, violett; Deckspelzen 2–3 mm lang, dünnhäutig, glatt, stumpf, rötlich-violett oder weißlich. Die Ährchen zerbrechen bei der Reife unterhalb der Deckspelzen. Halm schlaff, glatt, knickig aufsteigend, an den unteren Knoten zuweilen wurzelnd. Blattspreiten 3–5 mm breit, hellgrün. Blatthäutchen eiförmig, 3–4 mm lang. Treibt Ausläufer, die ziemlich lang werden können und sich an den Knoten bewurzeln. Mai–August. 10–50 cm.

Vorkommen: Braucht besonnte, offene Standorte über sickernassen, stickstoffsalzreichen und gut mit Sauerstoff versorgten Böden. Bevorzugt daher Quellränder, Ufer kleiner Bäche und Gräben, geht auch auf leicht salzhaltigen Schlick. Etwas wärmeliebend. Im Tiefland westlich der Elbe selten, nördlich und östlich von ihr zerstreut, sonst nur vereinzelt, im Einzugsgebiet der Donau selten; bildet an seinen Standorten oft individuenreiche Bestände. Steigt in den Alpen bis über 2000 m.

Wissenswertes: ♃. Das Quellgras hat einen hohen Futterwert. Es wird seiner süßen Stengel und seiner saftigen Blätter wegen vom Wild ebenso gerne gefressen wie von Rindern. Landwirtschaftlich hat es dennoch keine Bedeutung erlangt, weil es sich aufgrund seiner Standortsansprüche nicht anbauen läßt. In Mitteleuropa ist es im 20. Jahrhundert stark zurückgegangen; man hat Standorte vielfach vernichtet, indem man Gräben zu oft und tief „ausputzte".

Süßgrasgewächse *Poaceae* ▶

Zittergras *Briza*
Liebesgras *Eragrostis*

Gewöhnliches Zittergras
Briza media L.
Süßgrasgewächse *Poaceae (Gramineae)*

Beschreibung: Rispe 5–15 cm lang, sehr locker und zierlich ausgebreitet. Rispenäste sehr dünn und zum Teil geschlängelt. Ährchen hängend, 4–7 mm lang, rundlich bis herzförmig, seitlich abgeplattet, grün oder violett, zuweilen hell gescheckt, schon beim leisesten Lufthauch zitternd. Grannen fehlen. Halme aufrecht. Blattscheiden geschlossen. Blattspreiten 2–4 mm breit, am Rand rauh. Blatthäutchen kürzer als 1 mm. Mai–Juni. 20–50 cm.

Vorkommen: Scheut stickstoffsalzreiche Böden; Magerkeitszeiger. Wenig anspruchsvoll hinsichtlich der Bodenart; gedeiht sowohl auf sandigem, lehmigem, tonigem oder torfigem Untergrund. Erträgt zeitweise Trockenheit gut, wird aber durch kurzdauernde Vernässung noch nicht konkurrenzunfähig. Auf gedüngtem Grund verschwindet das zierliche Gras alsbald. Daher geht es immer mehr zurück; im Tiefland westlich der Elbe fehlt es größeren Gebieten, sonst zerstreut und in mäßig individuenreichen Beständen. Steigt in den Alpen bis zur Waldgrenze.

Wissenswertes: ♃. Wächst in lockeren Rasen; meist mit kurzen Ausläufern. Je nach Standort in seiner Wuchsform sehr veränderlich; auf feuchten Sandböden bildet es lange Ausläufer; im Wald kann es nahezu 1 m hoch werden; an hochgelegenen Standorten herrschen Formen mit violetten Ährchen vor. – Ähnlich: Großes Zittergras (*B. maxima* L.): Wenige Ährchen, 1,2–2,5 cm lang, hängend, herzförmig; Blätter 3–8 mm breit; Mittelmeergebiet, vereinzelt bis zum Alpensüdfuß; zuweilen Zierpflanze; 1jährig; unbeständig verwildert. – Kleines Zittergras (*B. minor* L.): Zahlreiche Ährchen, 3–5 mm lang; Blätter 2–3 mm breit. Alpensüdfuß; zerstreut; 1jährig.

Kleines Liebesgras
Eragrostis minor HOST
Süßgrasgewächse *Poaceae (Gramineae)*

Beschreibung: Rispe 5–15 cm lang, aufrecht, locker, Rispenäste dünn, doch steif, gelegentlich geschlängelt, unterste in der Rispe einzeln oder paarweise. Ährchen elliptisch, seitlich zusammengedrückt, oft violett überlaufen, 5–9 mm lang, um 2 mm breit, mit meist 5–12 Blüten. Hüllspelzen etwa gleich groß, eiförmig bis lanzettlich; Deckspelzen knapp 2 mm lang, eiförmig bis lanzettlich, spitz, keine Drüsen auf dem Kiel (starke Lupe!), grünlich und oft weinrot überlaufen. Halme niederliegend oder aus geknicktem Grund aufsteigend, sehr schütter langhaarig. Blattscheiden lang und abstehend behaart; Haare jedoch nicht allzu dicht stehend. Blattspreiten um 3 mm breit, am Rand lang behaart und mit kurz gestielten Drüsen. Anstelle des Blatthäutchens Haarkranz. Juli–Oktober. 5–30 cm.

Vorkommen: Liebt warme, lockere, mäßig stickstoffsalzhaltige Böden, die gut durchlüftet sein müssen. Erträgt zeitweilige Trockenheit gut. Bevorzugt daher Bahnschotter, sandige Wege und Äcker. Da es trittunempfindlich ist, geht es gelegentlich auch in die Fugen zwischen Pflastersteinen. Seltener trifft man es auf Kiesbänken an, da ihm diese Stellen zu kalt sind. Im Tiefland westlich der Elbe selten, an ihrem Unterlauf, nördlich und östlich von ihr zerstreut; sonst nur in den tiefer gelegenen Sandgebieten selten; an seinen Standorten meist in kleineren Beständen. Heimat: Südosteuropa. In der Schweiz eher selten und im gesamten Alpengebiet nur bis etwa 1000 m aufsteigend.

Wissenswertes: ☉. Wächst in kleinen, niederen Büscheln. Bei uns wurde es – seit etwa 1880 von Südosten her einwandernd – zur typischen Bahnhofspflanze.

Süßgrasgewächse *Poaceae*

Großes Liebesgras
Eragrostis megastachya (KOEL.) LK.
Süßgrasgewächse *Poaceae (Gramineae)*

Beschreibung: Rispe 5-15 cm lang, aufrecht, eher dicht, pyramidenförmig. Rispenäste steif, selten geschlängelt. Ährchen 0,5-2,5 cm lang, seitlich stark zusammengedrückt, um 3 mm breit, mit meist 16-24 (gelegentlich sogar bis zu 40!) Blüten, oft violett überlaufen. Hüllspelzen etwa gleich groß, eiförmig, spitzlich; Deckspelzen 2-3 mm lang, breit-eiförmig, spitz zulaufend, weinrot, auf dem Kiel oft drüsig (starke Lupe!). Halm aus liegendem Grund aufsteigend oder aufrecht, oft leicht blaugrün, glatt, kahl oder sehr schütter behaart. Blattscheiden nur am Rand behaart, sonst kahl. Blattspreite 3-4 mm breit, kahl und auch am Rand nicht langhaarig, aber hier und auf der Mittelrippe der Blattunterseite mit kurzstieligen Drüsen (Lupe!). Anstelle des Blatthäutchens findet sich ein Haarkranz. Mai-September. 10-50 cm.

Vorkommen: Liebt trockene, im Sommer stark erwärmte Böden, die basenreich oder kalkhaltig und stickstoffsalzarm sein sollten, zugleich jedoch gut durchlüftet sein müssen. Die obersten 50 cm sollten nicht über längere Zeit oder dauernd sickerfeucht sein. Solche Bedingungen finden sich am ehesten auf vergrusten, ehemals eingeschotterten Bahnsteigen oder an feingeschotterten Bahndammrändern, seltener auf Hackfruchtäckern oder Brachen in Sandgebieten, und zwar nur in den wärmsten Gegenden. Selbst hier ist das Große Liebesgras selten und meist unbeständig. Seine Heimat ist Südosteuropa und das Mittelmeergebiet.

Wissenswertes: ⊙. Typische „Bahnhofspflanze", deren sporadisches Auftreten in der Nähe von Abstellgleisen der Güterbahnhöfe erwartet werden darf.

Behaartes Liebesgras
Eragrostis pilosa (L.) PB.
Süßgrasgewächse *Poaceae (Gramineae)*

Beschreibung: Rispe 10-20 cm lang, aufrecht, locker, pyramidenförmig. Rispenäste sehr dünn, glatt, fast waagrecht abstehend, unterste in der Rispe zu 2 oder zu mehr und dann mehr oder weniger wirtelig, nicht einseitig-büschelig. Ährchen 3-5 mm lang, 5-10blütig, mindestens an der Spitze dunkel rotviolett. Reife Körner kaum 1 mm lang. Halm aufrecht oder knickig aufsteigend, glatt, kahl. Blattscheiden nur am Übergang zur Blattspreite büschelig behaart, sonst völlig kahl. Blattspreite 3-4 mm breit, am Rand und oberseits etwas rauh, aber drüsenlos. Anstelle des Blatthäutchens findet sich ein Haarkranz. Juli-Oktober. 5-50 cm.

Vorkommen: Liebt trockene, im Sommer stark erwärmte Böden, die mäßig nährstoffreich sein sollten und gut durchlüftet sein müssen. Erträgt dauernd sickerfeuchte Böden nicht. Wächst nur an den wärmsten Stellen im südlichen Mitteleuropa, und zwar vor allem auf vergrusten Bahnsteigen, aber auch auf gedüngten Sandböden und feinerdearmen Kiesböden, unter denen der Grundwasserspiegel tief steht. Heimat: Mittelmeergebiet; selten am Alpensüdfuß, unbeständig am Oberrhein.

Wissenswertes: ⊙. Das Behaarte Liebesgras gilt als Stammform des Tef-Getreides (*Eragrostis tef* (ZUCC.) TROTTER) der Abessinier. Dieses zeichnet sich – bei einer Halmlänge von 20-50 cm – durch 15-35 cm lange, mäßig dichte Rispen aus; es liefert Körner von nur 1-1,5 mm Durchmesser; damit gehört es zu den Getreiden, deren Körner am kleinsten sind. Diese werden zu Mehl vermahlen, das allerdings wenig backtauglich ist. Tef wird neuerdings zuweilen in Mitteleuropa unbeständig eingeschleppt.

Süßgrasgewächse *Poaceae* ▶

Schillergras *Koeleria*

Behaartes Schillergras
Koeleria hirsuta GAUDIN
Süßgrasgewächse *Poaceae (Gramineae)*

Beschreibung: Rispe 2–4 cm lang, dicht, lappig-ährenförmig, etwas schlaff, leicht überhängend. Ährchen 4–6 mm lang, 2–4blütig, violett überlaufen, seitlich etwas zusammengedrückt. Hüllspelzen etwa gleich groß, mit einer kurzen Granne an der Spitze, grünlich und oft violett überlaufen, mit einem silbrigen, durchscheinenden Rand; Deckspelzen spitz, nahe der Spitze auf dem Rücken mit einer etwa 3 mm langen Granne. Halme am Grunde zwiebelartig verdickt, unter der Rispe kurzhaarig. Blattscheiden an der grundständigen Zwiebel zerfasern nicht. Blätter eingerollt, etwa 1 mm breit, hellgrün bis blaugrün, kahl oder kurzhaarig. Blatthäutchen 1–2 mm lang. Juni–August. 10–30 cm.

Vorkommen: Braucht sommerliche Wärme, erträgt aber Kälte. Bevorzugt steile, oft felsige Südhänge mit schütterem Bewuchs, doch gutem Feinerdegehalt. Geht auch in Felsspalten, wenn diese mit lockerer Feinerde gefüllt sind. Übersteht Trockenheit, auch wenn sie länger andauert. Bevorzugt Höhenlagen zwischen etwa 1800–3000 m. In den Nördlichen Kalkalpen sehr selten; fehlt hier größeren Gebieten. In den östlichen Süd- und Zentralalpen (nach Westen etwa bis zu einer gedachten Linie vom Aostatal bis zum St. Gotthard und zum Hinterrhein) selten, aber in mäßig individuenreichen Beständen.

Wissenswertes: ♃. Innerhalb der Art gibt es eine Anzahl von Sippen, die sich in Größe und Wüchsigkeit voneinander unterscheiden. Die Sippenentwicklung wird gefördert, weil das Vorkommen lückig ist, so daß die einzelnen Populationen isoliert sind. Die systematische Bedeutung solcher Sippen ist fraglich; eine Untergliederung hat sich nicht durchgesetzt.

Blaugrünes Schillergras
Koeleria glauca (SCHRAD.) DC.
Süßgrasgewächse *Poaceae (Gramineae)*

Beschreibung: Rispe 3–5 cm (selten bis zu 10 cm) lang, dicht ährenförmig-lappig, aufrecht; Rispenachse ziemlich dicht, doch kurz behaart. Ährchen 4–5 mm lang, 2–3blütig, hellbraunweißlich. Hüllspelzen deutlich ungleich lang (obere länger als untere und meist so lang wie die 1. Blüte), stark gekielt, auseinander gefaltet vorne stumpflich; Deckspelzen stumpflich, mit sehr kurzer, aufgesetzter Stachelspitze, an der Basis kurz behaart. Halme verstreut kurzhaarig. Untere Blattscheide kurzhaarig, obere meist kahl. Blätter borstlich eingerollt oder flach, dann aber höchstens 2 mm breit, steif, auffallend blau(grau)grün. Die untersten Blattscheiden verdicken den Halmgrund zwiebelartig; die älteren Blattscheiden zerfallen in gerade Fasern. Juni–Juli. 20–70 cm.

Vorkommen: Das Blaugrüne Schillergras liebt lockere Sandböden, denen Feinerde fast völlig fehlen kann. Basenreich oder kalkhaltig sollten die Böden jedoch sein; Stickstoffsalze erträgt dieses Gras nur in geringen Konzentrationen; Magerkeitszeiger; wärmeliebend. Das Blaugrüne Schillergras bevorzugt sonnige Standorte. Nur selten besiedelt es lichte Kiefernwälder. Es gedeiht vor allem in den Sandgebieten des Tieflandes am Unterlauf der Elbe und östlich davon, außerdem in den Sandflächen beidseits des nördlichen Oberrheins zwischen Bruchsal und Mainz und in Niederösterreich; überall selten und nur in lockeren, individuenarmen Beständen.

Wissenswertes: ♃. Formenreiche Art. Sehr ähnlich: Sand-Schillergras (*K. arenaria* DUM.): Alle Spelzen spitz, lockerrasig; 10–25 cm. In Dünenrasen, selten; nur westliche Ost- und Nordseeküste (Inselkette).

Süßgrasgewächse *Poaceae*

Pyramiden-Schillergras
Koeleria pyramidata agg.
Süßgrasgewächse *Poaceae (Gramineae)*

Beschreibung: Rispe 5–20 cm lang, oben ährenförmig dicht, unten abstehend lappig. Ährchen 3–7 mm lang, 2–4blütig, silbrig schillernd, seltener grünlich oder violett überlaufen. Halm dick, steif, meist nur unter der Rispe kurzhaarig, am Grund von alten Blattscheiden umschlossen, die sich nie in Fasern aufteilen. Blattscheiden grün, obere kahl, unterste zuweilen behaart und oft durch mehr oder weniger parallele Adern etwas gerillt (Adern nur selten miteinander vernetzt). Blätter 2–3,5 mm breit, flach, grasgrün oder etwas blaugrün, am Rand schütter, abstehend und lang bewimpert. Blatthäutchen etwa 1 mm lang. Juni–Juli. 0,3–1 m.

Vorkommen: Braucht gut durchlüfteten, mäßig trockenen Boden. Bevorzugt daher steinige Lehm- und Tonböden sowie Sande, die basenreich sein sollten und oft kalkhaltig sind. Bestimmte Sippen besiedeln Flußgerölle oder Torf. Hauptstandorte sind Halbtrockenrasen und Magerweiden, seltener magere Wiesen und Gebüsche. Fehlt im Tiefland westlich der Weser; östlich von ihr selten und gebietsweise fehlend; in den Mittelgebirgen mit kalkhaltigem oder basenreichem Gestein zerstreut, an seinen Standorten meist in lockeren, individuenreichen Beständen. Steigt in den Alpen bis über 2000 m.

Wissenswertes: ♃. Formenreiche Sammelart. Es werden mehrere Kleinarten unterschieden, u. a.: Zierliches Schillergras (*K. macrantha* (LEDEB.) SPRENG.): Obere Hüllspelze mit schmalem, durchscheinendem Rand; wärme- und trockenheitsliebend; Felshänge, Geröllhalden an Flußufern. – Beim Wollährigen Schillergras (*K. eriostachya* PANČ.) sind die Spelzen weich behaart; südöstliche Alpenketten, auf Kalk.

Walliser Schillergras
Koeleria vallesiana (HONCK.) GAUDIN
Süßgrasgewächse *Poaceae (Gramineae)*

Beschreibung: Rispe 2–6 cm lang, dicht, dick-spindelig, ährenförmig zusammengezogen (nicht lappig!). Ährchen 4–6 mm lang. Hüllspelzen ungleich lang, die obere länger als die untere, beide zugespitzt oder kurzgrannig (Granne kaum 1 mm), frischgrün oder blaßbraun-beige, mit breitem, durchscheinenden und zuweilen etwas silbrigen Rand; Deckspelzen spitzlich oder mit sehr kurzer Stachelspitze. Halme zart, am Grunde auf etwa 0,5–1 cm Länge gleichmäßig, doch auffallend (nicht ausgesprochen zwiebelartig!) verdickt, schütter kurzhaarig oder kahl. Die unteren, alten Blattscheiden zerfasern zu einem feinen, geschlängelten Netz, das den Stengel als rohrartige Manschette umschließt. Blattspreiten kurz (2–5 cm, selten bis 10 cm), meist borstlich zusammengerollt, starr und steif, selten flach und dann 1,5–3 mm breit. Blatthäutchen um 1 mm lang. Mai–Juli. 20–50 cm.

Vorkommen: Bevorzugt sehr warme, oft flachgründige, lockere und trockene Steinböden mit etwas Humus oder Lehm, die jedoch kalkreich sein müssen. Erträgt auch extreme Winterkälte, wenn der Standort durch eine hohe Schneedecke geschützt wird. Gedeiht vor allem im westlichen Alpengebiet, vereinzelt im Oberrheingebiet (südlich von Mainz), im südlichen Elsaß und in den wärmsten Gebieten am Alpensüdfuß sowie im Wallis. Sehr selten, aber meist in kleineren Beständen.

Wissenswertes: ♃. Das Areal der Art ist zerrissen. Von den Teilarealen wurden zum Teil etwas abweichende Sippen beschrieben, die sich indessen in Mitteleuropa nicht klar abgrenzen lassen. In Spanien kommt die ssp. *castellana* (BOISS. & REUTER) DOMIN vor.

Süßgrasgewächse *Poaceae* ▶

Perlgras *Melica*

Gewöhnliches Wimper-Perlgras
Melica ciliata L.
Süßgrasgewächse *Poaceae (Gramineae)*

Beschreibung: Rispe 6–12 cm (vereinzelt bis zu 25 cm) lang, meist nur mäßig dicht ährenförmig zusammengezogen, gelegentlich einseitswendig oder unterbrochen; Rispenäste oft kurz und aufrecht-abstehend. Ährchen 4–8 mm lang, grünviolett, olivgelb vertrocknend, 2blütig, jedoch 1 Blüte in der Regel verkümmert. Hüllspelzen etwas ungleich, eiförmig, spitzlich; Deckspelzen am Rande dicht zottig langhaarig (fällt zur Blütezeit, in der die Spelzen auseinanderklaffen, schon von weitem auf). Halm aufrecht, schlank, unter der Rispe rauh. Blattscheiden kahl oder mäßig behaart. Blattspreiten steif, oftmals flach, 3–4 mm breit, seltener borstlich, graugrün. Blatthäutchen 2–3,5 mm. Juni–Juli. 30–70 cm.

Vorkommen: Braucht lockeren, sommerwarmen, kalkhaltigen oder basenreichen Boden, der arm an Stickstoffsalzen sein muß. Bevorzugt steinige, feinerdereiche Schuttböden und Felsspalten. Erträgt sommerliche Trockenheit gut. Geht daher gelegentlich auch in erdgefüllte Mauerspalten. Fehlt im Tiefland. Hauptverbreitung in den kalkhaltigen Mittelgebirgen und im westlichen (Südwestdeutschland) und östlichen Alpenvorland, von wo es in einzelnen Tälern bis etwa 1500 m in die Alpen vordringt. In diesem Gebiet selten, aber an seinen Standorten meist in kleineren Beständen. Im übrigen Alpenvorland nur vereinzelt; am Alpensüdfuß zerstreut.

Wissenswertes: ♃ *M. ciliata* L. wird mit dem Siebenbürger Wimper-Perlgras (*M. transsilvanica* SCHUR: Blätter gekielt, untere Scheiden zottig; ähnlich verbreitet wie *M. ciliata*; selten auch bastardierend) zur Sammelart *M. ciliata* agg. zusammengefaßt.

Einblütiges Perlgras
Melica uniflora RETZ.
Süßgrasgewächse *Poaceae (Gramineae)*

Beschreibung: Rispe 6–20 cm lang, sehr locker, mit aufrecht abstehenden Ästen. Nur wenige, weit voneinander entfernt stehende Ährchen, wobei die Stiele der untersten Ährchen wesentlich länger als die Ährchen sind. Ährchen 5–6 mm lang, verkehrt-eiförmig, 1blütig (d. h. neben 1 fertilen, zwittrigen Blüte finden sich oft noch 2–3 sterile Deckspelzen) und meist rötlich-violett gefärbt (nicht nur überlaufen). Hüllspelzen etwa gleich lang, eiförmig, auf dem Rücken gerundet; Deckspelze der fertilen Blüte eiförmig, stumpflich, etwas kürzer als die Hüllspelzen. Halm dünn, schlaff, aufsteigend oder aufrecht. Blattscheiden häufig kahl, seltener schütter und zurückgeschlagen behaart. Spreiten 4–5 mm, seltener nur 3 oder bis zu 7 mm breit, hellgrün, oberseits schütter behaart. Blatthäutchen etwa 0,5 mm lang; auf der Seite, die der Spreite gegenüber liegt, ist es zu einem 1–3,5 mm langen, borstenartigen Anhängsel ausgezogen. Das Einblütige Perlgras treibt dezimeterlange, unterirdische Ausläufer. Mai–Juni. 30–60 cm.

Vorkommen: Liebt basenreiche, oft kalkarme, tiefgründige, humusreiche Lehmböden. Bevorzugt Laub- und Mischwälder, deren Mullschicht tiefreichende Bodentrockenheit eindämmt. Fehlt im Tiefland westlich der Elbe größeren Gebieten, sonst dort selten; östlich der Elbe zerstreut, desgleichen in den Mittelgebirgen mit basenreichen Böden; fehlt im Alpenvorland vollständig, in Österreich und in der Schweiz gebietsweise. In den Alpen bis gegen 1200 m.

Wissenswertes: ♃ LINNÉ nannte die Gattung willkürlich „*Melica*". In Südosteuropa meinte der Name Meline (von griech. meli = Honig) ein Bartgras mit süßem Mark.

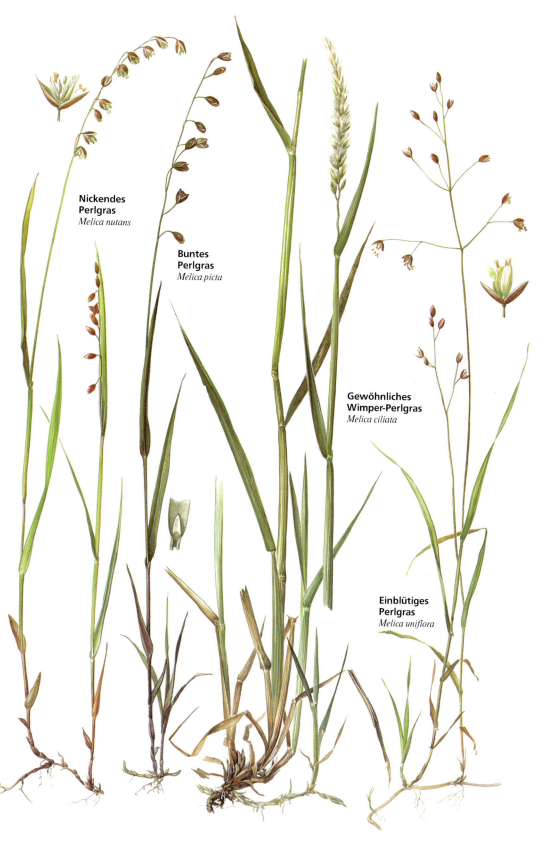

Süßgrasgewächse *Poaceae*

Nickendes Perlgras
Melica nutans L.
Süßgrasgewächse *Poaceae (Gramineae)*

Beschreibung: Einseitswendig überhängende, lockere Traube oder Rispe, die 5–18 cm lang wird. Ährchen 6–7 mm lang, verkehrt-eiförmig, 2–3blütig, stets nickend, violett bis braunpurpurn, oft etwas gescheckt. Hüllspelzen auf dem Rücken gerundet. Halm dünn, schlaff, aufsteigend oder aufrecht. Blattscheiden (zuweilen undeutlich) rauh, untere meist purpurn überlaufen. Blattspreiten 2–6 mm breit, hellgrün, auf der Oberseite schütter behaart. Blatthäutchen 0,5 mm lang und stets ohne Anhängsel auf der Halmseite, bräunlich. Das Nickende Perlgras treibt mehrere Dezimeter lange, unterirdische Ausläufer. Mai–Juni. 30–60 cm.

Vorkommen: Liebt humus- und basenreichen, meist auch kalkhaltigen, eher feuchten Lehmboden. Bevorzugt Laub- und Mischwälder, geht aber auch in trockene Gebüsche und dichte Auenwälder. Fehlt im Tiefland westlich der Elbe, östlich von ihr selten; in den Mittelgebirgen mit basenreichem Gestein zerstreut, im Alpengebiet nur in den Kalkalpen (bis etwa zur Waldgrenze) zerstreut, in den Zentralalpen selten.

Wissenswertes: ⚃. Das Nickende Perlgras bildet auf den besten Waldböden Mitteleuropas oft größere Bestände. In Herden steht es indessen auch auf Böden minderer Güte, wenn diese reich an gut zersetzendem Humus sind. – *M. nutans* L. wird mit *M. picta* K. KOCH (s. rechts) zur Sammelart *M. nutans* agg. zusammengefaßt. – Ähnlich: Sibirisches Perlgras (*M. altissima* L.): Traubenrispe 10–20 cm lang, mit kurzen, aufrechten Ästen; Ährchen zahlreich, 0,7–1 cm lang; Halm 0,6–2,5 m lang; Blätter 0,5–1,5 cm breit; Blatthäutchen 3–5 mm lang; Tschechien, Slowakei; Niederösterreich vereinzelt; sonst als Zierpflanze in Gärten.

Buntes Perlgras
Melica picta K. KOCH
Süßgrasgewächse *Poaceae (Gramineae)*

Beschreibung: Überhängende Traube oder Rispe, meist 5–8 cm lang, selten länger. Ährchen 8–9 mm lang, verkehrt-eiförmig, 2–3blütig, stets nickend, meist grün; Hüllspelzen auf dem Rücken gerundet, nur vorn etwas violett und mit gelblichem Rand. Halm dünn, schlaff, aufsteigend oder aufrecht. Blattscheiden (zuweilen undeutlich) rauh, untere oft stahlblau überlaufen. Blattspreiten 2–6 mm breit, graugrün, auf der Oberseite rauh, wenig behaart. Blatthäutchen 1–2,5 mm lang, weiß. Das Bunte Perlgras wächst in Horsten, aus denen kurze Ausläufer austreiben. Mai–Juni. 30–50 cm.

Vorkommen: Braucht einen sommerwarmen Standort, der aber eher feucht als trocken sein sollte und basenreich sein muß, wiewohl ihm Kalk durchaus fehlen kann. Das Bunte Perlgras bevorzugt Tonböden und siedelt sich gerne in krautreichen Laubwäldern, seltener in Mischwäldern oder wärmeliebenden Gebüschen an. Es kommt nur in einem schmalen, nach Südosten breiteren Keil zwischen Donau und Thüringen bis ins nördliche Oberrheintal (Spitze des Keils bei Mainz), außerdem in Tschechien und in Niederösterreich vor. Sonst fehlt es. Es ist nirgends häufig.

Wissenswertes: ⚃. Das Bunte Perlgras steht dem Nickenden Perlgras sehr nahe. Deswegen werden beide Arten zur Sammelart (*Melica nutans* agg.) zusammengefaßt. Gelegentlich werden Exemplare gefunden, bei denen die Blatthäutchen knapp 1 mm lang sind und die sich keiner der beiden Kleinarten eindeutig zuordnen lassen. Man hat schon vermutet, daß diese Formen Bastarde zwischen *M. nutans* und *M. picta* sein könnten; unseres Wissens steht ein experimenteller Beweis für diese Vermutung noch aus.

Süßgrasgewächse *Poaceae*

Knäuelgras *Dactylis*
Kammgras *Cynosurus*
Hartgras *Sclerochloa*

Knäuelgras
Dactylis glomerata agg.
Süßgrasgewächse *Poaceae (Gramineae)*

Beschreibung: Rispe 15–20 cm lang, meist einfach und einseitswendig, aufrecht, oft mit weit abstehendem unterstem Rispenast. Ährchen an den Astenden büschelig gehäuft, 7–8 mm lang, 3–5blütig; Spelzen grün, sehr kurz behaart, auf dem Kiel kurz bewimpert (Lupe!). Halm aufsteigend oder aufrecht. Blattspreiten 0,3–1 cm breit, grau(blau)grün, im Schatten oft bleichgrün. Blatthäutchen 3–5 mm lang. Wächst in Horsten oder in dichten Rasen, aus denen keine Ausläufer hervortreiben. Die Halme sind an der Basis von Blattscheiden umstanden und meist etwas abgeflacht. Mai–Juni. 0,3–1,2 m.

Vorkommen: Liebt frischen, mäßig stickstoffsalzreichen Boden, der im übrigen steinig, sandig, lehmig oder tonig sein kann. Besiedelt Wiesen, Wegränder und (in der unten beschriebenen Kleinart) lichte Wälder. Sehr häufig; in den Alpen bis über 2300 m.

Wissenswertes: ♃. Die Sammelart umfaßt das oben beschriebene Wiesen-Knäuelgras (*D. glomerata* L.) und das Wald-Knäuelgras (*D. polygama* HORVÁTOVSZKY): Rispe gleichmäßig, ihr unterster Ast etwas herabhängend; Ährchen 3–6blütig; Spelzen blaß, kahl oder nur auf dem Kiel behaart; Blätter hellgrün, 3–6 mm breit; Laub- und Mischwälder; fehlt im Tiefland westlich der Elbe fast ganz, östlich davon selten, sonst zerstreut, doch größeren Gebieten fehlend; geht kaum über 800 m. Zwischen beiden Kleinarten scheint es Übergangsformen zu geben, so daß manche Individuen nur schwer einem der beiden Taxa zugeordnet werden können. Außerdem hat man innerhalb der Kleinart *D. glomerata* L. einige Sippen unterschieden. – Große Bedeutung hat das Wiesen-Knäuelgras als eines der wertvollsten Futtergräser.

Wiesen-Kammgras
Cynosurus cristatus L.
Süßgrasgewächse *Poaceae (Gramineae)*

Beschreibung: Ährenrispe schmal, 3–8 cm lang, 0,5–1 cm breit, nur während der Blütezeit mit abgespreizten Ährenbüscheln, sonst kammartig gelappt, einseitswendig; Rispenachse zickzackartig geschlängelt und wegen der Einseitswendigkeit der 2zeilig ansitzenden Ährchen nur von 1 Seite sichtbar. Ährchen 3–5 mm lang, grün, 2–4blütig, jedes von einem sterilen Ährchen begleitet, bei dem an seiner Achse 6–12 schmale, stachelspitzige Spelzen kammartig genähert sind. Halm dünn, steif, am Grund oft aufgebogen. Blattspreite schwach rinnig, 2–4 mm breit, gelegentlich gefaltet. Blatthäutchen etwa 1 mm lang. Wächst in kleinen Horsten. Die am Grund von Blattscheiden eingeschlossenen Sprosse treiben keine Ausläufer. Juni–Juli. 20–60 cm.

Vorkommen: Liebt eher mäßig stickstoffsalzhaltigen, basenreichen, jedoch nicht unbedingt kalkhaltigen Boden, der eher feucht als trocken sein sollte. Gegen Spätfröste empfindlich; bevorzugt Gebiete, in denen die Luftfeuchtigkeit nicht über mehrere Wochen im Frühjahr zu stark absinkt. Stellt an den Boden keine großen Ansprüche und siedelt sich sowohl auf Sanden als auch auf Ton- und nicht zu schweren Lehmböden an, die es letztlich bevorzugt. Häufig. Geht in den Alpen bis etwa 2000 m.

Wissenswertes: ♃. Das Wiesen-Kammgras ist ertragsschwach. Daher wird es als Futtergras nur auf extensiv genutzten Weiden geschätzt. Allerdings verschmähen Rinder im Sommer die etwas drahtigen und zähen Halme, die daher ihre Früchte reifen lassen können. Durch diese Auslese vermehrt es sich – trotz Nutzung – auf Weiden; örtlich gehäufte Vorkommen in Wäldern zeugen von früher praktiziertem Viehaustrieb.

Süßgrasgewächse *Poaceae*

Stachel-Kammgras
Cynosurus echinatus L.
Süßgrasgewächse *Poaceae (Gramineae)*

Beschreibung: Ährenrispe eiförmig, selten eiförmig-kugelig, 1–5 cm lang und 1–2 cm dick (ohne Grannen gemessen), einseitswendig, dicht. Ährchen 0,8–1 cm lang, in dichten Büscheln an der Rispenachse angeordnet, wobei sterile und fertile Ährchen eng zusammensitzen; die sterilen Ährchen verbergen die fertilen oft zwischen sich. Deckspelze der fruchtbaren Ährchen mit einer 1–1,5 cm langen Granne. Ährenrispe daher auffällig igelartig borstig. Fertile Ährchen etwas kürzer als sterile, meist 2blütig (selten nur 1 oder bis zu 5 Blüten). Jedes Ährchen von einem sterilen Ährchen begleitet, bei dem an seiner Achse 8–16 schmale, stachelspitzige, kurzgrannige Spelzen kammartig genähert sind. Halm unterhalb der Rispe dünn. Blattspreite meist flach, 4–8 mm breit. Blatthäutchen 5–8 mm lang. Das Stachel-Kammgras wächst in lockeren Büscheln, die durch kurze Ausläufer miteinander verbunden sein können. Mai–Juni. 20–70 cm.

Vorkommen: Braucht Standorte, die im Sommer sehr warm sein müssen. Erträgt Trockenheit. Empfindlich gegen Winterkälte, gedeiht nur in Lagen mit feucht-mildem Winterklima. Heimat: Westeuropäische Atlantikküste und westliches Mittelmeergebiet. In Mitteleuropa immer wieder eingeschleppt, aber nur bei günstigen Witterungsbedingungen und Standortsverhältnissen kurzfristig gedeihend. Sehr selten.

Wissenswertes: ☉. Die Art bevorzugt in Mitteleuropa vor allem Wegränder und vergrusten Bahnschotter auf Güterbahnhöfen als Wuchsorte. Gelegentlich hat man das Stachel-Kammgras auch schon wegen seiner borstigen Ährenrispen als Ziergras angebaut bzw. getrocknet in Dauersträuße eingebunden.

Hartgras
Sclerochloa dura (L.) PB.
Süßgrasgewächse *Poaceae (Gramineae)*

Beschreibung: Blütenstand in seiner unteren Hälfte eine Ährentraube bzw. eine spärlichst verzweigte, einseitswendige, dichte Ährenrispe; die Ästchen der Traube bzw. der Rispe sitzen 2zeilig an der Blütenstandsachse an und werden nur 1–2 mm lang; in seiner oberen Hälfte ist der Gesamtblütenstand eine Ähre; Ährchen 2zeilig angeordnet und zumindest leicht einseitswendig eingeregelt; insgesamt wird der Blütenstand nur 1–3 cm lang. Ährchen 0,7–1 cm lang, 3–6blütig, seitlich zusammengedrückt, graugrün. 2 Hüllspelzen, die obere etwa doppelt so lang (4–5 mm) wie die untere, alle mit breitem, weißem, häutigem Rand; Deckspelzen um 5 mm lang, stumpf, mit breitem, häutigem Rand, gekielt, im Verlauf der Samenreife hart werdend (Name!). Halm niederliegend und oft nur an der Spitze aufsteigend, bis unmittelbar unter den Blütenstand beblättert. Blattspreite meist flach und dann etwa 4 mm breit, seltener zusammengefaltet. Blatthäutchen 1–2 mm lang. Mai–Juli. 2–20 cm.

Vorkommen: Braucht sommerwarme, trockene, basen- aber nur mäßig stickstoffsalzreiche, verfestigte Böden. Siedelt sich in Trittgesellschaften auf Lehm- und Tonböden an. Heimat: Mittelmeergebiet. In Niederösterreich und am Alpensüdfuß wohl ursprünglich; hier selten. Sonst vereinzelt und unbeständig in klimatisch bevorzugten Gebieten. In den Alpen nur in den wärmsten Tallagen am Rande des Gebiets.

Wissenswertes: ☉. Die aus Süddeutschland angegebenen Fundorte werden von manchen Botanikern für Relikte aus vergangenen Warmzeiten gehalten. An den meisten Orten ist das Hartgras aber unbeständig. Daher dürfte diese Auffassung nur bedingt richtig sein.

Süßgrasgewächse *Poaceae*

Rispengras *Poa*

Violettes Rispengras
Poa violacea BELL.
Süßgrasgewächse *Poaceae (Gramineae)*

Beschreibung: Rispe 5–12 cm lang, meist zusammengezogen und daher schlank-pyramidal; Rispenäste stehen also aufrecht ab oder liegen der Rispenachse an; sie sind auffällig rauh und oft geschlängelt. Ährchen 3–4blütig, 5–7 mm lang, violett überlaufen. Hüllspelzen wenig größenverschieden; Deckspelzen nur schwach gekielt, kahl oder außenseits am Grunde des Kiels oder auf den randlichen Nerven kurz und oft schütter angedrückt behaart; Deckspelze an der Spitze mit einer rund 1 mm langen Granne oder nur fein zugespitzt. Halm knickig aufsteigend oder steif aufrecht. Blattscheiden der obersten Halmblätter auffällig rauh. Blattspreite unter 1 mm breit, borstenförmig zusammengefaltet, meist blaugrün. Blatthäutchen 5–7 mm, selten nur 3 mm lang. Das Violette Rispengras wächst in kleinen Horsten. Juli–August. 10–50 cm.

Vorkommen: Braucht einigermaßen basenhaltigen, aber sehr kalkarmen bis kalkfreien Boden, der Stickstoffsalze in nur sehr geringer Konzentration enthalten darf; liebt sommerliche Wärme. Geht sowohl in Felsspalten – da es Trockenheit für kurze Zeit erträgt – als auch auf feinerdearmen Gesteinsschutt, besiedelt aber auch unbewirtschaftete Matten und spärlich genutzte, trockene alpine Weiden. Kommt nur an der Südwestgrenze des Gebiets im Berner Oberland und dann wieder in Tirol vor; bevorzugt Höhen zwischen 1500 und 2500 m. Sehr selten.

Wissenswertes: ♃. Hauptverbreitung in den Gebirgsketten im Bereich der nördlichen Mittelmeerküste. Die Art wurde wegen der kaum gekielten Deckspelzen von einigen Autoren als eigene Gattung *(Bellardiochloa)* angesehen oder zu den Schwingeln *(Festuca)* gezählt.

Einjähriges Rispengras
Poa annua L.
Süßgrasgewächse *Poaceae (Gramineae)*

Beschreibung: Rispe 2–8 cm lang, meist pyramidenförmig, locker. Untere Rispenäste paarweise, waagrecht abstehend oder nach unten weisend. Ährchen 1–3 mm lang, grün, seltener violett überlaufen. Deckspelze deutlich gekielt und fast kahl. Halm meist knickig aufsteigend, seltener aufrecht. Blattscheiden schwach seitlich zusammengedrückt, glatt. Blattspreiten 2–3 mm breit, an der Spitze bugartig zusammengezogen. Blatthäutchen des obersten Stengelblatts 2–4 mm lang. Wächst in niederen, dichten Büscheln. Januar–Dezember. 2–20 cm.

Vorkommen: Von der Pflastersteinritze und von alpinen Schutthalden bis in die basen- und stickstoffsalzreichen Hackkulturen der Gärten und Weinberge. Auf verdichtetem Untergrund besonders konkurrenzfähig; besiedelt deshalb häufig Wege und viel befahrene Weiden. Überall sehr häufig. Weltweit verschleppt, steigt in den Alpen bis etwa 3000 m.

Wissenswertes: ☉, selten ♃. *P. annua* L. wird mit dem Läger-Rispengras *(P. supina* SCHRAD.: Deckspelzen meist braunviolett überlaufen; Blatthäutchen des obersten Stengelblatts höchstens 2 mm lang; bildet ausläuferartige Triebe; wächst rasig; höhere Mittelgebirge, Alpen; häufig) zur Sammelart *P. annua* agg. vereint. – Die Sammelart ist dank ihrer weltweiten Verbreitung und der Vielfalt ihrer Standorte, die von nassen Dorfangern bis zur hochalpinen Lägerflur reichen, äußerst formenreich. Die Mannigfaltigkeit wurde vermutlich erst möglich, weil dem Einjährigen Rispengras eine starre innere Periodik fehlt. Inwieweit daher seinen zahlreichen, im Erscheinungsbild oft abweichenden Formen ein systematischer Rang zukommt, bleibt offen.

Süßgrasgewächse *Poaceae*

Flaches Rispengras
Poa compressa L.
Süßgrasgewächse *Poaceae (Gramineae)*

Beschreibung: Rispe 2–6 cm lang, meist schwach einseitswendig zusammengezogen, insgesamt schmal-pyramidal; Rispenäste deutlich steif und rauh, meist viel kürzer als die Ährchen. Ährchen 4–8blütig, 3–5 mm lang, meist olivgrün, gelegentlich violett überlaufen. Deckspelze deutlich gekielt und meist kahl oder nur auf dem Kiel und den randlichen Nerven dünn behaart. Halm – zumindest in der oberen Hälfte – auffallend seitlich zusammengedrückt, meist knickig aufsteigend. Blattscheiden glatt, stark seitlich zusammengedrückt, oberste länger als ihre Spreite. Blattspreite 2–4 mm breit, an der Spitze nie bugförmig, sondern allmählich verschmälert. Blatthäutchen der oberen Stengelblätter 1–2 mm lang. Wurzelstock treibt lange, schuppenbestandene, graugrüne Ausläufer (ausgraben!). Das Flache Rispengras wächst in dichten Rasen oder dicht stehenden Büscheln. Juni–Juli. 20–50 cm.

Vorkommen: Braucht lockere, gut durchlüftete, warme und daher oft trockene Böden, die basen- und meist kalkreich und recht stickstoffsalzarm sein müssen. Besiedelt bevorzugt Mauern, Kies und Schotter, geht auch in die Gesteinsfugen an Dämmen, auf feinerdearmen Sand, seltener auf Lehm oder Ton. Braucht viel Licht und meidet Schatten. Im Tiefland westlich der Weser sehr selten, östlich von ihr (nach Osten zunehmend) – wie im übrigen Gebiet – zerstreut; in den Alpen bis etwa zur Waldgrenze.

Wissenswertes: ♃. Vom Flachen Rispengras gibt es Zuchtsorten, die unter dem Namen „Kanadisches Blaugras" als mittelgutes Futtergras für trockene Wiesen – vor allem in den USA und in Kanada – eine gewisse wirtschaftliche Bedeutung erlangt haben.

Wald-Rispengras
Poa chaixii VILL.
Süßgrasgewächse *Poaceae (Gramineae)*

Beschreibung: Rispe 10–20 cm lang, pyramiden- bis länglich-eiförmig, ziemlich locker; Rispenäste meist in Büscheln zu 2–7, eher kurz, schräg aufwärts bis fast waagrecht abstehend, deutlich rauh. Ährchen 3–4blütig, 5–6 mm lang, grün, selten dunkel und dann meist braunviolett überlaufen. Hüllspelzen ungleich, ihr Kiel spitzennah rauh; Deckspelzen deutlich gekielt, mindestens auf den Nerven bewimpert oder rauh, an der Basis nicht wollig. Halm samt den ihn umhüllenden Blattscheiden auffallend seitlich zusammengedrückt, mit nur 2–3 Knoten. Blattscheiden der Stengelblätter rauh. Blattspreiten 0,5–1 cm breit und bis über 30 cm lang, leuchtend grün oder olivgrün, an der Spitze deutlich bugartig zusammengezogen. Blatthäutchen höchstens 1,5 mm lang, abgestutzt. Das Wald-Rispengras wächst in dichten Horsten, aus denen in seltenen Fällen kurze, aber deutlich erkennbare Ausläufer treiben. Juni–Juli. 0,6–1,2 m.

Vorkommen: Liebt lehmige, durch Humusbeimischung lockere, kalkarme und nur mäßig basenhaltige Laubwaldböden. Bevorzugt Schatten oder Halbschatten, geht in den Alpen auch auf offene Wiesen. Fehlt im Tiefland westlich der Elbe oder ist dort nur eingeschleppt; östlich der Elbe selten, in den Mittelgebirgen zerstreut, gebietsweise häufig, im Alpenvorland und in den Alpen selten; in Österreich weiten Gebieten fehlend. Steigt bis etwa 2500 m.

Wissenswertes: ♃. Wegen seiner Rauheit wird das Wald-Rispengras weder als Vieh- noch als Wildfutter geschätzt. Der wissenschaftliche Artname wurde zu Ehren des französischen Abts und Botanikers DOMINIQUE CHAIX gegeben, der von 1730–1799 lebte.

Süßgrasgewächse *Poaceae*

Rispengras *Poa*

Lockerblütiges Rispengras
Poa remota FORSELLES
Süßgrasgewächse *Poaceae (Gramineae)*

Beschreibung: Rispe 10–20 cm lang, lokker und pyramidenförmig, zuweilen schwach überhängend. Rispenäste stehen ziemlich waagrecht oder leicht aufwärts ab. Sie verzweigen sich erst im äußeren Drittel ihrer Länge; sie sind schwach rauh oder glatt. Ährchen 5–7 mm lang, grün, oft violett überlaufen. Hüllspelzen etwas ungleich lang, auf dem Kiel und den Randnerven etwas rauh (Lupe!); Deckspelze undeutlich gekielt, fast kahl. Halm und die ihn umhüllenden Blattscheiden stark seitlich zusammengedrückt, glatt. Blattspreite 7–9 mm breit, grasgrün, an der Spitze der unteren Blätter stark und plötzlich, an der Spitze der übrigen Blätter schwach bugförmig zusammengezogen. Blatthäutchen 3–4 mm lang. Das Lockerblütige Rispengras wächst in großen Horsten, aus denen oftmals kurze, oberirdische Ausläufer treiben. Mai–Juni. 0,5–1,2 m.

Vorkommen: Braucht lockere, gut durchlüftete, aber nasse oder sickerfeuchte, basen- und mäßig stickstoffsalzreiche Böden und zumindest Halbschatten, besser Schatten. Besiedelt daher Au- und Schluchtwälder auf Sand- oder Kiesuntergrund, seltener auf Lehm oder Ton. Geht zuweilen auch auf schattige und feuchte Wiesen. Erträgt hohe Sommertemperaturen nicht. Fehlt in den Alpen. Im Alpenvorland und in den südlichen Mittelgebirgen und besonders in den Bruchwäldern im nordöstlichen Teil von Mitteleuropa sehr selten und großen Gebieten fehlend.

Wissenswertes: ♃. Das Lockerblütige Rispengras erreicht in Mitteleuropa die Süd- und zum großen Teil auch die Westgrenze seiner Verbreitung, deren Schwerpunkt in Nordeuropa, Osteuropa und in der Taiga West- und Mittelsibiriens liegt.

Bastard-Rispengras
Poa hybrida GAUDIN
Süßgrasgewächse *Poaceae (Gramineae)*

Beschreibung: Rispe 10–20 cm lang, pyramiden- bis kegelförmig, locker und meist schwach überhängend. Rispenäste stehen meist ziemlich waagrecht ab; sie sind deutlich rauh. Ährchen 6–8 mm lang, grün, selten violett überlaufen. Hüllspelzen ungleich, Kiel glatt oder spitzenwärts rauh (starke Lupe!); Deckspelze deutlich gekielt, fast kahl, nur auf dem Kiel schütter und kurz behaart und am Grund zuweilen etwas wollig. Halm samt den ihn umhüllenden Blattscheiden auffallend seitlich zusammengedrückt. Blattscheiden der Stengelblätter stets glatt. Blattspreiten 3–5 mm breit, bis 25 cm lang, leuchtend grün, an der Spitze allmählich verschmälert, nie bugartig zusammengezogen. Blatthäutchen der obersten Stengelblätter 3–5 mm lang, oben abgerundet. Das Bastard-Rispengras wächst in dichten Horsten, aus denen nie Ausläufer hervortreiben. Juni–August. 0,6–1,5 m.

Vorkommen: Braucht basenreichen, aber oft kalkarmen, von Grundwasser durchflossenen, gut durchlüfteten Boden. Vor allem auf steinigen Lehm- und Tonböden mit stärkerer Humusauflage. Besiedelt in den Alpen und im Schweizer Jura lichte Wälder und Gebüsche, besonders entlang von Wasserläufen, jedoch auch schattige Matten. Meidet pralles Sonnenlicht, sucht Halbschatten. Bevorzugt Höhen zwischen 1000 und 2000 m. Selten, aber an seinen Standorten oft in ausgedehnten, individuenreichen Beständen.

Wissenswertes: ♃. Vom Bastard-Rispengras wurde aus dem oberen Rhonetal an der Südwestgrenze des Gebiets eine auffallend hochwüchsige und kräftige Sippe beschrieben, bei der die Blätter bis 1 cm breit und die Ährchen bis 1,5 cm lang werden können.

Süßgrasgewächse *Poaceae*

Gewöhnliches Rispengras
Poa trivialis L.
Süßgrasgewächse *Poaceae (Gramineae)*

Beschreibung: Rispe 10–20 cm lang, meist zusammengezogen. Rispenäste stehen in der Regel aufrecht ab. Sie sind nur undeutlich rauh. Ährchen 3–5 mm lang, grün, oft braunviolett überlaufen. Deckspelzen scharf gekielt, am Grunde dicht zottig, am Rand und auf den Nerven seidig behaart. Halm rund, gleichmäßig beblättert, unter der Rispe rauh. Blattscheiden schwach zusammengedrückt; sie fühlen sich beim Abwärtsstreichen etwas rauh an. Blattspreite 2–4 mm breit, grasgrün. Blatthäutchen der oberen Stengelblätter 3–5 mm lang. Wächst in dichten Rasen. Seine oberirdischen, ziemlich dünnen Ausläufer verzweigen sich oft und schlagen reichlich Wurzel. Mai–Juni. 0,5–2 m (extrem hochwüchsige Pflanzen meist nur im Röhricht!).

Vorkommen: Braucht basen- und besonders stickstoffsalzreichen Boden, der im übrigen sandig, lehmig oder tonig sein kann und kalkarm, feucht-naß und humushaltig sein sollte. Erträgt Halbschatten. Besiedelt feuchte Wiesen, Ufer von fließenden und stehenden Gewässern, geht aber auch in Baumwiesen, an Waldränder, in lichte Gebüsche und auf Äcker. Häufig. Steigt in den Alpen bis etwa 2500 m.

Wissenswertes: ☉ - ♃. Die auf Äckern vorkommenden Sippen sind stets 2- oder 1jährig überwinternd; alle anderen leben in der Regel mehrere Vegetationsperioden. Das Gewöhnliche Rispengras gilt als nur mäßig gutes Futtergras. Da es in Mähwiesen auf feuchten Böden eines der am dichtest wachsenden Untergräser ist, kommt ihm hier wirtschaftliche Bedeutung zu. – *P. trivialis* L. wird mit *P. sylvicola* GUSS. (Ausläufer perlschnurartig; Alpensüdfuß, Genfer See; selten) zur Sammelart *P. trivialis* agg. vereint.

Wiesen-Rispengras
Poa pratensis L.
Süßgrasgewächse *Poaceae (Gramineae)*

Beschreibung: Rispe 5–15 cm lang, nur während der Blütezeit ausgebreitet, sonst mehr oder weniger zusammengezogen. Rispenäste rauh, untere zu 3–5 büschelig. Ährchen 4–6 mm lang, meist grün, selten violett überlaufen. Hüllspelzen ungleich lang; Deckspelzen gekielt, am Grund zottig. Halm rund oder schwach seitlich zusammengedrückt, im oberen Viertel meist unbeblättert. Blattscheiden schwach zusammengedrückt, glatt. Blattspreite 3–5 mm breit, flach, mattgrün, zugespitzt. Blatthäutchen höchstens 1,5 mm lang. Bildet unterirdische Ausläufer, die jedoch bei den verbreitetsten Sippen ziemlich lang werden. Mai–Juni. 10–60 cm.

Vorkommen: Braucht lockere, nicht zu feuchte und basen-, besonders stickstoffsalzreiche Böden, die im übrigen sandig oder lehmig sein können. Kommt in schattigen, sommerkalten Lagen weniger gut durch. Das Wiesen-Rispengras ist eines der verbreitetsten Gräser auf Wiesen, Weiden und in Zierrasen; es besiedelt auch Wegraine und lichte Gebüsche. Eine Sippe geht auch als Unkraut auf Äcker. Sehr häufig. Steigt in den Alpen bis etwa 3000 m.

Wissenswertes: ♃. *P. pratensis* L. wird u. a. mit *P. angustifolia* L. (Rispe doppelt so lang wie breit; untere Hüllspelze scharfspitzig; Grundblätter borstlich, 1–2 mm breit; Stengelblätter flach oder gefaltet, 2–3 mm breit, allmählich zugespitzt; auf Mauern, in Felsritzen und mageren Halbtrockenrasen; zerstreut) und mit *P. subcoerulea* SM. (an der Rispenbasis Äste einzeln oder zu 2; Ährchen bereift, violett überlaufen; Hüllspelzen etwa gleich groß; Pflanze 10–20 cm; sandige Lehmböden; selten) zur Sammelart *P. pratensis* agg. vereint.

Süßgrasgewächse *Poaceae* ▶

Rispengras *Poa*

Knolliges Rispengras
Poa bulbosa L.
Süßgrasgewächse *Poaceae (Gramineae)*

Beschreibung: Rispe 2–6 cm lang, nur zur Blütezeit ausgebreitet, sonst dicht zusammengezogen. Rispenäste sehr kurz, schief aufrecht, rauh, an den unteren Rispenknoten paarweise angeordnet. Ährchen 5–7 mm lang, grün oder (in der Regel) weinrot überlaufen; oft wachsen die Ährchen zu Jungpflanzen aus („vivipar"). Halm am Grund deutlich zwiebelartig verdickt, im oberen Drittel unbeblättert, rund. Blattscheiden glatt. Blattspreite 1–1,5 mm breit, meist borstlich gefaltet, selten flach. Blatthäutchen um 3 mm lang, spitz. Wächst in kleinen Horsten. Juni–Juli. 10–30 cm.

Vorkommen: Braucht trockenen, lockeren, kalkarmen, doch einigermaßen basenhaltigen, extrem stickstoffsalzarmen Boden in warmer Lage. Besiedelt Trockenrasen auf Sandböden, desgleichen mit Sand oder Feinkies bestreute Wege und feinerdearme Geröllhänge an Flußläufen. Fehlt im Tiefland westlich der Elbe fast überall und ist östlich von ihr selten; in den Sandgebieten an Rhein und Regen sowie im Wallis und am Südalpenfuß zerstreut, sonst nur vereinzelt an warmen Orten der Mittelgebirge.

Wissenswertes: ♃. *P. bulbosa* L. wird mit *P. concinna* GAUDIN (Rispe schmal-eiförmig; Ährchen 6–10blütig, grünlich, nie vivipar; Halm 5–15 cm; Blätter 1–6 cm lang, um 1 mm breit; grundständige Blätter zur Blütezeit abgestorben – gutes Kennzeichen!; Südwestalpen, selten) zur Sammelart *P. bulbosa* agg. zusammengefaßt. Vom Knolligen Rispengras wurden in Mitteleuropa nur wenige, kaum von der Hauptsippe abweichende Formen beschrieben. Das Hauptverbreitungsgebiet der Art liegt im Mittelmeergebiet und in Westeuropa.

Alpen-Rispengras
Poa alpina L.
Süßgrasgewächse *Poaceae (Gramineae)*

Beschreibung: Rispe 2–7 cm lang, locker, pyramiden- oder eiförmig, nach der Blütezeit schmal pyramidenförmig; Rispenäste spreizen waagrecht oder nach unten; nach der Blütezeit stehen sie schräg aufwärts ab; sie sind leicht geschlängelt, glatt oder undeutlich rauh; an den unteren Knoten der Rispe stehen sie paarweise. Ährchen 4–6blütig, 7–9 mm lang, meist dunkel weinrot überlaufen; vielfach wachsen sie zu Jungpflanzen aus, d. h. sie sind vivipar. Hüllspelzen ungleich groß; Deckspelzen auf dem Kiel und den Randnerven dicht, sonst nur schütter behaart. Halm rund, am Grund walzlich, aber nicht zwiebelartig verdickt, wenig beblättert. Blattscheiden glatt. Blattspreite 4–10 cm lang, 3–4 mm breit. Blatthäutchen der unteren Blätter unter 2 mm, das der oberen Blätter 3–5 mm lang, schwach zugespitzt. Wächst in dichten, fest zusammenhaltenden – wenn auch kleinen – Horsten. Mai–September. 5–30 cm.

Vorkommen: Braucht basenreichen, stickstoffsalzhaltigen, feucht-humosen Boden. Besiedelt vor allem Viehweiden und Schneetälchen auf steinigen Lehm- und Tonböden. Vereinzelt wurde das Alpen-Rispengras ins Vorland geschwemmt und hat dort zwischen Flußgeröllen in der Hochwasserzone Fuß gefaßt. Kommt auch auf den höchsten Bergen des Alpenvorlandes selten, aber bestandsbildend vor. Vereinzelt in den Hochvogesen. In den Alpen zwischen 1500–2500 m sowie im südlichen Schweizer Jura häufig.

Wissenswertes: ♃. Die Halme des Alpen-Rispengrases biegen sich unter dem Gewicht der viviparen, heranwachsenden Jungpflanzen oft bis auf den Boden, wo diese sich rasch verwurzeln.

Süßgrasgewächse *Poaceae*

Mont-Cenis-Rispengras
Poa cenisia ALL.
Süßgrasgewächse *Poaceae (Gramineae)*

Beschreibung: Rispe 4–12 cm lang, locker, während der Samenreife aufrecht. Rispenäste – mindestens zur Blütezeit – mehr oder weniger waagrecht abstehend (so daß die Rispe offen wirkt), leicht geschlängelt, meist undeutlich, selten auffallend rauh. Ährchen 4–6 mm lang, meist grün, selten violett überlaufen, nie zu Jungpflanzen auswachsend. Hüllspelzen etwa gleich groß; Deckspelzen deutlich gekielt, an den Rändern bis über die Mitte, auf den Nerven der Außenfläche im unteren Drittel behaart. Halm rund; nichtblühende Triebe 2zeilig beblättert; blühende Triebe meist nur in der unteren Hälfte beblättert; Blattscheiden glatt. Blattspreite grüngrau, 2–4 mm breit, kurz zugespitzt. Blatthäutchen der oberen Blätter 2–3 mm lang (wichtiger Unterschied zum Wiesen-Rispengras, s. S. 400), stumpf. Das Mont-Cenis-Rispengras wächst in lockeren Büscheln. Aus ihnen treiben unterirdische Ausläufer, aus denen wiederum Büschel hervorgehen. Juli–August. 10–40 cm.

Vorkommen: Braucht von kaltem Grundwasser durchsickerten, lockeren und gut durchlüfteten Boden, der basenreich sein muß und in der Regel auch ausgesprochen kalkhaltig ist; Stickstoffsalze kann er in mäßiger Konzentration enthalten. Besiedelt Felsschutthalden, Flußgerölle und Felsritzen. Braucht wenig Humus, aber etwas Feinerde. In den Kalkalpen und auf Flußgeröll im Alpenvorland, selten. Kommt an seinen Standorten oft bestandsbildend vor. Bevorzugt Höhen zwischen 1500 und 3000 m. Hält sich an tiefer gelegenen Standorten nicht lange und nur an den kältesten Stellen.

Wissenswertes: ♃ Von der Art werden abweichende Formen nur vom Balkan, Sardinien und den Pyrenäen beschrieben.

Pannonisches Rispengras
Poa badensis agg.
Süßgrasgewächse *Poaceae (Gramineae)*

Beschreibung: Rispe 3–7 cm lang, dicht. Rispenäste kurz, besonders die unteren auch zur Blütezeit mehr oder weniger aufrecht abstehend. Ährchen seitlich stark zusammengedrückt, 5–9blütig, 2–4 mm lang, grün, oft fleckig violett überlaufen. Hüllspelzen ungleich groß; Deckspelzen deutlich gekielt und mindestens in der unteren Hälfte auf dem Kiel mäßig, zwischen Kiel und Randnerven schwach behaart. Halme dünn, rund, wenig beblättert. Blattscheiden liegen – mit Ausnahme der obersten – dem Halm eng an; oberste Blattscheide oft aufgeblasen. Blattspreiten 3–6 cm lang, 2–3 mm breit, flach oder etwas rinnig, graugrün bis blaugrau, nicht auffällig zugespitzt, am Rand mit fühlbar hartem Rand. Blatthäutchen der oberen, gefalteten, kurzen Stengelblätter 5–6 mm lang, spitz; Blatthäutchen der unteren Blätter gestutzt, etwas zerschlitzt (beide Eigentümlichkeiten der Blatthäutchen sind gute Unterscheidungsmerkmale gegen *P. alpina*, s. S. 402). Wächst rasig. Mai–Juli. 10–40 cm.

Vorkommen: Braucht lockere, sommerwarme und -trockene, humusdurchsetzte, krümelnde Lehmböden mit hohem Basen- und Kalkgehalt, geht aber auch auf kalkhaltige Sandböden mit Humusauflage. Eigentliche Heimat: Östliches und mittleres Südeuropa. Im österreichischen Donaugebiet von Ost nach West abnehmend, zerstreut. Sonst nur vereinzelt in den Wärmegebieten am Oberrhein, im Maingebiet, im Fränkischen Jura, im Harzvorland und im Thüringer Becken. Fehlt in den Alpen.

Wissenswertes: ♃ Bei uns vor allem *P. badensis* HAENKE ex WILLD. Das Epithet meint die Stadt Baden bei Wien, in deren Umland die Pflanze gefunden wurde.

Süßgrasgewächse *Poaceae*

Rispengras *Poa*

Kleines Rispengras
Poa minor GAUDIN
Süßgrasgewächse *Poaceae (Gramineae)*

Beschreibung: Rispe 1,5–4 cm lang, gedrungen und dennoch nicht zusammengezogen; Rispenäste gehen zwar von der Rispenachse aufrecht ab, biegen sich aber nach außen um; sie sind rund, ungefurcht (starke Lupe!) und auffällig dünn; daher erzittern die Ährchen schon beim leisesten Lufthauch. Ährchen 4–6blütig, 4–5 mm lang, meist schwarzviolett überlaufen, in selteneren Fällen wachsen aus den Samen die Jungpflanzen schon auf der Elternpflanze aus. Deckspelze gekielt, bis etwa zur Mitte gekräuselt behaart. Halm dünn, knickig aufsteigend, rund, am Grunde von alten Blattscheiden umstanden, jedoch nicht zwiebelartig verdickt. Blattscheiden glatt. Blätter borstlich, 1–1,5 mm breit, steifspitzig. Blatthäutchen 2–3 mm lang, spitz. Das Kleine Rispengras wächst in kleinen dichten Horsten; keine Ausläufer. Juli–September. 5–30 cm.

Vorkommen: Liebt sehr lockere, steinige Böden mit rasch durchsickerndem, kaltem Grundwasser. Braucht Kalk, kommt jedoch mit geringsten Feinerde- und Humusmengen aus. Besiedelt bevorzugt Schutthänge, Felsspalten, seltener Geröll im obersten Bereich der Hochwasserzone und alpine Matten und Weiden. Erträgt lange Schneebedeckung. Nördliche und Südliche Kalkalpen; zwischen 1500 und 2500 m; zerstreut.

Wissenswertes: ☉. Wenn das Kleine Rispengras von Schutt überdeckt wird, vermag es mit einzelnen Sprossen auch dezimeterstarke Schichten von Hohlraum zu Hohlraum zu überwinden. Dadurch trägt es wesentlich zum Stauen des Schutts bei („Schuttstauer"). Vereinzelt – so z. B. am Mittellauf der Isar – ist es weit ins Vorland hinabgeschwemmt worden und hat sich auf Kiesbänken und an kiesigen Ufern festgesetzt.

Sumpf-Rispengras
Poa palustris L.
Süßgrasgewächse *Poaceae (Gramineae)*

Beschreibung: Rispe 15–25 cm lang, sehr locker. Rispenäste stehen deutlich von der Rispenachse ab. Sie sind oft geschlängelt, stark rauh und tragen im Verhältnis zu ihrer Länge nur wenige Ährchen. Ährchen 2–5blütig, 4–6 mm lang, gelbgrün und oft violett überlaufen. Hüllspelzen etwa gleich groß; Deckspelze am Rand und auf ihrem Rücken (vor allem oder ausschließlich auf dem Kiel und den Randnerven) bis etwa zur Mitte behaart. Halm zunächst niederliegend und rasch knickig aufsteigend, gelegentlich verzweigt. Blattscheiden glatt. Blätter ziemlich dunkelgrün, 2–3 mm breit. Blatthäutchen 1–3 mm lang, abgerundet. Das Sumpf-Rispengras wächst in lockeren Horsten, aus denen häufig vor der Samenreife dezimeterlange Laubsprosse austreiben. Gelegentlich keimen die Samen schon in den Ährchen. Juni–September. 0,3–1,2 m.

Vorkommen: Braucht nassen, basenreichen, oft kalkhaltigen, mäßig stickstoffsalzreichen Schlammboden und bevorzugt auf ihm Stellen, die wenigstens zeitweise überflutet sind. Geht vor allem in das Röhricht fließender Gewässer, aber auch in die Sauergras-Wiesen im Ufersaum von stehenden Gewässern oder in staunasse Wiesensümpfe. Sand- und Kiesbänke werden nur besiedelt, wenn der Schlammanteil in den Zwischenräumen der gröberen Bestandteile des Untergrunds groß ist. Zerstreut; fehlt in den Silikatgebieten und in den Trockengebieten weithin; kommt an seinen Standorten meist in kleineren Beständen vor. Steigt in den Alpen bis etwa 1500 m.

Wissenswertes: ♃. Das Sumpf-Rispengras ist ein gutes Futtergras. Auf den nässesten Wiesen tritt es an die Stelle des Wiesen-Rispengrases, da dieses Nässe scheut.

Süßgrasgewächse *Poaceae*

Hain-Rispengras
Poa nemoralis L.
Süßgrasgewächse *Poaceae (Gramineae)*

Beschreibung: Rispe 5–10 cm lang, nur während der Blütezeit ausgebreitet, sonst dicht und meist schlaff einseitig überhängend. Rispenäste rauh, etwas geschlängelt. Ährchen 2–4blütig, 4–6 mm lang, grün, seltener violett überlaufen. Deckspelze auf dem Kiel und den Randnerven bis über die Mitte behaart. Halm aufrecht, seltener aufsteigend, regelmäßig beblättert. Blattscheiden meist glatt oder nur schwach rauh. Blattspreiten dunkelgrün, 1–4 mm breit; oberste so lang wie ihre Blattscheiden und auffällig steif abstehend („Wegweiser-Gras"; sehr gutes Kennzeichen). Blatthäutchen meist unter 1 mm lang. Wächst in Horsten, aus denen öfters 1–3 cm lange Ausläufer treiben. Mai–Juli. 20–60 cm.

Vorkommen: Liebt Lehmboden, der stickstoffsalzarm, jedoch mit Humus untermischt sein sollte. Stellt sonst an den Boden keine Ansprüche; wächst auf lehmhaltigem Gesteinsschutt ebenso wie auf nur mäßig basenhaltigem Untergrund. Bevorzugt Halbschatten; gedeiht am besten in lichten Laub- und Mischwäldern, an Waldrändern und in Gebüschen, geht auch auf Dünen, an Wegraine, in Bergwiesen und selbst in Felsspalten. Bevorzugt im Gebirge humushaltige Standorte. Häufig; fehlt im Tiefland westlich der Elbe gebietsweise. Steigt in den Alpen bis etwa 2500 m.

Wissenswertes: ♃. Vom Hain-Rispengras sind mehrere Formen beschrieben worden, die sich aber nur schwer voneinander abgrenzen lassen. Üblicherweise werden folgende Kleinarten mit ihm in der Sammelart *P. nemoralis* agg. zusammengefaßt: *P. glauca* VAHL, *P. jurassica* CHRTEK & JIRÁS. und *P. riphaea* (ASCH. & GR.) FRITSCH (s. dazu *P. glauca*, rechts).

Hechtblaues Rispengras
Poa glauca VAHL
Süßgrasgewächse *Poaceae (Gramineae)*

Beschreibung: Rispe 3–7 cm lang, dicht. Rispenäste stehen während der Blütezeit zwar fast waagrecht ab, sind aber kaum 2 cm lang und tragen 2–5 Ährchen. Ährchen 2–4blütig, 4–5 mm lang, grün, oft violett überlaufen. Deckspelze bis über die Mitte dünn behaart. Halm starr aufrecht. Blattscheiden kaum rauh. Laubsprosse treiben erst bei Samenreife aus. Halm und Blätter sind mit einer auffallend blaugrünen, abwischbaren Wachsschicht überzogen. Blattspreiten 1–2 mm breit, flach und nicht borstlich gefaltet! Blatthäutchen fehlt oder wird höchstens 1,5 mm lang. Das Hechtblaue Rispengras wächst in Horsten. Juni–September. 10–40 cm.

Vorkommen: Braucht kalkhaltigen, felsigen Boden. Wächst in Felsspalten, auf Grobschutt, seltener auf sehr steinigen Matten. Kommt nur im südwestlichen Teil des Gebiets (Schweizer Jura, Berner Alpen, Wallis und Tessin) vor. Dort vorwiegend zwischen 1800 und 2800 m. Sehr selten.

Wissenswertes: ♃. *P. glauca* VAHL wird mit *P. nemoralis* (s. links), *P. jurassica* CHRTEK & JIRÁS (Halm auffallend blaugrün; Scheiden der Stengelblätter nicht zusammengedrückt; Blatthäutchen mindestens 1 mm lang; nur im Schweizer Jura westlich von Neuenburg; möglicherweise Bastard *P. glauca* × *P. nemoralis*) und mit *P. riphaea* (ASCH. & GR.) FRITSCH (Randnerven der Deckspelzen von der Basis bis zur Spitze behaart; Tschechien; selten) zur Sammelart *P. nemoralis* agg. zusammengefaßt. – An ungünstigen, vor allem schattigen Wuchsorten kann die Pflanze kümmern. Dann fehlt ihr der charakteristische Wachsüberzug, und sie ähnelt schwachen Exemplaren des Hain-Rispengrases (*P. nemoralis*).

Süßgrasgewächse *Poaceae* ▶

Rispengras *Poa*
Schwingelschilf *Scolochloa*
Salzschwaden, Andel *Puccinellia*

Schlaffes Rispengras
Poa laxa HAENKE
Süßgrasgewächse *Poaceae (Gramineae)*

Beschreibung: Rispe 2–5 cm lang, dicht, schlaff und einseitig überhängend. Rispenäste kurz, dünn (getrocknet um 0,3 mm im Durchmesser), kantig, deutlich gefurcht (starke Lupe! Meist am getrockneten Exemplar erheblich besser sichtbar als am frischen!), nicht rauh, mit oft nur 1 Ährchen. Ährchen 3–4blütig, 3–5 mm lang, meist violett überlaufen. Deckspelzen auf dem Kiel und auf den Randnerven bis etwa 2/3 ihrer Länge (von der Basis zur Spitze) schütter behaart, zuweilen fast kahl. Halm dünn, schlaff, mindestens im oberen Drittel, gelegentlich in den oberen 2/3 blattlos. Oberster Knoten am Halm nur mit Blattscheide; Blattspreite fehlt an dieser Scheide (wichtig als Unterschied gegenüber dem Kleinen Rispengras!). Blattscheiden glatt. Blattspreiten 1–2 mm breit, schlaff. Blatthäutchen 1–2 mm lang. Wächst in sehr lockeren Horsten, aus denen kurze (1–5 cm lange) Ausläufer treiben. Seine Halme sind von alten Blattscheiden umstanden, aber nicht zwiebelartig verdickt. Juni–September. 10–30 cm.

Vorkommen: Liebt sehr lockere, steinige Böden mit rasch durchsickerndem, kaltem Grundwasser. Scheut kalkhaltigen Untergrund und kommt mit geringsten Feinerde- und Humusmengen aus. Besiedelt bevorzugt Schutthänge, Felsspalten, Moränen, seltener Geröll oberhalb der höchsten Hochwasserzone. Geht auch in schüttere alpine Rasen und Matten. Zentralalpen, vorwiegend zwischen 2000 und 3000 m. Selten, an seinen Standorten oft in kleineren Beständen.

Wissenswertes: ♃. Das Schlaffe Rispengras nimmt auf kalkarmem Untergrund die Stelle des kalksteten Kleinen Rispengrases *(P. minor,* s. S. 405) ein.

Schwingelschilf
Scolochloa festucacea (WILLD.) LK.
Süßgrasgewächse *Poaceae (Gramineae)*

Beschreibung: Rispe 15–30 cm lang, locker oder dicht, aber immer an der Spitze leicht überhängend. Rispenäste bis 15 cm lang, dünn, vor der Blütezeit aufrecht von der Rispenachse abgehend, später schräg aufwärts abstehend, oft gebogen. Ährchen 3–4blütig, etwa 1 cm lang. Untere Hüllspelze um 7 mm, obere 0,8–1 cm lang; Deckspelze an der Spitze 3spitzig gezähnelt, am Grund mit 2 kleinen Haarbüscheln (starke Lupe!). Halm an der Basis niederliegend, rasch knickig aufsteigend und aufrecht, am Grunde 5–8 mm dick, häufig mit Seitenhalmen, an denen sich in der Regel keine Rispen entwickeln; an den untersten Knoten, die dem Boden aufliegen, oft wurzelnd. Blattscheiden offen. Blattspreiten 20–40 cm lang, 0,6–1,2 cm breit, lang zugespitzt, an den Rändern rauh. Blatthäutchen 4–6 mm lang, oben abgestutzt. Das Schwingelschilf besitzt einen langen, ausläuferartigen Wurzelstock, der über 1 cm dick werden kann. Juni–Juli. 1,5–2,5 m.

Vorkommen: Braucht schlammigen, stickstoffsalzhaltigen, meist auch ziemlich basenhaltigen Boden. Kommt nur im nordöstlichen Mitteleuropa vor, und zwar im Einzugsgebiet von Spree und Havel sowie in Mecklenburg und Pommern. Auch dort eher selten, wenngleich in kleineren, sehr aufgelockerten Beständen im Wasserschwaden-Röhricht, selten in Naßwiesen.

Wissenswertes: ♃. Die Art erreicht in Nordostdeutschland die Südwestgrenze ihrer Verbreitung. Da sie gelegentlich von Wasservögeln verschleppt wird, kann sie sporadisch da und dort auftauchen. So wurde sie im 19. Jahrhundert auch schon an der Isar südlich von München gefunden, gilt aber seit Beginn des 20. Jahrhunderts dort als verschollen.

Süßgrasgewächse *Poaceae*

Gewöhnlicher Salzschwaden
Puccinellia distans (L.) PARL.
Süßgrasgewächse *Poaceae (Gramineae)*

Beschreibung: Rispe 5–12 cm lang, locker. Rispenäste rauh, allseitig abstehend, nach der Blütezeit zum Teil nach unten abgespreizt; an den untersten Knoten der Rispe mindestens 4 Äste. Ährchen 3–5 mm lang, grünlich, oft violett überlaufen, 3–6blütig. Halm steigt meist knickig auf. Blattscheiden offen, glatt; oberste Blattscheide oft aufgeblasen. Blattspreiten 2–3 mm breit, an den Rändern rauh, graugrün, spitz. Blatthäutchen um 1 mm lang, stumpf. Wächst in kleinen Horsten (nie mit Ausläufern!), die mit denen eines Rispengrases *(Poa)* verwechselt werden könnten. Im Gegensatz zu fast allen Arten dieser Gattung besitzt der Gewöhnliche Salzschwaden Deckspelzen, die auf dem Rücken rund sind. Juni–Oktober. 10–50 cm.

Vorkommen: Braucht nährstoff-, besonders stickstoffsalzreiche Böden, die reich an Kochsalz sind. Kam ursprünglich nur in der Vormarsch und Marsch, aber auch an Salinen vor. Trat sonst im Binnenland allenfalls an Stellen auf, die längere Zeit hindurch kräftig mit Nitrat überdüngt worden waren. Seit die Straßen intensiv mit Salz eisfrei gestreut werden, hat sich der Gewöhnliche Salzschwaden fast über ganz Mitteleuropa ausgebreitet. An den Küsten häufig; im Binnenland zerstreut, aber an Straßenrändern zuweilen in kilometerlangen Beständen.

Wissenswertes: ♃ Die Vorkommen an Straßenrändern haben in den letzten Jahren stark zugenommen. Fundstellen sind Rasenstreifen an Autobahnen samt den zugehörigen Auffahrten, sowie die „Spritzzone" an anderen regelmäßig gestreuten Straßen. *P. distans* wird mit einigen – oft als Kleinarten angesehenen Sippen – zur Sammelart *P. distans* agg. zusammengefaßt.

Andel, Strand-Salzschwaden
Puccinellia maritima (HUDS.) PARL.
Süßgrasgewächse *Poaceae (Gramineae)*

Beschreibung: Rispe 5–20 cm lang, steif aufrecht, eiförmig, nach der Blütezeit zusammengezogen, wenigästig, auf dem untersten „Stockwerk" mit meist nur 2 Rispenästen. Rispenäste schwach rauh oder glatt, oft leicht einseitig überhängend. Ährchen 4–10blütig, 0,8–1,2 cm lang, meist violett überlaufen oder kräftig violett. Untere Hüllspelze 2–3 mm, obere 2–4 mm lang; Deckspelze 3–5 mm lang, in ihrer unteren Hälfte behaart, zumindest auf den Nerven (Lupe!). Halm aufrecht, seltener knickig aufsteigend oder niederliegend. Blattscheiden offen, glatt. Blattspreiten graugrün, seltener dunkelgrün, fleischig, glatt oder nur am Rand rauh, oft gefaltet, wenn flach, dann 2–3 mm breit, 2–20 cm lang. Blatthäutchen 1–2 mm lang. Wächst in lockeren Rasen und bildet im Spätsommer beblätterte Ausläufer, die im Herbst über 10 cm lang geworden sein können. Juni–Oktober. 10–60 cm.

Vorkommen: Braucht basen-, vor allem stickstoffsalzreichen Boden mit hohem Kochsalzgehalt, der schlickig sein sollte, gelegentlich aber auch sandig sein kann. Daher kommt der Strand-Salzschwaden nur an der Nord- und Ostseeküste vor. Dort dringt er in die Hochwasserzone ein, kommt in ihr aber nicht zum Blühen. Wo er nicht überflutet wird (obwohl er Überflutung erträgt), gedeiht er am besten. An den Küsten in den strandnahen Zonen häufig.

Wissenswertes: ♃ Der Andel gilt als eines der wertvollsten Futtergräser im Vorland und Neuland der Marsch. Er ist als Festiger neueingedeichter Gebiete wichtig. Der wissenschaftliche Gattungsname *Puccinellia* wurde zu Ehren des italienischen Botanikers B. PUCCINELLI (1808–1850) verliehen.

Süßgrasgewächse *Poaceae* ▶

Schwaden *Glyceria*

Wasser-Schwaden
Glyceria maxima (Hartman) Holmberg
Süßgrasgewächse *Poaceae (Gramineae)*

Beschreibung: Rispe 20–40 cm lang, ausgebreitet, aber wegen der zahlreichen Ährchen ziemlich dicht; an den mittleren Knoten der Rispe stehen jeweils 4–10 Äste; Rispenäste steif, reich verzweigt, oft 10–15 cm lang, aufrecht abstehend. Ährchen 4–10blütig, 6–9 mm lang, grün oder gelblich-violett überhaucht. Halm schilfartig steif, aufrecht, an der Basis bis 1 cm im Durchmesser (so dicke Halme hat keine andere Art der Gattung!). Blattscheiden nicht zusammengedrückt, rauh. Blattspreiten gelblich-grün, 30–60 cm lang, 1–2 cm breit, auf der Unterseite meist rauh, auf der Oberseite oft glatt, an der Basis der Unterseite mit 2 beigefarbenen, 3eckigen Flecken; obere Blätter undeutlich quernervig; Blatthäutchen 3–5 mm lang, spitz. Wächst in lockeren Horsten. Sein ausläuferartiger Wurzelstock kann bis zu einem halben Meter lang werden! Juni–September. 0,8–2 m.

Vorkommen: Bevorzugt schlammige, stickstoffsalzreiche Böden, die kalkhaltig und warm sein sollten. Besiedelt vor allem sonnige Gräben, Ufer von stehenden oder langsam fließenden Gewässern, geht aber selten auch in zeitweise überschwemmte Wiesen. Steigt in den Mittelgebirgen und Alpen nur in den wärmsten Tälern höher als etwa 700 m. Im Süden selten, aber an seinen Standorten meist in kleineren Beständen. Im Norden zerstreut und oft in ansehnlichen, individuenreichen Beständen.

Wissenswertes: ♃. Die Halme des Wasser-Schwadens wurden früher zur Herstellung von „Schilfdächern" genutzt. Als Viehfutter eignen sich nur sehr junge und noch zarte Pflanzen. Diese allerdings werden von Rindern nicht ungern gefressen.

Gestreifter Schwaden
Glyceria striata (Lam.) A. S. Hitchc.
Süßgrasgewächse *Poaceae (Gramineae)*

Beschreibung: Rispe 5–20 cm lang, vor der Blütezeit etwas zusammengezogen und schmaleiförmig, sonst locker; an den mittleren Knoten der Rispe stehen 2–3 Ästchen; wie die Rispenachse, so sind auch sie etwas rauh, dünn, zunächst mehr oder weniger aufrecht, zuletzt etwas abgespreizt. Ährchen 5–7blütig, 3–4 mm lang, von der Seite her leicht abgeflacht, im Umriß eiförmig; untere Hüllspelze 0,5–1 mm, obere 0,8–1,5 mm lang, alle violett überlaufen; Deckspelze 1,5–2 mm lang, eiförmig, stumpf, deutlich 7nervig (starke Lupe!). Halme aufrecht, nicht auffallend dick. Blattscheiden glatt, nicht furchig, bis zum Spreitenansatz geschlossen. Blattspreiten 2–6 mm breit, am Stengel mehr oder weniger deutlich 2zeilig gestellt, beidseits wenig rauh, schlaff, grasgrün, meist allmählich, seltener kurz zugespitzt. Wächst in mäßig dichten Horsten und treibt mäßig lange, unterirdische Ausläufer. Juli–August. 0,3–1 m.

Vorkommen: Braucht nassen, tonigschlammigen, zumindest mäßig stickstoffsalzreichen, eher basenreichen Boden in Gegenden mit sommerwarmem Klima und einer durchschnittlich hohen Luftfeuchtigkeit. Besiedelt sumpfige Wiesen und nasse Waldwege. Heimat: Nordamerika. In Frankreich sowie in der West- und Nordschweiz eingebürgert, über Jahre hinweg vereinzelt an der Unterelbe, im Einzugsgebiet der Fulda sowie am südlichen Ober- und am Hochrhein (z. B. bei Rheinfelden) beobachtet; scheint sich noch weiter auszubreiten.

Wissenswertes: ♃. In Europa kommt anscheinend nur die ssp. *stricta* (Scribner) Hultén vor, auf die sich die obige Beschreibung bezieht; Pflanzen der ssp. *striata* sind größer.

Süßgrasgewächse *Poaceae*

Flutender Schwaden
Glyceria fluitans (L.) R. Br.
Süßgrasgewächse *Poaceae (Gramineae)*

Beschreibung: Rispe 15–45 cm lang, schmal zusammengezogen, leicht einseitswendig überhängend, lückig und armährig. Rispenäste liegen nach der Blüte der Rispenachse an; an den unteren Knoten der Rispe entspringt zuweilen 1 Ast, der nur 1 Ährchen trägt (meist sind es 1 normal langer und 1 kurzer Ast, der dann nur 1 Ährchen trägt). Ährchen 8–16blütig, 1,5–3,5 cm lang. Halm meist niederliegend – und dann an den Knoten wurzelnd –, oft flutend, seltener aufsteigend oder gar völlig aufrecht. Blattscheiden schwach seitlich zusammengedrückt, nur undeutlich oder schwach gerillt, rauh. Blattspreiten 5–8 mm breit, grün, spitz, rauh. Blatthäutchen 0,5–1,2 cm lang. Die Wuchsform wechselt in Abhängigkeit vom Standort. Nur wo Überflutung nicht vorkommt, findet man vorwiegend aufrechte oder aufsteigende Halme. Der Wurzelstock treibt Ausläufer. Mai–August. 0,4–1 m.

Vorkommen: Bevorzugt nasse, zeitweise überflutete Standorte auf sandigem oder schlammigem Untergrund, der mäßig stickstoffsalzreich sein sollte, geht aber auch in lichte Auenwälder. Gedeiht am besten im Röhricht von Bächen, Flüssen und Teichen, besiedelt indessen auch Gräben und Quellfluren und läßt sich auf nassen Wiesen mit Erfolg aussäen. Steigt im Gebirge bis etwa 1500 m. Häufig.

Wissenswertes: ♃. Der Flutende Schwaden gilt als gutes Futtergras. Örtlich erlangt er daher wirtschaftliche Bedeutung. Innerhalb der Sammelart *G. fluitans* agg. unterscheidet er sich von allen anderen heimischen Kleinarten (s. rechts) durch seine großen „Blüten": Seine Deckspelzen sind 6–8,5 mm lang (die der anderen 3 bis höchstens 5,5 mm).

Gefalteter Schwaden
Glyceria plicata (Fries) Fries
Süßgrasgewächse *Poaceae (Gramineae)*

Beschreibung: Rispe 15–35 cm lang, dicht und reichährig. Rispenäste stehen auch nach der Blütezeit ab. An den untersten Knoten der Rispe entspringen 2–4 Äste, von denen die längeren 5–15, die kürzeren 2–5, selten nur 1 Ährchen tragen (Unterscheidungsmerkmal gegen *G. fluitans*). Ährchen 1,2–1,7 cm lang. Halm kräftig, aufrecht. Blattscheiden schwach seitlich zusammengedrückt, meist mit deutlichen Längsrillen. Blattspreiten 5–8 mm breit, grün, spitz, rauh. Blatthäutchen etwa 5 mm lang. Wächst in kleinen Horsten. Sein Wurzelstock treibt Ausläufer. Juni–August. 0,3–1 m.

Vorkommen: Bevorzugt stickstoffsalz- und basenreichen, kalkhaltigen und meist überfluteten Schlammboden. Meidet kühle, rasch fließende Gewässer und siedelt vorzugsweise im Schilfgürtel von warmen Seen oder in langsam fließenden Bächen und Gräben. Im Tiefland westlich der Elbe selten, östlich von ihr und in den Kalk-Mittelgebirgen sowie im Alpenvorland zerstreut. Steigt im Gebirge bis etwa 1500 m.

Wissenswertes: ♃. Gefalteter und Flutender Schwaden (s. links) zählen ebenso zur Sammelart *G. fluitans* agg. wie der Hain-Schwaden (*G. nemoralis* (Uechtr.) Uechtr. & Körn.: Rispe wie bei *G. plicata*, Ährchen um 1,2 cm lang; Deckspelze mit 3 groben und 4 zarten Rippen; Blattbreite 0,8–1 cm. Tiefland östlich der Elbe; selten), der Blaugrüne Schwaden (*G. declinata* Brêb.: Rispe wie bei *G. fluitans* oder fast traubig; Deckspelze 2–4zähnig; Blätter blaugrün, 2–8 mm breit. Eher im Westen, kaum bis 900 m; selten) und *G. × pedicellata* Townsend (= *G. fluitans* × *G. plicata*: steril, die vertrockneten Ährchen hängen noch lange an der Rispe; selten).

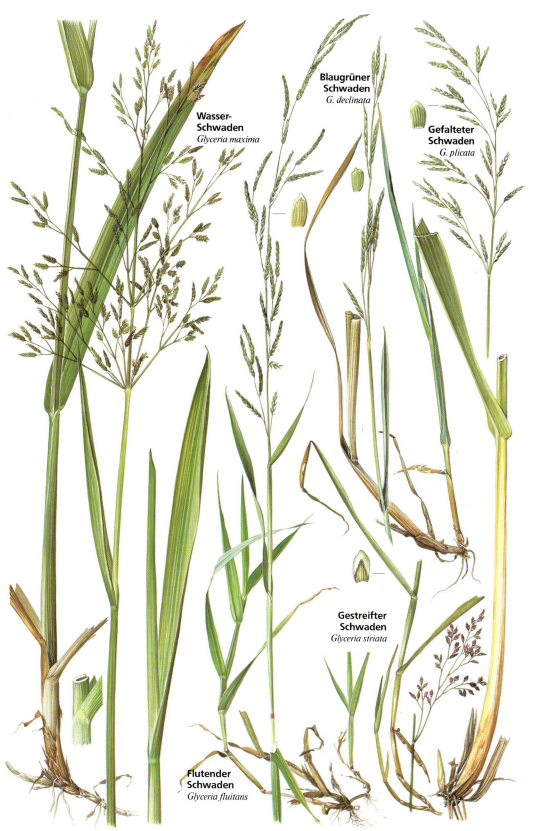

Süßgrasgewächse *Poaceae*

Schwingel *Festuca*

Schaf-Schwingel
Festuca ovina agg.
Süßgrasgewächse *Poaceae (Gramineae)*

Beschreibung: Rispe 2–12 cm lang, nur während der Blütezeit ausgebreitet, sonst zusammengezogen. Rispenäste stehen dann also aufrecht ab oder liegen der Rispenachse an. Ährchen 3–8blütig, 4–7 mm lang, grün oder violett überlaufen. Hüllspelzen ungleich breit. Halme meist nur mit 1–2 Knoten, dünn, aufrecht oder aufsteigend. Blattscheiden nur am Ansatz, seltener bis auf 1/3 ihrer Länge geschlossen, an den obersten Blättern manchmal leicht aufgeblasen, bei einzelnen Sippen bläulich bereift. Blattspreite borstlich, je nach Sippe und Standort von unterschiedlichem Grün, oft bereift und dann meist grau- oder blaugrün. Blatthäutchen ganz kurz, meist kaum 0,5 mm lang! Wächst in dichten Horsten. Alle im Horst enthaltenen Triebe sind am Grunde von einer Scheide umhüllt. Abgestorbene Blätter bleiben lange erhalten und zerfallen stückweise. Juni–Oktober. 10–50 cm.

Vorkommen: Bevorzugt stickstoffsalzarme, trockene, ziemlich sonnige Standorte. Sonst sind die Ansprüche der zahlreichen Sippen recht unterschiedlich, vor allem auch hinsichtlich des Basengehalts im Boden. Steigt in den Alpen bis über 2500 m. Häufig an Wegrändern, Rainen, Trockenrasen, lichten Wäldern.

Wissenswertes: ♃. Der Schaf-Schwingel umfaßt zahlreiche Sippen, auf die zum Teil nicht alle oben genannten Merkmale zutreffen. Innerhalb der Sammelart werden rund 25 Kleinarten unterschieden, die teilweise noch in Unterarten aufgeteilt sind. Ein eindeutiges Zuordnen von Einzelindividuen zu diesen Sippen ist oft nur den Spezialisten möglich. – Der Schaf-Schwingel liefert ein eiweißreiches Futter; er ist deshalb in mageren Schafweiden gerne gesehen (Name!).

Alpen-Schwingel
Festuca alpina SUTER
Süßgrasgewächse *Poaceae (Gramineae)*

Beschreibung: Traube oder Rispe, 1–3 cm lang, sehr schmal. Ährchen 2–4blütig, 4–6 mm lang, hell gelbgrün, selten schwach violett-weinrot überhaucht; Hüllspelzen ungleich, die obere, größere etwa 3 mm lang und nur 1/3 so breit, schmal-lanzettlich, lang zugespitzt; Deckspelze um 4 mm lang, etwa 1/3 so breit, länglich-lanzettlich, an der Spitze mit einer 3–4 mm langen Granne. Der Halm trägt nur 1 einziges Blatt, und zwar im unteren Drittel. Blattscheiden völlig geschlossen (wichtiges Kennzeichen). Sie sterben früh ab und sind dann rostrot; zuletzt fasern sie unregelmäßig auf. Blattspreiten fein, höchstens 0,5 mm im Durchmesser. Der Alpen-Schwingel wächst in kleinen Horsten. Alle im Horst enthaltenen Triebe sind am Grund von einer Scheide umhüllt. Juli–August. 5–15 cm.

Vorkommen: Der Alpen-Schwingel braucht reichlich Kalk im Boden; hingegen meidet er selbst Standorte, die nur mäßig stickstoffsalzhaltig sind, er ist geradezu stickstoffsalzscheu; erträgt sowohl scharfe Spätfröste als auch Trockenheit und starke Einstrahlung. Daher vermag er sich am besten an Standorten zu behaupten, an denen andere Pflanzen nicht mehr gedeihen; er besiedelt feinerdearme Felsspalten, windverblasene Grate und Steilhänge sowie Rasenbänder in Felswänden. Hauptsächlich findet man ihn in Höhen zwischen 2000 und 3000 m. Er ist sehr selten und kommt auch an seinen Wuchsorten nur in kleinen Beständen vor.

Wissenswertes: ♃. Die Art ändert in Mitteleuropa nur wenig ab. Kleinere Unterschiede gibt es zu den Sippen, die die Pyrenäen und die Gebirge auf der Balkanhalbinsel (Bosnien-Herzegowina) besiedeln.

Süßgrasgewächse *Poaceae*

Gemsen-Schwingel
Festuca rupicaprina (HACKEL) KERNER
Süßgrasgewächse *Poaceae (Gramineae)*

Beschreibung: Traube oder Rispe, 1,5–3,5 cm lang, spärlich verzweigt, aber zusammengezogen und daher dicht und schmal, nur während der Blütezeit ausgebreitet und etwas lockerer. Rispenäste rauh, armährig (an den untersten Rispenästen 1, seltener 2–3 Ährchen, an den mittleren und oberen Rispenästen nur 1 Ährchen). Ährchen 4–6blütig, 5–7 mm lang, violett-bräunlich. Hüllspelzen ungleich groß, die obere – größere – 3–4 mm lang, zugespitzt; Deckspelze 4–5 mm lang, Granne der Deckspelze 1–1,5 mm lang. Halm meist aufsteigend, oft schwach behaart, mit 1–2 Blättern, die durchweg im unteren Drittel sitzen. Blattscheiden völlig geschlossen, bräunlich, früh absterbend und dann unregelmäßig zerfasernd. Spreiten borstlich, 0,5–0,8 mm im Durchmesser, hellgrün. Blatthäutchen kurz, kleinfransig, kaum geöhrt. Wächst in kleinen Horsten. Alle im Horst enthaltenen Triebe sind am Grunde umscheidet. Juni–August. 10–20 cm.

Vorkommen: Braucht lockeren, kalkhaltigen Untergrund, der humusarm sein darf, aber Feinerde enthalten sollte. Braucht Feuchtigkeit und mäßige Konzentrationen von Stickstoffsalzen. Besiedelt Schutthänge, steinige alpine Rasen und Rasenbänder im Fels, dazu auch Weiden und Matten. In den Südlichen Kalkalpen zerstreut; fehlt in den kalkfreien Gebieten der Zentralketten; in den Nördlichen Kalkalpen selten; bevorzugt Höhen zwischen 1500 und 2500 m.

Wissenswertes: ♃. Der Gemsen-Schwingel ist unter den Alpengräsern eines der nährstoffreichsten Futtergräser (darauf verweist der Name: Gemsen sollen dieses Gras mit Vorliebe fressen). Wo es die Bedingungen erlauben, wird er daher in Nutzrasen eingebracht.

Felsen-Schwingel
Festuca halleri agg.
Süßgrasgewächse *Poaceae (Gramineae)*

Beschreibung: Traube oder Rispe, 1–3 cm lang, zur Blütezeit ausgebreitet, sonst zusammengezogen und dicht. Rispenäste sehr kurz, die untersten mit nur 1 (oder sehr selten 2) Ährchen; an den anderen Rispenästen nur 1 Ährchen. Ährchen 4–5blütig, 6–7 mm lang. Deckspelze mit einer Granne, die 2–5 mm lang wird. Halm aufrecht oder aufsteigend, unter der Rispe kantig. Blattscheiden bis zur Hälfte oder ganz geschlossen. Spreiten borstenförmig, 0,5–0,7 mm breit. Blatthäutchen kurz, etwas gewimpert, kaum geöhrt. Wächst in kleinen Horsten. Alle im Horst enthaltenen Triebe sind am Grund umscheidet. Juni–August. 5–10 cm.

Vorkommen: Der Felsen-Schwingel gedeiht auf kalkhaltigem bzw. basen- oder stickstoffsalzreichem Untergrund nicht. Er braucht sehr lockeren, feinerdearmen Untergrund und erträgt Trockenheit gut. Er schätzt viel Licht und liebt mäßige Wärme. Besiedelt nur die Gebiete der Zentralalpen mit kristallinen Gesteinen, die relativ niederschlagsarm sind. Dort bevorzugt er Höhen zwischen 2000 und 3000 m. In seinem Verbreitungsgebiet ist er selten, bildet aber an seinen Standorten meist kleinere Bestände.

Wissenswertes: ♃. Vom Felsen-Schwingel wurde eine Reihe von Sippen beschrieben, von denen einige als Kleinarten angesehen werden. Die Unterscheidung dieser Sippen ist aber in der Regel nur den Spezialisten anhand von Blattquerschnitten möglich. Selbst die Unterscheidung des Felsen-Schwingels vom Gemsen-Schwingel (s. links) bereitet gelegentlich Schwierigkeiten. In Zweifelsfällen muß man mit einer Lupe die Blattnerven zählen: der Gemsen-Schwingel hat meist 3 oder 5, der Felsen-Schwingel hingegen 7.

Süßgrasgewächse *Poaceae*

Schwingel *Festuca*

Amethyst-Schwingel
Festuca amethystina L.
Süßgrasgewächse *Poaceae (Gramineae)*

Beschreibung: Rispe 8–15 cm lang, eher zusammengezogen und daher mäßig dicht, schlaff überhängend. Untere Rispenäste nur wenig verzweigt, meist deutlich geschlängelt. Ährchen 6–8 mm lang. Obere – größere – Hüllspelze 3–4 mm lang; Deckspelze um 5 mm lang, Granne fehlt oder unter 0,5 mm lang. Halme aus knickigem Grund aufsteigend oder aufrecht, kräftig, in der unteren Hälfte mit 2–3 Blättern. Blattscheiden bis zur halben Länge geschlossen, die untersten in der Regel amethystblau oder rotviolett überlaufen. Die abgestorbenen Scheiden bleiben lange erhalten und zerfasern nicht. Die oberen Blattscheiden der nichtblühenden Sprosse zeigen, wo sie geschlossen sind, eine deutliche Längsfurche, die es in dieser Weise nur beim Amethyst-Schwingel gibt. Spreiten der Horstblätter 20–30 cm lang, borstenförmig und nur etwa 0,5 mm im Durchmesser. Stengelblätter etwas dicker (0,7 mm Durchmesser). Wächst in dichten Horsten; in ihnen sind alle Triebe umscheidet. Juni. 0,5–1,2 m.

Vorkommen: Braucht lockeren, stickstoffsalzarmen, basenreichen, nicht unbedingt kalkhaltigen Boden. Liebt Sommerwärme, erträgt lange Schneebedeckung. Besiedelt daher Südhänge im Alpen- und Voralpengebiet auf grobem Steinschutt oder Kies, und zwar sowohl in Rasen als auch in Gebüschen oder lichten Wäldern. An seinen Standorten kommt er in kleineren Beständen vor. Vereinzelt im Fränkischen und Schwäbischen Jura, selten im Voralpenland (nordwärts bis zur Donau), desgleichen in den Kalkalpen; bevorzugt Höhen zwischen 500 und 1500 m.

Wissenswertes: ♃. Der Amethyst-Schwingel ist düngerfeindlich. Aus kultiviertem Grünland verschwindet er rasch.

Violetter Schwingel
Festuca violacea agg.
Süßgrasgewächse *Poaceae (Gramineae)*

Beschreibung: Rispe 3–8 cm lang, weich, überhängend. Rispenäste stehen nur während der Blütezeit etwas ab. Ährchen 7–8 mm lang, meist violett, seltener gelb oder hellbraun gefleckt. Obere – größere – Hüllspelze 4–5 mm lang, spitz; Deckspelze 4–5 mm, ihre Granne 1–2 mm lang. Halme aufrecht. Blattscheiden ganz geschlossen, glatt und zerstreut behaart, frühzeitig zerfasernd. Spreiten der Grundblätter dünn-borstlich (0,3–0,7 mm im Durchmesser), eher weich. Stengelblätter breit-borstlich (0,8–1 mm im Durchmesser) oder flach und dann 1–3 mm breit. Blatthäutchen als schmaler Hautrand sichtbar, an den beiden Außenseiten „öhrchenartig" hochgezogen. Wächst in dichten Horsten, aus denen die jungen Triebe in kurzen, bald sich aufbiegenden Spitzen hervorbrechen (dies ist beim ähnlichen Verschiedenblättrigen Schwingel, s. S. 418) nie der Fall. Juli–September. 10–40 cm.

Vorkommen: Braucht gut durchlüfteten, im Frühjahr zumindest feuchten Boden, der ziemlich basen- und mäßig stickstoffsalzhaltig sein sollte. Erträgt lange Schneebedeckung gut, braucht im Sommer viel Licht. Besiedelt alpine Matten und Rasen auf steinigen Lehmen ebenso wie vergrusende Schutthalden, auf denen er vielerorts zur Festigung und zur Bildung einer geschlossenen Grasnarbe beiträgt. Bevorzugt Höhen zwischen 1500 und 2500 m. Alpen; häufig.

Wissenswertes: ♃. Der Violette Schwingel erträgt regelmäßige und intensive Beweidung nicht, wird aber gerne gefressen und ist infolgedessen als Wildfutter und bei extensiver Weidenutzung von Bedeutung. Innerhalb der Sammelart werden mehrere Kleinarten unterschieden, die schwer zu unterscheiden sind.

Süßgrasgewächse *Poaceae*

Verschiedenblättriger Schwingel
Festuca heterophylla LAM.
Süßgrasgewächse *Poaceae (Gramineae)*

Beschreibung: Rispe 5–15 cm lang, zur Blütezeit sehr locker, davor und danach etwas zusammengezogen, an der Spitze zuweilen überhängend. Rispenäste leicht rauh, während der Blütezeit fast waagrecht abstehend, mäßig gebogen. Ährchen 4–6blütig, 0,8–1 cm lang. Obere – größere – Hüllspelze 4–7 mm lang, kurz zugespitzt; Deckspelze 5–8 mm lang, mit einer 5–6 mm langen Granne. Halm im Verhältnis zur Größe auffallend dünn und wenigknotig (nur 2–4 Knoten). Blattscheiden, vor allem an den nichtblühenden Sprossen, geschlossen. Spreiten der Grundblätter 10–40 cm lang, schlaff, borstlich und etwa 0,5 mm im Durchmesser; wo das Gras in Hanglage wächst, sind sie oft als „Mähne" hangabwärts gebogen. Spreite der Stengelblätter flach ausgebreitet, 2–3 mm breit. Blatthäutchen kaum sichtbar. Der Verschiedenblättrige Schwingel wächst in großen, dichten Horsten. In ihnen sind die meisten Triebe umscheidet. Juni–September. 0,5–1,2 m.

Vorkommen: Liebt lockere, sandige oder sandig-lehmige, mäßig saure Böden. Meidet ausgesprochen basen- und stickstoffsalzreiche Standorte, d. h. dort ist er der Konkurrenz anderer Arten nicht gewachsen. Daher besiedelt er vor allem Laub- und Mischwälder, geht aber auch an Waldränder und auf Kahlschläge, sofern ihm die sonstigen Bedingungen zusagen. Fehlt im Tiefland; sonst – mit Ausnahme der höheren Lagen der Mittelgebirge, in denen er fehlt – zerstreut; in den Alpen selten, hier gebietsweise fehlend; steigt bis etwa 1000 m.

Wissenswertes: ♃. Die eigentliche Heimat des Verschiedenblättrigen Schwingels ist Südeuropa.

Rot-Schwingel
Festuca rubra agg.
Süßgrasgewächse *Poaceae (Gramineae)*

Beschreibung: Rispe 5–15 cm lang, aufrecht, zuweilen etwas nickend. Während der Blütezeit stehen die Rispenäste ab; sonst liegen sie der Rispenachse locker an. Ährchen 0,8–1 cm lang, hell blaugrün, oft rötlich oder braunviolett überlaufen. Granne der Deckspelze höchstens halb so lang wie die Deckspelze selbst. Halm steif aufrecht. Blattscheiden geschlossen, oft hell weinrot überhaucht, glatt, früh absterbend und zerfasernd. Spreite der Grundblätter borstenförmig, 0,5–1 mm im Durchmesser, sehr selten flach und dann kaum 2 mm breit. Halmblätter stets flach oder rinnig, ausgebreitet 2–3,5 mm breit. Blatthäutchen sehr kurz, aber sichtbar. Wächst in lockeren Rasen. Seine Triebe stehen meist in einer Scheide, aus der häufig sehr lange Ausläufer austreiben. Juni–Oktober. 0,2–1 m.

Vorkommen: Braucht stickstoffsalzreichen, mäßig basenhaltigen Boden, der jedoch kalkarm sein sollte und zur Versauerung neigen darf. Die meisten Sippen der Art bevorzugen feuchte Standorte. Steigt in den Alpen bis etwa 2000 m. Sehr häufig.

Wissenswertes: ♃. Vom Rot-Schwingel gibt es viele Zucht- und Lokalformen. Durch seine Wuchsart vermag er sich zwischen hoch aufschießenden Gräsern auszubreiten. Daher eignet er sich als ertragreiches Untergras, zumal ihm Mahd nichts ausmacht. Er wird, wo immer möglich, ausgesät, obwohl er vom Futterwert her nicht allzusehr geschätzt ist. Innerhalb der Sammelart werden mehrere Kleinarten unterschieden, die zum Teil in ihren Standortsansprüchen erheblich differieren. Sie lassen sich oft nur durch mikroskopische Untersuchung von Blattquerschnitten (Bau und Verteilung des Sklerenchyms) sicher bestimmen.

Süßgrasgewächse *Poaceae*

Schwingel *Festuca*

Wiesen-Schwingel
Festuca pratensis HUDS.
Süßgrasgewächse *Poaceae (Gramineae)*

Beschreibung: Rispe 10–20 cm lang, nur während der Blütezeit locker, sonst dicht und schmal zusammengezogen, aufrecht oder schwach überhängend. Unterster Knoten in der Rispe mit nur 2 Ästen, von denen der längere 4–6, der kürzere 1–3 Ährchen trägt; Rispenäste rauh. Ährchen etwa 1 cm lang, gelbgrün, gelegentlich violett überlaufen oder gefleckt. Halm am Grund aufgebogen, sonst aufrecht, kräftig, im unteren Drittel mit 2–3 Blättern. Blattscheiden offen, kahl. Blattspreiten 10–20 cm lang, 3–5 mm breit, dunkelgrün, schlaff, am Grund geöhrt, kaum rauh. Blattöhrchen sichelförmig, kahl. Blatthäutchen sehr kurz und kegelförmig. Der Wiesen-Schwingel wächst in lockeren Rasen. Die Triebe durchbrechen meist ihre Scheide. Juni–Juli. 0,4–1,2 m.

Vorkommen: Braucht mäßig stickstoffsalzreichen Lehm- oder Tonboden, der feucht sein darf. Bevorzugt frische Wiesen auf guten Böden, geht aber auch in Moore und in Wiesen, die sommers kurzzeitig austrocknen. Steigt in den Alpen bis etwa 1500 m. Sehr häufig.

Wissenswertes: ♃. Der Wiesen-Schwingel gehört zu den besten Futtergräsern und wird deswegen oft ausgesät. Er bewährt sich vor allem auf Böden, die im Frühjahr und Herbst sehr feucht sind. Er liefert auf Lehmböden unter diesen Bedingungen hohen Heuertrag, ebenso auf lehmigen Sanden, sofern die Nährstoff- und die Wasserversorgung gut sind. – Ssp. *pratensis*: Ährchen 7–8blütig, 0,9–1,1 cm lang; Deckspelze 6–7 mm lang; sehr häufig. – Ssp. *apennina* (DE-NOT.) HEGI: Ährchen 4–6blütig; Deckspelze 5 mm lang; Alpen, selten. – Darüber hinaus werden von einigen Autoren mehrere Sippen unterschieden, die nur wenig differieren.

Rohr-Schwingel
Festuca arundinacea SCHREB.
Süßgrasgewächse *Poaceae (Gramineae)*

Beschreibung: Rispe 10–35 cm lang (selten noch länger), an der Spitze überhängend. Rispenäste auch nach der Blütezeit schräg aufrecht oder waagrecht abstehend, reichährig, rauh; am untersten Knoten der Rispe stehen 2–3 Äste, von denen jeder 5–15 Ährchen trägt. Ährchen etwa 1 cm lang, grün und meist violett überlaufen. Halm kräftig, glatt, meist aufgebogen, im unteren Drittel mit 2–3 Blättern. Blattscheiden offen. Blattspreiten 25–70 cm lang, 0,5–1 cm breit, dunkelgrün, am Grunde geöhrt. Blattöhrchen sichelförmig, am Rande deutlich bewimpert (Lupe!). Blatthäutchen um 1 mm lang oder kürzer. Der Rohr-Schwingel besitzt einen mehrere Dezimeter langen Wurzelstock, aus dem immer wieder Tochtertriebe ausschlagen. Daher wächst er in lockeren Horsten. Juni–Juli. 0,8–1,6 m.

Vorkommen: Braucht nassen, basenreichen und oft kalkhaltigen Boden, der humusarm, gelegentlich sandig-lehmig und meist tonig-verschlammt ist. Besiedelt Gräben, Fluß- und Seeufer und staunasse Wiesen. Fehlt im Tiefland westlich der Elbe, in den Silikatgebieten und in den rauhen Lagen der Mittelgebirge gebietsweise; sonst zerstreut, oft bestandsbildend. Steigt in den Alpen bis etwa 1500 m.

Wissenswertes: ♃. Der Rohr-Schwingel festigt Flußufer. Auf Wiesen ist er weniger geschätzt, weil er hart ist und von Kühen nicht gern gefressen wird. Auf ausgesprochenen Naßwiesen liefert er das beste Futter. Deswegen wird er auf solchen Standorten angebaut. Dadurch kann das Aufkommen von Seggen unter Umständen verhindert werden. Ein hoher Seggenanteil macht das Mähgut untauglich als Futter für Kühe. Es kann dann nur als Streu genutzt werden.

Süßgrasgewächse *Poaceae*

Riesen-Schwingel
Festuca gigantea (L.) VILL.
Süßgrasgewächse *Poaceae (Gramineae)*

Beschreibung: Rispe 20–40 cm lang (selten noch länger), wenig ästig, meist sehr locker und schlaff überhängend; Äste an den Knoten der Rispe oft paarweise. Ährchen 3–10blütig, 1–1,5 cm lang; Deckspelze 5–9 mm lang, mit einer – oft verbogenen – Granne, die 1–2 cm lang wird. Halm bogig aufsteigend, bis zum oberen Drittel beblättert (am Halm insgesamt 3–6 Blätter). Blattscheiden offen, fast glatt (Ausnahme: Blattscheiden der untersten Blätter!), faserig zerfallend. Blattspreiten 10–30 cm lang, 0,5–1,5 cm breit, mit sichelförmigen Öhrchen den Stengel umgreifend. Oberfläche der Spreiten graugrün, unterseits dunkelgrün und leicht glänzend. Blatthäutchen der oberen Stengelblätter 1–2 mm lang, gestutzt. Der Riesen-Schwingel wächst in lockeren, büschelig-kleinflächigen Rasen. Alle Triebe kommen aus Scheiden älterer Sprosse. Juli–August. 0,5–1,8 m.

Vorkommen: Braucht staunassen oder wenigstens ständig feuchten, kalkarmen, aber recht basen- und auch stickstoffsalzhaltigen, lehmig-tonigen Boden und einen schattigen Standort. Gedeiht in Auwäldern, an Waldgräben, in der Umgebung von Quellen, seltener an besonders nassen und mäßig sonnigen Stellen auf Kahlschlägen. Fehlt im Tiefland westlich der Weser; sonst zerstreut, meist in nur individuenarmen Beständen; steigt in den Mittelgebirgen und Alpen kaum bis 1000 m.

Wissenswertes: ♃. Trocknet ein Standort aus, so bildet der Riesen-Schwingel kleine Kümmerformen, die man nicht auf den ersten Blick erkennt. Stets sind auch an solchen Pflanzen die Öhrchen, die den Stengel umgreifen, ein sicheres Kennzeichen.

Wald-Schwingel
Festuca altissima ALL.
Süßgrasgewächse *Poaceae (Gramineae)*

Beschreibung: Rispe 10–20 cm lang, locker, leicht nickend. Rispenäste meist paarweise an den Knoten, schräg aufrecht abstehend, etwas geschlängelt und an der Spitze durch das Gewicht der Ährchen oft abwärts gebogen. Ährchen 2–5blütig, 5–8 mm lang, meist gelbgrün, selten violett überlaufen. Halm aufrecht, im Verhältnis zu seiner Länge dünn, in der unteren Hälfte mit 2–4 Blättern. Blattscheiden offen, deutlich rauh. Blattspreiten 20–60 cm lang, 0,5–1,5 cm breit, hellgrün. Blattgrund häutig, nicht sichelförmig geöhrt. Blatthäutchen mindestens 1,5 mm lang, an den oberen Stengelblättern oft 3 mm. Der Wald-Schwingel wächst in großen, meist dichten, seltener lockeren Horsten, aus denen keine Ausläufer treiben. Die Halme werden im Horst von mehreren Blattscheiden bzw. von deren Überresten umgeben. Daher erscheinen die Halme am Grunde etwas verdickt. Juni–Juli. 0,8–2 m.

Vorkommen: Braucht basenarme, fast kalkfreie, lockere Lehmböden, die ziemlich stickstoffsalzhaltig, von Grundwasser durchzogen und kühl sind. Liebt Schatten, hohe Luftfeuchtigkeit und eine mäßige Rohhumusauflage. Gedeiht am besten in Nadel-Laub-Mischwäldern der Mittelgebirge; bildet hier kleinere Bestände. Im Tiefland westlich der Elbe nur vereinzelt, östlich von ihr sowie in den Mittelgebirgen zerstreut, fehlt aber auch hier gebietsweise (z. B. Kalk- und reine Sandgebiete). Steigt im Gebirge bis etwa 1250 m. Selten.

Wissenswertes: ♃. Der Wald-Schwingel braucht unter den großen Gräsern unserer Wälder am wenigsten Licht. Er gedeiht noch gut an Stellen, an denen er im Durchschnitt nicht einmal 10 % des Tageslichts erhält.

Süßgrasgewächse *Poaceae* ▶

Schwingel *Festuca*
Dünnschwingel *Nardurus*

Niedriger Schwingel
Festuca pumila CHAIX
Süßgrasgewächse *Poaceae (Gramineae)*

Beschreibung: Rispe 2–5 cm lang, aufrecht, armährig. Rispenäste rauh, nur während der Blütezeit abstehend, sonst zusammengezogen. Ährchen 8–9 mm lang, blaugrün, meist gelbrot-braunviolett gescheckt. Obere – größere – Hüllspelze 4–5 mm lang, eiförmig-lanzettlich, lang zugespitzt; Deckspelze um 5 mm lang, mit deutlicher Stachelspitze oder mit kurzer Granne (Grannenlänge um 1 mm oder darunter). Halm dünn, starr aufrecht, unter der Rispe – meist deutlich – rauh. Blattscheiden offen, rauh. Blattspreiten zu Borsten gefaltet, etwa 0,5 mm im Durchmesser. Spreitenspitze „sticht" nie. Blatthäutchen an den Stengelblättern um 1 mm lang. Wächst in dichten Horsten. Alle Triebe bleiben von Scheiden umhüllt. Juli–August. 10–25 cm.

Vorkommen: Liebt steinigen Boden, der eine oft nur geringe, aber basenreiche und meist kalkhaltige Humusauflage braucht, geht aber auch in alpine Matten auf humosen Lehm oder auf feinerdearme Grate und in Rasenbänder an Felswänden, seltener auf bewegten Gesteinsschutt, den er mit seinen mehrere Dezimeter langen Wurzeln festigt. Erträgt kürzere Trockenperioden; kommt daher auf windgefegten Graten und Steilhängen durch; gedeiht auch noch, wenn die winterliche Schneebedeckung nur wenige Wochen dauert. Kommt in Mitteleuropa nur in den Alpen und im südlichen Schweizer Jura vor, und zwar hauptsächlich zwischen 1700 und 2500 m. Zerstreut, aber oft in lockeren, individuenreichen Beständen.

Wissenswertes: ♃. Der Niedrige Schwingel erträgt Düngung nicht. Aus bewirtschaftetem Grünland verschwindet er daher ziemlich rasch. Mäßig gutes Wildfutter.

Bunter Schwingel
Festuca varia agg.
Süßgrasgewächse *Poaceae (Gramineae)*

Beschreibung: Rispe 1–5 (–8) cm lang, eher locker. Rispenäste schwach rauh, nur während der Blütezeit abstehend, sonst eher zusammengezogen, armährig. Ährchen 4–7blütig, 0,8–1 cm lang, bläulich-grün, fleckig violett überlaufen; obere – größere – Hüllspelze 4–6 mm lang, eiförmig-lanzettlich, kurz zugespitzt; Deckspelze höchstens mit Stachelspitze, die um 1 mm lang werden kann, aber nie mit einer mehrere Millimeter langen Granne. Halm dünn, am Grund bogig aufsteigend, im oberen Teil starr aufrecht, meist in der unteren Hälfte mit 2 Halmblättern. Blattscheiden im unteren Drittel geschlossen, sonst offen. Blattspreiten gefaltet, 0,5 bis 1 mm im Durchmesser, stets mit – zumindest leicht – stechender Spitze. Blatthäutchen 1–2 mm lang. Wächst in dichten Horsten, die sich – zumindest von steinigem Untergrund – leicht als Ganzes abheben lassen. Triebe bleiben von Scheiden umhüllt. Juli–September. 10–35 cm.

Vorkommen: Braucht sommerheiße, dem vollen Tageslicht ausgesetzte, trockene und steinige Standorte. Die meisten zu der Sammelart gerechneten Sippen meiden Kalk und kommen nur in den Zentralalpen an steilen Südhängen vor. Hier ist der Bunte Schwingel zuweilen eine der häufigsten Pflanzen, die auf Felsbändern die charakteristischen „Rasentreppen" bildet. Seine Horste erreichen bis zu 1/2 m Durchmesser. In den südlichen Silikatketten häufig. Im Osten der Südlichen Kalkalpen selten. Hauptverbreitung etwa zwischen 1500 und 2500 m, im Tessin örtlich bis auf etwa 200 m absteigend.

Wissenswertes: ♃. In der Sammelart werden mehrere, schwer unterscheidbare, alpine Kleinarten zusammengefaßt.

Süßgrasgewächse *Poaceae*

Schöner Schwingel
Festuca pulchella SCHRAD.
Süßgrasgewächse *Poaceae (Gramineae)*

Beschreibung: Rispe 4–10 cm lang, sehr locker und dann verhältnismäßig breit, nach der Blütezeit halb zusammengezogen und spätestens dann leicht nickend. Rispenäste glatt, dünn, oft geschlängelt, armährig. Ährchen 5–7 mm lang, abgeplattet, 1–2 mm dick und 2–4 mm breit, über der Mitte am breitesten, grün und oft violett, seltener bräunlich gesprenkelt; Hüllspelzen fast gleich groß, knapp 5 mm lang; Deckspelze 5–6 mm lang, lanzettlich, ohne Stachelspitze oder Granne. Halm knickig aufsteigend, mit auffallend roten Knoten. Blattscheiden mindestens bis zur Mitte geschlossen. Blattspreiten 0,5–4 mm breit, 5–25 cm lang, hellgrün, weich. Blatthäutchen – zumindest an den nichtblühenden Trieben – fehlend, an den Blättern der fertilen Halme kaum 0,2 mm lang. Der Schöne Schwingel bildet lockere Horste, aus denen Ausläufer treiben. Juni–September. 20–80 cm.

Vorkommen: Braucht lockeren, steinigen Gebirgsboden, der im übrigen lehmig oder humos sein kann, feucht sein muß und kalkhaltig sein sollte. Erträgt Schatten; meidet sommerliche Kälte. Kommt hauptsächlich in schattigen Mulden in Höhenlagen zwischen etwa 1700–2200 m Höhe vor, und zwar oft in der Nähe von Wasserrinnen. In den Schweizer Kalkalpen und im Schweizer Jura zerstreut, in den übrigen Kalkalpen selten und gebietsweise fehlend; an seinen Standorten indessen oft in mäßig individuenreichen, oft sehr lockeren Beständen.

Wissenswertes: ♃. Der Schöne Schwingel wird von Pflanzenfressern gern aufgenommen. Da er zumeist an ziemlich steilen Hängen wächst, bleibt sein Nutzwert für Weidevieh trotzdem gering.

Kies-Dünnschwingel
Nardurus halleri (VIV.) FIORI
Süßgrasgewächse *Poaceae (Gramineae)*

Beschreibung: Traubige Ähre von 3–15 cm Länge (selten bis zu 20 cm), steif aufrecht. Ährchen 3–9blütig, 0,5–1 cm lang, nur an 2 Seiten der Hauptachse mit ganz kurzen Stielchen angewachsen (Stielchen meist dicker als lang und erst einigermaßen deutlich zu erkennen, wenn man die Ährchen mit einer Pinzette durch Abwärtsziehen von der Traubenachse löst). Untere Hüllspelze 4–5, obere 5–6 mm lang, vorne stumpflich; Deckspelze 3–5 mm lang, grannenlos oder mit einer Granne, die höchstens so lang wie die Deckspelze selbst ist. Halm kräftig, steif aufrecht, Knoten violett. Blattscheiden des obersten Stengelblattes locker anliegend oder schwach aufgeblasen, glatt. Blattspreite borstlich, kurz, steif, etwa 1 mm im Durchmesser. Blatthäutchen ungefähr 0,5 mm lang, am Rande etwa auf 1 mm Länge hochgezogen. Wächst in kleinen Büscheln. Mai–Juli. 10–40 cm.

Vorkommen: Braucht im Sommer warmes und trockenes, im Winter mildes und feuchtes Klima. Vermag sich nur im Südwesten Mitteleuropas (Schweizer Jura, westlicher Alpensüdfuß, früher auch südlicher Oberrhein) an den klimatisch günstigsten Standorten zu behaupten. Dort besiedelt er Brachen, Wegraine, alte Mauern oder felsige Standorte, die kalkarm sein müssen; doch ist er auch hier sehr selten. Eigentliche Heimat: Westliches Mittelmeergebiet.

Wissenswertes: ☉. Gelegentlich wurde das seltene Gras schon mit der Gewöhnlichen Quecke (s. S. 447) verwechselt, die aber nie gestielte Ährchen hat. Überdies ist sie in vielen anderen Merkmalen (z. B. Blattbreite, Blattöhrchen) verschieden. Zuweilen wurde die Art in die Gattung *Festuca* eingeordnet.

Schöner Schwingel
Festuca pulchella

Bunter Schwingel
Festuca varia

Kies-Dünnschwingel
Nardurus halleri

Niedriger Schwingel
Festuca pumila

Süßgrasgewächse *Poaceae* ▶

Federschwingel *Vulpia*
Steifgras *Catapodium*
Trespe *Bromus*

Mäuseschwanz-Federschwingel
Vulpia myuros (L.) C. C. GMELIN
Süßgrasgewächse *Poaceae (Gramineae)*

Beschreibung: Wenig verzweigte Rispe oder Traube, 10–30 cm lang, schlank und locker, an der Spitze schwach nickend, an der Basis – auch zur Blütezeit – von der obersten Blattscheide eingeschlossen. Rispenäste bzw. Stiele der Traube 1–3 mm lang, aufrecht oder schräg aufrecht abstehend. Ährchen 0,6–1 cm lang. Untere Hüllspelze 0,5–2 mm, obere 3–6 mm lang; Deckspelze mit einer Granne, die 1–1,5 cm lang wird. Halm aufrecht oder – seltener – knickig aufsteigend. Blattspreite 1–1,5 mm breit, selten ausgebreitet, meist borstlich eingerollt und dann im Durchmesser nur 0,5–1 mm. Blatthäutchen um 0,3 mm lang. Wächst in mittelgroßen Büscheln, die an günstigen Standorten rasenartig dicht werden können. Mai–Oktober. 20–60 cm.

Vorkommen: Braucht sauren, kalkarmen, gut durchlüfteten, nur oberflächlich verfestigten Boden, dessen Stickstoffsalzgehalt zumindest mäßig hoch sein sollte; licht- und wärmeliebend. Besiedelt vergruste Bahnschotter, Kieswege und sandige Brachflächen; zerstreut am Oberrhein, in der Pfalz, am Unterlauf des Mains, in der Wetterau, am Niederrhein, an den Unterläufen von Weser und Elbe, vereinzelt auch sonst im Tiefland und in den tiefer gelegenen Sandgebieten der Mittelgebirge und des Voralpengebiets. Heimat: Mittelmeergebiet.

Wissenswertes: ☉. Wird zuweilen mit Güterzügen eingeschleppt. Tritt sporadisch auf Verschiebebahnhöfen auf, die in den Weinbaugebieten oder anderen klimatisch begünstigten Gegenden liegen. – Ähnlich: *V. ciliata* DUMORT.: Deckspelzen auf dem Rücken und am Rand lang und deutlich bewimpert; Südwestalpen; selten.

Trespen-Federschwingel
Vulpia bromoides (L.) S. F. GRAY
Süßgrasgewächse *Poaceae (Gramineae)*

Beschreibung: Wenig verzweigte Rispe oder Traube, 3–10 cm lang, meist aufrecht, schlank und mäßig locker, an der Basis jederzeit weit aus der obersten Blattscheide herausragend. Rispenäste bzw. Stiele der Traube 1–4 mm lang, immer schräg aufwärts abstehend. Ährchen 5–10blütig (die obersten 2–3 Blüten graduell verkümmert: entweder nur männlich oder steril), etwa 0,7–1,5 cm lang, oft violett überlaufen. Obere Hüllspelze länger als untere, 5–9 mm lang (einschließlich der bis 2 mm langen Granne); Deckspelze mit einer Granne, die 0,8–1 cm lang wird. Halm fast aufrecht, nur am Ansatz knickig, steif. Oberste Blattscheide endet mindestens 2 cm unter dem Rispenansatz, schließt diesen also nicht ein. Blattspreiten in der Regel flach und 1–2,5 mm breit, nur selten borstlich eingerollt und dann mit einem Durchmesser, der weniger als 1 mm beträgt. Wächst immer in kleinen Büscheln. Mai–Juli. 10–30 cm.

Vorkommen: Braucht sauren, kalkarmen, gut durchlüfteten, nur oberflächlich verfestigten Boden. Gedeiht auf lehmigen Quarzsandböden am besten. Besiedelt Brachen, Binnendünen und sandige Wege. Scheut Stickstoffsalze, geht nach Düngung ein. Heimat: Mittelmeergebiet. Vereinzelt in den Weinbaugebieten vom Ober- bis zum Niederrhein, im Hessischen Bergland und im Tiefland, oft unbeständig; am Alpensüdfuß und in der Südwestschweiz selten. Fehlt sonst.

Wissenswertes: ☉. Trägt mit seinem kriechenden Rhizom zur Befestigung des Sandes bei. Von vielen, noch im 19. Jahrhundert bekannten Standorten verschwunden. – Ähnlich: *V. ligustica* (ALL.) LK.: Untere Hüllspelze 1/2 so lang wie obere; vereinzelt adventiv.

Süßgrasgewächse *Poaceae*

Aufrechtes Steifgras
Catapodium rigidum (L.) C. E. Hubb.
Süßgrasgewächse *Poaceae (Gramineae)*

Beschreibung: Blütenstand eine auf den ersten Blick ähren- oder traubenartige Rispe, 2–10 cm lang, nur während der Blütezeit ausgebreitet, sonst mit steif aufrechten, etwas einseitswendig angeordneten Rispenästen. Rispenäste kurz (bis zu 2 cm lang), dick, 3kantig, oft unverzweigt und mit nur 1 Ährchen. Ährchen 5–12blütig, 5–8 mm lang, sehr kurz (1–2 mm lang), doch kräftig gestielt; Hüllspelzen etwa gleich groß; Deckspelze um 3 mm lang, kahl, wie die Hüllspelzen grannenlos. Halm niederliegend, schräg vom Boden abstehend oder knickig aufsteigend. Blattscheiden geschlossen und schwach abgeplattet, glatt. Blattspreiten graugrün, 1–2 mm breit, langspitzig, oberseits am Rand deutlich rauh. Blatthäutchen 1–3 mm lang, an der Spitze zerschlitzt oder stumpf. Das Aufrechte Steifgras wächst in Büscheln. Mai–September. 5–20 cm.

Vorkommen: Braucht Wärme, erträgt Trockenheit, liebt Kalk, stellt sonst keine besonderen Ansprüche an den Boden. Gedeiht daher in Felsspalten und Mauerritzen ebenso wie auf offenem Sand oder an trockenen Wegrainen. Heimat: Mittelmeergebiet. In Mitteleuropa nur unbeständig eingeschleppt. Vereinzelt und unbeständig an klimabegünstigten Stellen.

Wissenswertes: ☉. Obwohl das Aufrechte Steifgras möglicherweise übersehen wird, gehört es zu den seltenen Gästen in Mitteleuropa. Nur im Westen (Randgebiete der Eifel), im Südwesten (Genfer See) und im Tessin tritt es einigermaßen regelmäßig auf. Andererseits wurde es – mehrere Jahre beständig – auch schon am mittleren Neckar oder am Lech südlich von Augsburg gefunden; Standorte im Wallis sind nach einigen wenigen Jahren wieder erloschen.

Wald-Trespe
Bromus ramosus agg.
Süßgrasgewächse *Poaceae (Gramineae)*

Beschreibung: Rispe 15–35 cm lang, breit und sehr locker, an der Spitze nickend; den Knoten der Rispe entspringen jeweils 2 Äste, die 1–9 Ährchen tragen; Rispenäste geschlängelt, schlaff und daher bogig überhängend, rauh. Ährchen 4–12blütig, 2–3,5 cm lang. Untere Hüllspelze um 7 mm, obere um 1 cm lang, mit einer kurzen Stachelspitze; Deckspelze 1–1,3 cm lang, mit einer Granne, die etwa 1 cm lang wird. Halm dick, aufrecht, kurzhaarig. Untere Blattscheiden kurzhaarig, oberste mit 3–4 mm langen, rückwärts abstehenden Haaren und kurzem Flaum. Blattspreiten 0,8–1,5 cm breit, dunkelgrün, etwas glänzend, am Grunde mit sichelförmigen Öhrchen. Blatthäutchen stumpf, 2–4 mm lang. Die Wald-Trespe wächst in Horsten. Sie fällt wegen ihrer hohen Halme meist schon von weitem auf. Juli–August. 0,6–1,8 m.

Vorkommen: Braucht feuchten, humosen, basenreichen, meist auch kalkhaltigen Lehm- oder Tonboden mit mäßig hohem Stickstoffsalzgehalt. Scheut volles Licht. Wächst daher in lichten Laub- und Mischwäldern, seltener in Nadelwäldern, auf Waldwegen oder Kahlschlägen. Fehlt im Tiefland und in den Silikatgebieten ganz oder größeren Gebieten, sonst zerstreut. Steigt in den Alpen bis etwa 1000 m.

Wissenswertes: ♃. Die Sammelart umfaßt die Hohe Wald-Trespe *(B. ramosus* Huds.: oben beschrieben) und die Rauhe Wald-Trespe *(B. benekenii* (Lange) Trimen: Rispe deutlich einseitswendig; unterste Rispenäste zu 3–5; obere Blattscheide höchstens kurz flaumig (um 0,3 mm lang) behaart; im Tiefland zerstreut, sonst ähnlich wie *B. ramosus* Huds. verbreitet, mit der sie öfters zusammen vorkommt).

Süßgrasgewächse *Poaceae* ▶

Trespe *Bromus*

Aufrechte Trespe
Bromus erectus agg.
Süßgrasgewächse *Poaceae (Gramineae)*

Beschreibung: Rispe 5–20 cm lang, aufrecht, schlank, oft armährig und fast zur Traube geworden. Rispenäste rauh, wenig verzweigt, mit 1–3 Ährchen, schief aufrecht; am untersten Knoten der Rispe entspringen 2–4 Äste. Ährchen 4–12blütig, 2–4 cm lang, oft rötlich überlaufen. Hüllspelzen spitz; Deckspelze mit einer Granne, die 0,5–1 cm lang wird. Halm starr aufrecht, kahl, glatt. Junge Blätter in der Knospe gefaltet. Blattscheiden geschlossen, seidig behaart. Blattspreiten 2–4 mm breit, am Rande locker, doch regelmäßig bewimpert. Blatthäutchen 1–2 mm lang. Die Aufrechte Trespe wächst in Horsten, aus denen nur selten Ausläufer austreiben. Mai–Oktober. 30–80 cm.

Vorkommen: Braucht basenreichen Boden, der Kalk enthalten sollte (aber nicht muß) und Stickstoffsalze nur in sehr geringen Mengen enthalten darf; liebt sommerliche Wärme. Erträgt Trockenperioden gut und erlangt in ihnen einen Vorteil gegenüber konkurrierenden Gräsern. Gedeiht daher vor allem in lückigen Trockenrasen, auf entwässerten Mooren, deren Böden im Sommer heiß werden, und in Felsbändern. Gegen Düngung empfindlich. Häufig und an ihren Standorten bestandsbildend. Fehlt in den Silikatgebieten und im Tiefland westlich der Elbe fast durchweg, östlich und nördlich von ihr selten; in den Kalkgebieten zerstreut, örtlich häufig; steigt in den Alpen bis etwa 1500 m.

Wissenswertes: ♃. Innerhalb der Sammelart werden einige Kleinarten unterschieden. Die Beschreibung bezieht sich auf *B. erectus* HUDS., die bei uns wachsende Sippe. *B. condensatus* HACKEL (Blattoberseite flaumig; Rand nie wimperig) kommt selten am Alpensüdfuß vor.

Unbegrannte Trespe
Bromus inermis LEYS.
Süßgrasgewächse *Poaceae (Gramineae)*

Beschreibung: Rispe 10–20 cm lang, breit und locker, oft schwach einseitswendig. Rispenäste schwach rauh; an den Knoten der Rispe entspringen 3–7 Äste. Ährchen 5–10blütig, 2–3 cm lang. Hüllspelzen etwas ungleich groß, wenigstens die obere mit einem schmalen Hautrand, beide – wie die etwa 9 mm lange Deckspelze – unbegrannt, allenfalls mit einer Stachelspitze versehen, die 1–2 mm lang wird. Halm aufrecht, glatt oder nur undeutlich rauh, kahl. Mindestens die Blattscheiden der oberen Blätter sind kahl, die der unteren können zuweilen etwas flaumig behaart sein. Blattspreiten 3–8 mm breit, kahl oder schwach unregelmäßig bewimpert. Blatthäutchen meist nur 0,5 mm lang, selten bis 2 mm, aber dann fein gezähnt. Wächst in sehr lockeren Horsten, aus denen regelmäßig unterirdische, mehrere Zentimeter lange, schuppige Ausläufer treiben. Juni–Juli. 0,4–1 m.

Vorkommen: Braucht kalk- und humushaltigen, lockeren und mäßig stickstoffsalzreichen Boden in warmer Lage, geht aber auch auf feinkörnigen Ton. Erträgt ständig hohe Luftfeuchtigkeit schlecht, wohl aber Wechselfeuchte im Boden. Im Tiefland – vor allem westlich der Elbe – selten, fehlt hier – wie auch in den Silikat-Mittelgebirgen – gebietsweise; sonst zerstreut. Kommt an ihren Standorten meist in lockeren Beständen vor. In den Westalpen fehlend, sonst in den Alpen sehr selten und unbeständig.

Wissenswertes: ♃. Die Unbegrannte Trespe spielt in Mitteleuropa wirtschaftlich keine Rolle, wohl aber in Ost- und Südosteuropa, wo sie sowohl auf versteppten Böden wie auch auf zeitweise überschwemmtem, zeitweise ausgetrocknetem Land weit verbreitet ist.

Süßgrasgewächse *Poaceae*

Taube Trespe
Bromus sterilis L.
Süßgrasgewächse *Poaceae (Gramineae)*

Beschreibung: Rispe 10–25 cm lang, allseitswendig, sehr locker. Rispenäste vor der Blütezeit aufrecht oder schwach abwärts gebogen, während und nach der Blütezeit allseitig hängend, armährig (meist nur 1–2 Ährchen pro Ast), rauh. Ährchen 5–9blütig, 1,5–3 cm lang, gegen die Spitze verbreitert, grün und meist violett überlaufen; untere Hüllspelze 0,6–1,4 cm, obere 1–2 cm lang; Deckspelze 1,5–2 cm lang, mit einer 1,5–3 cm langen, dünnen, geraden Granne. Halm aufsteigend oder aufrecht. Blattscheiden fein – aber fühlbar – weichhaarig, oben gelegentlich verkahlend. Blattspreiten 3–5 mm breit, wenig behaart oder fast kahl. Blatthäutchen mit fein zerschlitztem, fast bewimpertem Rand, 3–5 mm lang. Die Taube Trespe wächst in größeren Büscheln. Mai–September. 30–80 cm.

Vorkommen: Braucht lockeren und daher meist sandigen oder steinigen Lehmboden, der ziemlich stickstoffsalzhaltig sein sollte. Erträgt Austrocknung gut und vermag auch noch auf vergrustem Steinschutt oder in Mauerritzen zu leben. Liebt warme Standorte. Besiedelt Wegränder, Raine, Böschungen und Schuttplätze, aber auch Wiesen, Kleeäcker, Mauern und vergrusten Bahnschutt. Wird etwa ab 600 m selten, fehlt in den rauheren Lagen der Mittelgebirge und des Alpenvorlands gebietsweise, in den Alpen ab etwa 1500 m vollständig; sonst häufig.

Wissenswertes: ☉. Die bespelzten Samenkörner der Tauben Trespe werden durch Tiere verbreitet. Die rauhen Grannen haften im Fell. „*Sterilis*" = „taub" muß sehr frei als „Nicht-Hafer" gedeutet werden; denn früher wurde die Art zu den Hafern gestellt; im Gegensatz zum Saat-Hafer war sie nicht als Getreide nutzbar.

Dach-Trespe
Bromus tectorum L.
Süßgrasgewächse *Poaceae (Gramineae)*

Beschreibung: Rispe 5–20 cm lang, dicht und ausgeprägt einseitig überhängend. Rispenäste dünn, glatt, reichährig (3–8 Ährchen), meist kürzer als etwa 3,5 cm. Ährchen 4–8blütig, 1–2 cm lang, gegen die Spitze verbreitert, rot überlaufen oder rot. Hüllspelzen hautrandig, die untere 5–8 mm lang, die obere 0,7–1,2 cm; Deckspelze 0,9–1,2 cm lang, mit einer dünnen, geraden Granne, die 1–1,8 cm lang wird und unmittelbar unter der Spitze der Deckspelze entspringt. Halm meist knickig aufsteigend, unmittelbar unter der Rispe kurz behaart. Blattscheiden wollig behaart, oben rasch verkahlend. Blattspreiten 2–4 mm breit, meist kurz weichhaarig. Blatthäutchen 2–4 mm, zuweilen tief eingeschnitten, selten nur 1 mm lang. Die Dach-Trespe wächst in Büscheln. Die meisten Blüten eines Ährchens sind steril. Mai–Juni. 10–60 cm.

Vorkommen: Braucht lockeren, basenreichen und daher meist kalkhaltigen Untergrund, der jedoch feinerde- und humusarm sein kann und nicht allzu reichlich Stickstoffsalze enthalten sollte. Etwas wärmeliebend. Besiedelt unvergrusten und vergrusten Bahnschotter, Kiesflächen, Sandflächen, Wege, Raine, Mauern und Trockenhänge mit lückigem Bewuchs. In den rauheren Lagen der Mittelgebirge und des Alpenvorlands größeren Gebieten fehlend oder – wie im Tiefland westlich der Elbe – selten; in den tieferen Lagen der Kalkgebiete örtlich zerstreut; steigt in den Alpen an Südhängen bis über 2000 m.

Wissenswertes: ☉. Typische „Bahnhofspflanze". Ihre bespelzten Samenkörner werden auch durch Ameisen verschleppt oder durch Tiere, in deren Fell die rauhen Grannen der Deckspelzen zeitweilig Halt finden.

Süßgrasgewächse *Poaceae* ▶

Trespe *Bromus*

Pampas-Trespe
Bromus willdenowii KUNTH
Süßgrasgewächse *Poaceae (Gramineae)*

Beschreibung: Rispe 5–30 cm lang, locker, mit abgespreizten oder nickenden Ästen, wobei die eigentlichen Ährchenstiele oft deutlich länger als die Ährchen selbst sind. Ährchen 6–12blütig, 2–4 cm lang und an der breitesten Stelle 5–9 mm breit, im Umriß eiförmig-lanzettlich, stark zusammengedrückt, mit einem dachziegelartig dichten Spelzenmuster, das das ganze Ährchen umfaßt; Hüllspelzen ungleich groß, beide auf dem Rücken scharf gekielt und vorne deutlich zugespitzt; Deckspelze 1,5–1,8 cm lang, breit-lanzettlich, auf dem Rücken gekielt, derb, grannenlos oder mit einer kaum 2 mm langen, weichen Granne. Halm knickig aufsteigend oder aufrecht. Blätter 10–30 cm lang, 3–8 mm breit, schütter behaart; obere Blattscheiden kahl, untere schütter kurzhaarig. Blatthäutchen 1–3 mm, behaart. Juni–August. 20–80 cm.

Vorkommen: Braucht stickstoffsalzhaltige oder -reiche, einigermaßen lockere, lehmige Böden; besiedelt ortsnahes Ödland und Brachen; vereinzelt am mittleren Neckar, am Mittel- und Niederrhein. Heimat: Westliches Südamerika, wo es als wichtiges Futtergras im Grünland gefördert oder eingebracht wird. In Mitteleuropa selten mit Grünland-Futtermischungen eingeführt und örtlich beständig verwildert.

Wissenswertes: ⚄. Eine Sippe mit 3–6 mm langen Grannen wurde zuweilen als Ährengrasähnliche Trespe (*B. unioloides* (WILLD.) (RASP.) abgetrennt. Eventuell ist diese ohnehin umstrittene Sippe mit der ähnlichen Kalifornischen Trespe (*B. carinatus* HOOK. & ARN.: 7nervige, begrannte Deckspelzen) verwechselt worden. Sie stammt aus Nordamerika und ist bei uns seit 1992 mehrfach beobachtet worden.

Traubige Trespe
Bromus racemosus L.
Süßgrasgewächse *Poaceae (Gramineae)*

Beschreibung: Blütenstand 3–12 cm lang, meist aufrecht, selten nickend, schmal, zumindest im oberen Teil, oft jedoch durchweg traubig, nur während der Blütezeit locker. Traubenäste 2–4 cm lang, dünn und meist ebenso lang oder länger als das Ährchen, das sie tragen. Traubenäste mit verblühten Ährchen zuweilen abwärts gebogen. Ährchen eiförmig, 6–10blütig, 1–1,5 cm lang, hellbeige, oft violett überlaufen. Untere Hüllspelze 4–6 mm lang, obere etwa 1 mm länger; Deckspelze 7–8 mm lang, eiförmig-lanzettlich, mit kapuzenförmiger Spitze (starke Lupe!) und einer 5–9 mm langen, geraden Granne. Halm knickig aufsteigend, seltener aufrecht. Obere Blattscheiden kahl oder sehr schütter und kurz behaart, fast nur rauh, untere langhaarig. Blattspreite 2–4 mm breit, gelbgrün. Blatthäutchen etwa 0,5–2 mm lang, etwas gezähnt. Wächst in großen Büscheln. Mai–Juli. 30–80 cm.

Vorkommen: Braucht grundwasser- oder sickerfeuchte, ziemlich stickstoffsalz- und basenhaltige, aber oft kalkarme Lehmböden; liebt Frühjahrswärme und leidet unter Spätfrösten. Besiedelt feuchte Fettwiesen. Im Tiefland westlich der Elbe selten, östlich und nördlich zerstreut, ebenso an der Nordschwelle der Mittelgebirge; in den tieferen Lagen der Mittelgebirge mit kalkarmem Gestein, in Oberschwaben, im Schweizer Mittelland und im außeralpinen Österreich selten und gebietsweise fehlend. Fehlt in den Alpen und am Alpennordfuß.

Wissenswertes: ☉. Wird mit der Verwechselten Trespe (*B. commutatus* SCHRAD.: Eher rispig, Ährchen 1,5–2 cm lang; Deckspelze 0,8–1,2 cm lang; Äcker, Wege, selten) zur Sammelart *B. racemosus* agg. vereint.

Süßgrasgewächse *Poaceae*

Weiche Trespe
Bromus hordeaceus agg.
Süßgrasgewächse *Poaceae (Gramineae)*

Beschreibung: Rispe 5–10 cm lang, aufrecht, nur während der Blütezeit etwas locker, sonst ziemlich dicht zusammengezogen. Rispenäste weichhaarig oder schwach rauh, armährig, allseitswendig, meist kaum so lang wie die Ährchen, die sie tragen. Ährchen 1–2 cm lang, abgeplattet länglich-eiförmig, fühlbar und kurz weichhaarig, grün; Hüllspelzen ungleich groß; Deckspelze etwas pergamentartig, mit einer knapp 1 cm langen Granne. Halm knickig aufsteigend oder aufrecht. Blattscheiden samtig weichhaarig. Spreiten 3–5 mm breit, schwach behaart, graugrün. Blatthäutchen 1–2 mm, oft jedoch kaum 1 mm lang, gefranst, behaart (starke Lupe!). Wächst in Büscheln. Mai–Oktober. 0,2–1 m.

Vorkommen: Braucht zumindest mäßig basenreichen, eher stickstoffsalzarmen, lockeren, humushaltigen, lehmig-sandigen Boden. Bevorzugt Raine und Wegränder, geht auch in wenig gedüngte Kulturwiesen. Steigt in den Mittelgebirgen und Alpen kaum über 1000 m; wird schon ab 500 m merklich seltener. In den tieferen Lagen sehr häufig; in den Mittellagen der Mittelgebirge zerstreut; in den höheren Lagen der Mittelgebirge und in den tieferen Lagen der Alpen selten und größeren Gebieten fehlend.

Wissenswertes: ☉. Als Wiesengras ist die Weiche Trespe nicht geschätzt. Sie samt meist schon vor dem 1. Schnitt aus und stirbt dann ab, liefert also gar kein Futter mehr oder solches von schlechter Qualität. – In der Sammelart werden neben *B. hordeaceus* L. (Deckspelze behaart; häufig) u. a. die Kleinarten *B. lepidus* HOLMBERG (Deckspelze breit hautrandig; Tiefland, zerstreut) und *B. pseudothominii* P. SM. (Deckspelze kahl; Ödland) zusammengefaßt.

Japanische Trespe
Bromus japonicus THUNB. ex MURRAY
Süßgrasgewächse *Poaceae (Gramineae)*

Beschreibung: Rispe 10–20 cm lang, während und auch nach der Blütezeit aufrecht oder schwach einseitswendig überhängend. Rispenäste rauh, armährig, meist länger als das Ährchen, das sie tragen, an den unteren Knoten der Rispe zu 2–5, dünn und etwas gebogen, meist nur mit 1–3 Ährchen. Ährchen 6–12blütig, 2–4 cm lang (mit Grannen gemessen) und bis 5 mm breit; untere Hüllspelze 4–5 mm lang, obere 6–7 mm; Deckspelze 6–7 mm lang, kurz 2zähnig, Grannen der Deckspelzen 0,4–1,2 cm lang, die der oben im Ährchen sitzenden Deckspelzen länger. Halm meist aufsteigend, seltener aufrecht. Blattscheiden aller Blätter häufig zottig behaart, die der oberen gelegentlich nur schütter behaart. Blattspreiten 2–4 mm breit, meist alle zottig behaart. Blatthäutchen 2–3 mm lang, am Rand oft etwas gezähnt. Die Japanische Trespe wächst in kleinen Büscheln. August–September. 20–60 cm.

Vorkommen: Braucht basenreichen, meist auch kalkhaltigen Lehm- oder Tonboden, der nicht über längere Zeit vernässen sollte. Bevorzugt Wegraine, Schuttplätze, seltener Getreidefelder; wärmebedürftig und daher meist unbeständig. Heimat: Mittelmeergebiet, Südosteuropa, Südsibirien bis Japan. Sehr selten.

Wissenswertes: ☉. Die Japanische Trespe tritt meist nur sehr unbeständig an den klimatisch günstigsten Stellen auf (z. B. Pfalz, mittlerer und unterer Main, Neckar, Börden, Unterelbe). Am ehesten hat man Aussicht, sie in diesen Gebieten nahe von Bahnlinien zu finden, die Durchgangsverkehr aus den Mittelmeerländern haben. Gelegentlich soll sie schon mit Futtermischsaaten eingeschleppt worden sein.

Süßgrasgewächse *Poaceae*

Trespe *Bromus*
Fischgras *Beckmannia*

Kurzährige Trespe
Bromus brachystachys HORNUNG
Süßgrasgewächse *Poaceae (Gramineae)*

Beschreibung: Rispe 5–15 cm lang, dicht zusammengezogen und nur während der Blütezeit etwas lockerer, höchstens an der Spitze der Rispe schwach nickend, nie sparrig ausgebreitet; Rispenäste üblicherweise schräg aufwärts abstehend, dünn, aber trotzdem verhältnismäßig steif. Ährchen 0,6–1,2 cm lang, meist weinrot bis violett überlaufen; Hüllspelzen nahezu gleich groß; Deckspelze fast rhombisch, etwa 4 mm lang, mit einer langen Stachelspitze oder einer kurzen Granne (1,5–3,5 mm lang). Halme aufrecht oder knickig aufsteigend. Blattscheiden weichhaarig. Blattspreiten etwa 4 mm breit, zottig behaart, hellgrün. Blatthäutchen meist um 1 mm lang. Die Kurzährige Trespe wächst in kleinen Büscheln. Juni–August. 20–30 cm.

Vorkommen: Braucht sommertrockene, warme, basenhaltige und ziemlich stickstoffsalzreiche Böden in Klimaten mit überwiegend niederer Luftfeuchtigkeit. Eigentliche Heimat: Westliches Asien. Hatte sich in Mitteleuropa nur an wenigen Stellen (z. B. östliches Harzvorland, Prenzlau in Brandenburg) über Jahrzehnte gehalten, gedieh dort an sonnigen Rainen und auf Ödland, scheint aber noch vor dem 2. Weltkrieg (um 1935) überall ausgestorben zu sein.

Wissenswertes: ⊙. Die Kurzährige Trespe ist eines der Gräser, die – eingeschleppt – rasch wieder aus der Flora Mitteleuropas verdrängt worden sind, und zwar wohl durch Kultivierungsmaßnahmen. Auch zwischen Triest und Udine, wo man sie beobachtet haben will, scheint sie verschwunden zu sein. Diese Funde gelten allerdings als zweifelhaft, da nicht völlig auszuschließen ist, daß eine Verwechslung mit kleinen Exemplaren von *B. arvensis* vorlag.

Acker-Trespe
Bromus arvensis L.
Süßgrasgewächse *Poaceae (Gramineae)*

Beschreibung: Rispe 10–30 cm lang, zunächst ziemlich zusammengezogen und aufrecht, während und nach der Blütezeit ausgebreitet (dann an der breitesten Stelle 15–22 cm breit), oft locker überhängend. Rispenäste auffallend dünn, rauh, mit 5–10 Ährchen. Ährchen 4–10blütig, 1–2,5 cm lang, meist nicht grün, sondern rötlich oder violett überlaufen; untere Hüllspelze 4–6 mm lang, obere 6–8 mm; Deckspelze 7–9 mm lang, breit-eiförmig, vorn seicht 2zähnig, mit einer 0,6–1 cm langen Granne. Blattscheiden meist in der unteren Hälfte nur schütter behaart, selten hier lang- und weichhaarig, in der oberen Hälfte üblicherweise völlig kahl. Blattspreiten 3–6 mm breit (zuweilen eingerollt), bläulichgrün, schütter behaart oder kahl. Blatthäutchen 2–3 mm lang. Die Acker-Trespe wächst in kleinen, seltener in großen Büscheln oder kleinen Horsten. Juni–Juli. 0,3–1 m.

Vorkommen: Braucht lockeren, oft steinig-sandigen Lehmboden, der basenreich, kalkhaltig und ziemlich stickstoffsalzhaltig sein sollte. Bevorzugt trockenen Boden, geht aber noch auf frische Stellen; wärmebedürftig. Besiedelt ortsnahes Ödland, Wegränder und Äcker mit Wintergetreide. Fehlt in den Sandgebieten des Tieflands und der Mittelgebirge, desgleichen in den Silikatgebieten sowie oberhalb von etwa 750 m. In den Weinbaugebieten zerstreut, sonst selten, oft in lockeren Beständen.

Wissenswertes: ⊙. Als Ackerunkraut ist die Acker-Trespe leicht zu vertilgen. Das erklärt ihren Rückgang in den letzten Jahrzehnten. Versuche, sie als überwinterndes und früh aufschießendes Futtergras zu nutzen, haben sich nicht durchsetzen können.

Süßgrasgewächse *Poaceae*

Roggen-Trespe
Bromus secalinus agg.
Süßgrasgewächse *Poaceae (Gramineae)*

Beschreibung: Rispe 8–25 cm lang, voll ausgebreitet bis 20 cm breit, auch nach der Blütezeit locker, dann oft leicht einseitswendig und etwas überhängend; Rispenäste stehen überwiegend schräg aufwärts ab. Sie fühlen sich rauh an und sind armährig (meist nur 2–4, vereinzelt bis zu 8 Ährchen). Ährchen 4–10blütig, 1–2 cm lang, gelbgrün bis braunpurpurn. Hüllspelzen fast gleich lang, etwas ledrig, mit Hautrand und hautiger Spitze; Deckspelze 7–9 mm lang, Granne 7–9 mm lang, gerade oder gebogen, zuweilen auch fehlend. Halme meist knickig aufsteigend. Blattscheiden höchstens unten schütter behaart, oben kahl. Blattspreiten 2–5 mm breit, grün, oft schwach gelblich, auf der Oberseite weichhaarig, am Rande meist mit Wimperhaaren. Blatthäutchen bis 4 mm lang. Wächst in kleinen oder größeren Büscheln, die oft in Gruppen beieinander stehen. Juni–Juli. 0,3–1 m.

Vorkommen: Braucht lehmigen oder sandig-lehmigen, kalkarmen, aber basenreichen Boden, der eher feucht als trocken sein sollte. Bevorzugt Äcker mit Wintergetreide, besonders Roggenfelder. Im Tiefland selten und großflächig fehlend, desgleichen in den ausgeprägten Silikatgebieten und Kalk-Mittelgebirgen; steigt hier und in den Alpen bis etwa 1000 m.

Wissenswertes: ☉. Ist durch Saatgutreinigung zurückgedrängt worden. Noch um die Jahrhundertwende trat sie in Massen auf. Wurden ihre Körner zusammen mit Roggen gemahlen, verfärbte sich das Mehl dunkel. Hoher Anteil von Roggen-Trespen-Mehl soll betäubend gewirkt haben. Möglicherweise stammen die Stoffe, die das verursacht haben könnten, von Pilzen, die die Roggen-Trespe häufig befallen.

Fischgras
Beckmannia eruciformis (L.) Host
Süßgrasgewächse *Poaceae (Gramineae)*

Beschreibung: 2–7 traubig angeordnete, einseitswendige, ziemlich dichte Scheinähren, die 1–3 cm lang werden und aufrecht von der Hauptachse abstehen. Gesamtblütenstand 10–20 cm lang. Ährchen etwa 3 mm lang, mit 2 fertilen Blüten. Hüllspelzen gleich groß, aufgeblasen, mit einem meist grünen, selten weinroten Kiel und leicht knorpeligem Rand; Deckspelze auf dem Rücken dicht kurzhaarig, vorn mit kleiner, aber deutlicher Stachelspitze. Halm aufrecht oder knickig aufsteigend, glatt, an der Basis leicht knollig verdickt. Blattscheiden gerippt, aber nicht rauh. Blattspreiten 4–9 mm breit. Blatthäutchen länglich, 5–8 mm lang (mit der Spitze gemessen) und in der Mitte zu einer Spitze hochgezogen. Das Fischgras wächst in dichten Rasen. August–September. 0,5–1,2 m.

Vorkommen: Braucht feuchten bis nassen Boden in nicht zu kaltem Klima; geht auch ins Flachwasser. Stellt an den Nährstoffgehalt keine besonderen Ansprüche. In Mitteleuropa selten aus der Kultur verwildert. Siedelt sich fast ausschließlich im Tiefland in und an Wiesengräben an. Vereinzelt, unbeständig.

Wissenswertes: ♃. Das Fischgras wurde mehrfach versuchsweise auf vernäßten Streuwiesen angebaut, die es zu Futterwiesen machen sollte. Da es ein grobes Heu liefert, ist sein Wert umstritten. – Die Gattung erhielt ihren Namen zu Ehren von Johann Beckmann, der von 1739–1811 lebte und zunächst Professor der Philosophie, später der Ökonomie in Göttingen war. – Das Hauptverbreitungsgebiet der Art liegt im südwestlichen Rußland und erstreckt sich bis nach Osteuropa. Standorte in Tschechien und in der Slowakei dürften ursprünglich sein.

Süßgrasgewächse *Poaceae* ▶

Zwenke *Brachypodium*
Hundszahngras *Cynodon*
Sumpfgras *Heleochloa*

Fieder-Zwenke
Brachypodium pinnatum (L.) PB.
Süßgrasgewächse *Poaceae (Gramineae)*

Beschreibung: Traube 8–15 cm lang, steif aufrecht, dicht mit Ährchen besetzt. Ährchen 8–20blütig, 2–3 cm lang, schlank, gerade oder sichelig nach außen gebogen, gelbgrün, sitzend, nur die unteren sehr kurz gestielt. Untere Hüllspelze 3–6 mm, obere 5–8 mm lang; Deckspelze mit kurzer Granne (4–7 mm lang). Halm steif aufrecht, an den Knoten weichhaarig. Blattscheiden meist weichhaarig, seltener zottig, kahl oder rauh. Blattspreiten 3–6 mm breit, beidseitig hell- oder gelbgrün, steif oder schlaff überhängend, kahl oder (im Schatten) behaart. Blatthäutchen 1–2 mm lang. Wächst in lockeren Rasen, treibt lange Ausläufer aus ihrem kriechenden Wurzelstock. Juni–Juli. 0,4–1 m.

Vorkommen: Braucht basenreichen, oft kalkhaltigen, lockeren, nur mäßig stickstoffsalzhaltigen Lehmboden. Erträgt Trockenheit, überstand das früher übliche Abflämmen im Frühling gut und erhielt dadurch Konkurrenzvorteile. Scheut Schatten und Düngung. Besiedelt Wegraine, Trockenrasen, Waldränder und Kahlschläge. Im Tiefland westlich der Elbe vereinzelt, sonst selten; in den Mittelgebirgen, im Alpenvorland und in den Alpen häufig, oft in großen, gelegentlich nicht zur Blüte gelangenden Beständen; steigt in den Alpen bis etwa 2000 m.

Wissenswertes: ♃ *B. pinnatum* (L.) PB. wird mit *B. rupestre* (HOST) ROEM. & SCHULT. (Blätter hell bläulich-grün, glänzend, oft eingerollt, unterseits mit wenigen Stachelhärchen; Halbtrockenrasen; südlicher Fränkischer Jura, Alpenvorland, selten) zur Sammelart *B. pinnatum* agg. zusammengefaßt. – Ist als Futtergras fast wertlos, da die – im Spätjahr – harten Blätter nur im Frühjahr vom Vieh gefressen werden.

Wald-Zwenke
Brachypodium sylvaticum (HUDS.) PB.
Süßgrasgewächse *Poaceae (Gramineae)*

Beschreibung: Sehr lockere „Ährentraube", in der die Ährchen nicht immer deutlich gestielt sind, die 7–20 cm lang wird und sich nach der Blütezeit meist mehr oder weniger stark umbiegt. Im Gesamtblütenstand stehen meist 8–12 Ährchen (sehr selten nur 3–7 oder mehr als 12), und zwar eher locker als dicht. Ährchen 8–16blütig, 2–3,5 cm lang, schlank, hellgrün; untere Hüllspelze 6–9 mm, obere 0,8–1,1 cm lang, beide kurz grannig bespitzt; Deckspelze 0,7–1,1 cm lang, mit einer oft leicht geschlängelten Granne, die meist 1–1,5 cm lang ist. Halm aufrecht oder knickig aufsteigend, etwas schlaff, an den Knoten dicht behaart. Blattscheiden weich- oder rauhhaarig, in der oberen Hälfte zuweilen undeutlich gekielt. Blattspreiten 0,6–1 cm breit, dunkelgrün, unterseits mit auffallendem, hellem Mittelstreifen. Blatthäutchen 2–5 mm lang. Die Wald-Zwenke wächst in lockeren oder dichten Horsten. Juli–August. 0,5–1,2 m.

Vorkommen: Braucht feuchten, mäßig basenreichen, meist kalk- sowie recht stickstoffsalz- und humushaltigen Lehmboden. Scheut volles Tageslicht. Gedeiht besonders in Auwäldern und in feuchten Laub- und Mischwäldern. Im Tiefland westlich der Elbe selten und größeren Gebieten fehlend, nördlich und östlich von ihr zerstreut; in den Mittelgebirgen mit basenreichen Böden häufig, nur in kleineren Gebieten selten oder fehlend; in den Alpen meist nur bis etwa 1500 m, oberhalb von 800 m selten. Kommt oft in lockeren, individuenreichen Beständen vor.

Wissenswertes: ♃ Gutes Wildfutter. In waldreichen Gegenden gelegentlich auch auf Grünflächen im Siedlungsbereich sowie im Schatten von Mauern anzutreffen.

Süßgrasgewächse *Poaceae*

Hundszahngras
Cynodon dactylon (L.) Pers.
Süßgrasgewächse *Poaceae (Gramineae)*

Beschreibung: 3–7fingerig angeordnete, einseitswendige Scheinähren, die an derselben Stelle („fingerförmig") vom Halm abzweigen. Jede Scheinähre wird 2–5 cm lang; oft ist sie schwach nach außen gekrümmt. Ährchen 1blütig, 1–2 mm lang. Sie sitzen (bzw. stehen sehr kurz gestielt) zwar in 2 deutlichen Reihen an der etwas abgeplatteten Achse der Scheinähre, sind aber auffällig auf eine Flanke hin orientiert. Hüllspelzen schmal-lanzettlich, oft weinrot-violett überlaufen; Deckspelze kahnförmig, unbegrannt. Halme am Boden liegend (dann an den Knoten wurzelnd) und knickig aufsteigend. Blattscheiden am Ansatz der Blattspreiten jederseits mit einem Haarbüschel. Blattspreiten 3–6 cm lang, 2–4 mm breit. Blatthäutchen fehlt oder ist sehr kurz und bewimpert, so daß es wie ein Kranz kurzer Haare wirkt. Das Hundszahngras wächst in flachen Rosetten, von denen lange oberirdische, verzweigte und an den Knoten wurzelnde Ausläufer, die mit farblosen Schuppen besetzt sind, strahlig abgehen. Aus ihnen entstehen an den wurzelnden Stellen Tochterrosetten. Mai–Juni. 3–30 cm.

Vorkommen: Braucht lockeren, nährstoffreichen, offenen Boden in sommerwarmem Klima. Besiedelt daher Sand auf Dünen und Wegen, geht aber auch auf Schuttplätze, zumal es bei relativ hohem Stickstoffsalzangebot besonders gut gedeiht; auch vergruster Bahnschotter sagt ihm zu. Kommt in Mitteleuropa nur in den wärmsten Gegenden vor und ist auch hier oft unbeständig. Sehr selten, bildet aber an seinen Standorten meist kleinere, lockere Bestände.

Wissenswertes: ♃. Hat in Trockengebieten von Nordamerika und Indien Bedeutung als Weidegras („Bermudagras").

Fuchsschwanz-Sumpfgras
Heleochloa alopecuroides (Pill. et Mitt.) Host ex Roem.
Süßgrasgewächse *Poaceae (Gramineae)*

Beschreibung: Scheinähren dünnwalzlich, oft nach oben verbreitert, 1–6 cm lang und 3–5 mm dick (selten etwas länger und dicker). Rispenäste sehr kurz und wenig verzweigt. Ährchen 1blütig, 1–3 mm lang, gelegentlich dunkel überlaufen. Beide Hüllspelzen ungefähr gleich lang, spitz; Deckspelze etwas länger als die Hüllspelzen, aber nur wenig herausragend, grannenlos. Halm knickig aufsteigend oder aufrecht. Blattscheiden dem Halm locker anliegend, schwach aufgeblasen; oberste Blattscheide umhüllt die Scheinähre nicht, länger als die zugehörige Spreite. Blattspreiten 2–4 cm lang, meist rinnig gerollt, seltener flach und dann kaum breiter als 2 mm, oberseits behaart; oberste Blattspreite oft kaum 2 cm lang. Das Fuchsschwanz-Sumpfgras wächst in Büscheln, in denen nichtblühende Triebe überwiegen. Juli–September. 5–40 cm.

Vorkommen: Braucht lockere, nasse Böden und viel sommerliche Wärme. Heimat: Südeuropa, Mittelmeergebiet. Bei uns sehr selten im östlichen Niederösterreich und im Südwesten am Oberlauf des Doubs; besiedelt dort sandige Flußufer und nasse, sandige Äcker. Sonst nur ganz vereinzelt und sehr unbeständig.

Wissenswertes: ☉. Ähnlich: Binsen-Sumpfgras (*H. schoenoides* (L.) Host): Scheinähre eiförmig, 1,5–2,5 cm lang, 1–1,8 cm dick, an der Basis von einer Blattscheide umhüllt; Niederösterreich, Tschechien; selten. – Dorngras (*Crypsis aculeata* (L.) Ait.): Blütenstand kopfartig, um 1 cm lang und 1,5 cm breit, von 2 bauchigen Blattscheiden eingehüllt; Halme liegend; Niederösterreich; Tschechien; selten.

Süßgrasgewächse *Poaceae* ▶

Weidelgras, Lolch *Lolium*
Schwingellolch × *Festulolium*

Vielblütiges Weidelgras
Lolium multiflorum Lam.
Süßgrasgewächse *Poaceae (Gramineae)*

Beschreibung: Ähre 15–30 cm lang, immer nickend, an der Basis deutlich lockerer als an der Spitze. Ährchen sitzen mit der Schmalseite an der kaum geschlängelten, meist deutlich rauhen Ährenachse an. Ährchen 10–20blütig, 1–2,5 cm lang, mit ihrem oberen Teil meist deutlich von der Ährenachse abstehend, oft grün, zuweilen weinrot-purpurviolett überlaufen; Hüllspelzen meist kaum halb so lang wie das Ährchen, schmal-lanzettlich; Deckspelze häufig mit einer Granne, die bis zu 1,5 cm lang wird. Halm aufrecht oder knickig aufsteigend. Blattscheiden schwach rauh, oberste leicht aufgeblasen. Blattspreiten 3–7 mm breit, hellgrün, auf der Unterseite glänzend, jung („Knospenlage") eingerollt. Blatthäutchen fehlt gelegentlich oder ist nur 1–2 mm lang. Wächst in dichten Rasen. Seine Wurzeln sind kurz, reich verzweigt und dicht verfilzt. Juli–August. 0,3–1 m.

Vorkommen: Liebt stickstoffsalz- und basenreichen Lehmboden. Erträgt Trockenheit schlecht, obwohl es weit über 1/2 m tief wurzelt. Braucht viel Sommerwärme. Leidet unter Spätfrösten. Oft angesät. Im Tiefland und in den niedrigen Lagen der Mittelgebirge im genutzten Grünland zerstreut und in der Regel bestandsbildend. Oberhalb 1000 m selten. Heimat: Mittelmeergebiet („Welsches Weidelgras"). In Mitteleuropa nur angebaut und beständig verwildert.

Wissenswertes: ☉ – ♃. Die klimatischen Ansprüche des Vielblütigen Weidelgrases schränken seine Anbaumöglichkeiten trotz seines guten Futterwertes ein. Da es reichlich Stickstoffsalze braucht, wird es zuweilen in Kleeäckern als Beigras eingebracht. Die Weidelgräser werden gelegentlich auch als „Lolch" bezeichnet.

Ausdauerndes Weidelgras
Lolium perenne L.
Süßgrasgewächse *Poaceae (Gramineae)*

Beschreibung: Lockere, oft etwas hängende, 5–25 cm lange Ähre, die sehr schlank wirkt. Ährchen sitzen mit der Schmalseite an der geschlängelten Achse an. Ährchen 2–10blütig, 0,5–2 cm lang, stets unbegrannt. Halm aufrecht oder knickig aufsteigend. Blattscheiden glatt, kahl, die untersten zuweilen rötlich. Blattspreiten dunkelgrün, 3–20 cm lang, 2–4 mm breit. Blatthäutchen 1–2 mm lang. Wächst in ebenen Horsten, die sich flächig ausdehnen; bildet keine Ausläufer, doch treiben aus seinem kriechenden Wurzelstock in kurzen Abständen neue Tochterhorste. Mai–November. 30–70 cm.

Vorkommen: Liebt stickstoffreichen Lehm- oder Tonboden, in dem auch andere Pflanzennährstoffe, vor allem Phosphate, reichlich enthalten sein sollten. Wird deshalb durch Düngung gefördert. Erträgt Tritt und eignet sich darum vorzüglich als Weidegras („Deutsches Weidelgras") oder für Zier- und Nutzrasen. Braucht aber Wärme und erträgt vor allem Spätfröste schlecht. Da sein Futterwert sehr hoch ist, gehört es zu den meist ausgesäten Wiesengräsern. Zudem ist es Hauptbestandteil vieler Rasenmischungen; denn es keimt rasch und begrünt Rasenneuflächen als 1. Art. Sehr häufig. Steigt in den Alpen bis über 2000 m.

Wissenswertes: ♃. Das Ausdauernde Weidelgras wird vermutlich seit dem 18. Jahrhundert in Wiesen und Weiden eingebracht. Seitdem sind über 100 Zuchtsorten entstanden, die unterschiedlich trittfest sind; manche bilden entweder mehr Blätter oder mehr Stengel. Es läßt sich in Zierrasen gegenüber unerwünschten Gräsern durch häufiges Mähen und reichliches Düngen und Wässern fördern.

Süßgrasgewächse *Poaceae*

Taumel-Lolch
Lolium temulentum L.
Süßgrasgewächse *Poaceae (Gramineae)*

Beschreibung: Ähre 10–20 cm lang, steif aufrecht, locker. Ährchen sitzen mit der Schmalseite der Ährenachse an, 1,5–2,5 cm lang. Deckspelzen fast immer begrannt, manchmal sogar 2 Grannen tragend. Halm steif, aufrecht, rauh, dick. Blattscheiden rauh, obere aufgeblasen. Blattspreiten flach, 5–8 mm breit, auf der Oberseite rauh, auf der Unterseite glatt, blaugrün. Blatthäutchen kurz oder fehlend. Der Taumel-Lolch wächst in kleinen Büscheln. Juni–August. 30–80 cm.

Vorkommen: Braucht nährstoffreichen, kalkhaltigen, nicht zu trockenen Lehmboden. Liebt Frühjahrs- und Sommerwärme. Gedeiht daher in Sommergetreide am besten. Durch Saatgutreinigung und Unkrautbekämpfung heute sehr selten. Fehlt großen Gebieten.

Wissenswertes: ☉; ☠. *L. temulentum* L. wird mit dem Lein-Lolch (*L. remotum* SCHRANK: Ährchen 1–3 cm lang; Hüllspelze 0,7–1 cm lang, stets kürzer als das Ährchen, an dessen Basis sie steht; Deckspelze unbegrannt, auch an den unteren Blüten des Ährchens nur 4–5 mm lang; Herkunft unsicher; früher häufiges Ungras in Leinfeldern, nur noch vereinzelt an der Unterelbe, im Hessischen Bergland, im Odenwald, im Schwäbisch-Fränkischen Jura und am Oberrhein) zur Sammelart *L. temulentum* agg. zusammengefaßt. – Die Samen des Taumel-Lolchs können verpilzen, enthalten aber auch unverpilzt die Pyridinbase Temulin. Vergiftungen wurden schon aus dem Altertum beschrieben. Sie waren früher häufig, da Samen mit ungereinigtem Getreide zu Mehl vermahlen oder zum Bierbrauen verwendet worden waren. Seit Getreide gereinigt und Unkraut bekämpft wird, kommen Vergiftungen durch Lolch-Samen nicht mehr vor.

Schwingellolch
× *Festulolium loliaceum* (HUDS.) P. FOURN.
Süßgrasgewächse *Poaceae (Gramineae)*

Beschreibung: Gesamtblütenstand eine aufrechte, dünn wirkende Ährchentraube oder zusammengesetzte Ähre, die 10–25 cm lang werden kann und in der Regel unverzweigt ist (falls sich die Blütenstandsachse ausnahmsweise verzweigt, dann ähneln die Teilblütenstände dem Hauptblütenstand). Ährchenstiele – falls vorhanden – 0,5–1,5 cm lang. Ährchen 1–3 cm lang, 5–15blütig, meist leicht von der Blütenstandsachse abgespreizt, 2zeilig, mit der Schmalseite zur Achse gestellt; Hüllspelzen höchstens halb so lang wie das Ährchen; Deckspelze 3–9 mm lang, unbegrannt oder höchstens mit sehr kurzer Stachelspitze (Lupe!). Halme knickig aufsteigend oder – meist – aufrecht, eher dünn. Blattscheiden glatt. Blattspreiten 15–30 cm lang, 4–7 mm breit (zuweilen gefaltet und dann nur halb so breit), am Spreitenansatz mit kleinen, schwach sicheligen, kahlen Öhrchen. Blatthäutchen unauffällig, um 1 mm lang. Wächst in lockeren Horsten. Mai–Juni. 30–60 cm.

Vorkommen: Braucht frischen, lehmigen, mäßig basen- und stickstoffsalzreichen Boden, der etwas verfestigt sein kann. Besiedelt Wiesenwege und Ackerränder, gelegentlich auch in frischen Fettwiesen. Selten zwischen den Eltern, wohl oft übersehen.

Wissenswertes: ♃. Sehr wenig fertiler, aber immer wieder aufs neue gebildeter Gattungsbastard *(Festuca pratensis × Lolium perenne)*. Neben ihm sind auch noch andere, nahezu sterile Bastarde zwischen *Festuca* und *Lolium* bekanntgeworden; *F. pratensis* × *L. multiflorum* = × *Festulolium braunii* (K. RICHTER) A. CAMUS ist der bekannteste; *F. gigantea* × *L. perenne* = × *Festulolium brinkmannii* (A. BRAUN) ASCH. & GRAEBN. wurde ebenfalls beobachtet.

Süßgrasgewächse *Poaceae*

Borstgras *Nardus*
Dünnschwanz *Parapholis*
Quecke *Agropyron*

Borstgras
Nardus stricta L.
Süßgrasgewächse *Poaceae (Gramineae)*

Beschreibung: Ähre einseitswendig, doch mit 2 Reihen von Ährchen, locker, 3–9 cm lang. Ährchen 1blütig, 5–9 mm lang, im Querschnitt 3eckig, sehr schlank, vor der Blütezeit aufrecht und der Hauptachse angedrückt; nach der Blütezeit aufrecht abstehend, unreif bläulich, reif gelb; Hüllspelzen fehlen (bei genauer Betrachtung findet man in der Einbuchtung der Ährenspindel eine kleine, 3eckige Schuppe, die von manchen Autoren als obere Hüllspelze gedeutet wird); Deckspelze lineal-lanzettlich, mit einer 1–3 mm langen Granne. Halm starr aufrecht, nur an seiner Basis beblättert, länger als die Blätter. Blätter borstenförmig eingerollt, 10–20 cm lang, kaum 1 mm im Durchmesser, aufrecht. Außenblätter im Horst waagrecht abstehend, graugrün. Blatthäutchen 1–2 mm lang. Wächst in dichten Horsten, die von den gelblichen Blättern des Vorjahres umhüllt sind. Mai–Juni. 5–40 cm.
Vorkommen: Braucht sehr kalk- und stickstoffsalzarmen, lehmigen oder torfigen Boden. Erträgt Schneebedeckung, Beweidung und Tritt. Erlangt unter diesen Bedingungen Konkurrenzvorteile. Kann durch Düngung zurückgedrängt werden. Bevorzugt im Tiefland Moore und Sandgebiete, in den Mittelgebirgen und in den Alpen mittlere und höhere Lagen auf kalkarmem Untergrund. Steigt bis fast 3000 m. Fehlt in den Kalkgebieten fast völlig. Sonst zerstreut und an seinen Standorten meist bestandsbildend.
Wissenswertes: ♃. Borstgras wird nur jung gefressen. Ältere Blätter und Halme sind so hart, daß sie vom Vieh verschmäht werden. Da sie sich nur schwer abrupfen lassen, reißen Weidetiere häufig den ganzen Horst heraus und lassen ihn dann liegen („Nardusleichen").

Fädiger Dünnschwanz
Parapholis strigosa (Dum.) C. E. Hubb.
Süßgrasgewächse *Poaceae (Gramineae)*

Beschreibung: Ähre 3–15 cm lang, nur 1–2 mm dick, meist gerade, oft weinrot überlaufen. Ährchen 1blütig, 4–6 mm lang, dünn, 2zeilig auf gegenüberliegenden Seiten der Ährenachse mit der Schmalseite in deren Einbuchtungen eingesenkt, zur Blütezeit etwas abgespreizt. Hüllspelzen nebeneinander stehend, derb, asymmetrisch gekielt, Kiel ungeflügelt; Deckspelze häutig, unbegrannt. Halm zuweilen niederliegend, meist knickig aufsteigend, seltener aufrecht, oft locker verzweigt. Blattspreiten 1–6 cm lang, gelegentlich flach und dann 1–2,5 mm breit, aber häufig zusammengefaltet und dann kaum 1 mm im Durchmesser. Blatthäutchen meist so kurz (um 0,5 mm), daß es übersehen wird. Der rosettig-rasige Wuchs des Fädigen Dünnschwanzes ist sehr charakteristisch. Mai–August. 5–20 cm.
Vorkommen: Braucht salzhaltigen, schlammigen, jedoch zeitweise trockenen Boden. Kommt daher nur an den Küsten vor. Dort zerstreut, meist in kleineren Beständen. Vereinzelt unbeständig verschleppt.
Wissenswertes: ☉. Der Fädige Dünnschwanz gehört zu den Gräsern, die den Schlick außerhalb der Düne begrünen. Er geht aber auch in salzige Strandwiesen. – Ähnlich: Pannonischer Dünnschwanz (*Pholiurus pannonicus* (Host) Trin.): Ähre 5–9 cm lang, gerade oder leicht gekrümmt. Ährchen 4–5 mm lang; Hüllspelzen etwa gleich groß, eiförmig, stumpf, derb, mit häutigem Rand; Deckspelze häutig. Halme knickig aufsteigend, an der Basis verzweigt, glatt und kahl. Blätter 5 cm lang, 2 mm breit, etwas rauh. Blatthäutchen 3–4 mm lang, spitz. Mai–Juli. 5–15 cm. Niederösterreich im Gebiet der pannonischen Flora; zerstreut.

Süßgrasgewächse *Poaceae*

Graugrüne Quecke
Agropyron intermedium (Host) PB.
Süßgrasgewächse *Poaceae (Gramineae)*

Beschreibung: Ähre steif, 10–18 cm lang, am Grunde mit etwas größeren Zwischenräumen zwischen den Ährchen, sonst dicht. Ährchen 4–5blütig, 1–2 cm lang, mit der Breitseite der Ährchenachse zugekehrt. Hüllspelzen etwas ungleich, schmal-lanzettlich, gekielt, vorne gestutzt; Deckspelzen spitz oder – seltener – mit kurzer Granne. Halm steif. Blattscheiden der untersten Blätter behaart, die der oberen Blätter kahl, an den freien Rändern immer mit Wimperhaaren. Blattspreiten 2–6 mm breit, flach oder eingerollt, tief gerippt, weißlich-grün. Besitzt einen unterirdischen Wurzelstock, aus dem in kürzeren Abständen oberirdische Triebe büschelig auswachsen. Mai–Oktober. 30–80 cm.

Vorkommen: Braucht kalkhaltigen, sandigen, stickstoffsalzhaltigen Boden in sommerwarmen Lagen. Kommt in Mitteleuropa sicher nur in Ober- und Niederösterreich, in der Westschweiz, in Thüringen und Sachsen sowie vereinzelt an der Nordseeküste bei Cuxhaven vor. An ihren Standorten bildet sie kleinere Bestände in extensiv genutzten Trockenwiesen.

Wissenswertes: ♃. Funde der Art werden immer wieder gemeldet, halten aber einer Nachprüfung meist nicht stand. Neben groben Verwechslungen wird zuweilen der Bastard *A. pungens* × *A. repens* für *A. intermedium* gehalten. – Dazuhin wird seit einiger Zeit die südosteuropäische Hohe oder Riesen-Quecke (*A. elongatum* (Host PB.) längs der Verkehrswege vermehrt eingeschleppt. Ihre Spelzen sind ebenfalls gestutzt; das Gras wächst aber eher horstig und kann gut 1,5 m hoch werden. Ob es als örtlich eingebürgert angesehen werden kann, ist allerdings noch umstritten.

Dünen-Quecke
Agropyron pungens (Pers.) Roem. et Schult.
Süßgrasgewächse *Poaceae (Gramineae)*

Beschreibung: Ähre 5–15 cm lang, sehr dicht, steif aufrecht. Ährchen 5–7blütig, 1–2 cm lang, in 2 gegenüberliegenden Reihen an der fast 4kantigen Ährenachse sitzend und ihr mit der Breitseite zugekehrt; Hüllspelzen 6–9 mm lang, gekielt, deutlich nervig, zuweilen mit einem Stachelspitzchen; Deckspelze höchstens mit einer deutlichen Spitze, nie mit einer Granne. Halm steif, dünn, unverzweigt, glatt. Blattscheiden behaart oder kahl, an den freien Rändern immer mit Wimperhaaren. Blattspreiten graugrün, 2–4 mm breit, so tief und dicht gerippt, daß das grüne Blattgewebe kaum mehr zu sehen ist, meist eingerollt, stachelspitzig. Rippen mit kurzen, deutlich rauhen Zähnen besetzt. Die Dünen-Quecke wächst in lockeren Rasen. Ihr drahtiger Wurzelstock ist sehr zäh und treibt zahlreiche Ausläufer. Juni–August. 30–90 cm.

Vorkommen: Braucht sandigen, basenreichen, oft auch kalkhaltigen, aber nicht ausgesprochen kalkreichen, ziemlich stickstoffsalzhaltigen Boden. Erträgt schwachen Kochsalzgehalt. Kommt zerstreut an der Nordseeküste und auf den Nordfriesischen Inseln, sehr selten im Oberrheingraben, am Bodenseeufer, im Wallis, im Unterengadin und am Alpensüdfuß vor, vereinzelt in Niederösterreich.

Wissenswertes: ♃. Die eigentliche Heimat der Dünen-Quecke ist – anders, als ihr ebenfalls gebräuchlicher deutscher Name „Nordsee-Quecke" das vermuten läßt – das Küstengebiet von Westeuropa (von Frankreich bis Portugal) und des Mittelmeeres. Sie wächst da in salzigen, marschähnlichen Wiesen, die von Gräben mit brackigem Wasser durchzogen sind, seltener auf sandig-kiesigem Schlick.

Süßgrasgewächse *Poaceae* ▶

Quecke, Strandweizen *Agropyron*
Weizen *Triticum*

Hunds-Quecke
Agropyron caninum (L.) PB.
Süßgrasgewächse *Poaceae (Gramineae)*

Beschreibung: Ähre 8–20 cm lang, schlank, schlaff und schwach nickend oder leicht gekrümmt, zumindest am Grunde nicht durchweg dicht, sondern locker, grün oder etwas weinrot überhaucht. Ährchen 2–6blütig, 1–1,8 cm lang, mit der Breitseite der Ährenachse ansitzend; Hüllspelzen 6–9 mm lang, mit einem sehr schmalen (um 0,3 mm breiten) häutigen Rand, vorne allmählich in eine lange Spitze bzw. kurze (2–4 mm lange) Granne verschmälert; Deckspelze um 1 cm lang, mit einer stets 1–2 cm langen Granne, die meist geschlängelt ist. Halm knickig aufsteigend oder aufrecht, dünn. Blattscheiden kahl, höchstens die unteren kurz und schütter behaart. Blattspreiten 0,6–1,2 cm breit, oberseits stumpf graugrün, unterseits glänzend dunkelgrün, kahl oder nur sehr schütter behaart. Blattöhrchen mittelgroß. Blatthäutchen um 1 mm lang. Wächst in kleinen Horsten und treibt nie Ausläufer. Juni–Juli. 0,5–1,2 m.

Vorkommen: Braucht ziemlich basenreichen, oft kalkhaltigen und besonders stickstoffsalzreichen, feuchten oder nassen Boden. Scheut volles Tageslicht. Besiedelt daher bevorzugt Auwälder, Ufer, Waldwege, Kahlschläge und alpine Gebüsche (vor allem in Grün-Erlenbeständen an Bächen) bis etwa 1500 m. Im Tiefland selten, fehlt westlich der Elbe weitgehend, desgleichen in den Silikat-Mittelgebirgen, sonst zerstreut; meist in kleineren Beständen.

Wissenswertes: ♃. Der Artname „*caninum*" (canis, lat. = Hund) muß abqualifizierend verstanden werden. Er stammt aus der Zeit, in der man die Gattung Quecke noch nicht von der Gattung Weizen abgetrennt hat, meint also eine „minderwertige Art von Weizen".

Gewöhnliche Quecke
Agropyron repens (L.) PB.
Süßgrasgewächse *Poaceae (Gramineae)*

Beschreibung: Ähre 5–15 cm lang, meist dicht, seltener locker, aufrecht. Ährchen 5–7blütig, 0,8–1,7 cm lang, mit der Breitseite der Ährenachse ansitzend; Hüllspelzen 0,5–1,2 cm lang, lanzettlich, vorne mit einer Stachelspitze oder mit einer kurzen Granne; Deckspelze mit Spitze oder sehr kurzer Granne, die aber immer kürzer bleibt als die Deckspelze. Halm aufrecht. Zumindest die oberen Blattscheiden kahl, auch an den sich nicht überdeckenden Rändern stets ohne Wimpern, untere zuweilen schütter bis mäßig dicht behaart. Blattspreiten bläulich bereift oder grün, 0,5–1 cm breit, kurzhaarig. Blattspreite am Übergang zur Scheide deutlich sichelförmig geöhrt. Blattnerven im durchscheinenden Licht weiß. Blatthäutchen unter 1 mm lang. Die Gewöhnliche Quecke besitzt einen außerordentlich zähen, weithin kriechenden Wurzelstock, der zahlreiche Ausläufer treibt und aus dem in oft größeren Abständen büschelig oberirdische Triebe herauswachsen. Mai–Oktober. 0,3–1,5 m.

Vorkommen: Besiedelt nahezu alle Arten von Böden, sofern sie nur stickstoffsalzreich sind und möglichst viel Licht bekommen. Sie gedeiht daher in allen Garten- und Hackkulturen, an Ufern, Wegen, Rainen, Dämmen, Wegrändern und selbst in Mauerritzen. Steigt in den Alpen bis über 2000 m. Sehr häufig, aber meist nur in lockeren Beständen.

Wissenswertes: ♃. Lästiges Ackerunkraut („Schnurgras"). Läßt sich wegen des kriechenden Wurzelstocks und der Ausläufer, die – zerhackt – wieder austreiben, kaum eindämmen. – Ähnlich: *A. pectinatum* (MB.) PB.: Ähre 2–7 cm lang; Ährchen kammartig abstehend; kein kriechendes Rhizom; Niederösterreich; selten.

Süßgrasgewächse *Poaceae*

Strandweizen, Meerstrand-Quecke
Agropyron junceiforme Á. et D. Löve
Süßgrasgewächse *Poaceae (Gramineae)*

Beschreibung: Ähre 8–20 cm lang, an 2 einander gegenüberliegenden Seiten mit Ährchen besetzt, spröde und starr, reif leicht über den Ährchen brechend. Ährchen mit der Breitseite der Ährenachse ansitzend, 3–8blütig, 1,5–3 cm lang, von der Basis bis über die Mitte sich verbreiternd, ziemlich an die Ährenachse angedrückt, höchstens oberwärts leicht abspreizend; Hüllspelzen unsymmetrisch gekielt, grannenlos; Deckspelze stumpf und unbegrannt. Halm steif aufrecht, seltener niederliegend. Blattscheiden glatt, zäh. Blattspreiten 3–6 mm breit, auf der Oberseite rauh, meist eingerollt, bläulichgrau. Blattnerven kräftig, von mehreren Reihen sehr kurzer Haare bedeckt. Der Strandweizen besitzt einen lang kriechenden Wurzelstock, aus dem zahlreiche dünne und drahtige Ausläufer treiben. Juni–September. 30–80 cm.

Vorkommen: Braucht salzhaltigen Sandboden und hohe Luftfeuchtigkeit. Gedeiht nur auf sandigen Wiesen und Dünen im Küstengebiet. Unempfindlich gegen Meerwasser. Besiedelt daher als eine der ersten Pflanzen die Schwemmsandbänke im Watt und führt dank ihrer Ausläufer zur Befestigung und Dünenbildung. Zieht sich nach dem Anwachsen der „weißen Dünen" in die Mulden zurück. An der Nordseeküste häufig, an der Ostseeküste zerstreut. Fehlt im Binnenland.

Wissenswertes: ♃. Der Strandweizen erträgt mehr als 5% Kochsalz im Boden. Im Sturm wird er verhältnismäßig selten geknickt. Daher ist er im Vordünenbereich besonders konkurrenzfähig. Wird neuerdings mit der Binsen-Quecke (*A. junceum* (L.) PB.; Mittelmeerküsten) zur Sammelart *A. junceum* agg. vereint.

Saat-Weizen
Triticum aestivum L.
Süßgrasgewächse *Poaceae (Gramineae)*

Beschreibung: Ähre ziemlich regelmäßig 4zeilig, aufrecht oder gekrümmt, 4–12 cm lang. Ährchen 5–9 mm lang, begrannt oder grannenlos. Halm aufrecht. Blätter 10–15 mm breit, dunkelgrün, am Grunde mit stark sichelförmigem Öhrchen. Blatthäutchen 2–3 mm lang. Als Sommer- oder Winterweizen in zahlreichen, zum Teil gestaltlich stark voneinander verschiedenen Sorten angebaut. Juni. 0,5–1,5 m.

Vorkommen: Braucht basen- und möglichst auch kalkhaltigen Boden, der reichlich Stickstoffsalze enthalten sollte. Wurzelt bis 1 m tief. Anbau in den Alpen bis etwa 1500 m möglich. Sehr häufiges Getreide.

Wissenswertes: ☉. Weizen setzt durch Selbst- und Fremdbefruchtung Körner an. Seine Heimat ist Vorderasien. Dort entstand er durch Artbastardierung unter additiver Vermehrung der Chromosomensätze (= Allopolyploidisierung). Saatweizen ist hexaploid. Er besitzt 42 Chromosomen. In klimabegünstigten Gegenden baut man vereinzelt Hart-Weizen (*T. durum* Desf.: Hüllspelzen flügelartig gekielt; Korn glasig) an, der tetraploid ist (Chromosomenzahl 28). Weizen ist das wichtigste Brotgetreide der Welt. Die Sortenzahl kultivierter Weizen soll bei 20 000 liegen, von denen nur einige Dutzend noch heute Bedeutung haben. In Mitteleuropa dürfte der Anbau von Weizen im Neolithikum begonnen haben, also vor rund 6500 Jahren (ca. 4500 Jahre v. Chr.). Zwischen der südlichen Türkei, Iran und Israel wurde Weizen schon 2000 Jahre, vielleicht sogar 4500 Jahre früher angebaut. Alte Weizen-Arten sind Einkorn (*T. monococcum* L.: Ährchen 1grannig und 1körnig), Emmer (*T. dicoccum* Schrank: Ährchen 2grannig und 2körnig) sowie Dinkel (*T. spelta* L.: Ähre 4kantig, locker).

Süßgrasgewächse *Poaceae*

Roggen *Secale*
Gerste *Hordeum*

Roggen
Secale cereale L.
Süßgrasgewächse *Poaceae (Gramineae)*

Beschreibung: Ähre 5–15 cm lang (ohne Grannen gemessen), dicht, spätestens bei der Reife der Körner nickend. Ährchen meist 2-, selten 3blütig, 1,2–2 cm lang. Hüllspelzen nur fein zugespitzt, seltener mit kurzer, wenige Millimeter langer Granne; Deckspelze 0,7–1,5 cm lang, mit einer 3–8 cm langen Granne. Halm aufrecht, unterhalb der Ähre meist mit deutlich behaartem Abschnitt. Blattscheiden locker. Blattspreiten 5–15 mm breit, flach, auffallend blaugrün bereift. Blattöhrchen klein, weißlich-grün, kahl. Blatthäutchen um 1 mm lang. Wächst in kleinen Büscheln. Mai–Juni. 0,8–1,8 m.

Vorkommen: Bevorzugt lockeren, sandiglehmigen oder sandigen Boden, der nicht überdüngt sein sollte, ja eher nährstoff-, vor allem basenarm sein darf. Scheut Staunässe. Erträgt selbst länger andauernde Trockenheit recht gut, da er seine Wurzeln bis über 1 m in den Boden absenken kann. Ist wenig wärmebedürftig. In den Alpen ist daher sein Anbau noch in Höhen um 1800 m möglich. Wird vor allem auf schlechteren Böden häufig als Winter-, seltener als Sommergetreide angebaut.

Wissenswertes: ⊙. Roggen ist wahrscheinlich das jüngste der mitteleuropäischen Getreide. Vorgeschichtliche Funde von Roggen kennt man erst aus der Hallstattzeit, also aus einer Zeit etwa 600–500 Jahre v. Chr. Möglicherweise war er zunächst ein Ackerungras; wenigstens sind die ältesten Funde stets mit anderen Getreiden vermischt, und Roggen hat in ihnen einen geringen Anteil. Aus der Römerzeit stammt ein Fund, in dem Roggen unvermischt mit anderen Getreiden ist. Roggen ist backfähig. Er enthält weniger Eiweiß als Weizen.

Mäuse-Gerste
Hordeum murinum L.
Süßgrasgewächse *Poaceae (Gramineae)*

Beschreibung: Ähre 5–8 cm lang (ohne Grannen gemessen), 7–10 mm dick. Ährchen 10–15 mm lang, zu 3 zusammenstehend; mittleres Ährchen mit 1 zwittrigen Blüte, die seitlichen mit 1 nur männlichen Blüte. Hüllspelzen mit einer 2–2,5 cm langen Granne, mindestens die des mittleren Ährchens am Rand wimperig behaart; Deckspelze 0,7–1 cm lang, mit einer 1–4 cm langen Granne. Halm knickig aufsteigend, seltener aufrecht. Oberste Blattscheide aufgeblasen, oft die Basis der Ähre umschließend. Blattspreite 4–6 mm breit, grasgrün, am Grunde mit kräftigen Öhrchen, die sichelig übereinandergreifen. Blatthäutchen um 1 mm lang. Wächst in Büscheln. Juni–September. 15–50 cm.

Vorkommen: Braucht ziemlich basen- und stickstoffsalzhaltigen Boden, der locker und gut durchlüftet ist, sommerwarm sein muß und zeitweise austrocknen kann. Besiedelt Schuttplätze, Ödland auf Sand- oder Lehmböden, Mauerritzen und Wegränder. Fehlt im Tiefland westlich der Elbe gebietsweise, ist dort – wie auch östlich der Elbe – selten, in den Flußtälern zerstreut; in den Mittelgebirgen nur in warmen, tiefen Lagen zerstreut; fehlt in den Silikatgebieten und in den rauhen Lagen der Kalk-Mittelgebirge; steigt in den Alpen nur bis etwa 800 m; an ihren Standorten meist in kleinen Beständen.

Wissenswertes: ⊙. *H. murinum* L. wird mit *H. leporinum* L. (Stielchen der Mittelähre 1–2 mm lang; Seitenährchen etwas größer als das Mittelährchen; Grannenansatzstelle rotbraun; Granne 3–4 cm lang; selten unbeständig eingeschleppt, am Alpensüdfuß indessen eingebürgert oder örtlich ursprünglich) zur Sammelart *H. murinum* agg. zusammengefaßt.

Süßgrasgewächse *Poaceae*

Roggen-Gerste
Hordeum secalinum SCHREB.
Süßgrasgewächse *Poaceae (Gramineae)*

Beschreibung: Ähre 2–5 cm lang (ohne Grannen gemessen), meist aufrecht, 0,6–1,2 cm breit. Die Achse der reifen Ähren ist auffällig brüchig. Die Ährchen werden 5–7 mm lang; sie sind hellgrün, die seitlichen gut 1 mm lang gestielt, das mittlere Ährchen sitzt der Ährenachse unmittelbar an. Anstelle der Hüllspelze befindet sich eine Granne von 1–1,5 cm Länge; Deckspelze des mittleren Ährchens 3–6 mm lang, lanzettlich, kahl, ihre Granne meist unter 1 cm lang (selten bis 1,3 cm). Halme knickig aufsteigend oder aufrecht, auffallend dünn, kahl. Obere Blattscheiden stets eng anliegend, kahl; untere Blattscheiden weichhaarig. Blattspreiten 2–5 mm breit, an der Basis mit sehr kurzen, abgespreizten Öhrchen. Wächst in kleinen, aber deutlichen Horsten. Mai–August. 30–70 cm.
Vorkommen: Braucht ziemlich basen- und stickstoffsalzhaltigen, eher tonigen bzw. schlickigen Boden in sonniger Lage, der überdies Kochsalz enthalten kann, ja sollte. Besiedelt vor allem Marschwiesen, Umland von Salzquellen, ganz selten schuttige, verdichtete Rasen. An der Nordseeküste und an der Ostseeküste in Schleswig-Holstein zerstreut, nach Osten seltener werdend; im Binnenland sehr selten auf feuchten, schweren Böden, vor allem in der Nähe von Salzquellen oder anderweitig salzbeeinflußten Böden (z. B. auf Gänseweiden); im Rückgang begriffen.
Wissenswertes: ♃. Auf salzhaltigen Strandwiesen gehört die Roggen-Gerste nicht zu den allerbesten Futtergräsern. Da sie einigermaßen trittunempfindlich ist, kommt sie auch noch auf weißklee- und weidelgrasreichen Weiden durch, geht auf ihnen aber bei intensivierter Nutzung langsam zugrunde.

Strand-Gerste
Hordeum marinum HUDS.
Süßgrasgewächse *Poaceae (Gramineae)*

Beschreibung: Ähre 2–6 cm lang, 5–10 mm breit, aufrecht, Ährchen zu 3 abwechselnd auf gegenüberliegenden Seiten der Ährenachse sitzend, 1blütig, mittlere zwittrig, seitliche steril, 3–8 mm lang. Hüllspelzen der seitlichen Ährchen einander in Größe und Form unähnlich, äußere pfriemlich-grannenartig, innere lanzettlich, mit einer 1–2 cm langen Granne. Halme rosettig dem Boden aufliegend oder knickig aufsteigend. Untere Blattscheiden kurz (0,2 mm lang) behaart; obere Blattscheiden aufgeblasen, meist kahl. Blattspreiten 2–3 mm breit, graugrün, am Ansatz undeutlich geöhrt. Blatthäutchen sehr kurz, kaum 1 mm lang. Wächst in kleinen Büscheln. Mai–Juli. 10–30 cm.
Vorkommen: Braucht lockeren, oft salzhaltigen Boden. Besiedelt – in kleinen Beständen – Dünen und frisch eingedeichte Salzwiesen. Heute fast nur noch am Jadebusen; selten. Sonst unbeständig eingeschleppt, meist auf feingrusigem Bahnschotter in sehr warmen Lagen.
Wissenswertes: ☉. *H. marinum* HUDS. wird mit *H. geniculatum* ALL. (Hüllspelzen der seitlichen Ährchen einander in Größe und Form ähnlich, beide pfriemlich-grannenartig; untere Blattscheiden mit kurzen, um 0,5 mm langen Haaren; vereinzelt in Niederösterreich und im Burgenland) zur Sammelart *H. marinum* agg. zusammengefaßt. – Die Strand-Gerste gehört nicht zu den Pflanzen, für die kochsalzhaltiger Boden lebensnotwendig ist. Hohe Konzentrationen auch anderer Ionen verschaffen ihr – ebenso wie Trockenheit – Konkurrenzvorteile gegenüber anspruchsvolleren Arten. So erklärt sich ihr vorübergehendes Auftreten im Binnenland, wohin sie aus dem Mittelmeergebiet verschleppt wird.

Süßgrasgewächse *Poaceae*

Gerste *Hordeum*
Strandroggen *Elymus*
Haargerste *Hordelymus*

Mähnen-Gerste
Hordeum jubatum L.
Süßgrasgewächse *Poaceae (Gramineae)*

Beschreibung: Ähre (mit Grannen gemessen) 5–8 cm, vereinzelt sogar bis zu 11 cm lang, silbrigweiß, schlank, dicht, meist etwas überhängend; Ährenachse schütter und kurz bewimpert, nach der Reife der Körner leicht brechend. Ährchen 1blütig, zu dritt der Achse ansitzend; mittleres Ährchen zwittrig und fertil, seitliche steril; Stiel des mittleren Ährchens 0,5–1 mm, Stiele der seitlichen Ährchen 1–3 mm lang; Spelzen der sterilen Blüten pfriemlich, in eine 3,5–7 cm lange (zuweilen auch längere) Granne auslaufend; Hüllspelzen des fertilen Ährchens 3–8 mm lang, zur Reifezeit spreizend; Deckspelzen des fertilen Ährchens lanzettlich, mit einer 4–9 cm langen, schlanken, dünnen Granne. Halm knickig aufsteigend oder aufrecht. Blattscheiden mehr oder weniger dicht und abstehend behaart, selten nur schütter behaart; Blattspreiten 2–4 mm breit, oberseits eher rauh, unterseits ziemlich schütter und kurz behaart. Blatthäutchen um 0,5 mm lang, gestutzt. Wächst in kleinen, büscheligen Horsten. Juni–Juli. 20–50 cm.

Vorkommen: Braucht basenreichen, wenigstens mäßig stickstoffsalzhaltigen, steinig-kiesigen, sandigen oder lehmig-sandigen Boden; erträgt Kochsalz recht gut. Besiedelt an Orten, an denen die Luftfeuchtigkeit im Jahresdurchschnitt sehr hoch liegt, Ränder („Spritzwasserzone") von Straßen, die im Winter reichlich mit Salz gestreut werden, geht gelegentlich auch auf Bahnschotter und vergruste Wege im Bereich von Bahnarealen; Zierpflanze; Heimat: Nordamerika und Ostasien; verwildert und vielerorts (z. B. Unterelbe, Neckarland) eingebürgert.

Wissenswertes: ♃. Ursprünglich nur als Ziergras gepflanzt.

Zweizeilige Gerste
Hordeum distichon L.
Süßgrasgewächse *Poaceae (Gramineae)*

Beschreibung: Ähre 7–10 cm lang (ohne Grannen gemessen), meist nickend, seltener aufrecht, oft gekrümmt, seitlich stark abgeplattet. Nur mittleres Ährchen fruchtend und mit einer 8–15 cm langen Granne. Halm aufrecht. Blattöhrchen sehr lang und unbehaart. Blattspreite 0,8–1,5 cm breit. Blatthäutchen 1–3 mm lang. In Mitteleuropa meist angebaute Sommergerste, von der es zahlreiche Sorten gibt. Einige dieser Sorten können auch als Wintergerste angebaut werden. Juni. 0,6–1,2 m.

Vorkommen: Bevorzugt Lehm- und Lößböden, die basen- und einigermaßen stickstoffsalzreich sein sollten. Braucht im Frühsommer Wärme, leidet in längeren Trockenperioden mit geringer Luftfeuchtigkeit. Häufig angebaut, in den Zentralalpen bis 2000 m.

Wissenswertes: ☉. Die Zweizeilige Gerste liefert größere Körner als die anspruchslosen Mehrzeilgersten. Besondere Sorten werden als Braugerste verwendet. Auch als Futtergetreide spielt sie eine Rolle. Die Zweizeilige Gerste ist vermutlich in der Kultur entstanden. Um 6000 v. Chr. dürfte sie die Wildgersten als Nutzpflanzen verdrängt haben. Von diesen wurden 2zeilige Arten schon vor rund 12000 Jahren als Körnerfrucht genutzt. – Ähnlich: Mehrzeilige Gerste (*H. vulgare* L.): Ähre 5–10 cm lang (ohne Grannen gemessen), meist aufrecht. 4–6 Ährchen eines „Stockwerks" fruchtend. Ähre daher mit 4–6 Grannenreihen. Grannen 8–15 cm lang. Sonst wie *H. distichon*. Wird als Futtergetreide in vielen Sorten gebaut, und zwar vorzugsweise als Wintergerste (häufig die 4zeiligen Sorten), seltener als Sommergerste (oft die 6zeiligen, lang und spreizend begrannten Sorten). Juni. 0,6–1,2 m.

Süßgrasgewächse *Poaceae*

Strandroggen
Elymus arenarius L.
Süßgrasgewächse *Poaceae (Gramineae)*

Beschreibung: Ähre steif aufrecht, 15–35 cm lang und 1,5–2 cm breit, dicht. Ährchen meist in Paaren, die abwechselnd auf gegenüberliegender Seite der Ährenachse sitzen; Ährchen 3–4blütig, 2–3 cm lang, länglich-keilförmig; Hüllspelzen starr-lanzettlich, 1,5–2,5 cm lang, spitz zulaufend; Deckspelzen 1,2–2,5 cm lang, kurz und weich behaart, unbegrannt, ebenfalls spitz. Halm dick, steif aufrecht. Alle Blattscheiden kahl und anliegend. Blattspreiten auffallend blau-(grau)grün, starr und an den Spitzen stechend, meist eingerollt, rauh, flach (manuell ausgebreitet oder bei großer Luftfeuchtigkeit gemessen) 0,8–1,3 cm breit. Spreitenansatz mit undeutlichen Öhrchen. Blatthäutchen meist vorhanden, aber kaum länger als 0,8 mm, gestutzt. Der Strandroggen besitzt einen langen Wurzelstock, der meterlange Ausläufer bildet und aus dem in lockeren Abständen kleine Büschel austreiben. Mai–August. 50–90 cm.

Vorkommen: Braucht basenreichen und etwas stickstoffsalzhaltigen Sandboden, aber kein Kochsalz, obwohl er hohe Konzentrationen von Kochsalz ertragen kann. Gedeiht vor allem auf Dünen, besonders auf Wanderdünen, da sein Wurzelstock und seine Ausläufer rasch wachsen und sich daher wechselnder Sandüberdeckung leicht anpassen können. An der Küste häufig (oft im Windschatten), im Binnenland in Sandgebieten angepflanzt und zum Teil verwildert. Fehlt in Österreich und in der Schweiz.

Wissenswertes: ♃. Der Strandroggen eignet sich hervorragend zur Befestigung von Wanderdünen und wird oft auf ihnen angepflanzt, vor allem dort, wo Quecken wegen zu niedrigen Salzgehaltes schlecht gedeihen.

Wald-Haargerste
Hordelymus europaeus (L.) Harz
Süßgrasgewächse *Poaceae (Gramineae)*

Beschreibung: Ähre 5–10 cm lang, etwa 6–9 mm breit, dicht, aufrecht oder etwas nickend. Ährchen meist zu dritt an jedem Knoten der Ährenachse (die „Drillinge" sitzen einander abwechselnd an der Ährenachse gegenüber), meist 1blütig (vereinzelt 2blütig), 2–3,5 cm lang (selten länger; mit Granne gemessen), grün; alle Ährchen zwittrig und fertil oder das mittlere steril; die Hüllspelzen sind sehr schmal und gehen in eine Granne über, die 2–2,5 cm lang wird (d. h. die Hüllspelzen sehen wie eine verbreiterte Grannenbasis aus); die lanzettlichen Deckspelzen tragen ebenfalls eine etwa 2,5 cm lange Granne. Halm starr aufrecht. Blattscheiden der unteren Blätter zottig behaart, die der oberen Blätter kahl oder wenig behaart und schwach aufgeblasen. Blattspreiten 0,8–1,3 cm breit, grasgrün, stark rauh und schwach behaart. Spreitenansatz mit sichelförmigen Öhrchen. Blatthäutchen sehr kurz oder fehlend. Wächst in Horsten und bildet nie Ausläufer. Juni–August. 0,6–1,2 m.

Vorkommen: Braucht basenreichen, oft kalk- und stets ziemlich stickstoffsalzhaltigen Boden mit guter Humuszersetzung. Scheut Besonnung. Gedeiht daher am besten in guten Laub- und Laubmischwäldern. Fehlt im Tiefland westlich der Elbe oder ist dort sehr selten, desgleichen in den Mittelgebirgen mit kalkfreiem oder stickstoffsalzarmem Boden; sonst zerstreut, doch nur selten in individuenreichen Beständen. Geht in den Alpen kaum über 1500 m.

Wissenswertes: ♃. Wo die „Waldgerste" – wenn auch meist nicht eigentlich bestandsbildend, sondern locker wachsend – größere Flächen bedeckt, ist dies ein sicheres Zeichen für einen sehr guten Waldboden.

Kommelinengewächse *Commelinaceae* ▶

Kommeline *Commelina*

Aronstabgewächse *Araceae* ▶

Kalmus *Acorus*
Schlangenwurz *Calla*
Aronstab *Arum*

Kommeline
Commelina communis L.
Kommelinengewächse *Commelinaceae*

Beschreibung: Blütenstand wenigblütig, scheindoldig, in der Achsel eines großen, hüllblattähnlichen, gekielten Tragblatts sitzend; meist blühen die Blüten nacheinander auf, so daß immer nur 1 Blüte geöffnet ist. Blüten 2seitig-symmetrisch: 3 eiförmige, äußere, grünliche, kelchblattähnliche Blütenhüllblätter (2 teilweise verwachsen); innen stehen 2 leuchtend blaue Blütenhüllblätter, deren nahezu runde Platte rasch in den Nagel verschmälert ist, sowie 1 viel kleineres, breit-lanzettliches, weißliches Blütenblatt; 3 fertile und 3 sterile Staubblätter; Staubfäden kahl. Stengel niederliegend (an den Knoten wurzelnd) oder bogig aufsteigend, kahl oder schütter behaart. Blattscheiden geschlossen, dem Stengel anliegend, am oberen Rand – schütter und ziemlich kurz – bewimpert. Blattspreiten 5–9 cm lang, 2–3 cm breit, 2zeilig am Stengel angeordnet, wechselständig, breit-lanzettlich bis breit-eiförmig, in eine längliche Spitze auslaufend. Juni–September. 50–70 cm.

Vorkommen: Braucht humosen, frischen, lockeren, oft steinigen Boden. Besiedelt Schluchtwälder am westlichen Alpensüdfuß (z. B. südliches Tessin, Misox). Zierpflanze aus Ostasien (China, Japan), die vereinzelt verwildert und örtlich eingebürgert ist.

Wissenswertes: ☉. Ähnlich: Zebrapflanze (*Zebrina pendula* SCHNITZLER): Blüten fast strahlig-symmetrisch, 3zählig, blaßlila bis rötlich. Stengel liegend-hängend. Blätter eiförmig-lanzettlich, unterseits meist rötlich, oben längsgestreift (silbriggrün oder gelblich-grün-rötlich = Zebramuster). Beliebte Zimmerpflanze (Ampelpflanze), selten ortsnah und unbeständig verwildert (kaum winterfest!).

Kalmus
Acorus calamus L.
Aronstabgewächse *Araceae*

Beschreibung: Blütenstand ein grünlicher, seitenständiger Kolben, der 4–8 cm lang wird und dessen Hüllblatt grün, also laubblattartig, aussieht. Scheinbar bildet es die Fortsetzung des Stengels. Selten stehen an einem Stengel 2 Blütenkolben. Die Blüten in den Kolben sind zwittrig und unscheinbar. Sie besitzen 6 Staubblätter. Die mitteleuropäische Rasse fruchtet nicht. Andere Rassen der Art haben als Früchte rote Beeren. Stengel 3kantig, aber nur in 2 Reihen beblättert, am Grund rötlich. Der Wurzelstock kriecht unterirdisch; er wird bis zu 3 cm dick; er verzweigt sich reichlich und riecht aromatisch. Juni–Juli. 0,5–1,5 m.

Vorkommen: Braucht schlammigen, basen- und stickstoffsalzreichen, meist überfluteten Boden an stehenden oder langsam fließenden, warmen Gewässern. Besiedelt das Röhricht. Im Tiefland und in milden, tieferen Lagen der Mittelgebirge zerstreut; fehlt in Silikatgebieten oder in rauhen Lagen. Geht im Gebirge nur vereinzelt über etwa 1000 m.

Wissenswertes: ♃; (☠); ▽. Der Kalmus wurde von ALEXANDER DEM GROSSEN aus Indien nach Kleinasien gebracht, und aus der Türkei kam er 1570 nach Mitteleuropa. Der Wurzelstockextrakt galt als gutes Heilmittel gegen Erkrankungen des Magen-Darm-Traktes, weshalb Kalmus in bachnahen Bauerngärten früher häufig angepflanzt wurde. Von dort ist er örtlich verwildert. Inhaltsstoffe sind ätherische Öle, Asaron, Gerb- und Schleimstoffe sowie Bitterstoffe. Wegen des – geringen – Gehalts an Asaron könnte man den Kalmus als schwach giftig ansehen. Andererseits ist Kalmus-Extrakt noch heute Bestandteil von manchen „Magenbittern".

Kommelinengewächse *Commelinaceae*
Aronstabgewächse *Araceae*

Schlangenwurz
Calla palustris L.
Aronstabgewächse *Araceae*

Beschreibung: Blütenstand ein zylindrischer, nur etwa 2 cm langer, grüngelber Kolben, der von einem blattähnlichen Hüllblatt umgeben wird, das innen weiß ist und den Kolben deutlich überragt. Selten finden sich 2 oder gar 3 Hüllblätter. Kolben dicht mit zwittrigen Blüten bestanden; an der Spitze des Kolbens befinden sich gelegentlich rein männliche Blüten. Früchte sind rote Beeren von 5 mm Durchmesser. Stengel 10–30 cm lang, bogig kriechend, dicht beblättert. Blattspreiten bis zu 30 cm lang gestielt. Blattspreite 4–10 cm im Durchmesser, rundlich, am Grunde herz-nierenförmig. Wurzelstock kriecht unterirdisch. Mai–Juli. 10–40 cm.

Vorkommen: Braucht schlammigen, jedoch nicht allzu nährstoffreichen Boden, der auch etwas torfig sein kann und zeitweise seicht überschwemmt werden darf. Schattenliebend. Besiedelt sonst wenig bewachsene, sumpfige Waldstellen, vor allem in Erlenbeständen und in Auenwäldern, geht aber auch in das Röhricht von stehenden Gewässern und auf offene Stellen in Zwischenmooren. Im Tiefland und im Bayerischen Wald zerstreut, sonst selten; steigt kaum über 1000 m. Meist bestandsbildend.

Wissenswertes: ♃; (☠); ▽. Die Bestäubung der Blüten erfolgt – außer durch Fliegen und Käfer – auch durch Schnecken. – Wodurch die Schlangenwurz giftig wird, ist unklar. Ihr Wurzelstock schmeckt brennend scharf. Offensichtlich kann der verursachende Stoff durch Erhitzen zerstört oder verdampft werden; auch durch Trocknen oder langes Wässern soll er entfernt werden können. Jedenfalls wird berichtet, daß man das Rhizom früher in Notzeiten zermahlen habe, um aus dem Mehl Brot herzustellen („Missebroed" in Lappland).

Gefleckter Aronstab
Arum maculatum L.
Aronstabgewächse *Araceae*

Beschreibung: Blütenstand ein gestielter Kolben, oben blütenlos und mit keuliger, bräunlicher bis violetter, seltener gelber Verdickung. Sie ragt aus dem unten scheidig geschlossenen, hellgrünen Hüllblatt, das die Blüten verdeckt. Das ganze Hüllblatt ist etwa 2,5mal länger als der gesamte Kolben. Die männlichen Blüten sitzen über den weiblichen; dazwischen befinden sich „Sperrhaare". Die Früchte sind rote Beeren. Blattstiele etwa so lang wie der Kolbenstengel; Blattspreiten pfeilförmig, dunkelgrün, oft dunkler gefleckt. April–Mai. 10–40 cm.

Vorkommen: Braucht mull- und nährstoffreichen, feuchten, aber nicht stickigen Boden in schattiger Lage. Besiedelt Laub- und Auenwälder, seltener Mischwälder und Gebüsche. Zerstreut, aber zuweilen in kleineren Beständen. Fehlt im Tiefland westlich der Elbe und in den Mittelgebirgen mit nährstoffarmen Böden, desgleichen in den entsprechenden Gebieten der Alpen. Geht nur selten höher als etwa 1000 m.

Wissenswertes: ♃; ☠. *A. maculatum* L. wird mit *A. alpinum* SCHOTT & KOTSCHY (Hüllblatt kaum mehr als 2mal so lang wie der Kolben; Dänemark, Polen, Ost-Österreich, selten) und *A. italicum* MILL. (Kolbenstiel etwa halb so lang wie die Blattstiele; Südwestschweiz, Alpensüdfuß; selten) zu *A. maculatum* agg. zusammengefaßt. – Der Aronstab besitzt eine „Kesselfallenblume". Kleine Mücken werden durch den Aasgeruch der Keule angelockt. Vom glatten Hüllblatt rutschen sie ins Innere des Kessels. Die Sperrhaare hindern sie am Herauskriechen. Am Grunde des Kessels finden sie nektarhaltiges Wasser. Sind die Blüten bestäubt, welkt das Hüllblatt allmählich, und die Insekten können wieder ins Freie gelangen.

Wasserlinsengewächse *Lemnaceae* ▶

Zwergwasserlinse *Wolffia*
Wasserlinse *Lemna*
Teichlinse *Spirodela*

Zwergwasserlinse
Wolffia arrhiza (L.) Horkel ex Wimm.
Wasserlinsengewächse *Lemnaceae*

Beschreibung: Schwimmpflanze ohne Wurzeln. Blüten unauffällig, nur aus 1 Staubblatt und 1 Fruchtknoten bestehend, die in eine Grube auf der Oberseite des Schwimmglieds eingesenkt sind (die Pflanzen in Mitteleuropa bilden meist gar keine Blüten aus!). Blattartiges „Schwimmglied" kaum 1 mm lang, oberseits grasgrün und wenig gewölbt, unterseits weißlichgrün und stärker gewölbt, insgesamt eiförmighalbkugelig, adernlos. Neue Blattglieder entstehen in der Mitte einer der schmäleren Seiten.

Vorkommen: Braucht basen-, oft kalk- und vor allem stickstoffsalzreiches, warmes Wasser in windgeschützten Lagen. Besiedelt vor allem kleine Teiche und Altwässer, die durch Gebüsche geschützt sind, aber auch Gräben mit stehendem Wasser. Zwischen Oder und Elbe (-Saale) südlich der Linie Frankfurt/Oder–Berlin–Wittenberge selten, im übrigen Tiefland sehr selten; vereinzelt in der Eifel, im fränkischen Stufenland und bei Ravensburg in Oberschwaben; an ihren Standorten oft in kleinen Beständen.

Wissenswertes: ♃. Die Zwergwasserlinse wird von Wasservögeln verbreitet und kann daher überraschend in Gegenden auftauchen, in denen sie bisher gefehlt hat. Da sie an den Nährstoffgehalt und an die Wärme ihrer Wohngewässer beträchtliche Ansprüche stellt, vermag sie sich in Mitteleuropa meist nicht über längere Zeit in einem Gewässer zu halten. Die Zwergwasserlinse gehört mit ihrer auf 1 Staubblatt und 1 Fruchtknoten reduzierten Blüte zu den kleinsten Blütenpflanzen der Welt. – Die Gattung erhielt ihren Namen zu Ehren des deutschen Arztes Johann Friedrich Wolff (1778–1806) aus Schweinfurt.

Dreifurchige Wasserlinse
Lemna trisulca L.
Wasserlinsengewächse *Lemnaceae*

Beschreibung: Blattähnliche Schwimmglieder schmal-eiförmig bis länglich, mehr oder weniger spitz, gegen die Spitze – oft nur undeutlich – fein gesägt (Lupe!), sonst ganzrandig, gekreuzt, meist untergetaucht (nur während der bei uns selten ausgeprägten Blütezeit an der Oberfläche schwimmend), zu vielen kettenartig zusammenhängend, in einen Stiel verschmälert, 0,4–1 cm lang, einigermaßen durchsichtig, unterseits angeschwollen-gewölbt, 3–5nervig (Lupe!), graugrün, seltener rötlich-braun, auf der Unterseite mit 40–50 wabenartigen Feldern (Lupe!). Schwimmblätter nur etwa 2 mm lang. Blüten unauffällig (in einer Eintiefung auf der Schwimmgliedoberfläche 2 Staubblätter und 1 Fruchtknoten mit 4–6 Samenanlagen), klein, grün. 2 Erneuerungsknospen seitlich an den Schwimmgliedern. Juni.

Vorkommen: Bevorzugt mäßig basen- und stickstoffsalzreiche, wenig bewegte Gewässer. Besiedelt Tümpel, Altwässer und – in Seen – windgeschützte Buchten. Im Tiefland häufig, wenngleich kleineren Gebieten fehlend; sonst selten, aber an ihren Standorten meist in kleineren Beständen. Geht in Gewässern der Alpen nur bis etwa zur Laubwaldgrenze.

Wissenswertes: ♃. Die Dreifurchige Wasserlinse wird durch Wasservögel verschleppt. Für die Pflanzenfresser unter ihnen stellt sie eine nahrhafte Futterpflanze dar. Es wird sogar in der Literatur behauptet, daß sie – wie auch die Kleine Wasserlinse – bei Entenküken geradezu das Wachstum fördere. Erklärungen, dies sei möglicherweise auf einen Gehalt an gespeichertem Radium zurückzuführen, wurden unseres Wissens in den letzten Jahrzehnten nicht bestätigt (s. dazu auch: Kleine Wasserlinse, S. 460).

Wasserlinsengewächse *Lemnaceae*

Kleine Wasserlinse
Lemna minor L.
Wasserlinsengewächse *Lemnaceae*

Beschreibung: Jedes blattartige Schwimmglied mit nur 1 Wurzel. Alle „Schwimmblätter" rund oder eiförmig, beiderseits flach, 2–3 mm im Durchmesser, beiderseits grün oder an der Unterseite rötlich überlaufen. Blüten unscheinbar, grün. Mai–Juni.

Vorkommen: Besiedelt windgeschützte, stehende Gewässer oder sehr langsam fließende Gräben, Bäche oder gar Flüsse. Stellt an den Nährstoffgehalt geringe Ansprüche. In stickstoffsalzreichen und einigermaßen warmen Gewässern bildet sie oft Massenbestände, so daß die Oberfläche wie mit einem grünen Teppich überzogen zu sein scheint. Häufig und an ihren Standorten meist bestandsbildend. Besiedelt alpine Gewässer bis in Höhen über 1500 m.

Wissenswertes: ♃. BRUNOWSKI und KUNASCHEWA haben 1932 und 1935 festgestellt, daß *L. minor* Radium speichern kann, und zwar in Konzentrationen, die rund 100–650mal höher lagen als in dem besiedelten Gewässer. Ob Radiumspeicherung die Wachstumsförderung bei Entenküken verursachen kann, die da und dort Wasserlinsen zugeschrieben worden ist, erscheint zweifelhaft. Bemerkenswerter ist in dieser Hinsicht, daß *L. minor* auch als Speicherpflanze für Jod und Brom genannt wird. Vor allem durch Jod wäre eine Wachstumsförderung verstehbar, da es zur Synthese des Stoffwechselhormons Thyroxin benötigt wird. – Ähnlich: Buckelige Wasserlinse (*L. gibba* L.): Jedes blattartige Schwimmglied ungestielt, mit nur 1 Wurzel. Schwimmglieder unterseits weiß, bauchig aufgetrieben, 3–5 mm breit, oberseits leuchtend grün, zuweilen mit roten Punkten. Blüten unauffällig. Meist nur 2–5 Schwimmglieder zusammenhängend. April–Juni. Seltener als *L. minor*.

Teichlinse
Spirodela polyrhiza (L.) SCHLEIDEN
Wasserlinsengewächse *Lemnaceae*

Beschreibung: Jedes blattartige Schwimmglied mit 1 Wurzelbüschel. Schwimmglieder einzeln oder zu 2–8 zusammenhängend, rundlich, dicklich, flach, 4–9 mm im Durchmesser, oberseits grün, unterseits oft rötlich. Die zu 5–15 in einem Büschel stehenden Wurzeln entspringen alle an einer Stelle; sie sind oft rötlich, zuweilen auch grünlich. Die Wurzeln können 2–3 cm Länge erreichen. An der Stelle des Schwimmglieds, an der sie entspringen, befindet sich ein kleines, häutiges Gebilde, das stets (und nur!) von der 1. Wurzel im Büschel durchbohrt wird. Die Teichlinse blüht bei uns meist nicht; die Blüte besteht aus 2 Staubblättern und 1 Fruchtknoten; sie ist in eine der beiden Einbuchtungen eingesenkt, in denen Knospen für neue Schwimmglieder angelegt werden. Statt durch Samen vermehrt sie sich durch Turionen (= Winterknospen); dies sind wurzellose, braune, im Umriß bohnenförmige, flache Glieder; die Turionen werden nur 1–3 mm lang und sind so schwer, daß sie zu Boden sinken und nicht schweben oder schwimmen. Mai–Juni.

Vorkommen: Braucht mäßig stickstoffsalzreiches, nicht zu kühles Wasser. Besiedelt vor allem Altwässer, Teiche und Tümpel, seltener windgeschützte Buchten in größeren Seen. Im Tiefland zerstreut, aber kleineren Gebieten fehlend; in den Mittelgebirgen nur in den tieferen Lagen; selten, nach Osten etwas häufiger und gebietsweise zerstreut; geht kaum über etwa 600 m. Fehlt in den Silikatgebieten weitgehend; oft zwischen der Kleinen Wasserlinse.

Wissenswertes: ♃. Die Teichlinse wird durch Wasservögel verschleppt, breitet sich aber nur wenig aus, weil es kaum Gewässer gibt, die ihr wirklich zusagen.

Zwergwasserlinse
Wolffia arrhiza

Kleine Wasserlinse
Lemna minor

Dreifurchige Wasserlinse
Lemna trisulca

Teichlinse
Spirodela polyrhiza

Buckelige Wasserlinse
Lemna gibba

Synonymik-Liste

(Alphabetisches Verzeichnis wissenschaftlicher Zweitnamen)

In dieser Aufzählung sind andere, derzeit oder noch vor Jahrzehnten gebräuchliche wissenschaftliche Namen für die von uns genannten Arten aufgelistet und zugeordnet. Wie in Band 1 (S. 9) ausgeführt, ist selbst die wissenschaftliche Namensgebung einem stetigen Wandel unterworfen. Unsere Zusammenstellung soll dem Leser die Orientierung erleichtern, der schon diese oder jene Pflanze unter anderem Namen kennt oder der in einer botanischen Veröffentlichung auf eine Benennung stößt, die bei uns nicht vermerkt ist. Mehr soll sie nicht bezwecken. So unterscheidet sie sich von einer wissenschaftlichen Synonymik[1] dadurch, daß sie nicht alle Zweitnamen aus den vergangenen Jahrhunderten auflistet und auch nicht einzelne Fehlbestimmungen in manchen Forschungsberichten.

Zwar ist es für den wissenschaftshistorisch Interessierten sehr reizvoll zu erfahren, welche Stationen manche Art bis zu ihrem heutigen Platz im System durchlaufen hat. Doch hätte eine vollständige Erfassung aller Namen diese Liste um ein Vielfaches aufgebläht[2]. Damit wäre sie unhandlicher geworden, was ihren Gebrauch zum eigentlichen Zweck sehr erschwert hätte.

Aufgrund dieser Beschränkung konnten wir auf die jeweilige Nennung des Autorenzitats verzichten, das sich kaum jemand zusammen mit dem Namen einprägt. Seine oft unverhältnismäßige Länge (*Gagea liotardii* (STERNB.) SCHULT. & SCHULT. f. = *Gagea fistulosa* (RAMOND) KER-G.) hätte die Liste zusätzlich erweitert und damit unübersichtlicher gemacht. Das Autorenzitat ist für streng wissenschaftliches Arbeiten relevant. Es wäre auch notwendig gewesen, hätten wir sämtliche Zweitnamen aus den vergangenen Jahrhunderten aufgenommen; denn es ist gar nicht so selten, daß (meist aus Unkenntnis) derselbe Name von verschiedenen Forschern für (oft mehrere) verschiedene Arten benutzt wurde[3].

---

[1] Synonymik = Auflistung bedeutungsgleicher Bezeichnungen, von griech. syn = zusammen, zugleich; onoma = Name.

[2] Während bei einigen Arten wie Schöllkraut oder Efeu die wissenschaftliche Bezeichnung *Chelidonium majus* bzw. *Hedera helix* von vor-linnéischen Zeiten bis heute im wesentlichen unverändert geblieben ist, wurde, um nur ein Beispiel zu nennen, die Salzmiere, früher meist als *Glaux* bezeichnet, von LINNÉ erst der Gattung Sandkraut (*Arenaria peploides*), dann der Gattung Spurre (*Holosteum succulentum*) zugeschlagen. J. H. N. CRANTZ brachte sie in die heute aufgelöste Gattung *Alsine* (*peploides*) und führte sie auch als Hornkraut (*Cerastium succulentum*). J. B. de LAMARCK und R. A. SALISBURY stuften sie wieder als Sandkraut ein (*Arenaria portulacacea* bzw. *littoralis*). Dazwischen wurden für sie eigene Gattungen eingerichtet: *Ammodenia* (von J. F. GMELIN ungültig veröffentlicht) und *Honkenya* (*peploides*) von F. EHRHART. Unter letzterem Namen (auch *Honckenia*, *Honkenia* oder *Honckenya*, s. u.) ist sie seit 1788 bekannt. Es gab zwar bis in die Zeit um 1850 im wissenschaftlichen Schrifttum noch einige Umbenennungen (*Halianthus*, *Adenarium* (*peploides* oder *marinum* bzw. *maritimum*), *Merckia*, *Ammonalia*), doch haben sie sich genauso wenig durchgesetzt wie die Überstellung zur Gattung Miere (*Minuartia peploides*) im ersten Viertel unseres Jahrhunderts.

[3] LINNÉ hat z. B. eine gelbblühende Sippe der Frühlings-Küchenschelle „*Anemone sulphurea*" benannt. Sie wurde 1827 von SWEET als „*Pulsatilla sulphurea*" bezeichnet. Zwischenzeitlich hatte jedoch DE CANDOLLE 1818 die gelben Formen der Alpen-Küchenschelle mit der Bezeichnung *Anemone alpina* var. *sulphurea* belegt. Während die gelbe Frühlings-Küchenschelle als besondere Form kaum Anerkennung fand, wurde das Epithet *sulphurea* für die Gelbe Alpen-Küchenschelle, je nach Ansicht, auf allen Rängen (Art, Unterart, Varietät) und unter beiden Gattungsnamen (*Anemone*, *Pulsatilla*) bis nach 1950 allgemein verwendet. Danach erfolgte allmählich die Umstellung auf *Pulsatilla apiifolia* (SCOP.) SCHULT., da für die Alpen-Küchenschelle wegen der Priorität von *sulphurea* (L.) SWEET, zumindest auf Artrang, die selbe Bezeichnung ein illegitimer („totgeborener") Name war. Wir haben in unserer Liste „*sulphurea*" nur mit „*apiifolia*" gleichgesetzt, da uns keine Veröffentlichung aus dem 20. Jahrhundert bekannt ist, in der sich ersteres Epithet auf eine Sippe der Frühlings-Küchenschelle bezogen hat.

Doch nur in einigen extrem seltenen Fällen waren solche „Homonyme" noch in neuerer Zeit nebeneinander im Gebrauch. Diese paar Ausnahmen sind in unserer Liste kenntlich gemacht (s. linke Seite, Fußnote[2]).

Ein besonders leidiges Kapitel in der Nomenklatur (und damit auch für die Synonymik) sind nicht die vielen Flüchtigkeits-, Druck- und Grammatikfehler, die sich im Lauf der Jahrhunderte eingeschlichen haben, sondern das dauernde Bemühen der lieben Kollegen um Richtigstellung derselben. Nach den Nomenklaturregeln sind solche Verbesserungen nicht erlaubt: Ein Name ist reine Kennzeichnung und keine Beschreibung (wie auch im menschlichen Bereich, wo nur noch wenige der Schmieds, Schmitts, Schmiedts oder Schmitz (usw.) dem Schmiedehandwerk nachgehen). Keine Synonymik berücksichtigt alle diese Fehler und Verbesserungen, selbst wenn sie im Schrifttum weit verbreitet sind.

Wir haben vor allem dann von einer gesonderten Nennung Abstand genommen, wenn:

1. Nur die Geschlechtsendigungen vertauscht sind
   (*Frangula/Frangulus* – oder bei den „Nachnamen": *albus, alba, album; acer, acris, acre*, bzw. *humile, humilis*); s. dazu auch Band 1, S. 131, linke Spalte.
2. Die Gleichlautung des Wortes einigermaßen erhalten bleibt; vor allem bei Wendungen mit i/ie/ii/j/y (z.B. *Sigesbeckia/Siegesbeckia; nasturtiifolius/nasturtifolius; maius/majus; silvestris/sylvestris*);
   e/ae/oe/ (*laevis/levis; caeruleum/coeruleum; foetida/fetida*);
   ck/k (*Honckenia/Honkenia*); s.[2], links;
   rh/rrh (*Dactylorhiza/Dactylorrhiza*);
   s/ss (*Hyssopus/Hysopus*);
   tz/z (*Escholtzia/Escholzia*);
   t/tt/th (*littoralis/litoralis; Phyteuma/Phytheuma*);
   v/w (*volgensis/wolgensis*);
   eventuell auch (dem lateinischen Sprachgebrauch entsprechend) bei
   c/k (*Cobresia/Kobresia; Centranthus/Kentranthus*); und bei
   u/v (*terglouensis/terglovensis*);
3. Die Gleichlautung nur an unwesentlicher Stelle (z.B. am Wortende) geringfügig differiert (*Teesdalia/Teesdalea; burseriana/burserana; onopordium/onopordum/onopordon*; hierher gehört auch ii/i (s.o.): *lamarcki/lamarkii*);
4. Ein Wort teils zusammen-, teils getrennt oder mit Bindestrich geschrieben wird (*Iris pseudo-acorus/pseudo acorus/pseudoacorus/pseudacorus* – bei letzterem vgl. auch 3!);
5. Die (illegitime) Großschreibung des Nachnamens teilweise immer noch vorkommt (*Pseudotsuga Douglasii/douglasii; Asperula Taurina/taurina*).

Nicht in der Liste sind auch alle Namen von Sippen, die bei uns als Art, anderswo aber als Subspezies oder Variatät geführt werden. Sie können leicht in den Band-Registern geortet werden (so führt z.B. BERTSCH (Flora von Südwestdeutschland, 1962) die *Aquilegia vulgaris* ssp. *atrata*, die bei uns unter „*Aquilegia atrata*" zu finden ist). Anders verhält sich der Fall, wenn eine unserer infraspezifischen Sippen anderen Orts in den Artrang erhoben ist. Die *Pinus uncinata* RAMOND in OBERDORFER, Pflanzensoziologische Exkursionflora, 1970, ist bei uns *Pinus mugo uncinata*[1] und daher im Register nicht gleich zu finden (Einordnung unter „m" statt „u"). Sie tritt deshalb in der Liste auf. Dies gilt gleichermaßen, wenn z.B. „unsere" Zweihäusige Zaunrübe, *Bryonia dioica*, von TUTIN in der „Flora Europaea" der *Bryonia cretica* untergeordnet ist (*Bryonia cretica*, ssp. *dioica*). Der Name *Bryonia cretica* wird unserer Bezeichnung *Bryonia dioica* zugeordnet, er findet sich sonst nirgendwo in unserem Werk.

Die normale Darstellungsweise in dieser Liste ist: Zweitname (Erstname Bandnummer/Sei-

---

[1] In diesem Zusammenhang möchten wir darauf hinweisen, daß wir in der Synonymik wie schon in den Registern der einzelnen Bände aus Platzgründen, aber auch der besseren Übersichtlichkeit wegen, von der in der Botanik üblichen binären Schreibweise abgewichen sind (! s.oben: *Pinus mugo uncinata* statt *Pinus mugo* ssp. *uncinata*). Die in der Zoologie durchaus gängige ternäre Bezeichnung (z.B.: *Homo sapiens steinheimensis*) ist in der Botanik verpönt. Für eine Suchliste in einem popularwissenschaftlichen Werk glauben wir aber, diesen „Regelverstoß" verantworten zu können.

tenzahl). Da aber, wie im zuletzt erläuterten Fall, Zweit- und Erstname nicht immer ganz genau in ihrer Umgrenzung übereinstimmen, bedurfte es noch einiger Sonderkennzeichnungen.

So haben wir die Bezeichnung „**z.T.**" dort verwendet, wo Erst- und Zweitnamen den Umfang des Taxons nicht (bei allen Veröffentlichungen!) völlig gleich abdecken. Wir haben dieses Kürzel (gewählt im Gegensatz zum üblichen „p.p. = pro parte") stets dem Namen in der Klammer nachgesetzt. Es bedeutet entweder, daß der Zweitname (oft) sich nur auf einen Teil (z.B. eine Unterart) des Taxons bezieht, oder aber, daß unter ihm (manchmal) auch noch weitere (zuweilen auch nicht-mitteleuropäische) Arten zusammengefaßt sind. Da die Rangzuordnung bei den einzelnen Autoren wechselt, sind nicht selten beide Möglichkeiten gegeben (unbeschadet der 3. Alternative einer genauen Namens-Übereinstimmung in weiteren Werken). „z.T." ist also nur der Hinweis darauf, daß ***möglicherweise*** Zweit- und Erstname einen Teil des gleichen Taxons meinen. Bezüglich der Kennzeichnung „z.T.=" siehe unter „spec.", S. 465.

Wo undeutig ein Zweitname für zwei oder mehr unserer Taxa steht, werden diese in der Klammer benannt und durch ein „+" verbunden (gegebenenfalls auch die unterschiedlichen Seitenzahlen). Beispiele: *Medicago polymorpha* (*Medicago nigra + minima + orbicularis* 2/452) / *Trifolium procumbens* (*Trifolium campestre + dubium* 2/458+456). Wurde der Zweitname auf eine der Arten deutlich weniger häufig angewandt, ist deren Name (samt dem „+") in Klammern gesetzt: *Trifolium agrarium* (*Trifolium aureum* (+ *campestre*) 2/458). Das +-Zeichen kann sowohl „und" als auch „oder" bedeuten (so war – siehe obiges Beispiel – *Trifolium procumbens* oft die alleinige Bezeichnung für *Trifolium dubium* oder die alleinige Bezeichnung für *Trifolium campestre*, sogar auch nur für eine Unterart von diesem).

Wenn die Zuordnung unsicher ist oder wenn ein von uns richtig zugeordneter Name lange Zeit (in Mitteleuropa) der „falschen" Art gegeben wurde, steht nach dem Zweitnamen (= vor der Klammer) „**vgl.:**". Einer dieser sehr seltenen Fälle ist der von „*Rosa glauca*". Jahrzehntelang war dies die Bezeichnung der Art „Blaugrüne Rose (*Rosa vosagiaca*)" oder von Unterarten derselben. Erst etwa ab 1900 setzte sich ganz langsam die Erkenntnis durch, daß das Epithet *glauca* der Bereiften Rose (vormals *Rosa rubrifolia*) zukomme. Falls also, im Ausnahmefall, der Benutzer grobe Widersprüchlichkeiten zwischen der von uns vorgelegten Art-Beschreibung und einer ihm namentlich bekannten Art entdeckt, empfiehlt es sich, die Synonymikliste zu konsultieren.

„**s.l.**" (sensu lato = im weitesten Sinn) weist darauf hin, daß sich der Name auf den größtmöglichen Umfang des Taxons bezieht. Das Kürzel steht gelegentlich bei einem Artnamen und schließt dann alle Unterarten mit ein.

„**agg.**" (aggregatum = Sammelart) bedeutet, daß unter diesem Namen sämtliche Kleinarten und Unterarten zusammengefaßt sind. In diesem Zusammenhang ist darauf hinzuweisen, daß sowohl in den Registern der einzelnen Bände (2–5), wie auch in dieser Synomymikliste vor allem Namen auf Artebene verzeichnet sind. Eine Sammelart oder Unterart mit demselben Namen wie eine Art, wird (da meist auf derselben Seite beschrieben) nur in besonders begründeten Fällen aufgeführt. *Erigeron alpinus* steht also z.B. sowohl für die Art, für *Erigeron alpinus* agg. und außerdem für *Erigeron alpinus* ssp. *alpinus*. Bei den Zweitnamen wurde in der Regel ebenfalls nur der Artname in die Liste aufgenommen. Beispiel: Das Wald-Knäuelgras (*Dactylis polygama*) wurde, vor allem in der ersten Hälfte des Jahrhunderts, als *Dactylis aschersoniana* (*D. Aschersoniana* !, s.o.), *D. glomerata* ssp. *aschersoniana* oder *D. glomerata* var. *aschersoniana* bezeichnet. In unserer Synonymikliste ist der erstgenannte Name (Art) vermerkt. Wenn es also um die Zuordnung eines Namens unterhalb Artrang geht, empfiehlt es sich, diesen auch unter den Artnamen zu suchen.

„**spec.**" hinter einem Gattungsnamen ist Platzhalter für verschiedene „Spezies"namen. Wir haben dieses Kürzel verwendet, wenn eine Art zur Gattung erhoben und in verschiedene Arten gegliedert wurde. Z.B.: *Ranunculus rutaefolius* (*Callianthemum* spec.). Dies bedeutet, daß alle bei uns erwähnten Arten von *Callianthemum* (*anemonoides, coriandrifolium, kerneranum*) irgend-

SYNONYMIK-LISTE

wann einmal unter dem Namen *Ranunculus rutaefolius* (oder auch *rutifolius*, s. o.) bekannt waren. Wir sind auch so verfahren, wenn eine ganze Gattung (bei gleichbleibenden Artnamen) umbenannt ist. Z. B.: *Castalia* spec. (*Nymphaea* spec.): *Nymphaea alba* und *Nymphaea candida* sind auch als *Castalia alba* bzw. *Castalia candida* bekannt. Falls eine solche Änderung nur bei einem Teil der Gattung geschah, ist dies aus den Seitenzahlen und dem ihnen vorgesetzten „z. T.=" ersichtlich: *Orobus* spec. (*Lathyrus* spec. z. T.= 2/514–524). In wenigen Fällen wird bei solcher Seitenangabe auch auf Zweitnamen verwiesen, die in der Liste genannt sind. Gelegentlich muß die „namengebende Grundart" bei diesem Verfahren gesondert aufgeführt werden, da ihr Artepithet gewechselt hat (Artikel 23.4, Int. Code of Bot. Nom.; s. Band 1, S. 130): *Alectorolophus* spec. (*Rhinanthus* spec.) – aber *Alectorolophus hirsutus* (*Rhinanthus alectorolophus*). Wo von einer Gattung mehrere andere abgespalten wurden (z. B.: *Anemone* alt, jetzt *Anemone*, *Hepatica*, *Pulsatilla*), werden in der Regel sämtliche Artnamen gesondert aufgeführt.

Für die Gattung *Hieracium* (vgl. auch Band 1, S. 107 f., S. 122 f.) haben wir die Namen der wichtigsten derzeit geläufigen „Zwischenformen" (bei uns sonst nicht erwähnt) mit in die Liste aufgenommen und sie ihren 2(-4) „Hauptformen" zugeordnet. Dazu waren weitere Zeichen nötig, da manche dieser „Zwischenformen" oft mehr der einen oder anderen „Hauptform" nahestehen. „<>" = dazwischenstehend, „<" = mehr der folgenden, „>" = mehr der vorausgegangenen Hauptform zuneigend. Die jeweiligen Hauptformen werden in alphabetischer Reihenfolge aufgeführt. Ihre Seitenzahlen, auch wenn gleichlautend, sind stets gesondert angegeben und durch das entsprechende Zeichen getrennt. Da es auch noch „Zwischen-Zwischenformen" (zwischen den Haupt- und Zwischenformen) gibt, weisen einige Seitenzahlen nicht auf den Bild/Textteil, sondern auf die Synonymikliste selbst. Im Grenzgebiet Mitteleuropas treten einige Zwischenformen mit Anteilen von Arten auf, die bei uns nicht vorkommen. Der Vollständigkeit halber wurden auch diese Arten genannt, statt einer Seitenzahl aber „- - -" gesetzt.

Zum Abschluß sei bemerkt, daß wir nach gewissenhafter Prüfung auf eine Synonymik der gebräuchlichen Deutschen (oder Volks-)Namen aus Platzgründen leider verzichten mußten: Bis zu 50 verschiedene Arten wären zuweilen unter demselben Namen aufzulisten. Für wirklich an diesem Thema Interessierte ist das 5(!)bändige Werk von HEINRICH MARZELL, „Wörterbuch der deutschen Pflanzennamen", S. Hirzel, Stuttgart, 1980, zu empfehlen.

Abies excelsior (*Abies grandis* 2/47)
Absinthium spec. (*Artemisia* spec. z. T.= 4/378–382)
– *vulgare* (*Artemisia absinthium* 4/382)
Abutilon avicennae (*Abutilon theophrasti* 3/58)
Acer dasycarpum (*Acer saccharinum* 3/98)
– *intermedium* (*Acer hyrcanum* z. T. 3/102)
– *italicum* (*Acer opalus* z. T. 3/102)
– *neapolitanum* (*Acer opalus* z. T. 3/102)
– *obtusatum* (*Acer opalus* z. T. 3/102)
– *opulifolium* (*Acer opalus* 3/102)
– *subobtusum* (*Acer pseudoplatanus* z. T. 3/100)
Acetosa pratensis (*Rumex acetosa* 2/266)
– spec. (*Rumex* spec. z. T.= 2/268+269)
Acetosella spec. (*Rumex* spec. z. T.= 2/266)
– *vulgaris* (*Rumex acetosella* 2/266)
Achillea aspleniifolia (*Achillea millefolium* agg. z. T. 4/366)
– *distans* (*Achillea millefolium* agg. z. T. 4/366)
– *halleri* (*Achillea atrata* 4/362)

– *haussknechtiana* (*Achillea erba-rotta* z. T. 4/362)
– *morisiana* (*Achillea erba-rotta* z. T. 4/362)
– *multiplex* (*Achillea ptarmica* z. T. 4/367)
– *neilreichii* (*Achillea nobilis* z. T. 4/366)
– *salicifolia* (*Achillea cartilaginea* 4/367)
– *setacea* (*Achillea millefolium* agg. z. T. 4/366)
– *stricta* (*Achillea millefolium* agg. z. T. 4/366)
– *sudetica* (*Achillea millefolium* agg. z. T. 4/366)
– *tanacetifolia* (*Achillea millefolium* agg. z. T. 4/366)
Achroanthes monophyllos (*Malaxis monophyllos* 5/178)
Achyrophorus spec. (*Hypochoeris* spec. 4/451+452)
Acinos thymoides (*Acinos arvensis* 4/258)
Aconitum compactum (*Aconitum napellus vulgare* 2/80)
– *firmum* (*Aconitum napellus hians* 2/80)
– *lycoctonum* (*Aconitum vulparia* 2/77)
– *eustachyum* (*Aconitum napellus tauricum* z. T. 2/80)
– *napellus formosum* (*Aconitum napellus hians* 2/80)
– *lobelianum* (*Aconitum napellus neomontanum* 2/80)
– *nasutum* (*Aconitum variegatum nasutum* 2/80)

Synonymik-Liste

Aconitum pyramidale (*Aconitum napellus neomontanum* **2**/80)
- *ranunculifolium* (*Aconitum lamarckii* z. T. **2**/77)
- *tauricum* (*Aconitum napellus tauricum* **2**/80)

Aconogon alpinum (*Polygonum alpinum* **2**/270)
Acosta spec. (*Centaurea* spec. z. T.= **4**/445+446)
Acrocentron scabiosa (*Centaurea scabiosa* **4**/445)
Acrolophus diffusus (*Centaurea diffusa* **4**/446)
Acroptilon picris (*Acroptilon repens* **4**/49)
Adenostyles albifrons (*Adenostyles alliariae* **4**/391)
- *alpina* (*Adenostyles glabra* **4**/392)
- *calcarea* (*Adenostyles glabra* z. T. **4**/392)
- *tomentosa* (*Adenostyles leucophylla* **4**/391)

Adonis autumnalis (*Adonis annua* **2**/88)
Aegilops ovata (*Aegilops geniculata* **5**/39)
- *triaristata* (*Aegilops neglecta* **5**/39)

Aëra spec. (*Aira* spec. **5**/362)
Aesculus octandra (*Aesculus flava* **3**/97)
Aethusa agrestis (*Aethusa cynapium* z. T. **3**/200)
- *cynapioides* (*Aethusa cynapium* z. T. **3**/200)

Ageratum mexicanum (*Ageratum houstonianum* **4**/301)
Agrimonia agrimoides (*Aremonia agrimonoides* **2**/410)
- *odorata* (*Agrimonia procera* **2**/410)
- *officinalis* (*Agrimonia eupatoria* **2**/410)

Agropyron biflorum (*Agropyron caninum* z. T. **5**/447)
- *caesium* (*Agropyron repens* z. T. **5**/447)
- *campestre* (*Agropyron intermedium* z. T. **5**/446)
- *cristatum* (*Agropyron pectinatum* **5**/447)
- *farctum* (*Agropyron junceum* z. T. **5**/448)
- *glaucum* (*Agropyron intermedium* **5**/446)
- *junceum boreoatlanticum* (*Agropyron junceiforme* **5**/448)
- *litoreum* (*Agropyron pungens* z. T. **5**/446)
- *littorale* (*Agropyron pungens* z. T. **5**/446)
- *maritimum* (*Agropyron repens* z. T. **5**/447)
- *pycnanthum* (*Agropyron pungens* z. T. **5**/446)
- *trichophorum* (*Agropyron intermedium* z. T. **5**/446)

Agrostis agrostiflora (*Agrostis schraderana* **5**/352)
- *alba* (*Agrostis stolonifera* + *gigantea* **5**/350)
- *alpina schleicheri* (*Agrostis schleicheri* **5**/351)
- *byzantina* (*Agrostis castellana* z. T. **5**/350)
- *canina arida* (*Agrostis stricta* **5**/351)
- *canina montana* (*Agrostis stricta* **5**/351)
- *capillaris* (*Agrostis tenuis* **5**/350)
- *coarctata* (*Agrostis stricta* **5**/351)
- *hyemalis* (*Agrostis scabra* **5**/348)
- *maritima* (*Agrostis stolonifera* z. T. **5**/350)
- *montana* (*Agrostis stricta* **5**/351)
- *pusilla* (*Agrostis stricta* **5**/351)
- *pyrenaea* (*Agrostis schleicheri* **5**/351)
- *spica-venti* (*Apera spica-venti* **5**/348)
- *stolonizans* (*Agrostis stolonifera* z. T. **5**/350)
- *tarda* (*Agrostis castellana* z. T. **5**/350)
- *vinealis* (*Agrostis stricta* **5**/351)
- *vulgaris* (*Agrostis tenuis* **5**/350)

Ailanthus glandulosa (*Ailanthus altissima* **3**/94)
- *peregrina* (*Ailanthus altissima* **3**/94)

Aira ambigua (*Aira elegans* z. T. **5**/362)
- *capillaris* (*Aira elegans* **5**/362)
- *cespitosa* (*Deschampsia cespitosa* **5**/363)
- *elegantissima* (*Aira elegans* **5**/362)
- *notarisiana* (*Aira elegans* z. T. **5**/362)
- *paludosa* (*Deschampsia wibeliana* **5**/363)

Ajuga ciliata (*Ajuga chamaepitys* z. T. **4**/226)
- *pseudochia* (*Ajuga chamaepitys* z. T. **4**/226)

Alchemilla acutiloba (*Alchemilla mollis* + *vulgaris* **2**/406)
- *vulgaris* (**2**/406)
- *arvensis* (*Aphanes arvensis* **2**/402)
- *coriacea* agg. (*Alchemilla vulgaris* agg. z. T. **2**/406)
- *decumbens* agg. (*Alchemilla vulgaris* agg. z. T. **2**/406)
- *glaberrima* (*Alchemilla fissa* agg. **2**/404)
- *glabra* agg. (*Alchemilla vulgaris* agg. z. T. **2**/406)
- *glaucescens* (*Alchemilla hybrida* agg. **2**/406)
- *hoppeana* (*Alchemilla conjuncta* agg. **2**/404)
- *microcarpa* (*Aphanes microcarpa* **2**/402)
- *pubescens* (*Alchemilla hybrida* agg. **2**/406)
- *xanthochlora* agg. (*Alchemilla vulgaris* agg. z. T. **2**/406)

Alectorolophus hirsutus (*Rhinanthus alectorolophus* **4**/166)
- spec. (*Rhinanthus* spec. **4**/164–166)

Alisma arcuatum (*Alisma gramineum* **5**/60)
- *loeselii* (*Alisma gramineum* **5**/60)
- *natans* (*Luronium natans* **5**/62)
- *parnassifolium* (*Caldesia parnassifolia* **5**/60)
- *stenophyllum* (*Alisma lanceolatum* **5**/60)

Alliaria officinalis (*Alliaria petiolata* **3**/282)
Allium acutangulum (*Allium angulosum* **5**/118)
- *alpinum* (*Allium schoenoprasum* z. T. **5**/122)
- *ascalonicum* (*Allium cepa* z. T. **5**/126)
- *cirrhosum* (*Allium carinatum* z. T. **5**/123)
- *fallax* (*Allium montanum* **5**/120)
- *pulchellum* (*Allium carinatum* z. T. **5**/123)
- *senescens* (*Allium montanum* z. T. **5**/120)
- *sibiricum* (*Allium schoenoprasum* z. T. **5**/122)

Alnus bernardinensis (*Alnus viridis* z. T. **2**/292)
Alopecurus agrestis (*Alopecurus myosuroides* **5**/338)
- *fulvus* (*Alopecurus aequalis* **5**/339)
- *obscurus* (*Alopecurus pratensis* z. T. **5**/338)
- *rendlei* (*Alopecurus utriculatus* **5**/340)
- *ventricosus* (*Alopecurus arundinaceus* **5**/338)

Althaea pseudarmeniaca (*Althaea officinalis* z. T. **3**/424)
- *rosea* (*Alcea rosea* **3**/426)
- *taurinensis* (*Althaea officinalis* z. T. **3**/424)

Alyssum arduini (*Aurinia saxatilis* **3**/332)
- *calycinum* (*Alyssum alyssoides* **3**/336)
- *gmelinii* (*Alyssum montanum* z. T. **3**/337)
- *maritimum* (*Lobularia maritima* **3**/334)
- *saxatile* (*Aurinia saxatilis* **3**/332)

Amaranthus angustifolius (*Amaranthus graecizans* **2**/252)

Synonymik-Liste

- *ascendens* (*Amaranthus lividus* 2/252)
- *blitus* (*Amaranthus lividus* 2/252)
- *bouchonii* (*Amaranthus powellii* 2/256)
- *chlorostachys* (*Amaranthus hybridus* 2/256)
- *chlorostachys erythrostachys* (*Amaranthus hypochondriacus* 2/256)
- *chlorostachys pseudoreflexus* (*Amaranthus powellii* 2/256)
- *paniculatus* (*Amaranthus cruëntus* 2/25+256)
- *patulus* (*Amaranthus hybridus* 2/256)
- *quitensis* (*Amaranthus caudatus* 2/25)
- *sylvestris* (*Amaranthus graecizans* 2/252)
- *viridis* (*Amaranthus lividus* 2/252)
- *vulgatissimus* (*Amaranthus standleyanus* 2/254)

Ambrosia coronopifolia (*Ambrosia psilostachya* 4/340)
- *elatior* (*Ambrosia artemisiifolia* z.T. 4/338)

Amelanchier canadensis (*Amelanchier lamarckii* 2/372)
- *grandiflora* (*Amelanchier lamarckii* 2/372)
- *laevis* (*Amelanchier lamarckii* 2/372)
- *rotundifolia* (*Amelanchier ovalis* 2/371)
- *vulgaris* (*Amelanchier ovalis* 2/371)

Amelancus spec. (*Amelanchier* spec. 2/371+372)
Ammophila baltica (× *Ammocalamagrostis baltica* 5/358)
Ampelopsis hederacea (*Parthenocissus inserta* 3/140)
- *quinquefolia* (*Parthenocissus quinquefolia* 3/140)

Amygdalus nana (*Prunus tenella* 2/432)
Anacharis spec. (*Elodea* spec. + *Egeria* spec. 5/66)
Anacyclus pyrethrum vgl.: (*Anacyclus officinarum* 4/56)
- *tomentosus* (*Anacyclus clavatus* z.T. 4/56)

Anagallis azurea (*Anagallis arvensis* z.T. 3/458)
- *coerulea* (*Anagallis foemina* + *arvensis* z.T 3/460+458)
- *minima* (*Centunculus minimus* 3/457)
- *phoenica* (*Anagallis arvensis* 3/458)

Anchusa angustifolia (*Anchusa officinalis* z.T. 4/98)
- *italica* (*Anchusa azurea* 4/98)
- *leptophylla* (*Anchusa officinalis* z.T. 4/98)
- *orientalis* (*Anchusa arvensis* z.T. 4/100)

Andropogon allioni (*Heteropogon contortus* z.T. 5/320)
- *bicolor* (*Sorghum bicolor* 5/321)
- *contortus* (*Heteropogon contortus* 5/320)
- *gryllus* (*Chrysopogon gryllus* 5/320)
- *halepensis* (*Sorghum halepense* 5/321)
- *ischaemum* (*Botriochloa ischaemum* 5/318)
- *sorghum* (*Sorghum halepense* 5/321)

Androsace charpentieri (*Androsace brevis* 3/440)
- *imbricata* (*Androsace vandellii* 3/444)
- *lachenalii* (*Androsace carnea* z.T. 3/445)
- *multiflora* (*Androsace vandellii* 3/444)
- *rosea* (*Androsace carnea* z.T. 3/445)
- *tirolensis* (*Androsace alpina* z.T. 3/440)

Androsaemum officinale (*Hypericum androsaemum* 3/246)

Anemone alpina (*Pulsatilla alpina* 2/90)
- *halleri* (*Pulsatilla halleri* 2/94)
- *hepatica* (*Hepatica nobilis* 2/98)
- *nigricans* (*Pulsatilla pratensis nigricans* 2/92)
- *patens* (*Pulsatilla patens* 2/94)
- *pratensis* (*Pulsatilla pratensis* 2/92)
- *pulsatilla* (*Pulsatilla vulgaris* 2/94)
- *sulphurea* (*Pulsatilla apiifolia* 2/90)
- *vernalis* (*Pulsatilla vernalis* 2/92)

Angelica montana (*Angelica sylvestris* z.T. 3/226)
Anisantha spec. (*Bromus* spec. z.T.= 5/430)
Anisum officinarum (*Pimpinella anisum* 3/32)
- *vulgare* (*Pimpinella anisum* 3/32)

Antennaria helvetica (*Antennaria carpatica* z.T. 4/326)
- *lanata* (*Antennaria carpatica* 4/326)
- *villifera* (*Antennaria carpatica* 4/326)

Anthemis cota (*Anthemis altissima* 4/361)
- *cretica* (*Anthemis montana* agg. 4/361)
- *discoidea* (*Anthemis tinctoria* z.T. 4/358)
- *incrassata* (*Anthemis arvensis* z.T. 4/361)
- *nobilis* (*Chamaemelum nobile* 4/56)
- *orientalis* (*Anthemis montana* agg. 4/361)
- *rigescens* (*Anthemis triumfettii* z.T. 4/358)
- *styriaca* (*Anthemis carpatica* z.T. 4/361)

Anthoxanthum aristatum (*Anthoxanthum puëlii* 5/333)
- *japonicum* (*Anthoxanthum alpinum* 5/333)

Anthriscus silvestris alpestre (*Anthriscus nitida* 3/182)
Antirrhinum asarina (*Asarina procumbens* 4/16)
- *bellidifolium* (*Anarrhinum bellidifolium* 4/116)
- *orontium* (*Misopates orontium* 4/115)

Antriscus scandix (*Anthriscus caucalis* 3/181)
Aquilegia aquilegioides (*Aquilegia einseleana* 2/74)
- *atroviolacea* (*Aquilegia atrata* 2/76)

Arabis albida (*Arabis caucasica* 3/328)
- *arcuata* (*Arabis ciliata* 3/324)
- *arenosa* (*Cardaminopsis arenosa* 3/319)
- *borbasii* (*Cardaminopsis arenosa* z.T. 3/319)
- *brassica* (*Arabis pauciflora* 3/322)
- *brassiciformis* (*Arabis pauciflora* 3/322)
- *corymbiflora* (*Arabis ciliata* 3/324)
- *crispata* (*Arabis alpina* z.T. 3/326)
- *gerardii* (*Arabis planisiliqua* 3/322)
- *halleri* (*Cardaminopsis halleri* 3/319)
- *hirsuta glabra* (*Arabis allionii* 3/322)
- *jacquinii* (*Arabis soyeri* 3/325)
- *kochii* (*Arabis planisiliqua* 3/322)
- *ovirensis* (*Cardaminopsis halleri* z.T. 3/319)
- *petraea* (*Cardaminopsis petraea* 3/318)
- *recta* (*Arabis auriculata* 3/320)
- *saxatilis* (*Arabis nova* 3/326)
- *subcoriacea* (*Arabis soyeri* 3/325)
- *sudetica* (*Arabis allionii* z.T. 3/322)

Arachnospermum spec. (*Podospermum* spec. 4/466)
Archangelica littoralis (*Angelica archangelica* z.T. 3/226)
- *officinalis* (*Angelica archangelica* 3/226)

Arctium austriacum (*Arctium nemorosum* 4/418)
- *macrospermum* (*Arctium nemorosum* 4/418)
- *vulgare* (*Arctium nemorosum* 4/418)

Synonymik-Liste

Arctous alpina (*Arctostaphylos alpinus* 3/474)
Arenaria fugax (*Arenaria gothica* 2/192)
Arenaria macrocarpa (*Arenaria lloydii* 2/192)
- *moehringioides* (*Arenaria multicaulis* 2/192)
- *serpyllifolia tenuior* (*Arenaria leptoclados* 2/192)
Aretia charpentieri (*Androsace brevis* 3/440)
- spec. (*Androsace* spec. z. T.= 3/440-445)
Aristavena setacea (*Deschampsia setacea* 5/364)
Aristolochia macrophylla (*Aristolochia durior* 2/11)
- *sipho* (*Aristolochia durior* 2/11)
Armeria arenaria (*Armeria alliacea* 2/284)
- *plantaginea* (*Armeria alliacea* 2/284)
- *pseudarmeria* (*Armeria alliacea* 2/284)
- *rhenana* (*Armeria purpurea* 2/86)
- *vulgaris* (*Armeria maritima* 2/286)
Amoracia lapathifolia (*Amoracia rusticana* 3/316)
- *sativa* (*Amoracia rusticana* z. T. 3/316)
Aronicum spec. (*Doronicum* spec. z. T.= 4/396)
Arrhenatherum bulbosum (*Arrhenatherum elatius* z. T. 5/369)
Artemisia alpina (*Artemisia campestris* agg. z. T. 4/384)
- *coarctata* (*Artemisia vulgaris* z. T. 4/376)
- *elegantissima* (*Artemisia nitida* z. T. 4/378)
- laxa (*Artemisia mutellina* 4/378)
- *lednicensis* (*Artemisia campestris* z. T. 4/384)
- *monogyna* (*Artemisia maritima* z. T. 4/384)
- *nana* (*Artemisia borealis* z. T. 4/384)
- *nivalis* (*Artemisia genipi* z. T. 4/378)
- *salina* (*Artemisia maritima* z. T. 4/384)
- *selengensis* vgl.: (*Artemisia verlotiorum* 4/376)
- *sericea* (*Artemisia campestris* z. T. 4/384)
- *umbelliformis* (*Artemisia mutellina* 4/378)
Arum danicum (*Arum alpinum* z. T. 5/458)
- *orientale* (*Arum alpinum* z. T. 5/458)
Aruncus sylvestris (*Aruncus dioicus* 2/359)
- *vulgaris* (*Aruncus dioicus* 2/359)
Asclepias cornuti (*Asclepias syriaca* 3/68)
Asperula aparine (*Galium rivale* 3/554)
- *galioides* (*Galium glaucum* 3/553)
- *glauca* (*Galium glaucum* 3/553)
- *longiflora* vgl.: (*Asperula aristata* 3/556)
- *montana* (*Asperula cynanchica* z. T. 3/556)
- *odorata* (*Galium odoratum* 3/554)
- *oreophila* (*Asperula aristata* 3/556)
- *rivalis* (*Galium rivale* 3/554)
Aster laevigatus (*Aster novi-belgii* z. T. 4/306)
- *leucanthemus* (*Aster lanceolatus* 4/308)
- *paniculatus* (*Aster lanceolatus* 4/308)
- *parviflorus* (*Aster tradescantii* 4/308)
- *salicifolius* (*Aster × salignus* 4/307)
- *sedifolius* (*Aster canus* z. T. 4/304)
Asterias spec. (*Gentiana* spec. z. T.= 3/523-527)
Astragalus alopecuroides (*Astragalus centralpinus* 2/480)
- *campestris* (*Oxytropis campestris* 2/488)
- *foetidus* (*Oxytropis fetida* 2/486)

- *helveticus* (*Astragalus australis* 2/478)
- *hypoglottis* (*Astragalus danicus* 2/482)
- *lapponica* (*Oxytropis lapponica* 2/485)
- *montanus* (*Oxytropis montana* 2/485)
- *montanus jacquinii* (*Oxytropis jacquinii* 2/485)
- *oroboides* (*Astragalus norvegicus* 2/478)
- *pilosus* (*Oxytropis pilosa* 2/486)
- *sericeus* (*Oxytropis halleri* 2/488)
- *triflorus* (*Oxytropis triflora* 2/485)
Astrocarpus sesamoides (*Sesamoides pygmaea* + *canescens* 3/55)
Athamanta hirsuta (*Athamanta cretensis* 3/218)
Atriplex babingtonii (*Atriplex glabriuscula* 2/242)
- *hastata salina* (*Atriplex prostrata* + *triangularis* 2/240)
- *laciniata* (*Atriplex sabulosa* 2/242)
- *maritima* (*Atriplex sabulosa* 2/242)
- *micrantha* (*Atriplex heterosperma* 2/238)
- *nitens* (*Atriplex acuminata* 2/238)
- *salina* (*Atriplex prostrata* + *triangularis* 2/240)
Atropis spec. (*Puccinellia* spec. 5/410)
Avena flavescens (*Trisetum flavescens* 5/369)
- *ludoviciana* (*Avena sterilis* z. T. 5/375)
- *orientalis* (*Avena sativa* z. T. 5/375)
- *parlatorei* (*Helictotrichon parlatorei* 5/370)
- *praeústa* (*Avenochloa pratensis* z. T. + *adsurgens* z. T. 5/374)
- *pratensis* (*Avenochloa pratensis* 5/374)
- *pubescens* (*Avenochloa pubescens* 5/372)
- *strigosa* (*Avena nuda* z. T. 5/376)
- *tenuis* (*Ventenata dubia* 5/370)
- *versicolor* (*Avenochloa versicolor* 5/372)
Avenastrum insubricum (*Avenochloa pubescens* z. T. 5/372)
- *laevigata* (*Avenochloa pubescens* z. T. 5/372)
- *parlatorei* (*Helictotrichon parlatorei* 5/370)
- *pratense* (*Avenochloa pratensis* 5/374)
Avenochloa alpina (*Avenochloa pratensis* z. T. + *adsurgens* z. T. 5/374)
- *praeustum* (*Avenochloa pratensis* z. T. + *adsurgens* z. T. 5/374)
Avenula spec. (*Avenochloa* spec. 5/372+374+468)
Azalea pontica (*Rhododendron luteum* 3/470)
- *procumbens* (*Loiseleuria procumbens* 3/472)

Baeothryon spec. (*Trichophorum* spec. 5/222+224)
Baldingera arundinacea (*Phalaris arundinacea* 5/330)
Ballota alba (*Ballota nigra foetida* 4/230)
- *ruderalis* (*Ballota nigra nigra* 4/230)
Balsamina hortensis (*Impatiens balsamina* 3/126)
Barbarea arcuata (*Barbarea vulgaris* z. T. 3/294)
- *iberica* (*Barbarea vulgaris* 3/294)
- *praecox* (*Barbarea verna* 3/292)
Barkhausia graveolens (*Crepis foetida* z.T 4/481)
- spec. (*Crepis* spec. z. T.= 4/481+482)
Bartschia alpina (*Bartsia alpina* 4/163)

Synonymik-Liste

Bartsia latifolia (*Parentucellia latifolia* 4/18)
- *viscosa* (*Parentucellia viscosa* 4/18)
Batrachium spec. (*Ranunculus* spec. z. T.= 2/101–102+107)
Beckwithia glacialis (*Ranunculus glacialis* 2/104)
Bellardiochloa violacea (*Poa violacea* 5/396)
Bellidiastrum michelii (*Aster bellidiastrum* 4/310)
Bellis monstrosa (*Bellis perennis* z. T. 4/312)
Benthamia spec. (*Amsinckia* spec. 4/12)
Berberis aquifolium (*Mahonia aquifolium* 2/16)
Berula angustifolia (*Berula erecta* 3/208)
Beta perennis (*Beta vulgaris maritima* 2/233)
Betonica divulsa (*Betonica alopecuros* 4/241)
- *jacquinii* (*Betonica alopecuros* 4/241)
Betula alba (*Betula pendula* + *pubescens* 2/288+290)
- *odorata* (*Betula pendula* 2/288)
- *verrucosa* (*Betula pendula* 2/288)
Bidens decipiens (*Bidens connata* z. T. 4/354)
- *melanocarpa* (*Bidens frondosa* 4/354)
- *platycephalus* (*Bidens radiata* 4/355)
Bilderdykia spec. (*Fallopia* spec. 2/280)
Biota orientalis (*Thuja orientalis* 2/56)
Bistorta major (*Polygonum bistorta* 2/278)
- *vivipara* (*Polygonum viviparum* 2/278)
Blackstonia serotina (*Blackstonia acuminata* 3/518)
Blitum capitatum (*Chenopodium capitatum* 2/226)
- *virgatum* (*Chenopodium foliosum* 2/226)
Blysmus caricinus (*Blysmus compressus* 5/237)
Bombycilaena erecta (*Micropus erectus* 4/324)
Bonjeania hirsuta (*Dorycnium hirsutum* 2/490)
Brassica armoracioides (*Brassica elongata integrifolia* 3/384)
- *campestris* (*Brassica rapa* 3/382)
- *cheiranthos* (*Rhynchosinapis cheiranthos* 3/380)
- *rapifera* (*Brassica napus* z. T. 3/382)
Brassicella erucastrum (*Rhynchosinapis cheiranthos* 3/380)
Braya supina (*Sisymbrium supinum* 3/53)
Brevipodium sylvaticum (*Brachypodium sylvaticum* 5/438)
Bromus arduennensis (*Bromus secalinus* z. T. 5/436)
- *asper* (*Bromus ramosus* + *benekenii* 5/428)
- *billotii* (*Bromus arvensis* (+ *secalinus*) 5/435+436)
- *bromoides* (*Bromus secalinus* z. T. 5/436)
- *erectus insubricus* (*Bromus condensatus* 5/429)
- *grossus* (*Bromus secalinus* z. T. 5/436)
- *molliformis* (*Bromus hordeaceus* z. T. 5/434)
- *mollis* (*Bromus hordeaceus* 5/434)
- *patulus* (*Bromus japonicus* 5/434)
- *pratensis* (*Bromus commutatus* 5/432)
- *serotinus* (*Bromus ramosus* 5/428)
- *subsquarrosus* (*Bromus japonicus* z. T. 5/434)
- *thominii* (*Bromus hordeaceus* z. T. 5/434)
Brunella spec. (*Prunella* spec. 4/208+210)
Bryonia cretica (*Bryonia dioica* z. T. 3/415)
Buddleja variabilis (*Buddleja davidii* 4/198)

Bullardia aquatica (*Crassula aquatica* 2/328)
Bunium majus (*Conopodium majus* 3/33+204)
Buphthalmum grandiflorum (*Buphthalmum salicifolium* z. T. 4/332)
- *speciosum* (*Telekia speciosa* 4/342)
Bupleurum falcatum exaltatum (*Bupleurum falcatum cernuum* 3/194)
- *gramineum* (*Bupleurum ranunculoides* z. T. 3/193)
- *jacquinianum* (*Bupleurum gerardii* z. T. 3/192)
- *junceum* (*Bupleurum praealtum* 3/192)
- *scheffleri* (*Bupleurum gerardii* z. T. 3/192)

Cakile baltica (*Cakile maritima* z. T. 3/378)
- *integrifolia* (*Cakile maritima* z. T. 3/378)
Calamagrostis hallerana (*Calamagrostis villosa* 5/356)
- *halleri* (*Achnatherum calamagrostis* 5/332)
- *humilis* (*Agrostis schraderana* 5/352)
- *lanceolata* (*Calamagrostis canescens* 5/354)
- *littorea* (*Calamagrostis pseudophragmites* 5/358)
- *neglecta* (*Calamagrostis stricta* 5/356)
- *pilosa* (*Agrostis schraderana* 5/352)
- *pseudopurpurea* (*Calamagrostis rivalis* 5/354)
- *purpurea* (*Calamagrostis phragmitoides* 5/354)
- *tenella* (*Agrostis schraderana* 5/352)
- *vilnensis* (*Calamagrostis canescens* z. T. 5/354)
Calamintha acinos (*Acinos arvensis* 4/258)
- *alpina* (*Acinos alpinus* 4/258)
- *brauneana* (*Calamintha einseleana* z. T. 4/256)
- *clinopodium* (*Clinopodium vulgare* 4/256)
- *glandulosa* (*Calamintha nepeta* agg. z. T. 4/256)
- *menthifolia* (*Calamintha ascendens* z. T. + *sylvatica* z. T. 4/256)
- *officinalis* (*Calamintha nepeta* agg. z. T. 4/256)
- *subisodonta* (*Calamintha einseleana* z. T. 4/256)
× *Calammophila baltica* (× *Ammocalamagrostis baltica* 5/358)
Calcitrapa solstitialis (*Centaurea solstitialis* 4/448)
- *stellata* (*Centaurea calcitrapa* 4/446)
Calepina corvini (*Calepina irregularis* 3/388)
Calliopsis bicolor (*Coreopsis tinctoria* 4/34)
Callitriche autumnalis (*Callitriche hermaphroditica* 4/206)
- *pedunculata* (*Callitriche brutia* 4/206)
- *polymorpha* (*Callitriche cophocarpa* 4/206)
- *verna* (*Callitriche palustris* 4/206)
- *vernalis* (*Callitriche palustris* 4/206)
Calystegia dahurica (*Calystegia pulchra* 4/73)
Camelina dentata (*Camelina alyssum* z. T. 3/352)
- *foetida* (*Camelina alyssum* z. T. 3/352)
- *integerrima* (*Camelina alyssum* z. T. 3/352)
- *macrocarpa* (*Camelina alyssum* z. T. 3/352)
- *pilosa* (*Camelina microcarpa* z. T. 3/352)
- *sylvestris* (*Camelina microcarpa* z. T. 3/352)
Campanula bertolae (*Campanula rotundifolia* agg. z. T. 4/280)

Synonymik-Liste

- *breyniana* (*Campanula praesignis* 4/280)
- *divergens* (*Campanula sibirica* z. T. 4/276)
- *Campanula elliptica* (*Campanula glomerata* z. T. 4/277)
- *eriocarpa* (*Campanula persicifolia* z. T. 4/278)
- *farinosa* (*Campanula glomerata* z. T. 4/277)
- *flaccida* (*Campanula patula* z. T. 4/284)
- *hegetschweileri* (*Campanula scheuchzeri* z. T. 4/280)
- *hostii* (*Campanula beckiana* 4/280)
- *kerneri* (*Campanula scheuchzeri* 4/280)
- *kladniana* (*Campanula rotundifolia* z. T. 4/280)
- *linifolia* (*Campanula carnica* 4/280)
- *neglecta* (*Campanula patula* z. T. 4/284)
- *polymorpha* (*Campanula rotundifolia* z. T. 4/280)
- *pseudolanceolata* (*Campanula rotundifolia* agg. z. T. 4/280)
- *pusilla* (*Campanula cochleariifolia* 4/282)
- *racemosa* (*Campanula rotundifolia* z. T. 4/280)
- *salviaefolia* (*Campanula glomerata* z. T. 4/277)
- *serotina* (*Campanula glomerata* z. T. 4/277)
- *serrata* (*Campanula rotundifolia* agg. z. T. 4/280)
- *urticifolia* (*Campanula trachelium* 4/288)
- *xylorrhiza* (*Campanula moravica* z. T. 4/280)

Campe barbarea (*Barbarea vulgaris* 3/294)
Camphorosma ovata (*Camphorosma annua* 2/23)
Cannabis spontanea (*Cannabis ruderalis* 2/310)
Capsella procumbens (*Hymenolobus procumbens* 3/356)
Cardamine bellidifolia (*Cardamine alpina* 3/306)
- *bulbifera* (*Dentaria bulbifera* 3/302)
- *dentata* (*Cardamine palustris* z. T. 3/308)
- *enneaphyllos* (*Dentaria enneaphyllos* 3/302)
- *hayneana* (*Cardamine matthioli* 3/308)
- *heptaphylla* (*Dentaria heptaphylla* 3/304)
- *kitaibelii* (*Dentaria polyphylla* 3/306)
- *opizii* (*Cardamine amara* z. T. 3/308)
- *pentaphyllos* (*Dentaria pentaphyllos* 3/304)
- *sylvatica* (*Cardamine flexuosa* 3/312)

Cardaminopsis hispida (*Cardaminopsis petraea* 3/318)
- *ovirensis* (*Cardaminopsis halleri* z. T. 3/319)

Carduus agrestis (*Carduus crispus* z. T. 4/424)
- *alpicola* (*Carduus nutans* z. T. 4/422)
- *carlinifolius* (*Carduus medius* z. T. 4/422)
- *glaucus* (*Carduus crassifolius* z. T. 4/422)
- *leiophyllus* (*Carduus thoermeri* 4/422)
- *lobatus* (*Carduus defloratus* z. T. 4/422)
- *macrocephalus* (*Carduus nutans* z. T. 4/422)
- *macrolepis* (*Carduus nutans* z. T. 4/422)
- *microlepis* (*Carduus nutans* z. T. 4/422)
- *platylepis* (*Carduus nutans* z. T. 4/422)
- *rhaeticus* (*Carduus defloratus* z. T. 4/422)
- *spinulosus* (*Carduus defloratus* z. T. 4/422)
- *summanus* (*Carduus crassifolius* z. T. 4/422)
- *tridentinus* (*Carduus defloratus* z. T. 4/422)
- *viridis* (*Carduus defloratus* z. T. 4/422)

Carex acuta vgl.: (*Carex nigra* + *gracilis* +
acutiformis 5/267+268+308)
- *alpestris* (*Carex hallerana* 5/280)
- *alpina* vgl.: (*Carex norvegiga* (+ *nigra* z. T.) 5/273+267)
- *approximata* (*Carex ericetorum* z. T. 5/279)
- *aristata* (*Carex atherodes* 5/310)
- *banatica* (*Carex buekii* 5/268)
- *bigelowii nardeticola* (*Carex bigelowii rigida* 5/267)
- *bullockiana* (*Carex pairae* z. T. 5/256)
- *chabertii* (*Carex divulsa* z. T. 5/256)
- *chlorostachys* (*Carex capillaris* z. T. 5/288)
- *claviformis* (*Carex flacca* z. T. 5/282)
- *contigua* (*Carex spicata* 5/256)
- *cuprina* (*Carex otrubae* 5/255)
- *curta* (*Carex canescens* 5/264)
- *cuspidata* (*Carex flacca* z. T. 5/282)
- *cyperoides* (*Carex bohemica* 5/249)
- *demissa* (*Carex tumidicarpa* 5/304)
- *filiformis* (*Carex tomentosa* (+ *lasiocarpa*) 5/276+309)
- *flavella* (*Carex flava* z. T. 5/304)
- *fusca* (*Carex nigra* 5/267)
- *fyllae* (*Carex bigelowii rigida* 5/267)
- *glauca* (*Carex flacca* 5/282)
- *glauca trinervis* (*Carex trinervis* z. T. 5/266)
- *goodenoughii* (*Carex nigra* 5/267)
- *goodenowii* (*Carex nigra* 5/267)
- *gynobasis* (*Carex hallerana* 5/280)
- *halleri* (*Carex norvegica* 5/273)
- *helodes* (*Carex laevigata* 5/292)
- *hispidula* (*Carex fimbriata* 5/297)
- *hornschuchiana* (*Carex hostiana* 5/292)
- *incurva* (*Carex maritima* 5/250)
- *inflata* (*Carex rostrata* 5/306)
- *intermedia* (*Carex disticha* 5/254)
- *irrigua* (*Carex paupercula irrigua* 5/284)
- *jemtlandica* (*Carex flava* agg. z. T. 5/304)
- *juncifolia* (*Carex maritima* z. T. 5/250)
- *kerneri* (*Carex ferruginea* z. T. 5/297)
- *laevis* (*Carex kitaibeliana* 5/297)
- *lagopina* (*Carex lachenalii* 5/264)
- *lamprophysa* (*Carex otrubae* 5/255)
- *leersiana* (*Carex polyphylla* 5/256)
- *leersii* (*Carex polyphylla* 5/256)
- *magellanica* (*Carex paupercula* 5/284)
- *magellanica planitei* (*Carex paupercula* z. T. 5/284)
- *maxima* (*Carex pendula* 5/282)
- *media* (*Carex norvegica pusteriana* 5/273)
- *montana fibroso-comosa* (*Carex fritschii* 5/278)
- *multiflora* (*Carex vulpinoidea* 5/255)
- *nemorosa* (*Carex otrubae* 5/255)
- *nevadensis* (*Carex flava* z. T. 5/304)
- *nigra* vgl.: (*Carex parviflora* 5/273)
- *nitida* (*Carex liparocarpos* 5/274)
- *nutans* (*Carex melanostachya* 5/309)
- *oederi demissa* (*Carex tumidicarpa* 5/304)

Synonymik-Liste

- *oederi oedocarpa* (*Carex tumidicarpa* 5/304)
- *oederi pulchella* (*Carex scandinavica* 5/304)
- *ovalis* (*Carex leporina* 5/261)
- *paludosa* (*Carex acutiformis* 5/308)
- *paradoxa* (*Carex appropinquata* 5/258)
- *polygama* (*Carex buxbaumii + hartmannii* 5/272)
- *polyrhiza* (*Carex umbrosa* 5/278)
- *posnaniensis* (*Carex repens* 5/255)
- *praecox intermedia* (*Carex curvata* 5/252)
- *pseudo-arenaria* (*Carex ligerica + pseudobrizoides* 5/254)
- *pusteriana* (*Carex norvegica pusteriana* 5/273)
- *refracta* (*Carex austroalpina* (+ *ferruginea* agg. z.T.) 5/297)
- *reichenbachii* (*Carex pseudobrizoides* 5/254)
- *reticulosa* (*Carex elata* 5/270)
- *rhizina* (*Carex pediformis* z.T. 5/286)
- *rhizodes* (*Carex pediformis* z.T. 5/286)
- *schreberi* (*Carex praecox* 5/252)
- *serotina* (*Carex oederi* 5/304)
- *serotina pulchella* (*Carex scandinavica* 5/304)
- *serratula* (*Carex flacca* z.T. 5/282)
- *siegertiana* (*Carex atherodes* 5/310)
- *sparsiflora* (*Carex vaginata* 5/290)
- *stellulata* (*Carex echinata* 5/261)
- *stolonifera* (*Carex nigra* z.T. 5/267)
- *stricta* (*Carex elata* 5/270)
- *tenax* (*Carex ferruginea* z.T. 5/297)
- *tendae* (*Carex ferruginea* agg. z.T. 5/297)
- *tenuis* (*Carex brachystachys* 5/294)
- *teretiuscula* (*Carex diandra* 5/260)
- *ustulata* (*Carex atrofusca* 5/297)
- *velenovskyi* (*Carex praecox* z.T. 5/252)
- *verna* (*Carex caryophyllea* 5/279)
- *virens* (*Carex divulsa* 5/256)
- *vitilis* (*Carex brunnescens* z.T. 5/264)
- *vulgaris* (*Carex nigra* 5/267)

Carlina acaulis aggregata (*Carlina acaulis simplex* 4/415)
- *acaulis alpina* (*Carlina acaulis simplex* 4/415)
- *biebersteinii* (*Carlina stricta* 4/415)
- *caulescens* (*Carlina acaulis simplex* 4/415)
- *vulgaris longifolia* (*Carlina stricta* 4/415)
- *vulgaris stenophylla* (*Carlina stricta* 4/415)

Carpanthea spec. (*Mesembryanthemum* spec. z.T. 2/22)
Carpobrotus spec. (*Mesembryanthemum* spec. z.T. 2/22)
Castalia spec. (*Nymphaea* spec. 2/62)
Castanea vesca (*Castanea sativa* 2/294)
Caucalis daucoides (*Caucalis platycarpos* 3/186)
- *lappula* (*Caucalis platycarpos* 3/186)
- *latifolia* (*Turgenia latifolia* 3/186)

Caulinia spec. (*Najas* spec. z.T. 5/88)
Centaurea alpestris (*Centaurea scabiosa* z.T. 4/445)
- *amara* (*Centaurea jacea angustifolia* z.T. 4/442)
- *angustifolia* (*Centaurea jacea angustifolia* 4/442)
- *approximata* (*Centaurea jacea angustifolia* z.T. 4/442)
- *austriaca* (*Centaurea phrygia* 4/439)
- *axillaris* (*Centaurea triumfettii* 4/444)
- *badensis* (*Centaurea scabiosa* z.T. 4/445)
- *bracteata* (*Centaurea jacea* z.T. 4/442)
- *carniolica* (*Centaurea nigrescens vochinensis* 4/440)
- *cirrhata* (*Centaurea rhaetica* 4/440)
- *crupina* (*Crupina vulgaris* 4/52)
- *debeauxii* (*Centaurea nigra nemoralis* z.T. 4/440)
- *dubia* (*Centaurea nigrescens transalpina* 4/440)
- *ferdinandii* (*Centaurea nervosa* z.T. 4/439)
- *fritschii* (*Centaurea scabiosa* z.T. 4/445)
- *gallica* (*Centaurea paniculata* 4/445)
- *gaudinii* (*Centaurea jacea* z.T. 4/442)
- *grinensis* (*Centaurea scabiosa* z.T. 4/445)
- *lyrata* (*Rhaponticum scariosum* z.T. 4/448)
- *macroptilon* (*Centaurea jacea* z.T. 4/442)
- *micranthos* (*Centaurea paniculata* agg. z.T. 4/445)
- *muretii* (*Centaurea maculosa* z.T. 4/445)
- *pannonica* (*Centaurea jacea angustifolia* z.T. 4/442)
- *pedemontana* (*Centaurea maculosa* z.T. 4/445)
- *picris* (*Acroptilon repens* 4/49)
- *plumosa* (*Centaurea nervosa* 4/439)
- *pratensis* (*Centaurea jacea pratensis* 4/442)
- *repens* (*Acroptilon repens* 4/49)
- *rhapontica* (*Rhaponticum scariosum* z.T. 4/448)
- *rhenana* (*Centaurea stoebe* 4/445)
- *sadlerana* (*Centaurea scabiosa* z.T. 4/445)
- *semidecurrens* (*Centaurea triumfettii* z.T. 4/444)
- *seusana* (*Centaurea triumfettii* 4/444)
- *stricta* (*Centaurea triumfettii* z.T. 4/444)
- *tenuifolia* (*Centaurea scabiosa* z.T. 4/445)
- *thomasiana* (*Centaurea nervosa* z.T. 4/439)
- *thuillieri* (*Centaurea nigra* z.T. 4/440)
- *uniflora* (*Centaurea nervosa* z.T. 4/439)
- *variegata* (*Centaurea triumfettii* 4/444)
- *weldeniana* (*Centaurea jacea angustifolia* z.T. 4/442)

Centaurium capitatum (*Centaurium erythraea* z.T. 3/520)
- *glomeratum* (*Centaurium littorale* z.T. 3/522)
- *majus* (*Centaurium erythraea* z.T. 3/520)
- *meyeri* (*Centaurium pulchellum* z.T. 3/520)
- *minus* (*Centaurium erythraea* 3/520)
- *umbellatum* (*Centaurium erythraea* 3/520)
- *vulgare* (*Centaurium littorale* 3/522)

Centrosis abortivum (*Limodorum abortivum* 5/159)
Cephalanthera alba (*Cephalanthera damasonium* 5/154)
- *ensifolia* (*Cephalanthera longifolia* 5/154)
- *grandiflora* (*Cephalanthera damasonium* 5/154)
- *pallens* (*Cephalanthera damasonium* 5/154)

Cephalaria pilosa (*Dipsacus pilosus* 3/506)
Cerastium anomalum (*Cerastium dubium* 2/178)
- *arvense rigidum* (*Cerastium arvense ciliatum* 2/184)
- *austroalpinum* (*Cerastium carinthiacum austroalpinum* 2/176)
- *caespitosum* (*Cerastium holosteoides* 2/182)
- *grandiflorum* (*Cerastium candidissimum* 2/185)

Synonymik-Liste

- *hegelmaieri* (*Cerastium uniflorum* z.T. **2**/185)
- *lanatum* (*Cerastium alpinum lanatum* **2**/184)
- *Cerastium lucorum* (*Cerastium macrocarpum* **2**/182)
- *obscurum* (*Cerastium pumilum* **2**/180)
- *ovatum* (*Cerastium carinthiacum* **2**/176)
- *pallens* (*Cerastium glutinosum* **2**/180)
- *sonticum* (*Cerastium subtriflorum* **2**/184)
- *strictum* (*Cerastium arvense strictum* **2**/184)
- *strigosum* (*Cerastium brachypetalum* **2**/180)
- *suffruticosum* (*Cerastium arvense suffruticosum* **2**/184)
- *tetrandum* (*Cerastium diffusum* **2**/179)
- *trigynum* (*Cerastium cerastoides* **2**/178)
- *triviale* (*Cerastium holosteoides* **2**/182)
- *villosum* (*Cerastium alpinum lanatum* **2**/184)
- *viscosum* (*Cerastium glomeratum* **2**/179)
- *vulgatum* (*Cerastium holosteoides* **2**/182)
- *Cerasus* spec. (*Prunus* spec. z.T.= **2**/431+432)
- *vulgaris* (*Prunus cerasus* **2**/432)
- *Ceratochloa* spec. (*Bromus* spec. z.T.= **5**/432)
- *Ceratoides latens* (*Krascheninnikovia ceratoides* **2**/25)
- *Cerinthe alpina* (*Cerinthe glabra* z.T. **4**/80)
- *Chaerefolium anthriscus* (*Anthriscus caucalis* **3**/181)
- *cerefolium* (*Anthriscus cerefolium* **3**/182)
- *silvestre* (*Anthriscus sylvestris* **3**/182)
- *cicutaria* (*Chaerophyllum hirsutum* **3**/178)
- *temulentum* (*Chaerophyllum temulum* **3**/180)
- *Chaiturus marrubiastrum* (*Leonurus marrubiastrum* **4**/229)
- *Chamaebuxus alpestris* (*Polygala chamaebuxus* **3**/133)
- *Chamaenerion palustre* (*Epilobium dodonaei* **3**/79)
- spec. (*Epilobium* spec. z.T.= **3**/79+80)
- *Chamaepericlymenum suecicum* (*Cornus suecica* **3**/463)
- *Chamaeplium officinale* (*Sisymbrium officinale* **3**/283)
- *supinum* (*Sisymbrium supinum* **3**/53)
- *Chamaesyce humifusa* (*Euphorbia humifusa* **3**/148)
- *Chamomilla recutica* (*Matricaria chamomilla* **4**/367)
- *suaveolens* (*Matricaria discoidea* **4**/368)
- *Cheiranthus cheiri* (*Erysimum cheiri* **3**/301)
- *Chenopodium album striatum* (*Chenopodium strictum* **2**/230)
- *carinatum* (*Chenopodium pumilio* **2**/221)
- *chenopodioides* (*Chenopodium botryodes* **2**/224)
- *crassifolium* (*Chenopodium botryodes* **2**/224)
- *desiccatum* (*Chenopodium pratericola* **2**/230)
- *leptophyllum* (*Chenopodium pratericola* **2**/230)
- *serotinum* (*Chenopodium ficifolium* **2**/228)
- *striatum* (*Chenopodium strictum* **2**/230)
- *virgatum* (*Chenopodium foliosum* **2**/226)
- *viride* (*Chenopodium suecicum* **2**/230)
- *Chlora perfoliata* (*Blackstonia perfoliata* **3**/518)
- *Chlorocrepis staticifolia* (*Hieracium staticifolium* **4**/512)
- *Chlorocyperus longus* (*Cyperus longus* **5**/216)
- *Chondrilla prenanthoides* (*Chondrilla chondrilloides* **4**/468)
- *Chrysanthemum adustum* (*Leucanthemum maximum* z.T. **4**/370)
- *alpinum* (*Tanacetum alpinum* **4**/372)
- *atratum* (*Leucanthemum atratum* **4**/372)
- *corymbosum* (*Tanacetum corymbosum* **4**/373)
- *heterophyllum* (*Leucanthemum maximum* z.T. **4**/370)
- *lanceolatum* (*Leucanthemum maximum* z.T. **4**/370)
- *leucanthemum* (*Leucanthemum vulgare* agg. **4**/370)
- *macrophyllum* (*Tanacetum macrophyllum* **4**/374)
- *maritimum* (*Tripleurospermum maritimum* agg. **4**/368)
- *parthenifolium* (*Tanacetum parthenium* z.T. **4**/373)
- *parthenium* (*Tanacetum parthenium* **4**/373)
- *tanacetum* (*Tanacetum vulgare* **4**/374)
- *vulgare* (*Tanacetum vulgare* **4**/374)
- *Chrysocoma linosyris* (*Aster linosyris* **4**/312)
- *Cicerbita muralis* (*Mycelis muralis* **4**/475)
- *Cimicifuga foetida* (*Cimicifuga europaea* **2**/13+68)
- *Cirsium acaulon* (*Cirsium acaule* **4**/434)
- *anglicum* (*Cirsium dissectum* **4**/432)
- *bulbosum* (*Cirsium tuberosum* **4**/430)
- *helenioides* (*Cirsium heterophyllum* **4**/432)
- *lanceolatum* (*Cirsium vulgare* **4**/436)
- *pauciflorum* (*Cirsium waldsteinii* **4**/432)
- *salisburgense* (*Cirsium rivulare* **4**/430)
- *spathulatum* (*Cirsium eriophorum* z.T. **4**/436)
- *sylvaticum* (*Cirsium vulgare* z.T. **4**/436)
- *Cnidium venosum* (*Cnidium dubium* **3**/222)
- *Cochlearia alpina* (*Cochlearia pyrenaica* **3**/350)
- *excelsa* (*Cochlearia pyrenaica* z.T. **3**/350)
- *Colchicum bulbocodium* (*Bulbocodium vernum* **5**/150)
- *vernum* (*Bulbocodium vernum* **5**/150)
- *Colymbada scabiosa* (*Centaurea scabiosa* s.l. **4**/445)
- *Comarum palustre* (*Potentilla palustris* **2**/377)
- *Comastoma* spec. (*Gentianella* spec. z.T.= **3**/534+535)
- *Conioselinum vaginatum* (*Conioselinum tataricum* **3**/28)
- *Conopodium denudatum* (*Conopodium majus* **3**/33+204)
- *Consolida ambigua* (*Consolida ajacis* **2**/72)
- *arvensis* (*Consolida regalis* **2**/71)
- *Convolvulus silvaticus* (*Calystegia silvatica* + *pulchra* z.T. **4**/73)
- spec. (*Calystegia* spec. z.T. **4**/73)
- *Coralliorrhiza innata* (*Corallorhiza trifida* **5**/180)
- *Corispermum canescens* (*Corispermum marschallii* z.T. **2**/248)
- *densiflorum* (*Corispermum leptopterum* z.T. **2**/248)
- *hyssopifolium macropterum* (*Corispermum intermedium* **2**/248)
- *Cornus stolonifera* (*Cornus sericea* **3**/463)
- *Coronaria coriacea* (*Lychnis coronaria* **2**/21)
- *Coronilla montana* (*Coronilla coronata* **2**/496)
- *serradella* (*Ornithopus sativus* **2**/492)
- *Coronopus procumbens* (*Coronopus squamatus* **3**/366)
- *ruellii* (*Coronopus squamatus* **3**/366)
- *Corydalis bulbosa* (*Corydalis cava* + *solida* **2**/128)
- *fabacea* (*Corydalis intermedia* **2**/130)
- *Corylus arborescens* (*Corylus colurna* **2**/287)

- *tubulosa* (*Corylus maxima* 2/287)
Cosmea spec. (*Cosmos* spec. 4/33)
Cotoneaster nebrodensis (*Cotoneaster tomentosus* 2/360)
Crassula rubens (*Sedum rubens* 2/329)
Crataegus calycina (*Crataegus lindmanii* 2/365)
- *intermedia* (*Crataegus curvisepala* 2/365)
- *oxyacantha* (*Crataegus laevigata* 2/365)
- *palmstruchii* (*Crataegus laevigata palmstruchii* 2/365)
- *rosiformis* (*Crataegus curvisepala* 2/365)
Crepis austriaca (*Crepis pyrenaica* 4/488)
- *blattarioides* (*Crepis pyrenaica* 4/488)
- *bocconi* (*Crepis pontana* 4/486)
- *grandiflora* (*Crepis conyzifolia* 4/486)
- *hyoseridifolia* (*Crepis terglouensis* 4/484)
- *incarnata* (*Crepis froehlichiana* 4/487)
- *montana* (*Crepis pontana* 4/486)
- *polymorpha* (*Crepis taraxacifolia* 4/482)
- *succisifolia* (*Crepis mollis* 4/490)
- *virens* (*Crepis capillaris* 4/492)
Crinitaria linosyris (*Aster linosyris* 4/312)
Critesion jubatum (*Hordeum jubatum* 5/453)
Crocus heuffelianus vgl.: (*Crocus napolitanus* 5/136)
- *vernus* (*Crocus albiflorus* + *napolitanus* 5/136)
Cruciata chersonensis (*Cruciata laevipes* 3/541)
- *ciliata* (*Cruciata laevipes* 3/541)
Crypsis spec. (*Heleochloa* spec. z.T. 5/440)
Cupularia graveolens (*Inula graveolens* 4/336)
Cuscuta alba (*Cuscuta epithymum* z.T. 4/67)
- *angustissimum* (*Cuscuta epithymum* z.T. 4/67)
- *approximata* (*Cuscuta epithymum* agg. z.T. 4/67)
- *arvensis* (*Cuscuta campestris* 4/72)
- *breviflora* (*Cuscuta australis tinei* 4/70)
- *cesatiana* (*Cuscuta australis cesatiana* 4/70)
- *cupulata* (*Cuscuta epithymum* agg. z.T. 4/67)
- *globularis* (*Cuscuta epithymum* z.T. 4/67)
- *kotschyi* (*Cuscuta epithymum* z.T. 4/67)
- *nefrens* (*Cuscuta europaea* z.T. 4/68)
- *racemosa* (*Cuscuta suaveolens* 4/70)
- *trifolii* (*Cuscuta epithymum* z.T. 4/67)
- *viciae* (*Cuscuta europaea* z.T. 4/68)
Cuviera europaea (*Hordelymus europaeus* 5/454)
Cyanus mollis (*Centaurea montana mollis* 4/444)
- *montanus* (*Centaurea montana montana* 4/444)
- *segetum* (*Centaurea cyanus* 4/442)
- *triumfettii* (*Centaurea triumfettii* 4/444)
Cyclamen europaeum (*Cyclamen purpurascens* 3/446)
- *hederifolium* (*Cyclamen linearifolium* 3/446)
- *neapolitanum* (*Cyclamen linearifolium* 3/446)
Cydonia vulgaris (*Cydonia oblonga* 2/35)
Cynanchum laxum (*Vincetoxicum hirundinaria* 3/540)
- *vincetoxicum* (*Vincetoxicum hirundinaria* 3/540)
Cynoglossum montanum (*Cynoglossum germanicum* 4/97)
- *pictum* (*Cynoglossum creticum* 4/97)
Cyperus badius (*Cyperus longus* z.T. 5/216)
Cytisus austriacus (*Chamaecytisus austriacus* 2/437)

- *capitatus* (*Chamaecytisus supinus* 2/438)
- *hirsutus* (*Chamaecytisus hirsutus* 2/437)
- *nigricans* (*Lembotropis nigricans* 2/440)
- *ratisbonensis* (*Chamaecytisus ratisbonensis* 2/438)
- *sagittalis* (*Chamaespartium sagittale* 2/442)

Dactylis aschersoniana (*Dactylis polygama* 5/393)
Dactylorchis spec. (*Dactylorhiza* spec. 5/189+190+473)
Dactylorhiza alpestris (*Dactylorhiza majalis* z.T. 5/190)
- *baltica* (*Dactylorhiza majalis* z.T. 5/190)
- *brevifolia* (*Dactylorhiza majalis* z.T. 5/190)
- *elodes* (*Dactylorhiza maculata* z.T. 5/189)
- *ericetorum* (*Dactylorhiza maculata* z.T. 5/189)
- *haematodes* (*Dactylorhiza incarnata* z.T. 5/190)
- *impudica* (*Dactylorhiza majalis* z.T. 5/190)
- *lapponica* vgl.: (*Dactylorhiza purpurella* 5/190)
- *latifolia* (*Dactylorhiza majalis* 5/190)
- *meyeri* (*Dactylorhiza fuchsii* z.T. 5/189)
- *ochroleuca* (*Dactylorhiza incarnata ochroleuca* 5/190)
- *psychrophila* (*Dactylorhiza maculata* agg. z.T. 5/189)
- *sooana* (*Dactylorhiza maculata* agg. z.T. 5/189)
- *strictifolia* (*Dactylorhiza incarnata* 5/190)
- *transsilvanica* (*Dactylorhiza maculata* z.T. 5/189)
Danthonia calycina (*Danthonia alpina* 5/376)
- *provincialis* (*Danthonia alpina* 5/376)
Datura inermis (*Datura stramonium* z.T. 4/66)
- *tatula* (*Datura stramonium* z.T. 4/66)
Daucus sativus (*Daucus carota sativa* 3/240)
Delia segetalis (*Spergularia segetalis* 2/212)
Delphinium ajacis (*Consolida ajacis* 2/72)
- *alpinum* (*Delphinium elatum* 2/72)
- *consolida* (*Consolida regalis* 2/71)
- *orientale* (*Consolida orientalis* 2/72)
- *paniculatum* (*Consolida regalis paniculata* 2/71)
Demazeria rigida (*Catapodium rigidum* 5/428)
Dentaria digitata (*Dentaria pentaphyllos* 3/304)
- *pinnata* (*Dentaria heptaphylla* 3/304)
Deschampsia cespitosa litoralis (*Deschampsia litoralis* 5/363)
- *cespitosa paludosa* (*Deschampsia wibeliana* 5/363)
- *flexuosa* (*Avenella flexuosa* 5/364)
- *rhenana* (*Deschampsia litoralis* 5/363)
Descurainia tanacetifolia (*Hugueninia tanacetifolia* 3/50)
Desmazeria rigida (*Catapodium rigidum* 5/428)
Dianthus caesius (*Dianthus gratianopolitanus* 2/166)
- *caryophyllus* (*Dianthus sylvestris* z.T. 2/164)
- *giganteiformis* (*Dianthus pontederae* z.T. 2/161)
- *hyssopifolius* (*Dianthus monspessulanus* 2/166)
- *polymorphus* (*Dianthus diutinus* z.T. 2/161)
- *sternbergii* (*Dianthus monspessulanus waldsteinii* 2/166)
- *superbus speciosus* (*Dianthus superbus alpestris* 2/167)
- *sylvaticus* (*Dianthus seguieri glaber* 2/162)
- *vaginatus* (*Dianthus carthusianorum* z.T. 2/161)
Dichanthium ischaemum (*Botriochloa ischaemum* 5/318)

Synonymik-Liste

Dichostylis micheliana (*Cyperus michelianus* 5/218)
Diervilla spec. (*Weigelia* spec. z.T. 3/63)
Digitalis ambigua (*Digitalis grandiflora* 4/128)
Digitaria ciliaris (*Digitaria sanguinalis pectiniformis* 5/327)
- *linearis* (*Digitaria ischaemum* 5/327)
Diopogon allionii arenarius (*Jovibarba arenaria* 2/334)
- *hirtus borealis* (*Jovibarba sobolifera* 2/334)
- spec. (*Jovibarba* spec. 2/334)
Diplachne serotina (*Cleistogenes serotina* 5/382)
Dipsacus fullonum vgl.: (*Dipsacus sativus* 3/506)
- *silvestris* (*Dipsacus fullonum* 3/506)
Dispernotheca viscosa (*Odontites viscosa* 4/154)
Dittrichia graveolens (*Inula graveolens* 4/336)
Doronicum cordatum (*Doronicum columnae* 4/396)
- *cordifolium* (*Doronicum columnae* 4/396)
- *halleri* (*Doronicum grandiflorum* 4/396)
- *matthioli* (*Doronicum pardalianches* 4/397)
- *scorpioides* (*Doronicum grandiflorum* z.T. 4/396)
- *villosum* (*Doronicum stiriacum* 4/397)
Dorotheanthus spec. (*Mesembryanthemum* spec. z.T. 2/22)
Dorycnium sericeum (*Dorycnium germanicum* 2/490)
Douglasia vitaliana (*Androsace vitaliana* 3/430)
Draba affinis (*Draba aizoides* z.T. 3/338)
- *austriaca* (*Draba stellata* 3/343)
- *bernensis* (*Draba incana* 3/342)
- *carinthiaca* (*Draba siliquosa* 3/344)
- *frigida* (*Draba dubia* 3/344)
- *huteri* (*Draba dubia* 3/344)
- *incana thomasii* (*Draba stylaris* 3/342)
- *johannis* (*Draba siliquosa* 3/344)
- *montana* (*Draba aizoides* z.T. 3/338)
- *saxigena* (*Draba aizoides* z.T. 3/338)
- *verna* (*Erophila verna* 3/348)
- *wahlenbergii* (*Draba fladnizensis* 3/343)
Drosera longifolia (*Drosera intermedia* 3/258)
Duchesnea fragarioides (*Duchesnea indica* 2/32+395)

Echinocystis echinata (*Echinocystis lobata* 3/416)
Echinodurus ranunculoides (*Baldellia ranunculoides* 5/62)
Echinops commutatus (*Echinops exaltatus* 4/414)
- *ruthenicus* (*Echinops ritro* z.T. 4/414)
Echinopsilon hirsutum (*Bassia hirsuta* 2/245)
Echinospermum vulgare (*Lappula squarrosa* 4/92)
Echium pustulatum (*Echium vulgare* z.T. 4/84)
Edymion non-scriptus (*Scilla non-scripta* 5/102)
Elaeagnus argentea (*Elaeagnus commutata* 3/18)
- *hortensis* (*Elaeagnus angustifolia* 3/18)
Elatine gyrosperma (*Elatine hydropiper* z.T. 3/253)
- *macrosperma* (*Elatine hydropiper* z.T. 3/253)
- *orthosperma* (*Elatine hydropiper* z.T. 3/253)
Eleocharis austriaca (*Eleocharis mamillata* z.T. 5/225)
- *benedicta* (*Eleocharis mamillata* z.T. 5/225)
- *leptostylopodiata* (*Eleocharis mamillata* z.T. 5/225)
- *pauciflora* (*Eleocharis quinqueflora* 5/226)
- *pygmaea* (*Eleocharis parvula* 5/228)
- *soloniensis* (*Eleocharis ovata* 5/226)
- *vierhapperi* (*Eleocharis quinqueflora* z.T. 5/226)
- *zanardinii* (*Eleocharis atropurpurea* z.T. 5/226)
Eleogiton fluitans (*Isolepis fluitans* 5/230)
Eleusine coracana (*Eleusine indica* z.T. 5/327)
Elisma natans (*Luronium natans* 5/62)
Elodea crispa (*Lagarosiphon major* 5/66)
- *densa* (*Egeria densa* 5/66)
- *occidentalis* (*Elodea nutallii* 5/66)
Elodes palustris (*Hypericum elodes* 3/252)
Elsholtzia cristata (*Elsholtzia ciliata* 4/272)
- *patrinii* (*Elsholtzia ciliata* 4/272)
Elymus caninus (*Agropyron caninum* 5/447)
- *elongatus* (*Agropyron elongatum* 5/446)
- *europaeus* (*Hordelymus europaeus* 5/454)
- *farctus* (*Agropyron junceum* z.T. 5/448)
- *hispidus* (*Agropyron intermedium* z.T. 5/446)
- *pungens* (*Agropyron pungens* 5/446)
- *pycnanthus* (*Agropyron pungens* z.T. 5/446)
- *repens* (*Agropyron repens* 5/447)
Elyna bellardii (*Elyna myosuroides* 5/242)
- *spicata* (*Elyna myosuroides* 5/242)
Elytrigia atherica (*Agropyron pungens* 5/446)
- spec. (*Agropyron* spec. z.T. 5/446–448)
Emerus major (*Coronilla emerus* 2/494)
Epilobium adnatum (*Epilobium tetragonum* z.T. 3/76)
- *alpinum* (*Epilobium anagallidifolium* 3/78)
- *angustissimum* (*Epilobium dodonaei* 3/79)
- *ciliatum* (*Epilobium adenocaulon* 3/76)
- *graebneri* (*Epilobium adenocaulon* 3/76)
- *hypericifolium* (*Epilobium montanum* z.T. 3/73)
- *lamyi* (*Epilobium tetragonum lamyi* 3/76)
- *origanifolium* (*Epilobium alsinifolium* 3/78)
- *rosmarinifolium* (*Epilobium dodonaei* + *fleischeri* 3/79+80)
- *spicatum* (*Epilobium angustifolium* 3/79)
- *trigonum* (*Epilobium alpestre* 3/72)
Epipactis atropurpurea (*Epipactis atrorubens* 5/158)
- *confusa* (*Epipactis helleborine* agg. z.T. 5/158)
- *dunensis* (*Epipactis helleborine* agg. z.T. 5/158)
- *latifolia* (*Epipactis helleborine* agg. z.T. 5/158)
- *phyllanthes* vgl.: (*Epipactis helleborine* z.T. 5/158)
- *rubiginosa* (*Epipactis atrorubens* 5/158)
- *sessilifolia* (*Epipactis purpurata* 5/158)
- *varians* (*Epipactis purpurata* 5/158)
- *violacea* (*Epipactis purpurata* 5/158)
- *viridiflava* (*Epipactis leptochila* z.T. 5/158)
- *viridiflora* (*Epipactis leptochila* (+ *muelleri*) 5/158)
Eragrostis abyssinica (*Eragrostis tef* 5/386)
- *cilianensis* (*Eragrostis megastachya* 5/386)
- *major* (*Eragrostis megastachya* 5/386)
- *poaeoides* (*Eragrostis minor* 5/384)

Synonymik-Liste

Erica carnea (*Erica herbacea* **3**/480)
Ericoila spec. (*Gentiana* spec. z.T.= **3**/528–534)
Erigeron bonariensis (*Conyza bonariensis* **4**/320)
- *canadensis* (*Conyza canadensis* **4**/320)
- *crispus* (*Conyza bonariensis* **4**/320)
- *eriocephalus* (*Erigeron uniflorus* z.T. **4**/316)
- *glabratus* (*Erigeron polymorphus* **4**/319)
- *glandulosus* (*Erigeron gaudinii* **4**/318)
- *intermedius* (*Erigeron alpinus* z.T. **4**/319)
- *schleicheri* (*Erigeron gaudinii* **4**/318)
- *septentrionalis* (*Erigeron annuus septentrionalis* **4**/316)
- *strigosus* (*Erigeron annuus strigosus* **4**/316)
- *villarsii* (*Erigeron atticus* **4**/318)
Eriophorum alpinum (*Trichophorum alpinum* **5**/222)
- *polystachon* (*Eriophorum angustifolium* + *latifolium* **5**/219+220)
- *subarcticum* (*Eriophorum angustifolium* z.T. **5**/220)
Erodium cicutarium dunense (*Erodium ballii* **3**/124)
- *glutinosum* (*Erodium lebelii* z.T. **3**/124)
- *glutinosum dunense* (*Erodium ballii* **3**/124)
Erophila boerhaavii (*Erophila spathulata* **3**/348)
- *decipiens* (*Erophila spathulata* z.T. **3**/348)
- *oblonga* (*Erophila praecox* **3**/348)
- *vulgaris* (*Erophila verna* **3**/348)
Eruca vesicaria (*Eruca sativa* **3**/380)
Erucastrum incanum (*Hirschfeldia incana* **3**/379)
- *obtusangulatum* (*Erucastrum nasturtiifolium* **3**/386)
- *pollichii* (*Erucastrum gallicum* **3**/386)
Ervum spec. (*Vicia* spec. z.T.= **2**/506–514)
Erysimum canescens (*Erysimum diffusum* **3**/300)
- *comatum* (*Erysimum sylvestre* z.T. **3**/300)
- *durum* (*Erysimum marschallianum* **3**/298)
- *erysimoides* (*Erysimum odoratum* **3**/296)
- *helveticum* (*Erysimum rhaeticum* **3**/300)
- *orientale* (*Conringia orientalis* **3**/382)
- *pannonicum* (*Erysimum odoratum* **3**/296)
- *strictum* (*Erysimum hieraciifolium* **3**/298)
Erythraea centaurium (*Centaurium erythraea* **3**/520)
- *pulchellum* (*Centaurium pulchellum* **3**/520)
Euphorbia brittingerii (*Euphorbia verrucosa* **3**/154)
- *gerardiana* (*Euphorbia seguierana* **3**/151)
- *purpurata* (*Euphorbia dulcis* z.T. **3**/152)
- *serratula* (*Euphorbia stricta* **3**/156)
Euphrasia brevipila (*Euphrasia stricta* z.T. **4**/160)
- *campestris* (*Euphrasia rostkoviana* z.T. **4**/160)
- *carniolica* (*Euphrasia tricuspidata* z.T. **4**/162)
- *coerulea* (*Euphrasia nemorosa* agg. z.T. **4**/162)
- *curta* (*Euphrasia nemorosa* z.T. **4**/162)
- *cuspidata* (*Euphrasia tricuspidata* z.T. **4**/162)
- *ericetorum* (*Euphrasia stricta* **4**/160)
- *glabrescens* (*Euphrasia nemorosa* z.T. **4**/162)
- *gracilis* (*Euphrasia micrantha* **4**/162)
- *kerneri* (*Euphrasia rostkoviana* z.T. **4**/160)
- *kreiselii* (*Euphrasia rostkoviana* z.T. **4**/160)
- *lutea* (*Odontites lutea* **4**/154)
- *mattfeldii* (*Euphrasia drosocalyx* z.T. **4**/162)
- *montana* (*Euphrasia rostkoviana* z.T. **4**/160)
- *nitidula* (*Euphrasia nemorosa* **4**/162)
- *odontites* (*Odontites rubra* agg. **4**/154)
- *officinalis* (*Euphrasia* spec. z.T. **4**/160+162)
- *picta* (*Euphrasia rostkoviana* z.T. **4**/160)
- *pumila* (*Euphrasia stricta* z.T. **4**/160)
- *stiriaca* (*Eupharsia tricuspidata* z.T. **4**/162)
- *tatarica* (*Euphrasia pectinata* + *stricta* z.T. **4**/160)
- *tirolensis* (*Euphrasia minima* z.T. **4**/162)
- *uechtriziana* (*Euphrasia nemorosa* agg. z.T. **4**/162)
- *verna* (*Odontites verna* **4**/154)
- *vernalis* (*Euphrasia arctica* z.T. **4**/160)
- *viscosa* (*Odontites viscosa* **4**/154)
Eurotia ceratoides (*Krascheninnikovia ceratoides* **2**/25)
Euxolus crispus (*Amaranthus crispus* **2**/254)
Evonymus spec. (*Euonymus* spec. **3**/133+134)

Faba narbonensis (*Vicia narbonensis* **2**/503)
Fagopyrum sagittatum (*Fagopyrum esculentum* **2**/282)
- *vulgare* (*Fagopyrum esculentum* **2**/282)
Falcaria rivini (*Falcaria vulgaris* **3**/204)
- *sioides* (*Falcaria vulgaris* **3**/204)
Falona echinata (*Cynosurus echinatus* **5**/394)
Farsetia incana (*Berteroa incana* **3**/337)
Fedia spec. (*Valerianella* spec. **3**/499)
Festuca acuminata (*Festuca varia* agg. z.T. **5**/423)
- *airoides* (*Festuca ovina* agg. z.T. **5**/414)
- *alpestris* (*Festuca varia* agg. z.T. **5**/423)
- *arenaria* (*Festuca rubra* agg. z.T. **5**/418)
- *brachystachys* (*Festuca varia* agg. z.T. **5**/423)
- *caesia* (*Festuca ovina* agg. z.T. **5**/414)
- *calva* (*Festuca varia* agg. z.T. **5**/423)
- *capillata* (*Festuca ovina* agg. z.T. **5**/414)
- *cinerea* (*Festuca ovina* agg. z.T. **5**/414)
- *dalmatica* (*Festuca ovina* agg. z.T. **5**/414)
- *danthonii* (*Vulpia ciliata* **5**/426)
- *dertonensis* (*Vulpia bromoides* **5**/426)
- *diffusa* (*Festuca rubra* agg. z.T. **5**/418)
- *distans* (*Puccinellia distans* z.T. **5**/410)
- *dumetorum* (*Festuca rubra* agg. z.T. **5**/418)
- *duriuscula* (*Festuca ovina* agg. z.T. **5**/414)
- *duvalii* (*Festuca ovina* agg. z.T. **5**/414)
- *elatior* (*Festuca pratensis* + *arundinacea* **5**/420)
- *fallax* (*Festuca rubra* agg. z.T. **5**/418)
- *fenas* (*Festuca arundinacea* z.T. **5**/420)
- *festucoides* (*Nardurus halleri* **5**/424)
- *filiformis* (*Festuca ovina* agg. z.T. **5**/414)
- *glauca* (*Festuca ovina* agg. z.T. **5**/414)
- *helgolandica* (*Festuca rubra* agg. z.T. **5**/418)
- *hervieri* (*Festuca ovina* agg. z.T. **5**/414)
- *heteropachys* (*Festuca ovina* agg. z.T. **5**/414)
- *hirsuta* (*Festuca ovina* agg. z.T. **5**/414)
- *intercedens* (*Festuca halleri* agg. z.T. **5**/416)
- *interrupta* (*Festuca arundinacea* z.T. **5**/420)

Synonymik-Liste

- *juncea* (*Festuca rubra* agg. z. T. **5**/418)
- *juncifolia* (*Festuca rubra* agg. z. T. **5**/418)
- *Festuca lachenalii* (*Nardurus halleri* **5**/424)
- *lemanii* (*Festuca ovina* agg. z. T. **5**/414)
- *litoralis* (*Festuca rubra* agg. z. T. **5**/418)
- *loliacea* (× *Festulolium loliaceum* **5**/442)
- *multiflora* (*Festuca rubra* agg. z. T. **5**/418)
- *myuros* (*Vulpia myuros* **5**/426)
- *nigrescens* (*Festuca rubra* agg. z. T. **5**/418)
- *nigricans* (*Festuca violacea* agg. z. T. **5**/417)
- *norica* (*Festuca violacea* agg. z. T. **5**/417)
- *pallens* (*Festuca ovina* agg. z. T. **5**/414)
- *pannonica* (*Festuca ovina* agg. z. T. **5**/414)
- *picta* (*Festuca violacea* agg. z. T. **5**/417)
- *pilosa* (*Poa violacea* **5**/396)
- *polesica* (*Festuca ovina* agg. z. T. **5**/414)
- *psammophila* (*Festuca ovina* agg. z. T. **5**/414)
- *pseudodura* (*Festuca halleri* agg. z. T. **5**/416)
- *pseudovina* (*Festuca ovina* agg. z. T. **5**/414)
- *puccinellii* (*Festuca violacea* agg. z. T. **5**/417)
- *quadriflora* (*Festuca pumila* **5**/423)
- *rhaetica* (*Poa violacea* **5**/396)
- *rigidor* (*Festuca pumila* z. T. **5**/423)
- *rupicola* (*Festuca ovina* agg. z. T. **5**/414)
- *sabulosa* (*Festuca ovina* agg. z. T. **5**/414)
- *salina* (*Festuca rubra* agg. z. T. **5**/418)
- *scheuchzeri* (*Festuca pulchella* **5**/424)
- *scheuchzeriformis* (*Festuca pulchella* **5**/424)
- *steineri* (*Festuca rubra* agg. z. T. **5**/418)
- *stenantha* (*Festuca halleri* agg. z. T. **5**/416)
- *stricta* (*Festuca ovina* agg. z. T. **5**/414)
- *sudetica* (*Festuca ovina* agg. z. T. **5**/414)
- *sulcata* (*Festuca ovina* agg. z. T. **5**/414)
- *supina* (*Festuca ovina* agg. z. T. **5**/414)
- *sylvatica* (*Festuca altissima* **5**/422)
- *tenuifolia* (*Festuca ovina* agg. z. T. **5**/414)
- *trachyphylla* (*Festuca ovina* agg. z. T. **5**/414)
- *trichophylla* (*Festuca rubra* agg. z. T. **5**/418)
- *uechtritziana* (*Festuca arundinacea* z. T. **5**/420)
- *uliginosa* (*Festuca rubra* agg. z. T. **5**/418)
- *unifaria* (*Festuca rubra* agg. z. T. **5**/418)
- *unioloides* (*Bromus unioloides* **5**/432)
- *vaginata* (*Festuca ovina* agg. z. T. **5**/414)
- *valesiaca* (*Festuca ovina* agg. z. T. **5**/414)
- *versicolor* (*Festuca varia* z. T. **5**/423)
- *villosa* (*Festuca rubra* agg. z. T. **5**/418)
- *vivipara* (*Festuca ovina* agg. z. T. **5**/414)
- *vulgaris* (*Festuca ovina* agg. z. T. **5**/414)

× *Festulolium adscendens* (× *Festulolium loliaceum* **5**/442)
Ficaria verna (*Ranunculus ficaria* **2**/100)
Filaginella uliginosa (*Gnaphalium uliginosum* **4**/331)
Filago apiculata (*Filago lutescens* **4**/322)
- *canescens* (*Filago vulgaris* **4**/322)
- *germanica* (*Filago vulgaris* **4**/322)
- *spathulata* (*Filago pyramidata* **4**/322)

Filipendula hexapetala (*Filipendula vulgaris* **2**/413)
Foeniculum vulgare dulce (*Foeniculum vulgare* z. T. **3**/222)
Forsythia decipiens (*Forsythia suspensa* **3**/516)
- *densiflora* (*Forsythia* × *intermedia* **3**/516)
- *spectabilis* (*Forsythia* × *intermedia* **3**/516)
Fragaria collina (*Fragaria viridis* **2**/402)
- *elatior* (*Fragaria moschata* **2**/401)
- *grandiflora* (*Fragaria* × *ananassa* **2**/401)
- *indica* (*Duchesnea indica* **2**/32+395)
- × *magna* (*Fragaria* × *ananassa* **2**/401)
Fritillaria burnatii (*Fritillaria tubaeformis* z. T. **5**/129)
- *delphinensis* (*Fritillaria tubaeformis* **5**/129)
Fumana vulgaris (*Fumana procumbens* z. T. **3**/262)
Fumaria tenuiflora (*Fumaria schleicheri* **2**/134)
- *tenuifolia* (*Fumaria parviflora* **2**/134)
- *vulgaris* (*Fumaria officinalis* **2**/132)

Gagea arvensis (*Gagea villosa* **5**/130)
- *liotardii* (*Gagea fistulosa* **5**/134)
- *silvatica* (*Gagea lutea* **5**/135)
- *stenopetala* (*Gagea pratensis* **5**/135)
Gale palustris (*Myrica gale* **2**/299)
Galeobdolon spec. (*Lamiastrum* spec. **4**/230)
Galeopsis dubia (*Galeopsis segetum* **4**/238)
- *latifolia* (*Galeopsis ladanum* **4**/240)
- *murriana* (*Galeopsis pubescens* z. T. **4**/236)
- *ochroleuca* (*Galeopsis segetum* **4**/238)
- *sulphurea* (*Galeopsis speciosa* z. T. **4**/240)
- *versicolor* (*Galeopsis speciosa* **4**/240)
Galinsoga quadriradiata (*Galinsoga ciliata* **4**/358)
Galium × *carmineum* (*Galium rubrum* z. T. **3**/553)
- × *centroniae* (*Galium rubrum* z. T. **3**/553)
- *cruciata* (*Cruciata laevipes* **3**/541)
- *elatum* (*Galium mollugo* z. T. **3**/550)
- *erectum* (*Galium album* z. T. **3**/550)
- *insubricum* (*Galium mollugo* z. T. **3**/550)
- *jussiei* (*Galium pusillum* agg. **3**/552)
- *ochroleucum* (*Galium* × *pomeranicum* **3**/547)
- *pedemontanum* (*Cruciata pedemontana* **3**/541)
- *praecox* (*Galium wirtgenii* **3**/547)
- *pseudorubioides* (*Galium boreale* z. T. **3**/542)
- *purpureum* (*Asperula purpurea* **3**/553)
- *pycnotrichum* (*Galium album* z. T. **3**/550)
- *rupicola* (*Galium megalospermum* **3**/550)
- *saccharatum* (*Galium verrucosum* **3**/544)
- *saxatile* (*Galium harcynicum* **3**/550)
- *scabrum* (*Galium rotundifolium* **3**/542)
- *septentrionale* (*Galium pusillum* agg. **3**/552)
- *sterneri* (*Galium pusillum* agg. **3**/552)
- *sudeticum* (*Galium pusillum* agg. **3**/552)
- *sylvestre* (*Galium pumilum* **3**/552)
- *triandrum* (*Asperula tinctoria* **3**/558)
- *tricorne* (*Galium tricornutum* **3**/544)
- *tyrolense* (*Galium mollugo* z. T. **3**/550)
- *vaillantii* (*Galium spurium* z. T. **3**/546)

SYNONYMIK-LISTE

- *valantia* (*Galium verrucosum* **3**/544)
- *valdepilosum* (*Galium pusillum* agg. z. T. **3**/552)
- *vernum* (*Cruciata glabra* **3**/541)

Gastridium lendigerum (*Gastridium ventricosum* **5**/42)
Gaya simplex (*Ligusticum mutellinoides* **3**/223)
Genista sagittalis (*Chamaespartium sagittale* **2**/442)
Genistella sagittalis (*Chamaespartium sagittale* **2**/442)
Gentiana aestiva (*Gentiana verna* z. T. **3**/530)
- *alata* (*Gentiana verna* z. T. **3**/530)
- *amarella* (*Gentianella amarella* **3**/538)
- *anisodonta* (*Gentianella anisodonta* **3**/536)
- *antecedens* (*Gentianella anisodonta* z. T. **3**/536)
- *aspera* (*Gentianella aspera* **3**/536)
- *austriaca* (*Gentianella austriaca* **3**/536)
- *axilliaris* (*Gentianella amarella* **3**/538)
- *baltica* (*Gentianella baltica* **3**/535)
- *bohemica* (*Gentianella austriaca* z. T. **3**/536)
- *calycina* (*Gentianella anisodonta* z. T. **3**/536)
- *campestris* (*Gentianella campestris* **3**/535)
- *carpathica* (*Gentianella germanica* agg. z. T. **3**/536)
- *castanetorum* (*Gentianella austriaca* z. T. **3**/536)
- *ciliata* (*Gentianella ciliata* **3**/536)
- *compacta* (*Gentianella ramosa* **3**/536)
- *engadinensis* (*Gentianella engadinensis* **3**/536)
- *excisa* (*Gentiana acaulis* **3**/529)
- *favratii* (*Gentiana orbicularis* **3**/530)
- *germanica* (*Gentianella germanica* **3**/536)
- *imbricata* (*Gentiana terglouensis* z. T. **3**/534)
- *insubrica* (*Gentianella insubrica* **3**/536)
- *islandica* (*Gentianella baltica* z. T. **3**/535)
- *kerneri* (*Gentianella germanica* z. T. **3**/536)
- *kochiana* (*Gentiana acaulis* **3**/529)
- *lingulata* (*Gentianella amarella* z. T. **3**/538)
- *livonica* (*Gentianella amarella* z. T. **3**/538)
- *lutescens* (*Gentianella germanica* agg. z. T. **3**/536)
- *nana* (*Gentianella nana* **3**/535)
- *neilreichii* (*Gentianella austriaca* z. T. **3**/536)
- *norica* (*Gentianella aspera* z. T. **3**/536)
- *praecox* (*Gentianella germanica* agg. z. T. **3**/536)
- *praeflorens* (*Gentianella austriaca* z. T. **3**/536)
- *ramosa* (*Gentianella ramosa* **3**/536)
- *rhaetica* (*Gentianella germanica* z. T. **3**/536)
- *rotundifolia* (*Gentiana bavarica* z. T. **3**/534)
- *semleri* (*Gentianella germanica* z. T. **3**/536)
- *solistitialis* (*Gentianella germanica* z. T. **3**/536)
- *spathulata* (*Gentianella germanica* agg. z. T. **3**/536)
- *sturmiana* (*Gentianella aspera* z. T. **3**/536)
- *subacaulis* (*Gentiana bavarica* z. T. **3**/534)
- *suecica* (*Gentianella baltica* z. T. **3**/535)
- *tenella* (*Gentianella tenella* **3**/534)
- *uliginosa* (*Gentianella uliginosa* **3**/538)

Gentianella antecedens (*Gentianella anisodonta* z. T. **3**/536)
- *bohemica* (*Gentianella austriaca* z. T. **3**/536)
- *calycina* (*Gentianella anisodonta* z. T. **3**/536)
- *carpathica* (*Gentianella germanica* agg. z. T. **3**/536)
- *castanetorum* (*Gentianella austriaca* z. T. **3**/536)
- *islandica* (*Gentianella baltica* z. T. **3**/535)
- *kerneri* (*Gentianella germanica* z. T. **3**/536)
- *lingulata* (*Gentianella amarella* z. T. **3**/538)
- *livonica* (*Gentianella amarella* z. T. **3**/538)
- *lutescens* (*Gentianella germanica* agg. z. T. **3**/536)
- *neilreichii* (*Gentianella austriaca* z. T. **3**/536)
- *norica* (*Gentianella aspera* z. T. **3**/536)
- *praecox* (*Gentianella germanica* agg. z. T. **3**/536)
- *praeflorens* (*Gentianella austriaca* z. T. **3**/536)
- *rhaetica* (*Gentianella germanica* z. T. **3**/536)
- *semleri* (*Gentianella germanica* z. T. **3**/536)
- *solistitialis* (*Gentianella germanica* z. T. **3**/536)
- *sturmiana* (*Gentianella aspera* z. T. **3**/536)
- *suecica* (*Gentianella baltica* z. T. **3**/535)

Gentianopsis ciliata (*Gentianella ciliata* **3**/536)
Georgina spec. (*Dahlia* spec. **4**/33)
Geranium stipulare (*Geranium molle* z. T. **3**/118)
Gifola spec. (*Filago* spec. z. T.= **4**/322+**5**/476)
Glechoma glabriuscula (*Glechoma hederacea* z. T. **4**/212)
Glecoma spec. (*Glechoma* spec. **4**/212)
Gleditsia spinosa (*Gleditsia triacanthos* **2**/36)
Globularia aphyllanthes (*Globularia punctata* **4**/196)
- *bellidifolia* (*Globularia meridionalis* **4**/196)
- *elongata* (*Globularia punctata* **4**/196)
- *vulgaris* (*Globularia punctata* **4**/196)
- *willkommii* (*Globularia punctata* **4**/196)

Glyceria aquatica (*Glyceria maxima* **5**/411)
Gnaphalium dioicum (*Antennaria dioica* **4**/325)
- *margaritaceum* (*Anaphalis margaritacea* **4**/326)

Goniolobium austriacum (*Conringia austriaca* **3**/382)
Graphephorum arundinaceum (*Scolochloa festucacea* **5**/408)
Gregoria vitaliana (*Androsace vitaliana* **3**/430)
Guizotia oleifera (*Guizotia abyssinica* **4**/344)
Gymnadenia albida (*Pseudorchis albida* **5**/168)
- *densiflora* (*Gymnadenia conopsea* z. T. **5**/166)
- *miniata* (*Nigritella miniata* **5**/170)
- *nigra* (*Nigritella nigra* **5**/170)

Gypsophila glandulosa (*Gypsophila papillosa* **2**/158)
- *stepposa* (*Gypsophila muralis* z. T. **2**/160)

Habenaria viridis (*Coeloglossum viride* **5**/168)
Hackelia deflexa (*Lappula deflexa* **4**/92)
Haynaldia villosa (*Dasypyrum villosum* **5**/41)
Hedysarum obscurum (*Hedysarum hedysaroides* **2**/497)
Helenium grandiflorum (*Helenium autumnale* z. T. **4**/43)
- *latifolium* (*Helenium autumnale* z. T. **4**/43)

Heleocharis spec. (*Eleocharis* spec. **5**/225-228)
Heleochloa explicata (*Heleochloa alopecuroides* **5**/440)
Heleogiton fluitans (*Isolepis fluitans* **5**/230)
Helianthemum chamaecistus (*Helianthemum grandiflorum* + *nummularium* **3**/259)
- *fumana* (*Fumana procumbens* **3**/262)

Synonymik-Liste

- *glabrum* (*Helianthemum grandiflorum* z. T. 3/259)
- *guttatum* (*Tuberaria guttata* 3/262)

Helianthemum hirsutum (*Helianthemum nummularium* z. T. 3/259)

- *nitidum* (*Helianthemum grandiflorum* z. T. 3/259)
- *obscurum* (*Helianthemum ovatum* 3/259)
- *oelandicum* (*Helianthemum alpestre* agg. 3/260)
- *vulgare* (*Helianthemum nummularium* agg. 3/259)

Helianthus × *laetiflorus* (*Helianthus tuberosus* z. T. 4/350)

Helictotrichon conjungens (*Avenochloa adsurgens* 5/374)
- spec. (*Avenochloa* spec. 5/372–374)

Heliosperma alpestre (*Silene alpestris* 2/142)
- *eriophorum* (*Silene veselskyi* 2/142)
- *pusillum* (*Silene pusilla* 2/142)
- *quadridentatum* (*Silene pusilla* 2/142)
- *quadrifidum* (*Silene pusilla* 2/142)
- *veselskyi* (*Silene veselskyi* 2/142)

Helminthia echioides (*Picris echioides* 4/460)
Helminthotheca echioides (*Picris echioides* 4/460)
Helodea spec. (*Elodea* spec. 5/66)
Helosciadium ruta (*Apium graveolens* 3/199)
- spec. (*Apium* spec. 3/199+200)

Hemerocallis flava (*Hemerocallis lilio-asphodelus* 5/112)
Hepatica triloba (*Hepatica nobilis* 2/98)
Heracleum flavescens (*Heracleum sphondylium* z. T. 3/235)
- *juranum* (*Heracleum sphondylium alpinum* z. T. 3/235)
- *montanum* (*Heracleum sphondylium elegans* z. T. 3/235)
- *sibiricum* (*Heracleum sphondylium* z. T. 3/235)

Herniaria cinerea (*Herniaria hirsuta* z. T. 2/216)
Hesperis candida (*Hesperis matronalis* z. T. 3/290)
Hieracium adriaticum (*Hieracium pilosella* < *piloselloides* 4/494 < 499)
- *ambiguum* (*Hieracium caespitosum* <> *cymosum* 4/498 <> 498)
- *angustifolium* (*Hieracium glaciale* 4/496)
- *argilaceum* (*Hieracium lachenalii* 4/505)
- *aridum* (*Hieracium pilosella* > *piloselloides* 4/494 > 499)
- *armerioides* (*Hieracium bifidum* < *glanduliferum* 4/506 < 502)
- *arvicola* (*Hieracium caespitosum* <> *piloselloides* 4/498 <> 499)
- *atratum* (*Hieracium alpinum* < *sylvaticum* 4/508 < 504)
- *auricula* (*Hieracium lactucella* 4/496)
- *auriculoides* (*Hieracium bauhinii* <> *echioides* 4/500 <> 499)
- *benzianum* (*Hieracium dentatum* <> *lachenalii* 5/478 <> 4/505)
- *bifurcum* (*Hieracium echioides* <> *pilosella* 4/499 <> 494)
- *bocconei* (*Hieracium alpinum* <> *lachenalii* 4/508 <> 505)
- *bracchiatum* (*Hieracium pilosella* <> *piloselloides* 4/494 <> 499)
- *brevifolium* (*Hieracium latifolium* 5/479)
- *caesium* (*Hieracium bifidum* < *lachenalii* 4/506 < 505)
- *calcareum* (*Hieracium laevigatum* < *porrifolium* 4/505 < 500)
- *calodon* (*Hieracium echioides* <> *piloselloides* 4/499 <> 499)
- *chlorifolium* (*Hieracium glaucum* <> *valdepilosum* 4/500 <> 5/480)
- *chondrillifolium* (*Hieracium bifidum* <> *bupleuroides* <> *glaucum* <> *villosum* 4/506 <> 500 <> 500 <> 502)
- *cidoniifolium* (*Hieracium prenanthoides* <> *valdepilosum* 4/510 <> 5/480)
- *cinerascens* (*Hieracium glaucinum* z. T. 5/478)
- *cinereum* (*Hieracium echioides* <> *pilosella* z. T. 4/499 <> 494)
- *cotteti* (*Hieracium humile* <> *sylvaticum* 4/504 <> 504)
- *decolorans* (*Hieracium aurantiacum* z. T. 4/496)
- *densiflorum* (*Hieracium bauhinii* <> *cymosum* 4/500 <> 498)
- *dentatum* (*Hieracium bifidum* < *villosum* 4/506 < 502)
- *diaphanoides* (*Hieracium lachenalii* < *sylvaticum* 4/505 < 504)
- *dollineri* (*Hieracium bifidum* <> *glaucum* 4/506 <> 500)
- *epimedium* (*Hieracium bifidum* > *jurassicum* 4/506 > 5/479)
- *fainense* (*Hieracium hoppeanum* <> *incanum* 5/478 <> 479)
- *fallacinum* (*Hieracium pilosella* <> *zizianum* 4/494 <> 5/480)
- *fallax* (*Hieracium cymosum* <> *echioides* 4/498 <> 499)
- *flagellare* (*Hieracium caespitosum* <> *pilosella* 4/498 <> 494)
- *florentinum* (*Hieracium piloselloides* z. T. 4/499)
- *floribundum* (*Hieracium caespitosum* <> *lactucella* 4/498 <> 496)
- *franconicum* (*Hieracium bupleuroides* <> *sylvaticum* 4/500 <> 504)
- *furcatum* (*Hieracium sphaerocephalum* 5/479)
- *fuscum* (*Hieracium aurantiacum* > *lactucella* 4/496 > 496)
- *ganderi* (*Hieracium oxyodon* z. T. 5/479)
- *germanicum* (*Hieracium pilosella* <> *zizianum* 4/494 <> 5/480)
- *glabratum* (*Hieracium glaucum* <> *villosum* 4/500 <> 502)
- *glaucinum* (*Hieracium pallidum* <> *sylvaticum* 4/506 <> 504)
- *glomeratum* (*Hieracium ambiguum* 5/478)
- *guthnickianum* (*Hieracium aurantiacum* <> *cymosum* 4/496 <> 498)
- *hoppeanum* (*Hieracium pilosella* s. l. z. T. 4/494)

SYNONYMIK-LISTE

- *hypeuryum* (*Hieracium hoppeanum* <> *pilosella* 5/478 <> 4/496)
- *illyricum* (*Hieracium calcareum* z. T. 5/478)
- *incanum* (*Hieracium pilosella* z. T. 4/494)
- *incisum* (*Hieracium bifidum* <> *villosum* 4/506 <> 502)
- *inuloides* (*Hieracium laevigatum* <> *prenanthoides* 4/505 <> 510)
- *iserianum* (*Hieracium floribundum* > *pilosella* 5/478 <> 4/494)
- *juranum* (*Hieracium prenanthoides* > *sylvaticum* 4/510 > 504)
- *jurassicum* (*Hieracium prenanthoides* > *sylvaticum* 4/510 > 504)
- *laevicaule* (*Hieracium bifidum* > *lachenalii* 4/506 > 505)
- *laggeri* (*Hieracium cymosum* <> *glaciale* 4/498 <> 496)
- *laschii* (*Hieracium cymosum* <> *pilosella* 4/498 <> 494)
- *latifolium* (*Hieracium racemosum* < *umbellatum* 4/511 < 511)
- *latisqamum* (*Hieracium hoppeanum* <> *lactucella* 5/478 <> 4/496)
- *laurinum* (*Hieracium sabaudum* <> *umbellatum* 4/511 <> 511)
- *leptoclades* (*Hieracium arvicola* <> *pilosella* 5/478 <> 4/494)
- *leptophyton* (*Hieracium bauhinii* > *pilosella* 4/500 > 494)
- *lycopsifolium* (*Hieracium prenanthoides* <> *sabaudum* 4/510 <> 511)
- *macilentum* (*Hieracium epimedium* 5/478)
- *macranthum* (*Hieracium pilosella* s. l. z. T. 4/494)
- *maculatum* (*Hieracium glaucinum* > *lachenalii* 5/478 > 4/505)
- *mertinii* (*Hieracium lachenalii* 4/505)
- *mollicaule* (*Hieracium leptophyton* 5/479)
- *mougeotii* (*Hieracium vogesiacum* 5/480)
- *murorum* (*Hieracium sylvaticum* 4/504)
- *nigrescens* (*Hieracium alpinum* > *sylvaticum* 4/508 > 504)
- *niphobium* (*Hieracium glaciale* <> *lactucella* 4/496 <> 496)
- *niphostribes* (*Hieracium niphobium* 5/479)
- *niveum* (*Hieracium pilosella* s. l. z. T. 4/494)
- *obscurum* (*Hieracium piloselloides* z. T. 4/499)
- *oxyodon* (*Hieracium bifidum* < *bupleuroides* < *glaucum* 4/506 < 500 < 500)
- *pachylodes* (*Hieracium peletieranum* <> *pilosella* 5/479 <> 4/494)
- *pallens* (*Hieracium incisa* 5/479)
- *pallescens* (*Hieracium bifidum* > *dentatum* 4/506 > 5/478)
- *pannonicum* (*Hieracium bauhinii* <> *echioides* 4/500 <> 499)
- *peletieranum* (*Hieracium pilosella* s. l. z. T. 4/494)
- *picroides* (*Hieracium intybaceum* <> *prenanthoides* 4/510 <> 510)
- *piliferum* (*Hieracium glanduliferum* 4/502)
- *pilosellinum* (*Hieracium pilosella* > *zizianum* 4/494 > 5/480)
- *pilosum* (*Hieracium morisianum* 4/502)
- *praealtum* (*Hieracium piloselloides* z. T. 4/499)
- *praecox* (*Hieracium glaucinum* z. T. 5/478)
- *praecurrens* (*Hieracium sylvaticum* <> *transsylvanicum* 4/504 <> ---)
- *pratense* (*Hieracium caespitosum* 4/498)
- *prinzii* (*Hieracium humile* <> *sylvaticum* 4/504 <> 504)
- *prussicum* (*Hieracium flagellare* z. T. 5/478)
- *pulchrum* (*Hieracium chondrillifolium* z. T. 5/478)
- *pulmonarioides* (*Hieracium amplexicaule* z. T. 4/508)
- *rauzense* (*Hieracium rohacsense* 5/479)
- *rhodopeum* (*Hieracium alpicola* 4/496)
- *rigidiceps* (*Hieracium glaucinum* <> *laevigatum* 5/478 <> 4/505)
- *rohacsense* (*Hieracium alpinum* < *atratum* <> *bifidum* 4/508 < 5/478 <> 4/506)
- *rothianum* (*Hieracium echioides* <> *pilosella* z. T. 4/499 <> 494)
- *rubellum* (*Hieracium guthnickianum* z. T. 5/478)
- *sabinum* (*Hieracium cymosum* z. T. 4/498)
- *sagittatum* (*Hieracium fuscocinereum* 4/504)
- *saussureoides* (*Hieracium pilosella* s. l. z. T. 4/494)
- *saxatile* (*Hieracium glaucum* <> *laevigatum* 4/500 <> 505)
- *saxifragum* (*Hieracium lachenalii* <> *pallidum* 4/505 <> 506)
- *schmidtii* (*Hieracium pallidum* 4/506)
- *schneidii* (*Hieracium calodon* <> *densiflorum* 5/478 <> 478)
- *schultesii* (*Hieracium lactucella* <> *pilosella* 4/496 <> 494)
- *sciadophorum* (*Hieracium cymosum* <> *lactucella* 4/498 <> 496)
- *scorzonerifolium* (*Hieracium bupleuroides* < *glaucum* < *villosum* 4/500 < 500 < 502)
- *sparsiflorum* (*Hieracium sparsum* 4/512)
- *spathophyllum* (*Hieracium floribundum* z. T. 5/478)
- *sphaerocephalum* (*Hieracium glaciale* <> *hoppeanum* 4/496 <> 5/478)
- *stoloniflorum* (*Hieracium aurantiacum* < *pilosella* 4/496 < 494)
- *subgermanicum* (*Hieracium pilosella* > *zizianum* 4/494 > 5/480)
- *subspeciosum* (*Hieracium chondrillifolium* z. T. 5/478)
- *sudeticum* (*Hieracium alpinum* <> *prenanthoides* 4/508 <> 510)
- *tardans* (*Hieracium pilosella* s. l. z. T. 4/494)
- *tauschii* (*Hieracium densiflorum* 5/478)
- *tridentatum* (*Hieracium laevigatum* z. T. 4/505)

Synonymik-Liste

- *umbelliferum* (*Hieracium bauhinii* <> *cymosum* 4/500 <> 498)
Hieracium umbrosum (*Hieracium jurassicum* <> *sylvaticum* 5/479 <> 4/504)
- *vaillantii* (*Hieracium cymosum* z. T. 4/498)
- *valdepilosum* (*Hieracium prenanthoides* <> *villosum* 4/510 <> 502)
- *vallisiacum* (*Hieracium lycopsifolium* z. T. 5/479)
- *villosiceps* (*Hieracium morisianum* 4/502)
- *viridifolium* (*Hieracium latisquamum* 5/479)
- *vogesiacum* (*Hieracium cerinthoides* <> *sylvaticum* --- <> 4/504)
- *vollmannii* (*Hieracium alpinum* <> *lachenalii* z. T. 4/508 <> 505)
- *vulgatum* (*Hieracium lachenalii* (+ *laevicaule*) 4/505 + 5/479)
- *wiesbauerianum* (*Hieracium bifidum* <> *glaucinum* <> *pallidum* 4/506 <> 5/478 <> 4/506)
- *zizianum* (*Hieracium cymosum* <> *piloselloides* 4/498 <> 499)
Hierochloë odorata pannonica (*Hierochloë repens* 5/334)
Hippion spec. (*Gentiana* spec. z. T.= 3/528–534)
Hippocrepis emerus (*Coronilla emerus* 2/494)
- *perennis* (*Hippocrepis comosa* 2/497)
Hirschfeldia adpressa (*Hirschfeldia incana* 3/379)
Hladnikia golaka (*Grafia golaka* 3/25+198)
Holoschoenus australis (*Holoschoenus romanus australis* 5/232)
- *vulgaris* (*Holoschoenus romanus* + *romanus holoschoenus* 5/232)
Hordeum hexastichon (*Hordeum vulgare* z. T. 5/453)
- *hystrix* (*Hordeum geniculatum* 5/452)
- *marinum gussoneanum* (*Hordeum geniculatum* 5/452)
- *maritimum* (*Hordeum marinum* 5/452)
- *nodosum* (*Hordeum secalinum* 5/452)
- *polystichon* (*Hordeum vulgare* z. T. 5/453)
- *pratense* (*Hordeum secalinum* 5/452)
- *tetrastichon* (*Hordeum vulgare* z. T. 5/453)
- *zeocrithon* (*Hordeum distichon* z. T. 5/453)
Hornungia procumbens (*Hymenolobus procumbens* 3/356)
Hutchinsia brevicaulis (*Hutchinsia alpina brevicaulis* 3/355)
- *petraea* (*Hornungia petraea* 3/356)
- *procumbens* (*Hymenolobus procumbens* 3/356)
Hydrangea acuminata (*Hydrangea macrophylla* z. T. 3/460)
- *anomala* (*Hydrangea petiolaris* 3/460)
- *hortensis* (*Hydrangea macrophylla* 3/460)
- *serrata* (*Hydrangea macrophylla* z. T. 3/460)
Hydrilla lithuanica (*Hydrilla verticillata* z. T. 5/68)
Hypericum acutum (*Hypericum tetrapterum* 3/248)
- *dubium* (*Hypericum maculatum obtusiusculum* 3/247)
- *erosum* (*Hypericum maculatum obtusiusculum* 3/247)
- *immaculatum* (*Hypericum maculatum* z. T. 3/247)
- *quadrangulum* (*Hypericum maculatum* 3/247)

Hypopitys hypophega (*Monotropa hypophegea* 3/486)
- *monotropa* (*Monotropa hypopitys* 3/486)

Iberis contejeanii (*Iberis intermedia* z. T. 3/354)
- *timeroyi* (*Iberis intermedia* z. T. 3/354)
Ilysanthes attenuata (*Lindernia dubia* 4/126)
Impatiens mathildae (*Impatiens balfourii* 3/126)
- *roylei* (*Impatiens glandulifera* 3/126)
Imperatoria altissima (*Peucedanum verticillare* 3/228)
- *ostruthium* (*Peucedanum ostruthium* 3/234)
Inula vaillantii (*Inula helvetica* 4/334)
Iondraba cichoriifolia (*Biscutella cichoriifolia* 3/360)
Iris nudicaulis (*Iris aphylla* 5/140)
- *praecox* (*Iris spuria* z. T. 5/142)
- *pseudocyperus* (*Iris graminea* z. T. 5/144)
Isatis canescens (*Isatis tinctoria* z. T. 3/290)
Isnardia palustris (*Ludwigia palustris* 3/82)
Isolepis supina (*Schoenoplectus supinus* 5/234)

Jacea pratensis (*Centaurea jacea* 4/442)
- spec. (*Centaurea* spec. z. T.= 4/439+440)
Jacobaea incana (*Senecio vernalis* 4/410)
- *vulgaris* (*Senecio jacobaea* 4/409)
Juncus alpinus (*Juncus alpino-articulatus* 5/207)
- *ambiguus* (*Juncus ranarius* + (*bufonius* z. T.) 5/196)
- *atricapillus* (*Juncus anceps* z. T. 5/207)
- *fuscoater* (*Juncus alpino-articulatus* z. T. 5/207)
- *glaucus* (*Juncus inflexus* 5/192)
- *hostii* (*Juncus monanthos* 5/200)
- *hybridus* (*Juncus bufonius* z. T. 5/196)
- *kochii* (*Juncus bulbosus* z. T. 5/204)
- *lampocarpus* (*Juncus articulatus* 5/207)
- *leersii* (*Juncus conglomeratus* 5/192)
- *longicornis* (*Juncus inflexus* z. T. 5/192)
- *macer* (*Juncus tenuis* 5/198)
- *minutulus* (*Juncus bufonius* z. T. 5/196)
- *mutabilis* (*Juncus pygmaeus* 5/204)
- *obtusiflorus* (*Juncus subnodulosus* 5/206)
- *subuliflorus* (*Juncus conglomeratus* 5/192)
- *supinus* (*Juncus bulbosus* 5/204)
- *sylvaticus* (*Juncus acutiflorus* 5/206)
Juniperus alpina (*Juniperus communis alpina* 2/54)
- *nana* (*Juniperus communis alpina* 2/54)
- *sibirica* (*Juniperus communis alpina* 2/54)

Kengia serotina (*Cleistogenes serotina* 5/382)
Kernera auriculata (*Kernera saxatilis* z. T. 3/349)
Kibera supina (*Sisymbrium supinum* 3/53)
Knautia budensis (*Knautia arvensis pannonica* 3/508)
- *centrifrons* (*Knautia drymeia* z. T. 3/508)
- *intermedia* (*Knautia drymeia* z. T. 3/508)
- *norica* (*Knautia carinthiaca* z. T. 3/508)
- *silvatica* (*Knautia dipsacifolia* 3/510)
Kobresia bellardii (*Elyna myosuroides* 5/242)
- *bipartita* (*Kobresia simpliciuscula* 5/242)

Synonymik-Liste

- *caricina* (*Kobresia simpliciuscula* 5/242)
- *myosuroides* (*Elyna myosuroides* 5/242)
Kochia arenaria (*Kochia laniflora* 2/250)
- *densiflora* (*Kochia scoparia* z.T. 2/250)
- *hirsuta* (*Bassia hirsuta* 2/245)
- *parodii* (*Kochia scoparia* 2/250)
- *sedoides* (*Bassia sedoides* 2/245)
Koeleria albescens (*Koeleria arenaria* (+ *pyramidata* agg.) 5/387+388)
- *carniolica* (*Koeleria eriostachya* 5/388)
- *cristata* (*Koeleria macrantha* + *pyramidata* 5/388)
- *gerardii* (*Lophochloa cristata* 5/43)
- *gracilis* (*Koeleria macrantha* 5/388)
- *kerneri* (*Koeleria pyramidata* z.T. 5/388)
- *lamarckii* (*Koeleria pyramidata* 5/388)
- *linkii* (*Koeleria vallesiana* z.T. 5/388)
- *majoriflora* (*Koeleria macrantha* z.T. 5/388)
- *mollis* (*Koeleria macrantha* z.T. 5/388)
- *montana* (*Koeleria pyramidata* z.T. 5/388)
- *pauneroi* (*Koeleria vallesiana* z.T. 5/388)
- *phleoides* (*Lophochloa cristata* 5/43)
- *pseudocristata* (*Koeleria macrantha* z.T. 5/388)
- *rochelii* (*Koeleria glauca* z.T. 5/387)
- *schinzii* (*Koeleria hirsuta* z.T. 5/387)
Kohlrauschia prolifera (*Petrorhagia prolifera* 2/140)

Laburnum vulgare (*Laburnum anagyroides* 2/436)
Lactuca capitata (*Lactuca sativa* z.T. 4/478)
- *chaixii* (*Lactuca quercina* z.T. 4/475)
- *crispa* (*Lactuca sativa* z.T. 4/478)
- *longifolia* (*Lactuca sativa* z.T. 4/478)
- *muralis* (*Mycelis muralis* 4/475)
- *sagittata* (*Lactuca quercina* z.T. 4/475)
- *scariola* (*Lactuca serriola* 4/478)
- *secalina* (*Lactuca sativa* z.T. 4/478)
Lagedium tataricum (*Lactuca tatarica* 4/480)
Lamium dissectum (*Lamium hybridum* 4/235)
- *galeobdolon* (*Lamiastrum galeobdolon* agg. 4/230)
- *galeobdolon pallidum* (*Lamiastrum flavidum* 4/230)
- *incisum* (*Lamium hybridum* 4/235)
- *intermedium* (*Lamium moluccellifolium* 4/235)
- *luteum* (*Lamiastrum galeobdolon* agg. 4/230)
- *vulgare* (*Lamiastrum galeobdolon* 4/230)
Lampsana communis (*Lapsana communis* 4/450)
Lappa officinalis (*Arctium lappa* 4/416)
- spec. (*Arctium* spec. 4/416+418)
Lappula echinata (*Lappula squarrosa* 4/92)
- *heteracantha* (*Lappula squarrosa* z.T. 4/92)
- *myosotis* (*Lappula squarrosa* 4/92)
Larix europaea (*Larix decidua* 2/48)
- *leptolepis* (*Larix kaempferi* 2/48)
Laserpitium gaudinii (*Laserpitium krapfii* z.T. 3/242)
- *panax* (*Laserpitium halleri* 3/241)
Lasiagrostis calamagrostis (*Achnatherum calamagrostis* 5/332)

Lathyrus angustifolius (*Lathyrus sylvestris* z.T. 2/516)
- *canescens* (*Lathyrus filiformis* 2/524)
- *ensifolius* (*Lathyrus bauhinii* 2/524)
- *gracilis* (*Lathyrus vernus* z.T. 2/521)
- *japonicus* (*Lathyrus maritimus* z.T. 2/516)
- *lacteus* (*Lathyrus pannonicus collinus* 2/524)
- *lusseri* (*Lathyrus pratensis* z.T. 2/515)
- *luteus* (*Lathyrus laevigatus* 2/522)
- *megalanthus* (*Lathyrus latifolius* 2/516)
- *montanus* (*Lathyrus linifolius* 2/521)
- *platyphyllos* (*Lathyrus sylvestris* z.T. 2/516)
- *tenuifolius* (*Lathyrus linifolius* z.T. 2/521)
- *versicolor* (*Lathyrus pannonicus collinus* 2/524)
Lavandula officinalis (*Lavandula angustifolia* 4/220)
- *spica* (*Lavandula angustifolia* 4/220)
Ledum latifolium (*Ledum groenlandicum* 3/466)
Lemna arrhiza (*Wolffia arrhiza* 5/460)
- *polyrhiza* (*Spirodela polyrhiza* 5/460)
Lens esculenta (*Lens culinaris* 2/498)
Leontodon danubialis (*Leontodon hispidus* z.T. 4/457)
- *dubius* (*Leontodon hispidus* z.T. 4/457)
- *glabrescens* (*Leontodon incanus* z.T. 4/456)
- *hastilis* (*Leontodon hispidus* z.T. 4/457)
- *hyoseroides* (*Leontodon hispidus* z.T. 4/457)
- *leucotrichus* (*Leontodon montanus montanus* 4/456)
- *leyssseri* (*Leontodon saxatilis* 4/458)
- *nudicalyx* (*Leontodon saxatilis* 4/458)
- *nudicaulis* (*Leontodon saxatilis* 4/458)
- *pseudocrispus* (*Leontodon hispidus* z.T. 4/457)
- *pyrenaicus* (*Leontodon helveticus* 4/457)
- *taraxaci* (*Leontodon montanus* 4/456)
- *taraxacoides* (*Leontodon saxatilis* 4/458)
Leopoldia comosa (*Muscari comosum* 5/96)
- *tenuiflora* (*Muscari tenuiflorum* 5/96)
Lepidium apetalum (*Lepidium densiflorum* 3/368)
- *draba* (*Cardaria draba* 3/367)
- *smithii* (*Lepidium heterophyllum* 3/373)
Lepturus filiformis (*Parapholis strigosa* 5/444)
- *incurvatus* (*Parapholis strigosa* 5/444)
- *pannonicus* (*Pholiurus pannonicus* 5/444)
Leucanthemopsis alpina (*Tanacetum alpinum* 4/372)
Leucanthemum adustum (*Leucanthemum maximum* z.T. 4/370)
- *alpicola* (*Leucanthemum gaudinii* 4/370)
- *heterophyllum* (*Leucanthemum maximum* z.T. 4/370)
- *ircutianum* (*Leucanthemum vulgare* agg. z.T. 4/370)
- *leucolepis* (*Leucanthemum vulgare* agg. z.T. 4/370)
- *montanum* (*Leucanthemum maximum* 4/370)
- *pallens* (*Leucanthemum maximum* z.T. 4/370)
- *praecox* (*Leucanthemum vulgare* z.T. 4/370)
- *subalpinum* (*Leucanthemum gaudinii* 4/370)
Leucea rhapontica (*Rhaponticum scariosum* 4/448)
Leucorchis albida (*Pseudorchis albida* 5/168)
Levisticum paludapifolium (*Levisticum officinale* 3/21)
- *vulgare* (*Levisticum officinale* 3/21)

Synonymik-Liste

Leymus arenarius (*Elymus arenarius* **5**/454)
Libanotis montana (*Seseli libanotis* **3**/212)
Libanotis pyrenaica (*Seseli libanotis* **3**/212)
Ligusticum simplex (*Ligusticum mutellinoides* **3**/223)
Lilium alpinum (*Lilium martagon* z. T. **5**/128)
- *aurantiacum* (*Lilium bulbiferum croceum* **5**/128)
- *croceum* (*Lilium bulbiferum croceum* **5**/128)
Limnanthemum nymphoides (*Nymphoides peltata* **3**/517)
Limonium angustifolium (*Limonium vulgare serotinum* **2**/284)
- *rariflorum* (*Limonium humile* **2**/284)
Linaria angustifolia (*Linaria genistifolia* z. T. **4**/112)
- *cymbalaria* (*Cymbalaria muralis* **4**/110)
- *dalmatica* (*Linaria genistifolia* z. T. **4**/112)
- *elatine* (*Kickxia elatine* **4**/109)
- *italica* (*Linaria angustissima* **4**/112)
- *minor* (*Chaenarrhinum minus* **4**/115)
- *monspessulana* (*Linaria repens* **4**/114)
- *petraea* (*Linaria alpina* z. T. **4**/112)
- *simplex* (*Linaria arvensis* z. T. **4**/114)
- *spuria* (*Kickxia spuria* **4**/110)
- *striata* (*Linaria repens* **4**/114)
Lindernia pyxidaria (*Lindernia procumbens* **4**/126)
Linosyris vulgaris (*Aster linosyris* **4**/312)
Linum alpinum (*Linum perenne alpinum* **3**/110)
- *anglicum* (*Linum leonii* **3**/110)
- *angustifolium* (*Linum bienne* **3**/106)
- *crepitans* (*Linum usitatissimum* z. T. **3**/108)
- *julicum* (*Linum perenne alpinum* z. T. **3**/110)
- *laeve* (*Linum perenne alpinum* **3**/110)
- *montanum* (*Linum perenne alpinum* z. T. (+ *perenne* s. l.) **3**/110)
- *pannonicum* (*Linum hirsutum glabrescens* **3**/108)
- *petryi* (*Linum leonii* **3**/110)
- *tommasinii* (*Linum austriacum* z. T. **3**/110)
Lithospermum arvense (*Buglossoides arvensis* **4**/82)
- *purpureo-coeruleum* (*Buglossoides purpurocaerulea* **4**/82)
Littorella juncea (*Littorella uniflora* **4**/205)
- *lacustris* (*Littorella uniflora* **4**/205)
Logfia gallica (*Filago gallica* **4**/322)
- *lanceolata* (*Filago minima* **4**/324)
- *subulata* (*Filago gallica* **4**/322)
Lolium italicum (*Lolium multiflorum* **5**/441)
Lonicera pallasii (*Lonicera caerulea* z. T. **3**/494)
- *quercina* (*Lonicera periclymenum* z. T. **3**/493)
Loroglossum hircinum (*Himantoglossum hircinum* **5**/177)
Lotus glaber (*Lotus tenuis* **2**/474)
- *pedunculatus* (*Lotus uliginosus* **2**/474)
- *siliquosus* (*Tetragonolobus maritimus* **2**/476)
- *tenuifolius* (*Lotus tenuis* **2**/474)
- *tetragonolobus* (*Tetragonolobus purpureus* **2**/476)
Lunaria pachyrhiza (*Lunaria annua* z. T. **3**/330)
Lupinus linifolius (*Lupinus angustifolius* **2**/436)
- *odoratus* (*Lupinus luteus* **2**/434)
- *sativus* (*Lupinus albus* **2**/436)
Luzula albida (*Luzula luzuloides* **5**/212)
- *angustifolia* (*Luzula luzuloides* **5**/212)
- *candollei* (*Luzula alpino-pilosa* z. T. **5**/213)
- *congesta* (*Luzula multiflora* **5**/214)
- *flavescens* (*Luzula luzulina* **5**/208)
- *glomerata* (*Luzula spicata mutabilis* **5**/214)
- *maxima* (*Luzula sylvatica* **5**/212)
- *nemorosa* (*Luzula luzuloides* **5**/212)
- *spadicea* (*Luzula alpino-pilosa* **5**/213)
- *vulgaris* (*Luzula campestris* **5**/214)
Lycium halimifolium (*Lycium barbarum* **4**/61)
- *rhombifolium* (*Lycium chinense* z. T. **4**/61)
Lycopersicon esculentum (*Solanum lycopersicum* **4**/64)
Lycopsis arvensis (*Anchusa arvensis* **4**/100)
- *orientalis* (*Anchusa arvensis* z. T. **4**/100)
Lycopus europaeus pubescens (*Lycopus europaeus* z. T. **4**/260)
Lythrum portula (*Peplis portula* **3**/86)

Malachium aquaticum (*Myosoton aquaticum* **2**/176)
Malaxis paludosa (*Hammarbya paludosa* **5**/178)
Malus acerba (*Malus sylvestris* **2**/364)
- *communis* (*Malus sylvestris* **2**/364)
- *mitis* (*Malus domestica* **2**/364)
- *paradisiaca* (*Malus pumila* **2**/364)
Malva ambigua (*Malva sylvestris* z. T. **3**/427)
- *borealis* (*Malva pusilla* **3**/428)
- *excisa* (*Malva alcea* z. T. **3**/426)
- *mauritiana* (*Malva sylvestris* z. T. **3**/427)
- *rotundifolia* (*Malva pusilla* **3**/428)
Marrubium candissimum (*Marrubium incanum* **4**/216)
- *creticum* (*Marrubium peregrinum* **4**/216)
Matricaria bayeri (*Matricaria chamomilla* z. T. **4**/367)
- *inodora* (*Tripleurospermum inodorum* **4**/368)
- *maritima* (*Tripleurospermum maritimum* **4**/368)
- *matricarioides* (*Matricaria discoidea* **4**/368)
- *perforata* (*Tripleurospermum inodorum* **4**/368)
- *recutica* (*Matricaria chamomilla* **4**/367)
- *suaveolens* (*Matricaria discoidea* **4**/368)
Medicaga hispida (*Medicago nigra* **2**/452)
- *jalasii* (*Medicago lupulina* z. T. **2**/450)
- *polymorpha* (*Medicago nigra* + *minima* + *orbicularis* **2**/452)
Melampyrum aestivale (*Melampyrum sylvaticum* z. T. **4**/157)
- *alpestre* (*Melampyrum pratense* z. T. **4**/157)
- *angustissimum* (*Melampyrum nemorosum* z. T. **4**/158)
- *austrotirolense* (*Melampyrum nemorosum* z. T. **4**/158)
- *bohemicum* (*Melampyrum nemorosum* z. T. **4**/158)
- *grandiflorum* (*Melampyrum nemorosum* z. T. **4**/158)
- *laricetorum* (*Melampyrum sylvaticum* z. T. **4**/157)
- *moravicum* (*Melampyrum nemorosum* z. T. **4**/158)
- *nanum* (*Melampyrum sylvaticum* z. T. **4**/157)
- *oligocladum* (*Melampyrum pratense* z. T. **4**/157)

Synonymik-Liste

- *paludosum* (*Melampyrum pratense* z. T. **4**/157)
- *paradoxum* (*Melampyrum pratense* z. T. **4**/157)
- *polonicum* (*Melampyrum nemorosum* z. T. **4**/158)
- *pseudobarbatum* (*Melampyrum arvense* z. T. **4**/156)
- *ronnigeri* (*Melampyrum cristatum* z. T. **4**/156)
- *saxosum* (*Melampyrum sylvaticum* z. T. **4**/157)
- *schinzii* (*Melampyrum arvense* z. T. **4**/156)
- *semleri* (*Melampyrum arvense* z. T. **4**/156)
- *solstitiale* (*Melampyrum cristatum* z. T. **4**/156)
- *subsilvaticum* (*Melampyrum sylvaticum* z. T. **4**/157)
- *vaudense* (*Melampyrum nemorosum* z. T. **4**/158)
- *vulgatum* (*Melampyrum pratense* z. T. **4**/157)

Melandrium diurnum (*Silene dioica* **2**/143)
- *rubrum* (*Silene dioica* **2**/143)
- *silvestre* (*Silene dioica* **2**/143)
- spec. (*Silene* spec. z. T.= **2**/143+144)
- *vespertinum* (*Silene alba* **2**/143)

Melica nebrodensis (*Melica ciliata* z. T. **5**/390)
Melilotus coeruleus (*Trigonella caerulea* **2**/448)
- *macrorhiza* (*Melilotus altissima* z. T. **2**/454)
- *parviflora* (*Melilotus indica* **2**/455)

Melittis grandiflora (*Melittis melissophyllum* z. T. **4**/211)
- *kernerana* (*Melittis melissophyllum* z. T. **4**/211)
- *subcordata* (*Melittis melissophyllum carpatica* z. T. **4**/211)

Mentha carinthiaca (*Mentha verticillata* agg. z. T. **4**/268)
- *crispa* (*Mentha spicata* **4**/268)
- × *dalmatica* (*Mentha verticillata* agg. z. T. **4**/268)
- × *dumetorum* (*Mentha* × *piperita* z. T. **4**/266)
- × *gentilis* (*Mentha verticillata* agg. z. T. **4**/268)
- *incana* (*Mentha longifolia* z. T. **4**/270)
- × *maximilianea* (*Mentha* × *piperita* z. T. **4**/266)
- × *muellerana* (*Mentha verticillata* agg. z. T. **4**/268)
- *nemorosa* (*Mentha spicata* agg. z. T. **4**/268)
- *pubescens* (*Mentha* × *piperita* z. T. **4**/266)
- *rotundifolia* (*Mentha suaveolens* **4**/270)
- × *smithiana* (*Mentha verticillata* agg. z. T. **4**/268)
- *suavis* (*Mentha* × *piperita* z. T. **4**/266)
- × *villosa* (*Mentha spicata* agg. z. T. **4**/268)
- *viridis* (*Mentha spicata* **4**/268)

Mercurialis longistipes (*Mercurialis paxii* **3**/163)
- *perennis-ovata* (*Mercurialis paxii* **3**/163)

Mespilus chamaemespilus (*Sorbus chamae-mespilus* **2**/370)
Meum mutellina (*Ligusticum mutellina* **3**/223)
Mibora verna (*Mibora minima* **5**/346)
Micrangelica pyrenaea (*Angelica pyrenaea* **3**/224)
Microcala filiformis (*Cicendia filiformis* **3**/518)
Microstylis monophyllos (*Malaxis monophyllos* **5**/178)
Microthlaspi perfoliatum (*Thlaspi perfoliatum* **3**/362)
Mimulus luteus (*Mimulus guttatus* **4**/122)
Minuartia aretioides (*Minuartia cherlerioides* **2**/197)
- *fasciculata* (*Minuartia fastigiata* **2**/200)
- *herniarioides* (*Minuartia cherlerioides rionii* **2**/197)
- *mucronata* (*Minuartia mutabilis* **2**/200)
- *rostrata* (*Minuartia mutabilis* **2**/200)
- *rubra* (*Minuartia fastigiata* **2**/200)
- *rupestris clementei* (*Minuartia lanceolata* **2**/198)
- *striata* (*Minuartia laricifolia* **2**/202)
- *tenuifolia* (*Minuartia hybrida* **2**/203)
- *villarsii* (*Minuartia flaccida* **2**/202)

Mirabilis nyctaginea (*Oxybaphus nyctagineus* **2**/23)
Moehringia heterophylla (*Moehringia diversifolia* **2**/196)
- *polygonoides* (*Moehringia ciliata* **2**/196)
- *ponae* (*Moehringia bavarica* **2**/196)

Molinia altissima (*Molinia arundinacea* z. T. **5**/381)
- *litoralis* (*Molinia arundinacea* z. T. **5**/381)

Monogynella lupuliformis (*Cuscuta lupuliformis* **4**/67)
Monotropa multiflora (*Monotropa hypopitys* **3**/486)
Montia arvensis (*Montia fontana* z. T. **2**/218)
- *hallii* (*Montia fontana* z. T. **2**/218)
- *lamprosperma* (*Montia fontana* z. T. **2**/218)
- *limosa* (*Montia fontana* z. T. **2**/218)
- *lusitanica* (*Montia fontana* z. T. **2**/218)
- *minor* (*Montia fontana* z. T. **2**/218)
- *perfoliata* (*Claytonia perfoliata* **2**/220)
- *rivularis* (*Montia fontana* z. T. **2**/218)
- *verna* (*Montia fontana* z. T. **2**/218)

Morus laciniata (*Morus nigra* **2**/304)
- *tatarica* (*Morus alba* z. T. **2**/304)

Mulgedium spec. (*Cicerbita* spec. **4**/469+470)
- *tataricum* (*Lactuca tatarica* **4**/480)

Muscari holzmannii (*Muscari comosum* z. T. **5**/96)
- *kerneri* (*Muscari botryoides* z. T. **5**/98)
- *longifolium* (*Muscari botryoides* z. T. **5**/98)
- *neglectum* vgl.: (*Muscari racemosum* **5**/94)
- *transsilvanicum* (*Muscari botryoides* z. T. **5**/98)

Myosotis arenaria (*Myosotis stricta* **4**/88)
- *caespitita* (*Myosotis rehsteineri* **4**/85)
- *cespitosa* (*Myosotis laxa* **4**/85)
- *collina* (*Myosotis discolor* z. T. + *ramosissima* **4**/88+90)
- *frigida* (*Myosotis decumbens* z. T. **4**/85)
- *hispida* (*Myosotis ramosissima* **4**/90)
- *intermedia* (*Myosotis arvensis* **4**/86)
- *kerneri* (*Myosotis decumbens* z. T. **4**/85)
- *laxiflora* (*Myosotis nemorosa* z. T. + *scorpioides* z. T. **4**/85)
- *micrantha* (*Myosotis stricta* **4**/88)
- *praecox* (*Myosotis palustris* z. T. **4**/85)
- *stenophylla* (*Myosotis sylvatica* z. T. **4**/85)
- *strigulosa* (*Myosotis scorpioides* z. T. **4**/85)
- *variabilis* (*Myosotis decumbens* z. T. **4**/85)
- *versicolor* (*Myosotis discolor* **4**/88)

Najas intermedia (*Najas marina* z. T. **5**/87)
- *major* (*Najas marina* **5**/87)

Narcissus angustifolius (*Narcissus radiiflorus* z. T. **5**/108)
- *exsertus* (*Narcissus radiiflorus* z. T. **5**/108)
- *recurvus* (*Narcissus poëticus* z. T. **5**/108)

Synonymik-Liste

– *stellaris* (*Narcissus radiiflorus* z. T. **5**/108)
– *verbanensis* (*Narcissus poëticus* z. T. **5**/108)
Nardurus lachenalii (*Nardurus halleri* **5**/424)
Nasturtium spec. (*Rorippa* spec. z. T.= **3**/313–316)
– *uniseriatum* (*Nasturtium microphyllum* **3**/312)
Naumburgia thyrsiflora (*Lysimachia thyrsiflora* **3**/457)
Negundo aceroides (*Acer negundo* **3**/100)
Neogaya simplex (*Ligusticum mutellinoides* **3**/223)
Nepeta nuda (*Nepeta pannonica* **4**/214)
– *violacea* (*Nepeta pannonica* z. T. **4**/214)
Nicotiana latissima (*Nicotiana rustica* z. T. **4**/10)
Nigritella rubra (*Nigritella miniata* **5**/170)
Noccaea spec. (*Thlaspi* spec. z. T.= **3**/361+362)

Obione spec. (*Halimione* spec. **2**/236)
Odontites serotina (*Odontites vulgaris* **4**/154)
Odontospermum aquaticum (*Asteriscus aquaticus* **4**/43)
Oenanthe media (*Oenanthe silaifolia* z. T. **3**/214)
Oenothera muricata (*Oenothera parviflora* **3**/85)
Oglifa spec. (*Filago* spec. z. T.= **4**/322+324)
Omalotheca spec. (*Gnaphalium* spec. **4**/328+330)
Onobrychis sativa (*Onobrychis viciifolia* **2**/498)
Ononis campestris (*Ononis spinosa* **2**/446)
– *foetens* (*Ononis spinosa* z. T. **2**/446)
– *hircina* (*Ononis arvensis* **2**/446)
– *maritima* (*Ononis repens* z. T. **2**/446)
– *procurrens* (*Ononis repens* z. T. **2**/446)
Onopordon spec. (*Onopordum* spec. **4**/438)
Onosma austriacum (*Onosma helveticum* z. T. **4**/78)
– *penninum* (*Onosma arenarium* z. T. **4**/78)
– *pyramidatum* (*Onosma arenarium* z. T. **4**/78)
– *vaudense* (*Onosma arenarium* z. T. **4**/78)
Ophrys arachnites (*Ophrys holosericea* **5**/176)
– *araneïfera* (*Ophrys sphecodes* z. T. **5**/174)
– *araneola* (*Ophrys tommasinii* **5**/174)
– *atrata* (*Ophrys sphecodes* agg. z. T. **5**/174)
– *botteroni* (*Ophrys apifera* z. T. **5**/176)
– *friburgensis* (*Ophrys apifera* z. T. **5**/176)
– *fucifera* (*Ophrys sphecodes* z. T. **5**/174)
– *fuciflora* (*Ophrys holosericea* **5**/176)
– *litigiosa* (*Ophrys tommasinii* **5**/174)
– *muscifera* (*Ophrys insectifera* **5**/174)
Opuntia compressa (*Opuntia vulgaris* **2**/22)
Orchis cordigera vgl.: (*Dactylorhiza majalis* z. T. **5**/190)
– *elegans* (*Orchis laxiflora* z. T. **5**/186)
– *fusca* (*Orchis purpurea* **5**/184)
– *globosa* (*Traunsteinera globosa* **5**/172)
– *occidentalis* (*Orchis mascula* z. T. **5**/188)
– *pardalina* (*Dactylorhiza praetermissa* z. T. **5**/190)
– *rivini* (*Orchis militaris* **5**/184)
– *signifera* (*Orchis mascula* z. T. **5**/188)
– spec. (*Dactylorhiza* spec. z. T. **5**/189+190+473)
– *speciosa* (*Orchis mascula* z. T. **5**/188)
– *variegata* (*Orchis tridentata* **5**/183)
Oreoherzogia alpina (*Rhamnus alpinus* z. T. **3**/136)

– *fallax* (*Rhamnus alpinus* z. T. **3**/136)
– *pumila* (*Rhamnus pumilus* **3**/136)
Origanum majorana (*Majorana hortensis* **4**/262)
– *prismaticum* (*Origanum vulgare* z. T. **4**/262)
Ornithogalum divergens (*Ornithogalum umbellatum* z. T. **5**/99)
– *flavescens* (*Ornithogalum pyrenaicum* **5**/99)
– *orthophyllum* (*Ornithogalum kochii* + *gussonei* **5**/98)
– *spaerocarpum* (*Ornithogalum pyrenaicum* z. T. **5**/99)
– *tenuifolium* (*Ornithogalum gussonei* **5**/98)
Orobanche apiculata (*Orobanche minor* **4**/192)
– *artemisiae-campestris* (*Orobanche loricata* **4**/181)
– *barbata* (*Orobanche minor* **4**/192)
– *caerulea* (*Orobanche purpurea* **4**/178)
– *cervariae* (*Orobanche alsatica* **4**/187)
– *cruënta* (*Orobanche gracilis* **4**/190)
– *epithymum* (*Orobanche alba* **4**/180)
– *libanotidis* (*Orobanche bartlingii* **4**/187)
– *major* (*Orobanche elatior* **4**/186)
– *pallidiflora* (*Orobanche reticulata* z. T. **4**/180)
– *rubens* (*Orobanche lutea* **4**/182)
– *vulgaris* (*Orobanche caryophyllacea* **4**/182)
Orobus spec. (*Lathyrus* spec. z. T.= **2**/514–524)
Orthanta lutea (*Odontites lutea* **4**/154)
Orthantella lutea (*Odontites lutea* **4**/154)
Oryza clandestina (*Leersia oryzoides* **5**/328)
– *orizoides* (*Leersia oryzoides* **5**/328)
Ostericum palustre (*Angelica palustris* **3**/224)
Ostrya italica (*Ostrya carpinifolia* **2**/288)
Otites spec. (*Silene* spec. z. T.= **2**/152)
– *sillingeri* (*Silene densiflora* z. T. **2**/152)
Oxalis europaea (*Oxalis fontana* **3**/103)
– *latifolia* vgl.: (*Oxalis jaliscana* **3**/104)
– *navieri* (*Oxalis dillenii* **3**/104)
– *repens* (*Oxalis corniculata* z. T. **3**/104)
– *stricta* (*Oxalis fontana* + *dillenii* **3**/103+104)
Oxycoccus macrocarpus (*Vaccinium macrocarpon* **3**/475)
– *microcarpus* (*Vaccinium microcarpum* **3**/475)
– *palustris* (*Vaccinium* oxycoccos **3**/475)
– *quadripetalus* (*Vaccinium oxycoccos* **3**/475)
Oxygraphis gelidus (*Ranunculus glacialis* **2**/104)
– *vulgaris* (*Ranunculus glacialis* **2**/104)
Oxytropis gaudinii (*Oxytropis helvetica* **2**/485)
– *montana occidentalis* (*Oxytropis amethystea* **2**/485)
– *neglecta* (*Oxytropis pyrenaica* + *helvetica* **2**/485)
– *sericea* (*Oxytropis halleri* **2**/488)

Pachypleurum simplex (*Ligusticum mutellinoides* **3**/223)
Padus avium (*Prunus padus* **2**/430)
– *serotina* (*Prunus serotina* **2**/430)
Panicum colonum (*Echinochloa colonum* **5**/324)
– *crus-galli* (*Echinochloa crus-galli* **5**/324)
– *glauca* (*Setaria glauca* **5**/326)
– *italicum* (*Setaria italica* **5**/326)
– *lineare* (*Digitaria ischaemum* **5**/327)

Synonymik-Liste

- sanguinale (*Digitaria sanguinalis* 5/327)
- verticillatum (*Setaria verticillata* 5/324)
- viride (*Setaria viridis* 5/326)

Papaver pyrenaicum (*Papaver rhaeticum* + *sendtneri* 2/124)

Parageum spec. (*Geum* spec. z.T.= 2/407)

Parapactis epipactoides (*Epipactis muelleri* 5/158)

Parietaria diffusa (*Parietaria judaica* 2/308)
- erecta (*Parietaria officinalis* 2/308)
- punctata (*Parietaria judaica* 2/308)
- ramiflora (*Parietaria judaica* 2/308)

Parthenocissus pubescens (*Parthenocissus quinquefolia* 3/140)
- quinquefolia vgl.: (*Parthenocissus inserta* 3/140)
- veitchii (*Parthenocissus tricuspidata* 3/140)
- vitacea (*Parthenocissus inserta* 3/140)

Pastinaca pratensis (*Pastinaca sativa* z.T. 3/234)
- urens (*Pastinaca sativa* z.T. 3/234)

Pavia rubra (*Aesculus pavia* 3/97)

Pedicularis ascendens (*Pedicularis elongata* agg. z.T. 4/168)
- barrelieri (*Pedicularis elongata* agg. z.T. 4/168)
- fasciculata (*Pedicularis gyroflexa* 4/168)
- incarnata (*Pedicularis rostrato-spicata* 4/168)
- jacquinii (*Pedicularis rostrato-capitata* 4/169)
- julica (*Pedicularis elongata* agg. z.T. 4/168)
- opsiantha (*Pedicularis palustris* z.T. 4/170)
- rhaetica (*Pedicularis kerneri* 4/169)
- salisburgensis (*Pedicularis aspleniifolia* 4/169)
- summana (*Pedicularis hacquetii* 4/172)
- versicolor (*Pedicularis oederi* 4/175)

Peltaria perennis (*Peltaria alliacea* 3/331)

Peramium repens (*Goodyera repens* 5/164)

Persicaria laxiflora (*Polygonum mite* 2/274)
- maculata (*Polygonum persicaria* 2/275)
- minor (*Polygonum minus* 2/274)
- spec. (*Polygonum* spec. z.T.= 2/274–276)

Petasites niveus (*Petasites paradoxus* 4/390)
- officinalis (*Petasites hybridus* 4/390)
- tomentosus (*Petasites spurius* 4/388)

Petroselinum hortense (*Petroselinum crispum* 3/21)
- vulgare (*Petroselinum crispum* 3/21)

Petunia atkinsiana (*Petunia hybrida* 4/66)

Peucedanum chabrai (*Peucedanum carvifolia* 3/232)
- petraea (*Peucedanum schottii* 3/232)
- rablense (*Peucedanum austriacum* z.T. 3/228)

Phaca alpina (*Astragalus frigidus* + *penduliflorus* 2/479)
- aristata (*Astragalus sempervirens* 2/484)
- astragalina (*Astragalus alpinus* 2/478)
- halleri (*Astragalus australis* 2/478)
- minima (*Astragalus alpinus* 2/478)
- ochreata (*Astragalus frigidus* 2/479)
- oroboides (*Astraglus norvegicus* 2/478)
- spec. (*Astragalus* spec. + *Oxytropis* spec. 2/478–488)
- tragacantha (*Astragalus sempervirens* 2/484)

- uralensis (*Oxytropis halleri* 2/488)
- viscosa (*Oxytropis fetida* 2/486)

Phalaroides arundinacea (*Phalaris arundinacea* 5/330)

Phaseolus multiflorus (*Phaseolus coccineus* 2/526)

Phellandrium spec. (*Oenanthe* spec. z.T. 3/214–217)

Philadelphus pallidus (*Philadelphus coronarius* z.T. 3/462)

Phleum asperum (*Phleum paniculatum* 5/342)
- boehmeri (*Phleum phleoides* 5/342)
- commutatum (*Phleum alpinum* agg. z.T. 5/345)
- michelii (*Phleum hirsutum* 5/344)
- nodosum (*Phleum bertolonii* 5/345)

Phlox decussata (*Phlox paniculata* 4/76)

Pholiurus incurvus (*Parapholis strigosa* 5/444)

Phragmites communis (*Phragmites australis* 5/381)
- humilis (*Phragmites australis* z.T. 5/381)
- pseudodonax (*Phragmites australis* z.T. 5/381)

Physocaulis nodosus (*Myrrhoides nodosa* 3/30)

Phyteuma carestiae (*Phyteuma hedraianthifolium* 4/298)
- charmelioides (*Phyteuma scheuchzeri* z.T. 4/295)
- columnae (*Phyteuma scheuchzeri* z.T. 4/295)
- comosa (*Physoplexis comosa* 4/27+296)
- confusum (*Phyteuma nanum* 4/295)
- corniculatum (*Phyteuma scheuchzeri* z.T. 4/295)
- halleri (*Phyteuma ovatum* 4/292)
- persicifolium (*Phyteuma zahlbruckneri* 4/294)
- scaposum (*Phyteuma betonicifolium* z.T. 4/294)

Phytolacca acinosa (*Phytolacca esculenta* 2/21)
- decandra (*Phytolacca americana* 2/220)

Picea excelsior (*Picea abies* 2/46)
- falcata (*Picea sitchensis* 2/58)

Picris auriculata (*Picris hieracioides* z.T. 4/460)
- longifolia (*Picris hieracioides* z.T. 4/460)
- paleacea (*Picris hieracioides* z.T. 4/460)
- sonchoides (*Picris crepoides* 4/460)
- spinulosa (*Picris hieracioides* z.T. 4/460)
- villarsii (*Picris crepoides* 4/460)

Pimpinella rubra (*Pimpinella major* z.T. 3/206)
- saxifraga alpestris (*Pimpinella alpina* 3/206)

Pinguicula juratensis (*Pinguicula grandiflora* z.T. 4/193)
- reuteri (*Pinguicula grandiflora* z.T. 4/193)

Pinus austriaca (*Pinus nigra* 2/52)
- montana (*Pinus mugo* 2/52)
- nigricans (*Pinus nigra* 2/52)
- rotunda (*Pinus mugo rotundata* z.T. 2/52)
- rubra (*Pinus sylvestris* 2/53)
- uliginosa (*Pinus mugo rotundata* z.T. 2/52)
- uncinata (*Pinus mugo uncinata* 2/52)

Piptatherum miliaceum (*Oryzopsis miliacea* 5/363)

Pisum sativum hortense (*Pisum sativum elatius* 2/526)

Plantago arenaria (*Plantago indica* 4/204)
- carinata (*Plantago holosteum* 4/202)
- cynops (*Plantago sempervirens* 4/204)
- eriophora (*Plantago lanceolata* z.T. 4/200)
- holosericea (*Plantago atrata* z.T. 4/200)

Synonymik-Liste

- *major pleiosperma* (*Plantago major intermedia* 4/199)
- *major salina* (*Plantago major winteri* 4/199)
- *Plantago montana* (*Plantago atrata* 4/200)
- *nana* (*Plantago major intermedia* 4/199)
- *ramosa* (*Plantago indica* 4/204)
- *strictissima* (*Plantago serpentina* 4/202)
- *suffruticosa* (*Plantago sempervirens* 4/204)
- *uliginosa* (*Plantago major intermedia* 4/199)
- *Platanthera graciliflora* (*Platanthera bifolia* z. T. 5/165)
- *montana* (*Platanthera chlorantha* 5/165)
- *viridis* (*Coeloglossum viride* 5/168)
- *Platanus acerifolia* (*Platanus × hybrida* 2/27)
- *Platycladus orientalis* (*Thuja orientalis* 2/56)
- *Pleconax conica* (*Silene conica* 2/149)
- *Pleurogyne carinthiaca* (*Lomatogonium carinthiacum* 3/523)
- *Pleuropteropyrum undulatum* (*Polygonum alpinum* 2/270)
- *Pleuropterus cuspidatus* (*Reynoutria japonica* 2/281)
- *sachalinensis* (*Reynoutria sachalinensis* 2/281)
- *Pneumonanthe asclepiadea* (*Gentiana asclepiadea* 3/526)
- *vulgaris* (*Gentiana pneumonanthe* 3/528)
- *Poa alpina xerophila* (*Poa badensis* z. T. 5/404)
- *annua varia* (*Poa supina* 5/396)
- *athroostachya* (*Poa subcoerulea* z. T. 5/400)
- *attica* (*Poa sylvicola* 5/400)
- *caesia* (*Poa glauca* 5/406)
- *carniolica* (*Poa concinna* 5/402)
- *chaixii laxa* (*Poa remota* 5/399)
- *distichophylla* (*Poa cenisia* 5/404)
- *dura* (*Sclerochloa dura* 5/394)
- *fertilis* (*Poa palustris* 5/405)
- *irrigata* (*Poa subcoerulea* 5/400)
- *langeana* (*Poa compressa* z. T. 5/398)
- *molineri* (*Poa badensis* z. T. 5/404)
- *pseudoconcinna* (*Poa bulbosa* z. T. 5/402)
- *serotina* (*Poa palustris* 5/405)
- *silvatica* (*Poa chaixii* 5/398)
- *stiriaca* (*Poa pratensis* agg. z. T. 5/400)
- *sudetica* (*Poa chaixii* 5/398)
- *uberrima* (*Poa subcoerulea* z. T. 5/400)
- *Podospermum calcitrapifolium* (*Podospermum laciniatum* z. T. 4/446)
- *jacquinianum* (*Podospermum canum* 4/466)
- *Polycnemum paradoxum* (*Polycnemum heuffelii* 2/234)
- *triandrum* (*Polycnemum arvense* 2/234)
- *vulgare* (*Polycnemum arvense* 2/234)
- *Polygala austriaca* (*Polygala amarella* z. T. 3/132)
- *brachyptera* (*Polygala amara* z. T. 3/132)
- *depressa* (*Polygala serpyllifolia* 3/128)
- *microcarpa* (*Polygala alpestris* 3/132)
- *pedemontana* (*Polygala comosa* z. T. 3/128)
- *serpyllacea* (*Polygala serpyllifolia* 3/128)
- *subamara* (*Polygala amara* z. T. 3/132)
- *uliginosa* (*Polygala amarella* z. T. 3/132)
- *Polygaloides chamaebuxus* (*Polygala chamaebuxus* 3/133)

- *Polygonatum officinale* (*Polygonatum odoratum* 5/90)
- *Polygonum aequale* (*Polygonum arenastrum* 2/272)
- *aubertii* (*Fallopia aubertii* 2/280)
- *brittingeri* (*Polygonum lapathifolium danubiale* 2/276)
- *calcatum* (*Polygonum arenastrum* z. T. 2/272)
- *convolvulus* (*Fallopia convolvulus* 2/280)
- *cuspidatum* (*Reynoutria japonica* 2/281)
- *dumetorum* (*Fallopia dumetorum* 2/280)
- *heterophyllum* (*Polygonum aviculare* z. T. 2/272)
- *kitaibelianum* (*Polygonum patulum* z. T. 2/272)
- *monspeliense* (*Polygonum aviculare* z. T. 2/272)
- *nodosum* (*Polygonum lapathifolium* z. T. 2/276)
- *robertii* (*Polygonum oxyspermum raii* 2/272)
- *sachalinense* (*Reynoutria sachalinensis* 2/281)
- *tomentosum* (*Polygonum lapathifolium incanum* 2/276)
- *Populus candicans* (*Populus × gileadensis* 3/392)
- *euramericana* (*Populus canadensis* 3/392)
- *italica* (*Populus nigra* z. T. 3/392)
- *monilifera* (*Populus deltoides* 3/392)
- *pyramidalis* (*Populus nigra* z. T. 3/392)
- *tacamahacca* (*Populus balsamifera* 3/392)
- *Portulaca sativa* (*Portulaca oleracea* z. T. 2/218)
- *Potamogeton balatonicus* (*Potamogeton pectinatus* z. T. 5/82)
- *densus* (*Groenlandia densa* 5/84)
- *fluitans* (*Potamogeton nodosus* 5/71)
- *heterophyllus* (*Potamogeton gramineus* z. T. 5/74)
- *juncifolius* (*Potamogeton filiformis* z. T. 5/82)
- *mucronatus* (*Potamogeton friesii* 5/80)
- *oblongus* (*Potamogeton polygonifolius* 5/71)
- *panormitanus* (*Potamogeton pusillus* 5/78)
- *pusillus* vgl.: (*Potamogeton berchtoldii* 5/78)
- *rufescens* (*Potamogeton alpinus* 5/76)
- *zosterifolius* (*Potamogeton acutifolius* 5/81)
- *Potentilla adscendens* (*Potentilla inclinata* z. T. 2/389)
- *alpestris* (*Potentilla crantzii* 2/396)
- *baldensis* (*Potentilla crantzii* z. T. 2/396)
- *canescens* (*Potentilla inclinata* z. T. 2/389)
- *chrysantha* (*Potentilla thuringiaca* 2/392)
- *cinerea* vgl.: (*Potentilla arenaria* 2/398)
- *decumbens* (*Potentilla argentea* z. T. 2/386)
- *demissa* (*Potentilla argentea* z. T. 2/386)
- *dubia* (*Potentilla brauneana* 2/383)
- *fragariastrum* (*Potentilla sterilis* 2/380)
- *gaudinii* (*Potentilla pusilla* 2/398)
- *grandiceps* (*Potentilla argentea* z. T. 2/386)
- *halleri* (*Potentilla aurea* 2/395)
- *impolita* (*Potentilla neglecta* 2/386)
- *indica* (*Duchesnea indica* 2/32+395)
- *laciniosa* (*Potentilla recta* z. T. 2/389)
- *minima* (*Potentilla brauneana* 2/383)
- *opaca* (*Potentilla heptaphylla* 2/398)
- *opizii* (*Potentilla lindackeri* 2/388)
- *parviflora* (*Potentilla thuringiaca* 2/392)
- *pedata* (*Potentilla recta* z. T. 2/389)

- *pilosa* (*Potentilla recta* **2**/389)
- *procumbens* (*Potentilla anglica* **2**/394)
- *puberula* (*Potentilla pusillla* **2**/398)
- *rubens* (*Potentilla heptaphylla* **2**/398)
- *salisburgensis* (*Potentilla crantzii* **2**/396)
- *serpentini* (*Potentilla crantzii* z.T. **2**/396)
- *sylvestris* (*Potentilla erecta* **2**/394)
- *tabernaemontani* (*Potentilla neumanniana* **2**/398)
- *tenuiloba* (*Potentilla argentea* z.T. **2**/386)
- *tormentilla* (*Potentilla erecta* **2**/394)
- *villosa* (*Potentilla crantzii* **2**/396)
- *wibeliana* (*Potentilla collina* **2**/388)

Poterium dodecandrum (*Sanguisorba dodecandra* **2**/412)
- *muricatum* (*Sanguisorba minor* z.T. **2**/412)
- *sanguisorba* (*Sanguisorba minor* **2**/412)

Primula acaulis (*Primula vulgaris* **3**/430)
- *alpigena* (*Primula farinosa* z.T. **3**/432)
- *auricula ciliata* (*Primula auricula balbisii* **3**/433)
- *balbisii* (*Primula auricula balbisii* **3**/433)
- *canescens* (*Primula veris* z.T. **3**/432)
- *carpathica* (*Primula elatior* z.T. **3**/430)
- *columnae* (*Primula veris* z.T. **3**/432)
- *commutata* (*Primula villosa* z.T. **3**/438)
- *cottia* (*Primula villosa* z.T. **3**/438)
- *hortensis* vgl.: (*Primula* × *pubescens* **3**/436)
- *inflata* (*Primula veris* z.T. **3**/432)
- *intricata* (*Primula elatior* z.T. **3**/430)
- *longiflora* (*Primula halleri* **3**/438)
- *longobarda* (*Primula glaucescens* z.T. **3**/436)
- *oenensis* (*Primula daonensis* **3**/436)
- *officinalis* (*Primula veris* **3**/432)
- *pallasii* (*Primula elatior* z.T. **3**/430)
- *pannonica* (*Primula veris* z.T. **3**/432)
- *suaveolens* (*Primula veris* z.T. **3**/432)
- *viscosa* (*Primula latifolia* **3**/436)

Pritzelago alpina (*Hutchinsia alpina* **3**/355)
Prunella alba (*Prunella laciniata* **4**/210)
Prunus chamaecerasus (*Prunus fruticosa* **2**/432)
Pseudolysimachion spec. (*Veronica* spec. z.T.= **4**/132)
Pseudorchis loeselii (*Liparis loeselii* **5**/180)
Pseudotsuga douglasii (*Pseudotsuga menziesii* **2**/46)
- *taxifolia* (*Pseudotsuga menziesii* **2**/46)
Psilathera ovata (*Sesleria ovata* **5**/380)
Psyllium indicum (*Plantago indica* **4**/204)
Ptarmica vulgaris (*Achillea ptarmica* **4**/367)
Pterospartum sagittale (*Chamaespartium sagittale* **2**/442)
Puccinellia capillaris (*Puccinellia distans* z.T. **5**/410)
- *limosa* (*Puccinellia distans* z.T. **5**/410)
- *peisonis* (*Puccinellia distans* z.T. **5**/410)
- *retroflexa* (*Puccinellia distans* z.T. **5**/410)
- *salinaria* (*Puccinellia distans* z.T. **5**/410)
Pulmonaria alpigena (*Pulmonaria mollis* z.T. **4**/94)
- *angustifolia* vgl.: (*Pulmonaria visianii* **4**/96)
- *azurea* (*Pulmonaria angustifolia* **4**/96)
- *jurana* (*Pulmonaria montana* z.T. **4**/94)
- *maculosa* (*Pulmonaria officinalis* **4**/94)
- *mollissima* (*Pulmonaria mollis* z.T. **4**/94)
- *tridentina* (*Pulmonaria officinalis* z.T. **4**/94)
- *tuberosa* (*Pulmonaria montana* z.T. **4**/94)
- *vulgaris* (*Pulmonaria montana* z.T. **4**/94)

Pulsatilla micrantha (*Pulsatilla alba* **2**/90)
- *sulphurea* (*Pulsatilla apiifolia* **2**/90)

Pycreus flavescens (*Cyperus flavescens* **5**/218)
Pyrola intermedia (*Pyrola rotundifolia* z.T. **3**/481)
- *maritima* (*Pyrola rotundifolia* z.T. **3**/481)
- *secunda* (*Orthilia secunda* **3**/484)
- *umbellata* (*Chimaphila umbellata* **3**/486)
- *uniflora* (*Moneses uniflora* **3**/484)
- *virens* (*Pyrola chlorantha* **3**/481)

Pyrus achras (*Pyrus pyraster* z.T. **2**/362)
- *sativa* (*Pyrus communis* z.T. **2**/362)

Quercus lanuginosa (*Quercus pubescens* **2**/296)
- *pedunculata* (*Quercus robur* **2**/298)
- *sessiliflora* (*Quercus petraea* **2**/298)

Ramischia secunda (*Orthilia secunda* **3**/484)
Ranunculus breynii (*Ranunculus nemorosus* **2**/114)
- *divaricatus* (*Ranunculus circinatus* **2**/101)
- *falcatus* (*Ceratocephala* spec. z.T. **2**/14)
- *flaccidus* (*Ranunculus trichophyllus* **2**/102)
- *friesianus* (*Ranunculus acris friesianus* **2**/118)
- *gelertii* (*Ranunculus baudotii* **2**/102)
- *geraniifolius* (*Ranunculus montanus* **2**/118)
- *hornschuchii* (*Ranunculus oreophilus* **2**/118)
- *montanus arolae* (*Ranunculus grenieranus* **2**/118)
- *montanus tenuifolius* (*Ranunculus carinthiacus* **2**/118)
- *petiveri* (*Ranunculus baudotii* **2**/102)
- *petiveri major* (*Ranunculus peltatus* **2**/102)
- *petiveri minor* (*Ranunculus tripartitus* **2**/102)
- *plantagineus* (*Ranunculus pyrenaeus* **2**/106)
- *pseudofluitans* (*Ranunculus penicillatus* **2**/102)
- *pseudothora* (*Ranunculus hybridus* **2**/110)
- *radicescens* (*Ranunculus serpens* **2**/114)
- *rutaefolius* (*Callianthemum* spec. **2**/98+100)
- *stevenii* (*Ranunculus strigulosus* + *acris friesianus* **2**/118)
- *testiculatus* (*Ceratocephala* spec. z.T. **2**/14)
- *trichophyllus godronii* (*Ranunculus aquatilis* z.T. **2**/102)
- *trichophyllus radians* (*Ranunculus aquatilis* z.T. **2**/102)

Raphanus landra (*Raphanus raphanistrum* z.T. **3**/388)
- *maritimus* (*Raphanus raphanistrum* z.T. **3**/388)
- *oleiferus* (*Raphanus sativus* z.T. **3**/390)

Raphis sorghum (*Sorghum bicolor* **5**/321)
Rapistrum orientale (*Rapistrum rugosum* z.T. **3**/376)
Rhamnus carniolica (*Rhamnus alpinus* z.T. **3**/136)
- *frangula* (*Frangula alnus* **3**/139)
- *infectorius* (*Rhamnus saxatilis* **3**/138)
- *rupestris* (*Frangula rupestris* **3**/139)

Synonymik-Liste

Rhaponticum heleniifolium (*Rhaponticum scariosum* z. T. 4/448)
Rheum laciniatum (*Rheum palmatum* 2/25)
- *tanguticum* (*Rheum palmatum* 2/25)
- *undulatum* (*Rheum rhabarbarum* 2/25)
Rhinanthus alpinus (*Rhinanthus pulcher* 4/164)
- *angustifolius* (*Rhinanthus glacialis* + *halophilus* 4/163+166)
- *apterus* (*Rhinanthus halophilus* z. T. 4/166)
- *aschersonianus* (*Rhinanthus alectorolophus* z. T. 4/166)
- *bellunensis* (*Rhinanthus freynii* 4/166)
- *buccalis* (*Rhinanthus alectorolophus* z. T. 4/166)
- *crista-galli* (*Rhinanthus minor* z. T. 4/164)
- *elatus* (*Rhinanthus pulcher* z. T. 4/164)
- *ellipticus* (*Rhinanthus alectorolophus* z. T. 4/166)
- *glaber* (*Rhinanthus halophilus* z. T. 4/166)
- *gracilis* (*Rhinanthus glacialis* z. T. 4/163)
- *hirsutus* (*Rhinanthus alectorolophus* 4/166)
- *lanceolatus* (*Rhinanthus glacialis* 4/163)
- *major* (*Rhinanthus halophilus* z. T. 4/166)
- *montanus* (*Rhinanthus halophilus* 4/166)
- *nemorivagus* (*Rhinanthus alectorolophus* z. T. 4/166)
- *rumelicus* (*Rhinanthus alectorolophus* z. T. 4/166)
- *semleri* (*Rhinanthus alectorolophus* z. T. 4/166)
- *stenophyllus* (*Rhinanthus minor* z. T. 4/164)
- *sterneckii* (*Rhinanthus freynii* 4/166)
- *subalpinus* (*Rhinanthus glacialis* z. T. 4/163)
- *vernalis* (*Rhinanthus halophilus* z. T. 4/166)
- *vollmannii* (*Rhinanthus glacialis* z. T. 4/163)
Rhododendron chamaecistus (*Rhodothamnus chamaecistus* 3/470)
- *flavum* (*Rhododendron luteum* 3/470)
- spec. (*Azalea* spec. z. T. 3/470)
Rhus hirta (*Rhus typhina* 3/96)
- *radicans* (*Rhus toxicodendron* z. T. 3/12+96)
Ribes grossularia (*Ribes uva-crispa* 2/311)
- *grossularia glabrum* (*Ribes uva-crispa reclinatum* 2/311)
- *schlechtendalii* (*Ribes spicatum* 2/314)
- *sylvestre* (*Ribes rubrum* z. T. 2/314)
- *vulgare* (*Ribes rubrum* z. T. 2/314)
Roegneria canina (*Agropyron caninum* 5/447)
Rorippa microphylla (*Nasturtium microphyllum* 3/312)
- *nasturtium-aquaticum* (*Nasturtium officinale* 3/312)
- *palustris* (*Rorippa islandica* z. T. 3/313)
- *prostrata* (*Rorippa* × *anceps* 3/313)
- *stylosa* (*Rorippa pyrenaica* 3/314)
Rosa afzeliana (*Rosa coriifolia* + *vosagiaca* + *rhaetica* 2/420)
- *alpina* (*Rosa pendulina* 2/425)
- *caesia* (*Rosa coriifolia* 2/420)
- *cinnamomea* (*Rosa majalis* 2/424)
- *collina* (*Rosa corymbifera* 2/425)
- *dumalis* (*Rosa coriifolia* + *vosagiaca* 2/420)
- *dumetorum* (Rosa *corymbifera* + *deseglisei* 2/425)
- *eglanteria* (*Rosa rubiginosa* 2/419)
- *ferruginea* (*Rosa glauca* 2/422)
- *glauca* vgl.: (*Rosa vosagiaca* 2/420)
- *graveolens* (*Rosa elliptica* 2/420)
- *nitidula* (*Rosa blondaeana* 2/424)
- *obtusifolia* (*Rosa abietina* z. T. 2/422)
- *omissa* (*Rosa sherardii* 2/418)
- *pomifera* (*Rosa tomentosa* 2/418)
- *pumila* (*Rosa gallica* 2/414)
- *repens* (*Rosa arvensis* 2/414)
- *rubrifolia* (*Rosa glauca* 2/422)
- *scabrata* (*Rosa squarrosa* 2/424)
- *sepium* (*Rosa agrestis* 2/419)
- *spinosissima* (*Rosa pimpinellifolia* 2/426)
- *tomentella* (*Rosa obtusifolia* z. T. 2/422)
- *tomentosa omissa* (*Rosa sherardii* 2/418)
- *tomentosa pseudoscabriuscula* (*Rosa scabriuscula* 2/418)
- *trachyphylla* (*Rosa jundzillii* 2/416)
- *villosa* (*Rosa mollis* z. T. 2/418)
- *villosa pomifera* (*Rosa tomentosa* 2/418)
Rubus corylifolius (*Rubus fruticosus* z. T. 2/376)
- spec. vgl.: (*Rubus fruticosus* agg. z. T. 2/376)
Rudbeckia deamii (*Rudbeckia fulgida* 4/350)
Rumex acetosella angustifolius (*Rumex tenuifolius* 2/266)
- *arifolius* (*Rumex alpestris* 2/268)
- *domesticus* (*Rumex longifolius* 2/263)
- *limosus* (*Rumex palustris* 2/258)
- *maritimus* (*Rumex palustris* z. T. 2/258)
- *maximus* (*Rumex hydrolapathum* 2/262)
- *nemorosus* (*Rumex sanguineus* 2/260)
- *odontocarpus* (*Rumex stenophyllus* 2/262)
- *salicifolius* (*Rumex triangulivalvis* z. T. 2/262)
Ruppia brachypus (*Ruppia maritima* z. T. 5/84)
- *cirrhosa* (*Ruppia maritima* z. T. 5/84)
- *rostellata* (*Ruppia maritima* z. T. 5/84)
- *spiralis* (*Ruppia maritima* z. T. 5/84)
Ruta divaricata (*Ruta graveolens* z. T. 3/91)

Sabina officinalis (*Juniperus sabina* 2/54)
Sagina apetala erecta (*Sagina micropetala* 2/188)
- *ciliata* (*Sagina apetala* 2/188)
- *hybrida* (*Sagina* × *normaniana* 2/190)
- *linnaei* (*Sagina saginoides* z. T. 2/190)
- *scotica* (*Sagina* × *normaniana* z. T. 2/190)
Salicornia dolichostachya (*Salicornia europaea* z. T. 2/245)
- *fragilis* (*Salicornia europaea* z. T. 2/245)
- *herbacea* (*Salicornia europaea* 2/245)
- *ramosissima* (*Salicornia europaea* z. T. 2/245)
- *stricta* (*Salicornia europaea* z. T. 2/245)
Salix albicans (*Salix laggeri* 3/404)
- *alpicola* vgl.: (*Salix myrsinifolia* z. T. 3/402)
- *amygdalina* (*Salix triandra* 3/397)
- *angustifolia* (*Salix repens* z. T. 3/408)

Synonymik-Liste

- *arenaria* (*Salix repens* z. T. **3**/408)
- *argentea* (*Salix repens* z. T. **3**/408)
- *coerulea* (*Salix alba* z. T. **3**/396)
- *concolor* (*Salix triandra* z. T. **3**/397)
- *depressa* (*Salix starkeana* **3**/406)
- *discolor* (*Salix triandra* z. T. **3**/397)
- *glauca* vgl.: (*Salix glaucosericea* **3**/400)
- *grandifolia* (*Salix appendiculata* **3**/404)
- *incana* (*Salix eleagnos* **3**/412)
- *kitaibeliana* (*Salix retusa* z. T. **3**/398)
- *lambertina* (*Salix purpurea lambertiana* **3**/412)
- *livida* (*Salix starkeana* **3**/406)
- *marrubiifolia* (*Salix lapponum* z. T. **3**/409)
- *phylicifolia rhaetica* (*Salix hegetschweileri* z. T. **3**/400)
- *pubescens* (*Salix laggeri* **3**/404)
- *rhaetica* (*Salix hegetschweileri* z. T. **3**/400)
- *rosmarinifolia* (*Salix repens* z. T. **3**/408)
- *vitellina* (*Salix alba* z. T. **3**/396)

Salvia clandestina (*Salvia verbenaca* z. T. **4**/253)
- *sylvestris* (*Salvia nemorosa* **4**/252)

Sanguisorba muricata (*Sanguisorba minor* z. T. **2**/412)
- *polygama* (*Sanguisorba officinalis* **2**/412)

Saponaria nana (*Saponaria pumila* **2**/156)
- *paniculata* (*Gypsophila paniculata* **2**/160)

Sarothamnus scoparius (*Cytisus scoparius* **2**/440)
- *striatus* (*Cytisus striatus* **2**/440)

Satureja acinos (*Acinos arvensis* **4**/258)
- *brauneana* (*Calamintha einseleana* z. T. **4**/256)
- *calamintha* (*Calamintha nepeta* agg. **4**/256)
- *clinopodium* (*Clinopodium vulgare* **4**/256)
- *nepeta* (*Calamintha nepeta* agg. **4**/256)
- *vulgare* (*Clinopodium vulgare* **4**/256)

Saussurea macrophylla (*Saussurea alpina* z. T. **4**/421)

Saxifraga aizoon (*Saxifraga paniculata* **2**/338)
- *altissima* (*Saxifraga hostii* z. T. **2**/338)
- *autumnalis* (*Saxifraga aizoides* **2**/340)
- *caespitosa* (*Saxifraga decipiens* **2**/346)
- *condensata* (*Saxifraga sponhemica* **2**/346)
- *foliolosa* (*Saxifraga stellaris prolifera* **2**/353)
- *geum* (*Saxifraga hirsuta* **2**/354)
- *halleri* (*Saxifraga cotyledon* z. T. **2**/340)
- *incrustata* (*Saxifraga crustata* **2**/338)
- *macropetala* (*Saxifraga biflora macropetala* **2**/335)
- *micrantha* (*Saxifraga aspera* z. T. **2**/352)
- *oppositifolia glandulifera* (*Saxifraga blepharophylla* **2**/335)
- *planifolia* (*Saxifraga muscoides* **2**/352)
- *pungens* (*Saxifraga vandellii* **2**/338)
- *retusa augustana* (*Saxifraga purpurea* **2**/336)
- *rosacea* (*Saxifraga decipiens* **2**/346)
- *rupestris* (*Saxifraga petraea* **2**/346)
- *sarmentosa* (*Saxifraga stolonifera* **2**/354)
- *tenera* (*Saxifraga muscoides* **2**/352)
- *umbrosa* (*Saxifraga × geum* z.T **2**/354)
- *wulfeniana* (*Saxifraga retusa* **2**/336)

Scabiosa agrestis (*Scabiosa gramuntia* z. T. **3**/512)
- *ceratophylla* (*Scabiosa gramuntia* z. T. **3**/512)
- *stricta* (*Scabiosa lucida* z. T. **3**/512)
- *suaveolens* (*Scabiosa canescens* **3**/511)
- *triandra* (*Scabiosa gramuntia* **3**/512)

Scandix brachycarpa (*Scandix pecten-veneris* z. T. **3**/184)

Schoenoplectus glaucus (*Schoenoplectus tabernaemontani* **5**/236)
- *kalmussii* (*Schoenoplectus lacustris* agg. z. T. **5**/236)
- *maritimus* (*Bolboschoenus maritimus* **5**/232)
- *pungens* (*Schoenoplectus americanus* **5**/236)
- *setaceus* (*Isolepis setacea* **5**/230)

Scilla cernua (*Scilla siberica* **5**/104)

Scirpidiella fluitans (*Isolepis fluitans* **5**/230)

Scirpoides holoschoenus (*Holoschoenus romanus* **5**/232)

Scirpus acicularis (*Eleocharis acicularis* **5**/228)
- *alpinus* (*Trichophorum pumilum* **5**/224)
- *americanus* (*Schoenoplectus americanus* **5**/236)
- *angustifolius* (*Eriophorum angustifolium* **5**/220)
- *angustifolius latifolius* (*Eriophorum latifolium* **5**/219)
- *ardea* (*Eriophorum gracile* **5**/219)
- *atropurpureus* (*Eleocharis atropurpurea* **5**/226)
- *cariciformis* (*Blysmus compressus* **5**/237)
- *carniolicus* (*Eleocharis carniolica* **5**/228)
- *cespitosus* (*Trichophorum cespitosum* z. T. **5**/224)
- *cespitosus germanicus* (*Trichophorum pumilum* **5**/224)
- *compressus* (*Blysmus compressus* **5**/237)
- *fauriei* (*Eriophorum vaginatum* **5**/220)
- *fluitans* (*Isolepis fluitans* **5**/230)
- *germanicus* (*Trichophorum germanicum* **5**/224)
- *glaucus* (*Schoenoplectus tabernaemontani* **5**/236)
- *holoschoenus* (*Holoschoenus romanus* **5**/232)
- *hudsonianus* (*Trichophorum alpinum* **5**/222)
- *kalmussii* (*Schoenoplectus lacustris* agg. z. T. **5**/236)
- *lacustris* (*Schoenoplectus lacustris* **5**/236)
- *lacustris tabernaemontani* (*Schoenoplectus tabernaemontani* **5**/236)
- *leucocephalus* (*Eriophorum scheuchzeri* **5**/222)
- *mamillatus* (*Eleocharis mamillata* **5**/225)
- *maritimus* (*Bolboschoenus maritimus* **5**/232)
- *michelianus* (*Cyperus michelianus* **5**/218)
- *mucronatus* (*Schoenoplectus mucronatus* **5**/234)
- *multicaulis* (*Eleocharis multicaulis* **5**/225)
- *ovatus* (*Eleocharis ovata* **5**/226)
- *palustris* (*Eleocharis palustris* **5**/225)
- *parvulus* (*Eleocharis parvula* **5**/228)
- *planifolius* (*Blysmus compressus* **5**/237)
- *pungens* (*Schoenoplectus americanus* **5**/236)
- *quinqueflorus* (*Eleocharis quinqueflora* **5**/226)
- *romanus* (*Holoschoenus romanus* **5**/232)
- *rufus* (*Blysmus rufus* **5**/237)
- *setaceus* (*Isolepis setacea* **5**/230)
- *supinus* (*Schoenoplectus supinus* **5**/234)
- *trichophorum* (*Trichophorum alpinum* **5**/222)
- *triqueter* (*Schoenoplectus triqueter* **5**/236)

Synonymik-Liste

- *uniglumis* (*Eleocharis uniglumis* 5/225)
Scleranthus alpestris (*Scleranthus polycarpos* 2/208)
Scleranthus annuus collinus (*Scleranthus verticillatus* 2/208)
- *dichotomus* (*Scleranthus perennis* 2/208)
Scleropoa rigida (*Catapodium rigidum* 5/428)
Scorzonera alpina (*Scorzonera aristata* 4/464)
- *cana* (*Podospermum canum* 4/466)
- *laciniata* (*Podospermum laciniatum* 4/466)
Scrophularia alata (*Scrophularia umbrosa* 4/121)
- *aquatica* (*Scrophularia auriculata* z.T. + *umbrosa* z.T. 4/121)
- *balbisii* (*Scrophularia auriculata* 4/121)
- *erharti* (*Scrophularia umbrosa* z.T. 4/121)
- *glandulosa* (*Scrophularia scopolii* 4/120)
- *hoppei* (*Scrophularia juratensis* 4/120)
- *neesii* (*Scrophularia umbrosa* z.T. 4/121)
Secale villosum (*Dasypyrum villosum* 5/41)
Securigera varia (*Coronilla varia* 2/494)
Sedum albescens (*Sedum ochroleucum* 2/323)
- *anopetalum* (*Sedum ochroleucum* 2/323)
- *boloniense* (*Sedum sexangulare* 2/326)
- *carpaticum* (*Sedum vulgaris* z.T. 2/318)
- *elegans* (*Sedum forsteranum* z.T. 2/323)
- *fabaria* (*Sedum vulgaris* 2/318)
- *glaciale* (*Sedum acre* z.T. 2/326)
- *glaucum* (*Sedum dasyphyllum* + *hispanicum* 2/324+320)
- *micranthum* (*Sedum album* z.T. 2/324)
- *mite* (*Sedum sexangulare* 2/326)
- *neglectum* (*Sedum acre* z.T. 2/326)
- *oppositifolium* (*Sedum spurium* z.T. 2/317)
- *purpurascens* (*Sedum telephium* 2/318)
- *purpureum* (*Sedum telephium* 2/318)
- *rosea* (*Rhodiola rosea* 2/317)
- *saxatile* (*Sedum annuum* 2/322)
- *sexfidum* (*Sedum hispanicum* 2/320)
- *wettsteinii* (*Sedum acre* z.T. 2/326)
Selinum dubium (*Cnidium dubium* 3/222)
- *pyrenaeum* (*Angelica pyrenaea* 3/224)
- *silaifolium* (*Cnidium silaifolium* 3/222)
Sempervivum allionii (*Jovibarba allionii* 2/334)
- *alpinum* (*Sempervivum tectorum* z.T. 2/329)
- *arenarium* (*Jovibarba arenaria* 2/334)
- *braunii* (*Sempervivum montanum stiriacum* 2/330)
- *doellianum* (*Sempervivum arachnoideum* z.T. 2/332)
- *gaudinii* (*Sempervivum grandiflorum* 2/332)
- *hirtum* (*Jovibarba hirta* 2/334)
- *soboliferum* (*Jovibarba sobolifera* 2/334)
- *tomentosum* (*Sempervivum arachnoideum tomentosum* 2/332)
Senecio alpestris (*Senecio ovirensis* agg. z.T. 4/400)
- *barbareifolius* (*Senecio erraticus* z.T. 4/403)
- *brachychaetus* (*Senecio ovirensis* agg. z.T. 4/400)
- *campestris* (*Senecio integrifolius* 4/400)
- *cordatus* (*Senecio alpinus* 4/400)
- *cordifolius* (*Senecio alpinus* 4/400)
- *crispatus* (*Senecio rivularis* 4/403)
- *germanicus* (*Senecio nemorensis* z.T. 4/406)
- *gaudinii* (*Senecio ovirensis* agg. z.T. 4/400)
- *hercynicus* (*Senecio nemorensis* z.T. 4/406)
- *hieracifolius* (*Erechtites hieraciifolia* 4/392)
- *jacquinianus* (*Senecio nemorensis* z.T. 4/406)
- *nebrodensis* (*Senecio rupestris* 4/409)
- *ovatus* (*Senecio fuchsii* 4/406)
- *palustris* (*Senecio congestus* z.T. 4/398)
- *pratensis* (*Senecio helenitis salisburgensis* 4/398)
- *pseudo-crispus* (*Senecio ovirensis* agg. z.T. 4/400)
- *sarracenius* (*Senecio fluviatilis* z.T. 4/404)
- *spathulifolius* (*Senecio helenitis* 4/398)
- *squalidus* (*Senecio rupestris* z.T. 4/409)
- *tirolensis* (*Senecio abrotanifolius tiroliensis* 4/408)
- *tubicaulis* (*Senecio congestus* z.T. 4/398)
Sequoia gigantea (*Sequoiadendron giganteum* 2/58)
Serratula crupina (*Crupina vulgaris* 4/52)
- *macrocephala* (*Serratula tinctoria* z.T. 4/439)
- *vulpii* (*Serratula tinctoria* z.T. 4/439)
Seseli beckii (*Seseli osseum* 3/210)
- *coloratum* (*Seseli annuum* 3/211)
- *devenyense* (*Seseli osseum* 3/210)
- *glaucum* (*Seseli montanum* 3/211)
- *levigatum* (*Seseli pallasii* z.T. 3/211)
- *sibiricum* vgl.: (*Seseli libanotis* 3/212)
Sesleria albicans (*Sesleria varia* 5/380)
- *calcaria* (*Sesleria varia* 5/380)
- *coerulea* (*Sesleria uliginosa* + *varia* 5/380)
- *disticha* (*Oreochloa disticha* 5/378)
Setaria ambigua (*Setaria decipiens* 5/324)
- *gussonei* (*Setaria decipiens* 5/324)
- *lutescens* (*Setaria glauca* 5/326)
- *pumila* (*Setaria glauca* 5/326)
- *verticilliformis* (*Setaria decipiens* 5/324)
Sideritis comosa (*Sideritis montana* z.T. 4/220)
- *scordioides* (*Sideritis hyssopifolia* 4/220)
Sieglingia decumbens (*Danthonia decumbens* 5/378)
Sieversia spec. (*Geum* spec. z.T.= 2/407)
Sigesbeckia jorullensis (*Sigesbeckia cordifolia* 4/343)
Silaum selinoides (*Silaum silaus* 3/220)
Silaus pratensis (*Silaum silaus* 3/220)
Silene alpina (*Silene vulgaris glareosa* z.T. 2/149)
- *anglica* (*Silene gallica* z.T. 2/150)
- *annulata* (*Silene cretica* z.T. 2/150)
- *cucubalus* (*Silene vulgaris* 2/149)
- *erhartiana* (*Silene borysthenica* 2/152)
- *hayekiana* (*Silene saxifraga* z.T. 2/148)
- *inflata* (*Silene vulgaris* 2/149)
- *livida* (*Silene insubrica* 2/152)
- *longiscapa* (*Silene acaulis* z.T. 2/146)
- *nemoralis* (*Silene italica* z.T. 2/152)
- *nemorosa* (*Silene italica* z.T. 2/152)

Synonymik-Liste

- *norica* (*Silene exscapa* z. T. 2/146)
- *vulgaris marginata* (*Silene vulgaris prostrata* 2/149)
- *willdenowii* (*Silene vulgaris glareosa* z. T. 2/149)

Siler montanus (*Laserpitium siler* 3/242)
- *trilobum* (*Laser trilobum* 3/238)

Silphium connatum (*Silphium perfoliatum* z. T. 4/343)

Sinapis dissecta (*Sinapis alba* z. T. 3/385)
- *incana* (*Hirschfeldia incana* 3/379)
- *orientalis* (*Sinapis arvensis* z. T. 3/385)

Sisymbrium columnae (*Sisymbrium orientale* 3/286)
- *eckartsbergense* (*Sisymbrium austriacum* z. T. 3/284)
- *pannonicum* (*Sisymbrium altissimum* 3/286)
- *pinnatifidum* (*Murbeckiella pinnatifida* 3/54)
- *pyrenaicum* (*Sisymbrium austriacum* z. T. 3/284)
- *sinapistrum* (*Sisymbrium altissimum* 3/286)
- *sophia* (*Descurainia sophia* 3/288)
- *tanacetifolium* (*Hugueninia tanacetifolia* 3/50)

Sisyrinchium montanum (*Sisyrinchium bermudiana* 5/138)
- *angustifolium* (*Sisyrinchium bermudiana* 5/138)

Sium erectum (*Berula erecta* 3/208)

Solanum humile (*Solanum nigrum* z. T. 4/62)
- *miniatum* (*Solanum alatum* 4/62)
- *nitidibaccatum* (*Solanum sarachoides* 4/62)
- *rostratum* (*Solanum cornutum* 4/64)
- *schultesii* (*Solanum nigrum* z. T. 4/62)
- *villosum* (*Solanum luteum* 4/62)

Soldanella major (*Soldanella hungarica* 3/450)

Solidago alpestris (*Solidago virgaurea minuta* z. T. 4/313)
- *lanceolata* (*Solidago graminifolia* 4/314)

Sorbus cretica (*Sorbus graeca* 2/368)
- *glabrata* (*Sorbus aucuparia* z. T. 2/366)
- *scandica* (*Sorbus* × *intermedia* 2/368)
- *suecica* (*Sorbus* × *intermedia* 2/368)

Sorghum saccharatum bicolor (*Sorghum bicolor* 5/321)
- *vulgare* (*Sorghum bicolor* 5/321)

Sparganium affine (*Sparganium angustifolium* 5/316)
- *longissimum* (*Sparganium emersum* z. T. 5/316)
- *microcarpum* (*Sparganium erectum microcarpum* 5/315)
- *natans* (*Sparganium minimum* 5/315)
- *neglectum* (*Sparganium erectum neglectum* 5/315)
- *oocarpum* (*Sparganium erectum oocarpum* 5/315)
- *polyedrum* (*Sparganium erectum erectum* 5/315)
- *ramosum* (*Sparganium erectum* 5/315)
- *simplex* (*Sparganium emersum* 5/316)

Spartina anglica (*Spartina townsendii* z. T. 5/321)
- *stricta* (*Spartina maritima* 5/321)

Specularia hybrida (*Legousia hybrida* 4/290)
- *speculum* (*Legousia speculum-veneris* 4/290)

Spergula vernalis (*Spergula morisonii* 2/214)

Spergularia campestris (*Spergularia rubra* 2/210)
- *marginata* (*Spergularia media* 2/209)
- *maritima* (*Spergularia media* 2/209)
- *salina* (*Spergularia marina* 2/210)

Spiesia spec. (*Oxytropis* spec. 2/485–488)

Spiraea filipendula (*Filipendula vulgaris* 2/413)

- *opulifolia* (*Physocarpus opulifolius* 2/36)
- *ulmaria* (*Filipendula ulmaria* 2/413)
- *ulmifolia* (*Spiraea chamaedryfolia* z. T. 2/360)

Spiranthes autumnalis (*Spiranthes spiralis* 5/162)

Stachys alopecurus (*Betonica alopecuros* 4/241)
- *betonica* (*Betonica alopecuros* 4/241)
- *danica* (*Betonica hirsuta* 4/241)
- *densiflora* (*Betonica hirsuta* 4/241)
- *hirta* (*Stachys recta* z. T. 4/246)
- *jacquinii* (*Betonica alopecuros* 4/241)
- *lanata* (*Stachys byzantina* 4/242)
- *monieri* (*Betonica hirsuta* 4/241)
- *officinalis* (*Betonica officinalis* 4/241)
- *serotina* (*Betonica officinalis* z. T. 4/241)

Statice armeria (*Armeria maritima* 2/286)
- *bahusiensis* (*Limonium humile* 2/284)
- *limonium* (*Limonium vulgare* 2/284)

Stellaria apetala (*Stellaria pallida* 2/174)
- *aquatica* (*Myosoton aquaticum* 2/176)
- *bulbosa* (*Pseudostellaria europaea* 2/19)
- *diffusa* (*Stellaria longifolia* 2/173)
- *glauca* (*Stellaria palustris* 2/170)
- *nemorum montana* (*Stellaria nemorum* z. T. 2/174)
- *nemorum saxicola* (*Stellaria nemorum glochidisperma* 2/174)
- *uliginosa* (*Stellaria alsine* 2/170)

Stenactis annua (*Erigeron annuus* 4/316)
- *ramosa* (*Erigeron annuus strigosus* 4/316)

Stenhammaria maritima (*Mertensia maritima* 4/13)

Stemmacantha rhapontica (*Rhaponticum scariosum* 4/448)

Stipa aristella (*Stipa bromoides* 5/330)
- *austriaca* (*Stipa pennata* agg. z. T. 5/332)
- *bavarica* (*Stipa pennata* agg. z. T. 5/332)
- *borysthenica* (*Stipa pennata* agg. z. T. 5/332)
- *calamagrostis* (*Achnatherum calamagrostis* 5/332)
- *dasyphylla* (*Stipa pennata* agg. z. T. 5/332)
- *eriocaulis* (*Stipa pennata* agg. z. T. 5/332)
- *gallica* (*Stipa pennata* agg. z. T. 5/332)
- *grafiana* (*Stipa pulcherrima* 5/332)
- *joannis* (*Stipa pennata* agg. z. T. 5/332)
- *miliacea* (*Oryzopsis miliacea* 5/363)
- *sabulosa* (*Stipa pennata* agg. z. T. 5/332)
- *stenophylla* (*Stipa pennata* agg. z. T. 5/332)
- *styriaca* (*Stipa pennata* agg. z. T. 5/332)
- *tyrsa* (*Stipa pennata* agg. z. T. 5/332)

Stupa spec. (*Stipa* spec. 5/330)

Sturmia loeselii (*Liparis loeselii* 5/180)

Suaeda prostrata (*Suaeda maritima* z. T. 2/246)
- *salsa* (*Suaeda maritima* z. T. 2/246)

Succisa inflexa (*Succisella inflexa* 3/511)

Swertia alpestris (*Swertia perennis* z. T. 3/522)

Swida spec. (*Cornus* spec. z.T 3/463+464)

Symphoricarpos albus (*Symphoricarpos rivularis* 3/492)
- × *chenaultii* vgl.: (*Symphoricarpos orbiculatus* 3/63)

Synonymik-Liste

- *laevigatus* (*Symphoricarpos rivularis laevigatus* **3**/492)
- *racemosus* (*Symphoricarpos rivularis* **3**/492)

Symphytum leonhardtianum (*Symphytum tuberosum* z. T. **4**/102)
- *nodosum* (*Symphytum tuberosum* z. T. **4**/102)
- *uliginosum* (*Symphytum tanaicense* **4**/100)

Synotoma comosum (*Physoplexis comosa* **4**/27+296)

Tagetes signata (*Tagetes tenuifolia* **4**/344)
Tamarix germanica (*Myricaria germanica* **3**/264)
Tanacetum parthenifolium (*Tanacetum parthenium* z. T. **4**/373)
- *subcorymbosum* (*Tanacetum clusii* **4**/373)

Taraxacum spec. (*Taraxacum officinale* agg. s. l. z. T. **4**/470)

Tetragonolobus biflorus (*Tetragonolobus purpureus* z. T. **2**/476)
- *silquosus* (*Tetragonolobus maritimus* **2**/476)

Teucrium germanicum (*Teucrium chamaedrys* z. T. **4**/222)
- *pannonicum* (*Teucrium montanum* z. T. **4**/223)

Thalictrum angustifolium (*Thalictrum lucidum* **2**/84)
- *exaltatum* (*Thalictrum morisonii* **2**/84)

Tephroseris crispa (*Senecio rivularis* **4**/403)
- *longifolia* (*Senecio ovirensis* **4**/400)
- *palustris* (*Senecio congestus* **4**/398)
- spec. (*Senecio* spec. z. T.= **4**/398–403)
- *tenuifolia* (*Senecio ovirensis* z. T. **4**/400)

Thelycrania spec. (*Cornus* spec. z. T. **3**/463+464)

Thesium grandiflorum (*Thesium pyrenaicum* z. T. **3**/144)
- *humile* (*Thesium dollineri* **3**/142)
- *intermedium* (*Thesium linophyllon* **3**/142)
- *montanum* (*Thesium bavarum* **3**/142)
- *pratense* (*Thesium pyrenaicum* **3**/144)
- *tenuifolium* (*Thesium alpinum* z. T. **3**/144)

Thlaspi calaminare (*Thlaspi caerulescens* z. T. **3**/361)
- *salisii* (*Thlaspi alpestre* z. T. **3**/361)
- *sylvestre* (*Thlaspi caerulescens* **3**/361)

Thrincia hirta (*Leontodon saxatilis* **4**/458)
Thuja gigantea (*Thuja plicata* **2**/56)

Thymus alpestris vgl.: (*Thymus pulegioides* + *praecox* **4**/265)
- *alpigenus* (*Thymus praecox polytrichus* z. T. **4**/266)
- *angustifolius* (*Thymus serpyllum* **4**/264)
- *austriacus* (*Thymus glabrescens* z. T. **4**/265)
- *badensis* (*Thymus praecox* z. T. **4**/266)
- *benacensis* (*Thymus oenipontanus* z. T. **4**/265)
- *carniolicus* (*Thymus pulegioides* z. T. **4**/265)
- *decipiens* (*Thymus oenipontanus* **4**/265)
- *froelichianus* (*Thymus pulegioides* z. T. **4**/265)
- *humifusus* (*Thymus praecox* z. T. **4**/266)
- *kosteleckyanus* (*Thymus pannonicus* z. T. **4**/265)
- *marschallianus* (*Thymus pannonicus* agg. **4**/265)
- *montanus* (*Thymus pulegioides* z. T. **4**/265)
- *pseudochamaedrys* (*Thymus praecox polytrichus* z. T. **4**/266)
- *rudis* (*Thymus oenipontanus* z. T. **4**/265)
- *subalpestris* (*Thymus alpestris* z. T. **4**/265)
- *trachselianus* (*Thymus praecox polytrichus* **4**/266)
- *valderius* (*Thymus oenipontanus* z. T. **4**/265)
- *vallicola* (*Thymus praecox polytrichus* z. T. **4**/266)

Thysselinum palustre (*Peucedanum palustre* **3**/229)

Tilia argentea (*Tilia tomentosa* **3**/421)
- *cordifolia* (*Tilia platyphyllos* z. T. **3**/421)
- *grandiflora* (*Tilia platyphyllos* z. T. **3**/421)
- *parvifolia* (*Tilia cordata* **3**/421)
- *petiolaris* (*Tilia tomentosa* z. T. **3**/421)
- *pseudorubra* (*Tilia platyphyllos* z. T. **3**/421)
- *ulmifolia* (*Tilia cordata* **3**/421)

Tillaea muscosa (*Crassula tillaea* **2**/328)
- spec. (*Crassula* spec. z. T. **2**/328)

Tiniaria spec. (*Reynoutria* spec. **2**/281)
Tithymalus spec. (*Euphorbia* spec. z. T. **3**/148–162)

Tofieldia alpina (*Tofieldia pusilla austriaca* z. T. **5**/148)
- *borealis* (*Tofieldia pusilla* z. T. **5**/148)
- *palustris* (*Tofieldia pusilla* z. T. **5**/148)

Tommasiana altissima (*Peucedanum verticillare* **3**/228)

Torilis anthriscus (*Torilis japonica* **3**/187)
- *infesta* (*Torilis arvensis* **3**/188)
- *microcarpa* (*Torilis ucranica* **3**/187)
- *radiata* (*Torilis arvensis neglecta* **3**/188)
- *rubra* (*Torilis arvensis heterophylla* **3**/188)

Tormentilla erecta (*Potentilla erecta* **2**/394)
- *reptans* (*Potentilla anglica* **2**/394)

Tradescantia pendula (*Zebrina pendula* **5**/34+456)

Tragopogon australis (*Tragopogon sinuatus* z. T. **4**/463)
- *grandiflorus* (*Tragopogon orientalis* z. T. **4**/462)
- *porrifolius* (*Tragopogon sinuatus* **4**/463)
- *sativus* (*Tragopogon sinuatus* z. T. **4**/463)

Trichophorum atrichum (*Trichophorum pumilum* **5**/224)
- *austriacum* (*Trichophorum cespitosum* **5**/224)
- *oliganthum* (*Trichophorum pumilum* **5**/224)

Trifolium agrarium (*Trifolium aureum* (+ *campestre*) **2**/458)
- *balbisianum* (*Trifolium montanum* z. T. **2**/462)
- *biasolettii* (*Trifolium repens prostratum* **2**/462)
- *dubium microphyllum* (*Trifolium micranthum* **2**/456)
- *elegans* (*Trifolium hybridum* z. T. **2**/461)
- *filiforme* (*Trifolium dubium* **2**/456)
- *frigidum* (*Trifolium pratense nivale* **2**/470)
- *gracile* (*Trifolium arvense* z. T. **2**/468)
- *melilotus-ornithopodioides* (*Trifolium ornithopodioides* **2**/468)
- *minus* (*Trifolium dubium* **2**/456)
- *parviflorum* (*Trifolium retusum* **2**/464)
- *procumbens* (*Trifolium campestre* + *dubium* **2**/458+456)
- *resupinatum majus* (*Trifolium suaevolens* **2**/467)
- *strepens* (*Trifolium aureum* **2**/458)

Trigonella melilotus-caerulea (*Trigonella caerulea* **2**/448)
- *ornithopodoides* (*Trifolium ornithopodioides* **2**/468)

Synonymik-Liste

Trinia pumila (*Trinia glauca* z. T. 3/198)
- *vulgaris* (*Trinia glauca* 3/198)
Triodia decumbens (*Danthonia decumbens* 5/378)
Tripleurospermum perforatum (*Tripleurospermum inodorum* 4/368)
Tripolium pannonicum (*Aster tripolium* z. T. 4/404)
Trisetum cavanillesii (*Trisetaria cavanillesii* 5/43)
- *cristatum* (*Lophochloa cristata* 5/43)
- *distichophyllum argenteum* (*Trisetum argenteum* 5/368)
- *paniceum* (*Trisetaria panicea* 5/43)
- *pratense* (*Trisetum flavescens* 5/369)
- *subspicatum* (*Trisetum spicatum* z. T. 5/368)
- *tenue* (*Ventenata dubia* 5/370)
Triticum capitatum (*Triticum aestivum* z. T. 5/448)
- *compactum* (*Triticum aestivum* z. T. 5/448)
- *cylindricum* (*Aegilops cylindrica* 5/39)
- *neglectum* (*Aegilops neglecta* 5/39)
- *repens* (*Agropyron repens* 5/447)
- *sativum* (*Triticum aestivum* 5/448)
- *triunciale* (*Aegilops triuncialis* 5/39)
- *vagans* (*Aegilops geniculata* 5/39)
- *villosum* (*Dasypyrum villosum* 5/41)
- *vulgare* (*Triticum aestivum* z. T. 5/448)
Trixago latifolia (*Parentucellia latifolia* 4/18)
Tromsdorffia spec. (*Hypochoeris* spec. z. T.= 4/451)
Tsuga americana (*Tsuga canadensis* 2/44)
Tulipa spec. vgl.: (*Tulipa gesnerana* agg. 5/129)
Tunica spec. (*Petrorhagia* spec. 2/140)
Turritis glabra (*Arabis glabra* 3/318)
Typha gracilis (*Typha martinii* 5/312)
- *lugduniensis* vgl.: (*Typha minima* z. T. 5/312)
Typhoides arundinacea (*Phalaris arundinacea* 5/330)

Ulmaria pentapetala (*Filipendula ulmaria* 2/413)
Ulmus campestris (*Ulmus minor* (+ *procera*) 2/302)
- *carpinifolia* (*Ulmus minor* 2/302)
- *effusa* (*Ulmus laevis* 2/302)
- *montana* (*Ulmus glabra* 2/304)
- *pedunculata* (*Ulmus laevis* 2/302)
- *scabra* (*Ulmus glabra* 2/304)
Urtica balearica (*Urtica pilulifera* 2/305)
- *minor* (*Urtica urens* 2/305)
- *radicans* (*Urtica kioviensis* 2/306)
Utricularia neglecta (*Utricularia australis* 4/194)
Uva-Ursi spec. (*Arctostaphylos uva-ursi* 3/472)

Vaccinium alpinum (*Vaccinium gaultherioides* z. T. 3/476)
- *microphyllum* (*Vaccinium gaultherioides* z. T. 3/476)
Valantia cruciata (*Cruciata laevipes* 3/541)
- spec. (*Cruciata* spec. 3/541)
Valeriana austriaca (*Valeriana tripteris* z. T. 3/504)
- *celtica pennina* (*Valeriana celtica celtica* 3/502)
- *collina* (*Valeriana wallrothii* 3/499)
- *hirsuticaulis* (*Valeriana montana* z. T. 3/505)
- *repens* (*Valeriana procurrens* 3/499)

- *simplicifolia* (*Valeriana dioica* z. T. 3/500)
- *tomentella* (*Valeriana tripteris* z. T. 3/504)
- *tripteris occidentalis* (*Valeriana tripteris tripteris* 3/504)
- *versifolia* (*Valeriana officinalis* z. T. 3/499)
Valerianella auricula (*Valerianella rimosa* 3/499)
- *olitoria* (*Valerianella locusta* 3/499)
Ventenata avenacea (*Ventenata dubia* 5/370)
- *tenuis* (*Ventenata dubia* 5/370)
Veratrum lobelianum (*Veratrum album lobelianum* 5/147)
Verbascum floccosum (*Verbascum pulverulentum* 4/109)
- *haemorrhoidale* (*Verbascum pulverulentum* 4/109)
- *lanatum* (*Verbascum alpinum* 4/106)
- *montanum* (*Verbascum crassifolium* 4/103)
- *rugulosum* (*Verbascum phlomoides* 4/104)
- *thapsiforme* (*Verbascum densiflorum* 4/103)
Veronica anagallidiformis (*Veronica anagallis-aquatica* z. T. 4/152)
- *anagallis* (*Veronica anagallis-aquatica* 4/152)
- *anagallis limosa* (*Veronica anagalloides* 4/152)
- *aquatica* (*Veronica catenata* 4/152)
- *australis* (*Veronica alpina* z. T. 4/136)
- *bonarota* (*Paederota bonarota* 4/130)
- *comosa* vgl.: (*Veronica catenata* 4/152)
- *dentata* (*Veronica austriaca* agg. z. T. 4/145)
- *didyma* (*Veronica polita* 4/144)
- *foliosum* (*Veronica spuria* z. T. 4/132)
- *glandulifera* (*Veronica spicata* z. T. 4/132)
- *jacquinii* vgl.: (*Veronica austriaca* 4/145)
- *latifolia* (*Veronica urticifolia* 4/148)
- *lucorum* (*Veronica sublobata* 4/142)
- *lutea* (*Paederota lutea* 4/130)
- *maritima* (*Veronica longifolia maritima* 4/132)
- *nummularioides* (*Veronica serpyllifolia humifusa* 4/133)
- *orsiniana* (*Veronica austriaca* agg. z. T. 4/145)
- *paniculata* (*Veronica spuria* 4/132)
- *pseudochamaedrys* (*Veronica teucrium* 4/146)
- *pumila* (*Veronica alpina* z. T. 4/136)
- *saxatilis* (*Veronica fruticans* 4/138)
- *ticinensis* (*Veronica longifolia* z. T. 4/132)
- *tournefortii* (*Veronica persica* 4/142)
- *velenovskyi* (*Veronica scardica* 4/151)
- *xalapensis* (*Veronica peregrina* z. T. 4/138)
Vesicaria utriculata (*Alyssoides utriculata* 3/332)
Viburnum roseum (*Viburnum opulus* z. T. 3/490)
- *sterile* (*Viburnum opulus* z. T. 3/490)
Vicia cosentinii (*Vicia sativa* z. T. 2/504)
- *dasycarpa* (*Vicia villosa varia* 2/510)
- *glabrescens* (*Vicia villosa varia* 2/510)
- *monanthos* (*Vicia articulata* 2/512)
- *olbiensis* (*Vicia lathyroides* z. T. 2/504)
- *pannonica purpurascens* (*Vicia pannonica striata* 2/500)
- *pseudovillosa* (*Vicia villosa varia* 2/510)
- *sativa nigra* (*Vicia angustifolia* 2/504)
- *sordida* (*Vicia grandiflora* z. T. 2/502)

Synonymik-Liste

- *tenuifolia* (*Vicia cracca* z. T. **2**/509)
- *tetrasperma gracilis* (*Vicia tenuissima* **2**/514)
Vicia varia (*Vicia villosa* z. T. **2**/510)
Vignea spec. (*Carex* spec. **5**/243–272+470+471)
Vincetoxicum laxum (*Vincetoxicum hirundinaria* **3**/540)
- *officinale* (*Vincetoxicum hirundinaria* **3**/540)
Viola ambigua vgl.: (*Viola thomasiana* **3**/276)
- *arenaria* (*Viola rupestris* z. T. **3**/270)
- *austriaca* (*Viola suavis* z. T. **3**/277)
- *calcarata flava* (*Viola zoysii* **3**/265)
- *lutea multicaulis* (*Viola calaminaria* **3**/268)
- *montana* (*Viola canina montana* **3**/271)
- *polychroma* (*Viola tricolor subalpina* **3**/268)
- *pratensis* (*Viola pumila* **3**/272)
- *saxatilis* (*Viola tricolor subalpina* **3**/268)
- *schultzii* (*Viola canina schultzii* **3**/271)
- *sciaphila* (*Viola pyrenaica* **3**/277)
- *silvestris* (*Viola reichenbachiana* (+ *riviniana*) **3**/270)
- *stagnina* (*Viola persicifolia* **3**/271)
- *sudetica* (*Viola lutea* z. T. **3**/266)
- *tricolor maritima* (*Viola tricolor curtisii* **3**/268)
- *tricolor minima* (*Viola kitaibeliana* **3**/268)
- *virescens* (*Viola alba* **3**/278)
Virga spec. (*Dipsacus* spec. z. T. **3**/506)
Viscaria alpina (*Lychnis alpina* **2**/138)
- *viscosa* (*Lychnis viscaria* **2**/137)
- *vulgaris* (*Lychnis viscaria* **2**/137)
Viscum austriacum (*Viscum laxum* z. T. + *abietis* z. T. **3**/146)
Vitaliana chionotricha (*Androsace vitaliana* z. T. **3**/430)
- *primuliflora* (*Androsace vitaliana* **3**/430)
Vitis sylvestris (*Vitis vinifera sylvestris* **3**/139)
Vogelia paniculata (*Neslia paniculata* **3**/353)
Vulpia dertonensis (*Vulpia bromoides* **5**/426)
- *unilateralis* (*Nardurus halleri* **5**/424)

Weingaertneria canescens (*Corynephorus canescens* **5**/366)
Wellingtonia gigantea (*Sequoiadendron giganteum* **2**/58)
- *sequoia* (*Sequoiadendron giganteum* **2**/58)

Xanthium riparium (*Xanthium albinum* **4**/348)
Ximenesia encelioides (*Verbesina encelioides* **4**/54)

Zanichellia major (*Zannichellia palustris* z. T. **5**/69)
- *pedicellata* (*Zannichellia palustris* **5**/69)
- *polycarpa* (*Zannichellia palustris* z. T. **5**/69)
- *repens* (*Zannichellia palustris* z. T. **5**/69)
Zerna spec. (*Bromus* spec. **5**/428+429)
Zostera angustifolia (*Zostera marina* z. T. **5**/71)
- *hornemannia* (*Zostera marina* z. T. **5**/71)
- *nana* (*Zostera noltii* **5**/69)

Gesamtregister

(Wissenschaftliche und deutsche Namen der in den Bänden 1–5 instruktiv zitierten Teilgattungen, Gattungen, Familien und höheren Taxa)

Abies 1/341f.; 2/47
Abutilon 3/58
Acanthaceae 1/138
Acer 1/264f., 336f.; 3/97ff.
Aceraceae 1/137; 3/13, 97ff.
Aceras 1/358ff.; 5/177
Achillea 1/133f., 362, 371f.; 4/362ff.
Achnatherum 5/332
Acinos 4/258
Ackerfrauenmantel 2/402
Ackerkohl 3/382
Ackerröte 3/558
Aconitum 1/367f.; 2/77ff.
Acorus 5/456
Acroptilon 4/49
Actaea 2/68
Actinidiaceae 1/138
Adenophora 4/289
Adenostyles 1/284f.; 4/391f.
Adonis 1/283, 381ff.; 2/86f.
Adonisröschen 1/283, 381ff.; 2/86f.
Adoxa 3/498
Adoxaceae 1/138; 3/64, 498
Aegilops 5/39
Aegopodium 3/208
Ährenhafer 5/374
Aesculus 1/264f.; 3/97
Aethionema 3/349
Aethusa 3/200
Affenbrotbaumgewächse 1/138
Affodill 5/15
Affodillgewächse 1/139; 5/15, 110f.
Agavaceae 1/139
Agavengewächse 1/139
Ageratum 4/301
Agrimonia 2/410
Agropyron 5/446f.
Agrostemma 1/381f.; 2/137
Agrostis 5/350f.
Ahorn 1/225, 264f., 336f.; 3/97ff.
Ahorngewächse 1/137; 3/13, 97ff.
Ailanthus 1/266; 3/94
Aira 5/362

Aizoaceae 1/136; 2/22
Ajuga 1/354f.; 4/226f.
Akanthusgewächse 1/138
Akazie 2/490
Akelei 1/199, 201; 2/74f.
Alant 4/334ff.
Alcea 3/426
Alchemilla 1/119, 162; 2/404f.
Alchornea 1/111
Aldrovanda 1/260f.; 3/256
Aleppohirse 5/321
Alisma 1/349ff.; 5/60
Alismataceae 1/139; 5/10, 60ff.
Alismatales 1/139; 5/10
Alismatidae 1/139
Allermannsharnisch 5/114
Alliaceae 1/139, 332; 5/16, 112ff.
Alliaria 1/331; 3/282
Allium 1/112f., 162, 332; 5/112ff.
Alnus 1/220; 2/292f.
Alopecurus 5/336ff.
Alpen-Berufkraut 4/319
Alpen-Küchenschelle 1/106f., 365; 2/90
Alpen-Mohn 2/124
Alpenazalee 1/366; 3/472
Alpendost 1/284f.; 4/391f.
Alpenglöckchen 1/272f.; 3/448f.
Alpenhelm 1/272; 4/163
Alpenlattich 4/386
Alpenrachen 4/158
Alpenrose 1/363; 3/469f.
Alpenscharte 4/420f.
Alpenveilchen 1/299; 3/446
Alpenwollgras 5/222
Althaea 3/424
Alyssoides 3/332
Alyssum 3/334ff.
Amaranthaceae 1/136; 2/25, 251ff.
Amaranthus 1/389f.; 2/25, 251ff.
Amaryllidaceae 1/139; 5/17, 105ff.
Amberbaum 1/266
Ambrosia 4/338f.
Amelanchier 2/371f.
Ammi 3/202
Ammobium 4/40

× *Ammocalamagrostis* 5/358
Ammophila 5/358
Amorpha 2/37
Ampfer 2/257ff.
Amsinckia 4/12
Amsinckie 4/12
Anacamptis 5/172
Anacardiaceae 1/137; 3/12, 94f.
Anacyclus 4/56
Anagallis 3/458f.
Ananasgewächse 1/139
Anaphalis 4/326
Anarrhinum 4/116
Anchusa 4/98f.
Andel 5/410
Andorn 4/216
Andromeda 1/325; 3/468
Androsace 3/430, 439ff.
Anemone 1/204, 270ff., 286f., 340f.; 2/95ff.
Anethum 3/22, 222
Angelica 1/232f., 356f.; 3/224f.
Angiospermae 1/133, 135; 2/11ff.
Angiospermen 1/49
Animalia 1/134
Anis 3/32
Antennaria 1/110; 4/325f.
Anthemidae 1/133
Anthemis 4/358ff.
Anthericum 5/110f.
Anthoxanthum 5/333
Anthriscus 3/181f.
Anthyllis 2/473
Antirrhinum 4/116
Apera 5/348
Apfel 2/364
Apfelbaum 1/170, 239; 2/364
Aphanes 2/402
Apiaceae 1/137; 3/19ff., 170ff.
Apium 3/199f.
Apocynaceae 1/138; 3/67, 538
Aposeris 4/454
Aquifoliaceae 1/138; 3/60, 462
Aquilegia 1/199; 2/74f.
Arabidopsis 1/31; 3/288
Arabis 1/367; 3/318, 320ff.

495

Gesamtregister

Araceae 1/139; 5/59, 456 f.
Arales 1/139; 5/59
Araliaceae 1/137; 3/18, 170
Araliales 1/137; 3/19 ff.
Aralianae 1/137
Aralienartige 3/19 ff.
Araucariaceae 1/135
Araukariengewächse 1/135
Arctium 4/416 f.
Arctostaphylos 1/363 f.; 3/472 f.
Arecaceae 1/139
Arecales 1/139
Arecanae 1/139
Arecidae 1/139
Aremonia 2/410
Arenaria 2/192 f.
Aristolochia 1/145; 2/11, 59
Aristolochiaceae 1/136; 2/12, 59
Aristolochiales 1/136; 2/12
Armeria 1/379; 2/284 f.
Armoracia 1/388; 3/52, 316
Arnica 1/284 f.; 4/394
Arnika 4/394
Arnoseris 4/454
Aronstab 1/195; 5/458
Aronstabartige 5/59
Aronstabgewächse 1/139; 5/59, 456 f.
Arrhenatherum 1/185; 5/369
Artemisia 4/376 ff.
Arum 1/195; 5/458
Aruncus 2/359
Arundo 5/381
Arve 2/50
Asarina 4/16
Asarine 4/16
Asarum 2/59
Asclepiadaceae 1/138; 3/68, 540
Asclepias 3/68
Asparagaceae 1/139; 5/14, 94
Asparagales 1/139; 5/14 ff.
Asparagus 5/94
Asperugo 4/91
Asperula 3/553 ff.
Asphodelaceae 1/139; 5/15, 110 f.
Asphodelus 5/15
Aster 1/289 f., 364, 366; 4/304 ff.
Aster 1/289 f., 364, 366; 4/304 ff.
Asteraceae 1/133, 139; 4/28 ff., 301 ff.
Asterales 1/133, 139; 4/28 ff.
Asteranae 1/133, 139
Asteridae 1/133, 139
Asteriscus 4/43

Astragalus 1/367 f.; 2/476 ff.
Astrantia 3/175 f.
Athamanta 3/218
Atriplex 2/238 ff.
Atropa 1/287; 4/60
Aubrieta 3/328
Augentrost 1/365 f.; 4/160 f.
Augenwurz 3/218
Aurikel 1/105, 364 ff.; 3/433
Aurinia 3/332
Austernkraut 4/13
Avena 5/375 f.
Avenella 5/364
Avenochloa 5/372 f.
Azalea 3/470
Azalee 3/470

Backenklee 2/490
Bärenklau 1/354 f.; 3/235 f.
Bärenschote 2/480
Bärentraube 1/363; 3/472 f.
Bärlauch 1/332; 5/112
Bärwurz 3/218
Balanophoraceae 1/137
Balanophorales 1/137
Baldellia 5/63
Baldrian 1/341 f.; 3/499 ff.
Baldriangewächse 1/138; 3/64, 498 ff.
Ballota 4/230
Balsaminaceae 1/137; 3/15, 126 f.
Balsamine 3/126
Balsaminengewächse 1/137; 3/15, 126 f.
Bananengewächse 1/139
Barbarakraut 3/292 f.
Barbarea 3/292 f.
Bartgras 5/318 f.
Bartschie 4/18
Bartsia 1/272 f.; 4/163
Basilikum 4/21, 247
Bassia 2/245
Bauernschminke 4/82
Bauernsenf 3/360
Baumhasel 2/287
Becherglocke 4/289
Becherpflanze 4/343
Beckmannia 5/436
Bedecktsamer 1/49, 135; 2/11 ff.
Bedecktsamer, Einkeimblättrige 1/139
Bedecktsamer, Zweikeimblättrige 1/135
Beete 1/144; 2/233

Begoniaceae 1/138
Begoniales 1/138
Beifuß 4/376 ff.
Beinbrech 1/280 f.; 5/147
Beinwell 4/100 f.
Bellardiochloa 5/396
Bellis 1/356 f.; 4/312
Benediktenkraut 4/448
Bennettitales 1/135
Bennettitopsida 1/135
Berardia 1/273, 286
Berardie 1/273, 286
Berberidaceae 1/136; 2/16, 119 f.
Berberis 2/119
Berberitze 2/119
Berberitzengewächse 1/136; 2/16, 119 f.
Bergfenchel 3/211
Berghähnlein 1/270 ff.; 2/95
Bergminze 4/254 f.
Bergscharte 4/448
Bermudagras 5/440
Berteroa 3/337
Bertram 4/56
Berufkraut 1/110 f.; 4/316 ff.
Berula 3/208
Besenginster 1/223, 280 f.; 2/440
Besenrauke 3/288
Beta 1/144; 2/233
Betonica 4/241
Betula 1/150 f.; 2/288 ff.
Betulaceae 1/136; 2/27, 288 ff.
Bibernelle 3/206
Bidens 4/354 f.
Bifora 3/190
Bignoniaceae 1/138
Bilsenkraut 4/60
Bingelkraut 1/70 f.; 3/163
Binse 1/227 f.; 5/193 ff.
Binsenartige 5/23 f.
Binsengewächse 1/139; 5/23 f., 192 ff.
Birke 1/151, 239; 2/288 ff.
Birkengewächse 1/136; 2/27, 288 ff.
Birnbaum 2/362
Birne 1/220; 2/362
Bischofsmütze 2/120
Biscutella 3/360
Bittereschengewächse 1/137; 3/13, 94
Bitterkraut 4/460
Bitterling 3/518
Blackstonia 3/518

Blasenmiere 2/19
Blasenschötchen 3/332
Blasenspiere 2/36
Blasenstrauch 2/491
Blauaugengras 5/138
Blaugras 1/368; 5/378 f.
Blaugras (Kanadisches) 5/398
Blaukissen 3/328
Blaustern 1/334 ff.; 5/102 ff.
Blautanne 2/58
Bleibusch 2/37
Bleiwurzartige 2/26
Bleiwurzgewächse 1/136; 2/26, 284 f.
Blumenbinse 5/87
Blumenbinsengewächse 1/139; 5/12, 87
Blumenrohrgewächse 1/139
Blutauge 2/377
Bluthirse 5/327
Blutwurz 2/394
Blysmus 5/237
Bocksbart 1/354 f.; 4/462
Bocksdorn 4/61
Bockshornklee 2/40
Bocksorchis 5/177
Bohne 1/213, 218; 2/526
Bohnenkraut 4/259
Bolboschoenus 5/232
Bombacaceae 1/138
Boraginaceae 1/138; 4/11 ff., 78 ff.
Boraginales 1/138; 4/11 ff.
Borago 4/102
Borretsch 4/102
Borretschartige 4/11 ff.
Borstenhirse 1/227; 5/324 f.
Borstgras 1/368; 5/444
Botriochloa 5/318
Brachypodium 5/438
Brandkraut 4/211
Brassica 1/198, 218; 3/382 ff.
Brassicaceae 1/138, 220 f., 332; 3/36 ff., 282 ff.
Braugerste 5/453
Braunelle 4/208 f.
Braunsenf 3/384
Braunwurz 4/118 ff.
Braunwurzartige 4/14 ff.
Braunwurzgewächse 1/125, 138; 4/14 ff., 103 ff.
Braya 3/331
Brechnußgewächse 1/138
Breitsame 3/188
Brenndolde 3/222

Brennessel 1/147, 152, 179, 331, 376, 386, 390; 2/305 f.
Brennesselartige 2/28 f.
Brennesselgewächse 1/136; 2/29, 305 ff.
Brillenschötchen 3/360
Briza 5/384
Brombeere 1/118 f.; 2/376
Bromeliaceae 1/139
Bromeliales 1/139
Bromelianae 1/139
Bromus 5/428 ff.
Bruchkraut 2/215 f.
Brunnenkresse 1/183; 3/312
Brunnenmeyer 2/218
Brustwurz: siehe Engelwurz
Brutblatt 1/154
Bryonia 3/415
Bryophyllum 1/154
Buche: siehe Rotbuche
Buchenartige 2/27 f.
Buchengewächse 1/136; 2/27, 294 ff.
Buchköhl 1/89
Buchsbaum 3/164
Buchsbaumgewächse 1/137; 3/17, 164
Buchweizen 2/282
Buddleja 4/198
Buddlejaceae 1/134, 138; 4/14, 198
Büchsenkraut 4/126
Bürstengras 5/44
Büschelschön 4/78
Buglossoides 4/82
Bulbocodium 5/150
Bundzwiebel 5/124
Bunge 3/451
Bunias 3/289
Bunium 3/204
Buphthalmum 1/346 f.; 4/332
Bupleurum 1/172 f.; 3/192 ff.
Burseraceae 1/137
Burzeldorn 3/14
Butomaceae 1/139; 5/10, 63
Butomus 5/63
Buxaceae 1/137; 3/17, 164
Buxus 3/164

Cabombaceae 1/136
Cactaceae 1/136; 2/22
Caesalpiniaceae 1/136; 2/36
Cakile 3/378
Calamagrostis 5/354 ff.
Calamintha 4/254 f.

Calamites 1/48
Caldesia 5/60
Calendula 4/414
Calepina 3/388
Calla 5/458
Callianthemum 2/98 f.
Callistephus 4/302
Callitrichaceae 1/138; 4/26, 206
Callitriche 1/248 ff.; 4/206
Calluna 1/230, 347 f.; 3/478
Caltha 1/226, 357; 2/71
Calycocorsus 4/469
Calystegia 1/186; 4/73
Camelina 3/352
Campanula 1/285 f., 354 f., 364 ff.; 4/274 ff.
Campanulaceae 1/139; 4/26 f., 274 ff.
Campanulales 1/139; 4/26 f.
Camphorosma 2/23
Cannabaceae 1/136; 2/29, 310
Cannabis 2/310
Cannaceae 1/139
Capparaceae 1/138
Capparales 1/138; 3/36 ff.
Caprifoliaceae 1/138; 3/63, 492 ff.
Capsella 3/358
Capsicum 4/66
Caragana 2/37
Cardamine 1/183, 393 f.; 3/306 ff.
Cardaminopsis 3/318 f.
Cardaria 3/367
Carduus 4/422 ff.
Carex 1/185, 364 ff., 368 ff.; 5/245 ff.
Caricaceae 1/137
Carlina 1/210, 358 ff.; 4/415
Carpesium 4/49
Carpinus 1/225 f., 265 f., 339; 2/287
Carthamus 4/36
Carum 3/205
Caryophyllaceae 1/136; 2/18 ff., 137 ff.
Caryophyllales 1/136; 2/18 ff.
Caryophyllidae 1/136
Castanea 1/216, 266; 2/294
Casuarinaceae 1/136
Casuarinales 1/136
Catabrosa 5/382
Catapodium 5/428
Caucalis 3/186
Caytoniaceae 1/135
Caytoniales 1/135
Cedrus 2/10
Celastraceae 1/137; 3/15, 133 f.

Gesamtregister

Celastrales 1/137; 3/15
Celastranae 1/137
Celtis 2/28
Centaurea 1/210, 384; 4/439 ff.
Centaurium 3/520 f.
Centranthus 3/498
Centunculus 3/457
Cephalanthera 1/334 ff.; 5/153 f.
Cephalaria 3/65, 506
Cerastium 1/371 f.; 2/176 ff.
Ceratocephala 2/14
Ceratophyllaceae 1/136; 2/12, 60
Ceratophyllum 1/246, 248; 2/60
Cercis 1/271
Cerinthe 4/79 f.
Chaenarrhinum 4/115
Chaerophyllum 3/178 ff.
Chamaecyparis 2/53
Chamaecytisus 2/437 f.
Chamaemelum 4/56
Chamaenerion 3/80
Chamaespartium 1/157; 2/442
Chamorchis 5/171
Chara 1/111
Chelidonium 1/386; 2/120
Chenopodiaceae 1/136, 179; 2/23 f., 221 ff.
Chenopodium 1/206, 382 f.; 2/221 ff.
Chicorée 4/450
Chimaphila 1/345; 3/486
Chinakohl 3/382
Chondrilla 4/468
Christophskraut 2/68
Christrose 1/159 f.; 2/65
Christusauge 4/338
Chrysanthemum 4/370
Chrysopogon 5/320
Chrysosplenium 1/337 f.; 2/356 f.
Cicendia 3/518
Cicer 2/41
Cicerbita 1/272 f.; 4/469 f.
Cichorium 1/209; 4/450
Cicuta 3/202
Cimicifuga 2/13, 68
Circaea 3/82 f.
Cirsium 1/209, 356 ff., 367 f.; 4/426 ff.
Cistaceae 1/138; 3/35, 259 ff.
Cistus 3/35
Citrus 3/92
Cladium 5/224
Cladonia 1/41
Claytonia 1/392; 2/220

Claytonie 1/392; 2/220
Cleistogenes 5/382
Clematis 1/251, 337 f.; 2/89 f.
Clethraceae 1/138
Clinopodium 4/256
Clypeola 3/40
Cnicus 4/448
Cnidium 3/222
Cocastrauchgewächse 1/137
Cochlearia 3/350 f.
Coeloglossum 5/168
Colchicaceae 1/139; 5/18 f., 150
Colchicum 1/236; 5/150
Coleanthus 5/346
Collomia 4/76
Colutea 2/491
Commelina 5/456
Commelinaceae 1/139; 5/34, 456
Commelinales 1/139; 5/34
Commelinanae 1/139
Compositae 1/133; 4/301 ff.
Coniferophytina 1/135
Conioselinum 3/28
Conium 3/192
Conopodium 3/33, 204
Conringia 3/382
Consolida 1/381 ff., 384; 2/71 f.
Convallaria 5/93
Convallariaceae 1/139; 5/14, 90 f.
Convolvulaceae 1/138; 4/10, 73 f.
Convolvulus 1/253, 381; 4/74
Conyza 4/320
Corallorhiza 5/180
Cordaitidae 1/135
Coreopsis 4/34
Coriandrum 3/190
Corispermum 2/248
Cornaceae 1/138; 3/61, 463 f.
Cornales 1/138; 3/60 f.
Cornanae 1/138
Cornus 1/275; 3/463 f.
Coronilla 2/494 f.
Coronopus 3/366 f.
Corrigiola 2/214
Cortaderia 5/37, 381
Cortusa 3/446
Corydalis 1/235, 286 f., 334 f.; 2/128 ff.
Corylaceae 1/134, 136; 2/28, 287 f.
Corylus 1/181, 216; 2/287
Corynephorus 5/366
Cosmeë: siehe Kosmeë
Cosmos 4/33

Cotinus 3/94
Cotoneaster 2/33, 360 f.
Cotula 4/385
Crambe 3/378
Crassula 2/328
Crassulaceae 1/136; 2/29 f., 317 ff.
Crataegus 2/365
Crepis 4/481 ff.
Crocus 1/230; 5/136
Cruciata 3/541
Cruciferae 3/282 ff.
Crupina 4/52
Crypsis 5/440
Cucubalus 2/154
Cucumis 3/418
Cucurbita 3/418
Cucurbitaceae 1/138; 3/57, 415 ff.
Cucurbitales 1/127, 138; 3/57
Cunoniaceae 1/136
Cunoniengewächse 1/136
Cupressaceae 1/135; 2/11, 53 ff.
Cuscuta 1/256 f.; 4/67 ff.
Cuscutaceae 1/138; 4/10, 67 ff.
Cyanophyta 1/33
Cycadaceae 1/135
Cycadales 1/135
Cycadophytina 1/47, 49, 135
Cycadopsida 1/135
Cyclamen 1/299 f.; 3/446
Cydonia 2/35
Cymbalaria 1/224; 4/110
Cynodon 5/440
Cynoglossum 4/97
Cynomoriaceae 1/137
Cynosurus 5/393 f.
Cyperaceae 1/139; 5/24 ff., 216 ff.
Cyperales 1/139; 5/24 ff.
Cyperus 5/216 f.
Cypripedium 1/198; 5/153
Cytisus 1/280 f.; 2/440

Dactylis 5/393
Dactylorhiza 1/120 f., 323, 325 f., 351 f.; 5/191
Dahlia 4/33
Dahlie 4/33
Danthonia 5/376 f.
Daphne 1/367 f., 372 f.; 3/166 ff.
Dasypyrum 5/41
Datura 4/66
Daucus 1/233; 3/240
Delphinium 2/72
Dentaria 1/112, 115; 3/302 ff.
Deschampsia 5/363 f.

498

Descurainia **3**/288
Deutzia **3**/60
Deutzie **3**/60
Dianthus **1**/352f., 358ff.; **2**/161ff.
Dicentra **2**/17
Dickblatt **2**/328
Dickblattgewächse **1**/136; **2**/29f., 317ff.
Dicotyledoneae **1**/63, 133, 135
Dictamnus **1**/340f.; **3**/92
Digitalis **4**/127f.
Digitaria **5**/327
Dill **3**/22, 222
Dilleniaceae **1**/137
Dilleniales **1**/137; **3**/33
Dillenianae **1**/137
Dillenienartige **3**/33
Dilleniengewächse **1**/137
Dilleniidae **1**/137
Dingel **5**/159
Dinkel **5**/448
Dionaea **1**/260
Dioscoreaceae **1**/139; **5**/13, 152
Dioscoreales **1**/139; **5**/13
Diplotaxis **3**/53, 373f.
Dipsacaceae **1**/138; **3**/64f., 506ff.
Dipsacales **1**/138; **3**/63f.
Dipsacus **1**/173, 228; **3**/505f.
Diptam **1**/201, 340f.; **3**/92
Dipterocarpaceae **1**/137
Distel **4**/422ff.
Dörrgras **5**/334
Doldengewächse **1**/137; **3**/19ff., 170ff.
Doppelsame **3**/53, 373f.
Dorngras **5**/440
Dornmelde **2**/245
Doronicum **1**/368ff.; **4**/394ff.
Dorycnium **2**/490
Dost **4**/262
Dotterblume **1**/226, 357; **2**/71
Douglasie **2**/45
Draba **1**/372f.; **3**/338ff.
Dracaenaceae **1**/139
Drachenbaumgewächse **1**/139
Drachenkopf **4**/212
Drachenmaul **4**/248
Dracocephalum **4**/212
Dreiblattgewächse **1**/139; **5**/13, 152
Dreizack **5**/86
Dreizackgewächse **1**/139; **5**/12, 86
Dreizahn **5**/378
Drillingslilie **5**/13

Drosera **1**/259f., 353; **3**/256f.
Droseraceae **1**/137; **3**/34, 256f.
Droserales **1**/137; **3**/34
Dryas **1**/270f.; **2**/406
Duchesnea **2**/32, 395
Dünnschwanz **5**/444
Dünnschwingel **5**/424
Durra **5**/321

Ebenaceae **1**/138
Ebenales **1**/138
Ebenholzgewächse **1**/138
Eberesche **1**/240; **2**/366, 370
Eberraute **4**/380
Ecballium **3**/420
Echinochloa **5**/324
Echinocystis **3**/416
Echinops **4**/414
Echium **1**/387; **4**/84
Echter Jasmin **3**/66
Edelkastanie **1**/216, 266; **2**/294
Edelraute **4**/378
Edelweiß **1**/270f.; **4**/325
Efeu **1**/165, 254; **3**/170
Efeugewächse **1**/137; **3**/18, 170
Egeria **5**/66
Ehrenpreis **1**/277f., 343f., 349ff., 354f., 392f.; **4**/132ff.
Eibe **1**/337; **2**/44
Eibenartige **2**/11
Eibengewächse **1**/135; **2**/11, 44
Eibisch **3**/424
Eiche **1**/121, 150, 214, 238f., 280f., 340f.; **2**/296ff.
Einährige Seggen **1**/208; **5**/29
Einbeere **5**/152
Einblattorchis **5**/178
Einkeimblättrige (Bedecktsamer) **1**/139; **5**/10ff.
Einknolle **5**/171
Einkorn **5**/448
Eisenhut **1**/201, 367f.; **2**/77ff.
Eisenkraut **4**/208
Eisenkrautgewächse **1**/138; **4**/20, 208
Eiskrautgewächse **1**/136; **2**/22
Elaeagnaceae **1**/137, 180; **3**/18, 169
Elaeagnales **1**/137; **3**/18
Elaeagnus **1**/179; **3**/18
Elatinaceae **1**/134, 137; **3**/34, 253f.
Elatine **3**/253f.
Eleocharis **5**/225ff.
Eleusine **5**/327
Elodea **1**/44, 113, 167; **5**/66

Elsbeere **2**/370
Elsholtzia **4**/272
Elymus **5**/454
Elyna **1**/366; **5**/242
Emmer **5**/448
Empetraceae **1**/134, 138; **3**/62, 466
Empetrum **3**/466
Endivie **4**/450
Engelwurz **1**/233, 356f.; **3**/224f.
Englischer Spinat **2**/264
Enzian **1**/103, 285f., 351f., 358ff., 365ff.; **3**/523ff.
Enzianartige **3**/66ff.
Enziangewächse **1**/138; **3**/66f., 518ff.
Ephedra **1**/242f.; **2**/11
Ephedraceae **1**/135; **2**/11
Ephedrales **2**/11
Ephedridae **1**/135
Epilobium **3**/70ff.
Epimedium **2**/120
Epipactis **1**/325f., 400; **5**/156f.
Epipogium **5**/164
Eragrostis **5**/386
Eranthis **2**/70
Erbse **1**/86ff.; **2**/526
Erbsenstrauch **2**/37
Erdbeere **1**/219; **2**/401f.
Erdbeerspinat **2**/226
Erdbirne **1**/390
Erdkastanie **3**/33, 204
Erdrauch **1**/251f.; **2**/132ff.
Erdrauchgewächse **1**/136; **2**/17, 128ff.
Erechtites **4**/392
Erica **1**/163, 280f., 348f., 363f.; **3**/478f.
Ericaceae **1**/138; **3**/61f., 466ff.
Ericales **1**/138; **3**/61f.
Erigeron **1**/110f.; **4**/316ff.
Erinus **4**/126
Eriocaulaceae **1**/139
Eriocaulongewächse **1**/139
Eriophorum **1**/324; **5**/219ff.
Eritrichum **1**/373; **4**/80
Erle **1**/220, 225, 239f.; **2**/292f.
Erodium **3**/124
Erophila **1**/115; **3**/348
Eruca **3**/380
Erucastrum **3**/386
Eryngium **1**/275f.; **3**/172f.
Erysimum **3**/295ff.
Erythronium **1**/284f.; **5**/130
Erythroxylaceae **1**/137

Gesamtregister

Erzblume 3/319
Esche 1/201, 225, 336 ff.; 3/516
Eschscholtzia 2/16
Eselsdistel 4/438
Esparsette 2/498
Espe 3/391
Essigbaum 3/96
Estragon 4/380
Eucarex 5/29 ff.
Euchlaena 5/318
Euclidium 3/295
Euhieracium 4/42
Eukaryota 1/133
Eukaryoten 1/34 ff., 43
Euonymus 1/150 f.; 3/133 f.
Eupatorium 4/302
Euphorbia 1/185 f., 334 ff.; 3/148 ff.
Euphorbiaceae 1/137; 3/17, 148 ff.
Euphorbiales 1/137; 3/17
Euphorbianae 1/137
Euphrasia 1/365 f.; 4/160 f.
Ewiger Spinat 2/264

Fabaceae 1/136, 221; 2/36 ff., 434 ff.
Fabales 1/136; 2/36 ff.
Fadenenzian 3/518
Fadenhirse 5/327
Färberdistel 4/36
Färberkamille 4/358
Färberröte 3/540
Färberscharte 4/439
Fagaceae 1/136; 2/27, 294 ff.
Fagales 1/136; 2/27 f.
Fagopyrum 2/282
Fagus 1/150 f., 213, 334 ff.; 2/294
Falcaria 3/204
Fallopia 2/280
Falscher Jasmin 3/462
Faltenlilie 1/270 f.; 5/136
Falzblume 4/324
Faserlein 3/108
Faserschirm 3/198
Faulbaum 3/139
Federblume 4/49
Federgras 1/224; 5/332
Federschwingel 5/426
Feige 1/271; 2/29
Feigenkaktus 1/387 f.; 2/22
Feinstrahl 4/316
Feld-Hainsimse 5/214
Feldsalat 3/501
Felsenbirne 2/371 f.
Felsenblümchen 1/372 f.; 3/338 ff.

Felsennelke 2/140
Fenchel 3/222
Ferkelkraut 4/451 f.
Festuca 5/414 ff.
× *Festulolium* 5/442
Fetthenne 2/317 f.
Fettkraut 1/258 f., 325; 4/192 f.
Feuerbohne: siehe Bohne
Feuerkraut 3/80
Fichte 1/151, 172, 213, 237, 342 f., 375; 2/46, 58
Fichtenspargel 1/257 f.; 3/486
Fichtenspargelgewächse 1/138; 3/62, 486
Ficus 1/271; 2/29
Fieberklee 1/277 f.; 3/517
Fieberkleegewächse 1/138; 3/67, 517
Fiederblättrige Nacktsamer 1/47, 49, 135
Filago 4/322 f.
Filipendula 2/413
Filzkraut 4/322 f.
Fingerhirse 5/327
Fingerhut 4/127 f.
Fingerkraut 1/119, 153; 2/377 ff.
Finkensame 1/384; 3/353
Fischgras 5/436
Flachs 1/108
Flacourtiaceae 1/137
Flacourtiengewächse 1/137
Flattergras 5/336
Flaumhafer 5/372
Flieder 3/514
Fliegenfalle 1/260
Flockenblume 1/210; 4/439 ff.
Flohkraut 4/346
Flügel-Ginster 1/157; 2/442
Flügelfruchtgewächse 1/137
Föhre 2/53
Foeniculum 3/222
Forche 2/53
Forsythia 3/516
Forsythie 3/516
Fragaria 1/219; 2/401 f.
Frangula 3/139
Französischer Spinat 2/269
Franzosenkraut 1/231; 4/356 f.
Frauenmantel 1/119, 162; 2/404 ff.
Frauenschuh 1/198; 5/153
Frauenspiegel 4/290
Fraxinus 1/225, 287, 337 ff.; 3/516
Fritillaria 5/18, 129
Froschbiß 1/201; 5/64

Froschbißartige 5/11
Froschbißgewächse 1/139; 5/11, 64 ff.
Froschkraut 5/63
Froschlöffel 1/349 ff.; 5/60
Froschlöffelartige 5/10
Froschlöffelgewächse 1/139; 5/10, 60 ff.
Frühlings-Fingerkraut 2/398
Fuchs-Segge 5/255
Fuchshirse 5/326
Fuchsschwanz 1/389 f.; 2/25, 251 ff.
Fuchsschwanzgewächse 1/136; 2/25, 251 ff.
Fuchsschwanzgras 5/336 ff.
Fumana 3/262
Fumaria 1/251 f.; 2/132 ff.
Fumariaceae 1/136; 2/17, 128 ff.
Fungi 1/134

Gabel- und Nadelblättrige Nacktsamer 1/135
Gabelblatthölzer 1/135; 2/10
Gabelblättrige Nacktsamer 1/135
Gänseblümchen 1/356 f.; 4/312
Gänsedistel 4/472 f.
Gänsefuß 1/382 f.; 2/221 ff.
Gänsefußgewächse 1/136, 179; 2/23 f., 221 ff.
Gänsekresse 1/367, 370; 3/320 ff.
Gänsesterbe 3/295
Gagea 1/338; 5/130 ff.
Gagelstrauch 2/299
Gagelstrauchartige 2/28
Gagelstrauchgewächse 1/136; 2/28, 299
Gaillardia 4/44
Galanthus 1/334 ff.; 5/105
Galega 2/491
Galeopsis 1/197 f.; 4/236 ff.
Galinsoga 1/231; 4/356 f.
Galium 1/171, 384; 3/542 ff.
Gamander 1/358, 360; 4/222 f.
Gasteria 1/328
Gastridium 5/42
Gauchheil 3/458 f.
Gaudinia 5/374
Gauklerblume 4/122
Gefäßpflanzen 1/140
Geißbart 2/359
Geißblatt 3/492 f.
Geißblattgewächse 1/138; 3/63, 492 ff.

Geißklee 1/275 f.; 2/437 f.
Geißraute 2/491
Gelb-Segge 5/304
Gelbäugelchen 2/16
Gelbdolde 3/19, 196
Gelbe Rübe: siehe Möhre
Gelbling 1/277 f.; 2/400
Gemskresse 3/355
Gemswurz 1/368 ff.; 4/394 ff.
Genista 1/346 ff.; 2/443 f.
Gentiana 1/285 f., 351 f., 365 ff.; 3/523 ff.
Gentianaceae 1/138; 3/66 f., 518 ff.
Gentianales 1/138; 3/66 ff.
Gentiananae 1/138
Gentianella 1/103, 358 ff.; 3/534 ff.
Georgine 4/33
Geraniaceae 1/137; 3/14, 112 ff.
Geraniales 1/137; 3/13 f.
Geranie 3/14
Geranium 1/223, 279, 340 f., 354 ff.; 3/112 ff.
Germer 5/147
Germergewächse 1/139; 5/17, 147 f.
Gerste 1/52; 5/450 ff.
Gesneriaceae 1/138
Gesneriengewächse 1/138
Geum 1/68, 186, 371 f.; 2/407 f.
Giersch 3/208
Giftbeere 4/58
Giftheil 2/78
Gilbweiderich 1/343; 3/454 ff.
Ginkgo 1/265 f.; 2/10
Ginkgoaceae 1/135; 2/10
Ginkgoales 2/10
Ginkgoartige 2/10
Ginkgobaum 1/265 f.; 2/10
Ginkgogewächse 1/135; 2/10
Ginkgoopsida 1/135; 2/10
Ginster 1/157, 346 ff.; 2/442 f.
Gipskraut 2/158 f.
Gladiole 5/146
Gladiolus 1/352 f.; 5/146
Glanzstendel 5/180
Glaskraut 2/308
Glatthafer 1/185, 355, 377; 5/369
Glaucium 2/122
Glaux 3/452
Glechoma 4/212
Gleditschie 2/36
Gleditsia 2/36
Gleichährige Seggen 1/208; 5/29
Gliedkraut 4/220

Globularia 1/346 f., 358 ff.; 4/196 f.
Globulariaceae 1/138; 4/19, 196 f.
Glockenblume 1/285 f., 354 f., 364, 366 ff.; 4/274 ff.
Glockenblumenartige 4/26 f.
Glockenblumengewächse 1/139; 4/26 f., 274 ff.
Glossopteridaceae 1/135
Glücksklee 3/104
Glyceria 5/411 f.
Gnadenkraut 4/124
Gnaphalium 1/209; 4/328 f.
Gnetaceae 1/135
Gnetidae 1/135
Gnetopsida 1/135; 2/11
Gnetumgewächse 1/135
Götterbaum 1/266; 3/94
Golddistel 1/358 ff.; 4/415
Goldhafer 1/355; 5/43, 366 ff.
Goldlack 3/301
Goldnessel 1/287; 4/230
Goldprimel 3/430
Goldregen 2/436
Goldröschen 2/35
Goldrute 1/390; 4/313 f.
Goldstern 1/338; 5/130 ff.
Goodyera 5/164
Grafia 3/25, 198
Gramineae 5/318 ff.
Granatapfelgewächse 1/137
Grannenhafer 5/370
Grannenhirse 5/363
Grannenreis 5/363
Graslilie 5/110 f.
Grasnelke 1/379; 2/284 f.
Gratiola 4/124
Grau-Segge 5/264
Graukresse 3/337
Grausenf 3/379
Greiskraut 1/232, 365 ff., 383; 4/398 ff.
Gretel-im-Busch 2/68
Groenlandia 5/84
Grossulariaceae 1/136; 2/29, 311 ff.
Grundnessel 5/68
Günsel 1/354 f.; 4/226 f.
Guizotia 4/344
Gummibaum 1/262
Gundelrebe 4/212
Gundermann 4/212
Gunflintia 1/42
Gunneraceae 1/136
Gunneragewächse 1/136

Gunnerales 1/136
Gurke 3/418
Gurkenkraut 4/102
Guter Heinrich 1/206; 2/232
Gymnadenia 1/120 f., 346 f.; 5/166
Gymnospermae 2/10 f.
Gypsophila 2/158 f.

Haargerste 5/454
Haargurke 3/416
Haarnixengewächse 1/136
Haarstrang 3/228 ff.
Habichtskraut 1/111 f., 122 f.; 4/494 ff.
Hacquetia 3/20, 176
Händelwurz 1/120 f., 346 f.; 5/166
Hafer 5/375 f.
Haferschlehe 2/428
Haferschmiele 5/362
Haftdolde 3/186
Hahnenfuß 1/147, 166, 182, 355 ff., 361 f.; 2/101 ff.
Hahnenfußartige 2/12 ff.
Hahnenfußgewächse 1/136; 2/12 ff., 65 ff.
Hainbuche 1/225, 239, 265 f., 339; 2/287
Hainlattich 4/454
Hainsimse 5/208 ff.
Halimione 2/236
Haloragaceae 1/137; 3/12, 90 f.
Haloragales 1/137; 3/12
Hamamelidaceae 1/136
Hamamelidales 1/136; 2/27
Hamamelidanae 1/136
Hamamelididae 1/136
Hammarbya 5/178
Hanf 2/310
Hanfgewächse 1/136; 2/29, 310
Hartgras 5/394
Hartriegel 3/463 f.
Hartriegelartige 3/60 f.
Hartriegelgewächse 1/138; 3/61, 463 f.
Hasel: siehe Haselnuß
Haselgewächse 1/136; 2/28, 287 f.
Haselnuß 1/181, 216; 2/287
Haselwurz 2/59
Hasenfuß-Segge 5/261
Hasenglöckchen 5/102
Hasenlattich 1/203 f.; 4/494
Hasenohr 1/172 f.; 3/192 ff.
Hauhechel 1/358 ff.; 2/446 f.
Hauswurz 1/201, 372 f.; 2/329 ff.

Heckenkirsche 3/493 ff.
Hedera 1/165, 254; 3/170
Hederich 3/388
Hedysarum 1/364 ff.; 2/497
Heide 1/163, 230, 280 f., 331, 347 ff., 363 f.; 3/478 f.
Heidekraut 3/478
Heidekrautartige 3/61 f.
Heidekrautgewächse 1/138, 325; 3/61 f., 466 ff.
Heidelbeere 1/331; 3/476
Heilglöckchen 3/446
Heilwurz 3/212
Helenium 4/43
Heleochloa 5/440
Helianthemum 1/281; 3/259 f.
Helianthus 1/31, 203, 390 f.; 4/350 f.
Helichrysum 4/40, 332
Helictotrichon 5/370
Heliotropium 4/79
Helleborus 1/159 f., 234; 2/65 f.
Hellerkraut 1/368 ff.; 3/361 ff.
Helmkraut 4/217 f.
Hemerocallis 5/111 f.
Hemlocktanne 2/44
Hepatica 1/68, 343 f.; 2/98
Heracleum 1/354 f.; 3/235 f.
Herkulesstaude 3/236
Herminium 5/171
Herniaria 2/215 f.
Herzblatt 2/358
Herzblattgewächse 1/136; 2/31, 358
Herzblume 2/17
Herzgespann 1/389; 4/229
Herzlöffel 5/60
Hesperis 3/290
Heteropogon 5/320
Heusenkraut 3/82
Hexenkraut 1/201, 227; 3/82 f.
Hibiscus 3/58, 422
Hieracium 1/111 f., 122 f., 189; 4/494 ff.
Hierochloë 5/334
Himantoglossum 1/358 ff.; 5/177
Himbeere 1/118; 2/374
Himmelsherold 1/373; 4/80
Himmelsleiter 4/74
Hippocastanaceae 1/137; 3/13, 97
Hippocrepis 2/497
Hippophaë 3/169
Hippuridaceae 1/138; 4/20, 204
Hippuridales 1/138; 4/20
Hippuris 1/166; 4/205

Hirschfeldia 3/379
Hirschsprung 2/214
Hirschwurz 3/230
Hirse 5/322
Hirtentäschel 3/358
Hohldotter 3/379
Hohlsame 3/190
Hohlzahn 1/197 f.; 4/236 ff.
Hohlzunge 5/168
Holcus 5/360
Holoschoenus 5/232
Holosteum 2/186
Holunder 1/229; 3/487 f.
Holundergewächse 1/138; 3/63, 487 ff.
Homogyne 4/386
Honiggras 5/360
Honkenya 2/206
Hopfen 1/178 f., 253; 2/310
Hopfenbuche 2/288
Hopfenklee 2/450
Hordelymus 5/454
Hordeum 5/450 ff.
Horminum 4/248
Hornblatt 1/248; 2/60
Hornblattgewächse 1/136; 2/12, 60
Hornklee 2/474
Hornköpfchen 2/14
Hornkraut 1/371 f.; 2/176 ff.
Hornmelde 2/16
Hornmohn 2/122
Hornungia 3/356
Hortensie 3/460
Hortensiengewächse 1/138; 3/60, 460 f.
Hottonia 3/451
Hügel-Fingerkraut 2/388
Hühnerhirse 5/324
Hüllsamer 1/135; 2/11
Hülsenfrüchtler 2/36 ff.
Hufeisenklee 2/497
Huflattich 4/385
Hugueninia 3/50
Humulus 1/178 f., 253; 2/310
Hundskamille 4/360 f.
Hundskolbengewächse 1/137
Hundspetersilie 3/200
Hundsrauke 3/386
Hundswurz 5/172
Hundszahngras 5/440
Hundszunge 4/97
Hungerblümchen 1/115; 3/348
Hutchinsia 3/355
Hyacinthaceae 1/139; 5/15 f., 94 ff.

Hyacinthoides 5/102
Hyacinthus 5/100
Hyazinthe 5/100
Hyazinthengewächse 1/139; 5/15 f., 94 ff.
Hydrangea 3/460
Hydrangeaceae 1/138; 3/60, 460 f.
Hydrilla 5/68
Hydrocharis 5/64
Hydrocharitaceae 1/139; 5/11, 64 ff.
Hydrocharitales 1/139; 5/11
Hydrocotyle 3/170
Hydrophyllaceae 1/138; 4/11, 78
Hymenolobus 3/356
Hyoscyamus 4/60
Hypecoum 2/16
Hypericaceae 1/137; 3/34, 244 ff.
Hypericum 1/183; 3/244 ff.
Hypochoeris 4/451 f.

Iberis 3/354 f.
Igelkolben 1/244, 349 ff.; 5/315 f.
Igelkolbengewächse 1/139; 5/34, 315 f.
Igelsame 4/92
Igelschlauch 5/63
Ilex 3/462
Illecebrum 2/215
Illiciaceae 1/136
Illiciales 1/136
Illicianae 1/136
Immenblatt 1/198; 4/211
Immergrün 3/538
Immergrüngewächse 1/138; 3/67, 538
Impatiens 1/334 ff., 391; 3/126 f.
Ingwergewächse 1/139
Inula 4/334 ff.
Iridaceae 1/139; 5/19, 136 ff.
Iris 1/165, 202 f., 349 ff., 352 f.; 5/138 ff.
Isatis 3/290
Isolepis 5/229
Isopyrum 2/86
Iva 4/342

Jasione 4/298 f.
Jasmin 3/66
Jasminum 3/66
Jelängerjelieber 3/492
Jesuitentee 2/221
Jochblattgewächse 1/137; 3/14
Johannisbeere 2/312 ff.
Johannisbrotgewächse 1/136;

2/36
Johanniskraut 1/183; 3/244ff.
Johanniskrautgewächse 1/137; 3/34, 244ff.
Jovibarba 2/334
Judasbaum 1/271
Judenkirsche 4/58
Juglandaceae 1/136; 2/28, 300
Juglandales 1/136; 2/28
Juglandanae 1/136
Juglans 2/300
Juncaceae 1/139; 5/23f., 192ff.
Juncaginaceae 1/139; 5/12, 86
Juncales 1/139; 5/23f.
Juncanae 1/139
Juncus 5/193ff.
Jungfer-im-Grünen 2/68
Jungfernrebe 1/252f.; 3/140
Juniperus 2/54f.
Jurinea 4/421

Kälberkropf 3/178ff.
Känguruhbaumgewächse 1/136
Kaiserkrone 5/18
Kakaobaumgewächse 1/138
Kakteengewächse 1/136; 2/22
Kalanchoë 1/154
Kalmia 3/468
Kalmus 5/456
Kamille 1/389f.; 4/367f.
Kammgras 5/393f.
Kamminze 4/272
Kampferkraut 2/23
Kanadisches Blaugras 5/398
Kanariengras 5/328
Kannenblattgewächse 1/137
Kapernstrauchartige 3/36ff.
Kapernstrauchgewächse 1/138
Kappenmohn 2/16
Kapuzinerkresse 3/390
Kapuzinerkresseartige 3/56
Kapuzinerkressegewächse 1/138; 3/56, 390
Karde 1/173; 3/505f.
Kardenartige 3/63f.
Kardengewächse 1/138; 3/64f., 505ff.
Karlszepter 4/174
Karotte 3/240
Kartoffel 4/64
Katzenminze 4/214
Katzenpfötchen 1/110; 4/325f.
Kerbel 3/181f.
Kermesbeere 2/21, 220

Kermesbeerengewächse 1/136; 2/21, 220
Kerndolde 3/25, 198
Kernera 1/373; 3/349
Kerria 2/35
Kerrie 2/35
Kichererbse 2/41
Kickxia 4/109f.
Kiefer 1/150f., 164, 193, 239, 342ff., 362ff.; 2/50ff.
Kiefernartige 2/10f.
Kieferngewächse 1/135; 2/10f., 44ff., 58
Kirsche 1/150f.; 2/431f.
Klappertopf 4/163ff.
Klebsamengewächse 1/137
Klee 1/153, 329, 356f., 377ff.; 2/449ff.
Kleeulme 3/12, 92
Kleinling 3/457
Klette 1/227f.; 4/416f.
Klettengras 5/322
Klettenkerbel 1/227f.; 3/187f.
Knabenkraut 1/120f., 323, 325f., 351f., 356f., 358ff.; 5/182ff.
Knäuel 2/208
Knäuelgras 5/393
Knautia 1/346f., 377f.; 3/508
Knoblauch 5/124
Knoblauchsrauke 1/331; 3/282
Knöterich 1/148, 248ff., 356f.; 2/270ff.
Knöterichartige 2/25f.
Knöterichgewächse 1/136, 172; 2/25f., 257ff.
Knollenkümmel 3/204
Knollenmiere 2/19
Knorpelblume 2/215
Knorpelkraut 2/234
Knorpellattich 4/468
Knorpelmöhre 3/202
Knotenblume 1/334ff.; 5/106
Knotendolde 3/30
Knotenfuß 5/92
Kobresia 5/242
Kochia 2/250
Koeleria 5/387f.
Königskerze 1/179; 4/103ff.
Kohl 3/382ff.
Kohldistel 1/209, 356f.; 4/427
Kohlröschen 1/120; 5/170
Kokardenblume 4/44
Kolbenhirse 5/326
Kolbenträgergewächse 1/137

Kommeline 5/456
Kommelinenartige 5/34
Kommelinengewächse 1/139; 5/34, 456
Kopfried 5/238
Kopfsalat 4/478
Kopfweide 3/410
Korakangras 5/327
Korallenbeere 3/63
Korallenwurz 5/180
Korbblütengewächse 1/139; 4/28ff., 301ff.
Korbblütlerartige 4/28ff.
Koriander 3/190
Kornblume 1/384; 4/442
Kornelkirsche 1/275; 3/464
Kornrade: siehe Rade
Kosmeë 4/33
Krähenbeere 3/466
Krähenbeerengewächse 1/138; 3/62, 466
Krähenfuß 3/366f.
Kragenblume 4/49
Krannbeere 3/475
Krascheninnikovia 2/16
Kratzbeere 2/376
Kratzdistel 1/225, 358ff., 367f.; 4/426ff.
Krebsschere 5/64
Kresse 3/368ff.
Kreuzblütengewächse 1/138, 220f., 332; 3/36ff., 282ff.
Kreuzblume 1/237; 3/130ff.
Kreuzblumenartige 3/15
Kreuzblumengewächse 1/137; 3/15, 128ff.
Kreuzdorn 3/136f.
Kreuzdornartige 3/15f.
Kreuzdorngewächse 1/137; 3/15f., 136ff.
Kreuzkraut: siehe Greiskraut
Kreuzlabkraut 3/541
Kriechenpflaume 2/428
Krokus 1/230; 5/136
Kronenlattich 4/469
Kronwicke 2/494f.
Krummhals 4/100
Kubaspinat 2/220
Küchenschelle 1/106ff., 121f., 201, 365ff.; 2/90ff.
Kühtritt 1/273; 4/127
Kümmel 3/205
Kürbis 3/418
Kürbisartige 1/127; 3/57

Kürbisgewächse 1/138; 3/57, 415 ff.
Kugelbinse 5/232
Kugelblume 1/346 f., 358 ff.; 4/196 f.
Kugelblumengewächse 1/138; 4/19, 196 f.
Kugeldistel 4/414
Kugelorchis 5/172
Kugelschötchen 3/349
Kuhblume 1/120; 4/470
Kuhkraut 2/155
Kunigundenkraut 4/302

Labiatae 4/208 ff.
Labkraut 1/171, 384; 3/542 ff.
Laburnum 2/436
Lacksenf 3/380
Lactuca 1/30; 4/475 ff.
Lämmersalat 4/454
Lärche 1/278 f., 343 f.; 2/48
Läusekraut 1/255 f., 272 f.; 4/168 ff.
Lagarosiphon 5/66
Lagurus 5/340
Laichkraut 1/248 f.; 5/70 ff.
Laichkrautgewächse 1/139; 5/12, 70 ff.
Lambertsnuß 2/287
Lamiaceae 1/138, 198; 4/20 ff.
Lamiales 1/138; 4/20 ff.
Lamianae 1/138
Lamiastrum 1/287; 4/230
Lamiidae 1/138
Lamium 1/114; 4/232 ff.
Lappula 4/92
Lapsana 4/450
Larix 1/278 f.; 2/48
Laser 3/238
Laserkraut 3/241 f.
Laserpitium 3/241 f.
Lathraea 1/153; 4/175
Lathyrus 1/171, 283, 354 f., 384 f.; 2/514 ff.
Latsche 1/363; 2/52
Lattich 1/30; 4/475 ff.
Lauch 1/112 f., 162; 5/(112), 114 ff.
Lauchgewächse 1/139, 332; 5/16, 112 ff.
Lauchzwiebel 5/124
Laugenblume 4/385
Lauraceae 1/136
Laurales 1/136
Laurus 1/271
Lavandula 4/220

Lavatera 3/422
Lavendel 4/220
Lebensbaum 1/271; 2/56
Leberbalsam (*Ageratum*) 4/301
Leberbalsam (*Erinus*) 4/126
Leberblümchen 1/68, 343 f.; 2/98
Ledum 3/466
Leersia 5/328
Legföhre 2/52
Legousia 4/290
Leguminosae 2/434 ff.
Leimkraut 1/201, 398; 2/144 ff.
Leimsaat 4/76
Lein 1/358 ff., 394; 3/106 ff.
Leinblatt 3/142 f.
Leindotter 3/352
Leingewächse 1/137; 3/14, 106 ff.
Leinkraut 1/199; 4/112 ff.
Leiosphaeridia 1/49
Lembotropis 1/275 f.; 2/440
Lemna 1/246; 5/459 f.
Lemnaceae 1/139; 5/59, 459 f.
Lens 2/498
Lentibulariaceae 1/138; 4/20, 192 f.
Leontodon 4/456 f.
Leontopodium 1/270 f.; 4/325
Leonurus 1/389; 4/229
Lepidium 3/368 ff.
Lepidodendron 1/48
Lepyrodiclis 2/19
Lerchensporn 1/201, 235, 251 f., 286 f., 334 ff.; 2/128 ff.
Leucanthemum 1/209 f.; 4/370 f.
Leucojum 1/334 ff.; 5/106
Levisticum 3/21
Levkoje 3/301
Lichtblume 5/150
Lichtnelke 1/197; 2/21, 138 ff.
Liebesgras 5/386
Liebstöckel 3/21
Lieschgras 5/342 ff.
Liguster 3/514
Ligusticum 1/357; 3/223
Ligustrum 3/514
Liliaceae 1/139; 5/17 f., 128 ff.
Liliales 1/139; 5/17 ff.
Lilianae 1/139
Lilie 1/113, 191, 224 f.; 5/128
Lilienartige 5/17 ff.
Liliengewächse 1/139; 5/17 f., 128 ff.
Liliidae 1/139
Liliopsida 1/139; 5/10
Lilium 1/113, 191, 224; 5/128

Limodorum 5/159
Limonium 1/289 f., 329; 2/284
Limosella 4/124
Linaceae 1/137; 3/14, 106 ff.
Linaria 1/199; 4/112 f.
Linde 1/149, 151, 229, 239, 264 f., 337, 339; 3/421
Lindengewächse 1/138; 3/58, 412
Lindernia 4/126
Linnaea 1/278 f.; 3/496
Linse 2/498
Linum 1/358 ff., 394; 3/106 ff.
Liparis 5/180
Lippenblütengewächse 1/61, 138; 4/20 ff., 208 ff.
Lippenblütlerartige 4/20 ff.
Liquidambar 1/266
Liriodendron 1/266; 2/11
Listera 1/279; 5/160
Lithospermum 4/84
Littorella 4/205
Lloydia 1/270 f.; 5/136
Lobelia 4/28, 300 f.
Lobeliaceae 1/139; 4/28, 300 f.
Lobelie 4/28, 300 f.
Lobeliengewächse 1/139; 4/28, 300 f.
Lobularia 3/334
Lochschlund 4/116
Löffelkraut 3/350 f.
Löwenmäulchen 4/115 f.
Löwenzahn (*Leontodon*) 4/456 f.
Löwenzahn (*Taraxacum*) 1/31, 143, 216, 222; 4/470
Loganiaceae 1/138
Loiseleuria 1/366; 3/472
Lolch 1/357; 5/441 f.
Lolium 1/357; 5/441 f.
Lomatogonium 3/523
Lonicera 3/492 ff.
Lophochloa 5/43
Loranthaceae 1/137; 3/16, 146
Loranthus 3/146
Lorbeer 1/271
Lorbeergewächse 1/136
Lorbeerrose 3/468
Lotosblumengewächse 1/136
Lotus 2/474
Lotwurz 4/78
Ludwigia 3/82
Lunaria 1/336 f.; 3/330
Lungenkraut 4/94 f.
Lupine 1/221; 2/434 f.
Lupinus 1/221; 2/434 f.

Luronium 5/63
Luzerne 1/380f.; 2/449
Luzula 5/208ff.
Lychnis 2/21, 137f.
Lycium 4/61
Lycopus 4/260
Lyginopteridaceae 1/135
Lyginopteridales 1/135
Lyginopteridopsida 1/48f., 135
Lyginopteris 1/49
Lysimachia 1/343f.; 3/454ff.
Lythracea 1/137; 3/11, 86f.
Lythrum 3/88

Mädchenauge 4/34
Mädesüß 2/413
Mänderle 4/130
Märzenbecher 5/106
Mäusedorn 5/14
Mäuseschwänzchen 2/66
Magnolia 2/11
Magnoliaceae 1/135; 2/11
Magnoliales 1/135; 2/11
Magnolianae 1/135
Magnolie 1/263, 266; 2/11
Magnolienartige 2/11
Magnoliengewächse 1/135; 2/11
Magnoliidae 1/135
Magnoliophytina 1/133, 135
Magnoliopsida 1/63, 133, 135; 2/11ff.
Mahonia 2/16
Mahonie 2/16
Maianthemum 5/93
Maiglöckchen 5/93
Maiglöckchengewächse 1/139; 5/14, 90ff.
Mais 1/70f., 146, 330; 5/318
Majoran 4/262
Majorana 4/262
Malaxis 5/178
Malus 1/170; 2/364
Malva 1/184, 386f.; 3/426f.
Malvaceae 1/138; 3/58, 422ff.
Malvales 1/138; 3/58
Malvanae 1/138
Malve 1/184, 386f.; 3/426f.
Malvenartige 3/58
Malvengewächse 1/138; 3/58, 422ff.
Mammutbaum 1/263, 266; 2/58
Mandel 2/432
Manglebaumgewächse 1/137
Mangold 2/233

Mannsblut 3/246
Mannsschild 3/439ff.
Mannstreu 1/275f.; 3/172f.
Marantaceae 1/139
Margerite 1/209f.; 4/370
Mariendistel 4/438
Mariengras 5/334
Marrubium 4/216
Mastkraut 2/188ff.
Maßliebchen 4/310
Matricaria 1/389f.; 4/367f.
Matthiola 3/301
Mauerlattich 4/475
Mauerpfeffer 1/163; 2/320ff.
Maulbeerbaum 2/304
Maulbeerengewächse 1/136; 2/29, 304
Medicago 1/380f.; 2/449ff.
Medullosaceae 1/135
Meerkohl 3/378
Meerrettich 1/388; 3/316
Meersenf 3/378
Meerträubel 1/242f.; 2/11
Meerträubelartige 2/11
Meerträubelgewächse 1/135; 2/11
Mehlbeere 2/368
Meister 3/553ff.
Meisterwurz 3/234
Melampyrum 1/185f., 279; 4/156f.
Melandrium 2/143
Melanthiaceae 1/139; 5/17, 147f.
Melastomataceae 1/137
Melde 2/238ff.
Melica 5/390f.
Melilotus 1/386f.; 2/452ff.
Melissa 4/247
Melisse 4/247
Melittis 1/198; 4/211
Melone 3/418
Melonenbaumgewächse 1/137
Mentha 4/266ff.
Menyanthaceae 1/138; 3/67, 517
Menyanthes 1/277f.; 3/517
Mercurialis 1/71; 3/163
Merk 3/208f.
Mertensia 4/13
Mesembryanthemum 2/22
Mespilus 2/364
Meum 3/218
Mibora 5/346
Micropus 4/324
Miere 2/197ff.
Milchkraut 3/452
Milchlattich 1/272f.; 4/469f.

Milchstern 5/98ff.
Milium 5/336
Milzkraut 1/337f.; 2/356f.
Mimosaceae 1/136
Mimosengewächse 1/136
Mimulus 4/122
Minuartia 2/197ff.
Minze 4/266ff.
Mirabelle 2/428
Mirabilis 2/22
Misopates 4/115
Mispel 2/364
Mistel 1/228, 255f.; 3/146
Mistelgewächse 1/137; 3/16, 146
Mittagsblümchen 2/22
Möhre 1/142, 233; 3/240
Moehringia 2/194ff.
Moenchia 2/186
Mönchskraut 4/96
Mohn 1/182, 218, 384; 2/124ff.
Mohnartige 2/16f.
Mohngewächse 1/136; 2/16f., 120ff.
Mohrenhirse 5/321
Molinia 1/352; 5/381
Molluginaceae 1/136
Mollugogewächse 1/136
Moltebeere 1/353; 2/372
Monarda 4/236
Monarde 4/236
Moneses 3/484
Monocotyledoneae 1/63, 139
Monotropa 1/257f.; 3/486
Monotropaceae 1/138; 3/62, 486
Montia 2/218
Moorbinse 5/229
Moorglöckchen 4/290
Moosbeere 1/324f.; 3/475
Moosglöckchen 1/227, 278f.; 3/496
Moraceae 1/136; 2/29, 304
Morus 2/304
Moschuskraut 3/498
Moschuskrautgewächse 1/138; 3/64, 498
Murbeckiella 3/54
Musaceae 1/139
Muscari 5/94ff.
Muschelblümchen 2/86
Muskatnußgewächse 1/135
Mutterkraut 4/373
Mutterwurz 1/357; 3/223
Myagrum 3/379
Mycelis 4/475

Myosotis 1/197f.; 4/85ff.
Myosoton 2/176
Myosurus 2/66
Myrica 2/299
Myricaceae 1/136; 2/28, 299
Myricales 1/136; 2/28
Myricaria 3/264
Myriophyllum 1/248; 3/90f.
Myristicaceae 1/135
Myrrhis 3/184
Myrrhoides 3/30
Myrsinaceae 1/138
Myrsinengewächse 1/138
Myrtaceae 1/137
Myrtales 1/137; 3/11
Myrtanae 1/137
Myrtenartige 3/11
Myrtengewächse 1/137

Nabelmiere 1/227f.; 2/194ff.
Nabelnüßchen 4/90f.
Nachtkerze 1/388; 3/85
Nachtkerzengewächse 1/137; 3/11, 70ff.
Nachtnelke 2/143
Nachtschatten 4/61ff.
Nachtschattenartige 4/9f.
Nachtschattengewächse 1/138; 4/9f., 58ff.
Nachtviole 3/290
Nacktfarne, Nadelblättrige 1/47
Nacktried 1/366; 5/242
Nacktsamer 2/10f.
Nacktsamer, Fiederblättrige 1/47, 49, 135
Nacktsamer, Gabel- und Nadelblättrige 1/135
Nadelbinse 5/228
Nadelblättrige Nacktfarne 1/47
Nadelblättrige Nacktsamer 1/135
Nadelhölzer 1/135; 2/10f.
Nagelkraut 2/216
Najadaceae 1/139; 5/13, 87f.
Najadales 1/139; 5/12f.
Najas 5/87f.
Narcissus 1/198; 5/108
Nardurus 5/424
Nardus 1/368; 5/444
Narthecium 1/280f.; 5/147
Narzisse 1/198; 5/108
Narzissengewächse 1/139; 5/17, 105ff.
Nasturtium 1/183; 3/312
Natternkopf 1/386f.; 4/84

Nelke 1/352f., 358ff.; 2/161ff.
Nelkenartige 2/18ff.
Nelkengewächse 1/136; 2/18ff., 137ff.
Nelkenwurz 1/68, 186, 227, 371f.; 2/407f.
Nelumbonaceae 1/136
Nelumbonales 1/136
Neottia 1/144, 258; 5/159
Nepenthaceae 1/137
Nepenthales 1/137
Nepeta 4/214
Nerium 1/266
Neslia 1/384; 3/353
Nestwurz 1/144, 258; 5/159
Netzblatt 5/164
Nicandra 4/58
Nicotiana 4/10, 66
Nieswurz 1/234; 2/65f.
Nigella 2/68
Nigritella 1/120; 5/170
Nilssoniales 1/135
Nissegras 5/42
Nixenkraut 5/87f.
Nixenkrautartige 5/12f.
Nixenkrautgewächse 1/139; 5/13, 87f.
Nonea 4/96
Nuphar 1/227, 246; 2/64
Nyctaginaceae 1/136; 2/22f.
Nymphaea 1/162, 349ff.; 2/62
Nymphaeaceae 1/136; 2/12, 62f.
Nymphaeales 1/136; 2/12
Nymphaeanae 1/136
Nymphoides 3/517
Nyssaceae 1/138

Ochsenauge 1/346f.; 4/332
Ochsenzunge 4/98
Ocimum 4/21, 247
Odermennig 1/227; 2/410
Odontites 1/276; 4/154
Ölbaum 1/302
Ölbaumartige 3/65f.
Ölbaumgewächse 1/138; 3/65f., 514f.
Ölweide 1/179; 3/18
Ölweidenartige 3/18
Ölweidengewächse 1/137, 180; 3/18, 169
Oenanthe 3/214ff.
Oenothera 1/108, 388; 3/85
Ohnsporn 1/358f.; 5/177
Olacaceae 1/137

Olea 1/302
Oleaceae 1/138; 3/65f., 514f.
Oleales 1/138; 3/65f.
Oleander 1/266
Omphalodes 4/90f.
Onagraceae 1/137; 3/11, 70ff.
Onobrychis 2/498
Ononis 1/358ff.; 2/446f.
Onopordum 4/438
Onosma 4/78
Ophrys 1/120, 196, 281f.; 5/174f.
Opuntia 1/387f.; 2/22
Orange 3/92
Orchidaceae 1/139; 5/19ff., 153ff.
Orchidales 1/139; 5/19ff.
Orchideenartige 5/19ff.
Orchideengewächse 1/139; 5/19ff., 153ff.
Orchis 1/131, 356ff.; 5/182ff.
Oregonzeder 2/53
Oreochloa 5/378
Origanum 4/262
Orlaya 3/188
Ornithogalum 5/98ff.
Ornithopus 2/492
Orobanchaceae 1/138; 4/19, 176ff.
Orobanche 1/256f., 368ff.; 4/176ff.
Orthilia 3/484
Oryzopsis 5/363
Osterluzei 2/59
Osterluzeiartige 2/12
Osterluzeigewächse 1/136; 2/12, 59
Ostrya 2/288
Oxalidaceae 1/137; 3/13, 103f.
Oxalis 1/344, 392ff.; 3/103f.
Oxybaphus 2/23
Oxyria 1/368ff.; 2/270
Oxytropis 1/275f.; 2/485ff.

Paederota 4/130
Paeonia 1/184; 3/244
Paeoniaceae 1/137; 3/33, 244
Palmen 1/139, 262
Palmfarne 1/135
Palmfarngewächse 1/135
Palmkätzchen 3/403
Pampasgras 5/37, 381
Pandanaceae 1/139
Pandanales 1/139
Panicum 5/322
Papaver 1/182, 218, 384; 2/124f.
Papaveraceae 1/136; 2/16f., 120ff.
Papaverales 1/136; 2/16f.

Papierknöpfchen 4/40
Pappel 1/240, 338; 3/391 f.
Paprika 4/66
Paradisea 5/110
Parapholis 5/444
Parentucellia 4/18
Parietaria 2/308
Paris 5/152
Parnassia 2/358
Parnassiaceae 1/134, 136; 2/31, 358
Parthenocissus 1/252 f.; 3/140
Passifloraceae 1/137
Passionsblumengewächse 1/137
Pastinaca 3/234
Pastinak 3/234
Pavien-Roßkastanie 3/97
Pechnelke 2/137 f.
Pedaliaceae 1/138
Pedicularis 1/256, 272 f.; 4/168 ff.
Pelargonie 3/14
Pelargonium 3/14
Peltaria 3/331
Peltaspermaceae 1/135
Pentoxylales 1/135
Peplis 3/86
Perlgras 5/390 f.
Perlkörbchen 4/326
Perücken-Flockenblume 4/439
Perückenstrauch 3/94
Pestwurz 1/341 ff., 368 ff.; 4/388 f.
Petasites 1/341 f., 368 ff.; 4/388 f.
Petersbart 2/407
Petersilie 3/21
Petrocallis 3/348
Petrorhagia 2/140
Petroselinum 3/21
Petunia 4/10, 66
Petunie 4/10, 66
Peucedanum 3/228 ff.
Pfaffenhütchen 1/150 f.; 3/133 f.
Pfahlrohr 5/381
Pfeffergewächse 1/136
Pfeifengras 1/352; 5/381
Pfeifenstrauch 3/462
Pfeifenwinde 1/145; 2/12
Pfeilkraut 1/349 ff.; 5/63
Pfeilkresse 3/367
Pfeilwurzgewächse 1/139
Pfennigkraut 3/454
Pfingstrose 1/184; 3/244
Pfingstrosengewächse 1/137; 3/33, 244
Pflaume 2/428
Pfriemengras 5/330

Pfriemenkresse 3/358
Phacelia 4/78
Phalaris 1/351; 5/328 f.
Phaseolus 1/218; 2/526
Philadelphus 3/462
Phleum 5/342 ff.
Phlomis 4/211
Phlox 4/76
Phlox 4/76
Pholiurus 5/444
Phormiaceae 1/139
Phormiumgewächse 1/139
Phragmites 1/235, 349, 351; 5/381
Physalis 4/58
Physocarpus 2/36
Physoplexis 1/273; 4/27, 296
Phyteuma 1/356 f., 365 f., 368 ff.; 4/292 ff.
Phytolacca 2/21, 220
Phytolaccaceae 1/136; 2/21, 220
Picea 1/151, 172, 213, 237, 342; 2/46, 58
Picris 4/460
Pilosella 4/42 f.
Pimpernuß 3/96
Pimpernußgewächse 1/137; 3/13, 96
Pimpinella 3/32, 206
Pinaceae 1/135; 2/10 f., 44 ff., 58
Pinales 1/135; 2/10 f.
Pinguicula 1/258 f., 325; 4/192 f.
Pinidae 1/135
Pinopsida 1/135; 2/10 f.
Pinus 1/150 f., 164, 193, 342 ff., 362 ff.; 2/50 ff.
Piperaceae 1/136
Piperales 1/136
Pippau 4/481
Piptatherum 5/363
Pisum 1/86; 2/526
Pittosporaceae 1/137
Pittosporales 1/137
Plantae 1/134
Plantaginaceae 1/138; 4/19, 199 ff.
Plantago 4/199 ff.
Platanaceae 1/136; 2/27
Platane 1/104 f., 266; 2/27; 3/100
Platanengewächse 1/136; 2/27
Platanthera 1/199, 339; 5/165
Platanus 1/104 f., 266; 2/27; 3/100
Platterbse 1/171, 283, 354 f., 384 f.; 2/514 ff.
Pleurospermum 3/198
Plumbaginaceae 1/136; 2/26, 284 f.

Plumbaginales 1/136; 2/26
Poa 1/355; 5/396 ff.
Poaceae 1/139; 5/35 ff., 318 ff.
Poales 1/139; 5/35 ff.
Podagrakraut 3/208
Podocarpaceae 1/135
Podospermum 4/466
Podostemaceae 1/136
Podostemales 1/136
Polemoniaceae 1/138; 4/10 f., 74 f.
Polemonium 4/74
Polycarpon 2/216
Polycnemum 2/234
Polygala 1/237; 3/128 ff.
Polygalaceae 1/137; 3/15, 128 ff.
Polygalales 1/137; 3/15
Polygonaceae 1/136, 148, 172; 2/25 f., 257 ff.
Polygonales 1/136; 2/25 f.
Polygonatum 1/340; 5/90 f.
Polygonum 1/248 ff., 356 f.; 2/270 ff.
Polyoxalis 1/393
Polypogon 5/44
Pontederiaceae 1/139
Pontederiales 1/139
Pontederiengewächse 1/139
Populus 1/240, 338; 3/391 f.
Porree 5/126
Porst 3/466
Portulaca 2/218
Portulacaceae 1/136; 2/22, 218 f.
Portulak 2/218
Portulakgewächse 1/136; 2/22, 218 f.
Potamogeton 1/248 f.; 5/70 ff.
Potamogetonaceae 1/139; 5/12, 70 ff.
Potentilla 1/119, 153; 2/377 ff.
Preiselbeere 1/344; 3/474 f.
Prenanthes 1/203 f.; 4/494
Primel 1/105 f., 178, 285 f., 325 f., 365 ff.; 3/432 ff.
Primelartige 3/59 f.
Primelgewächse 1/138; 3/59 f., 430 ff.
Primocarex 1/29; 5/29
Primula 1/105 f., 178, 285 f., 299 f., 326, 364 ff.; 3/430 ff.
Primulaceae 1/138; 3/59 f., 430 ff.
Primulales 1/138; 3/59 f.
Primulanae 1/138
Prokaryota 1/33 f., 134
Prokaryoten 1/33 ff.
Proteaceae 1/137

Proteales 1/137
Protoctista 1/134
Prunella 4/208 f.
Prunus 1/150 f., 216, 337; 2/428 ff.
Pseudorchis 5/168
Pseudostellaria 2/19
Pseudotsuga 2/45
Psilophytopsida 1/47
Ptelea 3/12, 92
Puccinellia 5/410
Pulicaria 4/346
Pulmonaria 4/94 f.
Pulsatilla 1/106 ff., 121 f., 365 ff.; 2/90 ff.
Punicaceae 1/137
Pyrola 3/481 f.
Pyrolaceae 1/138; 3/62, 481 ff.
Pyrus 1/220; 2/362

Quecke 5/446 f.
Quellbinse 5/237
Queller 1/244, 289; 2/245
Quellgras 5/382
Quellkraut 2/218
Quendel 4/265
Quercus 1/121, 150 f., 214, 238 f., 280 f., 339 ff.; 2/296 ff.
Quetschgurke 3/420
Quitte 2/35

Radbaumgewächse 1/136
Rade 1/381 f.; 2/137
Radieschen 3/390
Radiola 3/106
Radmelde 2/250
Rafflesiaceae 1/137
Rafflesiales 1/137
Ragwurz 1/120, 196, 281 f.; 5/174 f.
Rainfarn 4/374
Rainfarnrauke 3/50
Rainkohl 4/450
Rainweide: siehe Liguster
Ramtillkraut 4/344
Ranunculaceae 1/136; 2/12 ff., 65 ff.
Ranunculales 1/136; 2/12 ff.
Ranunculanae 1/136
Ranunculidae 1/136
Ranunculus 1/44, 145, 147, 166, 182, 337 f., 355 f., 361 f.; 2/100 ff.
Ranunkelstrauch 2/35
Raphanus 1/330; 3/388 f.
Rapistrum 3/376
Raps 1/198, 218; 3/382
Rapsdotter 3/376

Rasenbinse 5/222 f.
Rauhblattgewächse 1/138; 4/11 ff., 78 ff.
Rauhgras 5/332
Rauke 1/386 f.; 3/53 f., 282 ff.
Rauschbeere 3/476
Raute 3/91
Rautenartige 3/12 f.
Rautengewächse 1/137; 3/12, 91 f.
Rechenblumengewächse 1/138
Reiherschnabel 3/124
Reineclaude 2/428
Reis 5/328
Reitgras 5/354 ff.
Reseda 1/389; 3/280
Resedaceae 1/138; 3/55, 280
Resede: siehe Wau
Resedengewächse 1/138; 3/55, 280
Restiogewächse 1/139
Restionaceae 1/139
Rettich 1/330; 3/390
Reynoutria 1/391 f.; 2/281
Rhabarber 1/146, 171, 225; 2/25
Rhamnaceae 1/137; 3/15 f., 136 ff.
Rhamnales 1/137; 3/15 f.
Rhamnus 3/136 f.
Rhaponticum 4/448
Rheum 1/146, 171; 2/25
Rhinanthus 4/163 ff.
Rhizophoraceae 1/137
Rhizophorales 1/137
Rhodiola 2/317
Rhododendron 3/469 f.
Rhodothamnus 1/363 f.; 3/470
Rhus 1/266; 3/12, 96
Rhynchosinapis 3/380
Rhynchospora 5/240
Rhynia 1/47
Ribes 1/218; 2/311 ff.
Riedgrasartige 5/24 ff.
Riedgrasgewächse 1/139; 5/24 ff., 216 ff.
Riemenblume 3/146
Riemenblumengewächse 1/137; 3/16, 146
Riemenzunge 1/358 ff.; 5/177
Ringelblume 4/412
Rippensame 3/198
Rispengras 5/396 ff.
Rispenkraut 4/342
Rittersporn 1/381 f.; 2/71 f.
Rizinus 1/70
Robinia 2/490

Robinie 2/490
Römerkamille 4/56
Römische Nessel 2/305
Römischer Spinat 2/269
Rötegewächse 1/63, 138; 3/68 f., 540 ff.
Roggen 5/450
Rohrglanzgras 1/351; 5/330
Rohrkolben 1/349 ff.; 5/312 f.
Rohrkolbenartige 5/33 f.
Rohrkolbengewächse 1/139; 5/33 f., 312 f.
Rorippa 3/313 f.
Rosa 1/117 f., 154, 219; 2/414 ff.
Rosaceae 1/136; 2/31 ff., 359 ff.
Rosales 1/136; 2/31 ff.
Rosanae 1/136
Rose 1/117, 153 f., 219; 2/414 ff.
Rosenartige 2/31 ff.
Rosengewächse 1/136; 2/31 ff., 359 ff.
Rosenwurz 2/317
Rosidae 1/136
Rosmarin 4/222
Rosmarinheide 1/325; 3/468
Rosmarinus 4/222
Roßkastanie 1/167, 264 f.; 3/97
Roßkastaniengewächse 1/137; 3/13, 97
Roßkümmel 3/238
Rot-Klee 1/329, 356 f.; 2/470
Rotbuche 1/150 f., 213, 334 ff., 341 f.; 2/294
Rubia 3/540
Rubiaceae 1/138; 3/68 f., 540 ff.
Rubus 1/118 f., 353; 2/372 ff.
Ruchgras 5/333
Rudbeckia 4/349 f.
Rübchen 3/382
Rübe 1/144; 2/233
Rübe (Gelbe) 1/142; 3/240
Rübsen 3/382
Rührmichnichtan 1/334 ff.; 3/127
Ruhrkraut 1/209; 4/328 ff.
Rumex 2/257 f.
Runkelrübe 2/233
Ruppia 5/84
Ruppiaceae 1/134, 139; 5/12, 84
Ruscus 5/14
Ruta 3/91
Rutaceae 1/137; 3/12, 91 f.
Rutales 1/137; 3/12 f.
Rutanae 1/137

Sadebaum 2/54
Säuerling 1/368 ff.; 2/270
Saflor 4/36
Sagina 2/188 ff.
Sagittaria 1/349 ff.; 5/63
Salbei 1/206, 227, 377; 4/248 ff.
Salde 5/84
Saldengewächse 1/139; 5/12, 84
Salicaceae 1/138; 3/56 f., 391 ff.
Salicales 1/138; 3/56 f.
Salicornia 1/289; 2/245
Salix 1/181, 240 f., 277 f., 338; 3/394 ff.
Salomonssiegel 1/340 f.; 5/90
Salsola 2/23, 246
Salvia 1/206, 377; 4/248 ff.
Salzkraut 2/23, 246
Salzkresse 3/356
Salzmelde 2/236
Salzmiere 2/206
Salzschwaden 5/410
Sambucaceae 1/138; 3/63, 487 ff.
Sambucus 1/229; 3/487 f.
Samenfarne 1/48 f., 135
Samolus 3/451
Samtgras 5/340
Samtpappel 3/58
Sand-Segge 5/254
Sanddorn 3/169
Sandelartige 3/16
Sandelgewächse 1/137; 3/16, 124 ff.
Sandglöckchen 4/298 f.
Sandkraut 2/192 f.
Sandröschen 3/262
Sanguisorba 2/412
Sanicula 3/176
Sanikel 3/176
Santalaceae 1/137; 3/16, 124 ff.
Santalales 1/137; 3/16
Santolina 4/52
Sapindaceae 1/137
Sapindales 1/137; 3/13
Saponaria 2/155 f.
Sapotaceae 1/138
Sapotengewächse 1/138
Sarracenia 1/259 f.; 3/34
Sarraceniaceae 1/137; 3/34
Sarraceniales 1/137; 3/34
Satureja 4/259
Saubohne 2/502
Sauerampfer 2/266 f.
Sauerklee 1/344, 392 ff.; 3/103 f.
Sauerkleegewächse 1/137; 3/13, 103 f.

Saussurea 4/420 f.
Saxifraga 1/270 ff., 328 f., 370 ff.; 2/335 ff.
Saxifragaceae 1/136; 2/30 f., 335 ff.
Saxifragales 1/136; 2/29 f.
Scabiosa 3/511 f.
Scandix 3/184
Schabzigerklee 2/448
Schachblume 5/129
Schafgarbe 1/133 f., 362, 371 ff.; 4/362 ff.
Schaftdolde 3/20, 176
Schamahirse 5/324
Scharbockskraut 1/44, 145, 337 f.; 2/100
Scharfkraut 4/91
Scharlachflechte 1/41
Schattenblümchen 5/93
Schaumkraut 1/183, 393 f.; 3/306 ff.
Schaumkresse 3/318 f.
Scheibenschötchen 3/331
Scheidenblütengras 5/346
Scheinerdbeere 2/32, 395
Scheingreiskraut 4/392
Scheinzypresse 2/53
Scheuchzeria 5/87
Scheuchzeriaceae 1/139; 5/12, 87
Schiefblattgewächse 1/138
Schierling 3/192
Schierlingssilge 3/28
Schildkraut 3/40
Schilf 1/235, 349; 5/381
Schillergras 5/43, 387 f.
Schlammling 4/124
Schlangenwurz 5/458
Schlauchblatt 1/259 f.; 3/34
Schlauchblattartige 3/34
Schlauchblattgewächse 1/137; 3/34
Schlehe: siehe Schwarzdorn
Schleierkraut 2/160
Schleifenblume 3/354 f.
Schlickgras 5/321
Schließlein 3/108
Schlüsselblume 1/299 f.; 3/430 f.
Schlupfsame 4/52
Schmalwand 1/31; 3/288
Schmarotzerblumengewächse 1/137
Schmerwurz 5/152
Schmetterlingsblütengewächse 1/136, 221, 330; 2/36 ff., 434 ff.
Schmiele 5/363 f.

Schmuckblume 2/98 f.
Schmuckkörbchen 4/33
Schnabelbinse 5/240
Schnabelschötchen 3/295
Schneckenklee 1/227; 2/450 f.
Schneeball 1/170; 3/490
Schneebeere 3/492
Schneeglöckchen 1/334 ff.; 5/105
Schneide 5/224
Schnittlauch 5/122
Schnurgras 1/381; 5/447
Schöllkraut 1/386; 2/120
Schönauge 4/34
Schoenoplectus 5/234 f.
Schoenus 5/238
Schöterich 3/296 ff.
Schotenkresse 3/331
Schraubenpalmen 1/139
Schraubenstendel 5/162
Schuppenkopf 3/65, 506
Schuppenried 5/242
Schuppenwurz 1/153; 4/175
Schwaden 5/411 f.
Schwalbenwurz 3/540
Schwalbenwurzgewächse 1/138; 3/68, 540
Schwanenblume 5/63
Schwanenblumengewächse 1/139; 5/10, 63
Schwarz-Segge 5/273
Schwarzbeerengewächse 1/137
Schwarzdorn 1/216; 2/428
Schwarzkümmel 2/68
Schwarznessel 4/230
Schwarzwurzel 1/351, 353; 4/463 ff.
Schwertlilie 1/165, 201 ff., 349 ff., 352 f.; 5/138 ff.
Schwertliliengewächse 1/139; 5/19, 136 ff.
Schwingel 5/414 ff.
Schwingellolch 5/442
Schwingelschilf 5/408
Scilla 1/334 ff.; 5/102 ff.
Scirpus 5/231
Scleranthus 2/208
Sclerochloa 5/394
Scolochloa 5/408
Scopolia 4/9, 60
Scorzonera 1/351 ff.; 4/463 ff.
Scrophularia 4/118 ff.
Scrophulariaceae 1/138; 4/14 ff., 103 ff.
Scrophulariales 1/138; 4/14 ff.

Scutellaria 4/217f.
Secale 5/450
Sedum 1/163; 2/317ff.
Seebeerenartige 3/12
Seebeerengewächse 1/137; 3/12, 90f.
Seegras 5/69f.
Seegrasgewächse 1/139; 5/13, 69f.
Seekanne 3/517
Seerose 1/162, 349ff.; 2/62
Seerosenartige 2/12
Seerosengewächse 1/136; 2/12, 62f.
Segge 1/185, 208, 364ff., 368ff.; 5/245ff.
Seggen, Einährige 1/208; 5/29
Seggen, Gleichährige 1/208; 5/29
Seggen, Verschiedenährige 1/208; 5/29ff.
Seide 1/256f., 398; 4/67ff.
Seidelbast 1/367f., 372f.; 3/166ff.
Seidelbastartige 3/17f.
Seidelbastgewächse 1/137; 3/17f., 164ff.
Seidengewächse 1/138; 4/10, 67ff.
Seidenpflanze 3/68
Seifenbaumartige 3/13
Seifenbaumgewächse 1/137
Seifenkraut 2/155f.
Selinum 3/220
Sellerie 3/199f.
Sempervivum 1/372f.; 2/329ff.
Senecio 1/232, 365ff., 383; 4/398ff.
Senf 3/384f.
Senfrauke 3/380
Sensendüwel 5/333
Sequoiadendron 1/263, 266; 2/58
Serradella 2/492
Serratula 4/439
Sesamgewächse 1/138
Sesamoides 3/55
Sesel 3/210f.
Seseli 3/210f.
Sesleria 1/368; 5/380
Setaria 5/324f.
Sherardia 3/558
Sibbaldia 1/277f.; 2/400
Sichelklee 2/449
Sichelmöhre 3/204
Sicyos 3/416
Sideritis 4/220
Siebenstern 1/344; 3/452
Siegesbeckia 4/343

Siegwurz 1/352f.; 5/146
Sigesbeckia 4/343
Silaum 3/220
Silberbaumgewächse 1/137
Silberblatt 1/336f.; 3/330
Silberdistel 1/210; 4/415
Silbergras 5/366
Silberkraut 3/334
Silberregen 1/414; 2/280
Silberscharte 4/42
Silberwurz 1/270f.; 2/406
Silene 1/197, 398; 2/141ff.
Silge 3/220
Silphium 4/343
Silybum 4/438
Simaroubaceae 1/137; 3/13, 94
Simse 5/231(ff.)
Simsenlilie 5/148
Sinapis 3/385
Sisymbrium 1/386f.; 3/53, 282ff.
Sisyrinchium 5/138
Sium 3/210
Skabiose 3/511f.
Smilacaceae 1/139
Smyrnium 3/19, 196
Sockenblume 2/120
Sode 2/246
Solanaceae 1/138; 4/9f., 58ff.
Solanales 1/138; 4/9f.
Solananae 1/138
Solanum 4/61ff.
Soldanella 1/272f.; 3/448f.
Solidago 1/390; 4/313f.
Sommeraster 4/302
Sommerflieder 4/198
Sommerfliedergewächse 1/138; 4/14, 198
Sommerrettich 3/390
Sommerwurz 1/256f., 368ff.; 4/176ff.
Sommerwurzgewächse 1/138; 4/19, 176ff.
Sonchus 4/472f.
Sonnenblume 1/30f., 203, 390f.; 4/352
Sonnenbraut 4/43
Sonnenhut 4/349f.
Sonnenröschen 1/281; 3/259ff.
Sonnentau 1/259f., 353; 3/256f.
Sonnentauartige 3/34
Sonnentaugewächse 1/137; 3/34, 256f.
Sonnenwende 4/79
Sorbus 1/240; 2/366ff.

Sorghum 5/321
Spärkling 2/209ff.
Sparganiaceae 1/134, 139; 5/34, 315f.
Sparganium 1/244, 349ff.; 5/315f.
Spargel 5/94
Spargelartige 5/14ff.
Spargelbohne 1/352f.; 2/476
Spargelerbse 2/476
Spargelgewächse 1/139; 5/14, 94
Spark 2/212f.
Spartina 5/321
Speierling 2/366
Speik 3/502
Spergula 2/212f.
Spergularia 2/209ff.
Spermatophyta 1/133f.
Sperrkrautgewächse 1/138; 4/10f., 74f.
Sphagnum 1/320f.
Sphenopteris 1/47
Spierstrauch 2/359f.
Spieß-Melde 2/240f.
Spinacia 2/24
Spinat 2/24
Spindelbaumartige 3/15
Spindelbaumgewächse 1/137; 3/15, 133f.
Spiraea 2/359f.
Spiranthes 5/162
Spirke 2/52
Spirodela 5/460
Spitzkiel 1/275f.; 2/485ff.
Spitzklette 4/348f.
Spornblume 3/498
Spreublume 4/40
Springkraut 1/223, 391; 3/126f.
Spritzgurke 3/420
Spurre 2/186
Stachel-Segge 5/256
Stachelbeere 1/218; 2/311
Stachelbeerengewächse 1/136; 2/29, 311ff.
Stachelgurke 3/416
Stachys 4/242ff.
Stangeriaceae 1/135
Stangeriengewächse 1/135
Staphylea 3/96
Staphyleaceae 1/137; 3/13, 96
Staudenknöterich 1/391f.; 2/281
Stauropteris 1/47
Stechapfel 4/66
Stechginster 1/280f.; 2/442
Stechpalme 3/462

Stechpalmengewächse 1/138; 3/60, 462
Stechwindengewächse 1/139
Steifgras 5/428
Steifhalm 5/382
Steinbalsam 4/126
Steinbeere 2/374
Steinbrech 1/270ff., 328f., 370ff.; 2/335ff.
Steinbrechartige 2/29f.
Steinbrechgewächse 1/136; 2/30f., 335ff.
Steineibengewächse 1/135
Steinklee 1/386f.; 2/452ff.
Steinkraut 3/332ff.
Steinkresse 3/356
Steinquendel 4/258
Steinsame 4/82f.
Steinschmückel 3/348
Steintäschel 3/349
Steinweichsel 2/431
Stellaria 1/339, 380f.; 2/170ff.
Stendelwurz 1/325f., 400; 5/156f.
Stengelloser Enzian 3/529
Stenotheca 4/41
Steppenfenchel 3/211
Sterculiaceae 1/138
Sternanisgewächse 1/136
Sterndolde 3/175f.
Sternfrucht 3/55
Sternmiere 1/339; 2/170ff.
Sternmoos 2/191
Stiefmütterchen 1/197; 3/265ff.
Stielfadengewächse 1/136
Stielsamenkraut 4/466
Stinkholzgewächse 1/137
Stipa 1/224; 5/330f.
Stockrose 3/426
Stoppelrübe 3/382
Storchschnabel 1/201, 223, 279, 340f., 354f.; 3/112ff.
Storchschnabelartige 3/13f.
Storchschnabelgewächse 1/137; 3/14, 112ff.
Strahlengriffelgewächse 1/138
Strahlensame 1/225; 2/141f.
Stranddistel 3/174
Strandflieder 1/289f., 329; 2/284
Strandhafer 5/358
Strandling 4/205
Strandroggen 5/454
Strandsimse 5/232
Strandstern 4/43
Strandvanille 5/158

Strandweizen 5/448
Stratiotes 5/64
Straucheibisch 3/58
Strauchpappel 3/422
Straußgras 5/350f.
Streptopus 5/92
Strohblume 4/40, 332
Studentenblume 4/344
Stundenblume 3/422
Styracaceae 1/138
Styraxbaumgewächse 1/138
Suaeda 2/246
Subularia 3/358
Succisa 1/346f.; 3/510
Succisella 3/511
Süßdolde 3/184
Süßgrasartige 5/35ff.
Süßgrasgewächse 1/139, 208; 5/35ff., 318ff.
Süßklee 1/364f.; 2/497
Sumach 3/12, 96
Sumachgewächse 1/137; 3/12, 94f.
Sumpfbinse 5/225ff.
Sumpfenzian 1/351f.; 3/522
Sumpfgras 5/440
Sumpfkresse 3/313ff.
Sumpfquendel 3/86
Sumpfzypresse 1/263, 266; 2/10
Sumpfzypressengewächse 1/135; 2/10, 58
Swertia 1/351f.; 3/522
Symphoricarpos 3/63, 492
Symphytum 4/100f.
Symplocaceae 1/138
Synandrae 1/133
Syringa 3/514
Szilla 5/102ff.

Tabak 4/10, 66
Tännel 3/253f.
Tännelgewächse 1/137; 3/34, 253f.
Tännelkraut 4/109f.
Tagetes 4/344
Taglilie 5/111f.
Tamaricaceae 1/138; 3/36, 264
Tamariske 3/36, 264
Tamariskengewächse 1/138; 3/36, 264
Tamarix 3/36
Tamus 5/152
Tanacetum 4/372f.
Tanne 1/341; 2/47
Tannenwedel 1/166; 4/205
Tannenwedelartige 4/20

Tannenwedelgewächse 1/138; 4/20, 204
Taraxacum 1/31, 216, 222; 4/470
Taubenkropf 2/154
Taubnessel 1/114; 4/232ff.
Tauernblümchen 3/523
Tausendblatt 1/248; 3/90f.
Tausendgüldenkraut 3/520f.
Taxaceae 1/135; 2/11, 44
Taxales 2/11
Taxidae 1/135
Taxodiaceae 1/135; 2/10, 58
Taxodium 1/263, 266; 2/10
Taxus 2/44
Teekraut 2/221
Teesdalea 3/360
Teestrauchartige 3/34
Teestrauchgewächse 1/137
Tef 5/386
Teichfaden 5/69
Teichfadengewächse 1/139; 5/13, 69
Teichlinse 5/460
Teichrose 1/227, 246; 2/64
Teichsimse 5/234f.
Telekia 4/342
Telekie 4/342
Tellerkraut 1/392
Teosinte 5/318
Teppich-Weide 3/398
Tetragonolobus 1/352f.; 2/476
Teucrium 1/358ff.; 4/222f.
Teufelsabbiß 1/346f.; 3/510f.
Teufelskralle 1/273, 356f., 365f., 368ff.; 4/27, 292ff.
Thalictrum 2/82f.
Theaceae 1/137
Theales 1/137; 3/34
Theanae 1/137
Theophrastaceae 1/138
Theophrastagewächse 1/138
Thesium 3/142ff.
Thimotheegras 5/345
Thladiantha 3/420
Thlaspi 1/368ff.; 3/361ff.
Thuja 1/271; 2/56
Thymelaea 3/164
Thymelaeaceae 1/137; 3/17f., 164ff.
Thymelaeales 1/137; 3/17f.
Thymian 4/264f.
Thymus 4/264f.
Tilia 1/149, 229, 264; 3/421
Tiliaceae 1/138; 3/58, 412
Tofieldia 5/148

Tollkirsche 1/287; 4/60
Tollkraut 4/9, 60
Tolpis 4/512
Tomate 4/64
Topinambur 1/390f.; 4/350
Tordylium 3/238
Torfmoos 1/320f.
Torilis 3/187f.
Tozzia 4/158
Tracheophyta 1/140
Tradescantia 5/59
Tradeskantie 5/59
Tragant 1/367f.; 2/476ff.
Tragopogon 1/354f.; 4/462f.
Tragus 5/322
Trapa 1/245f.; 3/86
Trapaceae 1/137; 3/11, 86
Traubenhafer 5/376
Traubenhyazinthe 5/94ff.
Traubenkirsche 1/337; 2/430
Traubenkraut 4/338f.
Trauerweide 3/396
Traunsteinera 5/172
Trespe 5/428ff.
Tribulus 3/14
Trichophorum 5/222f.
Trichterlilie 5/110
Trientalis 1/344; 3/452
Trifolium 1/143, 153, 224, 329, 356f., 377, 379f.; 2/456ff.
Triglochin 5/86
Trigonella 2/39, 448
Trilliaceae 1/139; 5/13, 152
Trillium 5/13
Trinia 3/198
Tripleurospermum 4/368
Tripmadam 2/324
Tripsacum 5/318
Trisetaria 5/43
Trisetum 5/366ff.
Triticum 1/207, 213; 5/448
Trochodendraceae 1/136
Trochodendrales 1/136
Trollblume 1/326; 2/70
Trollius 1/326; 2/70
Trompetenbaumgewächse 1/138
Tropaeolaceae 1/138; 3/56, 390
Tropaeolales 1/138; 3/56
Tropaeolum 3/390
Tsuga 2/44
Tuberaria 3/262
Tüpfelstern 3/456
Tulipa 1/160; 5/129
Tulpe 1/30, 160; 5/129

Tulpenbaum 1/266; 2/11
Tupelobaumgewächse 1/138
Turgenia 3/186
Turmkraut 3/318
Tussilago 4/385
Typha 1/350f.; 5/312f.
Typhaceae 1/139; 5/33f., 312f.
Typhales 1/139; 5/33f.

Ulex 1/280f.; 2/442
Ulmaceae 1/136; 2/28, 302f.
Ulme 1/225, 336f.; 2/302f.
Ulmengewächse 1/136; 2/28, 302f.
Ulmus 1/336f.; 2/302f.
Umbelliferae 3/170ff.
Urtica 1/147, 152, 178f., 330f.; 2/305f.
Urticales 1/136; 2/28f.
Utricularia 1/259f.; 4/193f.

Vaccaria 2/155
Vaccinium 1/324f., 344f.; 3/474f.
Valeriana 1/341f.; 3/499ff.
Valerianaceae 1/138; 3/64, 498ff.
Valerianella 3/499
Vallisneria 1/248; 5/68
Vanilla 1/252
Veilchen 1/114, 201, 223, 227f., 334ff.; 3/264ff.
Veilchenartige 3/35f.
Veilchengewächse 1/137; 3/35, 264ff.
Ventenata 5/370
Venus-Fliegenfalle 1/260
Venuskamm 3/184
Veratrum 5/147
Verbascum 1/179; 4/103ff.
Verbena 4/208
Verbenaceae 1/138; 4/20, 208
Verbesina 4/54
Verbesine 4/54
Vergißmeinnicht 1/197f.; 4/85ff.
Vermeinkraut 3/144
Veronica 1/277f., 343f., 349ff., 354ff., 392f.; 4/132ff.
Verschiedenährige Seggen 1/208; 5/29ff.
Viburnum 1/170; 3/490
Vicia 1/354f.; 2/500ff.
Vignea 1/29; 5/29
Vinca 3/538
Vincetoxicum 3/540
Viola 1/114, 197, 223, 334ff.; 3/264ff.

Violaceae 1/137; 3/35, 264ff.
Violales 1/137; 3/35f.
Violanae 1/127, 137
Viscaceae 1/137; 3/16, 146
Viscum 1/228, 256; 3/146
Vitaceae 1/137; 3/16, 139f.
Vitis 3/139
Vogelbeere 1/240; 2/366
Vogelfuß 2/492
Vogelfuß-Segge 5/286
Vogelkopf 3/164
Vogelmiere 1/380f.; 2/174
Voltziales 1/135
Vulpia 5/426

Wacholder 1/239, 400f.; 2/54f.
Wachsblume 4/79f.
Wachtelweizen 1/185f., 279; 4/156f.
Wahlenbergia 4/290
Waid 3/290
Walch 5/39
Wald-Labkraut 3/548
Wald-Trespe 5/428
Waldgerste 5/454
Waldhirse 5/336
Waldhyazinthe 1/199, 339; 5/165
Waldmeister 1/227f.; 3/554
Waldrebe 1/225, 251, 337f.; 2/89f.
Waldvögelein 1/334ff.; 5/153f.
Walnuß 2/300
Walnußartige 2/28
Walnußgewächse 1/136; 2/28, 300
Wanzenkraut 2/13
Wanzensame 2/248
Wasser-Hahnenfuß 1/166; 2/101ff.
Wasseraloë 5/64
Wasserblattgewächse 1/138; 4/11, 78
Wasserdarm 2/176
Wasserdost 4/302
Wasserfalle 1/260f.; 3/256
Wasserfeder 3/451
Wasserfenchel 3/214ff.
Wasserlinse 1/246; 5/459f.
Wasserlinsengewächse 1/139; 5/59, 459f.
Wassernabel 3/170
Wassernuß 1/245f.; 3/86
Wassernußgewächse 1/137; 3/11, 86
Wasserpest 1/44, 113, 167; 5/66
Wasserpfeffer 2/276
Wasserrübe 3/382

Wasserschierling 3/202
Wasserschlauch 1/259 ff.; 4/193 f.
Wasserschlauchgewächse 1/138; 4/20, 192 f.
Wasserschraube 1/248; 5/68
Wasserstern 1/248 ff.; 4/206
Wassersterngewächse 1/138; 4/26, 206
Wau 1/389; 3/280
Wegerich 1/58; 4/199 f.
Wegerichgewächse 1/138; 4/19, 199 ff.
Wegwarte 1/60, 209; 4/450
Weichstendel 5/178
Weide 1/181, 225 f., 239 ff., 277 f., 338 f.; 3/394 ff.
Weidelgras 5/441
Weidenartige 3/56 f.
Weidengewächse 1/138; 3/56 f., 391 ff.
Weidenröschen 1/169, 182, 226; 3/72 ff.
Weiderich 3/88
Weiderichgewächse 1/137; 3/11, 86 f.
Weigelia 3/63
Weigelie 3/63
Weihnachtsstern 1/185 f.
Weihrauchgewächse 1/137
Weinrebe 3/139
Weinrebengewächse 1/137; 3/16, 139 f.
Weiß-Klee 1/377; 2/462
Weißbuche 1/239; 2/287
Weißdorn 2/365
Weißmiere 2/186
Weißwurz 1/59; 5/90 f.
Weißzüngel 5/168
Weizen 1/116, 143, 207, 213; 5/448
Wellingtonie 2/58
Welwitschia 1/155
Welwitschiaceae 1/135
Welwitschie 1/155
Welwitschiengewächse 1/135
Welwitschiidae 1/135
Wendich 3/388
Wermut 4/382
Wicke 1/354 f.; 2/500 ff.
Widerbart 5/164
Wiesen-Bocksbart 4/462
Wiesen-Löwenzahn 1/31, 143, 216; 4/470

Wiesenhafer 5/370 ff.
Wiesenknopf 2/412
Wiesenraute 2/82 f.
Wiesensilge 3/220
Willemetia 4/469
Wimper-Perlgras 5/390
Winde 1/253, 381; 4/74
Windengewächse 1/138; 4/10, 73 f.
Windenknöterich 2/280
Windhalm 5/348
Windröschen 1/204, 286 f., 340; 2/95 ff.
Wintergrün 3/481 ff.
Wintergrüngewächse 1/138; 3/62, 481 ff.
Winterlieb 1/345; 3/486
Winterling 2/70
Winterrettich 3/390
Winterzwiebel 5/124
Winzersalat 2/218
Wirbeldost 4/256
Witwenblume 1/346 f., 377 f.; 3/508 f.
Wohlverleih 1/284 f.; 4/394
Wolffia 5/459
Wolfsmilch 1/185 f., 334 ff.; 3/148 ff.
Wolfsmilchartige 3/17
Wolfsmilchgewächse 1/137; 3/17, 148 ff.
Wolfstrapp 4/260
Wollgras 1/324; 5/219 ff.
Wollweizen 5/41
Wucherblume 4/370 ff.
Wulfenia 1/273; 4/127
Wunderblume 2/22
Wunderblumengewächse 1/136; 2/22 f.
Wundklee 2/473

Xanthium 4/348 f.
Xeranthemum 4/40

Yamswurzelartige 5/13
Yamswurzelgewächse 1/139; 5/13, 152
Ysop 4/259

Zackenschötchen 3/289
Zahnlilie 1/284 f.; 5/130
Zahntrost 1/276; 4/154
Zahnwurz 1/112, 115; 3/302 ff.
Zamiaceae 1/135

Zanichellia 5/69
Zanichelliaceae 1/139; 5/13, 69
Zapfenfarngewächse 1/135
Zaubernußartige 2/27
Zaubernußgewächse 1/136
Zaunrübe 3/415
Zaunwinde 1/186; 4/73
Zea 1/71, 330; 5/318
Zebrapflanze 5/59, 456
Zebrina 5/59, 456
Zeder 2/10
Zeitlose 1/236; 5/150
Zeitlosengewächse 1/139; 5/18 f., 150
Zichorie 4/450
Ziest 4/241 ff.
Zimbelkraut 1/224; 4/110
Zimtbaum 1/262
Zimterlengewächse 1/138
Zingiberaceae 1/139
Zingiberales 1/139
Zinnia 4/33
Zinnie 4/33
Zirmet 3/238
Zistrose 3/35
Zistrosengewächse 1/138; 3/35, 259 ff.
Zitrone 3/92
Zittergras 5/384
Zostera 5/69 f.
Zosteraceae 1/139; 5/13, 69 f.
Zuckerrübe 1/144
Zürgelbaum 2/28
Zweiblatt 1/279; 5/160
Zweikeimblättrige (Bedecktsamer) 1/135; 2/11 ff.
Zweizahn 1/227; 4/354 f.
Zwenke 5/438
Zwerg-Alpenrose 1/363; 3/470
Zwergflachs 3/106
Zwerggras 5/346
Zwergmispel 2/33, 360 f.
Zwergorchis 5/171
Zwergwasserlinse 5/459
Zwetschge 2/428
Zwiebel 1/162; 5/124 f.
Zwitterblütenfarne 1/135
Zygophyllaceae 1/137; 3/14
Zypergras 5/216 f.
Zypressengewächse 1/135; 2/11, 53 ff.
Zypressenkraut 4/52

Register

Aceras anthropophorum 177
Achnatherum calamagrostis 332
Acker-Fuchsschwanzgras 338
Acker-Goldstern 130
Acker-Trespe 435
Acker-Windhalm 348
Acorus calamus 456
Aegilops cylindrica 39
- *geniculata* 39
- *neglecta* 39
- *triuncialis* 39
Ähren-Hainsimse 214
Ährengrasähnliche Trespe 432
Ährenhafer 374
Ähriger Goldhafer 368
Ästige Graslilie 111
Affen-Knabenkraut 186
Affodill, Röhriger 15
Affodill, Weißer 15
Agropyron caninum 447
- *elongatum* 446
- *intermedium* 446
- *junceiforme* 448
- *junceum* 448
- *pectinatum* 447
- *pungens* 446
- *repens* 447
Agrostis alpina 351
- *canina* 351
- *castellana* 350
- *gigantea* 350
- *rupestris* 352
- *scabra* 348
- *schleicheri* 351
- *schraderana* 352
- *stolonifera* 350
- *stricta* 351
- *tenuis* 350
Aira caryophyllea 362
- *elegans* 362
- *multiculmis* 362
- *praecox* 362
Aleppohirse 321
Alisma gramineum 60
- *lanceolatum* 60
- *plantago-aquatica* 60

Allermannsharnisch 114
Allium amethystinum 123
- *ampeloprasum* 126
- *angulosum* 118
- *carinatum* 123
- *cepa* 126
- *fistulosum* 124
- *kochii* 117
- *longicuspis* 124
- *montanum* 120
- *oleraceum* 122
- *paradoxum* 114
- *porrum* 126
- *rotundum* 116
- *sativum* 124
- *schoenoprasum* 122
- *scorodoprasum* 116
- *sphaerocephalon* 123
- *strictum* 118
- *suaveolens* 120
- *ursinum* 112
- *victorialis* 114
- *vineale* 117
- *vineale purpureum* 117
Alopecurus aequalis 339
- *arundinaceus* 338
- *bulbosus* 336
- *geniculatus* 339
- *gerardii* 339
- *myosuroides* 338
- *pratensis* 338
- *utriculatus* 340
Alpen-Binse 207
Alpen-Goldstern 134
Alpen-Grau-Segge 264
Alpen-Krokus 136
Alpen-Laichkraut 76
Alpen-Lieschgras 345
Alpen-Rispengras 402
Alpen-Ruchgras 333
Alpen-Schwingel 414
Alpen-Straußgras 351
Alpen-Vogelfuß-Segge 286
Alpen-Zeitlose 150
Alpenwollgras 222
Amerikanische Teichsimse 236

Amethyst-Schwingel 417
× *Ammocalamagrostis baltica* 358
Ammophila arenaria 358
Anacamptis pyramidalis 172
Andel 410
Anthericum liliago 110
- *ramosum* 111
Anthoxanthum alpinum 333
- *odoratum* 333
- *puëlii* 333
Apera interrupta 348
- *spica-venti* 348
Arktische Binse 195
Armblütige Sumpfbinse 226
Armblütige Segge 298
Armenische Traubenhyazinthe 98
Aronstab, Gefleckter 458
Arrhenatherum elatius 369
Arum alpinum 458
- *italicum* 458
- *maculatum* 458
Arundo donax 381
Asparagus officinalis 94
Asphodelus albus 15
- *fistulosus* 15
Aufgeblasenes Fuchsschwanzgras 340
Aufrechte Trespe 429
Aufrechter Igelkolben 315
Aufrechtes Steifgras 428
Ausdauerndes Weidelgras 441
Avena fatua 375
- *nuda* 376
- *sativa* 375
- *sterilis* 375
Avenella flexuosa 364
Avenochloa adsurgens 374
- *planiculmis* 374
- *pratensis* 374
- *pubescens* 372
- *versicolor* 372

Bärlauch 112
Baldellia ranunculoides 62
Baltische Binse 195
Baltischer Strandhafer 358

Banater Segge 268
Bartgras, Gedrehtes 320
Bartgras, Gewöhnliches 318
Bartgras, Gold- 320
Bastard-Rispengras 399
Bastard-Schwertlilie 142
Beckmannia eruciformis 436
Behaarte Hainsimse 210
Behaarte Segge 310
Behaartes Liebesgras 386
Behaartes Schillergras 387
Beinbrech 147
Bellardiochloa 396
Berg-Lauch 120
Berg-Segge 278
Berg-Waldhyazinthe 165
Bermudagras 440
Biegsames Nixenkraut 88
Bienen-Ragwurz 176
Binse, Alpen- 207
Binse, Arktische 195
Binse, Baltische 195
Binse, Blaugrüne 192
Binse, Bodden- 196
Binse, Dreiblütige 201
Binse, Dreispaltige 200
Binse, Dudleys 198
Binse, Einblütige 200
Binse, Faden- 195
Binse, Flatter- 194
Binse, Frosch- 196
Binse, Gemsen- 194
Binse, Glieder- 207
Binse, Kastanienbraune 202
Binse, Knäuel- 192
Binse, Kopf- 200
Binse, Kröten- 196
Binse, Kugelfrüchtige 196
Binse, Meerstrand- 202
Binse, Moor- 201
Binse, Sand- 196
Binse, Schwarze 206
Binse, Sparrige 198
Binse, Spitzblütige 206
Binse, Stumpfblütige 206
Binse, Zarte 198
Binse, Zusammengedrückte 196
Binse, Zweiblütige 201
Binse, Zweischneidige 207
Binse, Zwerg- 204
Binse, Zwiebel- 204
Binsen-Quecke 448
Binsen-Schmiele 363
Binsen-Sumpfgras 440

Binsenblättrige Segge 250
Blasen-Segge 306
Blasses Knabenkraut 188
Blauaugengras 138
Blaugras, Eiköpfiges 380
Blaugras, Gewöhnliches 380
Blaugras, Kanadisches 398
Blaugras, Zweizeiliges 378
Blaugrüne Binse 192
Blaugrüne Segge 282
Blaugrüner Schwaden 412
Blaugrünes Schillergras 387
Blaustern, Herbst- 102
Blaustern, Lieblicher 104
Blaustern, Nickender 104
Blaustern, Zweiblättriger 105
Bleiche Feld-Hainsimse 214
Bleiche Schwertlilie 140
Bleiche Segge 280
Blumenbinse 87
Blut-Fingerhirse 327
Bluthirse 327
Blutrotes Knabenkraut 190
Blysmus compressus 237
- *rufus* 237
Bocksorchis 177
Bodden-Binse 196
Bodensee-Schmiele 363
Böhmischer Goldstern 132
Bolboschoenus maritimus 232
Borst-Schmiele 364
Borstenhirse, Grüne 326
Borstenhirse, Quirlige 324
Borstenhirse, Rote 326
Borstgras 444
Borstige Moorbinse 230
Botriochloa ischaemum 318
Brachypodium pinnatum 438
- *rupestre* 438
- *sylvaticum* 438
Brand-Knabenkraut 183
Braugerste 453
Braune Hainsimse 213
Braune Schnabelbinse 240
Braune Segge 267
Braunes Zypergras 216
Breitblättrige Stendelwurz 158
Breitblättrige Weißwurz 92
Breitblättriger Rohrkolben 312
Breitblättriges Knabenkraut 190
Breitblättriges Pfeilkraut 63
Breitblättriges Wollgras 219
Briza maxima 384
- *media* 384

- *minor* 384
Bromus arvensis 435
- *benekenii* 428
- *brachystachys* 435
- *carinatus* 432
- *commutatus* 432
- *condensatus* 429
- *erectus* 429
- *hordeaceus* 434
- *inermis* 429
- *japonicus* 434
- *lepidus* 434
- × *pseudothominii* 434
- *racemosus* 432
- *ramosus* 428
- *secalinus* 436
- *sterilis* 430
- *tectorum* 430
- *unioloides* 432
- *willdenowii* 432
Buckelige Wasserlinse 460
Bürstengras 44
Bulbocodium vernum 150
Bundzwiebel 124
Bunte Schwertlilie 140
Bunter Schwingel 423
Bunter Wiesenhafer 372
Buntes Perlgras 392
Buntes Reitgras 357
Burnats Schachblume 129
Butomus umbellatus 63
- *umbellatus vallisneriifolia* 63
Buxbaums Segge 272

Calamagrostis arundinacea 357
- *canescens* 354
- *epigejos* 358
- *phragmitoides* 354
- *pseudophragmites* 358
- *rivalis* 354
- *stricta* 356
- *varia* 357
- *villosa* 356
Caldesia parnassifolia 60
Calla palustris 458
Carex acutiformis 308
- *alba* 285
- *appropinquata* 258
- *aquatilis* 268
- *arenaria* 254
- *aterrima* 273
- *atherodes* 310
- *atrata* 273
- *atrofusca* 297

Register

Carex austroalpina 297
- baldensis 249
- bicolor 272
- bigelowii 267
- bigelowii rigida 267
- binervis 302
- bohemica 249
- brachystachys 294
- brizoides 252
- brunnescens 264
- buekii 268
- buxbaumii 272
- canescens 264
- capillaris 288
- capitata 244
- caryophyllea 279
- cespitosa 270
- chordorrhiza 250
- crawfordii 261
- curvata 252
- curvula 260
- curvula rosae 260
- davalliana 243
- depauperata 298
- diandra 260
- digitata 286
- dioica 243
- distans 302
- disticha 254
- divisa 250
- divulsa 256
- echinata 261
- elata 270
- elata omskiana 270
- elongata 262
- ericetorum 279
- extensa 303
- ferruginea 297
- fimbriata 297
- firma 298
- flacca 282
- flacca trinervis 266
- flava 304
- foetida 250
- frigida 296
- fritschii 278
- fuliginosa 296
- gracilis 268
- hallerana 280
- hartmannii 272
- heleonastes 262
- hirta 310
- hordeistichos 300
- hostiana 292

Carex humilis 285
- juncella 267
- kitaibeliana 297
- lachenalii 264
- laevigata 292
- lasiocarpa 309
- lepidocarpa 304
- leporina 261
- ligerica 254
- limosa 284
- liparocarpos 274
- maritima 250
- melanostachya 309
- michelii 298
- microglochin 248
- montana 278
- mucronata 294
- muricata 256
- nigra 267
- norvegica 273
- norvegica pusteriana 273
- obtusata 246
- oederi 304
- ornithopoda 286
- ornithopoides 286
- otrubae 255
- pairae 256
- pallescens 280
- panicea 290
- paniculata 258
- parviflora 273
- pauciflora 248
- paupercula 284
- paupercula irrigua 284
- pediformis 286
- pendula 282
- pilosa 288
- pilulifera 276
- polyphylla 256
- praecox 252
- pseudobrizoides 254
- pseudocyperus 304
- pulicaris 246
- punctata 303
- remota 266
- repens 255
- riparia 308
- rostrata 306
- rupestris 244
- scandinavica 304
- secalina 300
- sempervirens 297
- spicata 256
- strigosa 291

Carex supina 274
- sylvatica 291
- tomentosa 276
- trinervis 266
- tumidicarpa 304
- umbrosa 278
- vaginata 290
- vesicaria 306
- vulpina 255
- vulpinoidea 255
Catabrosa aquatica 382
Catapodium rigidum 428
Cavanilles Goldhafer 43
Cephalanthera damasonium 154
- longifolia 154
- rubra 153
Chamorchis alpina 171
Chrysopogon gryllus 320
Cladium mariscus 224
Cleistogenes serotina 382
Coeloglossum viride 168
Colchicum alpinum 150
- autumnale 150
Coleanthus subtilis 346
Commelina communis 456
Convallaria majalis 93
Corallorhiza trifida 180
Cortaderia selloana 37, 381
Corynephorus canescens 366
Crocus albiflorus 136
- napolitanus 136
Crypsis aculeata 440
Cynodon dactylon 440
Cynosurus cristatus 393
- echinatus 394
Cyperus flavescens 218
- fuscus 216
- longus 216
- michelianus 218
Cypripedium calceolus 153

Dach-Trespe 430
Dachziegelige Siegwurz 146
Dactylis glomerata 393
Dactylis polygama 393
Dactylorhiza cruenta 190
- fuchsii 189
- incarnata 190
- incarnata ochroleuca 190
- maculata 189
- majalis 190
- praetermissa 190
- purpurella 190
- russowii 190

- *sambucina* 189
- *sphagnicola* 190
- *traunsteineri* 190
Danthonia alpina 376
- *decumbens* 378
Dasypyrum villosum 41
Davalls Segge *243*
Deschampsia cespitosa 363
- *litoralis* 363
- *media* 363
- *setacea* 364
- *wibeliana* 363
Deutsche Schwertlilie 141
Deutsches Weidelgras 441
Dichtährige Stachel-Segge 256
Dichtblättrige Wasserpest 66
Dichtes Laichkraut 84
Digitaria ischaemum 327
- *sanguinalis* 327
- *sanguinalis pectiniformis* 327
Dingel 159
Dinkel 448
Dörrgras 334
Dolden-Milchstern 99
Dorngras 440
Draht-Schmiele 364
Draht-Segge 260
Dreiblütige Binse 201
Dreifurchige Wasserlinse 459
Dreikantige Teichsimse 236
Dreimaster-Tradeskantie 59
Dreinervige Segge 266
Dreispaltige Binse 200
Dreizack, Strand- 86
Dreizack, Sumpf- 86
Dreizähniges Knabenkraut 183
Dreizahn 378
Dreizölliger Walch 39
Drillingslilie 13
Dudleys Binse 198
Dünen-Lauch 117
Dünen-Quecke 446
Dünnährige Segge 291
Dünnschwanz, Fädiger 444
Dünnschwanz, Pannonischer 444
Dünnschwingel, Kies- 424
Duftendes Mariengras 334
Dunkle Schwarz-Segge 273
Durchwachsenes Laichkraut 75
Durra 321

Echinochloa colonum 324
- *crus-galli* 324
Echte Hirse 322

Echter Strandhafer 358
Egeria densa 66
Eiförmige Sumpfbinse 226
Eiköpfiges Blaugras 380
Einbeere 152
Einblattorchis 178
Einblütige Binse 200
Einblütiges Perlgras 390
Einfacher Igelkolben 316
Einjähriges Rispengras 396
Einknolle 171
Einkorn 448
Eis-Segge 296
Elb-Schmiele 363
Eleocharis acicularis 228
- *atropurpurea* 226
- *carniolica* 228
- *mamillata* 225
- *multicaulis* 225
- *obtusa* 226
- *ovata* 226
- *palustris* 225
- *parvula* 228
- *quinqueflora* 226
- *uniglumis* 225
Eleusine indica 327
Elodea canadensis 66
- *ernstae* 66
- *nutallii* 66
Elymus arenarius 454
Elyna myosuroides 242
Emmer 448
Entferntährige Segge 302
Epipactis atrorubens 158
- *helleborine* 158
- *leptochila* 158
- *microphylla* 156
- *muelleri* 158
- *palustris* 156
- *purpurata* 158
Epipogium aphyllum 164
Eragrostis megastachya 386
- *minor* 384
- *pilosa* 386
- *tef* 386
Erd-Segge 285
Eriophorum angustifolium 220
- *gracile* 219
- *latifolium* 219
- *scheuchzeri* 222
- *vaginatum* 220
Ernsts Wasserpest 66
Erythronium dens-canis 130
Euchlaena mexicana 318

Faden-Binse 195
Faden-Fingerhirse 327
Faden-Laichkraut 82
Faden-Segge 309
Fadenhirse 327
Fadenwurzel-Segge 250
Fädiger Dünnschwanz 444
Falsche Fuchs-Segge 255
Falsche Hasenfuß-Segge 261
Faltenlilie 136
Faserkopf-Segge 278
Federgras, Gelbscheidiges 332
Federgras 332
Federschwingel, Mäuseschwanz- 426
Federschwingel, Trespen- 426
Feld-Hainsimse 214
Feld-Hainsimse, Bleiche 214
Feld-Hainsimse, Gewöhnliche 214
Feld-Hainsimse, Sudeten- 214
Feld-Hainsimse, Vielblütige 214
Felsen-Goldstern 132
Felsen-Schwingel 416
Felsen-Segge 244
Felsen-Straußgras 352
Festuca alpina 414
- *altissima* 422
- *amethystina* 417
- *arundinacea* 420
- *gigantea* 422
- *halleri* 416
- *heterophylla* 418
- *ovina* 414
- *pratensis* 420
- *pratensis apennina* 420
- *pulchella* 424
- *pumila* 423
- *rubra* 418
- *rupicaprina* 416
- *varia* 423
- *violacea* 417
× *Festulolium brinkmannii* 442
× *Festulolium braunii* 442
× *Festulolium loliaceum* 442
Feuer-Lilie 128
Fieder-Zwenke 438
Filz-Segge 276
Finger-Segge 286
Fingerhirse, Blut- 327
Fingerhirse, Faden- 327
Fischgras 436
Flaches Rispengras 398
Flachstengeliges Laichkraut 81

Register

Flatter-Binse 194
Flattergras 336
Flaumhafer 372
Flaumiger Wiesenhafer 372
Fleischrotes Knabenkraut 190
Fliegen-Ragwurz 174
Floh-Segge 246
Flug-Hafer 375
Flutende Moorbinse 230
Flutender Schwaden 412
Flutendes Laichkraut 70
Forsters Hainsimse 208
Fransen-Segge 297
Französische Sand-Segge 254
Frauenschuh 153
Fritillaria imperialis 18
- *meleagris* 129
- *tubaeformis* 129
Frosch-Binse 196
Froschbiß 64
Froschkraut 62
Froschlöffel, Gewöhnlicher 60
Froschlöffel, Grasblättriger 60
Froschlöffel, Lanzettblättriger 60
Frühe Haferschmiele 362
Frühe Segge 252
Frühlings-Knotenblume 106
Frühlings-Krokus 136
Frühlings-Segge 279
Fuchs' Knabenkraut 189
Fuchs-Segge 255
Fuchs-Segge, Falsche 255
Fuchshirse 326
Fuchsschwanz-Sumpfgras 440
Fuchsschwanzgras, Acker- 338
Fuchsschwanzgras, Aufgeblasenes 340
Fuchsschwanzgras, Gerards 339
Fuchsschwanzgras, Knick- 339
Fuchsschwanzgras, Knollen- 336
Fuchsschwanzgras, Rohr- 338
Fuchsschwanzgras, Wiesen- 338
Fuchsschwanzgras, Ziegelrotes 339

Gagea bohemica 132
- *fistulosa* 134
- *lutea* 135
- *minima* 134
- *pomeranica* 135
- *pratensis* 135
- *pusilla* 135
- *saxatilis* 132
- *spathacea* 132

- *villosa* 130
Galanthus elwesii 105
- *nivalis* 105
Garten-Gladiole 146
Garten-Hyazinthe 100
Garten-Schneeglöckchen 105
Garten-Tulpe 129
Gastridium ventricosum 42
Gaudinia fragilis 374
Gedrehtes Bartgras 320
Gefärbtes Laichkraut 72
Gefalteter Schwaden 412
Gefleckter Aronstab 458
Geflecktes Knabenkraut 189
Gekielter Lauch 123
Geknieter Walch 39
Gelb-Segge 304
Gelbe Taglilie 112
Gelbe Narzisse 108
Gelbes Zypergras 218
Gelbliche Hainsimse 208
Gelbrote Taglilie 111
Gelbscheidiges Federgras 332
Gemsen-Binse 194
Gemsen-Schwingel 416
Gemüse-Spargel 94
Gerards Fuchsschwanzgras 339
Germer, Weißer 147
Gerste, Mähnen- 453
Gerste, Mäuse- 450
Gerste, Mehrzeilige 453
Gerste, Roggen- 452
Gerste, Strand- 452
Gerste, Zweizeilige 453
Gersten-Segge 300
Gestreifter Schwaden 411
Geteilte Segge 250
Gewöhnliche Feld-Hainsimse 214
Gewöhnliche Gladiole 146
Gewöhnliche Grau-Segge 264
Gewöhnliche Mohrenhirse 321
Gewöhnliche Quecke 447
Gewöhnliche Sand-Segge 254
Gewöhnliche Schwarz-Segge 273
Gewöhnliche Sumpfbinse 225
Gewöhnliche Teichsimse 236
Gewöhnliche Vogelfuß-Segge 286
Gewöhnlicher Froschlöffel 60
Gewöhnlicher Salzschwaden 410
Gewöhnlicher Wiesenhafer 374
Gewöhnliches Bartgras 318
Gewöhnliches Blaugras 380
Gewöhnliches Pfeilkraut 63
Gewöhnliches Rispengras 400

Gewöhnliches Ruchgras 333
Gewöhnliches Seegras 70
Gewöhnliches Wimper-Perlgras 390
Gewöhnliches Zittergras 384
Gladiole, Garten- 146
Gladiole, Gewöhnliche 146
Gladiolus communis 146
- *imbricatus* 146
- *palustris* 146
Glänzendes Laichkraut 73
Glanz-Segge 274
Glanzstendel 180
Glatte Segge 292
Glatthafer 369
Glieder-Binse 207
Glyceria declinata 412
- *fluitans* 412
- *maxima* 411
- *nemoralis* 412
- × *pedicellata* 412
- *plicata* 412
- *striata* 411
- *striata stricta* 411
Gold-Bartgras 320
Goldgelbe Hainsimse 210
Goldhafer, Ähriger 368
Goldhafer, Cavaniller 43
Goldhafer, Hirse- 43
Goldhafer, Silbriger 368
Goldhafer, Wiesen- 369
Goldhafer, Zweizeiliger 366
Goldstern, Acker- 130
Goldstern, Alpen- 134
Goldstern, Böhmischer 132
Goldstern, Felsen- 132
Goldstern, Kleiner 134
Goldstern, Scheiden- 132
Goldstern, Wald- 135
Goldstern, Wiesen- 135
Goldstern, Zwerg- 135
Goodyera repens 164
Grannen-Ruchgras 333
Grannen-Segge 310
Grannenhafer 370
Grannenhirse 363
Grannenreis 363
Gras-Schwertlilie 144
Grasartiges Laichkraut 73
Grasblättriger Froschlöffel 60
Graslilie, Ästige 111
Graslilie, Traubige 110
Grau-Segge, Alpen- 264
Grau-Segge, Gewöhnliche 264

Graue Teichsimse 236
Grauer Rohrkolben 314
Graugrüne Quecke 446
Groenlandia densa 84
Großes Knabenkraut 188
Großes Liebesgras 386
Großes Zittergras 384
Großes Zweiblatt 160
Grüne Borstenhirse 326
Grundblütige Segge 280
Grundnessel 68
Gymnadenia conopsea 166
– *odoratissima* 166

Haar-Pfriemengras 330
Haar-Segge 288
Haarästige Hirse 322
Haarförmiges Laichkraut 80
Haargerste, Wald- 454
Händelwurz, Mücken- 166
Händelwurz, Wohlriechende 166
Hänge-Segge 282
Hänge-Tradeskantie 59
Hafer, Flug- 375
Hafer, Nackt- 376
Hafer, Saat- 375
Hafer, Sand- 376
Hafer, Tauber 375
Hafer, Wind- 375
Haferschmiele, Frühe 362
Haferschmiele, Nelken- 362
Haferschmiele, Vielstengelige 362
Haferschmiele, Zierliche 362
Hain-Rispengras 406
Hain-Schwaden 412
Hain-Segge 255
Hainsimse, Ähren- 214
Hainsimse, Behaarte 210
Hainsimse, Bleiche Feld- 214
Hainsimse, Braune 213
Hainsimse, Feld- 214
Hainsimse, Forsters 208
Hainsimse, Gelbliche 208
Hainsimse, Gewöhnliche Feld- 214
Hainsimse, Goldgelbe 210
Hainsimse, Kahle 213
Hainsimse, Pyrenäen- 213
Hainsimse, Schneeweiße 213
Hainsimse, Siebers 212
Hainsimse, Sudeten-Feld- 214
Hainsimse, Vielblütige Feld- 214
Hainsimse, Wald- 212
Hainsimse, Weißliche 212

Hammarbya paludosa 178
Hart-Weizen 448
Hartgras 394
Hartmanns Segge 272
Hasenfuß-Segge 261
Hasenfuß-Segge, Falsche 261
Hasenglöckchen 102
Hechtblaues Rispengras 406
Heide-Segge 279
Heleochloa alopecuroides 440
– *schoenoides* 440
Helictotrichon parlatorei 370
Helm-Knabenkraut 184
Hemerocallis fulva 111
– *lilio-asphodelus* 112
Herbst-Blaustern 102
Herbst-Schraubenstendel 162
Herbst-Zeitlose 150
Herminium monorchis 171
Herz-Zweiblatt 160
Herzlöffel 60
Heteropogon contortus 320
Hierochloë australis 334
– *hirta* 334
– *odorata* 334
– *repens* 334
Himantoglossum hircinum 177
Hirse, Echte 322
Hirse, Haarästige 322
Hirse, Rispen- 322
Hirse-Goldhafer 43
Hirsen-Segge 290
Hohe Quecke 446
Hohe Wald-Trespe 428
Hohlzunge 168
Holcus lanatus 360
– *mollis* 360
Holoschoenus romanus 232
– *romanus australis* 232
– *romanus holoschoenus* 232
Holunder-Knabenkraut 189
Holunder-Schwertlilie 141
Honiggras, Weiches 360
Honiggras, Wolliges 360
Hordelymus europaeus 454
Hordeum distichon 453
– *geniculatum* 452
– *jubatum* 453
– *leporinum* 450
– *marinum* 452
– *murinum* 450
– *secalinum* 452
– *vulgare* 453
Horst-Segge 297

Horstige Rasenbinse 224
Hügel-Milchstern 98
Hühnerhirse 324
Hummel-Ragwurz 176
Hunds-Quecke 447
Hunds-Straußgras 351
Hunds-Zahnlilie 130
Hundswurz 172
Hundszahngras 440
Hyacinthoides 102
Hyacinthus orientalis 100
Hyazinthe, Garten- 100
Hybrid-Mais 318
Hydrilla verticillata 68
Hydrocharis morsus-ranae 64

Igel-Segge 261
Igelkolben, Aufrechter 315
Igelkolben, Einfacher 316
Igelkolben, Schmalblättiger 316
Igelkolben, Zwerg- 315
Igelschlauch 62
Immergrüner Wiesenhafer 370
Iris aphylla 140
– *danfordiae* 138
– *florentina* 141
– *germanica* 141
– *graminea* 144
– × *lurida* 140
– *pallida* 140
– *pseudacorus* 142
– *pumila* 138
– *reticulata* 138
– *sambucina* 141
– *sibirica* 144
– *spuria* 142
– *squalens* 141
– *variegata* 140
Isolepis fluitans 230
– *setacea* 230

Japanische Trespe 434
Juncus acutiflorus 206
– *alpino-articulatus* 207
– *anceps* 207
– *arcticus* 195
– *articulatus* 207
– *atratus* 206
– *balticus* 195
– *biglumis* 201
– *bufonius* 196
– *bulbosus* 204
– *capitatus* 200
– *castaneus* 202

Juncus compressus 196
– *conglomeratus* 192
– *dudleyi* 198
– *effusus* 194
– *filiformis* 195
– *gerardii* 196
– *inflexus* 192
– *jacquinii* 194
– *maritimus* 202
– *monanthos* 200
– *pygmaeus* 204
– *ranarius* 196
– *sphaerocarpus* 196
– *squarrosus* 198
– *stygius* 201
– *subnodulosus* 206
– *tenageia* 196
– *tenuis* 198
– *trifidus* 200
– *triglumis* 201

Kahle Hainsimse 213
Kaiserkrone 18
Kalifornische Trespe 432
Kalmus 456
Kamm-Laichkraut 82
Kammgras, Stachel- 394
Kammgras, Wiesen- 393
Kanadische Wasserpest 66
Kanadisches Blaugras 398
Kanariengras 328
Kantiger Lauch 118
Kastanienbraune Binse 202
Kastilisches Straußgras 350
Kelch-Simsenlilie 148
Kies-Dünnschwingel 424
Kleinblättrige Stendelwurz 156
Kleinblütige Schwarz-Segge 273
Kleine Simsenlilie 148
Kleine Sumpfbinse 228
Kleine Traubenhyazinthe 98
Kleine Wasserlinse 460
Kleiner Goldstern 134
Kleines Knabenkraut 182
Kleines Laichkraut 78
Kleines Liebesgras 384
Kleines Nixenkraut 88
Kleines Rispengras 405
Kleines Schneeglöckchen 105
Kleines Zittergras 384
Kleingrannige Segge 248
Klettengras 322
Knabenkraut, Affen- 186
Knabenkraut, Blasses 188

Knabenkraut, Blutrotes 190
Knabenkraut, Brand- 183
Knabenkraut, Breitblättriges 190
Knabenkraut, Dreizähniges 183
Knabenkraut, Fleischrotes 190
Knabenkraut, Fuchs' 189
Knabenkraut, Geflecktes 189
Knabenkraut, Großes 188
Knabenkraut, Helm- 184
Knabenkraut, Holunder- 189
Knabenkraut, Kleines 182
Knabenkraut, Lockerblütiges 186
Knabenkraut, Provence- 188
Knabenkraut, Purpur- 184
Knabenkraut, Spitzels 188
Knabenkraut, Sumpf- 186
Knabenkraut, Wanzen- 182
Knäuel-Binse 192
Knäuelgras 393
Knäuelgras, Wald- 393
Knäuelgras, Wiesen- 393
Knick-Fuchsschwanzgras 339
Knoblauch 124
Knöterich-Laichkraut 70
Knollen-Fuchsschwanzgras 336
Knolliges Rispengras 402
Knotenblume, Frühlings- 106
Knotenblume, Sommer- 106
Knotenfuß 92
Kobresia simpliciuscula 242
Kochs Lauch 117
Koeleria arenaria 387
– *eriostachya* 388
– *glauca* 387
– *hirsuta* 387
– *macrantha* 388
– *pyramidata* 388
– *vallesiana* 388
– *vallesiana castellana* 388
Kohl-Lauch 122
Kohlröschen, Rotes 170
Kohlröschen, Schwarzes 170
Kolbenhirse 326
Kommeline 456
Kopf-Binse 200
Kopf-Segge 244
Kopfried, Rostrotes 238
Kopfried, Schwarzes 238
Korakangras, Wildes 327
Korallenwurz 180
Krainer Sumpfbinse 228
Krause Wasserpest 66
Krauses Laichkraut 76
Krebsschere 64

Kriechende Segge 255
Kröten-Binse 196
Krokus, Alpen- 136
Krokus, Frühlings- 136
Krumm-Segge 260
Küchen-Zwiebel 126
Kugelbinse 232
Kugelfrüchtige Binse 196
Kugelköpfiger Lauch 123
Kugelorchis 172
Kurzährige Segge 294
Kurzährige Trespe 435
Kurzgranniges Pfriemengras 330

Läger-Rispengras 396
Lagarosiphon major 66
Lagurus ovatus 340
Laichkraut, Alpen- 76
Laichkraut, Dichtes 84
Laichkraut, Durchwachsenes 75
Laichkraut, Faden- 82
Laichkraut, Flachstengeliges 81
Laichkraut, Flutendes 70
Laichkraut, Gefärbtes 72
Laichkraut, Glänzendes 73
Laichkraut, Grasartiges 73
Laichkraut, Haarförmiges 80
Laichkraut, Kamm- 82
Laichkraut, Kleines 78
Laichkraut, Knöterich- 70
Laichkraut, Krauses 76
Laichkraut, Langblättriges 75
Laichkraut, Rötliches 78
Laichkraut, Schwimmendes 72
Laichkraut, Spitzblättriges 82
Laichkraut, Stachelspitziges 80
Laichkraut, Stumpfblättriges 81
Land-Reitgras 358
Langblättriges Laichkraut 75
Langes Zypergras 216
Lanzettblättriger Froschlöffel 60
Lauch 126
Lauch, Berg- 120
Lauch, Dünen- 117
Lauch, Gekielter 123
Lauch, Kantiger 118
Lauch, Kochs 117
Lauch, Kohl- 122
Lauch, Kugelköpfiger 123
Lauch, Roß- 122
Lauch, Runder 116
Lauch, Schlangen- 116
Lauch, Seltsamer 114
Lauch, Sommer- 126

Lauch, Steifer 118
Lauch, Weinbergs- 117
Lauch, Winter- 126
Lauch, Wohlriechender 120
Lauchzwiebel 124
Leers Stachel-Segge 256
Leersia oryzoides 328
Lein-Lolch 442
Lemna gibba 460
- *minor* 460
- *trisulca* 459
Leucojum aestivum 106
- *vernum* 106
- *vernum carpaticum* 106
Lichtblume 150
Liebesgras, Behaartes 386
Liebesgras, Großes 386
Liebesgras, Kleines 384
Lieblicher Blaustern 104
Lieschähnliches Schillergras 43
Lieschgras, Alpen- 345
Lieschgras, Matten- 344
Lieschgras, Rispen- 342
Lieschgras, Sand- 344
Lieschgras, Steppen- 342
Lieschgras, Wiesen- 345
Lilie, Feuer- 128
Lilie, Türkenbund- 128
Lilium bulbiferum 128
- *bulbiferum croceum* 128
- *martagon* 128
Limodorum abortivum 159
Liparis loeselii 180
Listera cordata 160
- *ovata* 160
Lloydia serotina 136
Lockerährige Stachel-Segge 256
Lockerblütiges Knabenkraut 186
Lockerblütiges Rispengras 399
Lolch 441
Lolch, Lein- 442
Lolch, Taumel- 442
Lolium multiflorum 441
- *perenne* 441
- *remotum* 442
- *temulentum* 442
Lophochloa cristata 43
Luronium natans 62
Luzula sudetica 214
- *alpino-pilosa* 213
- *campestris* 214
- *desvauxii* 213
- *forsteri* 208
- *glabrata* 213

- *lutea* 210
- *luzulina* 208
- *luzuloides* 212
- *multiflora* 214
- *nivea* 213
- *pallescens* 214
- *pilosa* 210
- *spicata* 214
- *spicata mutabilis* 214
- *sylvatica* 212
- *sylvatica sieberi* 212

Mähnen-Gerste 453
Märzenbecher 106
Mäuse-Gerste 450
Mäusedorn, Stechender 14
Mäusedorn, Zungen- 14
Mäuseschwanz-Federschwingel 426
Maianthemum bifolium 93
Maiglöckchen 93
Mais 318
Mais, Hybrid- 318
Malaxis monophyllos 178
Mariengras, Duftendes 334
Mariengras, Südliches 334
Matten-Lieschgras 344
Meer-Nixenkraut 87
Meerstrand-Binse 202
Meerstrand-Quecke 448
Mehrzeilige Gerste 453
Melica altissima 392
- *ciliata* 390
- *nutans* 392
- *picta* 392
- *transsilvanica* 390
- *uniflora* 390
Mibora minima 346
Michelis Segge 298
Milchstern, Dolden- 99
Milchstern, Hügel- 98
Milchstern, Nickender 100
Milchstern, Pyrenäen- 99
Milchstern, Schmalblättriger 98
Milchstern, Schopfiger 99
Milium effusum 336
Mohrenhirse, Gewöhnliche 321
Mohrenhirse, Wilde 321
Molinia arundinacea 381
- *caerulea* 381
Mont-Cenis-Rispengras 404
Monte-Baldo-Segge 249
Moor-Binse 201
Moor-Reitgras 356

Moor-Segge 272
Moorbinse, Borstige 230
Moorbinse, Flutende 230
Mücken-Händelwurz 166
Muscari armeniacum 98
- *botryoides* 98
- *comosum* 96
- *neglectum* 98
- *racemosum* 94
- *tenuiflorum* 96

Nackt-Hafer 376
Nacktried 242
Nacktstengelige Schwertlilie 140
Nadelbinse 228
Najas flexilis 88
- *gracillima* 88
- *marina* 87
- *minor* 88
Narcissus × incomparabilis 108
- *poëticus* 108
- *pseudo-narcissus* 108
- *radiiflorus* 108
Nardurus halleri 424
Nardus stricta 444
Narthecium ossifragum 147
Narzisse, Gelbe 108
Narzisse, Weiße 108
Nelken-Haferschmiele 362
Neottia nidus-avis 159
Nestwurz 159
Netzblatt 164
Nickender Blaustern 104
Nickender Milchstern 100
Nickendes Perlgras 392
Niedriger Schwingel 423
Nigritella miniata 170
- *nigra* 170
Nissegras 42
Nixenkraut, Biegsames 88
Nixenkraut, Kleines 88
Nixenkraut, Meer- 87
Nixenkraut, Zierliches 88
Nordsee-Quecke 446
Norwegische Segge 273
Nutalls Wasserpest 66

Ohnsporn 177
Ophrys apifera 176
- *araneola* 174
- *holosericea* 176
- *insectifera* 174
- *sphecodes* 174
- *tommasinii* 174

Orchis coriophora 182
- *coriophora fragrans* 182
- *laxiflora* 186
- *mascula* 188
- *militaris* 184
- *morio* 182
- *morio picta* 182
- *pallens* 188
- *palustris* 186
- *provincialis* 188
- *purpurea* 184
- *simia* 186
- *spitzelii* 188
- *tridentata* 183
- *ustulata* 183
Oreochloa disticha 378
Ornithogalum kochii 98
- *boucheanum* 100
- *comosum* 99
- *gussonei* 98
- *nutans* 100
- *pyrenaicum* 99
- *umbellatum* 99
Oryzopsis miliacea 363
Osterglocke 108

Pampas-Trespe 432
Pampasgras 37, 381
Panicum capillare 322
- *miliaceum* 322
Pannonischer Dünnschwanz 444
Pannonisches Rispengras 404
Paradisea liliastrum 110
Parapholis strigosa 444
Paris quadrifolia 152
Perlgras, Buntes 392
Perlgras, Einblütiges 390
Perlgras, Gewöhnliches Wimper- 390
Perlgras, Nickendes 392
Perlgras, Sibirisches 392
Perlgras, Siebenbürger Wimper- 390
Pfahlrohr 381
Pfeifengras 381
Pfeilkraut, Breitblättriges 63
Pfeilkraut, Gewöhnliches 63
Pfriemengras, Haar- 330
Pfriemengras, Kurzgranniges 330
Phalaris arundinacea 330
Phalaris canariensis 328
Phleum alpinum 345
- *arenarium* 344
- *bertolonii* 345

- *hirsutum* 344
- *paniculatum* 342
- *phleoides* 342
- *pratense* 345
- *rhaeticum* 345
Pholiurus pannonicus 444
Phragmites australis 381
Pillen-Segge 276
Piptatherum 363
Platanthera bifolia 165
- *chlorantha* 165
Poa alpina 402
- *angustifolia* 400
- *annua* 396
- *badensis* 404
- *bulbosa* 402
- *cenisia* 404
- *chaixii* 398
- *compressa* 398
- *concinna* 402
- *glauca* 406
- *hybrida* 399
- *jurassica* 406
- *laxa* 408
- *minor* 405
- *nemoralis* 406
- *palustris* 405
- *pratensis* 400
- *remota* 399
- *riphea* 406
- *subcoerulea* 400
- *supina* 396
- *sylvicola* 400
- *trivialis* 400
Poa violacea 396
Polster-Segge 298
Polygonatum latifolium 92
- *multiflorum* 92
- *odoratum* 90
- *verticillatum* 90
Polypogon monspeliensis 44
Porree 126
Potamogeton acutifolius 82
- *alpinus* 76
- *berchtoldii* 78
- *coloratus* 72
- *compressus* 81
- *crispus* 76
- *filiformis* 82
- *friesii* 80
- *gramineus* 73
- *helveticus* 82
- *lucens* 73
- *natans* 72

- *nodosus* 70
- *obtusifolius* 81
- *pectinatus* 82
- *perfoliatus* 75
- *polygonifolius* 70
- *praelongus* 75
- *pusillus* 78
- *rutilus* 78
- *trichoides* 80
Provence-Knabenkraut 188
Pseudorchis albida 168
Puccinellia distans 410
- *maritima* 410
Punktierte Segge 303
Purpur-Knabenkraut 184
Purpur-Reitgras 354
Pyramiden-Schillergras 388
Pyrenäen-Hainsimse 213
Pyrenäen-Milchstern 99

Quecke, Binsen- 448
Quecke, Dünen- 446
Quecke, Gewöhnliche 447
Quecke, Graugrüne 446
Quecke, Hohe 446
Quecke, Hunds- 447
Quecke, Meerstrand- 448
Quecke, Nordsee- 446
Quecke, Riesen- 446
Quellbinse, Rote 237
Quellbinse, Zusammengedrückte 237
Quellgras 382
Quirlblättrige Weißwurz 90
Quirlige Borstenhirse 324

Ragwurz, Bienen- 176
Ragwurz, Fliegen- 174
Ragwurz, Hummel- 176
Ragwurz, Spinnen- 174
Rasen-Schmiele 363
Rasen-Segge 270
Rasenbinse, Horstige 224
Rasenbinse, Wollige 222
Rasenbinse, Zwerg- 224
Rauhe Wald-Trespe 428
Rauhes Straußgras 348
Rauhgras 332
Reichenbachs Sand-Segge 254
Reis, Wilder 328
Reitgras, Buntes 357
Reitgras, Land- 358
Reitgras, Moor- 356
Reitgras, Purpur- 354

Reitgras, Sächsisches 354
Reitgras, Sumpf- 354
Reitgras, Ufer- 358
Reitgras, Wald- 357
Reitgras, Wolliges 356
Rhynchospora alba 240
- *fusca* 240
Riemenzunge 177
Riesel-Segge 284
Riesen-Quecke 446
Riesen-Schwingel 422
Rispen-Hirse 322
Rispen-Lieschgras 342
Rispen-Segge 258
Rispengras, Alpen- 402
Rispengras, Bastard- 399
Rispengras, Einjähriges 396
Rispengras, Flaches 398
Rispengras, Gewöhnliches 400
Rispengras, Hain- 406
Rispengras, Hechtblaues 406
Rispengras, Kleines 405
Rispengras, Knolliges 402
Rispengras, Läger- 396
Rispengras, Lockerblütiges 399
Rispengras, Mont-Cenis- 404
Rispengras, Pannonisches 404
Rispengras, Schlaffes 408
Rispengras, Sumpf- 405
Rispengras, Violettes 396
Rispengras, Wald- 398
Rispengras, Wiesen- 400
Röhren-Zwiebel 124
Röhriger Affodill 15
Rötliches Laichkraut 78
Roggen 450
Roggen-Gerste 452
Roggen-Segge 300
Roggen-Trespe 436
Rohr-Fuchsschwanzgras 338
Rohr-Schwingel 420
Rohrglanzgras 330
Rohrkolben, Breitblättriger 312
Rohrkolben, Grauer 314
Rohrkolben, Schmalblättriger 314
Rohrkolben, Zarter 312
Rohrkolben, Zwerg- 312
Rost-Segge 297
Rostrotes Kopfried 238
Roß-Lauch 122
Rot-Schwingel 418
Rotbraune Stendelwurz 158
Rote Borstenhirse 326
Rote Quellbinse 237

Rotes Kohlröschen 170
Rotes Straußgras 350
Rotes Waldvögelein 153
Ruchgras 333
Ruchgras, Alpen- 333
Ruchgras, Gewöhnliches 333
Ruchgras, Grannen- 333
Runder Lauch 116
Ruppia maritima 84
Ruscus aculeatus 14
- *hypoglossum* 14
Ruß-Segge 296

Sächsisches Reitgras 354
Saat-Hafer 375
Saat-Weizen 448
Sagittaria latifolia 63
- *sagittifolia* 63
Salde, Strand- 84
Salomonssiegel 90
Salz-Schlickgras 321
Salzschwaden, Gewöhnlicher 410
Salzschwaden, Strand- 410
Samtgras 340
Sand-Binse 196
Sand-Hafer 376
Sand-Lieschgras 344
Sand-Schillergras 387
Sand-Segge, Französische 254
Sand-Segge, Gewöhnliche 254
Sand-Segge, Reichenbachs 254
Saum-Segge 292
Schachblume, Burnats 129
Schachblume 129
Schaf-Schwingel 414
Schamahirse 324
Schatten-Segge 278
Schattenblümchen 93
Scheiden-Goldstern 132
Scheiden-Segge 290
Scheiden-Wollgras 220
Scheidenblütengras 346
Scheinzyper-Segge 304
Scheuchzeria palustris 87
Scheuchzers Wollgras 222
Schilf 381
Schillergras, Behaartes 387
Schillergras, Blaugrünes 387
Schillergras, Lieschähnliches 43
Schillergras, Pyramiden- 388
Schillergras, Sand- 387
Schillergras, Walliser 388
Schillergras, Wolläriges 388
Schillergras, Zierliches 388

Schlaffes Rispengras 408
Schlamm-Segge 284
Schlangen-Lauch 116
Schlangenwurz 458
Schlank-Segge 268
Schlankes Wollgras 219
Schlenken-Segge 262
Schlickgras, Salz- 321
Schmalblättriger Igelkolben 316
Schmalblättriger Milchstern 98
Schmalblättriger Rohrkolben 314
Schmalblättriges Wollgras 220
Schmalblütige Traubenhyazinthe 96
Schmerwurz 152
Schmiele, Binsen- 363
Schmiele, Bodensee- 363
Schmiele, Borst- 364
Schmiele, Draht- 364
Schmiele, Elb- 363
Schmiele, Rasen- 363
Schmutziggelbe Schwertlilie 141
Schnabel-Segge 306
Schnabelbinse, Braune 240
Schnabelbinse, Weiße 240
Schneeglöckchen, Garten- 105
Schneeglöckchen, Kleines 105
Schneehuhn-Segge 264
Schneeweiße Hainsimse 213
Schneide 224
Schnittlauch 122
Schnurgras 447
Schöner Schwingel 424
Schoenoplectus americanus 236
- *lacustris* 236
- *mucronatus* 234
- *supinus* 234
- *tabernaemontani* 236
- *triqueter* 236
Schoenus ferrugineus 238
- *nigricans* 238
Schopfige Traubenhyazinthe 96
Schopfiger Milchstern 99
Schraubenstendel, Herbst- 162
Schraubenstendel, Sommer- 162
Schuppenried 242
Schwaden, Blaugrüner 412
Schwaden, Flutender 412
Schwaden, Gefalteter 412
Schwaden, Gestreifter 411
Schwaden, Hain- 412
Schwaden, Wasser- 411
Schwanenblume 63
Schwarz-Segge, Dunkle 273

Register

Schwarz-Segge, Gewöhnliche 273
Schwarz-Segge, Kleinblütige 273
Schwarzährige Segge 309
Schwarze Binse 206
Schwarzes Kohlröschen 170
Schwarzes Kopfried 238
Schwarzrote Segge 297
Schwarzrote Sumpfbinse 226
Schwertblättriges Waldvögelein 154
Schwertlilie, Bastard- 142
Schwertlilie, Bleiche 140
Schwertlilie, Bunte 140
Schwertlilie, Deutsche 141
Schwertlilie, Gras- 144
Schwertlilie, Holunder- 141
Schwertlilie, Nacktstengelige 140
Schwertlilie, Schmutziggelbe 141
Schwertlilie, Sibirische 144
Schwertlilie, Sumpf- 142
Schwertlilie, Zwerg- 138
Schwimmendes Laichkraut 72
Schwingel, Alpen- 414
Schwingel, Amethyst- 417
Schwingel, Bunter 423
Schwingel, Felsen- 416
Schwingel, Gemsen- 416
Schwingel, Niedriger 423
Schwingel, Riesen- 422
Schwingel, Rohr- 420
Schwingel, Rot- 418
Schwingel, Schaf- 414
Schwingel, Schöner 424
Schwingel, Verschiedenblättriger 418
Schwingel, Violetter 417
Schwingel, Wald- 422
Schwingel, Wiesen- 420
Schwingellolch 442
Schwingelschilf 408
Scilla amoena 104
– *autumnalis* 102
– *bifolia* 105
– *non-scripta* 102
– *siberica* 104
Scirpus radicans 231
– *sylvaticus* 231
Sclerochloa dura 394
Scolochloa festucacea 408
Secale cereale 450
Seegras, Gewöhnliches 70
Seegras, Zwerg- 69
Segge, Alpen-Grau- 264
Segge, Alpen-Vogelfuß- 286

Segge, Armblütige 298
Segge, Banater 268
Segge, Behaarte 310
Segge, Berg- 278
Segge, Binsenblättrige 250
Segge, Blasen- 306
Segge, Blaugrüne 282
Segge, Bleiche 280
Segge, Braune 267
Segge, Buxbaums 272
Segge, Davalls 243
Segge, Dichtährige Stachel- 256
Segge, Draht- 260
Segge, Dreinervige 266
Segge, Dünnährige 291
Segge, Dunkle Schwarz- 273
Segge, Eis- 296
Segge, Entferntährige 302
Segge, Erd- 285
Segge, Faden- 309
Segge, Fadenwurzel- 250
Segge, Falsche Fuchs- 255
Segge, Falsche Hasenfuß- 261
Segge, Faserkopf- 278
Segge, Felsen- 244
Segge, Filz- 276
Segge, Finger- 286
Segge, Floh- 246
Segge, Fransen- 297
Segge, Französische Sand- 254
Segge, Frühe 252
Segge, Frühlings- 279
Segge, Fuchs- 255
Segge, Gelb- 304
Segge, Gersten- 300
Segge, Geteilte 250
Segge, Gewöhnliche Grau- 264
Segge, Gewöhnliche Sand- 254
Segge, Gewöhnliche Schwarz- 273
Segge, Gewöhnliche Vogelfuß- 286
Segge, Glanz- 274
Segge, Glatte 292
Segge, Grannen- 310
Segge, Grundblütige 280
Segge, Haar- 288
Segge, Hain- 255
Segge, Hartmanns 272
Segge, Hänge- 282
Segge, Hasenfuß- 261
Segge, Heide- 279
Segge, Hirsen- 290
Segge, Horst- 297
Segge, Igel- 261

Segge, Kleinblütige Schwarz- 273
Segge, Kleingrannige 248
Segge, Kopf- 244
Segge, Kriechende 255
Segge, Krumm- 260
Segge, Kurzährige 294
Segge, Leers Stachel- 256
Segge, Lockerährige Stachel- 256
Segge, Michelis 298
Segge, Monte-Baldo- 249
Segge, Moor- 272
Segge, Norwegische 273
Segge, Pillen- 276
Segge, Polster- 298
Segge, Punktierte 303
Segge, Rasen- 270
Segge, Reichenbachs Sand- 254
Segge, Riesel- 284
Segge, Rispen- 258
Segge, Roggen- 300
Segge, Rost- 297
Segge, Ruß- 296
Segge, Saum- 292
Segge, Schatten- 278
Segge, Scheiden- 290
Segge, Scheinzyper- 304
Segge, Schlamm- 284
Segge, Schlank- 268
Segge, Schlenken- 262
Segge, Schnabel- 306
Segge, Schneehuhn- 264
Segge, Schwarzährige 309
Segge, Schwarzrote 297
Segge, Sparrige Stachel- 256
Segge, Stachelspitzige 294
Segge, Starre 267
Segge, Steife 270
Segge, Steppen- 274
Segge, Stink- 250
Segge, Strand- 303
Segge, Stumpfe 246
Segge, Südalpen- 297
Segge, Sumpf- 308
Segge, Ufer- 308
Segge, Wald- 291
Segge, Walzen- 262
Segge, Wasser- 268
Segge, Weiße 285
Segge, Wenigblütige 248
Segge, Wiesen- 267
Segge, Wimper- 288
Segge, Winkel- 266
Segge, Wunder- 258
Segge, Zittergras- 252

Segge, Zweifarbige 272
Segge, Zweihäusige 243
Segge, Zweinervige 302
Segge, Zweizeilige 254
Segge, Zypergras- 249
Seltsamer Lauch 114
Sensendüwel 333
Sesleria uliginosa 380
- *ovata* 380
- *sadlerana* 380
- *tatrae* 380
- *varia* 380
Setaria decipiens 324
- *glauca* 326
- *italica* 326
- *verticillata* 324
- *viridis* 326
Sibirische Schwertlilie 144
Sibirisches Perlgras 392
Siebenbürger Wimper-Perlgras 390
Siebers Hainsimse 212
Siegwurz, Dachziegelige 146
Siegwurz, Sumpf- 146
Silbergras 366
Silbriger Goldhafer 368
Simse, Wald- 231
Simse, Wurzelnde 231
Simsenlilie, Kelch- 148
Simsenlilie, Kleine 148
Sisyrinchium bermudiana 138
Sommer-Knotenblume 106
Sommer-Lauch 126
Sommer-Schraubenstendel 162
Sorghum bicolor 321
- *halepense* 321
Sparganium angustifolium 316
- *emersum* 316
- *erectum* 315
- *erectum microcarpum* 315
- *erectum neglectum* 315
- *erectum oocarpum* 315
- *minimum* 315
Spargel, Gemüse- 94
Sparrige Binse 198
Sparrige Stachel-Segge 256
Spartina alterniflora 321
- *maritima* 321
- *townsendii* 321
Spinnen-Ragwurz 174
Spiranthes aestivalis 162
- *spiralis* 162
Spirodela polyrhiza 460
Spitzblättriges Laichkraut 82

Spitzblütige Binse 206
Spitzels Knabenkraut 188
Stachel-Kammgras 394
Stachel-Segge, Dichtährige 256
Stachel-Segge, Leers 256
Stachel-Segge, Lockerährige 256
Stachel-Segge, Sparrige 256
Stachelspitzige Segge 294
Stachelspitzige Teichsimse 234
Stachelspitziges Laichkraut 80
Starre Segge 267
Stechender Mäusedorn 14
Steife Segge 270
Steifer Lauch 118
Steifgras, Aufrechtes 428
Steifhalm 382
Stendelwurz, Breitblättrige 158
Stendelwurz, Kleinblättrige 156
Stendelwurz, Rotbraune 158
Stendelwurz, Sumpf- 156
Stendelwurz, Violette 158
Steppen-Lieschgras 342
Steppen-Segge 274
Stink-Segge 250
Stipa bromoides 330
- *capillata* 330
- *pennata* 332
- *pulcherrima* 332
Strand-Dreizack 86
Strand-Gerste 452
Strand-Salde 84
Strand-Salzschwaden 410
Strand-Segge 303
Strandhafer, Baltischer 358
Strandhafer, Echter 358
Strandroggen 454
Strandsimse 232
Strandvanille 158
Strandweizen 448
Stratiotes aloides 64
Straußgras, Alpen- 351
Straußgras, Felsen- 352
Straußgras, Hunds- 351
Straußgras, Kastilisches 350
Straußgras, Rauhes 348
Straußgras, Rotes 350
Straußgras, Weißes 350
Straußgras, Zartes 352
Streptopus amplexifolius 92
Stumpfblättriges Laichkraut 81
Stumpfblütige Binse 206
Stumpfe Segge 246
Sudeten-Feld-Hainsimse 214
Südalpen-Segge 297

Südliches Mariengras 334
Sumpf-Dreizack 86
Sumpf-Knabenkraut 186
Sumpf-Reitgras 354
Sumpf-Rispengras 405
Sumpf-Schwertlilie 142
Sumpf-Segge 308
Sumpf-Siegwurz 146
Sumpf-Stendelwurz 156
Sumpfbinse, Armblütige 226
Sumpfbinse, Eiförmige 226
Sumpfbinse, Gewöhnliche 225
Sumpfbinse, Kleine 228
Sumpfbinse, Krainer 228
Sumpfbinse, Schwarzrote 226
Sumpfbinse, Vielstengelige 225
Sumpfgras, Binsen- 440
Sumpfgras, Fuchsschwanz- 440
Szilla 104

Taglilie, Gelbe 112
Taglilie, Gelbrote 111
Tamus communis 152
Taube Trespe 430
Tauber Hafer 375
Taumel-Lolch 442
Tef 386
Teichfaden 69
Teichlinse 460
Teichsimse, Amerikanische 236
Teichsimse, Dreikantige 236
Teichsimse, Gewöhnliche 236
Teichsimse, Graue 236
Teichsimse, Stachelspitzige 234
Teichsimse, Zwerg- 234
Teosinte 318
Thimotheegras 345
Tofieldia calyculata 148
- *pusilla* 148
- *pusilla austriaca* 148
Tradescantia fluminensis 59
- *virginiana* 59
Tradeskantie, Dreimaster- 59
Tradeskantie, Hänge- 59
Tragus racemosus 322
Traubenhafer 376
Traubenhyazinthe, Armenische 98
Traubenhyazinthe, Kleine 98
Traubenhyazinthe, Schmalblütige 96
Traubenhyazinthe, Schopfige 96
Traubenhyazinthe, Übersehene 98
Traubenhyazinthe, Weinberg- 94

Register

Traubige Graslilie 110
Traubige Trespe 432
Traunsteinera globosa 172
Trespe, Acker- 435
Trespe, Ährengrasähnliche 432
Trespe, Aufrechte 429
Trespe, Dach- 430
Trespe, Hohe Wald- 428
Trespe, Japanische 434
Trespe, Kalifornische 432
Trespe, Kurzährige 435
Trespe, Pampas- 432
Trespe, Rauhe Wald- 428
Trespe, Roggen- 436
Trespe, Taube 430
Trespe, Traubige 432
Trespe, Unbegrannte 429
Trespe, Verwechselte 432
Trespe, Wald- 428
Trespe, Weiche 434
Trespen-Federschwingel 426
Trichophorum alpinum 222
- *cespitosum* 224
- *germanicum* 224
- *pumilum* 224
Trichterlilie 110
Triglochin maritimum 86
- *palustre* 86
Trillium grandiflorum 13
Tripsacum 318
Trisetaria cavanillesii 43
- *panicea* 43
Trisetum alpestre 369
- *argenteum* 368
- *distichophyllum* 366
- *flavescens* 369
- *spicatum* 368
- *spicatum ovatipaniculatum* 368
Triticum aestivum 448
- *dicoccum* 448
- *durum* 448
- *monococcum* 448
- *spelta* 448
Türkenbund-Lilie 128
Tulipa gesnerana 129
- *sylvestris* 129
Tulpe, Garten- 129
Tulpe, Wilde 129
Typha angustifolia 314
- *latifolia* 312
- *martinii* 312
- *minima* 312
- *shuttleworthii* 314

Übersehene Traubenhyazinthe 98
Übersehener Walch 39
Ufer-Reitgras 358
Ufer-Segge 308
Unbegrannte Trespe 429
Unterbrochener Windhalm 348

Vallisneria spiralis 68
Ventenata dubia 370
Veratrum album 147
- *album lobelianum* 147
- *nigrum* 147
Verschiedenblättriger Schwingel 418
Verwechselte Trespe 432
Vielblütige Feld-Hainsimse 214
Vielblütige Weißwurz 92
Vielblütiges Weidelgras 441
Vielstengelige Haferschmiele 362
Vielstengelige Sumpfbinse 225
Violette Stendelwurz 158
Violetter Schwingel 417
Violettes Rispengras 396
Vogelfuß-Segge, Alpen- 286
Vogelfuß-Segge, Gewöhnliche 286
Vulpia bromoides 426
- *ciliata* 426
- *ligustica* 426
- *myuros* 426

Walch, Dreizölliger 39
Walch, Geknieter 39
Walch, Übersehener 39
Walch, Zylindrischer 39
Wald-Goldstern 135
Wald-Haargerste 454
Wald-Hainsimse 212
Wald-Knäuelgras 393
Wald-Reitgras 357
Wald-Rispengras 398
Wald-Schwingel 422
Wald-Segge 291
Wald-Simse 231
Wald-Trespe 428
Wald-Zwenke 438
Wald-Trespe, Hohe 428
Wald-Trespe, Rauhe 428
Waldgerste 454
Waldhirse 336
Waldhyazinthe, Berg- 165
Waldhyazinthe, Weiße 165
Waldvögelein, Rotes 153

Waldvögelein, Schwertblättriges 154
Waldvögelein, Weißes 154
Walliser Schillergras 388
Walzen-Segge 262
Wanzen-Knabenkraut 182
Wasser-Schwaden 411
Wasser-Segge 268
Wasseraloë 64
Wasserlinse, Buckelige 460
Wasserlinse, Dreifurchige 459
Wasserlinse, Kleine 460
Wasserpest, Dichtblättrige 66
Wasserpest, Ernsts 66
Wasserpest, Kanadische 66
Wasserpest, Krause 66
Wasserpest, Nutalls 66
Wasserschraube 68
Weiche Trespe 434
Weiches Honiggras 360
Weichstendel 178
Weidelgras, Ausdauerndes 441
Weidelgras, Deutsches 441
Weidelgras, Vielblütiges 441
Weidelgras, Welsches 441
Weinberg-Traubenhyazinthe 94
Weinbergs-Lauch 117
Weiße Narzisse 108
Weiße Schnabelbinse 240
Weiße Segge 285
Weiße Waldhyazinthe 165
Weißer Affodill 15
Weißer Germer 147
Weißes Straußgras 350
Weißes Waldvögelein 154
Weißliche Hainsimse 212
Weißwurz, Breitblättrige 92
Weißwurz, Quirlblättrige 90
Weißwurz, Vielblütige 92
Weißzüngel 168
Weizen, Hart- 448
Weizen, Saat- 448
Welsches Weidelgras 441
Wenigblütige Segge 248
Widerbart 164
Wiesen-Fuchsschwanzgras 338
Wiesen-Goldhafer 369
Wiesen-Goldstern 135
Wiesen-Kammgras 393
Wiesen-Knäuelgras 393
Wiesen-Lieschgras 345
Wiesen-Rispengras 400
Wiesen-Schwingel 420
Wiesen-Segge 267

Wiesenhafer, Bunter 372
Wiesenhafer, Flaumiger 372
Wiesenhafer, Gewöhnlicher 374
Wiesenhafer, Immergrüner 370
Wilde Mohrenhirse 321
Wilde Tulpe 129
Wilder Reis 328
Wildes Korakangras 327
Wimper-Segge 288
Wimper-Perlgras, Gewöhnliches 390
Wimper-Perlgras, Siebenbürger 390
Wind-Hafer 375
Windhalm, Acker- 348
Windhalm, Unterbrochener 348
Winkel-Segge 266
Winter-Lauch 126
Winterzwiebel 124
Wohlriechende Händelwurz 166
Wohlriechender Lauch 120
Wolffia arrhiza 459
Wollähriges Schillergras 388
Wollgras, Breitblättriges 219
Wollgras, Scheiden- 220
Wollgras, Scheuchzers 222
Wollgras, Schlankes 219
Wollgras, Schmalblättriges 220
Wollige Rasenbinse 222
Wolliges Honiggras 360
Wolliges Reitgras 356
Wollweizen 41

Wunder-Segge 258
Wurzelnde Simse 231

Zahnlilie, Hunds- 130
Zannichellia palustris 69
Zarte Binse 198
Zarter Rohrkolben 312
Zartes Straußgras 352
Zea mays 318
Zebrapflanze 59, 456
Zebrina pendula 59, 456
Zeitlose, Alpen- 150
Zeitlose, Herbst- 150
Ziegelrotes Fuchsschwanzgras 339
Zierliche Haferschmiele 362
Zierliches Nixenkraut 88
Zierliches Schillergras 388
Zittergras, Gewöhnliches 384
Zittergras, Großes 384
Zittergras, Kleines 384
Zittergras-Segge 252
Zostera marina 70
– *noltii* 69
Zungen-Mäuseohr 14
Zusammengedrückte Binse 196
Zusammengedrückte Quellbinse 237
Zweiblatt, Großes 160
Zweiblatt, Herz- 160
Zweiblättriger Blaustern 105
Zweiblütige Binse 201

Zweifarbige Segge 272
Zweihäusige Segge 243
Zweinervige Segge 302
Zweischneidige Binse 207
Zweizeilige Gerste 453
Zweizeilige Segge 254
Zweizeiliger Goldhafer 366
Zweizeiliges Blaugras 378
Zwenke, Fieder- 438
Zwenke, Wald- 438
Zwerg-Binse 204
Zwerg-Goldstern 135
Zwerg-Igelkolben 315
Zwerg-Rasenbinse 224
Zwerg-Rohrkolben 312
Zwerg-Schwertlilie 138
Zwerg-Seegras 69
Zwerg-Teichsimse 234
Zwerg-Zypergras 218
Zwerggras 346
Zwergorchis 171
Zwergwasserlinse 459
Zwiebel, Küchen- 126
Zwiebel, Röhren- 124
Zwiebel-Binse 204
Zylindrischer Walch 39
Zypergras, Braunes 216
Zypergras, Gelbes 218
Zypergras, Langes 216
Zypergras, Zwerg- 218
Zypergras-Segge 249

KOSMOS

Erlebnis Natur

In der Praxis bewährt: Kosmos-Naturführer

Mayer/Schwegler
Welcher Baum ist das?
320 S., 1.162 Abb., broschiert
ISBN 3-440-08586-4
€ 19,90; €/A 20,50; sFr 33,60

Detlef Singer
Welcher Vogel ist das?
432 S., 1.410 Abb., broschiert
ISBN 3-440-07820-5
€ 19,90; €/A 20,50; sFr 33,60

Markus Flück
Welcher Pilz ist das?
448 S., 683 Abb., broschiert
ISBN 3-440-08042-0
€ 16,90; €/A 17,40; sFr 29,–

- **Welcher Baum ist das?** Über 600 einheimische Bäume, Sträucher und Ziergehölze. Merkmale wie Wuchsformen, Blattstellungen und Blatt-Typen, Blüten und Knospen führen sicher zur gesuchten Art.

- **Welcher Vogel ist das?** Alle wichtigen Vogelarten Europas – Brutvögel, Durchzügler und Wintergäste. Über 1.400 Farbfotos von mehr als 400 Arten zeigen die verschiedenen Kleider der Männchen, Weibchen, Jungvögel sowie Flugbilder.

- **Welcher Pilz ist das?** Dieser Pilzführer stellt über 300 der häufigsten Pilzarten Mitteleuropas vor. Er zeigt essbare, ungenießbare oder giftige Pilze auf einen Blick. Extra: Pilze und ihre Baumpartner.

www.kosmos.de   Preisänderungen vorbehalten